FIDES | Treuhandgesellschaft KG
Wirtschaftsprüfungsgesellschaft
Steuerberatungsgesellschaft

Unternehmensnachfolge
Handbuch für die Praxis

Herausgegeben von

Schlecht & Partner

und

Taylor Wessing

Schriftleitung: **Dr. Konrad Bösl und Dr. Michael Sommer**

mit Beiträgen von

Willi Back, Thomas Bellwald, Dr. Konrad Bösl, Rolf Brodbeck, Florian Brunner,
Lutz Coelen, Prof. Dr. Jürgen Damrau, Rolf Diehl, Dr. Reinhard Dörfler,
Volkmar Döring, Elke Fischer, Dr. Susanne Frank, Dr. Wolfgang Galonska,
Dr. Kai Greve, Dr. Gunter Kayser, Fritz Koop, Markus Lehmann,
Ingrid Maaß, Raphael Mertens, Prof. Dr. Dirk Meyer-Scharenberg,
Dr. Christoph von Oppeln-Bronikowski, Alfred Ostertag,
Prof. Dr. Gottfried Schiemann, Peter Schimpfky, Michael Schlecht, Max Schön,
Werner Schulze, Prof. Dr. Günter Christian Schwarz, Dr. Michael Sommer,
Michael H. Spring, Robert Stein, Dietrich Suhlrie, Dr. Volker Then,
Romana Traichel, Thomas Wachter, Dr. Florian Wagner, Dr. Dietmar Weidlich,
Dr. Cornelius Weitbrecht, Klaus Wigand, Christian Wriedt

ERICH SCHMIDT VERLAG

Bibliografische Information der Deutschen Bibliothek

Die Deutsche Bibliothek verzeichnet diese Publikation in der Deutschen Nationalbibliografie; detaillierte bibliografische Daten sind im Internet über http://dnb.ddb.de abrufbar.

ISBN 3 503 07874 6

Alle Rechte vorbehalten
© Erich Schmidt Verlag GmbH & Co., Berlin 2004
www.ESV.info

Dieses Papier erfüllt die Frankfurter Forderungen
der Deutschen Bibliothek und der Gesellschaft für das Buch
bezüglich der Alterungsbeständigkeit und entspricht sowohl den
strengen Bestimmungen der US Norm Ansi/Niso Z 39.48-1992
als auch der ISO Norm 9706.

Gesetzt aus der Stempel Garamond, 9/11 Punkt

Satz: multitext, Berlin
Druck: Druckhaus Berlin-Mitte
Buchbinderei: Stein + Lehmann, Berlin

Vorwort der Herausgeber

Unternehmertum bedeutet Entscheidungen zu treffen. Eine Entscheidung, die dem Unternehmer mit Sicherheit sehr schwer fällt, ist die Entscheidung darüber, wer seine Nachfolge antritt und wie sie umzusetzen ist. Im Kern handelt es sich hierbei um eine strategische Grundsatzentscheidung, welche die weitere Unternehmensentwicklung maßgeblich prägen wird.

Die Regelung der Unternehmensnachfolge gehört wahrlich nicht zum Tagesgeschäft eines Unternehmers. Es bedarf daher der Einschaltung erfahrener Spezialisten, die aus den zahlreichen Handlungsvarianten diejenige herausfiltern, die den Vorstellungen des Unternehmers unter den jeweils gegebenen rechtlichen und steuerlichen Verhältnissen am besten entspricht. Angesichts der komplexen Fragestellung, die betriebswirtschaftliche, gesellschaftsrechtliche, erbrechtliche, ertragsteuerliche und erbschaftsteuerliche Facetten umfasst, sollte die Entscheidung über die Unternehmensnachfolge sorgfältig vorbereitet werden.

Die vorliegende Veröffentlichung hat sich zum Ziel gesetzt, Unternehmer in verständlicher Form über Handlungsalternativen und Erfolgsfaktoren der Unternehmensnachfolge gezielt zu informieren. Zu diesem Zweck haben sich Taylor Wessing Rechtsanwälte und Schlecht & Partner Wirtschaftsprüfer, Steuerberater entschlossen, zusammen mit einer Vielzahl weiterer Experten diese Thematik in einem gemeinsamen Werk umfassend aufzuarbeiten.

Das vorliegende Buch ist kein Lehrbuch. Es bündelt die Erfahrung einer Vielzahl von Unternehmensnachfolgen, mit denen die Autoren befasst waren und sind. Das Werk kann deshalb dem Leser einen Erfahrungsschatz weitergeben, der sich manchmal in kleinen – sonst eher unbemerkten – Details widerspiegelt, die aber für den Erfolg der Unternehmensnachfolge von entscheidender Bedeutung sind. Der ausnahmslos hohe Praxisbezug wird durch die eingehende Darstellung von Beispielen erfolgreicher Unternehmensnachfolgen unterstrichen.

Die Herausgeber bedanken sich bei allen Autoren für ihre Bereitschaft, an diesem Gemeinschaftswerk mitzuwirken, sehr herzlich. Wir sind davon überzeugt, dass jeder Aufsatz für sich und das Werk insgesamt einen wichtigen Beitrag für die erfolgreiche Gestaltung von Unternehmensnachfolgen in der Praxis leisten wird.

München, in März 2004

Dr. Konrad Bösl
Dr. Michael Sommer

Geleitwort

In Deutschland gibt es rund 3,3 Millionen kleine und mittlere Unternehmen[1]. Diese bilden von jeher das Rückgrat der deutschen Wirtschaft. So sind sie entscheidender Motor für Innovationen, Wachstum und Wohlstand, welche die Unternehmenspersönlichkeiten unter Einsatz ihres Vermögens und der Übernahme unternehmerischen Risikos schaffen. Besonders am Herzen liegt mir jedoch ebenso, die zweite wichtige Funktion des Mittelstandes hervorzuheben. So ist er gleichzeitig politische und soziale Kraft, die maßgeblich für Beschäftigung sowie betriebliche Aus- und Weiterbildung am Wirtschaftsstandort Deutschland Sorge trägt.

Vor dem skizzierten Hintergrund ist die Tragweite des Themenkomplexes Unternehmensübergabe in inhabergeführten mittelständischen Unternehmungen, welche Experten der Aktionsgemeinschaft CHANGE auf jährlich rund 80.000 beziffern[2], nicht nur für die betroffenen Unternehmen, sondern vielmehr für die Bundesrepublik Deutschland als Ganzes erheblich. Die Gründe für die zahlreichen Übertragungen sind mannigfach, lassen sich jedoch insbesondere unter den Begriffen „Alter", „Wechsel in andere Tätigkeiten" und „unerwartete Krankheit, Tod oder Unfall" subsumieren[3]. Die Analyse der Implikationen des Phänomens Unternehmensnachfolge stellen sich indessen als weitaus komplizierter dar, nicht zuletzt, da sie grundsätzlich aus zwei unterschiedlichen Perspektiven betrachtet werden müssen: der des Unternehmensleiters und der des Nachfolgers.

Aus dem Blickwinkel des Unternehmensleiters ist die Unternehmensübertragung mit einer Vielzahl kritischer Entscheidungen verbunden: Wer kommt in Frage, um das Unternehmen erfolgreich zu führen? Ab wann soll der Nachfolger das Unternehmen eigenverantwortlich leiten? Was ist das Unternehmen wert? Neben diesen exemplarisch aufgeführten betriebswirtschaftlichen Fragen, Steckenpferd eines jeden Unternehmers, sind jedoch ebenso steuerliche und rechtliche Fragestellungen von Bedeutung, welche für eine Mehrzahl an Unternehmen Probleme darstellen. Um die komplexe und einmalige Herausforderung Unternehmensübergabe dennoch erfolgreich zu bewältigen, ist daher die Inanspruchnahme professioneller Hilfe anzuraten.

Aus der Perspektive des Nachfolgers stellt die Unternehmensübergabe dagegen als Alternative zur eigenständigen Existenzgründung oder dem Eintritt in ein Franchising-System, eine attraktive Möglichkeit in die Selbstständigkeit dar. Ihrem Charakter nach wird die Nachfolge daher in erster Linie als Chance verstanden. Da

---

[1] Vgl. Aktionsgemeinschaft Mittelstand macht Mobil, Jahresmittelstandsbericht, o. O. 2003.
[2] Vgl. CHANGE – Gemeinschaftsunternehmen des Zentralverbands des Deutschen Handwerks, des Deutschen Industrie- und Handelskammertages und der KfW Mittelstandsbank, o. O. 2003.
[3] Vgl. IfM Institut für Mittelstandsforschung Bonn, Präsentation Generationswechsel im Mittelstand: Voraussetzung für neue Dynamik, Bonn 2001.

jedoch auch diese Entscheidung zumeist einmalig und darüber hinaus mit zahlreichen Risiken verbunden ist, gilt es auch hier, sich intensiv zu informieren.

In Konsequenz muss die vorliegende Publikation viel leisten. Neben betriebswirtschaftlicher Fragestellung decken die Autoren – Spezialisten für Fragen der Unternehmensnachfolge von Taylor Wessing, Schlecht und Partner, Wirtschaftsprüfer, Steuerberater sowie weitere Experten – sowohl rechtliche als auch steuerliche Problemfacetten umfassend ab; dabei werden sowohl die Chancen betont als auch die Risiken aufgeführt und analysiert. Detaillierte Lösungskonzeptionen und exemplarische Business Cases runden das Buch ab.

Ich bin zuversichtlich, dass die in diesem Buch enthaltenen Essays einen entscheidenden Beitrag dazu leisten, Ihnen den zum Teil steinigen Weg zur erfolgreichen Unternehmensnachfolge zu ebenen.

Bonn, im Dezember 2003 Dr. Otto Graf Lambsdorff
Partner Taylor Wessing, Düsseldorf

Inhaltsübersicht

		Seite
Vorwort der Herausgeber		5
Geleitwort (*Dr. Otto Graf Lambsdorff*)		7
I	Unternehmerische Fragestellungen zur Unternehmensnachfolge	15
II	Rechtliche Grundlagen der Unternehmensnachfolge	173
III	Steuerliche Optimierung der Unternehmensnachfolge	355
IV	Beispiele erfolgreicher Unternehmensnachfolgen in der Praxis	465
V	Autorenverzeichnis	505
VI	Stichwortverzeichnis	513

Inhaltsverzeichnis

	Seite
Vorwort der Herausgeber	5
Geleitwort *(Dr. Otto Graf Lambsdorff)*	7

I Unternehmerische Fragestellungen zur Unternehmensnachfolge 15

Lösung zur Unternehmensnachfolge bei mittelständischen Unternehmen in Deutschland und Europa *(Dr. Gunter Kayser)* 17

Motive und Ziele des Unternehmers bei der Nachfolgegestaltung *(Max Schön)* 25

Überblick über die Handlungsalternativen der familienexternen Nachfolgeregelung *(Fritz Koop)* 35

Gestaltungsempfehlungen für die familieninterne Nachfolgelösung *(Dr. Reinhard Dörfler)* 45

Struktur und spezifische Aspekte eines MBO oder MBI *(Dr. Konrad Bösl)* 53

Kritische Aspekte der Due Diligence und Unternehmensbewertung bei einem MBO *(Lutz Coelen, Werner Schulze)* 63

Finanzierungsalternativen bei einem MBO oder MBI *(Rolf Brodbeck, Ingrid Maaß)* 77

MBO aus Sicht der Finanzinvestoren *(Robert Stein)* 89

Öffentliche Fördermöglichkeiten zur Finanzierung der Unternehmensnachfolge *(Dietrich Suhlrie)* 97

Führungskräftebeteiligung als erster Schritt zur Unternehmensnachfolge *(Michael Schlecht)* 109

Unternehmensnachfolge durch einen Börsengang *(Dr. Konrad Bösl)* 121

Problemfelder und Lösungsmöglichkeiten der Nachfolgerintegration *(Raphael Mertens)* 129

Lösung des Nachfolgeproblems durch Verkauf an eine langfristig orientierte Beteiligungsgesellschaft *(Willi Back)* 139

Eignung von Stiftungen für die Bewältigung der Unternehmensnachfolge *(Prof. Dr. Günter Christian Schwarz)* 147

Die liechtensteinische Familienstiftung *(Thomas Bellwald)* 163

II Rechtliche Grundlagen der Unternehmensnachfolge ... 173

Vorbereitende Maßnahmen des Unternehmers *(Dr. Gerhard Sack)* ... 175

Unternehmensnachfolge zu Lebzeiten *(Dr. Wolfgang Galonska)* ... 189

Absicherung des Unternehmers nach der Übergabe des Unternehmens (Nießbrauch, Ertragsbeteiligung und wiederkehrende Leistungen) *(Florian Brunner)* ... 199

Widerrufsklauseln in Übergabeverträgen *(Michael H. Spring)* ... 207

Das Unternehmertestament *(Thomas Wachter)* ... 217

Der Erbvertrag als Mittel der Unternehmensnachfolge *(Prof. Dr. Gottfried Schiemann)* ... 235

Zivilrechtliche Aspekte der Unternehmensnachfolge durch Spaltung *(Dr. Michael Sommer)* ... 245

Erb- und Pflichtteilsverzichte zur Absicherung der Unternehmensnachfolge *(Dr. Christoph von Oppeln-Bronikowski)* ... 253

Der Testamentsvollstrecker als Unternehmensleiter *(Prof. Dr. Jürgen Damrau)* ... 261

Privatveranlasste Liquiditätsprobleme im Nachfolgeprozess – insbesondere Zugewinnausgleichsansprüche und Pflichtteilsansprüche – *(Romana Traichel)* ... 271

Besonderheiten der Unternehmensnachfolge bei Personengesellschaften *(Dr. Dietmar Weidlich)* ... 283

Besonderheiten der Unternehmensnachfolge bei Kapitalgesellschaften *(Dr. Michael Sommer)* ... 295

Rechtliche Probleme eines MBO: Zivilrecht – Strafrecht *(Dr. Kai Greve)* ... 309

Unternehmensnachfolge durch Verkauf des Unternehmens *(Dr. Cornelius Weitbrecht)* ... 321

Stiftungen und Unternehmen *(Thomas Wachter)* ... 329

Besonderheiten der Unternehmensnachfolge mit Auslandsbezug *(Dr. Susanne Frank)* ... 343

III Steuerliche Optimierung der Unternehmensnachfolge ... 355

Steueroptimierung im Vorfeld der Unternehmensnachfolge *(Elke Fischer)* ... 357

Steuerliche Rahmenbedingungen familieninterner Nachfolgemodelle *(Peter Schimpfky, Markus Lehmann)* ... 371

Steuerliche Varianten der vorweggenommenen Erbfolge *(Peter Schimpfky)* ... 387

Steuerliche Aspekte der Spaltung einer Kapitalgesellschaft
(Dr. Michael Sommer) 403

Steuerlich relevante Aspekte eines MBO *(Peter Schimpfky)* 411

Gestaltung des Unternehmens(ver)kaufs unter steuerlichen
Gesichtspunkten *(Prof. Dr. Dirk Meyer-Scharenberg)* 423

Steuerliche Aspekte und Vorteile der Nachfolgeregelung mittels Stiftung
(Klaus Wigand) 437

Steuerliche Chancen und Risiken beim Wegzug ins Ausland
(Markus Lehmann) 449

IV Beispiele erfolgreicher Unternehmensnachfolgen in der Praxis 465

Diehl Stiftung & Co. KG *(Dr. Michael Sommer, Dr. Florian Wagner)* 467

Unternehmensnachfolge bei ECOROLL AG Werkzeugtechnik, Celle
(Alfred Ostertag) 481

Fallbeispiel MBI – ALUKON F. Grashei KG, Konradsreuth
(Volkmar Döring) 487

Fallbeispiel: Körber-Stiftung
(Rolf Diehl, Christian Wriedt) 497

Fallbeispiel: Bertelsmann Stiftung
(Rolf Diehl, Dr. Volker Then) 501

Autorenverzeichnis 505

Stichwortverzeichnis 513

I
Unternehmerische Fragestellungen zur Unternehmensnachfolge

Lösung zur Unternehmensnachfolge bei mittelständischen Unternehmen in Deutschland und Europa

Dr. Gunter Kayser

Inhalt:

	Seite
1. Die Datenlage	17
2. Der Bewusstseinszustand	18
3. Beratungsresistenz in Nachfolgefragen	20
4. Nachfolge als Erfolgsvoraussetzung	21
5. Veränderungen im Vorsorgeverhalten erkennbar	22
6. Nachfolge ist in allen europäischen Staaten ein „heißes" Thema	22

1. Die Datenlage

Die Unternehmensnachfolge, d. h. die Weitergabe des eigenen Unternehmens an die nächste Generation, ist nach wie vor ein Thema von hoher wirtschaftlicher und gesellschaftlicher Relevanz. In Zeiten hoher Arbeitslosigkeit, steigender Insolvenzzahlen und heftiger Preis- und Qualitätskonkurrenz auf nationalen und internationalen Märkten kann es sich keine Wirtschaftsnation mehr leisten, Unternehmen untergehen oder in eine Krise schlittern zu lassen, weil eine Nachfolge scheitert oder so schlecht vorbereitet und durchgeführt wird, dass Unternehmen im Nachfolgestadium geschlossen oder erheblich gefährdet werden.

Dass es sich bei der Übergabe von Unternehmen an einen Nachfolger oder eine Nachfolgerin (letzteres immer noch der Ausnahmefall) nicht nur um Einzelphänomene handelt, belegt ein Blick auf die Statistik. Nach Berechnungen des Instituts für Mittelstandsforschung Bonn stehen in Deutschland jährlich 71.000 Unternehmen mit mehr als 900.000 Beschäftigten zur Nachfolge an. Diese in der Öffentlichkeit sehr stark beachtete Zahl bedarf einiger Erläuterungen, die im Übrigen auch erforderlich sind, um die Nachfolgethematik zu präzisieren.

Nur etwa zwei von drei (63 %) Unternehmensübergaben erfolgen nämlich planmäßig, sind also darauf zurückzuführen, dass der Unternehmer seine Altersgrenze erreicht. Etwa jede vierte Unternehmensübergabe geht auf externe Ereignisse zurück, die nicht voraussehbar sind, z. B. auf einen tödlichen Unfall, eine schwere Erkrankung des Eigentümers. Immerhin 18.000 Unternehmen mit fast 300.000 Beschäftigten brauchen aus diesem Grund jährlich einen Nachfolger. Die Sicherung der Unternehmenskontinuität angesichts der so genannten Wechselfälle des Lebens verlangt begreiflicherweise andere Maßnahmen, als die Regelung der planmäßigen und planbaren Übergabe eines Unternehmens an einen Nachfolger, sind doch im unvorhergesehenen Nachfolgefall die Unternehmer und häufig auch die Unternehmen noch sehr jung, Kinder noch nicht vorhanden oder aber noch in einem Lebensstadium, in dem eine Unternehmensnachfolge undenkbar ist. Und eine dritte Ursache für Unternehmensnachfolgen ist noch anzuführen. Rund 8.000 Unternehmen werden jährlich Nachfolgereif, weil Familienstreitigkeiten, Eheauseinandersetzungen oder einfach der Wunsch des Unternehmers nach Veränderung die Weiterführung des Unternehmens unter der derzeitigen Leitung unmöglich machen. Von solchen Fällen sind gut 100.000 Beschäftigte jährlich betroffen.

Mit der Tatsache, dass der Nachfolgefall eingetreten oder absehbar ist, ist noch nicht gesagt, in wessen Hände das betroffene Unternehmen übergehen soll. Nur knapp 46 % der nachfolgereifen Unternehmen gehen nämlich an direkte Familienmitglieder. Mehr als jedes vierte Unternehmen (28 %) wird im Zuge eines MBO/MBI an Mitarbeiter oder externe Führungskräfte weitergegeben. Fast jedes fünfte übergabereife Unternehmen (13.600 mit 142.000 Beschäftigten) wird an ein anderes Unternehmen verkauft und rund 5.000, meist kleine Unternehmen müssen mangels Nachfolger jährlich stillgelegt werden. Hiervon sind jährlich rund 32.000 Beschäftigte betroffen.

Für das europäische Ausland gibt es nur einige vergleichbar aufbereitete Zahlen. So ermittelte das Institut für Gewerbe- und Handelsforschung Wien für Österreich jährlich etwa 5.500 Unternehmensübergaben, deren Ursachenstruktur der von Deutschland in etwa entspricht. 52 % ereignen sich altersbedingt, 9 % auf Grund unvorhersehbarer Ereignisse und 39 % auf Grund sonstiger Vorkommnisse, die nicht planbar sind.[1]

Dass es sich bei der Unternehmensnachfolge auch um ein europäisches Problem handelt, belegt eine Studie der Europäischen Kommission. In ihrem Auftrag hat eine Expertengruppe ermittelt, dass europaweit jährlich 610.000 mittelständische Unternehmen mit etwa 2,1 Mio. Arbeitsplätzen zur Nachfolge anstehen, wobei die Anzahl der Unternehmen, die an externe Führungskräfte und nicht an Familienmitglieder weitergegeben werden, steigt.[2]

Soweit der quantitative Rahmen, der vor allem zwei Dinge deutlich macht: Die Unternehmensnachfolge ist erstens in Deutschland aber auch im Europa der EU ein quantitativ gewichtiges Problem und zweitens vielschichtiger und multikausaler, als es in der Öffentlichkeit im Allgemeinen registriert wird.

Seit 1995 nehmen in Deutschland und auf europäischer Ebene deshalb die Bemühungen zu, die Unternehmensübertragungen und -nachfolgen durch geeignete Unterstützungsangebote zu verbessern und erleichtern.

2. Der Bewusstseinszustand

Seit nunmehr zehn Jahren beschäftigen sich die Öffentlichkeit und damit auch die Politik mit dem Thema Unternehmensnachfolge. Stellvertretend für die zahlreichen

---

[1] Vgl. *Voithofer*, Präsentation der Studie „Unternehmensübergaben und -nachfolgen in Österreich", in: Bundesministerium für Wirtschaft und Arbeit, Wien (Hrsg.), Europäisches Seminar über Unternehmensübertragungen Abschlussbericht, Wien o. J., S. 56.
[2] Vgl. Europäische Kommission, Generaldirektion Unternehmen (Hrsg.), Abschlussbericht der Sachverständigengruppe zur Übertragung von kleinen und mittleren Unternehmen, Brüssel 2002, S. 7.

Sensibilisierungs-, Informations- und Beratungskampagnen, die bundesweit stattfinden und deren Ziel es ist, die Unternehmen für das Thema Nachfolge zu sensibilisieren und Gestaltungs- und Planungshilfen für die Weitergabe des Unternehmens an einen Nachfolger, eine Nachfolgerin anzubieten, sei das Internet-Portal des Bundesministeriums für Wirtschaft und Arbeit *nexxt* (http://www.nexxt.org) erwähnt.

Im letzten Jahrzehnt hat in der Tat ein Quantensprung stattgefunden, was das Angebot an Information und Beratung betrifft. Doch zu einem richtigen Durchbruch auf der Unternehmerseite hat es die Nachfolgeproblematik bisher noch nicht geschafft. Nach den Erhebungen der Studie *mind – Mittelstand in Deutschland* von impulse und der Dresdner Bank aus dem Jahre 2001 sind sich 78,5 % aller Unternehmer (Kleinstunternehmen nicht berücksichtigt) noch nicht darüber im Klaren, wann sie in Ruhestand treten wollen. Von den befragten Unternehmern waren aber 8 % älter als 60 und fast 26 % zwischen 50 und 60 Jahren alt und somit in einer Lebenssituation, in der die Beschäftigung mit dem Thema Unternehmensübertragung selbstverständlich bzw. sogar abgeschlossen sein müsste. Nur jeder fünfte Unternehmer hatte erst den Zeitpunkt seines Ausscheidens aus dem Unternehmen fixiert, doch selbst jeder Dritte hiervon hatte sich noch keine Gedanken über die konkrete Regelung der Nachfolge gemacht.[3] Das heißt, selbst wenn ein Unternehmer für sich selbst entschieden hat, wann er aus dem aktiven Arbeitsleben ausscheiden wird, ist es keineswegs selbstverständlich, dass er bereits weiß, wer das Unternehmen weiterführen wird und wie er den Nachfolgeprozess zu gestalten hat.

Für nachfolgesensible Unternehmer ist die Nachfolge meist schnell geklärt, sie wollen das Unternehmen an den Sohn, die Tochter übergeben. Besonders in der Industrie und im Handel sowie bei Unternehmen die mehr als 50 Beschäftigte haben, ist diese Form der Nachfolge immer noch Gang und Gäbe. Dabei wird – wie zahlreiche Beispiele belegen – bislang verkannt, dass die eigenen Kinder die Nachfolge häufig gar nicht antreten wollen oder aber, dass die fachlichen und qualifikatorischen Voraussetzungen der Kinder nicht ausreichen, um die äußerst komplexe und anspruchsvolle Aufgabe einer Unternehmensnachfolge zu bewältigen. Und hierbei wird nur auf die planmäßige Nachfolge abgestellt, die krisenbedingte, erzwungene Nachfolge (Krankheit, Todesfall) kann hier nicht betrachtet werden, da in vielen dieser Fälle die eigenen Kinder überhaupt (noch) nicht für eine Nachfolge in Betracht kommen.

Als Fazit bleibt festzuhalten: Nur eine Minderheit von Unternehmern bereitet die Nachfolge langfristig vor. In der Regel lässt man sie nach wie vor auf sich zukommen. Selbst der Entschluss, den Zeitpunkt des eigenen Rückzugs aus dem Unternehmen festzulegen, ist nicht gleichbedeutend mit der tatsächlichen Regelung des Nachfolgeprozesses. Immer noch zu viele Unternehmer verfahren nach dem Prinzip „nach mir die Sintflut". Bevorzugte Nachfolger sind die eigenen Kinder. Dies ist nicht nur für den katastrophenbelasteten Nachfolgefall ein schwerer Irrweg, auch im Falle des planmäßigen Erreichens der Altersgrenze ist dies häufig eine schwerwiegende Fehlentscheidung. Gerade im Kleinbetriebsbereich ist der Rückzug

---

[3] Vgl. Impulse/Dresdner Bank, mind – Mittelstand in Deutschland, Köln 2001, S. 194.

des Unternehmers aus der Unternehmertätigkeit deshalb häufig gleichbedeutend mit der Schließung des Unternehmens.

3. Beratungsresistenz in Nachfolgefragen

Wie oben ausgeführt, weiß rund jeder fünfte Unternehmer in Deutschland, wann er in den Ruhestand geht. Zumindest dieser Teil der Unternehmerschaft müsste sich mit dem Thema Nachfolgeregelung beschäftigt haben. Dass letzteres nicht der Fall ist, wurde oben bereits dargelegt. Folglich ist auch die Inanspruchnahme einer qualifizierten Nachfolgeberatung nicht notwendigerweise an die Festlegung des Zeitpunktes für den eigenen Ruhestand geknüpft. Wie *mind* zeigt, nehmen 27,3 % derjenigen, die den Zeitpunkt des Ausscheidens aus der Unternehmensleitung für sich festgelegt haben, überhaupt keine Nachfolgeberatung in Anspruch. Etwa zwei von drei Unternehmern, die Beratung in Anspruch nehmen, kontaktieren den Steuerberater, 28 % einen Rechtsanwalt und nur gut jeder zehnte Unternehmer mit konkreten Vorstellungen über den Termin des eigenen Ausscheidens aus dem Unternehmen kontaktiert einen Nachfolgeberater. Etwas mehr wenden sich an die zuständigen Kammern oder Banken/Sparkassen und nur zwei bis drei von Hundert schalten eine der (meist web-basierten) Nachfolgebörsen ein.[4]

Dabei ist bekannt, dass die Nachfolgeplanung und -Durchführung ein Prozess ist, der sich über mehrere Jahre erstreckt und – gerade wenn die Nachfolge nicht aus der Familie bestritten wird, aber häufig selbst dann – erhebliche wirtschaftliche, rechtliche und vor allem psychologische Hürden aufweist, die von den Übergebern und ihren Nachfolgern meist nicht allein und ohne Hilfe überwunden werden können. Aus empirischen Untersuchungen weiß man, dass die Einarbeitung eines Nachfolgers, so er gefunden wurde, seine Etablierung im Unternehmen und die gleichzeitige finanzielle, rechtliche und betriebswirtschaftliche Abwicklung des Nachfolgeprozesses, sehr viel Zeit in Anspruch nimmt. Zeiträume von drei bis fünf Jahren müssten in der Regel hierfür veranschlagt werden. Nicht selten erstreckt sich der Nachfolgeprozess sogar auf einen Zeitraum von zwischen fünf und zehn Jahren. Wenn sich aber, wie oben gezeigt wurde, nur eine Minderheit der heute über 50-jährigen Unternehmer, und das ist fast jeder Dritte, mit der Nachfolgefrage befasst hat, reicht die Zeit zu einer vernünftigen und den Fortbestand des Unternehmens sichernden Nachfolgegestaltung kaum noch aus. Deshalb ist *Habig/Berninghaus* rückhaltlos zuzustimmen, die fordern: „Um die Dinge nicht in eine Sackgasse oder auf einen langen Weg zu schicken, ist es ratsam, schon in einem frühen Stadium eine versierte Vertrauensperson, einen neutralen Dritten oder einen unabhängigen Berater hinzuzuziehen und mit ihm ein Nachfolgekonzept zu erarbeiten."[5] Diese vorausschauende Nachfolgeplanung ist aber immer noch die Ausnahme und wird vor allem von jüngeren Unternehmern meist sträflich vernachlässigt.

---

[4] Vgl. ebenda, S. 196.
[5] *Habig/Berninghaus*, Die Nachfolge im Familienunternehmen ganzheitlich regeln, Berlin/Heidelberg/New York 1998, S. 65.

Als Fazit bleibt festzuhalten, dass Nachfolgeberatung noch immer nicht wie selbstverständlich in Anspruch genommen wird und erst recht gilt das für die Beratung durch Spezialisten. Auch beim Thema Nachfolge ist zunächst der Steuerberater die bevorzugte Kontaktperson. Dies gilt in ganz besonderem Maße für den Mittelstand. Die Zeit, die eine umsichtige und für Übergeber und Übernehmer gleichermaßen erfolgreiche Nachfolgetransaktion beansprucht, wird von den meisten Unternehmern, selbst solchen, die sich zur Übergabe entschlossen haben, gewaltig unterschätzt.

4. Nachfolge als Erfolgsvoraussetzung

Der Zeitraum der Nachfolgeplanung wird von vielen Unternehmern immer noch tabuisiert, weil sie sich nicht mit dem eigenen Ruhestand auseinandersetzen wollen oder aber geschäftliche Nachteile fürchten, wenn der Tatbestand der Nachfolgersuche im Umfeld des Unternehmens bekannt wird. Dies führt dazu, dass in der Öffentlichkeit die Unternehmensnachfolge viel zu häufig als Risiko und nur selten als Chance für das Unternehmen gesehen wird.

Dabei belegen empirische Untersuchungen, dass nach erfolgreicher Übergabe an einen Nachfolger, einen Nachfolgerin, für viele Unternehmen eine neue Phase in ihrem Lebenszyklus beginnt. So hat *Freund* in seiner Untersuchung nachgewiesen, dass etwa jedes fünfte Unternehmen zum Zeitpunkt der Übergabe nicht mehr dem gegebenen Stand entspricht, sei es dass seine Technologien veraltet, seine Produkte nicht mehr konkurrenzfähig oder der praktizierte Führungsstil antiquiert waren.

Der Wechsel in der Leitung auf Grund vorangegangener Nachfolge war für eine Mehrzahl der von Freund befragten Unternehmen hingegen gleichbedeutend mit einer strategischen Frischzellenkur. In fast 60 % der Unternehmen kam nach erfolgter Übergabe modernste Technologie zum Einsatz, in etwas weniger als der Hälfte der Unternehmen kamen neue Ideen zum tragen, wurden die Kunden- und Lieferantenbeziehungen positiv neu gestaltet und die Mitarbeiterführung an neuen Methoden ausgerichtet. Fast 40 % der von einem Nachfolger, einer Nachfolgerin übernommenen Unternehmen schaffte binnen Kurzem den Aufbruch auf neue Märkte und in gut jedem dritten Unternehmen wurde das Marketing an neue Erkenntnisse und Techniken angepasst.[6]

Bekanntlich ist der Unternehmensübergang eine sensible, mitunter auch besonders risikobehaftete Phase im Lebenszyklus eines Unternehmens. Nicht selten wird zunächst einmal Beschäftigung abgebaut, und für eine Umstrukturierung des Unternehmens müssen erhebliche finanzielle Mittel aufgewandt werden, was sich zuerst einmal negativ auf Liquidität und Eigenkapitalausstattung auswirkt. Aber die Überlebenswahrscheinlichkeit von übernommenen Unternehmen, dies belegt die oben zitierte Studie aus Österreich, ist signifikant höher als bei Neugründungen. Für die meisten der überlebenden Übergaben ist die Nachfolge, wird sie rechtzeitig und

---

[6] Vgl. *Freund*, Familieninterne Unternehmensnachfolge, Erfolgs- und Risikofaktoren, Wiesbaden 2000, S. 173.

richtig vorbereitet und flankiert, nach relativ kurzer Zeit die Voraussetzung für einen regelrechten Wachstumsschub.

5. Veränderungen im Vorsorgeverhalten erkennbar

Wenn auch, betrachtet man den Mittelstand als Ganzes, Nachfolgeplanung und -gestaltung immer noch nicht als prioritäre Managementaufgabe ins Bewusstsein vieler Unternehmen gedrungen ist, sind Veränderungen erkennbar, und zwar vor allem dort, wo die Nachfolgeplanung immer schon einen besonderen Stellenwert hatte, nämlich in der großen und bedeutenden Gruppe der Familienunternehmen.

Insgesamt verstärken die vorliegenden empirischen Befunde den Eindruck, dass dieser Bereich der Wirtschaft, für den die Nachfolgeregelung schon immer ein kardinales Thema war oder sein sollte, im letzten Jahrzehnt einige Defizite in Sachen Nachfolgeplanung zumindest verringert hat. Jedes zweite Familienunternehmen sichert heute (2000) die Nachfolgeregelung über einen Ehevertrag ab. Im Jahre 1989 waren es erst 40 %. Eine Nachfolgeregelung schon zu einem relativ frühen Zeitpunkt ist in 42 % der Familienunternehmen Gang und Gäbe; im Jahre 1989 waren es erst 28 %. Die geregelte Stellvertretung, eine Voraussetzung für die Nachfolgeregelung besonders im unerwarteten Nachfolgefall, gibt es heute in 40 % (1989: 27 %) der Familienunternehmen und nur der Bereich der Finanzen weist Schwächen auf. 1989 konnten noch 26 % der Familienunternehmen finanzielle Rücklagen für den Nachfolgefall bilden, heute sind es gerade einmal 18 %, ein Zeichen dafür, dass Eigenkapital und Rücklagen in Familienunternehmen im letzten Jahrzehnt einer starken Erosion ausgesetzt waren.[7]

Gerade die Stellvertretungsregelung hat in den letzten Jahren an Bedeutung gewonnen, was in Zeiten des passwortgeschützten Internetzugangs und der PIN-Nummern im Bankenverkehr unverzichtbar geworden ist. Immerhin ist in fast 68 % der industriellen Familienunternehmen heute die Stellvertreterfrage, in gut 35 % die Nachfolge, geregelt.[8]

Es haben also positive Veränderungen stattgefunden, was nicht darüber hinwegtäuschen darf, dass in einer Mehrzahl unserer deutschen Mittelstandsunternehmen die Nachfolge und Nachfolgeregelung immer noch ein Tabu ist.

6. Nachfolge ist in allen europäischen Staaten ein „heißes" Thema

Dass die deutsche Wirtschaft mit ihrer übergroßen Sensibilität in Punkto Unternehmensnachfolge nicht allein steht, zeigt ein Blick auf das europäische Ausland. Im Mai 2002 hat – wie oben angeführt – eine Gruppe von Experten im Auftrag der Kommission der EU einen Überblick über Initiativen in den verschiedenen EU-Mit-

---

[7] Vgl. *Albach/Freund*, Generationswechsel und Unternehmenskontinuität – Chancen, Risiken, Maßnahmen, Gütersloh 1989; *Freund*, Familieninterne Unternehmensnachfolge, a. a. O.

[8] Vgl. Bundesverband der Deutschen Industrie e. V. (BDI)/Ernst & Young, Der industrielle Mittelstand – Ein Erfolgsmodell, Berlin 2003, S. 76.

gliedsstaaten zur Förderung von Unternehmensübertragungen erstellt. Die Befunde belegen, dass in keinem europäischen Land das Problem der Unternehmensübertragungen bisher befriedigend gelöst ist. Grundsätzlich stellt die Kommission fest, dass in den kommenden Jahren europaweit mit einer steigenden Zahl von Übertragungen zu rechnen ist, dass die familieninterne Nachfolge rückläufig ist und folglich die Übertragung an familienfremde Dritte an Bedeutung gewinnt. Ferner konnte festgestellt werden, dass als Megatrend die lebenslange Unternehmertätigkeit abgelöst wird von Unternehmertum auf begrenzte Zeit und dass somit die Unternehmensübertragung aus anderen als altersbedingten Gründen an Bedeutung gewinnt.[9]

Das Spektrum an Maßnahmen der einzelnen Mitgliedsstaaten zur Förderung der Unternehmensübertragungen ist breit und reicht von Steuerfreiheit der Übertragung (Griechenland) über eine Steuerreduktion (Belgien) bis hin zur steuerlichen Begünstigung des Veräußerungserlöses, wenn hierdurch Rentenansprüche erworben werden (Dänemark). Einen hohen Stellenwert hat auch das staatlicherseits geförderte Aufklärungs- und Beratungswesen einschließlich der Veröffentlichung von Unternehmensbörsen. Hierfür gibt es zahlreiche Beispiele, z. B. das Internetportal *nexxt* (Deutschland), den Online-Newsletter *Transfbiz* (Italien), spezielle Schulungsveranstaltungen (Spanien) sowie Coaching- und Mentoring-Programme (Frankreich, Spanien).

Schließt man von den staatlicherseits oder auch von privaten Organisationen angebotenen Hilfsmaßnahmen auf das Verhalten der Unternehmer und Unternehmerinnen im Übertragungs-Nachfolgefall, dann kommt man zwingend zu dem Schluss, dass die Verhältnisse, Probleme und auch das Unternehmerverhalten trotz unterschiedlicher Rechts- und Steuersysteme relativ ähnlich sind. Bevorzugt wird die Nachfolge durch Familienmitglieder, vor allem in Italien, Deutschland und Österreich, die Übertragung an ehemalige Arbeitnehmer ist in Frankreich stark ausgeprägt und die Übertragung in Form des MBO/MBI ist kennzeichnend für Unternehmensnachfolgen in den Niederlanden. Besonders hoch ist der Anteil der Unternehmensschließungen mangels Nachfolger in Finnland.

Hauptursache für unternehmerische Versäumnisse in der Nachfolgeregelung und -vorbereitung ist überall in Europa gleichermaßen die Scheu, sich rechtzeitig aktiv mit dem Thema Nachfolge auseinander zu setzen und eine immer noch erhebliche Intransparenz des Marktes für Unternehmensübertragungen. Insofern gilt für Deutschland wie Europa das, was ein Nachfolger im Familienunternehmen auf dem Europäischen Seminar für Unternehmensübertragungen 2002 in Wien ausführte: „Die Diskussion über die Zukunft des Unternehmens und die Nachfolge kann nie früh genug beginnen. Dieser Prozess setzt sich auch nach der Unternehmensübertragung fort. Ich muss dafür sorgen, dass unter meiner Leitung die Firma wächst und langfristig rentabel bleibt, und ich muss dies unter Beweis stellen."[10]

---

[9] Vgl. Europäische Kommission, a. a. O., S. 52.
[10] Vgl. *Timonen*, Präsentation einer erfolgreich durchgeführten Unternehmensübergabe, in: Bundesministerium für Wirtschaft und Arbeit, Wien (Hrsg.), Europäisches Seminar über Unternehmensübertragungen Abschlussbericht, Wien o. J., S. 48 .

Fazit

Die Unternehmensnachfolge ist nicht nur ein deutsches, sondern europäisches Thema von hoher Relevanz. Es ist davon auszugehen, dass die Zahl der zur Übertragung anstehenden Unternehmen wächst, vor allem weil immer mehr (Jung)-Unternehmer nicht mehr ihr ganzes Leben lang Unternehmer bleiben wollen. Die deutschen ebenso wie die europäischen Unternehmen benötigen Hilfe bei der Planung und Durchführung der Nachfolge, die ihnen in vielfältiger Form angeboten wird. Vor allem in Familienunternehmen hat das Thema der Nachfolge eine große Bedeutung, hier wird auch noch am ehesten eine Nachfolgeregelung in Angriff genommen. Dies geschieht durch rechtliche Vorkehrungen und die frühzeitige Benennung des Nachfolgers, der Nachfolgerin, wobei sowohl das Interesse als auch die Fähigkeiten der als Nachfolger immer noch bevorzugten eigenen Kinder mitunter überschätzt werden.

Größtes Hindernis für den Fall der Weitergabe des Unternehmens an einen familienexternen Nachfolger ist nach wie vor die Intransparenz des Marktes für Unternehmensnachfolgen und die Scheu vieler Unternehmer, ihren Bedarf an einem Nachfolger rechtzeitig und öffentlich zu artikulieren.

Dort, wo der Nachfolgeprozess professionell und ohne Zeitdruck eingeleitet und abgewickelt wird, kommt es in vielen Fällen zu einem neuen Erfolgsschub für das Unternehmen. Die Nachfolgeplanung muss grundsätzlich auch für junge Unternehmer zu einer selbstverständlichen, zentralen Managementaufgabe werden.

Weiterführende Literatur:

Bundesministerium für Wirtschaft und Arbeit der Republik Österreich, Europäisches Seminar über Unternehmensübertragungen, Wien 2003.

Europäische Kommission Generaldirektion Unternehmen, Abschlussbericht der Sachverständigengruppe zur Übertragung von kleinen und mittleren Unternehmen, Brüssel 2002.

Felden/Klaus, Unternehmensnachfolge, Stuttgart 2003.

Freund, Familieninterne Unternehmensnachfolge. Erfolgs- und Risikofaktoren, Wiesbaden 2000.

Habig/Berninghaus, Die Nachfolge im Familienunternehmen ganzheitlich regeln, 2. Auflage, Berlin/Heidelberg/New York 2004.

Motive und Ziele des Unternehmers bei der Nachfolgegestaltung

Max Schön

Inhalt:

		Seite
1.	Wer setzt das Ziel?	25
2.	Welche Ziele?	28
3.	Wie agiert ein Unternehmer?	30
4.	Zum politischen Rahmen	32

Ein Familienunternehmen schickt sich an, einen Generationenwechsel zu bewältigen. In der Phase einer solchen Häutung ist das Unternehmen in Gefahr wie sonst kaum. Es ist gut, wenn der Organismus „Familienunternehmen" während dieser Grenzsituation von einem klaren, einheitlichen Willen getragen werden könnte.

Doch wer ist der den Prozess steuernde Träger eines solchen Willens?

Ein Familienunternehmen ist eine Trinität: Das ist die Person des Unternehmers, das Unternehmen und, last but überhaupt nicht least: die Familie, die „Unternehmerfamilie".

1. Wer setzt das Ziel?

Wir beginnen hier, vom konkreten zum abstrakten fortschreitend, mit „dem Unternehmer".

Gibt es ein Unternehmen nach dem Unternehmer? Was bleibt oder kann bleiben, wenn der, der einem Vorhaben Ausdruck verliehen hat, sich zurückgezogen hat? Der schlimmste Aderlass bei einem Generationenwechsel ist nicht der in aller Regel verheerende Schwund an Betriebsvermögen etwa durch Erbschaftsteuer oder auch die Auszahlung an Nebenerben: Alles das macht das Problem nur noch größer. Der schlimmste Verlust ist der Verlust des Zentrums, wenn nicht frühzeitig vorgesorgt wurde. Das macht verständlich, dass etwa ein Drittel der Unternehmen den Versuch eines Überganges von der ersten auf die zweite Generation nicht überdauert.

Am Anfang steht die Persönlichkeit eines einzelnen Menschen. Ein Mensch hat eine Vision. Natürlich muss dazu noch einiges hinzutreten wie Tatkraft, Willensstärke, ein gewisser für das Vorhaben Nutzen bringender Bildungshintergrund, Durchsetzungskraft und ein immerhin hinreichend gewinnendes Wesen, um andere Personen mitzuziehen oder besser: zu begeistern. Denn: ein Unternehmen wird immer von einer zentralen Person gegründet, aufgebaut aber wird es meist von mehr als einem Individuum.

Solange eine Gesellschaft die Entfaltung solcher Unternehmen gründender „Persönlichkeiten" ermöglicht, wird sie zu den dynamischen gehören. Es gehört einiges dazu, damit der Typus des „Unternehmers" aufkommen kann. Hier spielen eine ganze Reihe von kulturellen und weltanschaulichen Momenten mit hinein. Nicht Könige und nicht Geistliche, sondern eben Unternehmer haben Europa seine Jahrhunderte hindurch währende Vormachtstellung verschafft. Doch das, was unseren abendländischen Gesellschaften – ich denke sie mir als ein komplexes Gefüge aus Unternehmen mit Unternehmern als jeweiligem Kraftzentrum – zu ihrer einmaligen Ausnahmestellung verhalf, macht sie an einem Punkt auch anfällig und abhängig.

Was passiert, wenn Unternehmer sterben? Niemand ist unersetzbar, fraglos, aber ein Unternehmer kann für sein Unternehmen unersetzbar werden, wenn die Nachfolge nicht oder nicht rechtzeitig vorbereitet worden ist. Ein Gründer muss stark sein, ist er aber zu stark, so wird der anfängliche Vorteil leicht zum handfesten Nachteil für das Unternehmen. Wer kennt nicht die herausragenden Persönlichkeiten, die um sich herum Kreise von durch gewachsene Abhängigkeit schwächlichen Personen bilden?

So erkennen wir, dass ein Unternehmer seine Tat- und Gestaltungskraft nicht allein auf den eigentlichen Aufbau seines Unternehmens konzentrieren darf. Soll sein Werk von Dauer sein, so muss er seinen Willen darüber hinaus auf die Lösung einer weiteren – unternehmerischen – Frage ausrichten. Die Frage lautet: Wie geht es eines Tages ohne mich weiter? Er muss mithin über sich und sein persönliches Werk hinausdenken. Seine Aufgabe ist es auch, von Beginn an sein eigenes Ende mitzuplanen. Während ein Mensch seine individuellen schöpferischen Energien zur vollen Entfaltung zu bringen versucht, soll er bereits die irgendwann folgende Erschöpfung eben dieser Energien einbeziehen. Darin liegt eine große Anstrengung. Das erfordert eine noch stärkere Anspannung persönlicher Willensenergien.

Gerade in der Lebenswirklichkeit der Menschen unserer Epoche liegt hierin eine sehr harte Anforderung. Denn im Leben der heutigen westlich geprägten Menschen kommt der Tod meist überhaupt nicht vor. Das eigene Enden, die eigene Endlichkeit wird im Allgemeinen ausgeblendet, oder um es zeitgenössisch auszudrücken, „verdrängt". Jeder darf das schwarze Thema des eigenen Verlöschens zur Seite schieben – nur: Der Unternehmer darf dies nicht! Er muss sich, zum Wohle seines Unternehmens, der Unternehmerfamilie und nicht zuletzt auch seiner Mitarbeiter, diesem Fragenkreis stellen. Er darf nicht leben, bis ihn hoffentlich ein milder und schneller Tod wie zufällig aus der Vertikalen reißt. Er muss, und darin liegt seine Sonderstellung, mit seinem Tod leben und ihn von Anfang an mitgestalten.

Das also ist der Unternehmer, sein Herausgehobensein, seine Ausnahmestellung und sein Schicksal. Ein Unternehmer, der etwas aufbaut, um es weiterzugeben, lebt mehr als eine Mehrzahl seiner Zeitgenossen mit dem Tod. Mit dem eigenen Tod und den Folgen daraus.

Es verdient vielleicht eine Bemerkung am Rande, dass der Unternehmerpersönlichkeit, die etwas aufbaut und sich zusätzlich um den Erhalt des Aufgebauten über den eigenen Tod hinaus sorgt, nicht allein den eigenen Unwillen überwinden muss, die eigene Endlichkeit zu denken und außerdem auch noch zu planen. Der Unternehmer muss dieses auch noch in einem Umfeld von Neid und Missgunst leisten. Unstreitig hat sich in Deutschland seit einer Anzahl von Jahrzehnten ein Klima herausgebildet, in dem Sozialneid und damit eng in einem Zusammenhang stehend

Leistungsfeindlichkeit kulturell dominant geworden sind. Das Bild des Unternehmers wurde zum unangenehmen Bild eines eigennützigen Ausbeuters verzerrt. Der tatsächliche Ausbeuter und Schmarotzer, der Staat, wurde dagegen zu einer Märchenfigur des gütigen Verschaffers von sozialer Gerechtigkeit verklärt. Diese breit angelegte Verkehrung der Wirklichkeit hat dazu geführt, dass ein selbständiger Unternehmer in einer Dauersituation des Zwangs steht, sich vor seinem sozialen Umfeld zu rechtfertigen.

Erfolge erzeugen in unserem Land Missgunst, das Verteilen der Erfolge anderer hingegen gilt als soziale Tat. Ein Unternehmer baut ein Unternehmen auf, indem er eine wirtschaftliche Vision umsetzt. Er versucht zweitens, seinem Werk über die eigene Lebensspanne hinaus Bestand zu geben, und muss drittens, parallel zu all dem, versuchen, mit dem Neid seiner Mitmenschen und dem Zugriff der Sozialpolitiker zu Recht zu kommen.

In diesem Gesamtumfeld geht der Unternehmer an die Aufgabe heran, seine Nachfolge zu regeln. In einem solchen psychisch und sozial nicht einfachen Rahmen nicht von ihm selbst gesetzter Konditionen sucht er nach Lösungen. Die wenigsten Unternehmer, die ihre Nachfolge regeln, werden annehmen, in ihrem Willen vollkommen frei zu sein, oder dass es nur an ihnen selbst hängt, was zu tun ist.

Viele Unternehmer werden sich fragen, was für ihre Familie und vor allem, was für jenes besondere andere „Kind", ihr Unternehmen, das beste ist. Sie werden zu ergründen versuchen, was ihr Unternehmen „will" oder wollen würde, wenn es einen Willen hätte. Denn auch ein Unternehmen hat eine eigene Mischung aus Interessen. Sobald wir die Belegschaft eines Unternehmens in den Blick nehmen, ist das noch ganz einfach. Eine Gruppe von Menschen, die in einem Unternehmen arbeiten, hat ganz natürlich einen Gruppenwillen, etwa den Willen, viele der Arbeitsplätze zu erhalten. Aber auch die Marke, das Firmen-Logo oder das in einem Unternehmen entwickelte und über vielleicht viele Jahre akkumulierte Wissen bilden eine Gesamtheit, die als solche weiterhin bestehen will.

Der Unternehmer wird also neben seinen persönlichen Interessen und denen seiner Familie und denen seiner Partner, Anteilseigner und Mitarbeiter auch den Willen des Ganzen auszulegen versuchen. Auch das abstrakte „Unternehmen" selbst hat eine Art Willen, der in der Nachfolgesituation eine Rolle spielt.

Es gibt natürlich Ausnahmen: So gibt es die nüchternen Naturen, die in der Tat eine bloße Akkumulation von Mitteln vor sich sehen, die entweder tauglich sind, eine bestimmte Rendite abzuwerfen oder aber es verdienen, in einer neuen Kombination aufzugehen, die hoffentlich mehr Rendite abwirft. Aber eine solche nüchterne Betrachtungsweise ist mehr den Vertretern abstrakter Finanzkapitalinteressen zuzuordnen als dem Typus des persönlichen Unternehmers.

Wir fassen an dieser Stelle zusammen: Der Unternehmer, der eine, seine, Nachfolge plant, berücksichtigt neben seinem Willen, sein Unternehmen als einen Wert über sich und seine eigene Lebensspanne hinaus zu konstituieren, auch noch den „Willen" seines Unternehmens als eines gedachten Trägers eigener Interessen.

Jetzt kommen wir zu der „dritten Gewalt" in dem Drama des Generationenüberganges. Diese ist der vielleicht mächtigste Akteur, die „Unternehmerfamilie".

Die ASU ist die Vereinigung deutscher Familienunternehmer. Mitglieder in der ASU sind nicht Unternehmen, sondern Unternehmerpersönlichkeiten. Diese sind sehr häufig Mitglied in der zweiten, dritten oder vierten Generation. Man könnte daher vielleicht sogar behaupten, nicht Unternehmerindividuen sondern Familien hielten ihre Mitgliedschaft in der ASU e. V.

Was aber ist das Interesse der Unternehmerfamilie? Ist es ausschließlich das Interesse der einzelnen Familienmitglieder? Ist es das Interesse des Unternehmers selbst oder seiner Witwe an einem passablen Altersvorsorgefonds? Ist es das Interesse einzelner Unternehmerkinder an leitenden Funktionen in einem Familienbetrieb? Alle diese Partikularinteressen sind auf Seiten des Unternehmers stets mit zu berücksichtigen.

Aber betrachten wir ein Familienunternehmen, das, sagen wir einmal, seit zwei oder drei oder noch mehr Generationen in Familieneigentum ist und durch eine Familie weiterentwickelt worden ist. So stoßen wir auf ein weiteres abstraktes, überpersönliches Energiefeld, dem sich der Unternehmer, der seine „Nachfolge" plant, gegenübersieht. Was wird hier geschützt? Die „Fabrik", die „Familie", das gewachsene „Vermögen" oder das „Familienvermögen"?

In einem über mehrere Generation generierten Familienunternehmen steckt mehr als die Arbeit eines oder mehrerer Persönlichkeiten. In einer solchen Einheit verbirgt sich und wurde weitergegeben die Lebensleistung einer Mehrzahl von Familienmitgliedern. Es entsteht eine Tradition vergleichbar mit einer weiteren kulturellen Tradition in ganzen Gesellschaften.

Die „Familie" übt Einfluss aus, auch wenn einzelne Familienmitglieder freundlich indifferent oder auch „offen für alle Ergebnisse" auftreten mögen. Jener Familie gegenüber empfindet der Familienunternehmer gerade in so extremen Lagen wie der Nachfolgesituation Verantwortung. Und von ihr geht auch Druck aus. Oder wie Brun-Hagen Hennerkes zu Recht formuliert, sind „Erfolgsgeschichten von Familienunternehmen (...) immer zugleich auch Geschichten über die besitzenden und leitenden Familien". Ein Unternehmer ist daher auch mit Blick auf die Familie hinter dem Familienunternehmen alles andere als frei in seiner Entscheidung, wie und an wen er „sein" Unternehmen an andere weitergibt, sei es familienintern oder an Dritte.

Mit anderen Worten: Wenn ein Unternehmer, hoffentlich bereits in seinen mittleren Jahren, die Tür seines Arbeitszimmers von innen schließt, um sich zunächst über die eigene Position in Sachen Nachfolgeregelung klar zu werden, geht er trotzdem nicht allein mit sich zu Rate. Alle diese drei Seelen trägt der Unternehmer in seiner Brust, versucht er, Klarheit über seine Motive zu gewinnen und seine Ziele zu definieren. Aus mehreren Quellen fließen ihm Motive zu. Es ist an ihm, sie zu ordnen und zu gewichten.

2. Welche Ziele ?

Unternehmer sein heißt Risiken zu schultern und zu lernen, sie zu überwinden, um das selbstgesteckte Vorhaben zu realisieren. Bei allen unternehmerischen Aktivitäten geht es daher immer zum einen um die Ausschaltung von Gefahren bei gleichzeitiger

Umsetzung von Ideen. Nichts anderes gilt für das „Unternehmen Nachfolge". Hier kann ein Unternehmer ein letztes Mal zeigen, was an langfristigen Fähigkeiten zu Lageanalyse und Problemlösungskompetenz in ihm steckt.

Für eine Reihe von Unternehmern wären die größten Gefahren bewältigt und die meisten Ziele in erreichbare Nähe gerückt, wenn der Unternehmer eine Person fände, die in etwa ihm selbst gleicht. Er wird also versuchen, eine solche Person zu finden. Und Er wird zunächst in der eigenen Familie suchen, denn unter den Seinen hofft mancher noch am ehesten sich selbst ein zweites Mal wieder zu entdecken, vielleicht in einer weniger reinen Mischung, aber immerhin. (Andere, ist hinzuzufügen, suchen von Beginn an denjenigen aus, der die Herausforderungen der Zukunft wohl am besten meistern kann.)

Die Suche nach dem idealen Nachfolger beginnt mithin in der erstgenannten Gruppe von Unternehmern damit, für sich die eigenen Stärken zu definieren. Was habe ich, was der andere auch haben sollte, auf dass er werde so wie ich? Bei wem entdecke ich das geringste Maß an Beimischungen, die ich an mir nie vermisst habe? Wer in der Familie, in der entfernten Familie oder – wenn es denn sein muss – in meiner zweiten Führungsebene erinnert mich an mich?

Ein solcher Beginn der Suche nach dem Nachfolger ist immerhin insofern „richtig" als er menschlich ist. Auch ein Unternehmer darf und soll jenen Maßstab anlegen, mit dem er noch am ehesten vertraut ist. Und das ist er eben selbst. So darf der Unternehmer seine persönlichen Dosierungen an für die Führung des Betriebes erforderlicher Tat- und Willenskraft, Erfindergeist, an Fleiß, Sorgfältigkeit und Solidität auf die eine Seite der Waagschale legen, um dann nach einer passenden Entsprechung zu suchen.

Ein Nachfolgeprozess sollte aber kein punktueller Willensakt sein sondern ein Prozess. Daher liegt in einem „guten Beginn" auch noch kein gutes Abschließen des Vorhabens Nachfolge. Ein Unternehmer tut daher zwar gut daran, zunächst seinesgleichen zu suchen. Denn diese Qualitäten, das heißt: seine eigenen, sollte der Nachfolger in der Tat auf jeden Fall mitbringen. Hier erkennen wir eine Mindestanforderung.

Belässt es ein Unternehmer dabei, eine möglichst gute Kopie seiner selbst herauszufiltern, wird es ihm erstens leicht widerfahren, dass er einem Vertreter aus der Gruppe menschlicher Chamäleons auf den Leim geht. Wird erst einmal deutlich, dass „der Chef" nach der Kopie sucht, wird es an diesen nicht mangeln. Man muss nicht hässlich von „Konformisten" sprechen, um das Problem zu umreißen. Es genügt zu sagen, dass in vielen Persönlichkeiten eine gewisse Biegsamkeit abrufbar ist oder auch eine Gefallfreudigkeit, deren Inkubation anzulaufen beginnt, wenn sie von oben hinreichend deutlich provoziert wird. Für das Unternehmen ist eine solche Binnenentwicklung fatal. Schon „zu Lebzeiten" kann sich um den Unternehmer herum eine Art höfisches Klima herausbilden, das das Unternehmen in seiner Innovationskraft und Vitalität bremst. Beflissenheit der Spitze gegenüber passt besser in Behörden und ist das Gegenteil einer gesunden mittelständischen Unternehmenskultur.

Zweitens aber liegt in der Suche nach dem perfekten Abbild das bedauernswerte Vertun einer großen Gelegenheit. Die Phase einer Unternehmernachfolge ist eine der gefährlichsten für jedes Unternehmen. Aber gleichzeitig kann ein Unternehmen dadurch auch noch besser oder moderner oder besser angepasst an seine Umwelt und an eine neue Gegenwart werden.

Wer als (auf mittlere Sicht) abtretender Unternehmer seinesgleichen sucht, verspielt damit die Chance zur Steigerung. Auch hier muss der Unternehmer echte persönliche Größe zeigen. Zwei Mal wird ihm solches abverlangt: einmal, wie schon beschrieben, in der Auseinandersetzung mit der eigenen Vergänglichkeit, und nun noch darin, dass er seinen Abgang als eine Verbesserungschance für das von ihm aufgebaute Unternehmen sehen soll. Das ist viel verlangt, denn natürlich auch Unternehmer sind ängstliche Sterbliche und auch sie haben das Menschenrecht auf Eigenliebe und etwas Eitelkeit.

Ein guter Nachfolger wird gefunden, wenn der abtretende Unternehmer nicht nur nach sich selber sucht, sondern nach zusätzlichen Qualitäten, die über die eigenen noch hinausgehen. Solche aber kann er naturgemäß nur erahnen. Hier steht er vor einem wirklichen Problem. Denn wenn er schon wüsste, an welchen brauchbaren Eigenschaften es ihm gefehlt hat oder inzwischen zu fehlen beginnt, so hätte er bereits versucht, sie selbst zu erwerben. Mit anderen Worten: Wie kann ein Guter wissen, was noch besser (für das Unternehmen) ist? Das Ziel ist also ausgesprochen anspruchsvoll.

Wir haben bis hierher zwei Dinge erörtert: Erstens fließen in die Motive des Unternehmers eine Reihe von Motivationssträngen ein, die jenseits des Unternehmers liegen. Zweitens obliegt dem Unternehmer eine Zielfokussierung, bei der er sich nur in einer ersten Stufe auf sein eigenes Wissen verlassen kann. Wenn er auf dieser stehen bleibt wird er eine Nachfolgelösung finden, die dem Unternehmen allenfalls den alten Status Quo verschafft. Richtigerweise muss ein dynamisches System „Unternehmen" aber im Interesse aller Beteiligter wie zum Beispiel Vermögen, Familie und Mitarbeiter in Bewegung bleiben, wofür die Nachfolgephase eine wichtige Chance ist.

Ein Unternehmen, das nur weiterläuft, läuft Gefahr, dass das wirtschaftliche Umfeld nicht nur weiterläuft. Eine bloß erhaltende Nachfolge ist schlechter als eine voranschreitende Lösung. Eine voranschreitende Lösung aber wäre hier eine, mit der eine bestimmte Persönlichkeit über sich selbst und ihren Erfahrungshorizont hinauswüchse. Damit wird fürwahr viel abverlangt. Soll einer, der sich in seiner unternehmerischen Vergangenheit und Gegenwart mit seinen Unternehmungen bewährt hat, im Augenblick der Nachfolge für die Seinen auch noch die Zukunft zu meistern haben? Ist von ihm zu erwarten, dass sein Leistungsvermögen auch noch in der Nachfolgesituation zu Quantensprüngen ansetzt? Wie soll man nicht nur das bekannte Gute, sondern das noch unbekannte Bessere entdecken?

3. Wie agiert ein Unternehmer?

Im Angesicht dieser Herausforderungen kann ein Unternehmer nichts Besseres tun als sich auf das Feld seiner ureigensten Qualitäten besinnen. Ein Unternehmer geht neue Wege. Indem er neue Wege geht, findet er neue Lösungen und ist damit – in der Regel nur auf Zeit – Pionier. Der Markt honoriert seine Pioniere mit Gewinnen.

Wer etwas Neues schafft oder Bewährtes schneller, besser, billiger zu verschaffen vermag oder auch, wer neue Bedürfnisse entdeckt oder alte Bedürfnisse neu entdeckt, gewinnt Erfolg. Am Anfang unternehmerischer Sondergewinne und außerordentlicher Erfolge steht immer die unternehmerische Tat des Experimentierens.

Keinem Unternehmer ist es abzuverlangen, für seine Nachfolgefrage eine todsicher richtige Entscheidung zu fällen. Kaum einer setzt sich hin und weiß beim ersten Nachdenken: Der ist es. (Sicher, es gibt von jeder Regel Ausnahmen.). Denn keiner kann mit sicherem Erfolg in die Zukunft schauen. Wer glaubt, alles zu wissen, wie man in der Zukunft für und durch sein Unternehmen alle Probleme lösen wird, ist seinem intellektuellen Ansatz nach kein Unternehmer. Aber jeder Unternehmer kann das leisten, was seiner Natur entspricht. Er kann unternehmen. Er kann seine Nachfolge unternehmerisch gestalten. Er kennt das Ziel nicht, aber er kennt die Technik, wie man aktiv Ziele erreichen kann. Allerdings kennt er das Ziel, sein Unternehmen für die Familie oder wen auch immer, gut und stabil für die ungewisse Zukunft vorzubereiten. Aber darin liegt nur ein abstraktes Fernziel. Die konkreten Zwischenziele hingegen kennt der Unternehmer eben noch nicht, wenn er über die vielleicht zehn Jahre nah seinem persönlichen Rückzug aus dem Unternehmen nachdenkt. Sein Planungshorizont erstreckt sich in unseren schnelllebigen Zeiten realistischerweise nicht weiter als höchstens zehn Jahre.

Das Ziel des Unternehmers ist damit nicht ein bestimmter Personenkreis in der Führung oder eine bestimmte Umsatzzahl in einem bestimmten Kalenderjahr. Sein Ziel kann es nur sein, handelt er verantwortungsvoll und sich seiner menschlichen Grenzen bewusst und eingedenk seines in einem Unternehmerleben bewährten Leistungsprofils, das Unternehmen, das er abgibt, seinem Charakter nach unternehmerisch zu halten. Das heißt? Auch die Nachfolge ist ein Vorgang von „Trial and Error", von Investieren und Bilanzziehen. Es gibt nicht die Lösung, aber man kann verschiedene Lösungen versuchen. Es gibt nicht den Nachfolger. Es mag ja noch zu erkennen sein, wer einem selbst ähnelt. Aber es ist ohne Versuche nicht möglich den zu erkennen, der sich noch besser als man selbst in die veränderten Umstände einfinden kann. Darum ist die Nachfolge ein Prozess, der gar nicht früh genug eingeleitet werden kann und bei dem der Unternehmer selbst noch lange – als eine Art „Spielleiter" – mitwirken sollte.

Der Unternehmer hat ein Unternehmen gegründet oder übernommen. Jedenfalls hat er es unternehmerisch geführt. Nun kann es ihm nur darum gehen, es eben als Unternehmen, das heißt als ein flexibles, reaktionsfähiges und vitales, eben unternehmerisches Gebilde weiterzugeben. Würde er dagegen versuchen, den Ist-Zustand zu fixieren, etwa indem er in seinem Nachfolger das Standbild seiner selbst sucht, würde er aus einem Unternehmen ein Nicht-Unternehmen machen, mit seiner letzten Aktion sein Lebenswerk also konterkarieren. Was bleibt ist nicht eine Vermögensmasse, und es ist auch nicht eine bestimmte Ansammlung einzelner Produktionsmittel. Was bleibt, ist Bewegung.

Jetzt komme ich zum Abschluss dieser Überlegungen, in denen ich einiges über ein Bild des persönlichen Unternehmers gesagt zu haben hoffe. Bei einer Unternehmensnachfolge kann etwas erhalten werden, was das Unternehmen ausmacht, und wofür ein abtretender Unternehmer auch stand, jedenfalls einer, der auch erfolgreich war: ein Geist der Beweglichkeit.

Und an dieser Stelle laufen nun auch all die verschiedenen Fäden wieder zusammen, die ich eingangs zu skizzieren versucht habe: der Unternehmer, das Gebilde Unternehmen (dieses unabhängig von seiner vergänglichen Zusammensetzung aus einzelnen Individuen, aus Maschinen, Schreibtischen und Immobilien) und die Unternehmerfamilie mit ihrer Tradition einer Unternehmerfamilie, die häufig schon über Generationen unternehmerisch funktionierte und dadurch für sich und die Gesellschaft Werte schuf.

4. Zum politischen Rahmen

Zum Abschluss erlaube ich mir noch einen kurzen Ausflug in die Politik. Unternehmensnachfolge hat auch viel mit dem von der Politik gesetzten Rahmen zu tun. Ich komme an dieser Stelle auf einen Hinweis zurück, den ich eingangs gemacht habe:

Sämtliche der geschilderten Schwierigkeiten, die über ein Familienunternehmen bei Eintritt einer Nachfolgesituation auftreten, werden durch staatliche Hinzufügungen von Lasten noch verschärft. Als fatal erweist sich nur zu häufig die Auszehrung von Betriebsvermögen durch die in Deutschland weiter erhobene Erbschaftsteuer. In anderen Ländern wie Portugal oder Italien ist die Erbschaftsteuer abgeschafft worden. Betriebliches Eigenkapital wird hier über einen längeren Zeitraum immer weiter abgeschöpft, indem Mal um Mal die Substanz des Betriebes selbst besteuert wird, statt dass der Staat es bei einem Zugreifen auf die Erträge belassen würde. Die Erbschaftsteuer ist ein schleichendes Gift, das mit seiner Wirkung der Kapitalauszehrung über Generationen wirkt.

Die Arbeitsgemeinschaft Selbständiger Unternehmer tritt seit vielen Jahren für die ersatzlose Abschaffung der Erbschaftsteuer ein, damit die Nachfolgesituation nicht noch gefährlicher ist als sie es auch ohne die steuerpolitische Sterbehilfe „Erbschaftsteuer" bereits sein würde. Grundsätzlich sollte jedes Einkommen besteuerbar sein, dass räumen ja auch wir ein. Aber jedes Einkommen soll nur einmal in einem Leben besteuert werden. Im Leben des Erblassers oder des Schenkers ist das Vermögen, das vererbt oder verschenkt wird, bereits versteuert worden. Damit ist für eine weiteren und für jeden weiteren steuerlichen Zugriff auf dieses, aus versteuertem Einkommen gebildete Vermögen kein Raum mehr, sagt die ASU.

Wir wissen aber auch, dass es schwierig ist, diese einfache und ethisch sauber vertretbare Position in einer Neidgesellschaft wie unserer, der deutschen der Gegenwart, durchzusetzen. Daher haben wir eine „Lösung B" neben der sozusagen richtigsten Lösung „Abschaffung". Unsere Lösung B ist im Grunde genommen genau das, was in Großbritannien oder auch in Belgien seit vielen Jahren praktiziert wird, das „Abarbeitungsmodell". Auf betriebliches gebundenes Kapital ist keine Erbschaftsteuer zu entrichten, wenn und soweit der betreffende Betrieb durch den Erben fortgeführt wird, wobei eine Staffelung nach (bis zu zehn) Jahresabschnitten vorzusehen ist.

Die Unionsparteien die FDP und wohl auch der Bundesministerium für Wirtschaft und Arbeit haben begonnen, sich für dieses Abarbeitungsmodell, das die ASU in die deutsche Diskussion eingeführt hat, zu erwärmen. Jetzt finden wir es in den Steuerkonzepten von CDU und CSU wieder.

Dieses sind politische Ziele nicht bei der Nachfolge, sondern eben im Vorfeld jeder weiteren Nachfolgesituation. Es darf im Jahr 2004 kein drittes Jahr der Insolvenzrekorde geben, wie sie gerade auch zahlreiche Unternehmer im deutschen Mittelstand trafen und treffen.

Weiterführende Literatur:

Gruhler, Unternehmensnachfolge im Mittelstand, Institut der deutschen Wirtschaft Nr. 244, Köln 1998.

Habig/Berninghaus, Die Nachfolge im Familienunternehmen ganzheitlich regeln, 2. Auflage Berlin/Heidelberg/New York 2004.

Hennerkes, Familienunternehmen sichern und optimieren, Frankfurt am Main 1998.

Hillengaß/Nökel, Strategien für Generationswechsel und Zukunftssicherung, Heidelberg 1999.

Kirst/Bieler, Unternehmensnachfolge, München 1996.

Klein, Familienunternehmen, Wiesbaden 2000.

Paulus, Die Unternehmensnachfolge. Das unbekannte zweite Lebenswerk, ASU Arbeitsblatt 2000.

Überblick über die Handlungsalternativen der familienexternen Nachfolgeregelung
Fritz Koop

Inhalt:

	Seite
1. Mögliche Varianten der familienexternen Nachfolgeregelungen	35
1.1 Die Nachfolgeregelung im Wege der Fremdgeschäftsführung	36
1.2 Die Nachfolgeregelung im Wege eines Management-Buy-Out (MBO)	36
1.3 Die Nachfolgeregelung im Wege eines Management-Buy-In (MBI)	37
1.4 Die Nachfolgeregelung im Wege eines Trade Sales	38
1.5 Die Nachfolgeregelung im Wege eines Börsengangs	39
1.6 Die Stiftung als besondere Form der Nachfolgeregelung	40
2. Die Rolle von Private Equity-Gesellschaften bei der Finanzierung	40
3. Die Elemente eines Übergabefahrplans	41

Die Regelung der Unternehmensnachfolge ist eines der zentralen Themen des Mittelstands. Sicherlich werden auch weitere Einflussfaktoren, wie die EU-Erweiterung, verkürzte Produktlebenszyklen oder eine veränderte Finanzierungskultur – ausgelöst durch Basel II – den Mittelstand in Deutschland verändern. Während die familieninterne Nachfolge vergleichsweise „geräuschlos" umgesetzt wird, bedeutet eine externe Lösung unter Umständen den Wechsel des Eigentümers und bei familiengeführten Unternehmen damit in der Regel zugleich das Ausscheiden des Firmenlenkers und Gründers.

1. Mögliche Varianten der familienexternen Nachfolgeregelungen

Bei Nachfolgeproblematiken von Familienunternehmen ist es nahe liegend, dass der bzw. die Inhaber nach Möglichkeit die Unabhängigkeit des Unternehmens erhalten und idealerweise den oder die Nachfolger aus dem Familienumfeld bestimmen möchten. Es gibt jedoch Umstände, die dazu führen, dass Familienunternehmen sich für alternative Nachfolgelösungen entscheiden bzw. entscheiden müssen.

Ein Motiv für die Wahl einer externen Nachfolgeregelung liegt in dem einfachen Mangel an natürlichen Nachfolgern im Familienumfeld. Denkbar sind auch Situationen, bei denen vorhandenen Nachfolgern das Interesse bzw. die notwendige Qualifikation für eine Selbständigkeit und Fortführung der unternehmerischen Aktivitäten des Vorgängers fehlen. Hiervon zu differenzieren sind finanzielle Motive, die zu der Umsetzung von Nachfolgen unter Einbezugnahme von Dritten führen, beispielsweise weil die im Wege der Geschäftsübertragung anfallenden Kaufpreise oder Steuern vom Nachfolger nicht oder nur teilweise aufgebracht werden können.

Nachfolgeregelungen sind häufig auch das Ergebnis geschäftsstrategischer Überlegungen. Diese führen beispielsweise dazu, dass Unternehmen ihre Wettbewerbsposition durch Aufnahme externer Kapitalgeber im Rahmen eines Börsengangs oder durch Zusammengehen mit strategischen Partnern verbessern wollen.

Die oben aufgezeigten Motive für einen Inhaberwechsel lösen unterschiedliche Formen der familienexternen Nachfolgeregelung aus, die nachfolgend überblickartig dargestellt werden.

1.1 Die Nachfolgeregelung im Wege der Fremdgeschäftsführung

In Situationen, in denen die Geschäftsführung nicht durch Familienangehörige wahrgenommen werden kann, der Einfluss durch die Wahrnehmung der Eigentumsrechte aber weiterhin gewünscht ist, bietet sich die Fremdgeschäftsführung an. Gerade in Situationen, in denen eine Lücke zwischen den Generationen geschlossen werden soll, wird diese Form häufig gewählt.

Grundvoraussetzung ist allerdings, dass der geschäftsführende Gesellschafter bereit ist, die Führung einem kompetenten externen Manager zu überlassen und sich nach einer Übergangsphase auf eine beratende und überwachende Tätigkeit zu beschränken. Dies ist umso wichtiger, als die Managementstrukturen in Familienunternehmen stark auf die Inhaber zugeschnitten sind und deshalb die Rekrutierung qualifizierten Managements eine besondere Herausforderung darstellt. Besondere Relevanz hat dies im Falle einer nicht erwünschten Beteiligung des Managements.

Ein weiterer Aspekt ist in diesem Zusammenhang die Wahl der Rechtsform. Beispielsweise ist die Rechtsform der AG dann in Erwägung zu ziehen, wenn die Fremdgeschäftsführung nicht nur der Überbrückung einer familiären Führungslücke dient oder wenn gesellschaftsrechtliche Befugnisse der Erben eingeschränkt und externen Managern größere unternehmerische Freiheiten eingeräumt werden sollen.

1.2 Die Nachfolgeregelung im Wege eines Management-Buy-Out (MBO)

Die Durchführung einer Nachfolgeregelung unter Einbindung unternehmensinterner Führungskräfte wird im internationalen Sprachgebrauch Management-Buy-Out (MBO) genannt. Wird der Erhalt der Unabhängigkeit und des „Corporate Spirit" als Optimalvariante der Unternehmer für familienexterne Nachfolgeregelungen definiert, so kommt ein MBO dieser Variante wohl am nächsten. Dieser Fall beschreibt die Situation, dass der Inhaber sich von der Unternehmensübernahme durch „seine" Mitarbeiter aufgrund derer internen Kenntnisse sowie des relevanten Umfelds eine möglichst reibungslose Unternehmensfortführung verspricht. Klassischerweise ist ein derartiges Übernahmeteam besetzt mit bisherigen Geschäftsführern und/oder wichtigen Funktionsträgern aus den Abteilungen Technik, Vertrieb und Finanzen. Die Nachfolger verfügen in diesem Fall über entsprechende Akzeptanz bei den Mitarbeitern bzw. Unternehmenspartnern und zählten in der Regel bereits in der Vergangenheit aufgrund ihrer persönlichen Qualifikationen und Beziehungen zu den Erfolgsfaktoren des Unternehmens.

Bei bisher eher patriarchisch geführten Unternehmen ist es aber auch denkbar, dass das MBO-Team neue Dynamik im Unternehmen entwickelt, da die bisher als Angestellte fungierenden Manager nun als Unternehmer Veränderungsprozesse herbeiführen können, die bis dato vom „Patriarchen" behindert worden sind. Es ist in diesem Zusammenhang jedoch anzumerken, dass nicht jeder angestellte Manager auch für eine unternehmerische Rolle geeignet ist. Dies wird insbesondere dann deutlich, wenn wichtige Entscheidungen in der Vergangenheit ausschließlich durch den Inhaber getroffen wurden und das Nachfolgeteam deshalb eine unternehmerische Grundhaltung nicht ausreichend entwickeln konnte.

Bei MBOs ist besonders auf die Konfliktsituation der Buyout-Manager hinzuweisen. Bereits in der Vorbereitungsphase ergibt sich ein Loyalitätskonflikt dergestalt, dass das Management als Unternehmensinsider Verhandlungen z. B. mit Finanz-Investoren (s. a. Ziffer 2) führen muss, aber einer entsprechenden Geheimhaltungspflicht unterliegt. Im Falle einer Public-to-Private Transaktion, also dem Buyout eines börsennotierten Unternehmens, ist der Geheimhaltungsaspekt noch virulenter, da Externen keine nicht öffentlichen Informationen zugängig gemacht werden dürfen.

Im Stadium der Kaufpreisverhandlung tritt der potenzielle Interessenkonflikt noch deutlicher in den Vordergrund, da die Buyout-Manager eine Doppelrolle als juristischer Vertreter der Gesellschafter bzw. der Verkäufer und als potenzielle Käufer einnehmen. Als Führungskräfte des Unternehmens sind dem Team auch eventuell vorhandene Stille Reserven und ggf. verstecktes Ertragspotenzial bekannt, mit der Möglichkeit, dieses Wissen für die eigene Kaufpreisverhandlung einsetzen zu können. Über diese Informationen muss der Firmeninhaber bei Trennung von Kapital und Management nicht zwangsläufig verfügen. Als weitere mögliche Probleme seien an dieser Stelle rechtliche und steuerrechtliche Aspekte aufgezählt, wie die Offenbarungs- und Aufklärungspflichten gegenüber den Veräußerern, die Risiken aus positiver Vertragsverletzung sowie im Zusammenhang mit der Sicherheitenbegebung die Gefahr einer verbotenen verdeckten Eigenkapitalrückgewähr.

1.3 Die Nachfolgeregelung im Wege eines Management-Buy-In (MBI)

Vergleichbare Interessenkonflikte existieren bei sog. Management-Buy-Ins (MBI), also Nachfolgeregelungen bei denen ein fremdes Managementteam die Führung sowie Geschäftsanteile des Unternehmens übernimmt, weniger. Anders als bei MBOs können in diesen Fällen auch Manager im MBI-Team stehen, die bereits über Erfahrungen aus einer vorherigen unternehmerischen Tätigkeit verfügen und damit wertvolles Know-how von Außen einbringen. Dafür fehlen jedoch unternehmensinterne Kenntnisse.

Unabhängig von der Zusammensetzung des Übernahme-Teams wird bei einem MBI das Risiko einer nicht erfolgreichen Nachfolge allgemein eher höher als bei einem Eigentümerwechsel durch MBO eingestuft. Der maßgebliche Erfolgsfaktor im Rahmen eines MBI liegt in der Fähigkeit des Übernahmeteams, sich in die etablierten Unternehmensstrukturen zu integrieren und das Vertrauen der Mitarbeiter sowie der Marktpartner des Unternehmens zu gewinnen. Dies stellt besonders dann eine große Herausforderung dar, wenn die Mitarbeiter sich im Nachfolgeprozess übergangen fühlen oder wichtige Entscheidungen der Marktpartner, wie z. B. Hausbanken oder Lieferanten, im Wesentlichen auf der Grundlage persönlicher Beziehungen zum bisherigen Inhaber gefällt wurden. Gelingt die Integration beispielsweise nicht, werden sich automatisch Störungen im operativen Geschäftsablauf ergeben, die zu Planverfehlungen führen und die Finanzierung der Übernahme (s. a. Ziffer 2) gefährden können.

Eine Unternehmensnachfolge muss nicht zwingend zur Folge haben, dass der oder die bisherigen Inhaber unmittelbar zu 100 % aus dem Gesellschafterkreis und dem Management ausscheiden. Im Rahmen eines MBO/MBI ist eine vorübergehende weitere Einbindung des bisherigen Inhabers nicht ungewöhnlich, da durch eine beratende Begleitung des Vorgängers ein sukzessiver Übergang von spezifischen Kenntnissen und Kontakten erreicht werden kann. Bei derartigen Regelungen besteht auf der anderen Seite aber das Risiko, dass der bisherige Inhaber sich weiterhin in der Unternehmerrolle sieht und dadurch die Kreise der Nachfolger einschränkt. Sofern darüber hinaus Teile des Kaufpreises aufgrund vertraglicher Regelungen mit den Nachfolgern noch nicht an den bisherigen Inhaber ausgezahlt worden sind, beispielsweise durch Vereinbarung eines bedingt im Unternehmen verbleibenden Verkäuferdarlehens (engl. Sellers Note oder Sellers Loan), steigt das Interesse des Veräußerers sich weiterhin operativ am Geschäftsbetrieb zu beteiligen, um so den noch nicht erhaltenden Kaufpreisbestandteil abzusichern. Deshalb ist abzuwägen, ob nicht konsequenterweise ein klarer Schnitt mit sofortiger Trennung vom bisherigen Inhaber am sinnvollsten ist.

Insbesondere bei Familienunternehmen kann es in der Praxis auch zu partiellen Nachfolgesituationen kommen, wenn beispielsweise nur einzelne Gesellschafter oder Familienstämme abgelöst werden. In diesen sogen. Owners-Buyouts (OBO) werden die frei werdenden Anteile entweder durch Dritte oder durch die verbleibenden Anteilseigner erworben, unter Umständen auch durch Einbeziehung von Finanzpartnern (s. a. Ziffer 2).

1.4 Die Nachfolgeregelung im Wege eines Trade Sales

Bei Nachfolgeregelungen durch MBO/MBI werden die Auswirkungen des Inhaberwechsels besonders im Bereich der Unternehmensführung und der Beziehungen zu Mitarbeitern und Marktpartnern spürbar. Erfolgt die Nachfolge im Rahmen eines sog. Industrieverkaufs (engl. Trade Sale), also dem Verkauf an ein anderes Unternehmen, so werden die Veränderungen normalerweise deutlicher nach Außen sichtbar. Wie signifikant dieses ist, hängt im Wesentlichen davon ab, welche Motivation der Käufer für den Erwerb des Unternehmens hat und wie die Machtverteilung zwischen Käufer und Verkäufer ist.

Während die Diversifikation aufgrund mangelnder Liquidität und der „eingekauften" Risiken spätestens seit Beginn der achtziger Jahre als Kaufmotivation stark abgenommen hat, versuchten Unternehmen statt dessen in einer folgenden Phase sich durch vertikale Integration in die Beschaffungs- und Absatzmärkte einzukaufen oder eine horizontale Absicherung durch Aufkäufe von Wettbewerbern zu erreichen. In den letzten Jahren ist jedoch vielmehr eine Konzentration der Unternehmen auf ihre Kernkompetenzen zu beobachten, mit der Folge, dass Konzerne die erworbenen Unternehmen eher in ihre Organisation eingliedern. Sollten derartige Übernahmesituationen jedoch nicht zu einer vollständigen Integration und dem Verlust der bisherigen Identität führen, so besteht zumindest das Risiko, dass Kapazitäten auf der Käuferseite optimiert werden. Damit verbunden sind in der Regel Personalabbaumaßnahmen insbesondere auf der Führungsebene des übernommenen Unternehmens.

Gerade bei der Übernahme von Familienunternehmen durch Konzerne ist die Auswechslung des Managements typisch. Besonders in Situationen, bei denen Familienunternehmer in einer Abschwungphase veräußern, ist eine Beibehaltung des Managements, welchem die Talfahrt angelastet wird, unrealistisch. Umgekehrt besteht bei familienangehörigen Managern, die traditionell mit dem Unternehmen verbunden sind, wenig Neigung, dem neuen Herrn sowie den geänderten Managementtechniken zu folgen.

Über die möglichen Auswirkungen eines Trade Sales ist sich ein Unternehmer in aller Regel im Vorhinein im Klaren. Deshalb dürfte diesem die Entscheidung für einen Industrieverkauf je nach emotionaler Bindung zum Unternehmen und den Mitarbeitern vergleichsweise schwer fallen, auch wenn durch die viel beschworenen Synergien eine Stärkung der Wettbewerbsposition erzielt werden kann. Dafür lassen sich die potenziellen Synergien aus Sicht des Veräußerers als Argumentation für ein adäquates „Schmerzensgeld" im Sinne eines erhöhten Verkaufspreises nutzen.

1.5 Die Nachfolgeregelung im Wege eines Börsengangs

Während bei den bisher vorgestellten Varianten der externen Unternehmensnachfolge der Ausstieg des Inhabers gezielt geregelt und nach Außen kommuniziert wird, handelt es sich beim Börsengang (engl. Initial Public Offering, kurz: IPO) eher um eine Form des Unternehmensübergangs, bei dem vielmehr ein „Nachfolgeeffekt" als Resultat einer Finanzierungsmaßnahme entsteht.

Nach Außen ist es schwer kommunizierbar, dass ein IPO im Zuge einer Nachfolgeregelung erfolgt. Ein Börsengang dient Unternehmen in erster Linie zur Erschließung zusätzlicher Finanzierungsquellen, um strategische Vorhaben, wie den Erwerb anderer Unternehmen oder die Erschließung von neuen Märkten im Ausland, umsetzen zu können. Dies wird durch eine Kapitalerhöhung erreicht, die zum überwiegenden Teil durch neue Aktionäre, wie Institutionelle Anleger oder Privatpersonen, gezeichnet wird. Dadurch, dass die bisherigen Aktionäre gleichzeitig auf ihr Aktienbezugsrecht verzichten, erfolgt eine entsprechende Verwässerung der bisherigen Anteilsinhaber. Sofern im Rahmen des IPO zusätzlich eine Umplatzierung, also ein Verkauf von bestehenden Aktien durch die Altaktionäre erfolgt, verstärkt sich die Anteilsverschiebung nochmals. Aktienumplatzierungen werden von den Emissionsbanken bzw. zum Teil auch durch entsprechendes Regelwerk jedoch limitiert bzw. erst nach Ablauf einer sogen. Lock-Up-Period möglich. Damit soll verhindert werden, dass die bisherigen tätigen Inhaber bei Börsengang „Kasse machen" und sich aufgrund dessen deren Interesse an einer positiven Weiterentwicklung des Unternehmens vermindert.

Diese Darstellung macht deutlich, dass ein IPO zwar eine Form der Nachfolge darstellt, die bisherigen tätigen Inhaber sich aber nur schrittweise aus der Gesellschafterrolle bewegen können und zunächst weiterhin in der Unternehmensleitung verbleiben müssen. In einer späteren Phase ist dann ein sukzessiver Ausstieg aus der Unternehmensführung, z. B. über einen Wechsel in den Aufsichtsrat des Unternehmens, durchaus üblich. Letztlich erfolgt ein Börsengang also nicht, um die Nachfolge zu regeln, sondern um den Kapitalmarkt als attraktive Finanzierungsquelle zu erschließen. Dabei muss der Inhaber aber in Betracht ziehen, dass das Unternehmen sich nach IPO aufgrund der Publizitätspflichten und der dann über die Börse beziehbaren Aktien auch angreifbarer für Konkurrenten macht.

1.6 Die Stiftung als besondere Form der Nachfolgeregelung

Eine weitere Form zur Regelung der Nachfolge besteht in Form einer Stiftungslösung. Prominente Unternehmen bzw. Familien, die diesen Lösungsweg gewählt haben, sind u. a. Beisheim, Bertelsmann, Bosch, Heraeus, oder Krupp. Allein die Aufzählung dieser Beispiele belegt, dass eine Stiftung nur für sehr große Mittelständler mit konzernähnlichen Strukturen in Frage kommt. Aufgrund der für die breite Masse der mittelständischen Unternehmen geringeren praktischen Relevanz sei hier nur darauf hingewiesen, dass derartige Nachfolgeregelungen auf eine langfristige Bestandssicherung des Unternehmens bzw. des Familienvermögens auch über den Tod des Inhabers hinaus ausgelegt sind. Stiftungen werden in der Regel durch die Merkmale Organisation, Vermögen und Zweck in der Satzung definiert. Die Begünstigten der Stiftung werden dabei vom Stifter bestimmt. Aufgrund der mit Stiftungsgründung mehr oder minder endgültigen Festlegung von Mitbestimmung und Einflussnahme der Familie ist eine sehr sorgfältige vorhergehende Planung erforderlich.

2. Die Rolle von Private Equity-Gesellschaften bei der Finanzierung

Bei den beschriebenen Übernahmeformen sind zunächst Finanzierungsaspekte unberücksichtigt geblieben, da primär die Neuregelung der Gesellschaftersituation und Unternehmensführung im Vordergrund stand und die Finanzierungsfrage sich nur für einen Teil der externen Nachfolgeformen stellt.

Die Realisierbarkeit eines unter Ziffer 1.2 und 1.3 beschriebenen MBO oder MBI hängt in entscheidendem Maße von den Möglichkeiten der finanziellen Umsetzung ab. Im Kern geht es um die Fragestellung, wer die finanziellen Mittel zur Zahlung des Kaufpreises an den Veräußerer aufbringt und wie die hierfür aufzubringenden Beträge bedient bzw. zurückgeführt werden können. Die Kaufpreiszahlung erfolgt je nach Einzelfall der Unternehmensübergabe im Rahmen eines Verkaufs der Aktiva (Asset Deal) oder der Geschäftsanteile (Share Deal).

Für die Finanzierung von MBO-/MBI-Transaktionen gelten insbesondere hinsichtlich der Solidität ähnliche Gesetze wie für andere Finanzierungsvorhaben im gewerblichen oder privaten Bereich. Die finanzielle Strukturierung von Buyouts erfolgt in Form einer Mischung aus Eigenkapital oder eigenkapitalähnlichen Mitteln, beispielsweise nachrangige, hybride Finanzierungsmittel (engl. Mezzanine Capital), und Fremdkapital. Da die von den Kreditgebern erwarteten Eigenmittel in der Regel nur zu einem geringen Prozentsatz durch die Buyout-Manager aufgebracht werden können, ist die Bereitstellung zusätzlichen Eigenkapitals in Form von Beteiligungskapital (engl. Private Equity) durch Fonds oder Banken notwendig.

Je nach Höhe des zu finanzierenden Kaufpreises, den finanziellen Möglichkeiten des Buyout-Teams sowie der Kapitaldienstfähigkeit des Unternehmens, zusätzliche Kredite zur Kaufpreisfinanzierung zu bedienen, werden sich Beteiligungsgesellschaften/Private Equity-Gesellschaften (hier kurz: „Eigenkapital-Investoren") entsprechend stark finanziell engagieren. Da diese den weitaus höchsten Eigenmittelanteil zur Kaufpreisfinanzierung beisteuern, ergeben sich auf Investorenseite in fast ausschließlich allen Buyout-Situationen Mehrheitsbeteiligungen.

Trotz dieser Konstellation übernehmen Eigenkapital-Investoren in erster Linie eine Finanzierungsfunktion mit ausschließlichem Interesse, eine risikoadäquate Rendite auf das eingesetzte Kapital zu erzielen. Diese wiederum hängt letztlich von dem Preis ab, den der Eigenkapital-Investor im Rahmen des späteren Verkaufs seiner Anteile erzielt sowie von der Haltedauer der Beteiligung und der Möglichkeit, Leverage-Effekte durch einen möglichst hohen Anteil geringer verzinslicher Kreditmittel zu erzielen. Buyout-Transaktionen mit einem überwiegenden Einsatz von Fremdkapital werden deshalb in der Praxis auch als Leveraged-Buyouts (LBO) bezeichnet.

Andere Motive, wie strategische Interessen (z. B. die Realisierung von Synergien) oder Ansprüche auf eine Führung des Unternehmens, werden von diesen Investoren typischerweise nicht verfolgt. Aufgrund der Tatsache, dass Eigenkapital-Investoren sich i. d. R. nicht in die operative Geschäftsführung begeben, ist die Einbindung eines hoch qualifizierten Management-Teams aus Sicht der Eigenkapital-Investoren von besonderer Bedeutung. Dieses ist umso wichtiger, wenn man davon ausgeht, dass das Management durch sein Handeln maßgeblichen Einfluss auf die Unternehmenswertentwicklung und damit die Rendite der Investoren hat. Um hier Interessengleichheit zu erzielen, legen Eigenkapital-Investoren besondern Wert auf eine möglichst starke finanzielle Einbindung des Buyout-Teams. Als Anreiz für eine möglichst hohe Wertsteigerung erhält das Management dafür eine überproportionale Beteiligung am Unternehmenserfolg (engl. Sweet Equity).

Auch bei Nachfolgeregelungen durch Börsengang können Eigenkapital-Investoren eine wichtige Rolle einnehmen. Zum einen sind diese Investoren vertraut mit den Anforderungen des Kapitalmarktes an Unternehmen und somit in der Lage, die Börsenkandidaten auf das Listing ideal vorzubereiten. Darüber hinaus bedarf es häufig vor Börsengang einer Kapitalerhöhung, um nach IPO eine breite Aktienbasis und eine attraktive Liquidität in Form eines ausreichenden Handels im Markt darzustellen. Diese vorbörsliche Brückenfinanzierung (engl. Bridge-Finance) kann häufig nicht durch die bisherigen Gesellschafter geleistet werden, so dass Eigenkapital-Investoren das Kapital vor IPO zur Verfügung stellen.

3. Die Elemente eines Übergabefahrplans

Die Nachfolgeplanung ist eine Pflichtaufgabe jeden Unternehmers. Dabei handelt es sich um schwierige menschliche Entscheidungen, denn in letzter Konsequenz geht es darum, sich selbst mehr oder wenigern zu ersetzen. Andererseits ist die Nachfolgeplanung auch eine persönlich einmalige Aufgabe und Gelegenheit zu einer strategischen und organisatorischen Neuausrichtung des Lebenswerks. Unerlässliche Voraussetzung ist vor dem Hintergrund der Komplexität der Thematik die Erarbeitung eines Übergabefahrplans.

Der eigentlichen Umsetzungsphase im Sinne des Verkaufsprozesses gehen in einer Analysephase eine Vielzahl zu berücksichtigender Vorüberlegungen voraus. Zunächst stehen die rein persönlichen Ziele des Unternehmers im Vordergrund. Fragen der persönlichen Alterssicherung spielen dabei genauso eine Rolle wie Vorstellungen über Art und Dauer der künftigen Einflussmöglichkeiten und die Frage, welche Familienmitglieder wie im Rahmen der Erbschaft und /oder Nachfolge zu berücksichtigen sind. Dies hat auch im Hinblick auf die Vermeidung von möglichen Generationenkonflikten zu geschehen. Unabhängig davon, ob das Unternehmen an ein Familienmitglied weitergegeben oder ob es verkauft wird, muss parallel die Unternehmensstrategie hinsichtlich einer möglichen Eigenständigkeit oder einer notwendigen Kooperation mit Partnern überprüft werden. Denn das Gewicht liegt im Fall der familieninternen Nachfolge eher auf einer möglichst langfristigen Existenzsicherung zugunsten des Nachfolgers und bei der externen Nachfolge vielmehr auf einer Kaufpreismaximierung.

Im Falle einer externen Lösung müssen die verschiedenen Optionen (s. o.) mit den persönlichen Vorstellungen, den Unternehmensnotwendigkeiten und -möglichkeiten abgeglichen werden. Beispielsweise ist die Frage zu klären, ob ein geeignetes Nachfolgeteam im Unternehmen vorhanden ist und ob es Präferenzen bei der Wahl des externen Nachfolgers gibt.

Wenn deutlich ist, in welchen Händen die Zukunft des Unternehmens vom Grundsatz her liegen soll, stehen rechtliche und steuerliche Überlegungen an. Ganz Allgemein geht es in dieser Phase um Fragen der Vermögensübertragung, um die Auswirkungen des ehelichen Güterstandes und die optimale Rechtsform für die Nachfolge und die Zeit danach. In steuerlicher Hinsicht sind vor allem die Auswirkungen der Nachfolge auf Schenkung- und Erbschaftssteuer sowie Ertragsteuern wichtig. Bei einer optimalen steuerlichen Gestaltung sind unter Umständen Zugeständnisse bei Kaufpreis in der einen oder anderen Richtung möglich. Andererseits kann eine unzureichende Steuerbetrachtung einen Existenz bedrohenden Liquiditätsentzug zur Folge haben, z. B. dann, wenn gleichzeitig noch Pflichtteilsansprüche geltend gemacht werden und Ertragsteuern fällig sind.

Sind diese Aspekte im Vorfeld durchdacht worden geht es in die eigentliche Umsetzungsphase. Bei der familieninternen Nachfolge gestaltet sich diese wesentlich einfacher, da sich Kaufpreis- und Vertragsverhandlungen normalerweise unkompliziert gestalten bzw. ganz oder teilweise entfallen. Erfolgt die Nachfolge durch eine familienexterne Lösung mit Anteilsveräußerungen oder Vermögensübertragungen wird der eigentliche Verkaufsprozess ausgelöst, der in der Regel auf der Verkäuferseite durch M&A-Berater begleitet wird.

Abschließend ist ein zentraler Aspekt im Nachfolgeprozess besonders hervorzuheben und zwar geht es um die Notwendigkeit der rechtzeitigen Einbindung aller für das Unternehmen relevanten Parteien. Dieser Aspekt ist jedoch nicht ganz unproblematisch. Auf der einen Seite sollten Nachfolgeregelungen möglichst ohne breite Aufmerksamkeit vorbereitet werden. Andererseits wollen bzw. können die

Nachfolger eine Umsetzung der Unternehmensübernahme nur mit der Sicherheit einer Fortführung der Geschäftsbeziehungen der wichtigsten Kunden, Lieferanten und Banken oder mit Zusagen neuer Unternehmenspartner durchführen.

Neben der Wahl des zukünftigen Management-Teams ist also das richtige Timing einzelner Prozessschritte innerhalb der Transaktion von entscheidender Bedeutung. Die Ankündigung einer Veränderung der Inhaber- und Führungsstruktur führt in jedem Fall zunächst zu einer Verunsicherung aller Beteiligten im Umfeld des Unternehmens. Mitarbeiter fragen sich, ob sie auch das Vertrauen der zukünftigen Geschäftsführung bzw. Gesellschafter haben. Wettbewerber werden versuchen, die Situation auszunutzen und Leistungsträger oder Kunden abzuwerben. Es ist also sehr gut abzuwägen, wann welche Partei oder Person in die Nachfolgethematik eingeweiht wird. Die mehrmonatige, zum Teil auch mehrjährige Dauer derartiger Prozesse mit entsprechender Unklarheit über die Zukunft eines Unternehmens kann die operative Entwicklung signifikant beeinträchtigen. Deshalb empfiehlt es sich für Unternehmer, das Thema Nachfolge mit entsprechender Weitsicht anzugehen und frühzeitig die in Frage kommenden Optionen zu analysieren, insbesondere wenn familienexterne Lösungen in Erwägung gezogen werden.

Weiterführende Literatur:
Beisel/Klumpp, Der Unternehmenskauf, 4. Auflage, München, 2003.
Bundesministerium für Wirtschaft und Arbeit: Unternehmensnachfolge, die optimale Planung, Berlin 2003.
Günnewig, Unternehmensberatung für den Mittelstand, Stuttgart, 2000.
Hölters, Handbuch des Unternehmens- und Beteiligungskaufs, 5. Auflage, Köln, 2002.
Institut für Mittelstandsforschung: Unternehmensnachfolge in Deutschland, Bonn 2001.
Institut für Mittelstandsforschung: Nachfolgefälle in deutschen Familienunternehmen, Bonn 2002.
Neumaier, Geregelte Unternehmensnachfolge, Stuttgart, 2002.

Gestaltungsempfehlungen für die familieninterne Nachfolgelösung

Dr. Reinhard Dörfler

Inhalt:

	Seite
1. Einführung	45
2. Die Ausgangslage: Unternehmer, Unternehmen, Familie	45
3. Die Ziele des Übergebers	46
4. Das Problem: Loslassen	46
5. Übernahme des elterlichen Unternehmens ja oder nein?	48
6. Wenn Konflikte entstehen	48
7. Die Gestaltung der Übergabe	49
8. Ist der Nachfolger geeignet?	49
9. Wenn mehrere Abkömmlinge vorhanden sind	50
10. Unternehmensnachfolge als Projekt gestalten	50
11. Stufenweises Vorgehen oder großer Schnitt?	51

1. Einführung

„Traditionsunternehmen meldet nach jahrelanger Familienfehde Insolvenz an". „Unternehmensgründung 1867, erfolgreicher Wiederaufbau 1948, endgültige Schließung 2003, Grund: Nachfolgeprobleme".

Schlagzeilen, wie diese, führen deutlich die Folgen einer verpassten oder fehlgeschlagenen Unternehmensnachfolge in mittelständischen Unternehmen vor Augen. Schließt ein mittelständisches Familienunternehmen, hat dies bei unserer mittelständisch geprägten Wirtschaftsstruktur über das Unternehmen hinaus Bedeutung für Standort und Region. Die Industrie- und Handelskammern setzen sich daher nachdrücklich dafür ein, dass möglichst viele Mittelständler die Herausforderung Unternehmensnachfolge meistern. Der folgende Beitrag stützt sich auf Erfahrungen, die aus der Tagesarbeit und auf einschlägigen Informationsveranstaltungen der IHK für München und Oberbayern gewonnen wurden.

2. Die Ausgangslage: Unternehmer, Unternehmen, Familie

Die Gestaltung der Unternehmensnachfolge in Familienbetrieben stellt ein äußerst komplexes Vorhaben dar. Das mittelständische Familienunternehmen ist geprägt durch die Einheit von Eigentum und Führung und durch die Personenorientierung, die im Führungsstil der jeweiligen Unternehmerpersönlichkeit zum Ausdruck kommt. Die Unternehmensnachfolge im Familienunternehmen bedeutet für den Senior nicht nur die Beendigung seiner beruflichen Betätigung als Unternehmensleiter, sondern in der Regel auch die Übertragung seines Eigentums am Unternehmensvermögen auf einen Nachfolger. Insofern kann die Ausgangslage bei der Übergabe eines Familienunternehmens nur in Teilaspekten mit der Situation bei Änderungen in der Führungs- bzw. der Beteiligungsstruktur von Unternehmen, die einem Konzern angehören oder deren Kapital breit gestreut ist, verglichen werden. In Familienunternehmen sind meist gewachsene Strukturen anzutreffen, die den Führungsstil und die Betriebsorganisation prägen und die sich häufig nicht betriebswirtschaftlich, sondern historisch rechtfertigen. In diesem Zusammenhang ist auch die Unternehmenstradition und davon abgeleitet, die Kultur im Unternehmen zu berücksichtigen.

Unternehmer, Unternehmen und Familie bilden ein interaktives Geflecht, das in jedem Einzelfall individuelle Lösungsansätze für die Gestaltung der Unternehmensnachfolge erforderlich macht. Im Folgenden lassen sich daher nur einige Aspekte aufführen, die sich aus einer Vielzahl von Gesprächen mit Unternehmern als gemeinsamer Nenner ergeben haben. Der Erfolg einer familieninternen Unternehmensnachfolge hängt wesentlich davon ab, ob bei der Planung die sog. weichen Faktoren hinreichend berücksichtigt werden. Übergeber und Übernehmer begegnen sich schließlich nicht (nur) als Geschäftspartner, die Erwägungen sind meist nicht nur von rationalen Kriterien bestimmt, die Transaktionspartner stehen vielmehr im familiären Näheverhältnis zueinander und die Beziehungen sind vorwiegend emotional geprägt. Die weichen Faktoren stehen daher auch im Mittelpunkt dieses Beitrags.

3. Die Ziele des Übergebers

Fragt man mittelständische Unternehmer nach den Zielen, die sie mit einer erfolgreichen Unternehmensübergabe verfolgen, so steht meist an erster Stelle, den Bestand des Lebenswerks zu sichern. Dies schließt auch das Bestreben ein, die grundlegende Unternehmensphilosophie über die eigene Lebenszeit hinaus zu erhalten. Der Nachfolger soll möglichst wenig an den Grundstrukturen ändern. Daneben spielen die Aspekte der Erhaltung des Familienvermögens für nachfolgende Generationen, die Altersversorgung des Unternehmers und die Sicherung der Existenz der im Unternehmen beschäftigten Mitarbeiter eine wesentliche Rolle.

4. Das Problem: Loslassen

Erschwert wird die (rechtzeitige) Unternehmensnachfolge in einer Vielzahl von Fällen dadurch, dass psychologische Barrieren beim Übergeber eine große Rolle spielen: Das Loslassen von der über Jahrzehnte hinweg ausgeübten Position stellt eine mental zu verarbeitende Herausforderung für den Unternehmer dar. Sofern nicht gesundheitliche Gründe dazu zwingen, hängt die Bereitschaft, sich endgültig aus dem Unternehmen zurückzuziehen, häufig davon ab, ob man sich eine andere, „private" Lebensgestaltung für die Zeit danach vorstellen kann. Die hohen Anforderungen, die das Unternehmen in aller Regel an den Inhaber gestellt hat, haben in den meisten Fällen kaum Zeit für die Ausübung von Hobbys oder rein privaten Aktivitäten übrig gelassen, so dass sich viele Unternehmer-Senioren eine andere als die unternehmerische Tätigkeit gar nicht vorstellen können. Sie verspüren die Angst vor dem „schwarzen Loch". Viele Unternehmer haben dieses Problem dadurch gelöst, dass sie als Berater für junge Unternehmen oder als Business Angels für Existenzgründer zur Verfügung stehen. Die Übergabe des Unternehmens wird von den Unternehmer-Senioren auch häufig deshalb zögerlich angegangen, weil man befürchtet, mit dem Autoritätsverlust sowohl im Unternehmen als auch im familiären Umfeld, nicht umgehen zu können.

Der Unternehmer-Senior befindet sich in einer persönlichen Konfliktsituation: Meistens ist er zwar von der Wichtigkeit einer frühzeitigen Gestaltung der Unternehmensnachfolge überzeugt, den Zeitpunkt damit anzufangen schiebt er aber gerne unter Hinweis auf das ihn voll in Anspruch nehmende Tagesgeschäft hinaus. Häufig führt dann erst das Kreditgespräch bei Banken im Zusammenhang mit dem Unternehmensrating dazu, dass das Projekt Nachfolge aktiv angegangen wird. Zitate aus Gesprächen mit Unternehmern: „ich fühle mich noch nicht alt und meinem Nachfolger fehlt es noch an der erforderlichen Reife (Aussage eines 82-jährigen Unternehmers über seinen 56-jährigen Sohn und potenziellen Nachfolger); „das Unternehmen würde gegenwärtig mein Ausscheiden nicht verkraften, es gibt keinen anderen Entscheider" (Worte eines Mittelständlers, dessen Gesundheitszustand sich seit mehreren Jahren kontinuierlich verschlechtert hat); „mein Sohn hat einen anderen Lebensweg eingeschlagen und die Übergabe an eine Tochter halte ich von vornherein für ausgeschlossen (Ansicht eines Mittelständlers, dessen Tochter nach erfolgreichem Betriebswirtschaftstudium eine führende Position in einem international tätigen Unternehmen bekleidet).

Diese Beispiele mögen erhellen, dass in vielen Fällen der Erfolg einer Unternehmensnachfolge auch von der Begleitung durch psychologisch geschulte externe Berater abhängt. Soll die Unternehmensnachfolge in einem zeitlich absehbaren Rahmen abgeschlossen sein, ist neben einem klaren Zeitplan häufig ein Motivator erforderlich, der das Verschleppen erforderlicher Entscheidungen tunlichst verhindert. Bewährt hat sich insofern die Hinzuziehung von Unternehmerkollegen, die den Prozess der Unternehmensnachfolge mit allen Höhen und Tiefen bereits gemeistert haben und ihr Erfahrungswissen anderen Unternehmern zur Verfügung stellen.

Auf der Ebene des Unternehmens führt das Hinausschieben der Unternehmensnachfolge häufig dazu, dass notwendige Investitionen nicht rechtzeitig oder überhaupt nicht mehr vorgenommen werden. Infolgedessen nimmt die Dynamik des Unternehmens ab. Neue Produkte, Dienstleistungen oder Ideen werden nicht rechtzeitig realisiert, sodass gerade die Flexibilität und Innovationskraft – maßgebliche Faktoren für den Erfolg jedes mittelständischen Unternehmens im Wettbewerb – darunter leiden. Dies führt wiederum zu einer Verringerung des Unternehmenswerts und auch die Attraktivität des Unternehmens für potenzielle Nachfolger nimmt ab. Je länger sich die Nachfolge hinzieht, desto mehr sprießen Spekulationen über die Person des Nachfolgers in der Belegschaft, aber auch bei Außenstehenden, wie Kunden und Lieferanten. Dieser Zustand diffuser Unsicherheit verschlechtert das Betriebsklima, die Arbeitsmotivation der Mitarbeiter nimmt ab und bei den Leistungsträgern nimmt die Bereitschaft, das Unternehmen zu verlassen, zu.

5. Übernahme des elterlichen Unternehmens ja oder nein?

Das Familienmitglied, das als Nachfolger auserkoren bzw. das aus eigenem Interesse seine Bereitschaft bekundet hat, steht ebenfalls vor einer Situation, die von Unsicherheit geprägt ist. Sieht man von familieninternen Problemen bzw. dem viel zitierten Generationenkonflikt ab, steht der Nachfolger vor der für die eigene Lebensplanung ganz wesentlichen Entscheidung, durch die Übernahme des Unternehmens selbst zum Unternehmer zu werden. Erkundigt man sich bei Nachfolgern, welche Gründe sie zur Übernahme des elterlichen Betriebs bewogen haben, so lassen sich die Motive dergestalt zusammenfassen: Kreative Einflussnahme, Selbstverwirklichung durch Nutzung unternehmerischer Unabhängigkeit, Austesten der eigenen Grenzen, Umsetzung neuer Geschäftsideen. Vielfach wird das Unternehmen als Substrat für die eigene Bewährung angesehen. Die wenigsten Nachfolger sind geneigt, das Unternehmen unter den bisherigen Vorzeichen, quasi als Verwalter des Status quo, einfach weiterzuführen. Somit kollidieren die Motive, die potenzielle Nachfolger zur Betriebsübernahme bewegen, mit den Zielen der Übergeber, die primär den Fortbestand des Bestehenden gesichert sehen wollen.

Gründe, die Unternehmerkinder bewegen, von der Übernahme des elterlichen Betriebs abzusehen, bestehen häufig darin, dass sie befürchten, aus dem Schatten des Vaters nicht heraustreten zu können. Auch Akzeptanzprobleme mit langjährigen Mitarbeitern der zweiten Führungsebene werden erwähnt. Haben die Junioren bereits ein Alter erreicht, in dem sie anderweitig eine berufliche Tätigkeit, zum Beispiel als leitender Angestellter in einem anderen Unternehmen aufgenommen haben, stehen sie vor der Entscheidung, die Festanstellung gegen die risikoreichere Unternehmerposition einzutauschen. Auch die enorme zeitliche Inanspruchnahme des Unternehmers schreckt viele davor ab, in die Schuhe des Unternehmervaters- oder der Unternehmermutter zu schlüpfen. Hinzukommt, dass das Bild, das der potenzielle Nachfolger von Kindesbeinen an vom Unternehmerberuf gewonnen hat, von den Eindrücken und Äußerungen im Familienkreis geprägt wurde: „Wenn Vater einmal am Wochenende zuhause war, hat er uns mitgeteilt, dass es auch dieses Jahr nichts mit dem Urlaub wird".

6. Wenn Konflikte entstehen

Aus der unterschiedlichen Interessenlage, die der Senior und der potenzielle Nachfolger verfolgen, kann Konfliktpotenzial erwachsen, das häufig zum Scheitern der Unternehmensnachfolge mit entsprechendem Echo in der Öffentlichkeit führt, oder aber zumindest einen Grund darstellt, die Übergabe des Unternehmens auf unbestimmte Zeit zu vertagen. Auch insofern empfiehlt es sich daher, die Unternehmensnachfolge durch erfahrene Berater begleiten zu lassen, die bereits dann, wenn Konflikte sich abzeichnen, etwa im Wege der Mediation zur Bereinigung beitragen. Auch die Schlichtungsstellen der Industrie- und Handelskammern können hier einen konstruktiven Beitrag leisten. Inzwischen werden von Beratern auch gemeinsame Coachings für Übergeber und Unternehmer angeboten. Den beteiligten Akteuren sollte auch bewusst sein, dass die in sonstigen innerfamiliären Auseinandersetzungen praktizierten und gewohnten Konfliktlösungsmechanismen nicht unbedingt geeignet sind, sich fruchtbar auf den fragilen Prozess der Unternehmensübergabe auszuwirken. Im Unternehmen sollte der Eindruck vermieden werden, dass sich der Senior und der potenzielle Nachfolger nicht einigen können. Das bedeutet, dass Konflikte keinesfalls im Betrieb ausgetragen werden dürfen. Abgesehen von der Verunsicherung bei den Mitarbeitern führen offen ausgetragene Auseinandersetzungen zu Autoritätsverlusten bei demjenigen Teil, der zurückstecken muss („... unser Chef hat`s dem Junior aber gezeigt").

7. Die Gestaltung der Übergabe

Erfolgreiche Unternehmensübergaben unterscheiden sich von Fehlschlägen meistens dadurch, dass von Anfang an ein klares Konzept, meist in Form eines Stufen- oder Phasenmodells, vorliegt und dass auch Vorkehrungen getroffen wurden, wie eventuelle Konflikte zu bereinigen sind. Die Kernfrage der erfolgreichen Unternehmensnachfolge ist, ob in der eigenen Familie ein geeigneter Nachfolger vorhanden ist.

8. Ist der Nachfolger geeignet?

Vor erhebliche Probleme sieht sich der Unternehmer in der Regel gestellt, wenn es darum geht, die Eignung eines Familienmitglieds zur Betriebsübernahme zu beurteilen. Unternehmer orientieren sich dabei häufig an der eigenen Person. Anders als bei externen Nachfolgern sind die Beziehungen durch emotionale Bindungen geprägt, so dass der Blick häufig getrübt und rationale Kriterien nicht im Vordergrund stehen. Die Aufgabe fällt leichter, wenn das entsprechende Familienmitglied bereits außerhalb des elterlichen Betriebs Erfahrungen sammeln konnte und die Möglichkeit hatte, Erfolge zu erzielen, die entsprechende Rückschlüsse auf sein Talent zur Unternehmensführung zulassen. Idealerweise hat der potenzielle Nachfolger dabei die Branche und den Wettbewerb näher kennen gelernt.

Generell sollten Familienmitglieder möglichst frühzeitig an den elterlichen Betrieb herangeführt werden. Hierfür bieten sich beispielsweise Ferienjobs oder Praktika an. Die Heranwachsenden können auf diese Weise Neigungen entwickeln und sich mit dem Unternehmen näher auseinandersetzen. Ist das Interesse einmal geweckt, kann die weitere Ausbildung entsprechend gestaltet werden. Für den Senior besteht die Möglichkeit, in diesem frühen Stadium zu erkennen, wer für eine Unternehmensnachfolge in Betracht kommen kann.

Hegt der Unternehmer Zweifel an der Eignung seines Nachwuchses, sollte er auf den Rat neutraler Dritter zurückgreifen. Ein bewährtes Hilfsmittel zur Objektivierung der Entscheidung stellt die Aufstellung eines Katalogs von Eignungskriterien dar. Der Senior selbst wird auf Grund seiner langjährigen Erfahrung in der Branche und bei der Führung des Unternehmens derjenige sein, der für die Definition der wesentlichen Kriterien über die erforderlichen Kenntnisse verfügt. Auch in diesem Stadium kann durch Hinzuziehung eines externen Beraters, der über Erfahrungen im Bereich des Personalwesens verfügen sollte, der oft subjektiv geprägte Maßstab des Seniorunternehmers objektiviert werden. Für den Fall, dass der Nachfolger in spe die Kriterien nicht erfüllt, sollte der Unternehmer sich nicht dem Gedanken verschließen, alternative Lösungen der Unternehmensnachfolge, wie etwa ein MBO oder ein MBI in Betracht zu ziehen. Nicht zu raten ist zu der häufig von Unternehmern vertretenen Auffassung, trotz erheblicher Zweifel dem Familienmitglied eine Chance einzuräumen und erst im Falle des Scheiterns eine externe Unternehmensnachfolge anzustreben. Der fehlgeschlagene Versuch wird gegenüber Wettbewerbern nicht zu verheimlichen sein und beeinträchtigt nachhaltig den Unternehmenswert.

9. Wenn mehrere Abkömmlinge vorhanden sind

Bieten sich mehrere Familienmitglieder als Nachfolger an, erhebt sich die Frage, ob die Unternehmensführung auf mehrere Schultern verteilt werden soll. In diesen Fällen sollte auch eine Änderung der Rechtsform geprüft werden. Innerbetrieblich können Aufgaben- und Geschäftsbereiche voneinander abgegrenzt und den einzelnen Nachfolgern zur Leitung überantwortet werden. Beispielsweise können Produktion und Vertrieb getrennt oder Zweigniederlassungen verselbständigt werden. Auch die Spaltung des Unternehmens in voneinander unabhängige Unternehmen kann in Betracht kommen. In der Praxis sind solche Gestaltungen jedoch relativ selten anzutreffen. In der überwiegenden Zahl der Fälle kann sich der übergebende Unternehmer schon dann glücklich schätzen, wenn sich überhaupt ein Familienmitglied finden lässt, das zur Übernahme des Betriebs willens und fähig ist. Dann gilt es, Geschwister wirtschaftlich so abzufinden, dass der übernehmende Teil möglichst wenig von Ausgleichsansprüchen belastet wird. In dieser Situation empfiehlt es sich, den gesamten Nachlass im Wege der vorweggenommenen Erbfolge zu regeln. Das wesentliche Betriebsvermögen sollte dabei möglichst ungeteilt auf den Unternehmensnachfolger übergehen. Sind weitere Vermögensgüter, wie etwa Immobilien oder Wertpapiere vorhanden, können diese zur Abfindung weiterer Kinder verwendet werden. Zur Sicherung der eigenen Altersversorgung kann sich das Unternehmerehepaar die Nutzung der Vermögensgegenstände durch Nießbrauch auf Lebenszeit vorbehalten.

Ist kein sonstiges Vermögen vorhanden, das zur Abfindung weiterer Familienmitglieder dienen kann, müssen also auch diejenigen Familienmitglieder, die nicht die Nachfolge als Unternehmer antreten, am Unternehmen beteiligt werden, so sollten diese auf die Rolle des Investors, vergleichbar einem Kommanditisten oder einem stillen Gesellschafter, beschränkt werden. Die hierfür erforderlichen Regelungen sollte der Senior im Einvernehmen mit allen Beteiligten kraft seiner Autorität selbst treffen und nicht dem Unternehmensnachfolger als Erblast überlassen.

10. Unternehmensnachfolge als Projekt gestalten

Ist ein konkreter Nachfolger identifiziert, steht die Einleitung des eigentlichen Prozesses der Unternehmensübergabe an. Analysiert man erfolgreiche Übernahmen von Familienunternehmen, so fällt auf, dass es sich in der überwiegenden Zahl der Fälle um mehrjährige Projekte handelt, die einen Zeitraum von drei bis fünf Jahren in Anspruch genommen haben. Ad Hoc Lösungen sollten möglichst vermieden werden, es sei denn, dass sich durch die plötzliche Verschlechterung des Gesundheitszustands des Unternehmers eine Krisensituation eingestellt hat. In solchen Fallkonstellationen sollte dann aber auch an die Hinzuziehung erfahrener Interimsmanager gedacht werden, die den Nachfolger begleiten.

Die Gestaltung der Betriebsübergabe hängt dabei maßgeblich von der Struktur des Unternehmens, von den Kenntnissen und Erfahrungen, die der Nachfolger mitbringt und von der Bereitschaft des Seniors ab, sich aus dem Unternehmen zurückzuziehen.

Der Zeitpunkt der Übergabe des Unternehmens sollte möglichst frühzeitig verbindlich festgelegt werden. Der Weg bis zur vollständigen Übertragung des Unternehmens kann durch Meilensteine untergliedert werden. Erreichte Meilensteine stellen dann für die Beteiligten ein Erfolgserlebnis dar. Auch Konflikte lassen sich dadurch besser auf die jeweiligen Ursachen zurückführen und sachlich lösen. Häufig ist nämlich zu beobachten, dass die Unternehmensübergabe in einem relativ späten Stadium daran scheitert, dass sich Meinungsverschiedenheiten zu diversen Einzelaspekten aufschaukeln und dann von den Beteiligten emotional nicht mehr bewältigt werden können. Ein bei objektiver Betrachtung geringfügiger Anlass ist dann geeignet, das ganze Projekt Unternehmensübergabe zum Scheitern zu bringen. Während des gesamten Prozesses der Unternehmensübergabe sollte vielmehr peinlich darauf geachtet werden, dass sowohl im Unternehmen selbst als auch bei Außenstehenden der Eindruck des kooperativen Zusammenwirkens zwischen Übergeber und Übernehmer während der gesamten Phase der Unternehmensübergabe gewahrt bleibt.

11. Stufenweises Vorgehen oder großer Schnitt?

Für den Prozess der Übergabe bieten sich zwei Wege des Vorgehens an: Das stufenweise Vorgehen, bei dem der Nachfolger unter Begleitung des Seniors in die Geschäftsführungsverantwortung hineinwächst, oder aber die Zäsur, der große Schnitt, der meist auf einer Betriebsversammlung am Ende des Geschäftsjahres der staunenden Belegschaft mitgeteilt wird.

Das stufenweise Vorgehen hat den Vorteil, dass die Eignung des Übernehmers in jeder Phase überprüft und Defizite etwa durch Weiterbildungsmaßnahmen noch ausgeglichen werden können. Der Nachfolger kann sich zunächst als Prokurist, dann als weiterer Geschäftsführer und schließlich als alleiniger Geschäftsführer oder geschäftsführender Gesellschafter mit dem Unternehmen und dessen Leitung vertraut machen. Parallel dazu kann auch das Eigentum am Betrieb stufenweise in Form von Beteiligungspaketen auf den Nachfolger übergehen. Der Senior kann sich entsprechend schrittweise aus der Unternehmensleitung zurückziehen und sich anschließend für eine Übergangszeit, etwa als beratender Beirat, zur Verfügung stellen. Gegenüber den Mitarbeitern sollte klar kommuniziert werden, dass die Entscheidungen vom Nachfolger getroffen werden und daher nicht mehr auf den Senior zurückzugreifen ist.

Die stufenweise Übergabe hat auch den Vorteil, dass der Senior den Nachfolger bei Lieferanten, Kunden und Banken einführen kann. Für eine Übergangszeit fungiert der bisherige Unternehmenschef als stabilisierender Faktor. Erfolgt die Übergabe für Außenstehende überraschend löst sie zum Beispiel bei den das Unternehmen finanzierenden Banken häufig eine kritische Überprüfung bestehender Kreditengagements aus, weil der Nachfolger unter Bonitätsgesichtspunkten noch nicht eingeschätzt werden kann. Da Finanziers bei ihren Entscheidungen neben dem Vorhandensein banküblicher Sicherheiten auch die Managementkompetenz der Unternehmensführung berücksichtigen, empfiehlt sich schon aus diesem Grund eine schrittweise Übergabe der Unternehmensführung. Die Kreditgeber können sich so an den Nachfolger gewöhnen und sich von dessen Kompetenz überzeugen. Entsprechendes gilt auch für die Geschäftsbeziehungen zu Lieferanten und Kunden, die von dem Vertrauen geprägt wurden, das der ausscheidende Senior erwecken konnte.

Das stufenweise Vorgehen setzt jedoch beim Senior ein hohes Maß an Fähigkeit zur Selbstbeschränkung voraus. Erhebliche Bedeutung kommt insofern auch dem Führungsstil zu, den die Belegschaft vom Unternehmer-Senior gewöhnt ist. Je patriarchalischer das Unternehmen von ihm geführt wurde, desto schwieriger wird eine phasenweise Übergabe zu realisieren sein. Mischt sich der Senior als selbsternannter Krisenmanager in die Unternehmensleitung ein, leidet das Vertrauensverhältnis zwischen Belegschaft und Nachfolger, dem dann schnell Führungsschwäche unterstellt wird. Hat der Unternehmensinhaber den Rückzug aus der Geschäftsführungsverantwortung mental noch nicht vollzogen, bietet sich als Alternative nur der große Schnitt an.

Eine häufige Ursache für Konflikte stellt in diesem Zusammenhang die Gestaltung der Altersversorgung des Seniors dar. Hängt diese vom Unternehmensertrag ab, wird der Senior zur Sicherung seiner Bezüge dazu neigen, im Unternehmen präsent zu sein und sich gegebenenfalls auch ein Mitspracherecht bei wesentlichen Entscheidungen vertraglich vorbehalten. Solche Gestaltungen wirken sich in aller Regel sehr belastend aus. Die finanzielle Absicherung des Seniors sollte so weit wie möglich unabhängig vom Unternehmen gestaltet werden.

Am Ende des Übergabeprozesses sollte sich der Senior völlig vom Unternehmen abgenabelt haben. Es sollte nicht so sein, dass sich der Senior das ganze Jahr auf den Urlaub freut – den Urlaub des Sohnes, den er dann im Unternehmen vertritt.

Weiterführende Literatur:

Arens, Familien-Gesellschaften in der familien-, gesellschafts- und steuerrechtlichen Praxis, Bonn 1997.

Kirst/Bieler, Unternehmensnachfolge. Über vier Hürden zur gesicherten Nachfolgeregelung, München 1996.

Knürr/Aschenbach/Lang von Wins/Löbig/Faaß, Nach mir die Sintflut? Die verantwortungsvolle Übergabe von Unternehmenswerten, München 2003 (Eigenverlag).

Schließmann/Fandrich/Bloehs, Unternehmer-Nachfolge, München 2001.

Terpitz, Nachfolge in unternehmerisches Vermögen, Rechtliche Grundlagen und Gestaltungsmöglichkeiten, München 2001.

Struktur und spezifische Aspekte eines MBO oder MBI
Dr. Konrad Bösl

Inhalt:

		Seite
1.	Grundzüge eines MBO oder MBI	53
2.	Interessenslagen der Beteiligten	56
3.	Voraussetzungen und Problemfelder	57
3.1	Auswahl eines geeigneten Managements	57
3.2	Durchführbarkeit eines MBO oder MBI	58
3.3	Interessenskonflikte bei einem MBO	58
3.4	Informationsdefizite bei einem MBI	59
3.5	Exit-Szenarien	60
4.	Würdigung eines MBO oder MBI	61

1. Grundzüge eines MBO oder MBI

Die Regelung der Unternehmensnachfolge durch einen MBO oder einen MBI bedeutet den vollständigen oder zumindest mehrheitlichen Verkauf des Unternehmens entweder an das eigene Management (MBO) oder an ein Fremdmanagement (MBI). Diese übernehmen die Geschäftsführung des erworbenen Unternehmens bei gleichzeitigem Ausscheiden des bisherigen Inhabers. Denkbar ist auch, dass das eigene Management gemeinsam mit einem Fremdmanager das Unternehmen erwirbt (BIMBO = Buy In Management Buy Out). Für die Konzeption und Umsetzung eines MBO oder MBI ist ein Zeitraum von 9 bis 15 Monaten zu veranschlagen.

In seltenen Fällen findet ein MBO oder MBI zusammen mit einem EBO (Employee Buy Out) statt. Bei einem EBO erfolgt der Kauf des Unternehmens durch einen Teil oder alle Mitarbeiter. Dazu wird üblicherweise eine GmbH gegründet, die das Unternehmen erwirbt. Die Mitarbeiter wiederum sind Gesellschafter der GmbH.

Finanzierung

Kennzeichnend für einen MBO oder MBI ist, dass i. d. R. weder das eigene Management noch das Fremdmanagement den Kaufpreis für das Unternehmen aus eigener Kraft tragen können. Vielmehr sind für die Finanzierung des Großteils des Kaufpreises Finanzpartner notwendig. Die Aufnahme einer Beteiligungsgesellschaft wird vielfach kritisch gesehen, weil für die an einem MBO oder MBI interessierten Manager die Erlangung der unternehmerischen Selbständigkeit ein vorrangiges Ziel ist. Mit der Aufnahme einer Beteiligungsgesellschaft wird jedoch deren unternehmerische Selbständigkeit eingeschränkt.

Eine Lösungsmöglichkeit, um bei begrenzten Eigenmitteln die Aufnahme einer Beteiligungsgesellschaft zu vermeiden, besteht in der Anwendung der Earn-Out-

Methode. Dabei wird der Teil des Kaufpreises, den das Management nicht aus eigener Kraft finanzieren kann, aus den zukünftigen Cashflows geleistet. Für den Inhaber bedeutet dies, dass er weiter am Unternehmensrisiko teilnimmt, ohne dass er Einfluss auf die Geschäftspolitik nimmt. Aus diesem Grund ist diese Form der Übernahmefinanzierung in der Praxis selten. Vielmehr findet ein MBO oder MBI üblicherweise mit Hilfe eines Finanzpartners statt.

Bei kleinen Unternehmen ist der Kreis der Finanzpartner an sich auf die Hausbank beschränkt. Bei größeren Unternehmen und damit höheren Kaufpreisen sind mehrere Finanzpartner an der Transaktion beteiligt und die Komplexität der Finanzierungskonzepte nimmt zu (vgl. den Beitrag von Brodbeck/Maaß).

Typische Finanzpartner bei MBO- oder MBI-Transaktionen sind Beteiligungsgesellschaften, wobei sich einige, i. d. R. große ausländische Gesellschaften, ausschließlich auf derartige Transaktionen spezialisiert haben. Sie werden neben dem eigenen oder dem fremden Management zu neuen Eigentümern des Unternehmens, indem sie Eigenkapital und Gesellschafterdarlehen zur Verfügung stellen. Ihre Renditeerwartung aus der Beteiligung liegt bei rund 25 % p. a.

Das vom Management aufgebrachte Eigenkapital beträgt i. d. R. zwischen ein bis maximal drei Jahresbruttogehälter. Hinzukommen kann ein Verzicht auf Tantiemen bis ein vereinbarter Betrag erreicht ist. Mit dem Kapitaleinsatz soll sichergestellt sein, dass das Management sein Verhalten und Handeln vollständig auf die Wertsteigerung des Unternehmens ausrichtet. Damit dem Management auch ein relevanter Anteil am Unternehmen zukommt, kann es sich um den Faktor zwei- bis viermal günstiger beteiligen als die Beteiligungsgesellschaft (sog. Sweet Equity). Mit dieser Vergünstigung soll dem Management ein zusätzlicher Anreiz für eine außerordentliche Steigerung des Unternehmenswerts gegeben werden.

Zwischen der Beteiligungsgesellschaft und dem Management wird eine Gesellschaftervereinbarung geschlossen. Dabei handelt es sich um ein diffiziles juristisches Dokument, dessen Umfang durchaus 30 Seiten und mehr betragen kann. Wesentliche Regelungen der Gesellschaftervereinbarung sind die Beteiligungsverhältnisse, die Kontroll- und Informationsrechte, die Aufsichtsratsbesetzung oder die Einrichtung eines aktiven Beirats, die Festlegung der Geschäfte, die der Zustimmung der Beteiligungsgesellschaft bedürfen, Wettbewerbsverbote für das Management bei Ausscheiden aus dem Unternehmen, Vorkaufsrechte und Exit-Klauseln.

Weitere Finanzpartner sind regelmäßig Banken, die Fremdkapital in Form von besicherten Krediten (Senior Debt) und/oder Mezzanine Kapital – meist als nachrangige Darlehen – (Junior Debt oder Subordinated Loan) zur Verfügung stellen. Nicht ausgeschlossen ist, dass der vormalige Inhaber als Finanzpartner involviert ist, indem er einen Teil des Kaufpreises als Kredit gewährt.

Eine spezifische Finanzierungsform eines MBO oder MBI ist der Leveraged Buy Out (LBO), bei dem der Unternehmenskauf überwiegend mit Fremdkapital finanziert wird. Bei einem positiven Leverage-Effekt steigt die Rendite der Eigenkapitalgeber. Gleichzeitig erhöht sich die Gesamtrisikoposition (Geschäftsrisiko + Kapitalstrukturrisiko) des übernehmenden Managements und der Finanzpartner, da das Kapitalstrukturrisiko umso höher ist, je größer der Anteil der Fremdfinanzierung am Kaufpreis ist und sich beide Risiken kumulieren können.

Zu erwarten ist, dass LBO-Transaktionen seltener werden, was durch die bankaufsichtlichen Rahmenbedingungen bedingt ist. Mit dem zweiten Konsultationspapier des Baseler Ausschusses für Bankaufsicht (Basel II) wird die Eigenkapitalunterlegung von Krediten ab dem Jahr 2007 vom individuellen Kreditrisiko bzw. der Kreditnehmerbonität abhängig gemacht. Deren Einschätzung erfolgt anhand eines Ratings. Hierbei spielt die Eigenkapitalausstattung eines Unternehmens eine zentrale Rolle. Deshalb wird zukünftig bei einem MBO oder MBI ein höherer Eigenkapitalanteil notwendig werden.

Ansprache der Beteiligungsgesellschaft

Die Ansprache von Beteiligungsgesellschaften kann durch den Inhaber, das Management oder einen Berater erfolgen. Zunächst wird den Beteiligungsgesellschaften ein Blind Profile mit Vertraulichkeitserklärung zugesandt. Bei Zeichnung der Vertraulichkeitserklärung erhält die Beteiligungsgesellschaft ein Unternehmensmemorandum, das Informationen über das Unternehmen, sein Geschäftsmodell, die Markt- und Wettbewerbssituation, die Alleinstellungsmerkmale, die Unternehmensstrategie und das SWOT Profil enthält. Bei einem MBI müsste das Unternehmensmemorandum vom Inhaber erstellt werden.

Bei Interesse führen die Beteiligungsgesellschaften sowohl mit dem übernahmewilligen Management als auch mit dem Inhaber i. d. R. mehrere intensive Gespräche. Ziel dieser Gespräche ist es insbesondere, einen Eindruck über die Managementqualität zu gewinnen, die Wertsteigerungspotentiale des Unternehmens auszuloten und Eckpunkte der Transaktion abzuklären.

Due Diligence und Bewertungsmethoden

Die bei einem Unternehmenskauf übliche Due Diligence wird von der Beteiligungsgesellschaft initiiert (vgl. den Beitrag von Coelen/Schulze). Sie soll für die Beteiligungsgesellschaft Transparenz schaffen, indem alle wesentlichen rechtlichen, wirtschaftlichen und finanziellen Risiken sowie die Stärken und Schwächen des Unternehmens verifiziert werden. Im Mittelpunkt steht die Unternehmensplanung sowie die Kompetenz, Seriosität und Integrität des Managements.

Die der Due Diligence unterzogene Unternehmensplanung bildet die Grundlage der Unternehmensbewertung. In der Praxis ist es Standard, den Unternehmenswert als Zukunftserfolgswert zu ermitteln. Grundidee ist, dass sich das Management und die Beteiligungsgesellschaft mit dem Erwerb des Unternehmens in dessen zukünftig erwirtschaftete Überschüsse einkaufen. Die Discounted-Cashflow-Methode (DCF-Methode) stellt auf die zukünftigen Cashflows ab und ist eine analytisch korrekte Bewertungsmethode. Nach der DCF-Methode ist der Unternehmenswert der Barwert der erwarteten Cashflows zzgl. dem nichtbetriebsnotwendigem Vermögen zu Verkehrswerten. Mit der Diskontierung der zukünftigen Cashflows wird dem Zeitwert des Geldes und dem Risiko von in der Zukunft liegenden Cashflows Rechnung getragen. Alternativ wird in der Praxis auch die Ertragswert-Methode angewandt, die die zukünftigen Erträge abdiskontiert. Beide Methoden können unabhängig von der Branche und der Unternehmensgröße angewandt werden. Sie führen bei gleichen Prämissen und Vereinfachungen zum selben Ergebnis.

Erwerbsformen eines MBO oder MBI

Ein MBO oder ein MBI kann grundsätzlich als share deal oder als asset deal durchgeführt werden. Beim share deal erwerben die Käufer (Management und Beteiligungsgesellschaft) die Anteile am Unternehmen direkt oder indirekt über eine eigens gegründete Erwerbsgesellschaft (sog. NewCo = New Company). In gleicher Weise wird das erforderlich Fremdkapital von den Käufern direkt oder über die Erwerbsgesellschaft aufgenommen, wobei als Sicherheit die Vermögenswerte des Unternehmens und ggf. Bürgschaften der Gesellschafter der Erwerbsgesellschaft (d.h. der Käufer) dienen. Demgegenüber werden bei einem asset deal von der Erwerbsgesellschaft die einzelnen Aktiva und Passiva des Unternehmens gekauft. Vom Inhaber wird grundsätzlich der share deal präferiert, da das Unternehmen und damit sein Lebenswerk erhalten bleibt. Ungeachtet dessen gehen von einem share deal und einem asset deal unterschiedliche steuerliche Folgen für den Inhaber aus (vgl den Beitrag von Schimpfky).

2. Interessenslagen der Beteiligten

Zwischen den Transaktionsbeteiligten an einem MBO oder MBI – dem Inhaber, dem Management, der Beteiligungsgesellschaft und den Kreditgebern – bestehen unterschiedliche Interessenslagen im Hinblick auf die zukünftige Unternehmenspolitik und die Unternehmensbewertung.

Der Verkauf des Unternehmens zur Regelung der Unternehmensnachfolge ist für den Inhaber ein Schritt mit großer persönlicher Tragweite, weil er sein Unternehmen, das oftmals seinen Namen trägt, abgibt. Deshalb versuchen manche Inhaber v. a bei einem MBO das Management – zumindest moralisch – zu verpflichten, ihr Lebenswerk zu erhalten. Ein solches Verhalten von Inhabern ist insbesondere bei Unternehmen zu beobachten, die außerhalb von Ballungszentren liegen. Hier ist der Inhaber bekannt und einem gewissen Druck seines Umfelds ausgesetzt. Aus diesem Grund ist es dem Inhaber wichtig, dass das Unternehmen ohne wesentliche Änderungen weitergeführt wird und insbesondere die Arbeitsplätze erhalten bleiben. Hierin liegt üblicherweise ein erhebliches Konfliktpotential mit den Käufern. Beteiligungsgesellschaften finanzieren nur dann einen MBO, wenn das Unternehmen über substantielle Ertragspotentiale verfügt und das Management in der Lage ist, diese zu realisieren. Hierfür können umfangreiche Umstrukturierungen notwendig sein, die das Unternehmen erheblich verändern, wobei der Abbau von Personal nicht auszuschließen ist.

Eine einvernehmliche Lösung diese Interessenskonflikts gibt es nicht. Der Inhaber muss sich bei der Entscheidung für einen MBO oder MBI bewusst sein, dass er damit sein Unternehmen verkauft. Deshalb muss sich der Inhaber zunächst selbst auf diesen Schritt vorbereiten, um eine Emotionalisierung aufgrund des „Verlustes des Unternehmens" zu vermeiden. Auch wenn es in einem solchen Fall nicht leicht fällt, müssen die Entscheidungen unter sachlichen und betriebswirtschaftlichen Aspekten getroffen werden. Es liegt auf der Hand – und als Käufer würde sich der Inhaber nicht anders verhalten –, dass der neue Eigentümer frei in seiner Entscheidung ist, wie er das Unternehmen führt.

Bei der Bewertung von Unternehmen besteht immer eine grundsätzlich gegenläufige Interessenslage zwischen dem Inhaber einerseits und den Käufern andererseits. Es ist offensichtlich, dass die Käufer einen für sie günstigen Preis für das Unternehmen bezahlen wollen. Ziel des Inhabers ist es, einen hohen Kaufpreis für das Unternehmen zu erzielen. Gleichwohl muss der Inhaber berücksichtigen, dass zu aggressive Kaufpreisforderungen die Transaktion leicht scheitern lassen können. Bei einem MBO kann ein solcher Fall schwerwiegende Folgen haben. Das Nichtzustandekommen des MBO führt zu einer Demotivierung des beteiligten Managements und belastet das Verhältnis zwischen Inhaber und Management erheblich. Die Gefahr ist groß, dass die am MBO beteiligten Manager ganz oder zum Teil das Unternehmen verlassen. Daraus können sich deutlich negative Effekte für die Unternehmensperformance und -entwicklung ergeben. Infolgedessen wird der Verkauf des Unternehmens und damit die Regelung der Unternehmensnachfolge (zunächst) nicht mehr möglich sein. Vielmehr ist bei Verlust von Leistungsträgern der Inhaber gezwungen, weiter aktiv für das Unternehmen tätig zu sein.

Um das der Kaufpreisfindung immanente Risiko eines Scheiterns der Nachfolgeregelung zu minimieren, empfiehlt es sich, einen unabhängigen, von beiden Seiten akzeptierten Sachverständigen in die Transaktion einzubinden, der eine objektivierte Unternehmensbewertung vornimmt und die Kaufpreisverhandlungen aktiv, d. h. unter Einbringung eigener Vorschläge, moderiert.

3. Voraussetzungen und Problemfelder

3.1 Auswahl eines geeigneten Managements

Ein MBO kann vom Inhaber frühzeitig geplant und systematisch vorbereitet werden. Ist mangels einer internen Nachfolgelösung beim Inhaber die Entscheidung für einen MBO gefallen, muss er für sich entscheiden, wen er aus seinem Unternehmen für einen MBO geeignet hält. Von der Unternehmensgröße und der Art des Geschäftsmodells hängt es ab, inwieweit es zweckmäßig ist, dass ein oder mehrere Manager das Unternehmen führen. Bei mehreren Managern muss sichergestellt sein, dass diese sich verstehen und bereit sind, das Unternehmen gemeinsam zu führen. Die systematische Vorbereitung des MBO durch den Inhaber bedeutet v. a. auch die schrittweise Abgabe von Führungsverantwortung und die Einbindung der potentiellen Nachfolger in zentrale unternehmerische Entscheidungen.

Bei einem MBO ist die Auswahl der Manager durch den Inhaber bedingt durch die längerfristige, teils enge Zusammenarbeit auch oder sogar stark von subjektiven Argumenten geprägt. Finanzpartner sind davon frei. In erster Linie sind es die Beteiligungsgesellschaften, die sehr genau prüfen, ob das Management geeignet ist, das Unternehmen erfolgreich fortzuführen. Für sie stehen Kriterien wie fachliche Kompetenz, Teamfähigkeit, Kooperationsbereitschaft oder der Entscheidungswille im Vordergrund.

Bei großer Dominanz des Inhabers, wie sie in kleineren und mittleren Unternehmen nicht selten ist, fehlt es oftmals an geeigneten unternehmensinternen Nachfolgern. In diesem Fall ist ein geeignetes übernahmebereites Management von außen zu suchen. Dieses muss nicht nur über die typischen Managementfähigkeiten verfügen, damit es von den Finanzpartnern akzeptiert wird, sondern es muss v. a. zu einem bislang familiengeführten Unternehmen passen. Hilfestellung bei der Suche nach einem geeigneten externen Nachfolger können Verbände, Kammern, die Hausbank oder spezialisierte Personalberater leisten. Ferner gibt es die vom Bundeswirtschaftsministerium für Wirtschaft und Arbeit getragene Initiative „nexxt", die eine Plattform für Nachfolgersuchende Unternehmen und Unternehmenssuchende Nachfolger bildet.

3.2 Durchführbarkeit eines MBO oder MBI

Nicht jedes Unternehmen ist für einen MBO oder MBI geeignet. Ein MBO oder MBI ist nur dann durchführbar, wenn:
- eine nachhaltige Steigerung des Unternehmenswerts erzielbar und
- der Kapitaldienst gesichert sind.

Beteiligungsgesellschaften sind nur dann bereit, sich an einem MBO oder MBI zu beteiligen, wenn das Unternehmen und das neue Management über Potentiale verfügen, die eine nachhaltige Wertsteigerung erwarten lassen. Andernfalls ist die Transaktion für Beteiligungsgesellschaften aber auch für das Management uninteressant. Um die mögliche Wertsteigerung zu ermitteln, erstellen die Beteiligungsgesellschaft und das Management unabhängig von der Planung des Unternehmens eine oder mehrere mehrjährige Planungsrechnungen. Darin werden die wertsteigernden Strategien und Handlungsalternativen verarbeitet. Generell wird eine Steigerung des Unternehmenswerts nur dann möglich sein, wenn:
- das Unternehmen über ausgereifte Produkte verfügt,
- die Markt- und Wettbewerbsposition des Unternehmens gefestigt ist und Wachstumspotentiale bietet,
- die Märkte robust und die Markteintrittsbarrieren hoch sind,
- kein Kapazitätsüberhang am Markt und keine Abhängigkeit von Kunden oder Lieferanten bestehen,
- die Erträge und der Cashflow stabil sind sowie
- die Verschuldung gering ist.

Aus diesen Planungsrechnungen muss auch deutlich werden, dass mit dem Unternehmen ein stabiler Cashflow erwirtschaftet werden kann, der zur Bedienung des Kapitaldienstes für den fremdfinanzierten Teil des Kaufpreises ausreicht. In diesem Zusammenhang ist auch ein ggf. bestehender Investitionsstau zu berücksichtigen.

3.3 Interessenskonflikte bei einem MBO

Bei einem MBO befindet sich das Management in einem Spannungsfeld aus der Loyalitätspflicht gegenüber seinem Arbeitgeber und der Verwirklichung der eigenen Interessen beim Kauf des Unternehmens. Aufgrund seines Arbeitsverhältnisses ist das kaufwillige Management zunächst verpflichtet, seine Arbeitskraft ausschließlich dem Unternehmen zur Verfügung zu stellen. Allerdings bindet die Vorbereitung und Umsetzung des MBO die zeitlichen Ressourcen des Managements erheblich. Die Gefahr ist groß, dass das operative Geschäft darunter leidet, insbesondere dann, wenn der MBO-Prozess längere Zeit in Anspruch nimmt. In diesem Fall sind Konflikte mit dem Inhaber unausweichlich.

Aus dem Arbeitsverhältnis resultiert für das Management die Pflicht zur Verschwiegenheit und zur Loyalität. Deshalb ist es ihnen grundsätzlich verboten, Informationen über das Unternehmen an die Finanzpartner weiterzugeben oder in der Due Diligence zu verwenden. Fraglich ist, inwieweit ein möglicher Wissensvorsprung des Managements gegenüber dem Inhaber zu einer Aufklärungs- und Offenbarungspflicht in den Vertragsverhandlungen führt[1]. Einerseits ist das Management in den Verkaufsverhandlungen Partei und wird naturgemäß bemüht sein, den Unternehmenskauf zu bestmöglichen Konditionen abzuschließen. Andererseits hat das Management bei den Verkaufsverhandlungen die Interessen des Unternehmens zu wahren.

Vor dem Hintergrund dieser Verpflichtungen und der daraus erwachsenden Probleme kann der MBO für das Management eine haftungsrechtliche Gratwanderung bedeuten. Der Ausweg kann für das Management nur darin bestehen, den Inhaber über die Thematik zu informieren und sich frühzeitig von der Pflicht zur Vertraulichkeit und Geheimhaltung in allen mit der MBO-Transaktion verbundenen Angelegenheiten befreien zu lassen. Andernfalls wäre das Management in die „Zuschauerrolle" gedrängt. Unter diesen Umständen ist ein MBO i. d. R nicht durchführbar.

3.4 Informationsdefizite bei einem MBI

Im Unterschied zu einem MBO ist der Informationsstand des kaufwilligen Fremdmanagement über das Unternehmen zunächst sehr gering. Bevor vom Inhaber umfangreiche Informationen bereitgestellt werden, müssen zunächst in einem (oder mehreren) persönlichen Gespräch(en) die Grundlagen für ein gegenseitiges Vertrauen geschaffen werden. Dabei wird der Inhaber sein Unternehmen i. d. R nur dann an ein fremdes Management verkaufen, wenn er davon überzeugt ist, dass er sein Lebenswerk und die Mitarbeiter in gute Hände gibt.

In der Praxis ist bei einem MBI immer wieder zu beobachten, dass dem Fremdmanagement die für eine fundierte Entscheidung erforderlichen Informationen nicht zur Verfügung gestellt werden können. Insbesondere fehlt es an mehrjährigen Planungsrechnungen – einem typischen Phänomen bei mittelständischen Unternehmen. Vom Fremdmanagement müssen dann erhebliche Anstrengungen unternommen werden, um eine präzise Kenntnis von der Ausgangslage und den Potentialen des Unternehmens zu erhalten. Nicht jeder Fremdmanager ist dazu bereit, diesen Aufwand für die Beschaffung und Auswertung der Informationen neben seiner bestehenden beruflichen Tätigkeit zu übernehmen. Selbst wenn er dazu bereit ist, bleiben

---

[1] Vgl. *Streyl*, Erwerb von Unternehmensanteilen (share deal), in: Semler/Volhard (Hrsg.) Arbeitshandbuch für Unternehmensübernahmen, München 2001, S. 551.

für ihn Informationslücken bestehen mit der Folge, dass er die Unternehmensqualität nur ungenau einschätzen kann. Deshalb wird er im Unterschied zum eigenen Management das Unternehmen tendenziell niedriger bewerten.

Ein nicht zu unterschätzendes Problemfeld speziell bei einem MBI liegt in der erfolgreichen Integration des fremden Managements in die Unternehmenskultur und der Akzeptanz durch die Mitarbeiter, Kunden und Lieferanten. Während des MBI-Prozesses haben die fremden Manager keine oder nur geringe Informationen über die Unternehmenskultur und kaum oder gar keine Gelegenheit, die Mitarbeiter, Kunden und Lieferanten kennen zu lernen. Eine direkte Kontaktaufnahme wir oftmals vom Inhaber untersagt, damit keine Unsicherheit unter den Mitarbeitern, Kunden und Lieferanten aufkommt. Ihnen wird das neue Management vom Inhaber erst am Ende bzw. mit Abschluss der Transaktion vorgestellt. Obgleich das Verhalten der Inhaber aus Gründen des notwendigen Selbstschutzes verständlich ist, muss auch gesehen werden, dass für die andere Seite (Management, Finanzpartner) das Risiko einer mangelnden Integration und Akzeptanz des neuen Managements nicht tragbar ist. Deshalb ist die Einrichtung einer Übergabephase zu empfehlen, in der Inhaber und neues Management zusammenarbeiten, der Inhaber sein Erfahrungswissen weitergibt und das neue Management bei Kunden und Lieferanten einführt[2]. Für die Übergabephase sollte ein Zeitraum von mindestens 6 Monaten vereinbart werden.

3.5 Exit-Szenarien

Beteiligungsgesellschaften sind mit wenigen Ausnahmen immer Partner auf Zeit. Deshalb haben sie nach einem im Beteiligungsvertrag festgelegten Zeitraum (i. d. R. zwischen drei und sieben Jahren) das Recht, sich von ihren Anteilen zu trennen (sog. Exit). Dem muss sich das Management beim Eingehen eines MBO oder MBI bewusst sein.

Exit-Szenarien von Beteiligungsgesellschaften, die zugleich das beteiligte Management betreffen sind:
– der Börsengang des Unternehmens,
– der Verkauf des Unternehmens (Trade Sale) oder
– der Rückkauf der Anteile der Beteiligungsgesellschaft durch das Management (Buy Back).

Der Börsengang ist als Exit für die Beteiligungsgesellschaft nur dann möglich, wenn das Unternehmen reif und attraktiv für die Börse ist. Soweit dies der Fall ist, kann die Beteiligungsgesellschaft einen Teil ihrer Anteile beim Börsengang bei zukünftigen Aktionären platziert und später, nach Ablauf einer mit der konsortialführenden Bank vereinbarten Haltefrist, weitere Anteile kursschonend direkt an institutionelle Investoren abgeben. Für das Management ist der Börsengang die beste Exit-Alternative, weil es seine Unabhängigkeit behält, dem Unternehmen über eine Kapitalerhöhung erhebliche finanzielle Mittel zufließen und es selbst einen kleinen Teil seiner Anteile veräußern kann, um z. B. für die Finanzierung des MBO oder

---

[2] Vgl. *Mertens*, Varianten der Unternehmensnachfolge im Mittelstand, in: Finanz Betrieb 5/2003, S. 286.

MBI aufgenommene Kredite zurückzuführen. Darüber hinaus erhöht der Börsengang den Bekanntheitsgrad des Unternehmens und seine finanzielle Flexibilität.

Der Verkauf des Unternehmens ist die in der Praxis am häufigsten realisierte Exit-Variante[3]. Üblicherweise ist hierzu in der Gesellschaftervereinbarung geregelt, dass das Management seine Anteile nicht ohne Zustimmung der Beteiligungsgesellschaft verkaufen darf und verpflichtet ist, seine Anteile mitzuveräußern, wenn die Beteiligungsgesellschaft ihre Anteile an einen strategischen Investor (z. B. einen Wettbewerber) verkauft. Mit dieser Regelung soll sichergestellt werden, dass das Management einen Anteilsverkauf der Beteiligungsgesellschaft nicht blockieren kann, wenn ein Investor alle Anteile am Unternehmen übernehmen möchte. In Verbindung mit dem Trade Sale wird im Beteiligungsvertrag eine Liquiditätspräferenz-Klausel vereinbart. Diese Klausel stellt sicher, dass aus dem Erlös eines Anteilsverkaufs zunächst die Beteiligungsgesellschaft das eingesetzte Kapital zurück erhält und nach Abgeltung des Managements der überschüssige Betrag quotal verteilt wird.

Die Buy Back-Alternative räumt dem Management das Recht ein, die Anteile der Beteiligungsgesellschaft entsprechend einer im Beteiligungsvertrag vereinbarten Regelung zurückzukaufen. In der Praxis kommt dieser Fall äußerst selten vor, da das Management dazu finanziell nicht in der Lage ist.

4. Würdigung eines MBO oder MBI

Die Regelung der Unternehmensnachfolge durch einen MBO oder MBI bietet vielfältige Gestaltungsmöglichkeiten. So ist diese Variante der Nachfolgelösung z. B. offen dafür, dass der Inhaber in einem ersten Schritt nur einen Teil seiner Anteile veräußert und für einen definierten Zeitraum weiter in der Geschäftsführung tätig ist. Ebenso ist es möglich, dass der Inhaber über einen Beratervertrag oder als Aufsichtsrat sein Erfahrungswissen und seine Marktkenntnis dem neuen Management zur Verfügung stellt.

Die Einbindung von Finanzpartnern, insbesondere einer Beteiligungsgesellschaft in einen MBO oder MBI kann für den Inhaber durchaus vorteilhaft sein, weil von diesen die Managementqualität intensiv geprüft und die Leistung des Managements zeitnah überwacht wird. Daher kann der Inhaber grundsätzlich davon ausgehen, dass „sein Unternehmen" erfolgreich fortgeführt wird.

Schließlich ist ein MBO oder MBI für das Management ein attraktiver Weg in die Selbständigkeit, weil das Risiko im Unterschied zu einer Neugründung grundsätzlich geringer ist: das Unternehmen ist bereits am Markt eingeführt, verfügt über Mitarbeiter, Kunden und Lieferanten sowie eine funktionierende Organisation. Diese Vorteile verstärken sich bei einem MBO, weil das Management das Unternehmen sehr genau kennt.

---

[3] Vgl. *Finance*, MBO als Nachfolgelösung, Studienreihe im FAZ-Institut, Frankfurt am Main 2002, S. 10.

Weiterführende Literatur:

Finance, MBO als Nachfolgelösung, Studienreihe im FAZ-Institut, Frankfurt am Main 2002.

Hölters (Hrsg.), Handbuch des Unternehmens- und Beteiligungskaufs, 5. Auflage, Köln 2002.

Mertens, Der Nachfolge-MBO/MBI mit einem Finanzier als Budget-Breaker Manuskripte aus den Instituten für Betriebswirtschaftslehre der Universität Kiel Nr. 575, 2003.

Rödder/Hötzel/Müller-Thuns, Unternehmenskauf Unternehmensverkauf, München 2003.

Kritische Aspekte der Due Diligence und Unternehmensbewertung bei einem MBO

Lutz Coelen, Werner Schulze

Inhalt:

	Seite
1. Due Diligence	63
1.1 Grundlagen	63
1.2 Besonderheiten der Due Diligence im Rahmen von MBOs	66
1.3 Erfahrungen aus der Praxis	71
2. Unternehmensbewertung	72
2.1 Bewertungsverfahren	72
2.2 Vorgehensweise	75
2.3 Besonderheiten der Unternehmensbewertung im Rahmen von MBOs	76

1. Due Diligence

1.1 Grundlagen

1.1.1 Definitionen

Der Begriff[1] der Due Diligence wird in der Praxis sinngemäß mit „Untersuchung mit gebührender Sorgfalt" übersetzt. Neben dem allgemeinen Verständnis, dass es sich hierbei um eine sorgfältige, detaillierte und systematische Erhebung und Analyse von Daten eines Objektes handelt, gibt es eine große Anzahl spezifischer Verständnisse, die insbesondere auch von dem Anlass der jeweiligen Due Diligence abhängig sind.

Eine wesentliche Unterscheidung ist hierbei die Sichtweise des Auftraggebers. Ist der Käufer eines Objektes der Auftraggeber spricht man von einer sog. Buy-side Due Diligence oder Acquiror Due Diligence, ist der Verkäufer Auftraggeber spricht man von einer sog. Sell-side Due Diligence oder auch vendor due diligence.

Mit der Durchführung einer Due Diligence werden insbesondere die folgenden Zielsetzungen verfolgt:
- Identifizierung der Stärken und Schwächen des Zielunternehmens,
- Identifizierung von Chancen und Risiken des Zielunternehmens,
- Schaffung von entscheidungsrelevanten Informationen im Hinblick auf die im Kontext stehende Transaktion,
- Vermittlung einer ganzheitlichen Betrachtung eines Objektes.

---

[1] Eine ausführliche Darstellung der Herkunft sowie der unterschiedlichen Ausprägungen des Verständnisses des Begriffs findet sich bei *Berens/Brauner*, Herkunft und Inhalte des Begriffs Due Diligence, in: Berens/Brauner/Strauch (Hrsg.), 3. Auflage, Stuttgart 2002, S. 6 ff.

Neben der Risikoanalyse im Vorfeld eines Vertragsabschlusses kommt in der Praxis auch der Lieferung von Argumenten für Kaufpreisminderungen oder Vertragsverbesserungen insbesondere seitens der Verkäufer eine Bedeutung zu.

1.1.2 Anlässe und Zielsetzungen

Die Anlässe für die Durchführung einer Due Diligence sind sehr mannigfaltig[2]. Hierbei kann grundsätzlich unterschieden werden zwischen einer freiwilligen Durchführung sowie der Durchführung aufgrund gesetzlicher Bestimmungen:

Gesetzlich bedingte Due Diligence	Freiwillige durchgeführte Due Diligence
– Ausscheiden eines Gesellschafters – Abfindungen gem. §§ 304, 305 AktG – Verschmelzungen, Vermögensübertragungen oder Umwandlungen – Steuerliche Erhebungen – Erbauseinandersetzungen – Scheidungsverfahren – Enteignungen von Privateigentum	– Börsengang – Kauf oder Verkauf eines Unternehmens – EK-Aufnahme bei Dritten – Fremdkapitalaufnahme bei Banken – Management Buy-Out – Sanierungen – Umstrukturierungen/Spaltungen – Gesellschaftsrechtliche Schiedsverträge – Privatisierungen der öffentlichen Hand

Gegenstand der folgenden Ausführungen sollen insbesondere Untersuchungen im Kontext eines MBO/MBI sein.

Grundsätzlich sind Due Diligence Untersuchungen hinsichtlich ihrer inhaltlichen Schwerpunkte zu unterscheiden. Diese werden in der Praxis im Bezug auf die Analysetiefe und -breite fallspezifisch unterschiedlich sein und vom Informationsbedarf des Käufers abhängen.

Teilprojekt	Schwerpunkt
Financial Due Diligence	Vergangenheitsanalyse, Plausibilisierung der Planung (Ertrag, Vermögen, Finanzen), Analyse spezieller bilanzieller Aspekte
Tax Due Diligence	Betriebsprüfungen, Stand der Veranlagung, verdeckte Gewinnausschüttungen, verdeckte Einlagen, allgemeine steuerliche Risiken
Legal Due Diligence	Gesellschaftsrechtliche Historie, relevante Verträge

---

[2] Vgl. hierzu auch *Koch/Wegmann*, Praktiker Handbuch Due Diligence, Stuttgart 2002, 2. Auflage, S. 15-25.

Teilprojekt	Schwerpunkt
Commercial Due Diligence	Organisationsanalyse, Analyse des Marktes und Wettbewerbs
Technical Due Diligence	Analyse der Produkte, Dienstleistungen und Technologien
Cultural Due Diligence	Überprüfung kultureller Aspekte (Cultural Fit)
Human Ressource Due Diligence	Personalanalysen, Management Audits, Potenzialanalysen

Es kann davon ausgegangen werden, dass der Ablauf und die Inhalte einer Due Diligence im Falle eines MBOs sich grundsätzlich nicht wesentlich von denen im Rahmen von anderen Anlässen wie bspw. Börsengängen und Akquisitionen durchgeführten Projekten unterscheiden. Allerdings ergeben sich insbesondere aufgrund der Konstellation der beteiligten Interessensvertreter (stakeholder) einige Besonderheiten, auf die im Verlauf der Folgeabschnitte eingegangen werden soll.

1.1.3 Der Prozess

Der Ablauf von Due Diligence Projekten wird in vielen Fällen ähnlich sein. Allerdings kann der Umfang sehr stark variieren. Ein Phasenmodell aus Sicht des Gutachters lässt sich wie folgt beschreiben:

Sichtweise des Prüfers

Planung	Vor Ort	Berichterstellung	Abschluss
• Eingrenzung der Schwerpunkte • Kostenplanung • Zeit-/Terminplanung • Definition von Meilensteinen • Teambildung und Teambriefing • Festlegung von Verantwortlichkeiten • Unterzeichnung Letter of Intend • Erste Informationsanforderung	• Kick Off beim Unternehmen • Festlegung des Datenmangement • Arbeit im Data Room • Festlegung des Datenamangement • Prüfung • Managementgespräche • Koordination mit den Ansprechpartnern im Unternehmen • Koordination der Teams	• Beginn der Berichterstellung vor Ort • Erstellung einer Zusammenfassung der wesentlichen Erkenntnisse (Management Summary)	• Fertigstellung des Berichtes • Dokumentation der Unterlagen • Einholen von Feedback • Übergabe der Unterlagen an den Auftraggeber

Kontinuierliche Kommunikation zwischen Auftraggeber, Teams und Mitarbeiter des Unternehmens

In der Phase der Planung erfolgt die Festlegung der Rahmenbedingungen im Bezug auf die Zeit-, Kosten-, Ressourcen- und inhaltliche Dimension. Des Weiteren wird die Basis für die Durchführung „Vor-Ort" dahingehend gelegt, dass die Rahmenbedingungen des Informationsaustauschs in einem LoI definiert werden und erste Informationsanforderungen formuliert werden.

In der zweiten Phase „Vor-Ort" (oder angelsächsisch auch field work) erfolgt oftmals zunächst ein Kick-off in dem sich alle Beteiligten kennen lernen und die Regeln für die kommenden Tage und Monate noch einmal kommuniziert werden. Die gutachterliche Tätigkeit umfasst Betriebsbesichtigungen, Analysen der Unternehmensunterlagen (oftmals in einem data room zur Verfügung gestellt) sowie Gespräche mit dem Management und leitenden Mitarbeitern.

In der dritten Phase erfolgt die Berichterstellung, wobei der Bericht in effizient durchgeführten Projekten bereits vor Ort erstellt wird. Es lassen sich in der Praxis unterschiedliche Berichtsformen unterscheiden: präsentationsorientierte Darstellungen oder ausführlichere Gutachten.

Die letzte Phase beinhaltet insbesondere die Dokumentation der Arbeitsunterlagen und die Nachbereitung des Projektes.

Wesentliche Bedeutung im Rahmen eines Due Diligence Prozesses kommt der Kommunikation zu. Diese umfasst zum einen die externe Kommunikation hin zum Zielunternehmen sowie zum Auftraggeber als auch die interne Kommunikation und Abstimmung zwischen den Teammitgliedern und den Teilteams.

1.1.4 Due Diligence und Unternehmensbewertung

Eine einhellige Meinung darüber, inwieweit eine Unternehmensbewertung integraler Teil einer Due Diligence ist gibt, es in der Literatur nicht. Es dürfte in der Praxis grundsätzlich eine Fragestellung der individuellen Definition des Auftragsumfangs zwischen Auftraggeber und Auftragnehmer sein, ob eine Bewertung als Teil der Due Diligence definiert wird oder nicht.

Tatsache ist, dass im Rahmen einer Akquisition oder auch eines MBO Wertfragen eine zentrale Rolle spielen und die Grundlagen für eine fundierte Aussage im Bezug auf Wertgrößen im Rahmen der Due Diligence geschaffen werden. Die Erkenntnisse der Due Diligence sind somit Grundvoraussetzung für eine fundierte Wertfindung.

1.2 Besonderheiten der Due Diligence im Rahmen von MBOs

1.2.1 Grundsätzliche Problemstellungen beim MBO

Im Rahmen eines MBO ist in der Regel damit zu rechnen, dass weitere Eigenkapitalgeber (bspw. VC Gesellschaften) Anteile an der Gesellschaft erwerben.

Eine Besonderheit dieser Konstellation ist, dass der Investor im Verhältnis zum Management wie auch dem Gesellschafter ein Informationsdefizit hat. Aus diesem Grund wird insbesondere die Partei des Finanzinvestors an einer intensiven Untersuchung des Unternehmens im Rahmen einer Due Diligence durch einen neutralen Gutachter Interesse haben. Der Intensitätsgrad, mit dem die Due Diligence durchgeführt wird, determiniert sich insbesondere auch durch das Verhältnis zwischen

Management und Investor. Besteht eine starke Affinität und ein starkes Vertrauen zwischen den genannten Parteien, wird der Investor eher geneigt sein, den Einschätzungen des Managements zu folgen ohne extensivere Prüfungen durchzuführen. In der Praxis dürfte sich allerdings die Frage stellen, inwiefern ein solches Vertrauen auch unter Berücksichtigung der erheblichen Risiken für den Investor opportun ist – hierbei spielt auch die Risikoneigung der verantwortlichen Entscheider auf Seiten des Investors im Hinblick auf mögliche neue negative Erkenntnisse in der Folge des Vertragsabschlusses, die bei ordnungsgemäßer Prüfung hätten erkannt werden können, eine wesentliche Rolle.

Das Management befindet sich aufgrund des Interessenskonflikts in der sog. „Sandwichposition". Einerseits ist das Management bestrebt, die Interessen des Unternehmens und damit insbesondere der Alt-Gesellschafter zu wahren – andererseits hat es ein Eigeninteresse im Sinne einer möglichst niedrigen Bewertung und damit möglichst günstigen eigenen Einstiegskonditionen (Sweet Equity).

Der beschriebene Interessenskonflikt muss von vornherein als wesentlicher Bestandteil der Problemlösung verstanden werden. Verständlich wird dies insbesondere auch dadurch, dass bis zum Abschluss der Verträge jede Nachfolgeregelung durch eine der zahlreichen beteiligten Parteien scheitern kann. Kommt es während der Verhandlungen zu Zerwürfnissen zwischen dem Management und dem Gesellschafter und scheitert die Durchsetzung der Nachfolgeregelung, dürfte im schlimmsten Fall der Verlust des Top-Managements zu befürchten sein und das Unternehmen in eine Krise stürzen.

Es empfiehlt sich in der Praxis oftmals, dass sich das Management aufgrund des immanenten Konflikts durch einen externen als neutral geltenden Berater unterstützen lässt.

Im oben beschriebenen Zusammenhang wird sich in der Praxis der Abschluss eines Memo of Understanding, in dem ein grundlegendes Verständnis der unterschiedlichen Interessen dokumentiert wird, empfehlen.

Bei Interessensdivergenzen kommt der Rolle des Prozessführenden immer eine besondere Rolle zu, die in der Regel vom Management wahrgenommen werden sollte. Hierbei ist in Konfliktfällen eine große emotionale Kompetenz gefordert.

1.2.2 Absicherung des Verkäufers

Bei mehreren Interessenten ist in der Praxis ein mehrstufiges Due Diligence Vorgehen üblich. Hierbei werden im Laufe der Verhandlungen Interessenten peu a peu selektiert. Dies dürfte in der Regel durch die Einforderung von Angeboten auf Basis des jeweils aktuellen Informationsstands sowie unter Berücksichtigung der spezifischen Anforderungen des Verkäufers vollzogen werden. In jeder Stufe werden den jeweils verbliebenen Kaufinteressenten zusätzliche in der Vertraulichkeit steigende Informationen gegeben.

Zur rechtlichen Absicherung des Verkäufers hat sich in der Praxis der Abschluss von Vertraulichkeitsvereinbarungen (Non-Disclosure Agreements) durchgesetzt. Diese werden vor Aushändigung jeglicher Unterlagen sowohl durch den jeweiligen Kaufinteressenten wie auch dessen Berater unterzeichnet. Bestandteil der Vertraulichkeitsvereinbarungen sollten neben der Regelung von Verfahrensweisen mit vertraulichen Informationen auch Abwerbeverbote und zeitlich begrenzte Beschäftigungsverbote für Mitarbeiter sowie Wettbewerbsverbote sein. Hierbei empfiehlt sich die Koppelung des Vertragsbruchs mit Vertragsstrafen in Verbindung mit einer Beweislastumkehr.

Neben der Vertraulichkeitserklärung erfolgt in der Regel nach der Sichtung erster Basis-Unterlagen die frühzeitige Unterzeichnung eines Letter of Intends (LoI). Hierbei handelt es sich um eine Zusicherung von bindenden und nicht bindenden Absprachen sowie um einen Fahrplan für den Verkaufsvorgang. Der Form nach handelt es sich um eine einseitige Erklärung einer Vertragspartei mit anschließender „Bestätigung" oder „Annahme" der anderen Partei. Materiell kommen dabei durchaus bindende Vereinbarungen zustande. Gute LoI unterscheiden sehr deutlich, welche Teile für beide Parteien verbindlich sein sollen und welche Teile nur Absichtserklärungen sind. Für den Verfasser eines LoI stellt sich die Aufgabe, der eigenen Partei möglichst wenige Verpflichtungen und der anderen Partei möglichst viele Bindungen aufzuerlegen und dafür zu sorgen, dass beide Seiten der Verhandlungen keine Schadensersatzpflicht[3] erleiden.

Wesentliche Inhalte[4] stellen sich wie folgt dar:
1. Definition des Transaktionsobjektes
2. Vertragsparteien
3. Transaktionsform
4. Verpflichtung des Verkäufers, dem Käufer die Due Diligence zu ermöglichen und zeitlich begrenzte Exklusivität
5. Zeitlicher Ablauf und Inhalte der Due Diligence
6. Kaufpreisbandbreite und Berechnungsformel für den Kaufpreis
7. Zahlungsmodalitäten
8. Fristen für die Angebotslegung des Käufers
9. Beendigung der Verhandlungen, wenn keine Einigung erzielt wird
10. Vorbehalte/erforderliche Zustimmung der Organe
11. Ausschluss von Schadensersatzfolgen bei Scheitern der Gespräche
12. Geheimhaltungsverpflichtung, soweit nicht in der Vertraulichkeitsvereinbarung bereits enthalten
13. Anwendbares Recht

1.2.3 Vorbereitung/Vendor DD

Zu Beginn des Projektes wird der Verkäufer die für den Verkauf notwendigen wesentlichen Unterlagen aufarbeiten.

---

[3] Weitere Ausführungen zum LoI finden sich bei *Lutter*, Der Letter of Intend: zur rechtlichen Bedeutung von Absichtserklärungen, 3. Auflage, Köln 1998.
[4] Vgl. hierzu auch *Berens/Mertes/Strauch*, Unternehmensakquisitionen in: Berens/Brauner/Strauch (Hrsg.), 3. Auflage, Stuttgart 2002, S. 57 f.

Hierzu zählt die Vorbereitung des Data Rooms beziehungsweise der Informationspakete, die den Investoren in den verschiedenen Phasen zur Verfügung gestellt werden.

Grundsätzlich kann in diesem Zusammenhang festgestellt werden, dass von einer positiven Korrelation zwischen Aufbereitung der Unterlagen (und damit dem Eindruck der Professionalität) und dem möglichen Wertansatz auszugehen ist. Je professioneller und vollständiger die Unterlagen sind, desto weniger Ansatzpunkte für die Durchsetzung risikobedingter Wertabschläge werden dem potenziellen Käufer geboten.

Sollten im Rahmen der Nachfolgeregelung mehrere Kapitalgeber angesprochen werden, empfiehlt sich oftmals die Durchführung einer Vendor Due Diligence[5]. Hierunter wird die strukturierte Analyse des eigenen Unternehmens und die anschließende Zusammenstellung von Informationen in einem Infomemorandum verstanden. Dieses Memorandum wird der Gliederung eines Due Diligence Gutachtens in wesentlichen Teilen ähneln. Im Rahmen der Vendor Due Diligence werden die wesentlichen Unternehmensdaten zusammengetragen und vorstrukturiert.

Die Vorprüfung dient hierbei auch dem Ziel, sich seitens des Verkäufers einen eigenen Überblick über den Status der verfügbaren Unterlagen zu verschaffen und Mängel frühzeitig zu identifizieren. Im Ergebnis kann das Unternehmen festgestellte Mängel – bspw. im Bereich gesellschaftsrechtlicher Verträge – im Vorfeld noch heilen und verhindert dadurch, dass der Ablauf der Verhandlungen später durch potenzielle Problemstellungen gestört wird. Vorteile der Durchführung einer Vendor Due Diligence kommen insbesondere bei mehreren Interessenten zur Geltung und liegen insbesondere auch in einer Steigerung des Transaktionsprozesses sowie einer Minimierung der Belastung der Mitarbeiter des Zielunternehmens. Die Erstellung der Vendor Due Diligence durch einen neutralen Gutachter fördert hierbei die Akzeptanz der Ergebnisse beim potenziellen Investor.

1.2.4 Data Room

Im Rahmen der Bereitstellung der Unterlagen empfiehlt sich im Falle mehrerer Investoren grundsätzlich ein mehrstufiges Vorgehen, um zu verhindern, dass Scheininteressenten in den Besitz unternehmenskritischer Daten kommen. Je kritischer die Unternehmensdaten sind (bspw. Produktkalkulationen, etc.) desto später und selektiver werden die Informationen bereitgestellt. Bspw. Kundenlisten oder Lieferantenkonditionen sollten hierbei nur dem potenziellen Investor kurz vor Unterschrift des Vertrages zur Verfügung gestellt werden

Die Unternehmensunterlagen werden in der Regel strukturiert in einem so genannten Data Room zur Verfügung gestellt. Die zentrale Bereitstellung der Unterlagen hat hierbei den Vorteil, dass jederzeit nachvollziehbar ist, welchem Interessenten jeweils welche Unterlagen zugänglich waren.

---

[5] Vgl. hierzu auch *Nawe/Nagel*, Vendor Due Diligence in: Berens/Brauner/Strauch (Hrsg.), 3. Auflage, Stuttgart 2002, S. 509 ff.

Gängig ist hierbei die Verwendung eines Data Room Indexes – eines Struktur-Verzeichnisses, in dem die Organisation der Aktenordner dem Dritten transparent gemacht werden.

Des Weiteren empfiehlt es sich, Verhaltensregeln für den Umgang mit den im Data Room zur Verfügung gestellten Unterlagen für alle Interessenten zu definieren. Hierbei werden sowohl Regeln bezüglich der Verfügbarkeit des Data Room als auch der Form des Umgangs mit den Informationen (Kopieren, handschriftliche Kopien, …) definiert.

1.2.5 Inhaltliche Schwerpunkte
1.2.5.1 Inhalte der Due Diligence

In der Praxis ist ein risikoorientierter Prüfungsansatz die Regel, da eine lückenlose Prüfung des Unternehmens einerseits unter wirtschaftlichen Aspekten keinen Sinn macht und andererseits oftmals in angemessener Zeit nicht zu bewerkstelligen ist. Hierbei erfolgt durch den Gutachter eine Vorauswahl der kritischen Bereiche und Fragestellungen.

Eine Übersicht über die wesentlichen Untersuchungsbereiche wird in der Folge dargestellt:

Teilbereich	Schwerpunkt
Rechtliche Aspekte	– Gesellschaftliche Verhältnisse (Schwerpunkt Legal DD) – Aufstellung der wesentlichen Liefer- und Leistungsverträge – Aufstellung der Finanzierungsverträge – Aufstellung der Leasing- und Mietverträge
Steuerliche Aspekte	– Berichte der vergangenen Betriebsprüfungen – Dokumentation der Verrechnungspreisproblematik – Verdeckte Einlagen, verdeckte Ausschüttungen
Markt und Wettbewerb	– Beurteilung der Marktattraktivität, Marktstudien – Analyse der Marktposition – Analyse des Wettbewerbs
Vergangenheitsanalyse	– Review der letzten Jahresabschlüsse (GuV, Bilanz und Cashflow) – Berechnung eines bereinigten Ergebnisses – Analyse der Kapitalherkunft und -verwendung
Wirtschaftliche Verhältnisse	– Aktuelle Ist-Ergebnisse – Soll-Ist-Vergleich – Neutrales Ergebnis
Plausibilisierung der Planung (s. Folgeabschnitt)	– Prüfung der Planungsrechnung auf methodische und inhaltliche Konsistenz

1.2.5.2 Plausibilisierung der Planung

Im Kern der Due Diligence steht die Plausibilisierung der Unternehmensplanung. Diese stellt grundsätzlich die Basis für die Bewertung aller Kapitalgeber dar.

Im Bezug auf die Plausibilisierung der Planung sind im Vergleich zu anderweitigen Due Diligence Untersuchungen einige Besonderheiten zu berücksichtigen, die insbesondere in der Interessendivergenz zwischen den unterschiedlichen Anspruchsgruppen liegt.

Für den Altgesellschafter spielen neue Strategien – bspw. strategische Partnerschaften, die durch einen strategischen Investor in die Beteiligung eingebracht werden – eine untergeordnete Rolle. Aktuelle Entwicklungen stehen im Vordergrund. Oftmals ist der Alt-Gesellschafter stark verhaftet an Errungenschaften aus der Vergangenheit, die in den Wertüberlegungen ein erhebliches emotionales Gewicht haben. In Summe dürfte der Gesellschafter an einer sehr ambitionierten Planung Interesse haben.

Für den Investor und das Management hingegen zählt ausschließlich die Zukunft. Hierbei haben planbare strategische Änderungen naturgemäß eine erhebliche Bedeutung. Sie entscheiden wesentlich über die zukünftige Wertentwicklungen sowie die Liquiditätsentwicklung und damit die Finanzierbarkeit des Deals. Beide Parteien dürften grundsätzlich ein Interesse an einer eher konservativen Planungsrechnung haben.

Im Hinblick auf die vielfältigen Interessen der unterschiedlichen Stakeholder – dem Unternehmer/Altgesellschafter, dem Management, dem Finanzinvestor sowie dem Fremdkapitalgeber – stehen in der Zukunftsbetrachtung Liquiditätsentwicklungen im Vordergrund des Interesses. Hierbei müssen diverse Zahlungsströme an die Stakeholder Berücksichtigung finden: Zahlungen von Kaufpreisen, Earn-Out-Zahlungen, Dividenden an Gesellschafter und Neu-Gesellschafter und Fremdkapitalzinsen. Darüber hinaus ist zu berücksichtigen, dass der Investor den potenziellen Exit in die Bewertungsüberlegungen einbezieht.

An die der Bewertung zugrunde liegenden Planung sind somit hohe Maßstäbe zu legen, die im Rahmen der Plausibilisierung der Planungsrechnung intensiv zu überprüfen sind.

1.3 Erfahrungen aus der Praxis

Mittelständische Familienunternehmen sind oftmals geprägt durch starke Persönlichkeiten – den Seniorunternehmer. Die Bereitschaft eines solchen Unternehmertypus, unternehmensrelevante Informationen an Dritte weiterzuleiten ist in der Praxis sehr begrenzt. Dies führt dazu, dass die Informationsbeschaffung für den Investor zum zentralen Problem der Due Diligence wird.

Im Falle stark inhabergeführter Unternehmen stellt sich oftmals die Frage, inwiefern neben dem Inhaber tatsächlich eine zweite Führungsebene existiert, die in der Lage ist, das Unternehmen erfolgreich im Rahmen eines MBO weiterzuführen. Kombiniert mit ambitionierten Planungsrechnungen, die der Bewertung zugrund liegen, ergibt sich die große Gefahr eines späteren Scheiterns der Nachfolge im Sinne einer Wertevernichtung.

Nach unserer Erfahrung sind gerade zu ambitionierte Planungsrechnungen häufig in der Praxis der vergangenen Jahre die Regel gewesen. Hierdurch bedingt ergaben sich regelmäßig zu hohe Bewertungen, die zu erheblichen Problemen bei den Investoren – dem Finanzinvestor und dem Management – führten. Begründet ist das Phänomen darin, dass die in den Planungsrechnungen unterstellten Ertragsentwicklungen in vielen Fällen gekoppelt sind mit der Person des Alt-Gesellschafters. Zieht sich die Unternehmerpersönlichkeit aus dem operativen Geschäft zurück, ist oftmals mit erheblichen Ertragseinbußen zu rechnen, die nicht im Rechenkalkül enthalten sind. In der Praxis führen solche ambitionierte Unternehmensplanungen oftmals nachträglich zu Cash-Outs, die im schlimmsten Fall zu einem nachträglichen Covenants-Bruch führen können.

2. Unternehmensbewertung

2.1 Bewertungsverfahren

In der Bewertungspraxis kann derzeit grundsätzlich zwischen zwei relevanten Methoden unterschieden werden:
- der Multiplikatormethode und
- den zahlungsstromorientierten Verfahren (Ertragswertverfahren, DCF-Verfahren).

Daneben existieren weitere Verfahren wie bspw. der Realoptionsansatz, die derzeit in der Praxis jedoch eine untergeordnete Rolle spielen.

2.1.1 Multiplikatormethode

Der Unternehmenswert ermittelt sich durch Multiplikation einer Bezugsgröße (z. B. Umsatz, EBIT, EBITDA etc.) mit einem Multiplikator. Der Multiplikator wird dabei i. d. R. aus Erfahrungswerten, aus börsennotierten Unternehmen mit vergleichbaren Ausprägungen oder aus vergleichbaren Unternehmenstransaktionen abgeleitet.

Der Vorteil dieser Methode liegt in der vergleichsweise (vermeintlich) einfachen Handhabung. In der Betriebswirtschaftslehre wird die Methode überwiegend abgelehnt, was jedoch nichts an der zunehmenden Verbreitung in der Praxis ändert.

Nach Löhnert/Böckmann[6] lassen sich drei Funktionen der Multiplikatorbewertung unterscheiden:

- **Testfunktion**

    Zur Überprüfung einer Bewertung auf Basis DCF/Ertragswertverfahren; driften die Werte erheblich auseinander, ist eine Überprüfung des Kalküls bzw. der unterstellten Prämissen dringend geboten. Die Abweichung muss begründbar sein.

---

[6] Vgl. *Löhnert/Böckmann*, Multiplikatorverfahren in der Unternehmensbewertung, in: Peemöller (Hrsg.), Praxishandbuch der Unternehmensbewertung, 2. Auflage, 2002, S. 406.

- **Indikationsfunktion**

  Bei (noch) fehlenden bzw. nicht ausgereiften Plandaten kann eine erste Werteinschätzung vorgenommen werden.

- **Unterstützungsfunktion**

  Wert und Preis eines Unternehmens weichen oft voneinander ab, insbesondere wenn der Wert des Unternehmens unter der Stand-alone-Prämisse ermittelt wurde. Häufig lassen sich für den Investor jedoch zusätzliche Prämien (z. B. für Synergieeffekte, Rationalisierungspotenziale oder aber auch für nicht finanzielle Mehrwerte) begründen, die üblicherweise in eine Ertrags- oder DCF-Bewertung zumindest nicht vollumfänglich eingehen.

Folgende gängigen Multiplikatoren werden zur Preisbestimmung in der Praxis herangezogen:

KGV (Kurs-Gewinn-Verhältnis):
Definition: Unternehmenswert = KGV x Gewinn

Der Begriff Gewinn ist jedoch unbestimmt, was zu deutlichen Spielräumen und damit Unsicherheiten in der Bewertung führen kann. Es empfiehlt sich daher, eine normierte Gewinngröße wie z. B. das Ergebnis nach DVFA/SG heranzuziehen. Es stellt sich weiterhin die Frage, den Gewinn welchen Jahres man für die Ermittlung heranzieht. Möglich sind hierbei sowohl Vergangenheitswerte als auch Planwerte für die Zukunft oder aber eine Mischung aus beiden. Voraussetzung für eine solche Bewertung ist allerdings, dass das zu bewertende Unternehmen tatsächlich Gewinne erwirtschaftet.

EBIT und EBITDA-Multiplikatoren:
Definition: Unternehmenswert = EBIT(DA) x EBIT(DA)-Multiplikator

Durch die Tatsache, dass Steuern, Zinsen sowie auf Basis von EBITDA zusätzlich Abschreibungen und Amortisation aus der Bewertung ausgenommen werden, steht zum einen die Bewertung des operativen Geschäftes im Vordergrund, zum anderen ist eine bessere Vergleichbarkeit insbesondere mit internationalen Unternehmen gegeben, da die oft landesspezifischen Abschreibungsmöglichkeiten und Steuereffekte ausgeklammert werden. Auch die Finanzierungsstruktur bleibt außer Betracht, weswegen sich diese Bewertung insbesondere auch für Asset-Deals eignet.

Umsatz-Multiplikatoren
Definition: Unternehmenswert = Umsatz x Umsatzmultiplikator

Bei dieser Methode handelt es sich um das wohl einfachste und damit auch gröbste Verfahren der Bewertung. Entsprechend höhere Anforderungen sind somit an die Vergleichbarkeit der Unternehmen zu stellen, aus welchen der Umsatzmultiplikator abgeleitet wird. Das Verfahren kommt insbesondere zur Anwendung, wenn das zu bewertende Unternehmen defizitär ist bzw. wenn Zielsetzung der Transaktion ist, Marktanteile zu erwerben.

Neben diesen finanziell orientierten Multiplikatoren haben sich zahlreiche branchenspezifische Multiplikatoren am Markt etabliert, wie beispielsweise die Anzahl der Kunden (z. B. in der Telekommunikation), die Anzahl von visits und hits sowie Verweildauer auf Homepages (z. B. bei Internetunternehmen) oder aber die Höhe der Auflage bei Zeitungsverlagen.

In Anlehnung an Löhnert/Böckmann lässt sich der Ablauf einer Multiplikatorbewertung in folgende Schritte aufteilen:
– Analyse der Unternehmenscharakteristika unter Bereinigung der Vergangenheitsdaten und Prognose der Folgejahre,
– Auswahl des Multiplikators,
– Auswahl vergleichbarer Unternehmen bzw. Transaktionen,
– Erhebung und Bereinigung der Finanzdaten,
– Ermittlung des Unternehmenswertes,
– Interpretation.

Multiplikatoren, wie sie sich beispielsweise in der Zeitschrift „Finance" unter der Rubrik „Was ist Ihr Unternehmen wert?" regelmäßig finden, können als erste Anhaltspunkte dienen. Es besteht jedoch die Gefahr, dass die angegebenen Multiplikatoren aus Unternehmen bzw. Transaktionen abgeleitet sind, die gerade nicht mit dem vorliegenden Fall kompatibel sind.

Die Auswahl vergleichbarer Unternehmen bzw. Transaktionen, die Auswahl des geeigneten Multiplikators sowie die Verwendung von Bewertungszu- und -abschlägen stellen die wesentlichen Probleme bei der Multiplikatorbewertung dar.[7]

2.1.2 Ertragswertverfahren, DCF-Verfahren

Das Ertragswertverfahren ermittelt den Unternehmenswert durch Diskontierung der den Unternehmenseignern künftig zufließenden finanziellen Überschüsse. Aus Gründen der Praktikabilität werden diese Zahlungsströme aus den künftigen handelsrechtlichen Erfolgen abgeleitet.[8]

DCF-Verfahren in ihren diversen Ausprägungen bestimmen den Unternehmenswert durch Diskontierung von Cashflows. Die Cashflows stellen erwartete Zahlungen an die Kapitalgeber dar.[9]

Ertragswertverfahren und Netto-DCF-Verfahren führen – wenn man beiden Verfahren dieselben Daten zugrunde legt und insbesondere die risikoangepassten Opportunitätskosten identisch erfasst – zu gleichen Ergebnissen.[10]

Die Verfahren zeichnen sich durch ein aufwendiges Rechenwerk aus und sind insbesondere durch folgende Grundprobleme gekennzeichnet:[11]

---

[7] Vgl. *Beckmann/Meister/Meitner*, in: Finanz Betrieb 2/2003, S. 103 ff.
[8] Vgl. WP Handbuch 2002, 12. Auflage Band II, Düsseldorf 2002, S. 87 ff.
[9] Vgl. WP Handbuch 2002, 12. Auflage Band II, Düsseldorf 2002, S. 109 ff.
[10] Vgl. *Ballwieser*, Verbindungen von Ertragswert- und DCF-Verfahren, in: Peemöller (Hrsg.), Praxishandbuch der Unternehmensbewertung, 2. Auflage, 2002, S. 365.
[11] Vgl. WP Handbuch 2002, 12. Auflage Band II, Düsseldorf 2002, S. 3 ff.

- Definition der künftigen finanziellen Überschüsse,
- Prognose der künftigen finanziellen Überschüsse,
- Bemessung des Kapitalisierungszinssatzes,
- Berücksichtigung (unterschiedlicher) subjektiver Wertvorstellungen.

Die oben angeführten Grundprobleme führen in der Regel zu erheblichen – bewussten oder unbewussten – Bewertungsspielräumen. Im Rahmen von Sensitivitätsanalysen sollte sich in jedem Fall vor Augen geführt werden, welche Auswirkung die Wahl bzw. Veränderung des jeweiligen Werttreibers auf den Unternehmenswert hat.

2.2 Vorgehensweise

Basis für die Bewertung ist die Unternehmensplanung. Hierbei ist wichtig, dass es sich um eine integrierte Ergebnis-, Bilanz- und Finanzplanung handelt, in der sämtliche Plan-Geschäftsvorfälle abgebildet sind, also auch beispielsweise die geplanten Ausschüttungen. Nur so kann sichergestellt sein, dass die Annahmen in der Planung hinsichtlich ihrer Realisierbarkeit überprüft werden können, z. B. die Finanzierbarkeit der geplanten Ausschüttungen.

Die Auswahl der Bewertungsmethode sollte sich grundsätzlich nicht auf den zu ermittelnden Unternehmenswert auswirken. Jedoch ist zu beachten, dass bei Ertragswertverfahren/DCF-Verfahren die Preisfindung aus einer zuvor erfolgten – rein finanziell orientierten – Wertermittlung abgeleitet wird, während die Multiplikatormethode von am Markt gehandelten Preisen ausgeht, welche ggf. bereits auch nicht-monetäre Bestandteile wie bspw. Kontrollprämien enthalten. Bei beiden Verfahren werden die Werte in der Praxis häufig durch Zu- bzw. Abschläge mehr oder weniger pauschal auf die individuelle Situation des Bewerters angepasst.

Aufgrund der Unterschiedlichkeit der Ansätze, der Anzahl der wertbestimmenden Parameter und deren Wirkungszusammenhänge sowie der Komplexität der Rechenwerke empfiehlt sich die Bewertung über beide Ansätze parallel vorzunehmen. Da die ermittelten Werte bzw. Bandbreiten i. d. R. auseinanderdriften, sollte eine Analyse der Differenzen erfolgen. Hieraus ergeben sich zumeist noch zusätzliche Erkenntnisse für die Bewertung, die dann noch gezielt einfließen können.

Zudem sollte strikt zwischen Wertermittlung und Preisfindung unterschieden werden, so dass sich im Zeitablauf beispielsweise folgende Vorgehensweise anbietet:
1. Subjektive Bewertung zur Ermittlung der käuferindividuellen Preisobergrenze
   - mittels Multiplikatormethode und
   - mittels zahlungsstromorientierten Verfahren ggf. durch einen Dritten
   - Abgleich und Interpretation der beiden Ergebnisse und ggf. Vornahme von Korrekturen
   - Festlegung der Preisobergrenze
2. Schätzung der Preisuntergrenze des Verkäufers und ggf. Einschätzung der Preisobergrenzen von weiteren Kaufinteressenten
3. Festlegung eines Angebotspreises

2.3 Besonderheiten der Unternehmensbewertung im Rahmen von MBOs

Ein MBO ist hinsichtlich der Bewertung insbesondere durch folgende Besonderheiten gekennzeichnet:

1. Das Management hat gegenüber weiteren Interessenten, aber auch oft gegenüber den Alteigentümern, einen Wissensvorsprung, der zum einen die Unsicherheit der eigenen Bewertung reduziert und zum anderen Möglichkeiten schafft, die Parameter für die Bewertung durch Dritte bis zu einem gewissen Grad zu beeinflussen.
2. In der Regel besteht ein hohes Finanzierungsrisiko für das Management, da meist geringe Eigenmittel vorhanden und hohe Fremdmittel notwendig sind. Dies hat zur Folge, dass in der Anfangsphase ein hoher Kapitaldienst zu einem geringen Ausschüttungspotenzial führt. Der Berücksichtigung der Finanzierungsstruktur kommt eine besondere Bedeutung zu.
3. Die Motivation des Managements zu einem MBO ist oft nicht rein finanzieller Natur. Die Bewertung gerade nicht-finanzieller Faktoren stellt sich jedoch als äußerst problematisch dar.
4. Die Berücksichtigung von Steuern hat bei der Unternehmensbewertung bis auf Ebene der natürlichen Personen zu erfolgen. Es sind sämtliche steuerlichen Effekte zu erfassen, insbesondere also auch Transaktionssteuern.

Weiterführende Literatur:

Berens/Brauner/Strauch (Hrsg.), Due Diligence bei Unternehmensakquisitionen, 3. Auflage Stuttgart 2002.

Koch/Wegmann, Praktiker Handbuch Due Diligence – Analyse mittelständischer Unternehmen, 2. Auflage Stuttgart 2002.

Kranebitter (Hrsg.), Due Diligence – Risikoanalyse im Zuge von Unternehmenstransaktionen, München 2002.

Lutter, Der Letter of Intend: Zur rechtlichen Bedeutung von Absichtserklärungen, 3. Auflage Köln 1998.

Peemöller, Praxishandbuch der Unternehmensbewertung, 2. Auflage, Herne/Berlin 2002.

Scott, Due Diligence in der Praxis – Risiken minimieren bei Unternehmenstransaktionen, Wiesbaden 2002.

WP Handbuch 2002 Band II, 12. Auflage, Düsseldorf 2002.

Finanzierungsalternativen bei einem MBO oder MBI

Rolf Brodbeck, Ingrid Maaß

Inhalt:

	Seite
1. Strukturierung eines MBO oder MBI	77
2. Interessenlage der beteiligten Finanzierungspartner	78
3. Typische Gewichtung und Ausgestaltung der einzelnen Instrumente in der Praxis	81
4. Entwicklungstendenzen bei der Finanzierung von MBO/MBI	84

1. Strukturierung eines MBO oder MBI

Die Strukturierung eines MBO/MBI oder – als Sonderform – eines Owners-Buy-Out (OBO) ist aufgrund der Anzahl der involvierten Parteien sowie der unterschiedlichen Interessenlagen häufig ein hochkomplexes Projekt, das umfassend geplant und umgesetzt werden muss.

Bei einem MBO / MBI erfolgt die Übernahme durch ein vorhandenes / externes Management im Rahmen einer strukturierten Finanzierung mit hohem Fremdkapitalanteil.

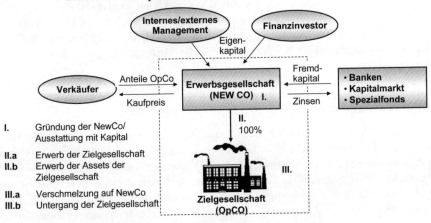

Abb. 1: Struktur eines Buy-Out (Quelle: IKB Private Equity GmbH)

Im gezeigten Beispiel ist ein Finanzinvestor (Private Equity Investor) involviert, der einen großen Teil des Eigenkapitals für die Transaktion zur Verfügung stellt. Dabei wird angenommen, dass zum einen die Transaktion eine gewisse kritische Größenordnung hat, da bei einem Transaktionsvolumen von < € 10 Mio. nur wenige Finanzinvestoren als mögliche Finanzpartner in Frage kommen dürften. Zum anderen bedeutet dies, dass das Management(-Team) das den Buy-Out durchführen möchte, nicht den gesamten Eigenkapitalanteil selbst aufbringt.

Nach einer Untersuchung von Finance im Rahmen der Studienreihe im FAZ-Institut verbessern sich Umsatz und Gewinn von Unternehmen seit einem Management Buy-Out in den meisten Fällen überdurchschnittlich[1]. Dies liegt im Wesentlichen daran, dass eine Incentivierung des Managements über einen signifikanten Eigenanteil bei der Finanzierung erfolgt. Die Manager werden zu Unternehmern in einem Umfeld, das sie in der Regel seit vielen Jahren kennen. (Hier liegt auch der wesentliche Unterschied zum MBI bei dem das Management von außen kommt und weder die Unternehmenskultur kennt noch als Führungskraft bei den Mitarbeiterinnen und Mitarbeitern bekannt ist.) Dafür sollen sie zwischen einem und drei Bruttojahresgehältern in „ihre" Transaktion investieren. Alternativ wird auch ein Verhältnis von investiertem Kapital: Privatvermögen von > 25 % genannt[2] – immer unter dem Motto „Die Beteiligung muss für den Manager schmerzlich sein, aber sie darf ihn nicht ruinieren."[3] Darüber hinaus erhalten die Manager ihre Anteile zu einem häufig sehr hoch diskontierten Preis, der einen überproportionale Beteiligung an der Wertsteigerung des Unternehmens ermöglicht (Sweet Equity). Als Daumenregel für die Aufteilung der Unternehmensanteile gilt: Management 30 %: Finanzinvestor 70 %, jede andere Verteilung ist jedoch abhängig von Transaktionsvolumen, Finanzierungsmöglichkeiten der Manager und Verhandlungsgeschick aller Beteiligten möglich. Der eigentliche „kick" ist hierbei der so genannte Leverage Faktor (Hebel): Bei einer angenommenen Aufteilung der Finanzierung in 50 % Eigenkapital und 50 % Fremdkapital, muss ein Investor für einen 10 %-igen Anteil am Unternehmen nur 5 % der Finanzierungssumme bezahlen. Dieser Hebel wird mit dem zunehmenden Einsatz von Fremdkapital immer größer, ebenso aber auch das Risiko der Bedienung und Tilgung dieser Mittel. Aufgrund neuer steuerlicher Regelungen, sind dem Verhältnis von Eigenkapital: Fremdkapital bei der Strukturierung von M&A Transaktionen Grenzen gesetzt.[4]

2. Interessenlage der beteiligten Finanzierungspartner

Der Verkäufer in einem Buy-Out kann sowohl eine Privatperson als auch eine Personen- oder Kapitalgesellschaft sein. Bei mittelständisch geprägten Buy-Outs sind Privatpersonen oder Personengesellschaften (Vermögensverwaltungsgesellschaften) vorherrschend. Gemeinsam ist allen Arten von Verkäufern, einen möglichst hohen Anteil Liquidität in die eigene Sphäre bringen zu wollen. Dies bedeutet zum einen die Erzielung eines möglichst hohen Kaufpreises, zum anderen jedoch eine steueroptimierte Gestaltung. Häufig kann durch Hinzuziehung erfahrener Steuerberater

---

[1] Vgl. *Finance*, MBO als Nachfolgelösung, Studienreihe im FAZ-Institut, Frankfurt am Main 2002, S. 11.
[2] Vgl. *Jakoby*, Erfolgsfaktoren von Management Buyouts in Deutschland, Köln 2000, S. 17.
[3] *Götz*, Management Buy Out – Instrument für Unternehmensnachfolge und Restrukturierung, in: Die Bank 11/2003, S. 738 – 743.
[4] Vgl. den Beitrag von *Schimpfky*.

eine optimierte Strukturierung erreicht werden, so dass ein höherer Verkaufserlös beim Verkäufer ankommt.[5]

Die einem aktiven Verkauf des Unternehmens vorgelagerten Interessen können durchaus unterschiedlich sein. So wurde z. B. von der IKB Private Equity GmbH ein OBO strukturiert, bei dem die beiden Altgesellschafter einen Teil des Wertes ihres Unternehmens „hinter die Brandmauer" bringen wollen. Sollte nämlich aufgrund des Todes eines der Gesellschafter Erbschaftsteuer anfallen, so wäre die Familie nicht in der Lage diese aufzubringen. Da beide Gesellschafter noch recht jung sind, wollen sie sich mit einem Teil des Verkaufserlöses zurückbeteiligen und ihre erfolgreiche unternehmerische Tätigkeit, ergänzt um einige Manager aus dem Unternehmen, fortsetzen. Dies gewährleistet bereits jetzt schon, die Regelung der Nachfolge, da bei einem Rückzug der Altgesellschafter in ein paar Jahren ein erneuter MBO möglich ist.

Häufigster Anlass, über einen Buy-Out nachzudenken, ist jedoch der echte Mangel an geeigneten Nachfolgern in der Familie des Unternehmers. Der MBO bietet eine einfache Möglichkeit, Nachfolger aus dem Unternehmen zu rekrutieren, die einen hohen Grad an Kontinuität gewährleisten (sozusagen der Erhalt des Lebenswerkes) und deren Qualifikationen dem Altgesellschafter bekannt sind.

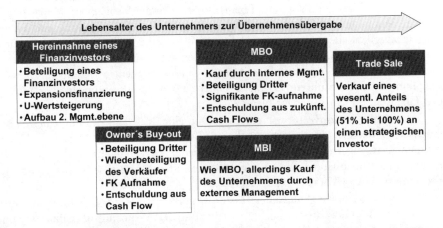

Abb. 2: Nachfolgeüberlegungen bei mittelständischen Unternehmen (Quelle: IKB Private Equity GmbH)

Auch im Rahmen von Umstrukturierungen in Konzernen finden sich häufig MBOs. Sei es, dass eine Konzentration auf das Kerngeschäft betrieben wird, sei es dass bestimmte Funktionen im Unternehmen ausgelagert werden sollen. Das Management der betroffenen Einheiten erhält im Zuge des Buy-Out die Chance, eigene unternehmerische Aktivitäten zu entwickeln. Dabei sind die Verkäufer oft bereit, zusätzliche Anreize, wie niedrigverzinsliche Verkäuferdarlehen oder weitgehende Auftragszusagen zu gewähren, um die mit einer möglichen Abwicklung oder

---
[5] Vgl. ebenda.

einem Verkauf an fremde Dritte verbundenen Anstrengungen und Kosten zu vermeiden.

Das Management hat bei einem Buy-Out – wie schon angesprochen – die einmalige Chance vom Angestellten zum Unternehmer zu werden. Dies setzt jedoch in besonderer Weise die Eignung zum Unternehmer voraus. Mancher Manager, auf einen MBO angesprochen, hat heftig abgewinkt angesichts des Verlustes der Sicherheit eines Angestelltenverhältnisses. Die Chancen für das Management ergeben sich aus einer Kombination von Faktoren:
- Eignung zum Unternehmer,
- Erfahrung und Erfolg in der bisherigen Position,
- Wille und Fähigkeit zur Hebung von Wertsteigerungspotentialen im Unternehmen,
- Aufbringung der erforderlichen Eigenmittel in Höhe von 1 bis 3 Bruttojahresgehältern,
- Konstruktive Zusammenarbeit mit dem Finanzinvestor,
- Wille zur Veräußerung des Unternehmens zusammen mit dem Finanzinvestor nach einer gemeinsamen Zeit der Wertentwicklung.

Bei allen Buy-Outs spielt das Management eine wesentliche Rolle. Die drei „Ms" eines Buy-Outs aus der Sicht eines Finanzinvestors sind: Management, Management, Management.[6] Daher wird dies einer besonderen Prüfung auf Eignung und Finanzierungsmöglichkeiten unterzogen. Dabei spielt es keine Rolle, ob das Management bereits im Unternehmen tätig ist (MBO) oder von außen neu ins Unternehmen kommen soll (MBI). Auch die Bereitschaft, einen Management Audit durch einen Finanzinvestor durchführen zu lassen, gehört zu den Voraussetzungen aber auch zu den Chancen, die ein Buy-Out bietet.

Für einen Finanzinvestor ist ein Buy-Out eine Möglichkeit, mit einem hoch motivierten Team in einem überschaubaren Zeitraum von 3 bis 7 Jahren ein Unternehmen wertsteigernd zu entwickeln und wieder zu veräußern. Daher muss das Unternehmen unabhängig von einer ggf. bestehenden Muttergesellschaft existenzfähig sein und einige Voraussetzungen erfüllen[7]:
- Generierung eines angemessenen Cashflow und Gewinns zur Erhaltung und Entwicklung des Geschäfts an sich, zur Bedienung der Akquisitionsfinanzierung und für eine angemessene Verzinsung des Eigenkapitals
- Unabhängige Existenzmöglichkeit, u. a. über entsprechende Services im Unternehmen (Finanzen, Marketing, Recht etc.), eine unabhängige Marktstellung, Zugang zu Finanzmitteln und notwendigen Lizenzen
- Fähigkeit zur Entwicklung einer eigenen Strategie
- Ein Fremdkapitalgeber hat in der Regel bei einem Buy-Out ähnliche Interessen wie der Finanzinvestor, er stellt lediglich ein anderes Finanzierungsprodukt zur Verfügung, für das ergänzend Sicherheiten benötigt werden (vgl. auch unten).

---

[6] Vgl. Deloitte & Touche, A practical guide to MBOs, S. 11; vgl. Auch dort: typische Zusammensetzung eines Management Teams im Rahmen eines Buy-Out.
[7] Vgl. ebenda, Seite 12 f.

Für alle Beteiligten ist es wesentlich, die Interessenlage der anderen Parteien nüchtern zu analysieren. Privatverkäufer und Manager führen Buy-Out-Transaktionen, anders als die beteiligten Private Equity Gesellschaften und Banken, häufig nur einmal im Leben durch. Die daraus resultierende Unkenntnis von Prozessen und Usancen ebenso wie die wechselnden Interessenlagen sind ein Hauptgrund für das Scheitern von Verhandlungen in viel versprechenden Deals. Verkäufer und Management fühlen sich schnell „über den Tisch gezogen", Investoren und Banken betrachten das Gebaren als „unprofessionell". Kein Verkäufer oder Management-Mitglied sollte auf die Einbeziehung eigener Berater mit umfassender Transaktionserfahrung verzichten. Auch wenn die Kosten hierfür abschreckend wirken, so rechtfertigt das Ergebnis bei richtiger Auswahl des Beraters diesen Einsatz. Auf keinen Fall darf darauf verzichtet werden, nach Referenzen des Beraters im Hinblick auf die Transaktionsgröße und die Branche zu fragen und gegebenenfalls einen Erfahrungsaustausch mit Buy-Out erfahrenen Verkäufern/Managern zu suchen. In konstruktiven und gut begleiteten Buy-Out Verhandlungen können jedoch wesentliche Vorteile für alle Beteiligten erreicht werden.

Durch die Wahrung gemeinsamer Interessen führt die Durchführung eines Buy-out zu einer Gewinnsituation für alle beteiligten Parteien.

Verkäufer	Management	Investor
• Geringes Prozessrisiko - kein Wettbewerbsrisiko - keine Kartellprobleme • Einbindung des Managements	• Management wird Unternehmer • Unabhängigkeit • Erwerb des Unternehmens durch begrenzten Einsatz eigener Mittel • Eingeschränktes Risiko durch bekanntes Geschäftsmodell • Interessensgleichheit aller Gesellschafter	• Interessensgleichheit mit Management - Bewertung - Exit • Starke Position durch Mehrheitserwerb - Gesellschafterstellung - Beiratsfunktion - Exit

Abb. 3: Vorteile eines Management Buy-Out (Quelle: IKB Private Equity GmbH)

3. Typische Gewichtung und Ausgestaltung der einzelnen Instrumente in der Praxis

Die Gesamtfinanzierung für eine Buy-Out muss nicht nur den Kaufpreis berücksichtigen, sondern ebenso die Transaktionskosten, ggf. zu übernehmende oder abzulösende Schulden und erforderliche Liquidität für Working Capital und Investitionen. Die hierfür benötigte Gesamtsumme wird, abhängig von der Tragfähigkeit des operativen Geschäfts der Zielgesellschaft, strukturiert.

Typischerweise werden die folgenden Finanzierungsinstrumente mit unterschiedlicher Gewichtung eingesetzt: Eigenkapital, Mezzanine-Kapital, Fremdfinanzierung. Eine beispielhafte Aufteilung der Finanzierungsstruktur zeigt folgendes Bild[8]:

Abb. 4: Aufteilung der Finanzierungsinstrumente im Rahmen einer Buy Out Finanzierung (Quelle: Investkreditbank AG)

Ein Vielzahl von Fragen sind im Zusammenhang mit der Finanzierung zu beantworten, wobei die überragende Fragestellung zu Beginn der Strukturierungsgespräche sich darauf richten wird, welche freien Cashflows (fcf) in der Zukunft für die Zins- und Tilgungszahlung zur Verfügung stehen. Der Grund hierfür liegt darin, dass ein Buy-Out grundsätzlich so angelegt ist, das über das operative Geschäft eine schnelle Entschuldung erfolgen muss, damit bei einem Verkauf des Unternehmens ein möglichst hoher Kaufpreis und damit eine signifikante Wertsteigerung für die Eigenkapitalpartner zu erzielen ist. Die Fragen zur Marktstellung und zur Businessplanung des Unternehmens werden daher in der Regel den Einstieg für alle Finanzierungsüberlegungen bilden.

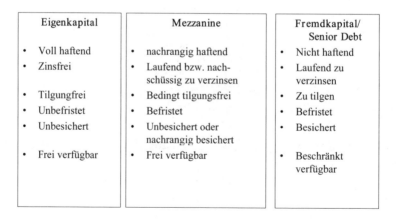

Abb. 5: Kennzeichen unterschiedlicher Finanzierungsformen (Quelle: IKB Private Equity GmbH)

---

[8] Investkredit Bank AG, Management Buy-Out und Management Buy-In: Ein Leitfaden für Eigentümer und Manager, k. A., S. 10.

„Eigenkapital" ist in der Finanzierungshierarchie am teuersten, da es immer voll haftet, keine Tilgung (d. h. Risikoreduzierung während der Laufzeit) erfolgt und keine laufende Vergütung vorgesehen ist. Ein Finanzinvestor verlangt eine Rendite auf sein eingesetztes Kapital von +/- 25 % p. a., die über einen Exit, d. h. den Verkauf der Unternehmensanteile realisiert wird. Darüber hinaus muss bei einem hohen Eigenkapitalanteil ein relativ hoher Kaufpreis kalkuliert werden, was die Erzielung einer hohen Rendite erschwert.

	Direktbeteiligung	Mezzanine-Beteiligung
Charakter	Quotale Beteiligung am Nominalkapital (Stamm-/ Grund-/Kommanditkapital etc.)	Verzinsliche Kapitalüberlassung auf Zeit, keine Beteiligung am Nominalkapital
Bilanzausweis	Als echtes Eigenkapital	I.d.R. als Sonderposten zwischen dem echten Eigenkapital und den Rückstellungen (Mezzanine)
Kapitalgeber wird	Gesellschafter und Miteigentümer; Unternehmensbewertung ist daher notwendig	Kein Gesellschafter, aber gesellschaftsnaher Partner; Unternehmensbewertung ist i.d.R. nicht notwendig
Kapitalgeber hat	Volle gesellschaftsrechtliche Position, enge Gemeinschaft mit den Altgesellschaftern	Vertraglich vereinbarte Mitwirkungs- und Zustimmungsrechte für wesentliche Geschäftsvorfälle sowie Informationsrechte
Rendite	Rendite über Gewinnausschüttung und Wertzuwachs	Verzinsung (Kombination aus fester und gewinnabhängiger Verzinsung)
Dauer/ Beendigung	Laufzeit ca. 5 bis 7 Jahre, Beendigung durch Anteilsverkauf (Börsengang, Mehrheitsverkauf, Rückkauf),	Laufzeit ca. 5 bis 8 Jahre, Beendigung durch Rückzahlung

Abb. 6: Wesentliche Unterschiede zwischen Direktbeteiligung und Mezzanine-Beteiligung (Quelle: IKB Private Equity GmbH)

Mezzanine Kapital, steht als Finanzierungsinstrument zwischen Eigen- und Fremdkapital. Mezzanine ist selbst kein Finanzierungsinstrument, sondern ein angelsächsischer Oberbegriff für eine Vielzahl von Finanzierungsinstrumenten, die dadurch gekennzeichnet sind, das sie bilanziell mehr oder weniger zwischen Eigenkapital und der klassischen langfristigen Finanzierung stehen. Am weitesten verbreitet sind hierbei die typische und atypische stille Beteiligung und das Nachrangdarlehen. Insbesondere die atypische stille Beteiligung hat eine sehr hohe bilanzielle Eigenkapitalqualität, was abhängig von der Bilanzstruktur für eine NewCo von großem Vorteil sein kann, da es die Bonität verbessert. Die Laufzeit der Mezzaninen Finanzierung wird auf die Fremdfinanzierung und die Exit-Erwartungen der Gesellschafter abgestimmt und beträgt in der Regel zwischen 5 und 7 Jahre. Die Tilgung erfolgt endfällig, ggf. in Tranchen in den letzten beiden Jahren der Laufzeit. Allerdings ist auch Mezzanine Kapital mit einer erwarteten Verzinsung von 15 – 20 %

p. a. ein teurer Finanzierungsbaustein. Die Vergütung kann sich hierbei aus einem laufenden Teil (d. h. jährliche Verzinsung) und einem so genannten Equity Kicker zusammensetzen. Alternativ kann die Zahlung der aufgelaufenen Zinsen nachschüssig erfolgen (Payment in kind; Pik). Bei einem Equity Kicker handelt es sich um eine Zahlung am Ende der Laufzeit der stillen Beteiligung, die abhängig ist von der Wertentwicklung des Unternehmens während der Dauer der Beteiligung. Der Equity Kicker ist damit Bestandteil der Renditeerwartung des Kapitalgebers. Durch die genannten Möglichkeiten der nachschüssigen Zahlung von Vergütungsbestandteilen (Pik, Equity Kicker) kann die vom Kapitalgeber angestrebte Rendite von 15 – 20 % p. a. erreicht werden, ohne dem Unternehmen während der Laufzeit der Akquisitionsfinanzierung Liquidität zu entziehen.

Die Fremdfinanzierung bei einem Buy-Out kann sich wiederum in verschiedene Bestandteile gliedern. Senior Debt A ist ein feststehender Begriff für ein Tilgungsdarlehen, das vorrangig zu verzinsen und zu tilgen ist. Als Sicherheit dient in der Regel zumindest die Verpfändung der Geschäftsanteile der Zielgesellschaft. Dabei beträgt die Laufzeit üblicherweise maximal 7 Jahre, die Tilgung erfolgt in der Regel linear nach maximal einem tilgungsfreien Jahr, die Zinszahlung jährlich. Das so genannte Senior Debt B ist ein endfälliges Darlehen, das vorrangig zu verzinsen und zu tilgen ist. Die Laufzeit ist in der Regel etwas höher als bei Senior Debt A. Ergänzend werden auch Junior Tranchen, oft nachrangig, eingesetzt, die mit der höchsten Marge versehen sind. Mit der Finanzierung sind oft verschiedene Auflagen verbunden, z. B. eine Ausschüttungssperre an Gesellschafter oder das o. g. Verbot der Zinszahlung an Mezzanine-Geber. Häufig finden sich auch Regelungen, die Sondertilgungen aus einem vorher definierten „excess Cashflow" vorsehen, so dass die Finanzierung bei guter Geschäftsentwicklung schneller zurückgeführt wird, als zum Zeitpunkt der Vertragsschlüsse geplant.

4. Entwicklungstendenzen bei der Finanzierung von MBO/MBI

Der Buy-Out Markt in Europa hat sich seit 1995 im Hinblick auf Volumen und Anzahl der Transaktionen stetig aufwärts entwickelt. Auch die Zahl der großen Transaktionen stieg an. So wurden nach Angaben des Center for Management Buy-Out Research[9] 50 % mehr Transaktionen über € 100 Mio. gezählt als im Jahr zuvor. Insgesamt stieg die durchschnittliche Transaktionsgröße in Europa auf € 84,1 Mio. im Jahr 2002.

---

[9] Vgl. The Centre for Management Buyout Research at the Nottingham University Business School: www.cmbor.org.

Trends of Buy-outs/Buy-ins, 1983 – 2002

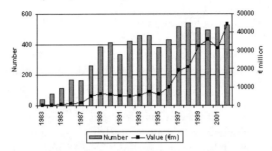

Abb. 7: Trends of Buy-outs/Buy-ins, 1983 – 2002 (Quelle: Center for Management Buy-Out Research)

Beim Blick auf die Anzahl der Transaktionen nach Ländern lässt sich für Deutschland eine deutlich gestiegene Buy-Out Aktivität in den letzten Jahren feststellen, die jedoch mit einem seit 2000 sinkenden Volumen einhergeht.

European Buy-outs by Country – Number of deals

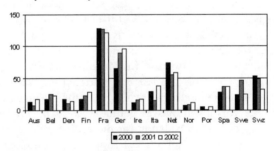

Abb. 8: European Buy-outs by Country – Number of Deals (Quelle: Center for Management Buy-Out Research)

European Buy-outs by Country – Value of deals (€m)

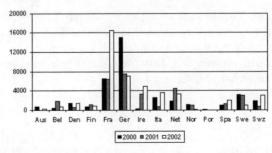

Abb. 9: European Buy-outs by Country – Value of Deals (€m) (Quelle: Center for Management Buy-Out Research)

Insgesamt ist die zukünftige Entwicklung des Buy-Out Marktes in Deutschland von verschiedenen Faktoren abhängig, u. a. der
- Entwicklung der Exit-Möglichkeiten für Investoren und Management über Börsengänge (IPOs), Trade Sales (Verkauf an ein Industrieunternehmen) oder Secondary Buy-Outs. Die Wertgenerierung bei einem Buy-Out realisiert sich zum Zeitpunkt der Verkaufes nach 5 – 7 Jahren: die Akquisitionsfinanzierung ist zurückgeführt, Effizienzreserven wurden gehoben und es gibt einen regelmäßigen, kalkulierbaren Cashflow aus der operativen Tätigkeit. Dies ist der Zeitpunkt für einen (gemeinsamen) Exit von Investor (und Management), zu dem aber auch ein Käufer zur Verfügung stehen muss. In den vergangenen Jahren war die Zeit für Börsengänge sehr schlecht und auch der Verkäufermarkt bei M&A Transaktionen hat sich schleppend entwickelt. Mit dem Anziehen der M&A Aktivitäten, einer verbesserten Konjunktur und einer sich weiter verbessernden Geschäftslage sollten hier mittelfristig positive Impulse zu erwarten sein.
- Entwicklung der industriellen Aktivitäten im Hinblick auf die Konzentration auf Kernkompetenzen. Die vergangenen Jahre haben Unternehmen gezwungen zum Teil drastische Schrumpfkuren zu durchlaufen. Die Abspaltung von Unternehmensteilen, die nicht zum Kerngeschäft gehören oder der Verkauf unprofitabler Einheiten hat langsam zugenommen. Diese Entwicklung zusammen mit einem verstärkten Outsourcing wird sich in den kommenden Jahren fortsetzen und zahlreiche Möglichkeiten für Buy-Outs eröffnen.
- Akzeptanz des Managements Buy-Out als echte Alternative zur Regelung von Nachfolgefragen im Deutschen Mittelstand[10] In den nächsten Jahren werden nach einer Untersuchung des Instituts für Mittelstandsforschung (IfM) ca. 21.600 Familienunternehmen mit bis zu 500 Beschäftigten an Nachfolger übertragen. Dabei werden die familieninternen Nachfolger immer weniger, Manager aus dem Unternehmen oder von außen müssen gefunden werden, eine Buy-Out Struktur muss erarbeitet werden. Dies bedeutet für die bisherigen Eigentümer jedoch oft eine große Anstrengung im Hinblick auf Komplexität und Dauer des Prozesses sowie Anzahl der eingebundenen Parteien, die den Aufwand einer Übergabe an eine Nachfolgegeneration deutlich übersteigt. Die steigende Anzahl der erfolgreichen Transaktionen und die zunehmende Informationsdichte zum Thema Buy-Outs wird hier einen wichtigen Beitrag zur Überzeugung der Alteigentümer leisten.

Nimmt man diese Punkte zusammen, so wird nach Einschätzung von Experten die Anzahl an Management-Buy-Outs, Management-Buy-Ins und Owners-Buy-Outs in den nächsten Jahren wieder steigen. Hinzu kommt, dass mehr und mehr ausländische Finanzinvestoren den deutschen Markt entdecken und aktive Spieler auf dem (mittelständischen) Markt werden wollen.

---

[10] Vgl. Pointl, Bedeutung und Anforderungen von Management-Buy-Outs bei der mittelständischen Unternehmensnachfolge, in: Finanz Betrieb 9/2003, S. 533 ff.

Weiterführende Literatur:

Achleitner/Fingerle, Unternehmenswertsteigerung durch Management Buyout, TU München, EF Working Paper Series, München 2003.

Deloitte & Touche, A practical guide to MBOs, k. A.

Götz, Management Buy Out – Instrument für Unternehmensnachfolge und Restrukturierung, in: Die Bank 11/2003.

Institut für Mittelstandsforschung Bonn: http://www.ifm-bonn.de/.

Investkredit Bank AG, Management Buy-Out und Management Buy-In: Ein Leitfaden für Eigentümer und Manager, k. A.

Jakoby, Erfolgsfaktoren von Management Buyouts in Deutschland, Köln 2000.

Finance, MBO als Nachfolgelösung, Studienreihe im FAZ-Institut, Frankfurt am Main 2002.

Pointl, Bedeutung und Anforderungen von Management-Buy-Outs bei der mittelständischen Unternehmensnachfolge, in: Finanz Betrieb 9/2003, S. 533 ff.

Schmid, Leveraged Management Buy-Out, Peter Lang Europäischer Verlag der Wissenschaften, Frankfurt am Main 1994.

The Centre for Management Buy-out Research (CMBOR): http://www.cmbor.org/.

Vest, Der Verkauf von Konzernunternehmen durch Management Buy-Out, Wiesbaden 1995.

MBO aus Sicht der Finanzinvestoren
Robert Stein

Inhalt:

	Seite
1. Besonderheiten bei MBOs von Familienunternehmen in Deutschland.	89
2. Voraussetzungen aus Sicht des Finanzinvestors	90
3. Zusammenarbeit mit dem Finanzinvestor	93
4. Zusammenfassung	95

1. Besonderheiten bei MBOs von Familienunternehmen in Deutschland

Im Vergleich zu anderen Nationen zeichnet sich die Industrielandschaft in Deutschland durch eine Vielzahl von mittelständischen Unternehmen aus. Viele dieser Unternehmen sind nach dem Krieg gegründet worden, nehmen in globalen Nischenmärkten bedeutende Stellungen ein und zeichnen sich oft durch eine überdurchschnittliche Profitabilität aus. Bei vielen dieser Unternehmen zeichnen sich Nachfolgeprobleme ab, die es durch unterschiedlichste Möglichkeiten zu lösen gilt. Der Verkauf der Gesellschaft an das eigene Management und/oder an externe Manager ist eine attraktive Lösung und die besondere Konstellation der mittelständischen Wirtschaft Deutschlands war und ist zum Teil noch heute Grund für viele Investoren, einen starken Anstieg in diesem Marktsegment zu erwarten. Leider hat sich diese Hoffnung bislang nicht erfüllt und das Marktwachstum für MBOs beruht in den letzten Jahren im Wesentlichen auf Verkäufen von Konzernen, während die Verkäufe von Familienunternehmen relativ konstant geblieben sind (vgl. Initiative Europe unquote 2003). Gemessen an der Gesamtzahl von abgeschlossenen MBO-MBI-Transaktionen, die laut BVK im Jahr 2002 bei über 80 liegt, sind nur ca. 1/3 Übernahmen von Familienunternehmen. In Italien liegt dieser Anteil beispielsweise bei über 60 %, in England immerhin bei 40 %. Die Gründe hierfür sind sehr vielschichtig, doch zeichnet sich hier ein sehr deutsches Phänomen ab.

Aus unserer Erfahrung sind viele mittelständische Betriebe sehr stark auf den Unternehmenseigentümer ausgerichtet, eine zweite Managementebene existiert nicht oder hat nicht die Kompetenz und den Freiraum unternehmerisch zu agieren. Die Bereitschaft Kompetenzen zu verteilen und abzugeben ist in vielen Fällen zu gering und die Einsicht, dass ein entsprechend qualifiziertes Management für den langfristigen Bestand des Unternehmens notwendig ist, kommt leider oft zu spät. Die Lösung dieses Problems durch Ergänzung des Management-Teams im Rahmen der Unternehmensübernahme durch einen Investor ist nicht immer möglich, da sämtliche Abläufe und wesentliche Kundenbeziehungen auf den Eigentümer zugeschnitten sind. Folglich beginnt die Unternehmensnachfolge mittels MBO/MBI sehr viel früher als im Rahmen der Transaktion selbst. Dies ist nicht nur im Interesse des Investors sondern insbesondere auch im Interesse des Eigentümers, der dadurch das

Unternehmen langfristig absichert und in der Regel einen besseren Verkaufserlös erzielen kann.

Abgesehen von der Qualität des existierenden Managements sollte nicht unterschätzt werden, dass für viele deutsche Unternehmer nicht allein die Maximierung eines Verkaufserlöses im Vordergrund steht, sondern andere Motive eine sehr viel höhere Bedeutung haben. Standortsicherung, Versorgung der Mitarbeiter, Reputation und andere Faktoren sind oftmals entscheidend. Interessanterweise sind aber genau dies Parameter, die durch Finanzinvestoren berücksichtigt werden können. Mit der Übernahme einer Gesellschaft durch einen Investor kommt es beispielsweise nicht zu sofortigen Kapazitätsverlagerungen, Namensänderungen und Anpassungen in den Unternehmensabläufen, vielmehr wird das Unternehmen von bereits bekannten Managern weitergeführt. Dies gibt der Belegschaft Sicherheit und vermeidet es für den Eigentümer, sein Unternehmen einem Wettbewerber zu überlassen. Letzteres hat oftmals sehr einschneidende, kurzfristige Konsequenzen. Darüber hinaus birgt der Prozess des Verkaufs an den Wettbewerber die Gefahr, dass im Rahmen der Due Diligence-Prüfungen der Konkurrenz wichtige Unternehmensdaten offen gelegt werden müssen. Es besteht das Risiko, dass Konkurrenten den Prozess nach Informationserhalt abbrechen und eigentlich nie Interesse an einem Unternehmenskauf hatten.

Letztlich ist einer der Gründe für die noch geringe Anzahl von MBO-Lösungen für Nachfolgeprobleme sicherlich deren geringen Bekanntheitsgrad oder die falsche Einschätzung über Vorgehensweise und Interessen von Investoren. Finanzinvestoren beteiligen sich an Gesellschaften, um mit diesen Unternehmen weiter zu expandieren, sei es organisch oder durch Zukäufe. Ein Ausschlachten der Unternehmen steht nicht im Vordergrund. Aus einer Studie aus dem Jahr 2001 geht hervor, dass sich der Großteil der von Finanzinvestoren übernommenen Unternehmen positiv entwickelt hat (Survey of the Economic and Social Impact of Management Buy-outs & Buy-ins in Europe, Centre for Management Buy-out research, 2001). Demnach haben sich 2/3 der untersuchten Unternehmen nach einem MBO besser entwickelt als vorher und auch besser als der Wettbewerb. Die gleiche Anzahl der Unternehmen hat entsprechend mehr Mitarbeiter eingestellt. Neben der erhöhten Motivation der Mitarbeiter war auch der Beitrag der Finanzinvestoren für diese Entwicklung entscheidend.

Zusammenfassend lässt sich festhalten, dass der MBO als Regelung der Unternehmensnachfolge eine interessante Alternative ist. Es bleibt zu wünschen, dass mehr Unternehmer frühzeitig ihre Nachfolge planen, um diesen für das Unternehmen sehr Erfolg versprechenden Weg der Weiterführung zu nutzen.

2. Voraussetzungen aus Sicht des Finanzinvestors

Es gibt eine Reihe von Anforderungen, die der Finanzinvestor vor Abschluss der Beteiligung und danach an das Management und das Unternehmen stellt.
Einige wesentliche Aspekte werden im Folgenden dargestellt, doch sollte dies nicht als abschließende „Check-Liste" verstanden werden, denn jeder Fall wird individuell

beurteilt und nicht erfüllte Anforderungen können während der Beteiligungsphase gemeinsam mit dem Management bearbeitet werden.

Anforderungen an das Management

Die Qualität und die Zusammensetzung des Management-Teams sind entscheidend für den Erfolg einer MBO-Transaktion. In der Regel wird ein Team an der Transaktion beteiligt und nicht eine einzelne Person, um die Unternehmensführung nach Übernahme auf breite Beine zu stellen. Nicht selten werden auch aktive Beiräte oder Aufsichtsräte an einer MBO-Transaktion beteiligt, um zusätzliche Erfahrung und Kompetenz bei der Weiterentwicklung des Unternehmens hinzuzufügen.

Die reine Fachkompetenz des Managements ist nicht ausreichend. Neben Branchenkompetenz wird die mehrjährige, erfolgreiche Geschäftsführung vorausgesetzt. Insbesondere die/der Vorsitzende der Geschäftführung muss klare unternehmerische Führungsqualitäten besitzen. Dazu zählt die Fähigkeit Visionen und Strategien zu entwickeln und umzusetzen ebenso wie die Bereitschaft im Team zu arbeiten. Darüber hinaus hat sich in der Praxis gezeigt, dass ein Manager in der Lage sein muss, externe Hilfe anzunehmen, denn nur so lassen sich maximale Potentiale heben und schwierige Situationen überbrücken.

Zu den unternehmerischen Qualitäten gehört auch die Bereitschaft Risiken einzugehen, daher wird vom Management-Team (z. T. auch von Beiräten/Aufsichtsräten) eine entsprechende finanzielle Beteiligung verlangt. Diese sollte signifikant sein und wird unter Berücksichtigung der persönlichen Vermögenssituation vereinbart. In der Praxis liegt das finanzielle Engagement bei ca. zwei Jahres-Nettogehältern, wobei das Management Anteile zu Vorzugskonditionen erhält.

Nicht selten ist das Team unvollständig und muss durch zusätzliches Management ergänzt werden. In diesen Fällen wird sowohl das bestehende als auch das neue Management an der Gesellschaft beteiligt. Dies ermöglicht in hervorragender Weise die Zusammenführung von bestehendem Know-how und nicht vorhandener Expertise. Reine MBI Transaktionen sind eher schwierig in der Umsetzung, da ein externer Manager in einer relativ kurzen Zeit der Prüfung nicht die notwendigen Einblicke gewinnen kann und die volle Unterstützung des bestehenden Teams nicht gegeben sein muss.

Neben der Erfüllung dieser Kriterien ist es von zentraler Bedeutung, dass Management und Investor die gleichen Zielsetzungen bei dem Beteiligungsengagement haben. Hierüber sollte vom ersten Tag an Klarheit herrschen, ansonsten wird eine gemeinsame Zusammenarbeit mühsam und ist wenig zielorientiert. Schon in der Prüfungsphase sollten Management und Investor viel Augenmerk darauf legen, dass die „Chemie" stimmt und die Parteien die gleiche Agenda bezüglich der Weiterentwicklung des Unternehmens und des Exit haben.

Anforderungen an das Unternehmen

Neben dem Status Quo, der zum Beispiel für die Bankenfinanzierung von hoher Bedeutung ist (Sicherheiten), sind die Anforderungen des Finanzinvestors bei einem MBO sehr stark in die Zukunft gerichtet. Denn letztendlich ist der Einstiegspreis wichtig, doch die positive Beantwortung der Frage was sich aus dem Unternehmen machen lässt ist noch bedeutender. Dies gilt insbesondere unter Berücksichtigung der Tatsache, dass aufgrund der zunehmenden Markttransparenz und eines stärkeren Wettbewerbs bei Firmenübernahmen kaum niedrige Einstiegspreise erzielt werden können.

Produkt und Markt

Es ist von hoher Bedeutung in Firmen zu investieren, die mit ihren Produkten in den Zielmärkten (meist global) eine nachhaltige, starke Position haben, die durch bestimmte strategische Handlungen noch ausgebaut werden kann. Dabei gilt es nicht nur heutige Weltmarktführer zu finanzieren, aber doch Unternehmen mit einem attraktiven Produktprogramm, das nicht ohne weiteres kopiert werden kann und langfristig für strategische Käufer von Interesse ist. Zum Zeitpunkt der Beteiligung gilt es dabei nicht nur die heutige Situation zu beurteilen, sondern vielmehr muss die langfristige Marktentwicklung betrachtet werden, um sicherzustellen, dass das Unternehmen mit den angebotenen Produkten auch in fünf bis zehn Jahren noch interessant sein kann.

Stabiler Cashflow

Die Struktur eines Management-Buy-outs basiert weitgehend auf der Annahme, dass sich der Kaufpreis über die Cashflows der Zukunft möglichst rasch amortisieren lässt. Neben der Betrachtung der operativen Überschüsse ist insbesondere zu berücksichtigen, ob nach Übernahme signifikante Investitionen zu tätigen sind. In der Praxis hat sich gezeigt, dass viele Unternehmen zum Zeitpunkt des Erwerbs zwar sehr profitabel operieren, die notwendigen Langfristinvestitionen jedoch nicht getätigt wurden („Investitionsstau"), so dass die Risiken aus einem nachhaltigen Investitionsprogramm zu berücksichtigen sind.

Wachstumspotential

Finanzinvestoren realisieren Renditen nicht nur durch Anwendung kreativer Finanzierungsstrukturen, sondern im Wesentlichen durch die Möglichkeit nach Erwerb signifikantes Firmenwachstum mit zu begleiten. Letztendlich kann nur die nachhaltige Steigerung der Gewinne zu deutlich höheren Preisen bei dem Verkauf der Firma führen. Dabei reduziert sich die Auswahl interessanter Beteiligungsmöglichkeiten nicht nur auf überdurchschnittlich stark wachsende Branchen. Auch weniger signifikant wachsende Sektoren sind von Interesse, wenn sich beispielsweise die Möglichkeit ergibt durch den Erwerb weiterer Wettbewerber während der Beteiligungsdauer eine deutlich größere und profitablere Geschäftseinheit zu schaffen.

Neben der Wertsteigerung durch Umsatzwachstum ergeben sich auch sehr interessante Beteiligungsmöglichkeiten bei Unternehmen, die aufgrund der vorhandenen Strukturen vergleichsweise geringe Margen aufweisen. Hierzu zählen Unternehmen, die aufgrund von starken Marktpositionen und führenden Produkten in der Vergangenheit sehr profitabel operiert, es aber verpasst haben, die Kostenstrukturen dem heutigen Umfeld anzupassen. Gerade im deutschen Mittelstand begegnet man häufig Unternehmen mit einer zu hohen Fertigungstiefe und Möglichkeiten einer sehr nachhaltigen Kostenverbesserung, z. B. durch Produktionsverlagerung ins Ausland.

Abhängigkeiten

Die Abhängigkeit von wenigen Kunden oder Lieferanten birgt ein sehr signifikantes Risiko und muss bei Übernahme sehr genau adressiert werden. Insbesondere bei Übernahme von Familiengesellschaften und dem durch Kauf bedingten Ausscheiden des Alteigentümers müssen Wege gefunden werden, dieses Risiko einzugrenzen, sofern dies überhaupt möglich ist. Die starke Abhängigkeit eines Unternehmens von dem scheidenden Eigentümer ist ein sehr hohes Risiko und kann durch reine externe Management-Lösungen nur selten kompensiert werden.

Exit-Potential

Ein Finanzinvestor realisiert die angestrebten Zielrenditen von durchschnittlich 20 % p. a. nicht allein durch laufende Ausschüttungen und die Wahl einer adäquaten Finanzierungsstruktur. Entscheidend ist der Erlös aus dem Weiterverkauf des Unternehmens an einen Wettbewerber oder die Realisierung durch einen Börsengang. Beides sind realistische Alternativen und werden vor Einstieg nachhaltig evaluiert. Der Finanzinvestor sollte ausreichende Erfahrungen haben, um beide Szenarien beurteilen zu können. Ausschlaggebend ist die Betrachtung der Attraktivität des Unternehmens in fünf oder mehr Jahren, weshalb der Analyse der Produkte und der Markposition eine sehr hohe Bedeutung zukommt.

3. Zusammenarbeit mit dem Finanzinvestor

Neben der Auflistung von Anforderungen, die der Finanzinvestor an das Management stellt, und den Ansprüchen, die das Management an den Investor haben sollte, ist die richtige „Chemie" zwischen den Beteiligten entscheidend für den Erfolg einer Transaktion. Dies betrifft nicht nur Management und Investor, sondern in einem ersten Schritt zunächst Investor und Verkäufer. Der Verkäufer entscheidet erst einmal wer das Unternehmen erwerben kann und wird sich für die Partei entscheiden, mit der es gelungen ist eine harmonische und vertrauensvolle Beziehung aufzubauen. Nur dann besteht Zuversicht, dass der Verkauf zu den ausgehandelten Konditionen auch durchgeführt werden kann und das Unternehmen entsprechend weitergeführt wird. Diese sehr wesentliche Komponente einer Transaktion wird oftmals unterschätzt und die Abwicklung des Erwerbs und Einhaltung von Prozessen gerät zu sehr in den Vordergrund.

Finanz- und M&A-Know-how

Auch wenn sich die Mitarbeiter vieler Beteiligungsgesellschaften mehr und mehr aus Spezialisten mit Branchenerfahrung zusammensetzen, sollte der Investor in Finanzierungs- und M&A-Fragen ein qualifizierter Ansprechpartner für das Management sein. Diese Themenbereiche werden durch den Investor sehr stark beeinflusst und gesteuert und das Management sollte sich daher in diesem Bereich auf den Partner verlassen können.

Zusammenarbeit

Neben der regelmäßigen Berichterstattung und dem Informationsaustausch sollte der Investor insbesondere vor dem Hintergrund der langfristigen Wertsteigerungs- und Exit-Strategie seine strategischen Einflussmöglichkeiten wahrnehmen. Dies erfolgt in der Regel durch die Übernahme von Beirats- und Aufsichtsratsfunktionen. Aus unserer Sicht ist es durchaus sinnvoll, wenn der Investor eine Beteiligung in diesen Gremien nicht nur alleine, sondern in Zusammenarbeit mit nahe stehenden Führungskräften aus dem industriellen Umfeld ausübt. 3i selbst pflegt beispielsweise ein Netzwerk von weltweit über fünfhundert aktiven oder ehemaligen Top-Entscheidern, die mit uns gemeinsam diese Funktion wahrnehmen.

Netzwerk

Neben dem Zugang zu Entscheidern in dem Finanzsektor sollte der Finanzinvestor Möglichkeiten haben, dem Management auch Zugang zu anderen Netzwerken zu ermöglichen. Bei der Expansion nach China kann es beispielsweise hilfreich sein, wenn man auf Erfahrungen bei anderen Beteiligungen des Investors zurückgreifen kann. Bei der Ergänzung des Management-Teams im In- oder Ausland ist es unterstützend, wenn der Investor direkten Zugang zu potentiellen Kandidaten aufgrund eigener industrieller Netzwerke hat. Die Zusammenarbeit mit Top-Entscheidern in verschiedensten Industrien und damit die Möglichkeiten für ein Management-Team auf ein solches Know-how zurückzugreifen sind von sehr hohem Wert bei Weiterentwicklung des Unternehmens. Nur wenn diese Leistungen von dem Investor erbracht werden können, wird der potentielle Mehrwert durch Einstieg eines Finanzinvestors auch umsetzbar.

Finanzierungskraft

Aus Sicht des Management-Teams ist es wichtig zu beurteilen, ob der Investor willens und in der Lage ist, während der Beteilungsphase erneut als Finanzierungspartner zur Verfügung zu stehen. Zum einen können sich Opportunitäten ergeben, die z. B. den kurzfristigen Erwerb eines Wettbewerbers ermöglichen. Wenn der bestehende Partner in einer solchen Situation nicht schnell zur Verfügung steht, ist das ein Problem. Noch schwieriger ist die Lage, wenn aufgrund widriger Umstände das Unternehmen sich nicht planmäßig entwickelt. In einer solchen Lage sind neue Partner nur äußerst schwer zum Einstieg zu bewegen und die zeitliche Komponente entscheidet oftmals über die Zukunft des Unternehmens.

4. Zusammenfassung

Der MBO ist eine durchaus sehr attraktive Form der Unternehmensnachfolge. Oftmals bedarf es hier aber einer längerfristigen Vorbereitung des Unternehmers, denn sofern die Firma seiner Alleinführung unterliegt und keine adäquate zweite Ebene vorhanden ist, wird der Verkauf an den Finanzinvestor nicht einfach.

Eine Gewichtung einzelner Voraussetzungen vorzunehmen ist schwierig, da immer wieder individuelle Lösungen erarbeitet werden, auch wenn zentrale Bedingungen nicht von vornherein erfüllt sind. Letztendlich ist die Qualität des Managements jedoch entscheidend für den MBO und auch in einem schwierigen Umfeld können gute Teams sehr erfolgreich operieren. Der Investor wird sehr viel Augenmerk auf die richtige Besetzung des Teams legen.

Neben dem Management-Team sind die Qualität der Produkte und eine nachhaltige Marktposition von zentraler Bedeutung. Rückblickend lässt sich feststellen, dass die Unternehmen mit hohen Markteintrittsbarrieren und echten Alleinstellungsmerkmalen zu den erfolgreichsten Engagements gezählt haben.

Es wäre wünschenswert, wenn sich in Zukunft mehr Unternehmer mit der Weitergabe des Lebenswerkes an das eigene Management in Zusammenarbeit mit Investoren entschließen würden. Beteiligungsgesellschaften engagieren sich bei Unternehmen, um diese Firmen weiter wachsen zu sehen und dies sollte auch dem Interesse des verantwortungsvollen Unternehmers entsprechen.

Öffentliche Fördermöglichkeiten zur Finanzierung der Unternehmensnachfolge

Dietrich Suhlrie

Inhalt:

		Seite
1.	Einleitung	97
2.	Fakten und Trends	97
3.	Probleme der Unternehmensnachfolge bei kleinen und mittleren Unternehmen	99
3.1	Allgemeine Probleme der Unternehmensnachfolge	99
3.2	Finanzierungsprobleme der Unternehmensnachfolge	100
4.	Rolle der öffentlichen Fördermöglichkeiten zur Finanzierung der Unternehmensnachfolge	101
5.	Konkrete öffentliche Förderangebote zur Nachfolgefinanzierung	103
6.	Fazit	106

1. Einleitung

Unternehmensnachfolgen gewinnen in Deutschland zukünftig erheblich an Bedeutung. Die Wirtschaftspolitik hat an einer reibungslosen Abwicklung dieser Transaktionen – zu denen auch ein erheblicher Teil des anstehenden Generationenwechsels im Mittelstand gehört – ein großes Interesse, denn bei Unternehmensnachfolgen geht es auch um den Erhalt von Arbeitsplätzen und die Nutzung von Wachstumspotenzialen. Im Folgenden wird zunächst kurz auf relevante Entwicklungen und Trends im Zusammenhang mit der Unternehmensnachfolge eingegangen, bevor Probleme erläutert werden, die mit der Unternehmensnachfolge verbunden sind. Bei der Unternehmensnachfolge erweist sich häufig die Finanzierung als besondere Hürde, für deren Überwindung aber wirkungsvolle förderpolitische Angebote bereitstehen.

2. Fakten und Trends

Für die nächsten Jahre ist zu erwarten, dass die Zahl der Unternehmen, für die eine Nachfolgeregelung gefunden werden muss, weiter zunimmt: In Deutschland haben wir einerseits einen Sondereffekt, der auf dem altersbedingten Ausscheiden der Gründergeneration des Wirtschaftswunders beruht. Andererseits ist auch ohne diesen befristeten Sondereffekt zu erwarten, dass immer mehr Familienunternehmer die Entscheidung treffen, ihr Unternehmen abzugeben, denn das Band zwischen Unternehmen und Eigentümer ist nicht mehr so fest wie früher.

Bei Familienunternehmen, zu denen in Deutschland ca. 93 % aller Unternehmen zählen,[1] war früher eine Nachfolge im Familienkreis der Normalfall. Heutzutage wird ein immer größer werdender Anteil der Unternehmen an Dritte außerhalb der Familie übertragen.[2] Dies ist darauf zurückzuführen, dass der früher übliche Generationenwechsel von Mittelständlern durch Vererbung bzw. Übertragung auf Kinder oder andere Familienangehörige nicht mehr im gleichen Maße den Anforderungen unseres Wirtschaftssystems entspricht. Um im heutigen Wettbewerb zu bestehen, muss die Nachfolgeentscheidung stärker auf Qualitäts- und Eignungskriterien abstellen.

Die Nachfolgeproblematik wird evident, wenn man sich vor Augen führt, dass im Jahr 2002 für ca. 71.000 Familienunternehmen mit rund 907.000 Arbeitsplätzen eine Nachfolgeregelung anstand.[3] Etwa 5.000 Unternehmen mussten nach Schätzungen des Instituts für Mittelstandsforschung in Bonn stillgelegt werden, weil keine Nachfolger gefunden wurden. Hiervon waren ca. 32.000 Arbeitsplätze betroffen.[4] Dass die Nachfolgewelle ihren Höhepunkt noch nicht erreicht hat, zeigt die Unternehmensbefragung des Jahres 2002, die die KfW zusammen mit 16 Unternehmensverbänden durchgeführt hat: In 20 % der befragten Unternehmen hat in den letzten fünf Jahren vor der Befragung eine Nachfolge statt gefunden, während in den nächsten fünf Jahren weitere 30 % der Unternehmen einer Nachfolgelösung bedürfen.[5]

Als Alternativen der Unternehmensnachfolge kommen neben der familieninternen Nachfolge vor allem der Verkauf an ein anderes Unternehmen, der Verkauf an Mitarbeiter des Unternehmens – man spricht vom Management Buy Out (MBO) – und der Verkauf an externe Führungskräfte – ein Management Buy In (MBI) – in Betracht. Als besonders erfolgreich haben sich MBOs erwiesen, da diese meist höhere Erträge erwirtschafteten als vor der Übertragung.[6] Nach Berechnungen des Instituts für Mittelstandsforschung Bonn wurden im Jahr 2002 12 % der zu übertragenden Familienunternehmen im Rahmen von MBOs verkauft, während etwa 16 % im Rahmen von MBIs den Eigentümer wechselten. In 20 % aller Fälle wurde das Unternehmen an andere Unternehmen verkauft, während immerhin 45 % der Fälle

---

[1] Vgl. IfM Institut für Mittelstandsforschung Bonn, Unternehmensnachfolge in Deutschland. Sonderdruck aus Anlass der zentralen Auftaktveranstaltung zur Initiative Unternehmensnachfolge des Bundesministeriums für Wirtschaft und Technologie am 28. Mai 2001 in Berlin, Bonn 2001, S. 12.

[2] Vgl. European Commission, Final Report of the Expert Group on the Transfer of Small and Medium-sized Enterprises, Brüssel 2002, S. 7.

[3] Vgl. IfM Institut für Mittelstandsforschung Bonn, Unternehmensnachfolge – ein aktuelles Thema, Nachfolgefälle in deutschen Familienunternehmen, Neuberechnung, Bonn 2002.

[4] Auch auf europäischer Ebene ist eine hohe Zahl an Fällen zu nennen: Schätzungsweise werden in den nächsten 10 Jahren durchschnittlich 610.000 kleine und mittlere Unternehmen pro Jahr übertragen. Vgl. European Commission a. a. O. 2002, S. 7.

[5] Vgl. *Plattner*, Unternehmensfinanzierung in schwierigem Fahrwasser, Wachsende Finanzierungsprobleme im Mittelstand, Gemeinsame Unternehmensbefragung von KfW und 16 Wirtschaftsverbänden, Frankfurt am Main 2003 S. 8.

[6] Vgl. *Finance*, MBO als Nachfolgelösung, Studienreihe im FAZ-Institut, Frankfurt am Main 2002.

familienintern geregelt wurden; die restlichen 7 % der Unternehmen wurden mangels Nachfolger aufgegeben.[7]

3. Probleme der Unternehmensnachfolge bei kleinen und mittleren Unternehmen

Die Übertragung von Unternehmen im Rahmen der Unternehmensnachfolge stellt alte und neue Eigentümer i. d. R. vor große Herausforderungen hinsichtlich der wirtschaftlichen, rechtlichen und organisatorischen Anforderungen sowie nicht zuletzt auch der Finanzierung der Transaktion. An diesen Problemkreisen setzen die öffentlichen Förderangebote an.

3.1 Allgemeine Probleme der Unternehmensnachfolge

Vernachlässigung der Nachfolgeplanung

Für eine erfolgreiche Nachfolgeregelung ist eine rechtzeitige Planung der Unternehmensübernahme notwendig: So müssen neben der Entscheidung, an wen das Unternehmen übertragen werden soll, auch steuerrechtliche Fragen geklärt werden, die manchmal schwierige Unternehmensbewertung ist durchzuführen und vertragsrechtliche Probleme sowie Haftungsfragen sind zu klären. Die Vorbereitungen ziehen sich i. d. R. über mehrere Jahre hin.[8] Problematisch ist, dass vor allem bei Familienunternehmen der Alteigentümer häufig zu viel Zeit verstreichen lässt, bis die Planung der Nachfolge angegangen wird oder er sogar auf eine Planung gänzlich verzichtet. Im schlimmsten Fall findet sich kein Übernehmer und die Unternehmung muss liquidiert werden – mit entsprechenden Konsequenzen für die Beschäftigten und die geschaffenen Werte. Die Gründe für die Vernachlässigung einer rechtzeitigen und optimalen Vorbereitung liegen häufig im persönlichen emotionalen Bereich: Gerade Unternehmer, die den Betrieb selbst gegründet haben, tun sich tendenziell schwer damit, sich frühzeitig und ausführlich mit der Nachfolge zu befassen. Auch eine große Dominanz und das Beharrungsverhalten des Seniors können Übernahmeverhandlungen oder die Nachfolgeplanung innerhalb der Familie beeinträchtigen. Schließlich wird auch der Verkauf an einen Konkurrenten (meist aus emotionalen Gründen) nur sehr selten in Betracht gezogen.

Existenzgründer präferieren eher Neugründungen

Existenzgründer, die vor der Frage stehen, entweder ein Unternehmen neu zu gründen oder ein bestehendes zu übernehmen, entscheiden sich häufig für eine Neugründung, wie eine europaweite Umfrage ergab.[9] Als Vorteile der Übernahme sind zwar

---

[7] Vgl. IfM a. a. O. 2002.
[8] Vgl. dazu z. B. *Gruhler*, Unternehmensnachfolge im Mittelstand, Gesamt- und einzelwirtschaftliche Bedeutung, Probleme und Lösungsansätze. Beiträge zur Wirtschafts- und Sozialpolitik Nr. 244, Köln 1998, S. 42 oder European Commission a. a. O. 2002, S. 21.
[9] Vgl. European Commission a. a. O. 2002, S. 28. In Deutschland hält sich allerdings die Präferenz, ein neues Unternehmen zu gründen, verglichen mit der Präferenz, ein bestehendes zu übernehmen, die Waage.

die bestehende Leistungseinheit, der existierende Markt und vorhandene Kunden zu nennen. Mit der Übernahme eines Betriebes kommen auf den Übernehmer jedoch zusätzliche Probleme zu, die er bei einer Neugründung vermeiden kann: Existenzgründer sind oft unerfahren und fürchten, bei einer Übernahme übervorteilt zu werden, weil sie kaum beurteilen können, ob der immaterielle Firmenwert gerechtfertigt ist. Weiterhin ist die u. U. notwendige Neuorganisation eines existierenden Betriebes häufig schwieriger als die Schaffung neuer Strukturen im Rahmen einer Neugründung. Das vorhandene Personal muss bei einer Übernahme i. d. R. übernommen werden, während sich der Existenzgründer das Personal bei einer Neugründung selbst auswählen kann. Unerwartet oft muss der Übernehmer noch erhebliche Investitionen tätigen, um das Unternehmen auf den neuesten technischen Stand zu bringen. Auch möchte der Alteigentümer bei Übertragungen im Rahmen der Familie nach der Übertragung häufig noch die Geschäftsprozesse beeinflussen, was als zusätzliches Problem auftritt.

Unabhängig von der Frage „Übernahme versus Neugründung" stellt die Finanzierung der Transaktion häufig eine besonders große Hürde dar.

3.2 Finanzierungsprobleme der Unternehmensnachfolge

Unternehmensnachfolgen bei mittelständischen Unternehmen werden – wie oben dargelegt – in Zukunft weiter zunehmen. Da die Übertragung i. d. R. eine externe Finanzierung erfordert, sofern nicht familienintern eine andere Lösung gefunden wird, gewinnt damit die Frage der Übernahmefinanzierung an Bedeutung. Das offensichtliche Problem der Finanzierung einer Unternehmensübernahme ist das relativ hohe Volumen der Transaktion, das die Eigenfinanzierungsmöglichkeiten des Übernehmers meist bei weitem übersteigt.

Bei Übernahmetransaktionen kann der Zugang zu externem Kapital (Fremd- oder Beteiligungskapital) durch das Vorliegen von asymmetrisch verteilten Informationen zwischen dem übernehmenden Unternehmen und seinen Kapitalgebern beeinträchtigt sein: Außenstehende Financiers können die Chancen bzw. Risiken, die mit dem Vorhaben verbunden sind, nur schwer einschätzen und sind aus Vorsichtsgründen bei der Kreditvergabe oder Beteiligungsentscheidung eher zurückhaltend.

Für die Finanzierung von Übernahmetransaktionen erweist es sich als besonders problematisch, dass dem Kaufpreis teilweise auch immaterielle, nicht besicherbare Aktiva gegenüber stehen, wie beispielsweise Marke, Image oder Kundenstamm. Deshalb ist i. d. R. keine vollständige Besicherung der Finanzierung möglich. Da die Übernehmer die Kapitalrückzahlung üblicherweise aus dem Cashflow des übernommenen Unternehmens tätigen müssen, erscheint für potenzielle Kreditgeber das Risiko sehr hoch. Es leuchtet ein, dass Banken solche Klumpenrisiken, wie sie durch die relativ hohen Volumina von Übernahmetransaktionen häufig auftreten, in ihren Büchern vermeiden möchten und bei der Finanzierung von Unternehmensübernahmen zögern. Wenn Banken trotz der hohen Risiken und Kosten eine Finanzierung erwägen, muss ein entsprechend hohes Ertragspotenzial vorliegen. Da im Gegensatz zu Übernahmen von jungen, schnell wachsenden Unternehmen, die einen hohen

Wertzuwachs versprechen, in Zukunft verstärkt etablierte mittelständische Unternehmen betroffen sein werden, die vielleicht „nur" eine durchschnittliche Ertragskraft aufweisen, wird sich dieses Problem in Zukunft eher noch verschärfen.

Benachteiligung von Existenzgründern und kleineren Unternehmen bei der Finanzierung von Übernahmetransaktionen

Im Gegensatz zu großen Unternehmen, die den Kaufpreis mit eigenen Aktien oder durch Kapitalmarktfinanzierung günstig aufbringen können, sind Existenzgründer und mittelständische Unternehmen auf die Finanzierung durch ihre Hausbank angewiesen. Da – wie oben dargelegt – das Übernahmeobjekt i. d. R. nur teilweise zur Besicherung der Finanzierung herangezogen werden kann und die Übernehmer meist – im Gegensatz zu Großunternehmen – keine zusätzlichen Sicherheiten aufweisen können, sind Gründer und Mittelständler hier im Nachteil. Zusätzlich ist zu berücksichtigen, dass für die Bank relativ hohe Prüfungskosten anfallen, denn eine Übernahmefinanzierung erfordert eine viel tiefer gehende Analyse der gesamten Unternehmung, der Marktentwicklung und -risiken, als eine „normale" Investitionsfinanzierung. Vom Charakter handelt es sich eher um eine Projektfinanzierung. Auf Standardlösungen kann in solchen Fällen wegen der Komplexität der Finanzierungsaufgabe und der involvierten Risiken kaum zurückgegriffen werden. Die erhöhten Prüfungskosten wird die Bank bei der Festlegung der Finanzierungskonditionen berücksichtigen, und das schlägt bei kleinen Übernahmetransaktionen – im Vergleich zu Übernahmen großer Unternehmen – stärker auf den Zins durch als bei großen Volumina.

Eine sinnvolle Alternative bzw. Ergänzung zur Bankenfinanzierung kann die Aufnahme von externem Beteiligungskapital (Private Equity) bzw. eine Mezzanine Finanzierungsform (Nachrangdarlehen, Genussscheine, etc.) sein. Allerdings löst dies die Probleme nicht, denn auch hier treten ähnliche Restriktionen wie bei der Kreditfinanzierung auf.

Insgesamt ist festzuhalten, dass die Finanzierung von Nachfolgen bei kleinen und mittleren Unternehmen auf besondere Schwierigkeiten stößt. Diese größenbedingten Nachteile führen dazu, dass Unternehmen unter Umständen nicht fortgeführt werden und Arbeitsplatzverluste drohen. Aus wettbewerbspolitischer Sicht besteht jedoch ein Interesse an einer Fortführung der Unternehmen.

4. Rolle der öffentlichen Fördermöglichkeiten zur Finanzierung der Unternehmensnachfolge

Die öffentlichen Fördermöglichkeiten haben das Ziel, größenbedingte Benachteiligungen von Existenzgründern und kleinen und mittleren Unternehmen auf den Finanzmärkten zu vermeiden bzw. zu kompensieren und damit dazu beizutragen, dass die oben beschriebenen negativen Wirkungen nicht eintreten.

Förderinstrumentarium

Die Förderung konzentriert sich grundsätzlich darauf, Kapitalkosten der Übernehmer zu senken bzw. sicher zu stellen, dass ihnen überhaupt eine Finanzierung angeboten wird. Das vornehmlich eingesetzte Instrument sind zinsgünstige Förderkredite. Bei den Förderkrediten, deren Effektivzins in der Regel am unteren Ende des Marktspektrums liegt, kommt prinzipiell das „Durchleitungsprinzip" zur Anwendung: Demnach werden die Förderkredite nicht von den staatlichen Förderinstituten direkt vergeben, sondern über ein „durchleitendes" Kreditinstitut, das gegen Zahlung einer Bankenmarge auch das Ausfallrisiko übernimmt. Dieses Verfahren stärkt die Hausbankbeziehung des Unternehmens und gewährleistet die Wettbewerbsneutralität der Förderbank. Der Marktmechanismus wird nicht beeinträchtigt: Es wird auf diese Weise sichergestellt, dass eine marktmäßige Selektion förderwürdiger Vorhaben erfolgt. Weil die durchleitende Bank das Risiko trägt, wird sie eine sorgfältige Bonitätsprüfung und Projektbeurteilung durchführen. Hierzu ist sie auch besser in der Lage als staatliche Institutionen, da sie den Kunden i. d. R. kennt und die Marktchancen seiner Investition besser einschätzen kann.

Im Gegensatz zu einer reinen Zuschussförderung wird das Eigeninteresse des Übernehmers an einem Erfolg der Transaktion durch die Kreditfinanzierung gestärkt, weil er Zins- und Tilgungspflichten nachkommen muss. Dies reduziert die „Fehlerquote" und Mitnahmeeffekte der Förderung. Ein weiterer Vorteil zinsgünstiger Förderkredite liegt darin, dass die Darlehensförderung einen geringen bürokratischen Aufwand verursacht: Sie fügt sich in ohnehin notwendige Finanzierungsvorgänge ein, daher ist der (Mehr-)Aufwand für den Antragsteller in diesem Fall gering.

Ein Förderinstrument, das in Kombination mit den Förderkrediten eingesetzt werden kann, sind Haftungsfreistellungen durch die staatlichen Förderinstitute. Die Beteiligung am Ausfallrisiko reduziert die Risiko- und Eigenkapitalkosten der Geschäftsbanken und erhöht damit ihre Bereitschaft, auch stärker risikobehaftete Engagements einzugehen. Ähnlich wirken öffentliche Garantien und Bürgschaften, die eventuell bei einem Mangel an Sicherheiten bei Nachfolgen gewährt werden.

Mit Hilfe der öffentlichen Förderinstrumente im Bereich der Mezzanine- und Beteiligungsfinanzierung kann die Finanzierungsstruktur des jeweiligen Unternehmens verbessert und der Spielraum für die Aufnahme von Fremdkapital erweitert werden. Die Funktionsweise ist auf dem Gebiet der Mezzanine-Finanzierungen meist analog zur Kreditfinanzierung. Das Angebot an Beteiligungskapital wird hingegen i. d. R. entweder direkt von öffentlichen Institutionen oder über private Kapitalbeteiligungsgesellschaften gewährt, die von den Förderinstitutionen eine günstige Refinanzierung erhalten, um den Mittelständlern Beteiligungskapital zu attraktiven Konditionen anzubieten.

Angesichts der häufigen Vernachlässigung der Nachfolgeplanung durch den Alteigentümer, der teilweise vorliegenden Unerfahrenheit der Übernehmer und der besonderen Probleme einer Übernahme werden zusätzlich zu den öffentlichen Finanzierungsangeboten umfangreiche Beratungsleistungen bereitgestellt, um den Übernahmeerfolg zu sichern und die Neigung von Existenzgründern zur Übernahme eines Betriebes positiv zu beeinflussen.

5. Konkrete öffentliche Förderangebote zur Nachfolgefinanzierung

Öffentliche Förderangebote zur Unterstützung der Nachfolge werden auf Bundes- und Landesebene angeboten, ergänzt um Förderprodukte auf regionaler Ebene. Die KfW Mittelstandsbank unterstützt als Förderbank des Bundes schon seit vielen Jahren die Finanzierung mittelständischer Übernahmetransaktionen. So stellte die KfW im Jahr 2003 mehr als eine Mrd. EUR für rund 5100 Unternehmensübertragungen bereit, von denen eine Vielzahl Nachfolgefinanzierungen waren. Im Folgenden wird auf konkrete Förderangebote – untergliedert nach Art der Instrumente – eingegangen. Dabei ist zu beachten, dass die Ausführungen sich auf den derzeitigen Stand beziehen, da die Angebote kontinuierlich an den Finanzierungsbedarf kleiner und mittlerer Unternehmen angepasst und weiterentwickelt werden.

Kreditfinanzierung

Im Bereich der Kreditfinanzierung ist zunächst der Unternehmerkredit der KfW Mittelstandsbank zu nennen. Im Rahmen des Unternehmerkredits können u. a. der Kauf von Unternehmen, Betrieben oder der Erwerb von Anteilen am Unternehmen durch den Geschäftsführer finanziert werden. Anträge können Existenzgründer bzw. mittelständische Unternehmen stellen. Der Kreditbetrag beträgt bis zu 2/3 der förderfähigen Summe und maximal 5 Mio. EUR, wobei kleine Unternehmen mit einem Umsatz bis zu 50 Mio. EUR bis zu 3/4 des Betrages – in Ausnahmefällen auch mehr – erhalten können. Bei Kreditbeträgen bis zu 1 Mio. EUR kann der Finanzierungsanteil sogar bis zu 100 % der förderfähigen Summe betragen. Haftungsfreistellungen können für Kredite bis zu 2 Mio. EUR zum einen bei Engagements in den neuen Bundesländern und Berlin (Ost) in Höhe von 50 %, zum anderen bei Engagements von Gründern und jungen Unternehmen (bis zu 5 Jahre nach Aufnahme der Geschäftstätigkeit) in den alten Bundesländern in Höhe von 40 % gewährt werden.

Bei geringem Kapitalbedarf kommen auch die Programme StartGeld und Mikro-Darlehen der KfW Mittelstandsbank in Betracht. Mit StartGeld können Existenzgründer einen Kredit von maximal 50.000 EUR bei einer 80 %-igen Haftungsfreistellung erhalten, sofern der gesamte Finanzierungsbedarf diese Summe nicht übersteigt. Im Programm Mikro-Darlehen können Gründer oder junge Unternehmen im Alter bis zu drei Jahren (nach Aufnahme der Selbständigkeit) einen Kredit von bis zu 25.000 EUR erhalten, sofern ein darüber hinaus gehender Investitionsbetrag aus eigenen Mitteln finanziert wird. Hier wird ebenfalls eine Haftungsfreistellung von 80 % gewährt.

Für Nachfolgelösungen bei kleinen und mittleren Unternehmen in den strukturschwachen Gebieten der Gemeinschaftsaufgabe kommt auch das besonders günstige ERP-Regionalprogramm in Betracht. Hier können bis zu 75 % (neue Bundesländer) bzw. 50 % (alte Bundesländer) der förderfähigen Investitionskosten finanziert werden. In den neuen Bundesländern und Berlin (Ost) kann eine Haftungsfreistellung in Höhe von 50 % gewährt werden, wenn der Kreditbetrag 2 Mio. EUR nicht überschreitet. Die Kreditobergrenze beträgt 0,5 Mio. EUR und kann in bestimmten Fällen bei Vorhaben in den neuen Bundesländern überschritten werden.

Über die bestehenden Fördermöglichkeiten hinaus besteht jedoch Bedarf zur Finanzierung größerer Transaktionen. Das maximale Fördervolumen der Angebote reicht häufig nicht aus, so dass hier eine Finanzierungslücke bestehen bleibt. Eine Zahl mag dies verdeutlichen: Das von Beteiligungsgesellschaften mobilisierte Volumen bei MBO-Transaktionen liegt i. d. R. zwischen 7 und 48 Mio. EUR pro Transaktion.[10] Die KfW hat deshalb das Instrument der Akquisitionsfinanzierung entwickelt, mit dem Kredite refinanziert werden können, die Banken bei Übertragungen mittelständischer Unternehmen für das Aufbringen des Kaufpreises bereitstellen. Der Finanzierungsanteil der KfW bewegt sich i. d. R. zwischen 10 und 50 Mio. EUR und beträgt bis zu 50 % des Finanzierungsanteils der durchleitenden Bank. Die durchleitende Bank wird in Höhe des KfW-Finanzierungsanteils von der Haftung freigestellt.

Auf Seiten der Landesförderung, auf die im Rahmen dieses Artikels nicht detailliert eingegangen werden kann, existieren zudem landeseigene Förderkreditprogramme, mit denen eine Finanzierung der Nachfolge im Mittelstand möglich ist.

Bürgschaften und Garantien

Bei fehlenden banküblichen Sicherheiten besteht die Möglichkeit, Bürgschaften von staatlichen Förderinstituten zu erhalten. Die KfW Mittelstandsbank bietet in ihrem Bürgschaftsprogramm Bürgschaften für Investitionen in den neuen Bundesländern an, die bis zu 80 % des möglichen Ausfalls abdecken können. Der maximale Betrag ist 10 Mio. EUR, der Mindestbetrag 0,75 Mio. EUR. Bei geringeren Beträgen kann sich der Übernehmer – natürlich auch in den alten Bundesländern – an die Bürgschaftsbanken der Länder wenden. Auf Landesebene existieren zusätzlich eigene Bürgschaftsprogramme für Beträge, die über 0,75 Mio. EUR hinausgehen. Eine Kumulierung einer öffentlichen Bürgschaft mit anderen öffentlichen Bürgschaften oder sonstigen Risikoabsicherungsinstrumenten ist allerdings nicht möglich.

Mezzanin- und Beteiligungskapital

Mezzaninkapital zur Finanzierung von Nachfolgen ist beispielsweise über die Programmfamilie Unternehmerkapital der KfW Mittelstandsbank erhältlich. Hier können Existenzgründer und Mittelständler Nachrangkapital zur Finanzierung von u. a. dem Kauf von Unternehmen, Betrieben oder dem Erwerb einer tätigen Beteiligung beantragen. Die jeweiligen Konditionen unterscheiden sich, je nach dem, ob ein Gründer (bis zu zwei Jahre nach Aufnahme der Geschäftstätigkeit), ein junges Unternehmen in der ersten Wachstumsphase (über zwei Jahre bis höchstens fünf Jahre nach Aufnahme der Geschäftstätigkeit) oder ein etablierter Mittelständler (über 5 Jahre nach Aufnahme der Geschäftstätigkeit) vorliegt. Gründer können Nachrangdarlehen von bis zu 0,5 Mio. EUR erhalten, mit denen die eingesetzten eigenen Mittel auf bis zu 40 % des förderfähigen Investitionsbetrages aufgestockt

---

[10] Vgl. Deloitte & Touche, Venture-Capital- und Private-Equity-Studie. Die Zukunft des Deutschen Beteiligungsmarktes nach dem Crash. Allgemeine Marktverfassung und Bedeutung der Syndizierung von Beteiligungsinvestments, Frankfurt am Main 2002, S. 8.

werden können. Für junge Unternehmen werden ebenfalls Nachrangdarlehen von bis zu 0,5 Mio. EUR angeboten, mit denen bis zu 40 % der förderfähigen Kosten mitfinanziert werden. Voraussetzung ist, dass die Hausbank einen ebensolchen Anteil an der Gesamtfinanzierung darstellt. Etablierte Unternehmen können mit den Fördermitteln 100 % der förderfähigen Kosten finanzieren und maximal 2 Mio. EUR erhalten, davon je zur Hälfte eine Nachrang- und eine Fremdkapitaltranche. Die Nachrangdarlehen sind mit einer Haftungsfreistellung für das durchleitende Institut von 100 % versehen.

Zur Finanzierung von Nachfolgelösungen kommt im Rahmen der Beteiligungsfinanzierung das ERP-Beteiligungskapitalprogramm in Betracht, mit dem die Eigenkapitalbasis von kleineren und mittleren Unternehmen durch Bereitstellung von Haftkapital über Kapitalbeteiligungsgesellschaften erweitert werden kann. Zu diesem Zweck erhalten die Beteiligungsgesellschaften aus diesem Förderprogramm Refinanzierungskredite. Der Höchstbetrag der Beteiligung beträgt i. d. R. 0,5 Mio. EUR, in den neuen Bundesländern und Berlin (Ost) bis zu 1 Mio. EUR. In Ausnahmefällen sind Beteiligungen bis zu 2,5 Mio. EUR möglich.

Um die Finanzierung größerer Engagements durch eine häufig benötigte Eigenkapitalkomponente zu ergänzen, hat die KfW Mittelstandsbank das Private-Equity-Programm entwickelt, das sich derzeit in der Pilotphase befindet und mit erfahrenen Private-Equity-Partnern getestet wird. Im Rahmen dieses Programms können Beteiligungen von Kapitalbeteiligungsgesellschaften refinanziert werden, die an mittelständische Unternehmen zum Aufbringen des Unternehmenskaufpreises vergeben werden. Alternativ steht eine Garantievariante zur Verfügung, mit der die Beteiligung der Kapitalbeteiligungsgesellschaft abgesichert werden kann. Die KfW refinanziert bis zu 40 % der jeweiligen Beteiligung und stellt den Beteiligungsgeber dafür in voller Höhe von der Haftung frei. Die Garantie kann ebenfalls bis zu 40 % der Beteiligung betragen. Der maximale Kreditbetrag bzw. die maximale Garantiesumme ist 50 Mio. EUR, die Laufzeit beträgt maximal 10 Jahre.

Auf Landesebene existiert ebenfalls eine Vielzahl von Förderprogrammen, die neben dem Angebot von Mezzaninkapital – beispielsweise in Form von stillen Beteiligungen – auch Beteiligungskapital im Rahmen von Nachfolgefinanzierungen zur Verfügung stellen. Beteiligungskapital ist auf Länderebene i. d. R. über die Mittelständischen Beteiligungsgesellschaften (MBG) erhältlich.

Beratung und Information

Es gibt schließlich auf allen Ebenen eine Vielzahl von Angeboten zur Beratung und Information bei Unternehmensnachfolgen. Die KfW Mittelstandsbank bietet neben der Beratung zu Finanzierungsfragen über Telefon, Internet oder persönlicher Beratung auch Beratung zu Fragen der Unternehmensentwicklung – unter anderem durch die Bezuschussung von Unternehmensberatern, die bei Existenzgründungen in Anspruch genommen werden können. Interessierte Unternehmer können sich auch an die Gemeinschaftsinitiative Change (www.change-online.de) wenden, die vom Deutschen Industrie- und Handelstag (DIHK), dem Zentralverband des Deutschen Handwerks (ZDH) und der KfW Mittelstandsbank getragen wird. Der

Schwerpunkt liegt auf der Sensibilisierung für die rechtzeitige Vorbereitung der Nachfolgeregelung und der Information über das Thema. Die Initiative bietet auch eine Unternehmensbörse im Internet, in der zielgenau nach Unternehmensangeboten und -gesuchen recherchiert werden kann.

Im Bundesministerium für Wirtschaft und Arbeit gibt es zudem ein über das Internet erreichbares Informationsportal (www.nexxt.org), das umfassende Informationen zur Unternehmensnachfolge enthält. Mit „nexxt" wurde eine „Aktionsplattform" geschaffen, um alle an der Unternehmensnachfolge beteiligten Kräfte zusammenzuführen. Die Partner, zu denen auch die KfW Mittelstandsbank gehört, organisieren Seminare und andere Aktivitäten. Unter anderem gibt es auch hier eine Unternehmensbörse.

Schließlich existiert auf Landes- und Regionalebene eine Vielzahl von Initiativen, die Beratung und Information anbieten und über die beispielsweise die Landeswirtschaftsministerien Auskunft geben können.

6. Fazit

Die Zahl der Fälle, in denen eine Nachfolgeregelung bei kleinen und mittleren Unternehmen ansteht, wird in Zukunft stark zunehmen. Die Regelung der Nachfolge stellt einen sehr komplexen wirtschaftlichen, rechtlichen und organisatorischen Vorgang dar, der bei unzureichender Sorgfalt fehlschlagen kann. Alteigentümer beschäftigen sich häufig zu wenig mit diesen Problemen und riskieren durch ihr Verhalten ein Scheitern. Hier drohen Beschäftigungs- und Wachstumseinbußen. Zudem wird heute ein zunehmender Anteil der Unternehmen an Dritte außerhalb der Familie übertragen, so dass die Übertragungen vermehrt extern finanziert werden müssen. Existenzgründer sowie mittelständische Unternehmen stoßen bei der Finanzierung von Übernahmetransaktionen häufig auf besondere Schwierigkeiten, weil sie hier gegenüber größeren Unternehmen benachteiligt sind. Die staatliche Förderung setzt an dieser Stelle mit marktkonformen, effizienten und zielgenauen Instrumenten an. Die vielfältigen Fördermöglichkeiten auf Bundes-, Landes- und Regionalebene bieten für fast jede Situation problemadäquate Finanzierungslösungen an, die sich sinnvoll kombinieren lassen. Umfassende Informations- und Beratungsangebote helfen, den Erfolg der Nachfolgetransaktion zu sichern und die Alteigentümer zur rechtzeitigen Planung der Nachfolge zu veranlassen.

Weiterführende Literatur:

Deloitte & Touche, Venture-Capital- und Private-Equity-Studie. Die Zukunft des Deutschen Beteiligungsmarktes nach dem Crash. Allgemeine Marktverfassung und Bedeutung der Syndizierung von Beteiligungsinvestments, Frankfurt am Main 2002.

European Commission, Final Report of the Expert Group on the Transfer of Small and Medium-sized Enterprises, Brüssel 2002.

Finance, MBO als Nachfolgelösung, Studienreihe im FAZ-Institut, Frankfurt am Main 2002.

Gruhler, Unternehmensnachfolge im Mittelstand. Gesamt- und einzelwirtschaftliche Bedeutung, Probleme und Lösungsansätze. Beiträge zur Wirtschafts- und Sozialpolitik Nr. 244., Köln 1998.

IfM Institut für Mittelstandsforschung Bonn, Unternehmensnachfolge in Deutschland. Sonderdruck aus Anlass der zentralen Auftaktveranstaltung zur Initiative Unternehmensnachfolge des Bundesministeriums für Wirtschaft und Technologie am 28. Mai 2001 in Berlin, Bonn 2001.

IfM Institut für Mittelstandsforschung Bonn, Unternehmensnachfolge – ein aktuelles Thema, Nachfolgefälle in deutschen Familienunternehmen, Neuberechnung, Bonn 2002.

Plattner, Unternehmensfinanzierung in schwierigem Fahrwasser, Wachsende Finanzierungsprobleme im Mittelstand, Gemeinsame Unternehmensbefragung von KfW und 16 Wirtschaftsverbänden, Frankfurt am Main 2003.

Führungskräftebeteiligung als erster Schritt zur Unternehmensnachfolge

Michael Schlecht

Inhalt:

		Seite
1.	Ausgangssituation in einem mittelständischen Familienunternehmen	109
2.	Motive für die „Beteiligung" von Mitarbeitern	111
3.	Formen der Beteiligungsrechte	112
4.	„Echte" Beteiligungen	113
4.1	Pros	113
4.2	Cons	114
5.	„Virtuelle" Beteiligungen	115
5.1	Pros	115
5.2	Cons	115
6.	Einsatz der Beteiligungsform im Rahmen des Change Managementprozess	118

1. Ausgangssituation in einem mittelständischen Familienunternehmen

Im Zuge der nachhaltigen Sicherung der Unternehmensnachfolge lässt sich die Ausgangssituation und Fragestellung, deren sich die Unternehmer ausgesetzt sehen, wie folgt skizzieren: Aktuell sind die Unternehmensinteressen bei der Inhaberfamilie gebündelt, d. h. es besteht weitgehend Personenidentität zwischen den Vermögensinhabern, der Inhaber-Familie, und der Geschäftsführung, dem Unternehmer und Familienvorstand. Der mittelständische Unternehmer hat die Entscheidung getroffen, dass er zur Sicherung seines Lebenswerks einen Change Managementprozess anstoßen will und muss. Aus der eigenen Familie steht kein Nachfolger für das Management zur Verfügung, vielmehr gilt es ein aus Sicht der Familie fremdes Management mit dem Ziel der mittelfristigen operativen Ablösung des heutigen Unternehmers von der Geschäftsführung auszuwählen und zu integrieren. Der mittelständische Unternehmer will das Unternehmen dauerhaft im Familienbesitz halten, also nicht verkaufen und den Unternehmenswert realisieren. Für die Unternehmensnachfolge ist daher zu trennen zwischen dem Vermögensnachfolger innerhalb der Familie und dem von außen kommenden Managementnachfolger. Die nachhaltige Sicherung bzw. der weitere Ausbau des Unternehmens und damit des für die Inhaberfamilie überragenden Vermögenswerts soll in die Hände eines Dritten gelegt werden. Die Voraussetzung hierfür ist, dass es gelingt einen unternehmerisch denkenden und handelnden Manager für das Unternehmen zu finden. Nur wenn es gelingt die künftigen Vermögensinteressen der Inhaberfamilie mit den persönlichen finanziellen Interessen des Managers in Einklang zu bringen, hat das Projekt Unternehmensnachfolge Aussicht auf Erfolg.

Es stellt sich somit die Frage: Soll der Fremdmanager auch Vermögensinhaber werden, um die Voraussetzungen für einen erfolgreichen Nachfolgeprozess zu schaffen?

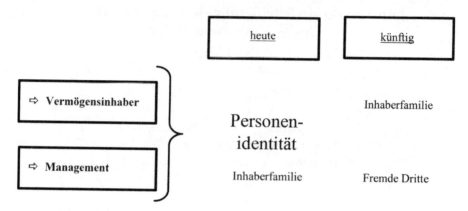

Aktuell sind die finanziellen Verhältnisse wie folgt geregelt:
1. Die Vermögens-(V), Ertrags-(E) und Stimmrechte(S) sind beim Inhaber bzw. seiner Familie.
2. Die bisherige Managementvergütung setzt sich aus einem Fixgehalt und einer am jährlichen Ergebnis ausgerichteten, kurzfristigen variablen Erfolgsvergütung (Tantieme) zusammen.
3. Eine langfristige Vergütungskomponente für das Management, die an den nachhaltigen Erfolgsfaktoren zur Werterhaltung bzw. -Steigerung des Unternehmens ausgerichtet ist, fehlt. Diese Vergütungskomponente ist aber gerade die Voraussetzung dafür, dass die künftigen Interessen der Inhaberfamilie und dem neuen Management gleichgerichtet werden.
4. Der bisher geschaffene Unternehmenswert gehört dem Inhaber bzw. seiner Familie.
5. Das neue Management soll an der künftigen Wertentwicklung des Unternehmens partizipieren.
6. Der aktuelle faire Wert des Unternehmens ist nicht bekannt, da bisher keine Verkaufsverhandlungen geführt wurden, weil ein Unternehmensverkauf nicht gewollt ist.
7. Die Parameter zur Berechnung des heutigen und künftigen Unternehmenswerts sind nicht definiert; bekannt sind allgemein gültige branchenübliche Umsatz- bzw. Ergebnismultiplikatoren als Anhaltspunkte für einen Unternehmenswert.

Im folgenden Schaubild sind einige Möglichkeiten aufgezeigt, wie der Unternehmenswert berechnet werden kann. Wie die richtige Formel zur Berechnung des individuellen, fairen Unternehmenswerts ermittelt werden kann, soll an dieser Stelle nicht vertieft werden, stellt aber in der Praxis ein Problem dar aufgrund der fehlenden Fungibilität der Anteilsrechte. Es empfiehlt sich daher eine möglichst einfach zu ermittelte und nachvollziehbare Formel zu wählen, die ohne großen Aufwand ermittelt und nachvollzogen werden kann, die aber insbesondere ein Abbild für die

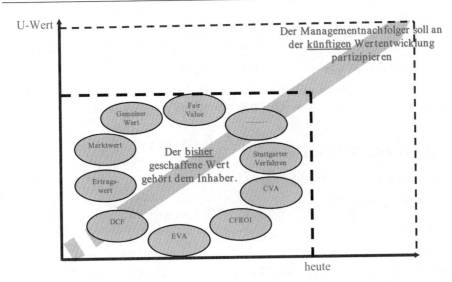

DCF = Discounted Cashflow
EVA = economic value added

CFROI = Cashflow return on investment
CVA – cash value added

gewollte nachhaltige Unternehmenswertsteigerung ist und nicht kurzfristiges und sehr risikobehaftetes unternehmerisches Handeln (z. B. starkes Umsatzwachstum, das kurzfristig stark zu Lasten des Ergebnisses geht) belohnt.

Über die Definition der angemessenen Unternehmenswertformel ergeben sich oftmals Auswirkungen auf die wertorientierte Unternehmensführung für das gesamte Unternehmen (z. B. durch Aufbau eines aussagefähigen Reportings, das regelmäßig mit den Führungskräften im Unternehmen besprochen wird und damit verbunden Festlegung von individuellen Zielen für die Führungskräfte). Zur Messbarkeit der festgelegten Ziele muss gegebenenfalls das interne Rechnungswesen angepasst bzw. erweitert werden und insbesondere bei international tätigen mittelständischen Unternehmen bedarf es einer Vereinheitlichung der externen Rechnungslegungswerke und damit verbunden einer Harmonisierung von interner und externer Rechnungslegung, um über den ganzen internationalen Konzern das gleiche Verständnis und die gleichen Messzahlen für die Wertorientierung zu erreichen (you get what you measure).

2. Motive für die „Beteiligung" von Mitarbeitern

Im Zuge der Unternehmensnachfolge soll die „Beteiligung" des Managements im Wesentlichen zweierlei erreichen:
– Erstens soll dem Management ein Leistungsanreiz geschaffen werden durch Partizipation an der Unternehmenswertsteigerung/-performance.
– Zweitens geht es um die nachhaltige Bindung des erfolgreichen Managements an das Unternehmen.

Daneben können weitere Motive sein:

- Aufbau einer Unternehmensführung unter „Shareholder Value"-Aspekten,
- Reduzierung des „principal-agent-Konfikts".

Letztlich geht es darum, die finanziellen Interessen der Inhaberfamilie und des Managements in möglichst weitgehende Übereinstimmung zu bringen.

3. Formen der Beteiligungsrechte

Das Management kann beteiligt werden an

- Vermögensrechten (V),
- Ertragsrechten (E),
- Stimmrechten (S).

Der mittelständische Unternehmer hält diese Rechte, die über das Gesellschaftsrecht (Gesellschaftsvertrag, Satzung, Aktienbuch etc.) verbrieft sind. Im nachfolgenden werden diese gesellschaftsrechtlich verbrieften Beteiligungsrechte als „echte" Beteiligungen bezeichnet.

Daneben können aber auch so genannte „virtuelle" Beteiligungen ausgegeben werden, die grundsätzlich keinen gesellschaftsrechtlichen Bestimmungen unterliegen, da es sich lediglich um eine besondere Form der erfolgsabhängigen Vergütung handelt. Dabei wird zwischen Phantom-Stocks und Stock-Appreciation-Rights unterschieden.

Phantom-Stocks sind virtuelle Aktien, GmbH-Anteile. Das Management nimmt an der Steigerung des Unternehmenswerts und den Ausschüttungen so teil, als wäre es „echter" Aktionär bzw. GmbH-Gesellschafter. Es werden aber keine „echten" Beteiligungsrechte verbrieft, es handelt sich vielmehr um einen erfolgsabhängigen Gehaltsbestandteil, der von der Unternehmenswertentwicklung abhängig ist.

Bei Stock-Appreciation-Rights wird dem Management das Recht eingeräumt, bis zu einem bestimmten Zeitpunkt einen Betrag in Höhe der Differenz zwischen dem dann zu ermittelnden Unternehmenswert abzüglich eines vereinbarten Basispreis (z. B. Unternehmenswert zum Zeitpunkt des Eintritt des Managers ins Unternehmen bzw. zum Zeitpunkt der Gewährung der Option) einzufordern.

Aus Sicht des Unternehmens stellen die Zahlungen an die begünstigten Manager steuerlich abzugsfähige Betriebsausgaben dar. Für die Manager stellen diese erfolgsabhängigen Vergütungen steuer- und sozialversicherungspflichtiger Gehaltsbestandteil dar. Für die Besteuerung ist der Zeitpunkt des Zuflusses entscheidend. Im Vergleich zu einer „echten" Beteiligung, bei der die Dividendenzahlungen bzw. die Realisierung einer Wertsteigerung aus dem Verkauf von Unternehmensanteilen nach dem Halbeinkünfteverfahren versteuert werden, fällt bei dieser Art der Vergütung der volle, aktuell gültige Ertragsteuersatz beim Manager an.

Die Vermögens-, Ertrags- und Stimmrechte lassen sich bei „echten" und „virtuellen" Beteiligungen wie folgt ausgestalten:

	Echte Beteiligung	Virtuelle Beteiligung
⇨ Vermögen (V)		
• Bisher geschaffener Wert	• Ja	• Nein
• Künftige Wertsteigerung	• Ja	• Ja
⇨ Ertrag (E)	• Ja	• Ja oder nein
⇨ Stimmrechte (S)		
• Gesellschaftsrechtlich	• Ja	• Nein
• unternehmerisch	• Ja	• Ja

Im Nachfolgenden werden die Vor- und Nachteile von „echten" bzw. „virtuellen" Beteiligungen sowohl aus Sicht des bisherigen Inhabers als auch aus Sicht des künftigen Managements beleuchtet.

4. „Echte" Beteiligungen

Das Fremdmanagement erwirbt gesellschaftsrechtlich verbriefte Anteile zum fairen Wert entweder durch Erwerb von Anteilen vom bisherigen Alleininhaber oder durch Kapitalerhöhung beim Unternehmen und Einzahlung des anteiligen Werts in das Unternehmen.

4.1 Pros

Aus Sicht des bisherigen Inhabers:

– Der bisherige Alleininhaber erreicht, dass das Management durch den Geldeinsatz für den Erwerb der Anteile selbst ins finanzielle Risiko geht und damit die gleiche Risikoposition einnimmt wie der Inhaber. Das Fremdmanagement partizipiert also nicht nur an den Chancen einer künftigen Wertsteigerung wie bei den „virtuellen" Beteiligungen, sondern muss auch das finanzielle Risiko von Wertminderungen mittragen. Dadurch erreicht der Inhaber, dass das Fremdmanagement keinen zu starken risikobehafteten Wachstumskurs fährt, der dem Fremdmanager nur Chancen eröffnet, bei unternehmerischem Misserfolg den Vermögensverlust allein beim bisherigen Inhaber belässt.

– Durch den Geldeinsatz kommt entweder neues Eigenkapital ins Unternehmen, was die Bonität stärkt, ohne dass der bisherige Inhaber den finanziellen Einsatz dafür leisten muss oder aber der bisherige Inhaber realisiert durch den Verkauf von Anteilen, schafft sich damit eine neue private Vermögensstruktur und wird selbst finanziell unabhängiger vom Unternehmen.

Aus Sicht des Managements:
- Das Management erwirbt gesellschaftsrechtlich verbriefte V/E/S-Rechte, insbesondere auch Mitspracherechte, die allerdings im Falle einer Minderheitsbeteiligung faktisch wenig bedeuten.
- Psychologisch fühlt sich der Manager als „echter" Mitinhaber, was nach meiner Erfahrung nicht zu unterschätzen ist, denn es geht für den Managern nicht nur um eine angemessene Vergütung, sondern auch um den sozialen Status als Unternehmer.

4.2 Cons
Aus Sicht des bisherigen Inhabers:
- Die Abgabe von 100 % der Kontrolle fällt vielen Inhabern schwer, auch wenn die Minderheitsrechte des neuen Managers faktisch wenig ändern an den Stimmrechtsverhältnissen; der Inhaber muss bereit sein, einen weiteren Gesellschafter aufzunehmen gegenüber dem er sich zu rechtfertigen und mit dem er sich abzustimmen hat.
- Das Unternehmen gehört bezogen auf die Vermögens- und Ertragsrechte nicht mehr allein dem bisherigen Inhaber.
- Die freie Veräußerbarkeit der Anteile durch den Manager ist in der Regel nicht gewollt, da der Inhaber vermeiden will, dass die Anteile in falsche Hände geraten, seien es Mitwerber, Kunden bzw. Lieferanten. Der Inhaber sucht daher durch entsprechende rechtliche Gestaltungen (z. B. Kaufoption) die freie Veräußerbarkeit zu verhindern.

Aus Sicht des Managements:
- Das Management muss die Finanzierung für den Erwerb der Anteile sicherstellen.
- Das Management geht in das unternehmerische Risiko und läuft auch Gefahr, dass bei unternehmerischem Misserfolg die erworbenen Gesellschaftsanteile weniger Wert werden und der Manager einen Vermögensverlust erleidet.
- Als Minderheitsgesellschafter hat das Management faktisch keine oder nur sehr beschränkte gesellschaftsrechtlich Stimmrechte; auch die Ausschüttungspolitik und damit das laufende Ertragsrecht werden maßgeblich vom Mehrheitsgesellschafter bestimmt. Zur Sicherstellung der fälligen Zins- und Tilgungsleistungen aus der Kreditaufnahme für den Erwerb der Gesellschaftsrechte benötigt aber der Manager liquiditätsmäßige Rückflüsse in Form von Dividenden, sofern die laufenden Tantiemen dafür nicht ausreichend sind.
- Die erworbenen Gesellschaftsanteile werden in aller Regel nicht frei veräußerbar sein, weil der bisherige Inhaber entsprechende vertragliche Verpflichtungen einfordert, um die Aufnahme eines lästigen Gesellschafters zu vermeiden; der Mana-

ger ist daher in der Disposition über die Gesellschaftsrechte stark eingeschränkt und abhängig vom Mehrheitsgesellschafter.

5. „Virtuelle" Beteiligungen

Dem Management wird eine besondere Form der Tantieme gewährt, die auf die physische Einräumung von Gesellschaftsrechten bzw. Optionen verzichtet, das Management aber an der Performance des Unternehmens partizipieren lässt.

5.1 Pros
Aus Sicht des bisherigen Inhabers:
- Das Unternehmen bleibt gesellschaftsrechtlich weiterhin im Eigentum der Inhaberfamilie. Es kommt zu keinem Verwässerungseffekt der V/E/S-Rechte.
- Der Inhaber kann die Unternehmensnachfolge bezogen auf die Inhaberschaft der Beteiligungsrechte (z. B. seine Nachkommen) vollständig trennen von der Frage nach dem künftigen operativen Management. In der zeitlichen Abfolge erfolgt erst die Auswahl des neuen Managements, die Vermögensnachfolge wird erst zu einem späteren Zeitpunkt geregelt.
- Die „virtuellen" Beteiligungen können bezogen auf die Performance-Messung sehr flexibel ausgestaltet und können genutzt werden, um die Performance-Messung und -Vergütung abzukoppeln von den gesellschaftsrechtlichen Vermögens- und Ertragsrechten.

Aus Sicht des Managements:
- Das Management hat keinen (hohen) Kapitaleinsatz für die Bezahlung des bisher geschaffenen anteiligen Unternehmenswerts.
- Das Management nimmt künftig nur an den Chancen teil, hat vermögensmäßige Verluste, die Ausfluss von eigenem unternehmerischen Handeln sind, nicht zu tragen.
- Auch wenn der Manager keine gesellschaftsrechtlich verbrieften Stimmrechte innehält, können ihm unternehmerische Mitbestimmungsrechte über die Strategie, wichtige Entscheidungen in Form von Vetorechten eingeräumt werden.

5.2 Cons
Aus Sicht des bisherigen Inhabers:
- Bezogen auf das finanzielle Risiko ist der neue Manager nur ein Angestellter, der kein eigenes finanzielles Risiko trägt. Die latente Gefahr besteht darin, dass der Manager geneigt ist Risiken einzugehen, um seine finanziellen Chancen aus einer guten Performance zu maximieren, da er kein eigenes Risiko in Form von Vermögensverlusten trägt. In diesem Fall empfiehlt es sich, dass der Inhaber sich wesentliche Veto-Rechte vorbehält, um seinen Vermögenswert gegen zu hohe Risikobereitschaft seines Managements abzusichern.

- An der eigenen Risikoposition hat sich für den Inhaber nichts geändert; er hat immer noch einen sehr hohen Anteil seines Vermögens im Unternehmen gebunden.
- Die Auszahlung der „virtuellen" Beteiligung führt zu einem Liquiditätsabfluss auf Ebene des Unternehmens.

Aus Sicht des Managements:

- Der Manager ist zwar finanziell was die Chancen angeht weitgehend gleichgestellt wie wenn er „echt" beteiligt wäre, er hat aber seinen sozialen Status nicht verändert.
- Er nimmt an keinen Gesellschafterversammlungen teil, kennt daher das Stimmungsbild bei den Gesellschaftern nicht, was z. B. dazu führen kann, dass das Unternehmen gerade auch aufgrund seiner erfolgreichen Tätigkeit von den Gesellschaftern verkauft wird ohne dass er Kenntnis davon im Vorfeld erhält. Die Kommunikation hin zu den Gesellschaftern, von denen der Manager abhängig ist, ist deutlich geschwächt.

Phantom Stocks	**Stock Appreciation Rights**
⇨ Anspruch auf Kursdifferenz zum vereinbarten Basispreis zuzüglich evtl. Dividenden (ähnlich virtueller Aktie)	⇨ Anspruch auf Kursdifferenz zum vereinbarten Basispreis
⇨ vorbestimmte Zeitspanne ohne Zwischenzeitlichem Ausübungsrecht durch Mitarbeiter	⇨ vorbestimmte Zeitspanne mit zwischenzeitlichem Ausübungsrecht durch Mitarbeiter

 Modellausgestaltung ist flexibel gestaltbar, gekoppelt an Performancemessung, kann auf den verschiedenen Managementebenen im Zuge eines durchgängigen Mitarbeiterführungssystems (z. B. BSC, EVA...) angewendet werden

Darstellung der Auswirkungen beim Unternehmen

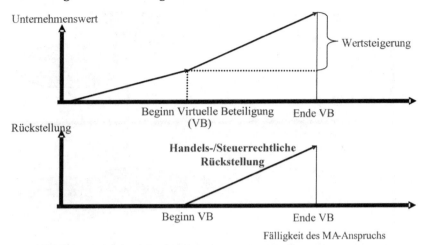

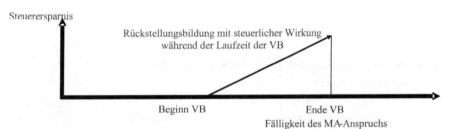

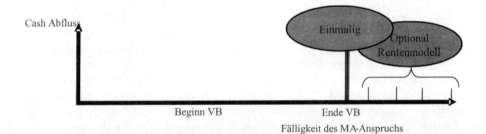

Darstellung der Auswirkungen beim begünstigten Management

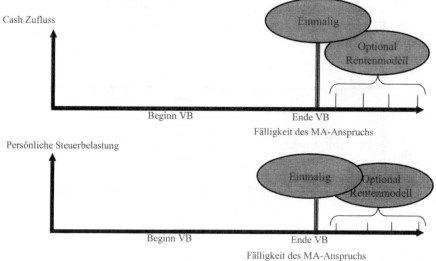

6. Einsatz der Beteiligungsform im Rahmen des Change Managementprozess

Die Entscheidung für den Einsatz von „echten" bzw. „virtuellen" Beteiligungen muss nicht immer auf der Basis entweder oder getroffen werden, sondern die beiden Beteiligungsformen können auch gezielt nebeneinander bzw. zeitlich versetzt eingesetzt werden.

Um das Management im Zeitablauf an die Aufgaben und Pflichten eines „echten" Unternehmers heranzuführen, kann es durchaus sinnvoll sein, in einer 1. Phase die unternehmerischen Fähigkeiten eines Managers über die Vergütung in Form von „virtuellen" Beteiligungen zu testen. Bewährt sich der begünstigte Manager, kann in einer zweiten Phase die „echte" Beteiligung folgen. Scheitert der Manager in der ersten Phase an den gesetzten Zielen, wird sich seine erfolgsabhängige Vergütung entsprechend reduzieren, eine personelle Trennung ist leichter möglich, da keine gesellschaftsrechtlichen Beteiligungen im ersten Schritt eingegangen worden sind.

In der Praxis zeigt sich, dass die „virtuellen" Beteiligungen für einen breiten Mitarbeiterkreis mit kurzer Laufzeit als STI (= Short Term Incentive Programm) eingesetzt werden, während für das TOP-Management im Zuge eines LTI (= Long Term Incentive Programm) entweder „echte" Gesellschaftsrechte ausgegeben werden oder das „virtuelle" Beteiligungsprogramm mit einer entsprechend längeren Laufzeit ausgestaltet wird.

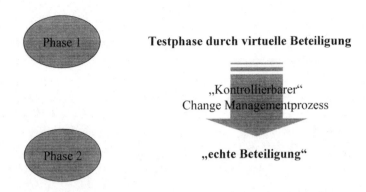

Weiterführende Literatur:

Achleitner/Wollmert, Stock Options, Stuttgart 2002.

Copeland/Koller/Murrin, Valuation – Measuring and Managing the Value of Companies, 3. Auflage New York u. a. 2000.

Spremann, Wirtschaft, Investition und Finanzierung, 5. Auflage München 1999.

Unternehmensnachfolge durch einen Börsengang

Dr. Konrad Bösl

Inhalt:

		Seite
1.	Grundzüge eines Börsengangs	121
2.	Vorteile eines Börsengangs für die Unternehmensnachfolge	121
3.	Grundvoraussetzung Börsenreife	122
4.	Gestaltungsempfehlungen	126
5.	Zusammenfassung	128

1. Grundzüge eines Börsengangs

Ein Börsengang (IPO = Initial Public Offering) bedeutet, dass sich ein Unternehmen in seiner Außendarstellung und Informationspolitik einer breiten Öffentlichkeit öffnet. Es ist bereit, in seinen bisherigen (eher geschlossenen) Eigentümerkreis eine Vielzahl neuer Gesellschafter (Aktionäre) aufzunehmen. Dazu kommt es, weil der Börsengang mit einer Kapitalerhöhung einhergeht und die daraus entstehenden Aktien bei neuen Aktionären platziert werden. Aus der Kapitalerhöhung resultieren die Verbesserung der Eigenkapitalausstattung und der Bonität des Unternehmens sowie ein erheblicher Mittelzufluss an das Unternehmen. Zusammen mit der Kapitalerhöhung können die Alteigentümer Aktien aus ihrem Bestand verkaufen (Umplatzierung). Allerdings wird am Kapitalmarkt in Abhängigkeit von der generellen Marktsituation nur eine Umplatzierung von bis zu 20 % der Kapitalerhöhung akzeptiert.

Der Börsengang setzt voraus, dass das Unternehmen
- in einer börsenfähigen Rechtsform geführt wird,
- die Anforderungen an die Börsenreife erfüllt (siehe Gliederungspunkt 3),
- eine überzeugende Equity Story aufweist, durch die es am Kapitalmarkt attraktiv positioniert wird und
- eine Bank für die Strukturierung und Durchführung des Börsengangs, insbesondere die Aktienplatzierung gewinnt.

Bei der Nachfolgeregelung über einen Börsengang kommt eine weitere Voraussetzung hinzu: es muss ein geeignetes Fremdmanagement für die Unternehmensführung zur Verfügung stehen bzw. gefunden werden.

In Abhängigkeit vom Status der Börsenreife ist für den Börseneinführungsprozess ein Zeitraum von 9 bis 15 Monaten zu veranschlagen.

2. Vorteile eines Börsengangs für die Unternehmensnachfolge

Es ist selbstverständlich, dass Unternehmer bei einer anstehenden Nachfolgeentscheidung eine familieninterne Lösung bevorzugen, wenn diese möglich ist. Oftmals fehlt aber ein geeigneter Nachfolger aus dem Familienkreis oder geeignete Nachkommen haben andere Interessen als in das Unternehmen einzutreten. Möglich ist auch, dass ein Nachfolger noch nicht zur Verfügung steht, weil es ihm am notwendigen Alter bzw. an der Erfahrung fehlt. Letzteres wird zukünftig häufiger der Fall sein, da in der Unternehmenspraxis zu beobachten ist, dass vermehrt Unternehmer ab einem Alter von ca. 55 Jahren sich vom unternehmerischen Druck befreien wollen, um anderen Interessen nachzugehen oder um einfach das Leben zu genießen.

Steht ein Nachfolger aus dem Familienkreis nicht oder noch nicht zur Verfügung, ist – zumindest temporär – eine familienexterne Regelung der Unternehmensnachfolge notwendig. In einer solchen Situation bietet der Börsengang des Unternehmens Vorteile gegenüber anderen externen Nachfolgealternativen wie z. B. der Durchführung eines MBO oder MBI, weil sich auch nach einem Börsengang die Anteilsmehrheit üblicherweise im Familienbesitz befindet. Gleichzeitig kann sich der Inhaber mit der Börseneinführung ein vom Unternehmensrisiko freies Privatvermögen schaffen, indem er beim Börsengang einen (kleinen) Teil seiner Aktien verkauft.

Mit dem Börsengang seines Unternehmens hält sich der Inhaber die Entscheidung offen,
- seine Aktien an Familienangehörige zu übertragen und damit das Unternehmen auch weiterhin im Familienbesitz zu behalten,
- abzuwarten bis ein familieninterner Nachfolgern so weit ist, das Unternehmen verantwortlich zu führen oder
- nach Ablauf einer mit der konsortialführenden Bank vereinbarten Haltefrist (Lock-up-Periode) weitere Aktien an institutionelle Investoren zu verkaufen und sich somit schrittweise vom Unternehmen zu trennen. In diesem Fall ermöglicht der Börsengang die nachhaltige finanzielle Absicherung des Inhabers.

Sollte die Anteilsübertragung an Familienangehörige beabsichtigt sein, wäre aufgrund steuerlicher Erwägungen eine Anteilsübertragung vor dem Börsengang zu empfehlen (vgl. den Beitrag von Schimpfky).

Auch die Ergebnisse einer Vielzahl empirischer Untersuchungen zeigen, dass ein wichtiges Motiv für den Börsengang von Unternehmen die Regelung der Unternehmensnachfolge sein kann.[1] Begründet wird dies damit, dass der Börsengang grundsätzlich geeignet ist, die Unabhängigkeit des Unternehmens und damit die Unternehmenskontinuität und das Lebenswerk des Unternehmers zu erhalten.

3. Grundvoraussetzung Börsenreife

Der Börsengang als Instrument der familienexternen Unternehmensnachfolge ist nur für eine begrenzte Zahl von Unternehmen möglich. In Betracht kommen grundsätzlich nur größere, ertrags- und wachstumsstarke Unternehmen. Generell sollten die Unternehmensgröße gemessen am Umsatz 30 Mio. bis 50 Mio. Euro und der Gewinn nach Steuern 5 Mio. Euro nicht unterschreiten. Neben diesen Größenkriterien muss ein Unternehmen für den Börsengang eine Reihe formaler Kriterien erfül-

---

[1] Vgl. zu einem Überblick über verschiedene Studien, Gleisberg, 2003, S. 18–33.

len sowie in wirtschaftlicher Hinsicht (wirtschaftliche Börsenreife) und in der Qualität der Unternehmensführung (innere Börsenreife) reif für die Börse sein.

Formale Börsenreife

Unter formalen Gesichtspunkten muss das Unternehmen in einer börsenfähigen Rechtsform geführt werden. Möglich sind die Aktiengesellschaft (AG), die KGaA und die GmbH & Co. KGaA. Die Aktiengesellschaft ist die vorherrschende Rechtsform börsennotierter Unternehmen. Die KGaA und die GmbH & Co. KGaA gibt es lediglich in Deutschland, weshalb sie internationalen Anlegern kaum vertraut und damit für diese erläuterungsbedürftig sind.

Weiterhin umfasst die formale Börsenreife die Erfüllung der gesetzlichen und satzungsrechtlichen Zulassungsvoraussetzungen und Folgepflichten von Börsensegmenten. Hierbei handelt es sich um objektiv nachprüfbare Kriterien, deren vollständige und uneingeschränkte Erfüllung für einen Börsengang zwingend ist. Nachfolgend sind die rechtlichen Mindestanforderungen für den Geregelten und Amtlichen Markt dargestellt (sog. General Standard an der Frankfurter Wertpapierbörse).

Zulassungsvoraussetzungen und Folgepflichten am Amtlichen Markt

Zulassungsvoraussetzungen	Folgepflichten
☑ Unternehmen muss seit mindestens drei Jahren als wirtschaftliche Einheit bestehen ☑ Voraussichtlicher Kurswert mindestens Euro 1,25 Mio. ☑ Pflicht zur Zulassung aller Aktien der selben Gattung ☑ Streubesitz mindestens 25 % des Gesamtnennbetrags der zugelassenen Aktien ☑ Verkaufsprospekt in deutscher Sprache ☑ Antragstellung auf Zulassung durch das Unternehmen und eine Bank	☑ Zwischenbericht über die ersten sechs Monate des Geschäftsjahres (spätestens nach zwei Monaten) ☑ Pflicht zur Ad-hoc-Publizität ☑ Testierter Jahresabschluss nach HGB ab 2005 nach IFRS ☑ Einhaltung/Berücksichtigung des Deutschen Corporate Governance Kodex ☑ Veröffentlichung von Änderungen wesentlicher Stimmrechtsanteile (§ 25 WpHG)

Zulassungsvoraussetzungen und Folgepflichten am Geregelten Markt

Zulassungsvoraussetzungen	Folgepflichten
☑ Nennbetrag der platzierten Aktien mindestens Euro 250.000 ☑ Teilzulassung der Aktien der selben Gattung möglich ☑ Antragstellung auf Zulassung durch das Unternehmen und eine Bank oder einen Finanzdienstleister	☑ Pflicht zur Ad-hoc-Publizität ☑ Testierter Jahresabschluss nach HGB ab 2005 nach IFRS ☑ Einhaltung/Berücksichtigung des Deutschen Corporate Governance Kodex ☑ Veröffentlichung von Änderungen wesentlicher Stimmrechtsanteile (§ 25 WpHG)

Deutlich wird, dass die gesetzlichen Mindestanforderungen keine große Hürde für den Börsengang sind. Anspruchsvollere Folgepflichten sind zu erfüllen, wenn das Unternehmen am Prime Standard der Frankfurter Wertpapierbörse eingeführt wird, weil die dort notierenden Unternehmen insbesondere von internationalen Anlegern wahrgenommen werden sollen.

Folgepflichten im Prime Standard

- ☑ Veröffentlichung des testierten Konzernabschlusses nach IAS bzw. IFRS oder US-GAAP in deutscher und englischer Sprache unverzüglich nach Billigung durch den Aufsichtsrat, spätestens vier Monate nach Geschäftsjahresende (§ 62, § 77 FWBo)
- ☑ Veröffentlichung von Quartalsberichten nach dem gleichen Rechnungslegungsstandard wie der Jahresabschluss in deutscher und englischer Sprache, spätestens zwei Monaten nach Quartalsende (§ 63, § 78 FWBo)
- ☑ Jährlicher Unternehmenskalender in deutscher und englischer Sprache (§ 64, § 79 FWBo)
- ☑ Jährliche Analystenveranstaltung (§ 65, § 80 FWBo)
- ☑ Pflicht zur Ad-hoc-Publizität auch in englischer Sprache (§ 66, § 81 FWBo)

Wirtschaftliche Börsenreife

Die wirtschaftliche Börsenreife umfasst die Kriterien, die für eine grundlegende Akzeptanz des Unternehmens bei potenziellen Aktionären unabdingbar sind. Die Beurteilung der wirtschaftlichen Börsenreife eines Unternehmens geht von dessen bisheriger und aktuellen wirtschaftlichen Entwicklung sowie seines Marktumfeldes aus und stellt darauf aufbauend die zukunftsorientierte Betrachtung in den Mittelpunkt.

In der Emissionspraxis gibt es keine einheitlichen Vorstellungen darüber, welche Ausprägungen die Kriterien der wirtschaftlichen Börsenreife mindestens aufweisen müssen. Vielmehr bewegen sich die Erwartungen zu den einzelnen Kriterien in Bandbreiten. Letztlich ist die wirtschaftliche Börsenreife immer im Einzelfall zu beurteilen, wobei zur besseren Einordnung des Unternehmens ein Vergleich mit Mitbewerbern und der Branche angestellt werden muss. Die wesentlichen Kriterien zur Beurteilung der wirtschaftlichen Börsenreife sind in der nachfolgenden Checkliste zusammengefasst:

Checkliste zur wirtschaftlichen Börsenreife

Bisherige und aktuelle wirtschaftliche Entwicklung	Erwartete wirtschaftliche Entwicklung
− Unternehmen sollte mind. drei Jahre bestehen − Wachstum bei Umsatz und Ertrag in der Vergangenheit − Rentabilitätskennzahlen − Erwirtschaftung der Eigenkapitalkosten − Pro-Kopf-Umsatz − Auftragsbestand/ Kapazitätsauslastung − Investitionsstatus − Track Record /Referenzkunden − Strategische Partnerschaften/ Kooperationen − Internationalisierungsgrad − Technologie-/Innovationsvorsprung − Verhandlungsmacht/Abhängigkeit von Kunden und Lieferanten − Alleinstellungsmerkmale − Branchenattraktivität − Umsatzrendite im Vergleich zur durchschnittlichen Branchenrendite − Marktvolumen im Kerngeschäft − Markt- und Wettbewerbsposition − Wettbewerbsintensität	− durchschnittliche Wachstumsraten bei Umsatz und Ertrag in den nächsten drei Jahren − Ertragswachstum im Vergleich zum Umsatzwachstum − Unternehmenswachstum im Vergleich zum durchschnittlichen Branchenwachstum − Stabilität Rohertragsmarge/ Preisentwicklung − Entwicklung der Rentabilitätskennzahlen − Cashflow-Entwicklung − Innovationspotenziale − Sonderfaktoren der Geschäftsentwicklung − Marktwachstum und Marktanteilswachstum im Kerngeschäft (Marktattraktivität) − Markteintrittsbarrieren/ Substitutionsprodukte − bestehende Produktionskapazitäten im Markt im Vergleich zur Entwicklung der Gesamtnachfrage (keine Überkapazitäten im Markt) − zu erwartende Dividende

Die Kriterien der wirtschaftlichen Börsenreife zielen auf die Nachhaltigkeit und das Ausmaß des wirtschaftlichen Erfolgs und damit auf die bestehende und zu erwartende Profitabilität des Unternehmens ab. Das heißt insbesondere, dass Unternehmen, deren Umsatz- und Ertragsentwicklung rückläufig ist, der Weg an die Börse zunächst versperrt ist. Erst dann, wenn der Nachweis einer Trendwende erbracht ist, kann wieder an einen Börsengang gedacht werden.

Innere Börsenreife

Eine wichtige Voraussetzung für den zukünftigen wirtschaftlichen Erfolg eines Unternehmens bilden die Kriterien der inneren Börsenreife. Diese spiegeln das Niveau der Unternehmensführung wider. Als ein operationaler Ansatzpunkt hierfür kann die Beurteilung der operativen und strategischen Planungs-, Steuerungs- und Kontrollsysteme sowie der Instrumente der Unternehmensorganisation dienen. Die

Qualität der folgenden Kriterien erlaubt ein erstes Urteil über die innere Börsenreife eines Unternehmens.

Checkliste zur inneren Börsenreife

- schlüssige Unternehmensstrategie
- fundierte und differenzierte Unternehmensplanung (Businessplan)
- effiziente strategische und operative Controllinginstrumente
- zeitnahes internes und externes Rechnungswesen
- Beherrschung eines internationalen Rechnungslegungsstandards
- effektives Risikomanagementsystem (§ 91 Abs. 2 AktG)
- Informationsniveau eines zeitnahen IT-gestützten Berichtswesens
- Fundierung wichtiger unternehmerischer Entscheidungen
- transparente Führungs-, Organisations- und Beteiligungsstruktur
- Fluktuationsrate bei Schlüsselmitarbeitern

Eine hervorgehobene Stellung sowohl bei der Beurteilung der inneren als auch der wirtschaftlichen Börsenreife nimmt die Qualität der Unternehmensplanung ein. Letztendlich sind die Plausibilität und Zuverlässigkeit der Planzahlen maßgeblich für die erfolgreiche Entwicklung des Unternehmens an der Börse. Die Planungskompetenz und die Zuverlässigkeit der Planzahlen lassen sich am besten durch Abweichungsanalysen der Plan-/Ist-Größen der Vergangenheit belegen.

An der Börse ist vielfach zu beobachten, dass Unternehmen, bei denen die Qualität und Korrektheit der Bilanzierung zu Zweifeln Anlass gibt, erhebliche Einbrüche ihres Aktienkurses hinnehmen müssen. Für die Gestaltung der inneren Börsenreife sind deshalb die frühzeitige Qualifizierung des Rechnungswesens und die Beschäftigung mit den Besonderheiten internationaler Rechnungslegungsstandards (IAS bzw. IFRS, US-GAAP) von größter Bedeutung.

Insbesondere die Fähigkeit die Rechnungslegung nach den IAS bzw. IFRS vorzunehmen, hat besondere Bedeutung gewonnen, da zum einen der internationale Verband der Wertpapieraufsichtsbehörden (IOSCO) festgestellt hat, dass die IAS bzw. IFRS grundsätzlich für Zwecke einer Börsennotierung geeignet sind. Zum anderen besteht in der EU ab 2005 die Pflicht, dass börsennotierte Unternehmen ihren Konzernabschluss nach den IAS bzw. IFRS aufstellen (bzw. ab 2007 für Unternehmen, die derzeit nach US-GAAP bilanzieren). Dies bedeutet für die Unternehmensplanung, dass sich der Aufbau der Bilanz- und Ertragsplanung an den IAS bzw. IFRS orientieren sollte.

4. Gestaltungsempfehlungen

Bei der Regelung der Unternehmensnachfolge durch einen Börsengang stellt sich zunächst die Frage, ob der Börsengang noch vom Inhaber durchgeführt oder bereits vor dem Börsengang der Wechsel an der Unternehmensspitze vollzogen werden soll. Aus Sicht der Börse ist die Antwort eindeutig: der Börsengang ist von denjenigen Personen verantwortlich durchzuführen, die das börsennotierte Unternehmen längerfristig führen werden, da sich die Investoren für ihre Anlageentscheidung von der Qualität und Integrität der Unternehmensführung überzeugen wollen.

Am Kapitalmarkt wird die Führung eines Unternehmens durch einen Alleinvorstand nicht akzeptiert. Gefordert wird – in Abhängigkeit von der Unternehmensgröße – mindestens ein zweiköpfiger Vorstand (siehe auch § 76 Abs. 2 AktG). Dabei sollte in jedem Fall ein Finanzvorstand (CFO) implementiert werden. Soweit die Besetzung des Vorstands nicht vollständig aus dem Managementkreis des Unternehmens möglich ist, muss die Vorstandsbesetzung extern erfolgen. Hierbei geht der Inhaber natürlich ein Risiko ein, weil er im Zeitpunkt der Entscheidung für einen externen Vorstand nicht sicher erkennen kann, ob dieser seiner Aufgabe gewachsen ist und wie er sich zukünftig verhält.

Mit der Schließung von Lücken auf Vorstandsebene muss frühzeitig begonnen werden. Zwar zeigen viele empirische Erhebungen, dass börsennotierte Unternehmen eine deutlich höhere Arbeitgeberattraktivität als andere Unternehmen besitzen, dennoch kann die Beschaffung hoch qualifizierter Personen kurzfristig schwierig sein. Außerdem muss einem neuen Vorstandsmitglied ausreichend Zeit für die Einarbeitung in die Unternehmensspezifika gegeben werden. Nur dann kann er ein adäquater Gesprächspartner für Banken, Analysten, Journalisten und Investoren sein.

Die Übernahme der Unternehmensführung durch Fremdmanager führt zu einer Trennung von Eigentum und Kontrolle über das Unternehmen. Daraus können Interessenskonflikte zwischen dem Inhaber bzw. den Aktionären und den Fremdmanagern entstehen, weil ein angestellter Manager nicht immer und vollumfänglich im Interesse der Aktionäre handeln wird (Prinzipal-Agent-Problem). Zudem haben die Fremdmanager aufgrund ihrer aktiven Tätigkeit im Unternehmen über unternehmensbezogene Belange immer einen Informationsvorsprung gegenüber dem Inhaber, der aus der aktiven Unternehmensführung ausgeschieden ist. Dieser Informationsvorsprung kann von den Fremdmanagern zur Verfolgung eigener Ziele genutzt werden.

Da der Inhaber nicht in der Lage ist, das Fremdmanagement fortlaufend zu kontrollieren, müssen andere Lösungsmöglichkeiten gefunden werden, die sicherstellen, dass das Management sein Handeln und Verhalten am Interesse der Aktionäre ausrichtet. Ein Instrument hierfür ist die Einrichtung eines Aktienoptionsprogramms. Dabei erhält das Management das Recht, bei Erfüllung definierter Erfolgsziele, die den Interessen des Inhabers bzw. Aktionäre gerecht werden, eine bestimmte Anzahl von Aktien zu einem festgelegten, unter dem Börsenkurs liegenden Preis zu beziehen (vgl. den Beitrag von Schlecht).

Die aus der Trennung von Eigentum und Kontrolle resultierenden Konfliktpotentiale können begrenzt werden, wenn der Inhaber ein Aufsichtsratsmandat übernimmt, da dessen zentrale Aufgaben die Besetzung, Überwachung und Beratung des Vorstands sind. Insbesondere die Überwachungsfunktion (§ 111 AktG) führt dazu, dass der Informationsvorsprung des Managements gegenüber dem Inhaber deutlich abgebaut wird, da zu deren Erfüllung der Vorstand verpflichtet ist, den Aufsichtsrat sämtliche überwachungsrelevante Informationen zur Verfügung zu stellen (§ 90 AktG). Darüber hinaus hat der Aufsichtsrat das Recht, die Bereitstellung definierter Informationen vom Vorstand einzufordern. Gleichzeitig werden dem Inhaber als

Aufsichtsrat die (wesentlichen) Handlungen und das Verhalten des Managements transparent, da diese Gegenstand der Überwachungsfunktion des Aufsichtsrats sind.

Ein weiteres Instrument, das Einfluss auf die Handlungen des Managements nimmt, ist der Erlass einer Geschäftsordnung für den Vorstand durch den Aufsichtsrat. Sowohl im Aktiengesetz (§ 111 Abs. 4 AktG) als auch im Deutschen Corporate Governance Kodex (Ziffer 3.3 DCGK) wird gefordert, dass Geschäfte von grundlegender Bedeutung für die Vermögens-, Finanz- und Ertragslage des Unternehmens einem Zustimmungsvorbehalt des Aufsichtsrats unterliegen. Damit erlangt der Aufsichtsrat eine Mitentscheidungskompetenz bei den betroffenen Geschäften, denn wenn er seine Zustimmung verweigert muss das Geschäft unterbleiben.

Die Aufsichtsratstätigkeit des Inhabers hat den Vorteil, dass er weiterhin die Entwicklung des Unternehmens begleiten kann ohne den Druck der Unternehmensführung ausgesetzt zu sein. Zugleich wird dem Inhaber ein gleitendes Ausscheiden aus dem Unternehmen ermöglicht. Auch für das Fremdmanagement und letztendlich für alle Aktionäre ist die Aufsichtsratstätigkeit des Inhabers vorteilhaft, weil er seine langjährige Erfahrung und seine präzisen Kenntnisse über das Unternehmen und dessen Markt- und Wettbewerbsumfeld gewinnbringend einbringen kann.

5. Zusammenfassung

Der Börsengang ist eine interessante Alternative für die Regelung der Unternehmensnachfolge immer dann, wenn das Unternehmen weiter im Familienbesitz gehalten werden soll. Allerdings kann diese Alternative nur bei Börsenreife des Unternehmens in Betracht gezogen werden. Die Herstellung der Börsenreife kann in Abhängigkeit von der Ausgangssituation durchaus bis zu einem Jahr und mehr in Anspruch nehmen. Aus diesem Grund sollte der Inhaber frühzeitig die Grundsatzentscheidung treffen, ob er seine Nachfolge durch den Börsengang des Unternehmens regeln möchte. Zu empfehlen ist, diese Entscheidung auf Grundlage detaillierter Informationen zu Anforderungen, Ablauf und Auswirkungen des Börsengangs zu treffen.

Weiterführende Literatur:
Bösl, Praxis des Börsengangs, Wiesbaden 2004.
Gleisberg, Börsengang und Unternehmensentwicklung – der Einfluss veränderter Eigentums- und Kontrollstrukturen, Wolfratshausen 2003.

Problemfelder und Lösungsmöglichkeiten der Nachfolgerintegration

Raphael Mertens

Inhalt:

	Seite
1. Einleitung	129
2. Mögliche Integrationsprobleme und deren Auswirkungen	130
2.1 Mangelnde Akzeptanz des Nachfolgers	130
2.2 Wechselseitige Unsicherheiten	130
2.3 Konflikte zwischen Senior und Nachfolger	131
3. Gestaltungsempfehlungen	132
3.1 Familieninterne Nachfolgeregelung	132
3.2 Familienexterne Nachfolgeregelung	135
4. Zusammenfassung	138

1. Einleitung

Eine Nachfolgeregelung ist üblicherweise mit einem Wechsel an der Unternehmensspitze verbunden, da sich der Seniorunternehmer kurz- bis mittelfristig aus der operativen Geschäftsführung zurückzieht und dem Nachfolger das Feld überlässt. Um die Bedeutung des Führungswechsels für das Unternehmen zu erahnen, sollte man sich vor Augen halten, dass der Seniorunternehmer als bisheriger Inhaber und Geschäftsführer jahre- oder sogar jahrzehntelang das betriebliche Geschehen entscheidend geprägt hat und einer der wichtigsten Erfolgsfaktoren war. Ein wichtiges Merkmal mittelständischer Unternehmen besteht in der starken Personenbezogenheit, die sich beispielsweise daran zeigen kann, dass der Senior in praktisch alle wichtigen Entscheidungen involviert ist und über langjährige persönliche Kontakte zu den wichtigsten Geschäftspartnern wie Kunden, Banken und Lieferanten verfügt.

Die Unternehmensnachfolge führt daher grundsätzlich zu einer Unsicherheit auf Seiten der Mitarbeiter und der Geschäftspartner, da schwer einzuschätzen ist, welche Änderungen mit dem Führungswechsel verbunden sind. Die Unsicherheit äußert sich häufig in zurückhaltendem, reserviertem Verhalten gegenüber dem Nachfolger. Des Weiteren verfügt der Nachfolger zumeist nicht über das Erfahrungswissen über das Unternehmen und über die Branche wie der Senior. Hieraus erwachsen in vielen Fällen verschiedene Integrations- und Akzeptanzprobleme, die sich negativ auf den Erfolg einer Nachfolgeregelung auswirken und handfeste wirtschaftliche Nachteile mit sich bringen können. Es wird geschätzt, dass zwischen 20 und 40 Prozent aller Führungswechsel an der Integration des Nachfolgers scheitert.[1] Am deutlichsten

---

[1] Vgl. *Rojahn*, Akzeptanz des „Neuen" bei Führungsmannschaft und Mitarbeitern, in: Sobanski/Gutmann (Hrsg.), Erfolgreiche Unternehmensnachfolge: Konzepte – Erfahrungen – Perspektiven, Wiesbaden 1998, S. 150.

werden Integrationsprobleme, wenn der Nachfolger bereits nach kurzer Zeit das Unternehmen wieder verlässt. In vielen Fällen sind Integrationsprobleme aber weit weniger offen erkennbar und zeigen sich nur darin, dass der Nachfolger seine Normalleistung erst nach Ablauf einiger Monate oder Jahre erreicht.

Die Zielsetzung dieses Beitrages besteht darin, verbreitete Integrationsprobleme zu beschreiben, die Ursachen aufzuzeigen und Gestaltungsempfehlungen abzuleiten, wie die Integration des Nachfolgers im Unternehmen, bei Mitarbeitern und bei Geschäftspartnern begünstigt werden kann.

Das weitere Vorgehen ist dabei wie folgt: Zunächst werden in Kapitel 2 drei Problemfelder der Nachfolgerintegration skizziert, auf die im weiteren Verlauf dieses Beitrages immer wieder Bezug genommen wird. Im dritten Kapitel folgen Gestaltungsempfehlungen, wie die Integration des Nachfolgers erleichtert werden kann und die beschriebenen Probleme (teilweise) gelöst werden können. Dabei wird zwischen familieninternen und familienexternen Nachfolgelösungen unterschieden. Als familienexterne Nachfolgevariante wird explizit nur der Verkauf des Unternehmens an eine Führungskraft im Rahmen eines Management-Buy-Outs (MBO) oder Management-Buy-Ins (MBI) betrachtet. Die empfohlenen Maßnahmen lassen sich jedoch teilweise auch auf andere familienexterne Nachfolgelösungen wie die Anstellung eines Fremdmanagements übertragen. In Kapitel 4 erfolgt abschließend eine Zusammenfassung.

2. Mögliche Integrationsprobleme und deren Auswirkungen

Im Zuge einer Nachfolgeregelung können vielfältige und sehr unterschiedliche Integrationsprobleme auftreten. Es lassen sich jedoch drei Problemfelder identifizieren, die im Folgenden beschrieben werden und auf die bei den Gestaltungsempfehlungen im Folgenden dritten Kapitel Bezug genommen wird.

2.1 Mangelnde Akzeptanz des Nachfolgers

In vielen Fällen wird der Nachfolger nicht als vollwertiger Ersatz für den Seniorunternehmer akzeptiert. Mitarbeiter, Kunden, Lieferanten oder sonstige Geschäftspartner stehen „dem Neuen" aus sachlichen oder persönlichen Motiven skeptisch oder sogar ablehnend gegenüber. Dies kann beispielsweise dazu führen, dass die Mitarbeiter weniger motiviert sind, passiven oder offenen Widerstand leisten oder das Unternehmen verlassen. Die Folge ist ein Verlust an personellen Ressourcen und ein Absinken der Arbeitsproduktivität. Denkbar ist auch, dass Schlüsselkunden, die bislang vom Senior betreut wurden, den Nachfolger nicht als Verhandlungspartner akzeptieren und den Lieferanten wechseln, so dass ein Umsatzverlust entsteht.

2.2 Wechselseitige Unsicherheiten

Der Führungswechsel ist mit wechselseitigen Informationsnachteilen und daraus resultierenden Unsicherheiten und Ängsten verbunden. Die Mitarbeiter des Unternehmens können in der Regel nicht einschätzen, welche persönlichen und beruflichen Auswirkungen aus einer Nachfolgeregelung resultieren. In vielen Fällen führt diese Unsicherheit zu Ängsten auf Seiten der Mitarbeiter, die beispielsweise fürchten, dass der Nachfolger in eine neue Produktionstechnologie investiert und ihr Arbeitsplatz wegrationalisiert wird.

Auch der Nachfolger hat, insbesondere bei einem MBI, häufig einen Informationsnachteil, z. B. wenn er die Erwartungen der Mitarbeiter und/ oder die betrieblichen Strukturen nicht kennt. Deshalb besteht die Gefahr, dass er, vielleicht sogar unbewusst, gegen informelle Verhaltensregeln und Normen verstößt. Dies kann zu atmosphärischen Spannungen und Konflikten mit den Mitarbeitern führen, was sich wiederum negativ auf die Kooperationsbereitschaft und Leistungsfähigkeit der Mitarbeiter auswirkt. Denkbar ist auch, dass die Mitarbeiter die Unkenntnis des Nachfolgers bezüglich der betrieblichen Abläufe zu ihren Gunsten ausnutzen, um eigene Interessen durchzusetzen.

Die Unsicherheit bezüglich des Nachfolgers und seinen Plänen kann sich zudem negativ auf die Beziehungen zu Geschäftspartnern auswirken. So kann beispielsweise die Hausbank schwer einschätzen, welche Auswirkungen der Führungswechsel auf das Unternehmen, den Unternehmenserfolg und damit auch auf die Bonität des Unternehmens hat. Daher kann es sein, dass die Hausbank aus Vorsichtsgründen bislang eingeräumte Kreditlinien kürzt oder Kreditzinsen verteuert.

2.3 Konflikte zwischen Senior und Nachfolger

Vor allem bei einer familieninternen Nachfolgeregelung, aber auch bei einer familienexternen Nachfolgeregelung wird in vielen Fällen eine vorübergehende Zusammenarbeit zwischen dem scheidenden Seniorunternehmer und dem Nachfolger vereinbart. Eine solche gemeinsame Phase dient der Übertragung von Erfahrungswissen und Geschäftskontakten vom Senior auf den Nachfolger. Die Zusammenarbeit zwischen Senior und Nachfolger ist jedoch konfliktträchtig: So bejahten in einer Umfrage der Unternehmensberatung Droege & Comp. annähernd die Hälfte der Seniorunternehmer und sogar drei Viertel der Nachfolger die Frage nach Konflikten und größeren Auseinandersetzungen, wobei generelle Auseinandersetzungen um den Einfluss in der Unternehmung dominierten.[2] Dahinter stecken zumeist psychologische Ursachen, beispielsweise weil der Seniorunternehmer einen Macht- und Ansehensverlust fürchtet. In vielen Fällen kommt es auch zu fachlichen Meinungsverschiedenheiten, weil der Nachfolger Änderungen in den Bereichen Produktionstechnologie, Organisation, Strategie oder Marketing/Vertrieb durchführen, der Senior aber vor allem die Kontinuität wahren möchte. Ferner wird in nahezu der Hälfte der Fälle von Generationenkonflikten berichtet, beispielsweise weil der Nachfolger im Gegensatz zum Senior keinen autoritären, sondern einen moderierenden Führungsstil bevorzugt.

Streitigkeiten zwischen dem Senior und dem Nachfolger wirken sich grundsätzlich negativ auf den betrieblichen Alltag aus. Im schlimmsten Fall blockieren sich der Senior und der Nachfolger gegenseitig, so dass ein konstruktives, kooperatives

---

[2] Vgl. *Droege & Comp.*, Zukunftssicherung durch strategische Unternehmensführung, Düsseldorf 1991, S. 87 ff.

Arbeitsklima nicht entstehen kann – mit den entsprechenden Konsequenzen für die betriebliche Produktivität.

3. Gestaltungsempfehlungen
3.1 Familieninterne Nachfolgeregelung
Steigerung der Akzeptanz des Nachfolgers

Eine häufige Ursache für die mangelnde Akzeptanz eines familieninternen Nachfolgers im Unternehmen und bei Geschäftspartnern liegt darin, dass der Nachfolger nicht in erster Linie als eigenständige Führungskraft, sondern als „Junior" oder „Sohn vom Chef" wahrgenommen und häufig auch an den Leistungen des Seniors gemessen wird. Insbesondere wenn der Senior sehr gute Arbeit geleistet hat und allgemein anerkannt ist, sind die „Fußstapfen", in die der Junior treten muss, sehr groß.

Dass der Nachfolger nicht als eigenständige Führungskraft wahrgenommen wird, hängt häufig mit der unzureichenden Eignung und Erfahrung des Nachfolgers zusammen. Die Integration des Nachfolgers setzt voraus, dass er über fachliches Wissen verfügt, wozu beispielsweise technisches Verständnis für das Produktionsprogramm oder betriebswirtschaftliche Kenntnisse zählen. Mindestens ebenso wichtig ist, dass der Nachfolger über die notwendige Durchsetzungs- und Entscheidungskraft verfügt, um als Unternehmenslenker akzeptiert zu werden.

Der erste Ansatzpunkt zur Stärkung der Akzeptanz des Nachfolgers besteht in der sorgfältigen Auswahl und Ausbildung.[3] Auch wenn der Senior im Regelfall einen familieninternen Nachfolger präferiert, darf nicht übersehen werden, dass auch ein Familienmitglied die Bereitschaft und Eignung zur Übernahme des Unternehmens mitbringen muss.

In vielen Fällen findet sich kein Familienmitglied, das die Nachfolge antreten möchte, beispielsweise weil es das unternehmerische Risiko nicht tragen möchte oder wirtschaftlich uninteressiert ist. Ein Familienmitglied sollte dann nicht in die Rolle des Nachfolgers gedrückt werden, sondern der Senior sollte die mangelnde Nachfolgebereitschaft respektieren und eine andere Nachfolgelösung realisieren.

Ist ein Familienmitglied grundsätzlich zur Übernahme der unternehmerischen Verantwortung bereit, müssen jedoch auch die fachlichen und persönlichen Voraussetzungen erfüllt sein. Daher sollte der potentielle Nachfolger bereits frühzeitig auf die Übernahme des Unternehmens vorbereitet werden. Hierzu gehört zunächst eine fundierte fachliche Ausbildung, damit der Nachfolger das notwendige theoretische Wissen erwerben kann. Darüber hinaus ist es von großer Bedeutung, dass der Nachfolger eigene berufliche Erfahrungen sammelt und erste Kontakte aufbaut. Dies sollte jedoch nicht im Familienunternehmen, sondern in einem anderen Betrieb erfolgen. Der Grund für die „Fremdausbildung" ist, dass der Nachfolger ein unbelastetes Verhältnis zu Kollegen, Vorgesetzten oder Kunden aufbauen kann, die ihn als normalen Angestellten und nicht als Sohn vom Chef und zukünftigen Unternehmens-

---

[3] Vgl. *Mertens*, Varianten der Unternehmernachfolge im Mittelstand, in: Finanz Betrieb, 5/2003, S. 284 f.

lenker sehen. Der Nachfolger erhält somit die Gelegenheit, eigenständige Gehversuche zu machen, ohne überdurchschnittlichen Erwartungen, die der Senior an seinen Nachfolger und die Mitarbeiter an ihren zukünftigen Chef häufig stellen, gerecht werden zu müssen.

Wenn es dem Nachfolger gelingt, außerhalb des Unternehmens gute Referenzen zu erlangen und bereits erste Erfahrungen als Führungskraft zu sammeln, wird die Integration in das eigene Familienunternehmen erheblich erleichtert. Der Nachfolger kann dann nämlich durch eigene Erfolge und Erfahrungen überzeugen und muss sich nicht vorrangig auf seinen Status als Familienmitglied berufen.

Für die Akzeptanzprobleme des Nachfolgers ist häufig auch der Senior mitverantwortlich, z. B. wenn er den Junior bevormundet und ihm alle Entscheidungen abnimmt. Dahinter steht die Absicht des Seniors, den Nachfolger vor Fehlern zu bewahren oder einfach die Gewohnheit des Seniors, als langjähriger, einziger Unternehmenslenker alle wichtigen Entscheidungen selbst zu treffen. Diese „Bevormundung", die im Normalfall von den Mitarbeitern und Geschäftspartnern beobachtet werden kann, schwächt die Position des Nachfolgers, weil sie als Indiz interpretiert wird, dass der Senior den Fähigkeiten des Nachfolgers nicht vertraut. Auch der Senior kann daher seinen Teil dazu beitragen, dass der Nachfolger im Unternehmen und bei Geschäftspartnern als eigenständige Führungskraft akzeptiert wird, indem er ihn demonstrativ als eigenständige Führungskraft und als gleichberechtigten Partner behandelt. Dies geschieht beispielsweise dadurch, dass der Senior den Nachfolger an Entscheidungen beteiligt oder ihm eigene Projekte überträgt. Dabei sollte sukzessive immer mehr Verantwortung vom Senior auf den Nachfolger übertragen werden. Außerdem sollte der Senior den Nachfolger bei Geschäftspartnern als vollwertigen Nachfolger einführen und auf diese Weise die Übertragung von persönlichen Kontakten und Netzwerken erleichtern.

Nicht zuletzt kann die Akzeptanz eines familieninternen Nachfolgers beeinträchtigt werden, wenn das Unternehmen im Besitz verschiedener, womöglich zerstrittener Familienstämme ist. Wenn der Nachfolger nicht der Favorit aller Familienstämme ist, besteht die Gefahr, dass ein Teil der Unternehmenseigner dem Nachfolger ablehnend gegenüber steht und vom Nachfolger vorgeschlagene betriebliche Veränderungen oder Investitionsprojekte aus persönlichen Motiven wie Missgunst oder Neid blockiert. Bereits bei der Auswahl eines familieninternen Nachfolgers ist daher darauf zu achten, dass zumindest die Mehrheit der Eigentümer die Entscheidung mitträgt und der Nachfolger grundsätzlich mit einer breiten Unterstützung rechnen kann. Sonst besteht die Gefahr, dass selbst ein überdurchschnittlich geeigneter familieninterner Nachfolger an familiären Streitigkeiten scheitert.

Abbau der wechselseitigen Unsicherheiten

Um die mit dem Eintritt des Nachfolgers entstehenden Unsicherheiten und Informationsdefizite abzubauen, ist es empfehlenswert, wenn der Nachfolger bereits im Vorfeld in interne Gesprächsrunden des Führungskreises einbezogen wird.[4] Auf die-

---

[4] Vgl. *Rojahn*, a. a. O., S. 155.

se Weise erhält der Nachfolger einen Einblick in die aktuellen Geschäftvorgänge und die betrieblichen Entscheidungsstrukturen. Außerdem sollte der Nachfolger bereits im Vorfeld das Gespräch mit Schlüsselmitarbeitern und Leistungsträgern suchen. Einerseits erhält der Nachfolger auf diese Weise eine Vielzahl von Informationen über die Lage des Unternehmens. Andererseits können sich der Nachfolger und die Mitarbeiter relativ ungezwungen kennen lernen und Erwartungen und Vorstellungen, die beide Seiten mit dem anstehenden Führungswechsel verbinden, austauschen. Bei Bedarf können auch Kennenlernwochenenden und Integrations-Workshops veranstaltet werden, die ebenfalls dazu dienen, eventuell bestehende Unsicherheit und Ängste auf Seiten der Mitarbeiter abzubauen und gegenseitige Erwartungen zu kommunizieren. Die Ziele des Nachfolgers sowie geplante Veränderungen sollten in dieser Phase bekannt gegeben werden, um die Unsicherheit der Mitarbeiter aufzulösen. Darüber hinaus sollte erwogen werden, die Vorstellungen der Mitarbeiter zumindest in Ansätzen zu berücksichtigen, um eine gemeinsame Agenda mit gemeinsamen Zielen zu kreieren.

Zur effizienten Gestaltung des Kennenlernprozesses kann es ratsam sein, einen Coach oder Berater als Moderator einzuschalten, der beispielsweise bei eventuell auftretenden Kommunikationsstörungen vermittelnd eingreift und dafür sorgt, dass wichtige, aber unangenehme Aspekte des Übergangs möglichst konfliktfrei angesprochen werden.

Vermeidung von Konflikten zwischen dem Senior und dem Nachfolger

Voraussetzung für eine fruchtbare Zusammenarbeit zwischen dem Nachfolger und dem Senior ist beidseitiges kooperatives Verhalten. Insbesondere vom Senior erfordert dies eine gewisse Souveränität und die Bereitschaft, die Macht im Unternehmen zu teilen und offen für Diskussionen und Veränderungen zu sein. Die Teilung von Macht und Einfluss gehört jedoch nicht zu den typischen Stärken eines Unternehmers, der sich im Gegenteil eher dadurch auszeichnet, als entschlussfreudige Führungsfigur eine Art Einzelkämpfer zu sein und der dazu neigt, alles selbst in die Hand zu nehmen. Aus diesem Grund sollte ein Übergabefahrplan festgelegt werden, der einen sukzessiven Übergang der Geschäftsführung vom Senior auf den Nachfolger vorsieht. Dabei ist detailliert zu vereinbaren, wer zu welchem Zeitpunkt für welche Aufgaben verantwortlich ist und wer wann über welche Kompetenzen verfügt. Dabei ist es durchaus sinnvoll, dem Nachfolger bereits zu Beginn eigene Projekte oder Aufgaben zu übertragen, so dass er sich als eigenverantwortliche Führungskraft im Unternehmen etablieren kann. Durch eine klare Abgrenzung der Zuständigkeitsbereiche können viele Streitigkeiten vermieden werden. Durch die sukzessive Übertragung von Verantwortung hat der Nachfolger die Möglichkeit, zu lernen und sich nach und nach in den betrieblichen Ablauf zu integrieren.

Die klare Trennung der Zuständigkeiten schließt nicht aus, dass der Senior dem Nachfolger beratend zur Seite steht bzw. Nachfolger und Senior auch gemeinsame Projekte realisieren. Die Beratung sollte allerdings nicht in eine Bevormundung ausarten, sondern der Senior muss die Eigenständigkeit des Nachfolgers respektieren und akzeptieren, dass sich die Vorstellungen des Nachfolgers von denen des Seniors unterscheiden können. Dennoch wird es in vielen Fällen zu Konflikten kommen, die häufig ihren Ursprung nicht in sachlichen Meinungsverschiedenheiten haben, sondern emotional oder familiär bedingt sind. Zur Versachlichung und Kanalisierung von Konflikten ist es ratsam, eine objektiv wahrgenommene Instanz als Moderator zu engagieren. Diese Rolle kann beispielsweise von einem Berater übernommen werden oder sofern vorhanden, von dem Beirat des Familienunternehmens.[5] Grundsätzlich kann ein Beirat während des gesamten Nachfolgeprozesses wertvolle Hilfestellung leisten, weil er einerseits mit den Unternehmensinterna vertraut ist, aber andererseits über eine gewisse objektivierende Distanz verfügt, die dem emotional involvierten Senior fehlt. Beispielsweise kann der Beirat nach sachlichen Kriterien beurteilen, ob ein Familienmitglied die erforderliche Eignung für die Übernahme der Geschäftsführung im Familienunternehmen besitzt, wohingegen der Senior aufgrund seiner starken Präferenz für einen familieninternen Nachfolger die tatsächliche Eignung eines Familienmitgliedes häufig verzerrt wahrnimmt.

Im Gegensatz zu einer familienexternen Nachfolgeregelung (siehe 3.2) spielen monetäre Anreize zur Kooperation bei einer familieninternen Nachfolgeregelung zumeist eine untergeordnete Rolle, weil hierbei häufig nicht-monetäre Aspekte dominant sind. So ist der Senior zumeist intrinsisch motiviert, seinen Beitrag zu einer erfolgreichen familieninternen Nachfolgeregelung zu leisten, um den Fortbestand seines Lebenswerkes in Familienhand zu sichern.

3.2 Familienexterne Nachfolgeregelung
Steigerung der Akzeptanz und Abbau der wechselseitigen Unsicherheiten

Bei einer familienexternen Nachfolgeregelung liegen die Ursachen für etwaige Akzeptanzprobleme des Nachfolgers weniger im fachlichen Bereich, sondern häufig im zwischenmenschlichen.

So haben die Mitarbeiter beim Verkauf des Unternehmens an eine unternehmensexterne Führungskraft im Rahmen eines Management-Buy-Ins (MBI) häufig Ressentiments gegenüber dem „Neuen", weil sie eine unternehmensinterne Lösung präferiert hätten. Vielleicht gab es auch unternehmensinterne Nachfolgekandidaten, die enttäuscht und wütend sind und daher die Kooperation offen verweigern oder sogar Intrigen schmieden, um den Erfolg der unternehmensexternen Lösung zu verhindern. Bei einem Management-Buy-Out (MBO) kann die Akzeptanz des unternehmensinternen Nachfolgers durch neidische Ex-Kollegen oder durch ein unnatürliches Verhältnis des neuen Chefs gegenüber seinen Ex-Kollegen erschwert werden. So sind unternehmensinterne Nachfolger häufig sehr hart gegenüber ihren Ex-Kollegen, um fair zu wirken. Denkbar ist auch, dass der Nachfolger seine Unsicherheit durch überhebliches Verhalten zu kaschieren versucht.[6]

---

[5] Zum Beirat in Familienunternehmen vgl. *May/Sieger*, Der Beirat in Familienunternehmen zwischen Beratung, Kontrolle, Ausgleich und Personalfindung – eine kritische Bestandsaufnahme, in: Jeschke, *Dieter* et. al. (Hrsg.), Planung, Finanzierung und Kontrolle in Familienunternehmen, München 2000, S. 244-256.
[6] Vgl. *Zielke*, Erfolgreiche Gestaltung des Führungswechsels, in: Rumpf/Feyerabend (Hrsg.), Unternehmensnachfolge Planung & Sicherung des Nachfolgeprozesses, Linden 2003, S. 172.

Weitere Probleme resultieren aus der wechselseitigen Unsicherheit. Insbesondere bei einer unternehmensexternen Nachfolgelösung muss sich der Nachfolger in einer vollständig neuen Situation zurechtfinden, da er weder das Unternehmen noch die Unternehmensumwelt kennt. Gleichzeitig wird aber von ihm erwartet, dass er als Chef von Beginn an die richtigen Entscheidungen trifft und jede (auch aus Unkenntnis resultierende) Fehleinschätzung mindert seine Akzeptanz als würdiger Nachfolger.

Zum Abbau von gegenseitigen Unsicherheiten durch einen gezielten Informations- und Erwartungsaustausch ist es daher ratsam, bereits im Vorfeld die unter 3.1 beschriebenen Maßnahmen wie Integrations-Workshops, Kennenlernwochenenden oder sonstigen gemeinsamen Veranstaltungen durchzuführen. Eine weitere Möglichkeit besteht auch hier in einer vorübergehenden Zusammenarbeit von Nachfolger und Senior, die im Folgenden diskutiert wird.

Zusammenarbeit zwischen Nachfolger und Senior

Eine gemeinsame Übergangsphase dient auch bei einer familienexternen Nachfolgelösung zur Übertragung von Erfahrungswissen und Kontakten vom Senior auf den Nachfolger. Im Gegensatz zu einer familieninternen Nachfolgeregelung belasten bei einer familienexternen Nachfolgelösung keine familiärbedingten Konflikte die Zusammenarbeit. Gleichwohl kann es neben sachlich motivierten Interessenskonflikten wie unterschiedliche Auffassungen über die Unternehmenspolitik oder über notwendige Veränderungen auch zu psychologisch bedingten Auseinandersetzungen kommen, die ihre Ursache häufig in dem Unvermögen des Seniors haben, den Einfluss im Unternehmen zu teilen und sich nicht mehr in alle Entscheidungen einzumischen.

Zu einer möglichst erfolgreichen Gestaltung der Übergangsphase sollten daher wiederum die unter 3.1 genannten organisatorischen Maßnahmen ergriffen werden. Hierzu zählt neben der Aufstellung eines Übergabefahrplans, die Einschaltung eines Mediators, der für die Einhaltung der Vereinbarungen Sorge trägt und im Konfliktfall vermittelt.

Darüber hinaus sollten vor allem auch die monetären Anreize stimmen. Da es sich bei einer familienexternen Nachfolgeregelung zumeist in erster Linie um eine sachlich geprägte Geschäftsbeziehung handelt, sind monetäre Anreize zur Zusammenarbeit von sehr viel größerer Bedeutung als bei einer familieninternen Nachfolgeregelung. Der Nachfolger und der Senior werden sich um so mehr für eine erfolgreiche Gestaltung des Führungswechsels einsetzen, je mehr sie von dem Übernahmeerfolg jeweils profitieren. Daher ist beispielsweise nicht sinnvoll, wenn der Senior vom Nachfolger eine fixe Vergütung für die vorübergehende Zusammenarbeit erhält, weil der Senior in diesem Fall keinen monetären Anreiz hat zum Erfolg des Führungswechsels beizutragen – schließlich erhält er seine fixe Vergütung unabhängig vom Übernahmeerfolg.

Eine Möglichkeit der erfolgsabhängigen Entlohnung stellt die so genannte Earn-Out-Methode dar.[7] Dabei wird der gesamte Kaufpreis aufgeteilt in einen im Kaufzeitpunkt fälligen Basispreis und einen erfolgsabhängigen Zusatzpreis. Der Zusatzpreis hängt von den so genannten Earn-Out-Zahlungen ab, die erst während einer Referenzperiode, der Earn-Out-Periode, fällig werden und letztlich eine erfolgsabhängige Zusatzzahlung an den Verkäufer darstellen. Die Höhe der Earn-Out-Zahlung einer Periode ergibt sich als ein Anteil an einer Maßgröße, deren tatsächliche Realisation erst im Fälligkeitszeitpunkt bekannt ist. Die Maßgröße sollte geeignet sein, den operativen, wiederholbaren Unternehmenserfolg zu messen. Eine positive Anreizwirkung ergibt sich, wenn sich ein hohes Engagement und gute Zusammenarbeit von Senior und Nachfolger positiv auf die den Unternehmenserfolg quantifizierende Maßgröße auswirken, so dass sowohl der Nachfolger als auch der Senior, die jeweils anteilig an der Maßgröße beteiligt sind, finanziell von einem erfolgreichen Führungswechsel profitieren.

Bei einem Earn-Out partizipieren sowohl der Nachfolger als auch der Senior am durch die Maßgröße quantifizierten Unternehmenserfolg. Dabei entsteht das Problem, dass der finanzielle Arbeitsanreiz des Seniors zwar mit der Höhe seiner Beteiligung an der Maßgröße steigt, gleichzeitig jedoch der Arbeitsanreiz des Nachfolgers sinkt. Umgekehrt hat der Nachfolger einen umso höheren Leistungsanreiz, je größer seine bzw. je geringer die Beteiligung des Seniors an der Maßgröße ist. Wenn der Nachfolger die Maßgröße nicht mit dem Senior teilen müsste, hätte er einen stärkeren Anreiz sich für den Unternehmenserfolg einzusetzen. Im Vergleich zum Fall ohne Earn-Out sinkt daher der Arbeitsanreiz des Nachfolgers, weil er einen geringeren Anteil an der Maßgröße erhält. Diesem negativen Anreizeffekt steht jedoch die Arbeitsleistung des Seniors gegenüber, der nun vorübergehend im Unternehmen tätig bleibt und seinen Beitrag zum Unternehmenserfolg leistet. Es lässt sich zeigen, dass bei optimaler Gestaltung des Earn-Out-Vertrages der zuletzt genannte positive Effekt der Earn-Out-Methode überwiegt. Es kann somit ein Effizienzgewinn erzielt werden, der zu einer Steigerung des Unternehmenserfolges führt. Dies ist letztlich mit einem Arbeitsteilungseffekt zu erklären, der sich bei einer vorübergehenden Zusammenarbeit einstellt und bei optimaler Gestaltung die entstehenden Kosten kompensiert.[8] Neben dem beschriebenen positiven Arbeitsteilungseffekt bietet die Earn-Out-Methode weitere Vorteile bezüglich der Finanzierung und Risikoteilung, da der Senior während der Earn-Out-Periode die Funktion eines Beteiligungsgebers übernimmt.

---

[7] Vgl. zur Earn-Out-Methode Mertens, Moral, Risikoteilung und Earn-Out bei der Unternehmernachfolge im Mittelstand, Manuskripte aus den Instituten für Betriebswirtschaftslehre der Universität Kiel Nr. 573, 2003.
[8] Es entstehen einerseits Opportunitätskosten, da der Arbeitsanreiz des Nachfolgers sinkt, und andererseits fordert der Senior eine Vergütung für seine Mitarbeit, die auch als Nachzahlung interpretiert werden kann.

4. Zusammenfassung

Die Regelung der Unternehmensnachfolge ist üblicherweise mit einem Führungswechsel im Unternehmen verbunden. Eine erfolgreiche Gestaltung der Unternehmensnachfolge setzt voraus, dass der Nachfolger in das Unternehmen als neuer Chef integriert wird. Die Integration des Nachfolgers wird jedoch in vielen Fällen durch eine mangelnde Akzeptanz des Nachfolgers bei Mitarbeitern und Geschäftspartnern, durch wechselseitige Unsicherheiten oder – im Fall eine vorübergehenden Zusammenarbeit – durch Konflikte zwischen dem Nachfolger und dem Senior erschwert.

Bei einer familieninternen Nachfolgelösung wird die Akzeptanz des Nachfolgers gestärkt, wenn er bereits vor dem Eintritt in das Familienunternehmen über fundierte fachliche Kenntnisse sowie über Berufs- und Führungserfahrung verfügt. Außerdem sollte der Senior den Nachfolger als vollwertige Führungskraft demonstrativ respektieren und ihm nach und nach mehr Verantwortung übertragen. Zum Abbau der wechselseitigen Unsicherheiten zwischen Mitarbeitern und Nachfolgern ist es wichtig, dass der potentielle Nachfolger bereits im Vorfeld das Unternehmen und seine Mitarbeiter kennen lernt und Erwartungen austauscht. Dies kann beispielsweise geschehen, indem der Nachfolger schon vor dem Eintritt in das Unternehmen an Treffen des Führungskreises teilnimmt und Kennenlernevents veranstaltet werden. Zur Vermeidung von Konflikten zwischen dem Nachfolger und dem Senior sollten organisatorische Maßnahmen wie die Aufstellung eines Übergabefahrplans oder die Einschaltung eines Mediators, der im Konfliktfall vermittelnd eingreift, ergriffen werden.

Die genannten Maßnahmen erleichtern auch einem familienexternen Nachfolger die Integration. Im Fall einer vorübergehenden Zusammenarbeit zwischen dem Nachfolger und dem Senior sind bei einer familienexternen Nachfolgelösung aber vor allem auch monetäre Leistungsanreize von Bedeutung. Dies kann z. B. geschehen, indem der Senior im Rahmen eines Earn-Outs-Vertrages während der vorübergehenden Zusammenarbeitsphase am Unternehmenserfolg beteiligt bleibt.

Weiterführende Literatur:

Habig/Berninghaus, Die Nachfolge im Familienunternehmen ganzheitlich regeln, 2. Auflage Berlin/Heidelberg/New York 2004.

Mertens, Varianten der Unternehmernachfolge im Mittelstand, in: Finanz Betrieb 5/2003, S. 283-289.

Mertens, Moral, Risikoteilung und Earn-Out bei der Unternehmernachfolge im Mittelstand, Manuskripte aus den Instituten für Betriebswirtschaftslehre der Universität Kiel Nr. 573, 2003.

Rumpf/Feyerabend, Unternehmensnachfolge Planung & Sicherung des Nachfolgeprozesses, Linden 2003.

Sobanski/Gutmann, Erfolgreiche Unternehmensnachfolge – Konzepte – Erfahrungen – Perspektiven, Wiesbaden 1998.

Lösung des Nachfolgeproblems durch Verkauf an eine langfristig orientierte Beteiligungsgesellschaft

Willi Back

Inhalt:

	Seite
1. Das Geschäftsmodell	139
2. Die Kriterien	141
3. Die Integration	144
4. Die gemeinsame Zukunft	145

1. Das Geschäftsmodell

Der Mittelstand ist der Hort des Unternehmertums. Mittelständische Betriebe werden von Individuen geführt, oft von ausgeprägten Charakteren. Daher verlangen offene Nachfolgefragen in mittelständischen Unternehmen nach individuellen Lösungen. Patentrezepte kann es schon deshalb nicht geben, weil jede Lösung nur dann Aussicht auf Erfolg hat, wenn sie auf die individuellen Ziele und Interessen des verkaufenden (Alt-)Eigentümers zugeschnitten ist. Diese Ziele können höchst unterschiedlich sein, und nicht immer sind sie am Beginn eines Verkaufsprozesses in einer klaren Hierarchie. Strebt der Unternehmer nach einer absoluten Maximierung des Verkaufspreises? Muss er seine Altersvorsorge sichern oder die Altersvorsorge von Angehörigen? Wünscht er weiterhin unternehmerischen Einfluss? Möchte er kapitalmäßig beteiligt bleiben? Ist ihm der Erhalt des Unternehmens wichtig? Liegen ihm die Arbeitsplätze am Herzen? Will er vermeiden, dass sein Unternehmen in einigen Jahren vom Erwerber wieder verkauft wird? Einige dieser Ziele sind leicht miteinander vereinbar, andere schwer oder gar nicht. Bildet beispielsweise die Kaufpreismaximierung das oberste Ziel, dann lassen sich damit der Erhalt und die Weiterführung des Betriebes in seiner bisherigen Form nicht immer vereinbaren. So wird ein strategischer Käufer, der Marktanteile erwerben, sich in einen Markt, eine Region oder ein Land einkaufen oder Synergieeffekte durch Zusammenlegen von Produktionsstätten generieren will, das Unternehmen oftmals gerade nicht in der angestammten Form weiterführen. Umgekehrt kann ein langfristig orientierter Investor, der nicht an einen späteren Exit, also Wiederverkauf, denkt, nicht immer den höchsten Kaufpreis zahlen, weil die in einem längeren Zeitraum zu erwartenden Ergebnisschwankungen in seine Renditekalkulation mit einfließen müssen und am Ende kein zusätzlicher Gewinn aus dem Wiederverkauf einkalkuliert werden kann.

Zielkonflikte muss der Unternehmer vor dem Verkauf für sich klären. Dabei kann er sich beraten lassen oder seine endgültige Meinung auch im Wege der Verkaufsverhandlungen bilden, doch entscheiden muss er letztlich selbst – das ist bei der letzten großen Frage seines Unternehmerdaseins nicht anders als bei den vielen anderen Entscheidungen, die er im Laufe von Jahrzehnten gefällt hat.

Für viele Unternehmer steht freilich nicht allein der Kaufpreis im Vordergrund, sondern die erfolgreiche Weiterführung des Unternehmens. Neben dem Stolz auf das Aufgebaute und neben der starken emotionalen Bindung an das Unternehmen spielt meist das Verantwortungsgefühl gegenüber der Belegschaft eine zentrale Rolle. Auch die Akzeptanz seines Verkaufs durch Freunde, Familie und das gesamte soziale und berufliche Umfeld ist ein wichtiger Aspekt, zumal in ländlichen Regionen. In solchen Fällen steht der Erhalt des Unternehmens mit seiner gewachsenen Identität und seinen Arbeitsplätzen weit oben auf der Prioritätenliste.

Nur wenn die Ziele des Verkäufers und das unternehmerische Konzept des Käufers zueinander passen, hat die Transaktion eine Chance auf Erfolg. Umso wichtiger ist es, über diese Ziele auf beiden Seiten in einer frühen Phase des Kontakts Klarheit herzustellen. Die GESCO AG unterscheidet sich in ihrem Geschäftsmodell von den meisten anderen Beteiligungsgesellschaften durch die Kombination von drei konzeptionellen Elementen. Element eins ist die langfristige Orientierung: die Investments sind nicht Exit-orientiert, sondern auf Dauer angelegt. Element zwei ist die Beteiligung des neuen Managements: nach einer etwa zweijährigen Phase der Bewährung erwirbt der neue Geschäftsführer in der Regel 20 % an dem von ihm geleiteten Unternehmen. Element drei ist die Stand-Alone-Philosophie: jedes Unternehmen bleibt als unabhängige organisatorische Einheit bestehen und muss sich in sich rechnen; weder finden Mergers statt noch spielen Synergieaspekte bei der Akquisition eine Rolle. Themen wie Konzernverrechnungspreise, Management-Fees, Beratungshonorare der Holding oder Cash-Pooling sind tabu, da solche Elemente nach Überzeugung der GESCO AG zu Ineffizienzen und zu einer Verschlechterung des Klimas innerhalb der Gruppe führen.

Vor diesem konzeptionellen Hintergrund sind die (Alt-)Eigentümer, die ihr Unternehmen an die GESCO AG verkaufen, in aller Regel Alleingesellschafter und Alleingeschäftsführer in Personalunion, die neben einem als angemessen empfundenen Kaufpreis, der das Potenzial des Unternehmens honoriert, vor allem die Bewahrung und Fortführung ihres Lebenswerkes sichergestellt wissen wollen. Diese Verkäufer wünschen gerade nicht, dass ihr Unternehmen verschmolzen, zerschlagen oder mit einem Wettbewerber zusammengelegt wird. Ebenso wenig wünschen sie, dass ihr Unternehmen nach einigen Jahren wieder zum Verkauf steht. Vielmehr wollen sie das fortgeführt wissen, was sie selbst meist über Jahrzehnte verfolgt haben: einen Managementstil, der eine langfristige, stabile Entwicklung mit dem Ziel nachhaltiger Ertragskraft verfolgt. Für Eigentümer mit dieser Interessenlage ist der Verkauf an einen Investor mit einem auf wenige Jahre befristeten Anlagehorizont meist problematisch. Ein langfristig orientierter Investor jedoch, der zudem das neue Management in einer relevanten Größenordnung als Mitgesellschafter beteiligt, steht für Stabilität in der Unternehmensentwicklung. Dies geht einher mit einer aktiven Weiterentwicklung des betreffenden Unternehmens, was unter einem neuen Management und einem neuen Gesellschafter mit einem weiten strategischen Blick die Regel ist.

Aus Sicht des langfristig orientierten Investors bietet die kapitalmäßige Beteiligung des neuen Managements als Gesellschafter eine Reihe von Vorteilen: Die Beteiligung des Geschäftsführers verbessert sein Standing bei Belegschaft, Kunden, Lieferanten und Banken, und sie stellt vor allem den Gleichklang der Interessen aller Beteiligten sicher. Der vom Kapitalmarkt als „Principal-Agent-Problem" bezeichnete, mit der Trennung von Unternehmensbesitz und -führung möglicherweise einhergehende Interessenkonflikt ist gelöst. Der Mehrheits- wie der Minderheitsgesellschafter streben aus ureigenstem Interesse ein nachhaltiges Wachstum der Ertragskraft des Unternehmens an. Für das Unternehmen selbst und für die Belegschaft ist dieses stabilisierende Element von kaum zu überschätzendem Vorteil. Auch auf das Investitionsverhalten hat die Beteiligung des neuen Geschäftsführers positiven Einfluss. Weder werden Investitionen unterlassen, um beispielsweise für einen begrenzten Zeithorizont (Laufzeit des Geschäftsführervertrages; Tantiemeerwartung) Ergebnis- oder andere Bilanzkennzahlen zu optimieren, noch werden Investitionen getätigt, die eher dem Geltungsbedürfnis des Managements als dem Rentabilitätsinteresse der Gesellschafter Rechnung tragen.

Letztlich werden in diesem Modell mittelstandstypische Stärken (Schnelligkeit in Entscheidung und Umsetzung, Flexibilität, hohe Identifikation der Belegschaft, Markt- und Kundennähe) bewahrt und mittelstandstypische Schwächen (mangelnde Managementkapazität für organisatorische und strategische Fragen, isolierte Arbeitsweise des Managements, mangelhaftes Finanz- und Berichtswesen) mit gruppenweiten Standards sowie mit intensivem Coaching, Consulting und Controlling durch den Mehrheitsgesellschafter vermieden bzw. beseitigt.

2. Die Kriterien

Die GESCO AG erwirbt ausschließlich produzierende Unternehmen des industriellen Mittelstands und konzentriert sich dabei auf die Branchen Werkzeug- und Maschinenbau sowie Kunststoff-Technik. Akquiriert werden Unternehmen mit einem Umsatz ab etwa 10 Millionen Euro, adäquater Eigenkapitalausstattung, nachhaltiger Ertragskraft und im Idealfall einer Positionierung als ertragsstarker Nischenanbieter. Die Akquisition von Sanierungsfällen wird allenfalls in besonders begründeten Ausnahmefällen, die eine berechtigte Turn-around-Perspektive bieten, geprüft.

Sofern sich das Unternehmen grundsätzlich in das Akquisitionsraster fügt und ein konkretes Erwerbsinteresse vorliegt, werden in der dann einsetzenden Due Diligence die üblichen detaillierten Analysen nach wirtschaftlichen, juristischen und technischen Kriterien vorgenommen. Da das Management mittelständischer Unternehmen angesichts der vielfältigen Anforderungen des Tagesgeschäfts mitunter nur begrenzte Ressourcen für strategische Fragen bereitstellen kann, ist die Strategie des Unternehmens im Hinblick auf ihre Zukunftsfähigkeit sorgfältig zu prüfen. Dazu zählt auch die Frage, inwieweit das Geschäftsmodell von Effekten der Globalisierung und insbesondere von der Erweiterung der Europäischen Union betroffen ist. Eine gute Marktstellung in punkto Qualitäts- oder Technologieführerschaft dürfte weniger gefährdet sein als eine Positionierung, die sich nur auf Kostenführerschaft stützt. Ergänzende Dienstleistungen, die das Produktangebot zu einem umfassenden Dienstleistungspaket ausbauen, fördern die Kundenbindung. Je früher ein Unternehmen von seinen Kunden im Sinne einer Entwicklungspartnerschaft in Prozesse eingebunden wird, desto weniger leicht ist es ersetzbar. Alleinstellungsmerkmale und hohe Markteintrittsbarrieren bilden entscheidende Pluspunkte.

Mitunter stellt der Alteigentümer im Vorfeld einer sich anbahnenden Nachfolgelösung Investitionen zurück. Sofern dadurch kein nachhaltiger Schaden für die Positionierung und Marktstellung des Unternehmens entstanden ist und der Investitionsstau kurzfristig aufgelöst werden kann, muss dies kein K.o.-Kriterium sein. Im Kaufpreis sollte sich ein Investitionsstau freilich angemessen niederschlagen. Auch die informationstechnische Ausstattung des Unternehmens ist auf eventuellen Nachholbedarf zu prüfen, insbesondere in Bezug auf Unternehmenssoftware und Produktions-Planungs-Systeme.

Zu den Faktoren, die es im Rahmen einer mittelständischen Nachfolgeregelung besonders sorgfältig zu untersuchen gilt, zählt die Personengebundenheit des Geschäftsmodells. Verfügt ein Unternehmen über keine oder lediglich schwach ausgeprägte Alleinstellungsmerkmale und stützt sich sein operativer Erfolg primär auf die Vertriebsstärke des Inhaber-Geschäftsführers mit seinen persönlichen Kontakten, so ist kritisch zu prüfen, ob das Geschäftsmodell nach Ausscheiden dieser Person kollabiert bzw. ob diese Person ersetzbar ist.

Augenmerk verdient auch die zweite Managementebene. Hat es der bisherige Alleingeschäftsführer verstanden, qualifiziertes Personal zu binden und weiter zu entwickeln? Ist betriebsnotwendiges Know-how dokumentiert und damit personenunabhängig verfügbar? Gibt es im Unternehmen einen „Kronprinzen", der für die Nachfolge als Geschäftsführer geeignet ist, sich das Unternehmen alleine nicht leisten kann und gemeinsam mit einem Finanzinvestor diesen Schritt gerne vollzieht?

Als unproblematisch hat sich nach den Erfahrungen der GESCO AG die Akzeptanz des neuen Geschäftsführers durch die Belegschaft erwiesen. Zwar tritt der neue Chef mitunter durchaus die Nachfolge eines „Patriarchen" an, doch auch den Mitarbeitern entgeht nicht, dass der Inhaber eine kritische Altersschwelle erreicht oder überschritten hatte. Im Gegenteil: bei einer über lange Zeit offensichtlich fehlenden Nachfolgelösung läuft das Unternehmen Gefahr, gerade die qualifizierteren Mitarbeiter zu verlieren. Zwingend erforderlich ist freilich eine zügige und transparente Kommunikation des Prozesses der Nachfolgelösung. Im GESCO-Modell führen der Verkäufer und der Vorstand der GESCO AG nach Vertragsunterzeichnung ein Gespräch mit den leitenden Angestellten und mit dem Betriebsrat und berufen umgehend eine Betriebsversammlung ein. Dort erläutert der Verkäufer seine Situation, der GESCO-Vorstand stellt sein Konzept vor und betont insbesondere seinen langfristigen Horizont. Zugleich stellt GESCO die alleinige Verantwortung der neuen Geschäftsführung für das operative Geschäft klar.

Im Mittelpunkt der Betrachtung steht natürlich die Ertragskraft des Unternehmens – und zwar die künftige Ertragskraft, aus der allein der Käufer seine Renditeerwartungen erfüllen kann. Daher kann es aus Sicht des Käufers sinnvoll sein, ein Unternehmen nicht gerade in der Blüte seiner Entwicklung zu erwerben, wo möglicherweise bei einem vergleichsweise hohen Kaufpreis ein eher ungünstiges Chance-Risiko-Profil mit begrenzten Chancen einer weiteren Aufwärtsentwicklung bei deutlichem Rückschlagspotenzial vorliegt. Im Zuge der Prüfung ist bei auftretenden

Schwachstellen jeweils zu analysieren, ob diese wertmindernden Punkte unter einem neuen Management erkennbar kurzfristig behoben werden können. Sei es, dass Vertriebsaktivitäten nicht mit aller Konsequenz verfolgt wurden, etwa aus Alters- oder Gesundheitsgründen seitens des Inhabers, sei es, dass angesichts des nahenden Verkaufs Investitionen, Erweiterungen der Produktpalette oder die Erschließung neuer Marktsegmente zurückgestellt wurden.

Synergieeffekte innerhalb der Unternehmensgruppe spielen im Modell der GESCO AG keine Rolle. Jedes Unternehmen wird isoliert bewertet und muss sich in sich rechnen. Da die Erfahrung lehrt, dass sich Synergien nicht immer im gewünschten Maße realisieren lassen, sie aber in der Regel bezahlt werden müssen, erhöht eine auf Synergien abstellende Akquisitionspolitik die Risiken. Vor allem aber würde die mit der Hebung von Synergien einhergehende Umstrukturierung dem Grundsatz widersprechen, die erworbenen Unternehmen in ihrer bisherigen Form weiter zu führen. Allerdings wird die Zusammenarbeit der Tochtergesellschaften untereinander durch die Holding durchaus aktiv gefördert. Dabei müssen nicht Kunden-Lieferanten-Beziehungen im Vordergrund stehen, vielmehr können die Unternehmen auf vielen Gebieten von Austausch und Kooperation profitieren, beispielsweise im Vertrieb, in der Entwicklung, bei der Auswahl von Dienstleistern oder Lieferanten, bei der Einführung von Unternehmenssoftware und einer Fülle anderer Themen.

Das Abarbeiten einer Kriterienliste allein reicht freilich nicht aus. Bei einem sensiblen Thema wie der Nachfolgeregelung mittelständischer Unternehmen spielen auch weiche Faktoren und emotionale Aspekte eine wichtige Rolle, sie können sogar entscheidend sein. Unabdingbar ist das Vertrauen des Verkäufers, der schließlich sein Lebenswerk veräußert und es in „gute Hände" geben will. Hilfreich ist dabei, wenn die Akteure auf Seiten des Käufers über einen mittelständischen Hintergrund und möglichst operative Erfahrung im industriellen Mittelstand verfügen, so dass sie mit dem Verkäufer eine „gemeinsame Sprache" sprechen, im übertragenen wie im wörtlichen Sinne. Die jeweiligen Persönlichkeiten und die „Wellenlängen" zwischen den handelnden Personen sind mindestens ebenso wichtig wie ein überzeugender Track-Record des Käufers. Der potenzielle Verkäufer tut gut daran, andere Alteigentümer, die bereits verkauft haben, ebenso zu befragen wie (neue) Geschäftsführer bereits bestehender Beteiligungen des Käufers. Wenn die „Chemie" zwischen Verkäufer und Käufer nicht stimmt, ist ein Geschäft meist zum Scheitern verurteilt.

Auf Gesellschafterseite legt die GESCO AG Wert auf klare Verhältnisse und erwirbt in aller Regel 100 % der Gesellschaftsanteile vom Verkäufer. Aus psychologischen Gründen sollte der Eigentümer ohnehin einen klaren Schnitt machen und den Verkauf als Zäsur akzeptieren und gestalten. Wer über mehrere Jahrzehnte das alleinige Sagen hatte, sollte sich nicht in die Rolle des Minderheitsgesellschafters begeben. Übergangszeiten, während derer der Verkäufer noch mit einer Minderheitsbeteiligung Gesellschafter bleibt, sind nach Überzeugung der GESCO kontraproduktiv, münden leicht in fragwürdigen Kompromissen und belasten die Akzeptanz des neuen Geschäftsführers.

3. Die Integration

Nach dem Erwerb bleiben die Unternehmen in ihrer Identität und in ihrem Marktauftritt unverändert. Oft handelt es sich bei den erworbenen Investitionsgüterproduzenten um Anbieter, die in ihren jeweiligen Märkten als Marken etabliert sind und über ein hohes Renommee verfügen, so dass es unter Gesichtspunkten der Markenführung geradezu fahrlässig wäre, diesen Unternehmen eine neue Identität „überzustülpen". Der Hinweis auf die Zugehörigkeit zur GESCO-Gruppe wird dezent in das Erscheinungsbild eingebunden, ist aber dem Auftritt des Unternehmens selbst eindeutig untergeordnet.

Sofern nicht bereits im Unternehmen ein Kandidat für ein Management-Buy-Out vorhanden ist, sucht GESCO in Verbindung mit dem Erwerb einen neuen Geschäftsführer. Der Alteigentümer bleibt solange als Geschäftsführer tätig, bis der Nachfolger gefunden und eingearbeitet ist. Bei dieser Suche wird der Alteigentümer einbezogen, um einen harmonischen Übergang zu erleichtern. Im Interesse einer klaren Aufgabenteilung und einer raschen Akzeptanz des neuen Geschäftsführers ist eine kurze, konzentrierte Einarbeitungszeit gegenüber langen Übergangsregelungen vorzuziehen.

Neu erworbene Unternehmen werden umgehend in das Berichtswesen der GESCO AG integriert. Die Holding legt großen Wert darauf, alle notwendigen Belange so zu gestalten, dass sie für die mittelständischen Tochtergesellschaften handhabbar bleiben und keinen übermäßigen Aufwand darstellen. Andererseits ist das Berichtswesen hinreichend aussagekräftig, um jederzeit einen detaillierten, transparenten Einblick in den aktuellen Zustand der jeweiligen Gesellschaft zu bieten, was auch für den Geschäftsführer und seine Unternehmensführung unerlässlich ist. Das Berichtswesen umfasst neben dem Reporting aller relevanten Zahlen auch das Risikomanagement. Diese Berichte erfolgen auf monatlicher Basis. Ebenfalls jeden Monat besucht ein betriebswirtschaftlicher Betreuer der GESCO AG jede Tochtergesellschaft, um das Zahlenmaterial und das Reporting im Zuge des Risikomanagements gemeinsam mit der jeweiligen Geschäftsführung vor Ort zu analysieren und zu interpretieren. Darüber hinaus ist regelmäßig ein Vorstandsmitglied der GESCO AG in jedem Unternehmen, um insbesondere die Planung, größere Investitionen und vor allem strategische Fragen zu besprechen. Bei diesen regelmäßigen Kontakten nimmt neben dem Controlling auch der Gedankenaustausch zu verschiedensten operativen und strategischen Fragen einen hohen Stellenwert ein. Diese im Vergleich zu anderen Beteiligungsgesellschaften sehr intensive Art der Betreuung ist nach Überzeugung aller Beteiligten von kaum zu überschätzender Bedeutung für die Stabilität und Kreativität der Unternehmensgruppe. Während der typische Geschäftsführer eines mittelständischen Unternehmens weitgehend auf sich gestellt agiert, können die Geschäftsführer der GESCO-Töchter auf das Know-how der Muttergesellschaft zurückgreifen, aber auch die Expertise ihrer Geschäftsführer-Kollegen aus der Gruppe in Anspruch nehmen.

Der Know-how-Austausch zwischen den Tochterunternehmen wird von der Holding aktiv gefördert. Anlässlich der ein oder zwei Mal jährlich stattfindenden Geschäftsführertreffen informieren externe Referenten über aktuelle Themen und die Geschäftsführer über die wirtschaftliche Entwicklung ihrer Unternehmen. Nach einer Akquisition findet ein solches Treffen im neu erworbenen Unternehmen statt, so dass die Geschäftsführer Produkte und Dienstleistungen des neuen „Kollegen" kennen lernen. Der Geschäftsführer des neu hinzugekommenen Unternehmens besucht im Gegenzug in den ersten Monaten seiner Einarbeitung alle bereits vorhandenen Unternehmen der Gruppe. Somit ist gewährleistet, dass die Geschäftsführer einander kennen und eine Basis für Erfahrungsaustausch und Zusammenarbeit gelegt ist. Sofern Kooperationen zustande kommen und Synergien entstehen, sind diese nicht von der Holding verordnet, sondern auf Ebene der Tochtergesellschaften gewachsen. Der Markt wird an keiner Stelle ausgehebelt.

Bei der Installation von Unternehmenssoftware, ERP- oder PPS-Systemen gibt es keine konzernweiten Standards. Allerdings ist die GESCO AG bei solchen Investitionen eingebunden, berät die Töchter bei der Auswahl von Dienstleistern und steuert Know-how aus vergleichbaren Projekten bei.

Der Innen-Seite steht auch eine Außen-Seite gegenüber: Die GESCO AG als börsennotierte Gesellschaft berichtet zeitnah über jede Akquisition und stellt alle Tochtergesellschaften in einer Beilage zum Geschäftsbericht ausführlich vor. Für die meisten mittelständischen Unternehmen ist die mit der Börsennotierung der Muttergesellschaft einhergehende Transparenz zunächst ungewohnt, doch diese Praxis bringt den Unternehmen im Umgang mit Banken, Lieferanten und Kunden deutliche Pluspunkte – sie dokumentieren ihr Zahlenmaterial, ihre Strategie und ihre Zukunftserwartung in zeitgemäßer, aussagefähiger Form und sind es gewohnt, sie im persönlichen Gespräch adäquat zu vertreten.

4. Die gemeinsame Zukunft

Entscheidend für eine erfolgreiche Zusammenarbeit zwischen der Holding und den Tochtergesellschaften ist eine klare Aufgabenteilung. Für die operative Führung der Unternehmen ist allein der jeweilige Geschäftsführer zuständig und verantwortlich; eine Einmischung der Holding würde seine Akzeptanz innerhalb und außerhalb des Unternehmens untergraben. Auf Basis einer klar definierten Geschäftsgrundlage werden zustimmungspflichtige Geschäfte gemeinsam abgestimmt und beschlossen. Einmal jährlich wird ein Investitionsplan verabschiedet, der bei den unterjährigen Gesprächen nach Maßgabe der jeweiligen wirtschaftlichen Entwicklung laufend überprüft und gegebenenfalls aktualisiert wird.

Insbesondere bei allen strategischen Fragen, bei Fragen des Produktportfolios oder der Internationalisierung ist die Holding nicht nur als Hauptgesellschafter an allen Entscheidungen beteiligt, sondern erfüllt auch eine wichtige Rolle als konzeptioneller „Sparringspartner", als Berater und Ideengeber.

Dank des aussagekräftigen betriebswirtschaftlichen Berichtswesens, des Risikomanagements und insbesondere des engen persönlichen Kontaktes zu den Tochtergesellschaften verfügt die Holding stets über ein sehr zeitnahes Bild der tatsächlichen Situation des jeweiligen Unternehmens. Bei massiven Plan-Ist-Abweichungen, sich abzeichnenden Fehlentwicklungen oder gar drohenden Krisen würde sich die Holding als Mehrheitsgesellschafterin natürlich noch sehr viel intensiver bei dem betroffenen Unternehmen engagieren.

Der auf Dauer ausgerichtete Anlagehorizont der GESCO AG in Verbindung mit der kapitalmäßigen Beteiligung des Managements vor Ort und dem daraus resultierenden Gleichklang der Interessen bilden eine solide Basis für die langfristig erfolgreiche Entwicklung der Tochterunternehmen – und damit der GESCO AG und der GESCO-Gruppe. Dies ist zum Vorteil aller Beteiligten: der Mitarbeiter, der Kunden, Lieferanten und sonstigen Partner, der Volkswirtschaft insgesamt, der durch das Engagement der GESCO AG erfolgreiche Unternehmen erhalten bleiben, und nicht zuletzt zum Vorteil der Aktionäre der GESCO AG, die über Dividenden und eine positive Kursentwicklung bei geringer Volatilität am Erfolg partizipieren. Der Verkäufer schließlich kann seinen neuen Lebensabschnitt in der Gewissheit gestalten, sein Unternehmen in gute Hände gegeben zu haben.

Weiterführende Literatur:

Back, Das Winner-Winner-Modell der GESCO AG, drei Fallbeispiele, in: Lange/Schierek, Nachfolgefragen bei Familienunternehmen, Heidelberg 2003, S. 243 ff.

Eignung von Stiftungen für die Bewältigung der Unternehmensnachfolge

Prof. Dr. Günter Christian Schwarz

Inhalt:

	Seite
1. Einleitung	147
2. Stiftung als Unternehmensnachfolgemodell	148
2.1 Tatsächliche Probleme der Unternehmensnachfolge	148
2.2 Unternehmensstiftung	148
3. Stiftungsrechtliche Lösung der Nachfolgeprobleme	150
3.1 Kontinuität des Unternehmens	150
3.2 Kontinuität des Unternehmens als Einkunftsquelle für die Familie	153
3.3 Kontinuität der Unternehmensleitung	154
3.4 Kontinuität der Unternehmensliquidität	157
4. Ergebnis	159

1. Einleitung

Stiftungen haben in den vergangenen zehn Jahren erheblich an Bedeutung gewonnen: Ende 2002 waren rund 11.000 Stiftungen in Deutschland gemeldet, allein im Jahr 2002 wurden 789 Stiftungen errichtet. Begünstigt wird diese Tendenz durch ein „stiftungsfreundliches" gesetzliches Umfeld: Durch das Gesetz zur weiteren steuerlichen Förderung von Stiftungen wurden zusätzliche steuerliche Vorteile bei der Errichtung einer Stiftung geschaffen. Zudem hat der Gesetzgeber mit dem Gesetz zur Modernisierung des Stiftungsrechts (Gesetz vom 14. 7. 2000, Bundesgesetzblatt I 2000, S. 1034) erstmalig die materiellrechtlichen Voraussetzungen für die Errichtung einer Stiftung bundeseinheitlich und abschließend geregelt sowie stiftungsrechtliche Streitfragen geklärt. Seit einigen Jahren ist insbesondere die Stiftung als Instrument der Unternehmensnachfolge in die Diskussion gekommen. Die zunehmende Beliebtheit der Stiftung zur Nachfolgesicherung bei Unternehmen zeigt sich anhand zahlreicher Beispiele aus dem Wirtschaftsleben. Zu nennen sind die großen deutschen unternehmensverbundenen Stiftungen wie z. B. Bertelsmann, Körber oder stiftungsähnliche Rechtsformen wie die Robert Bosch Stiftung GmbH und die Mahle Stiftung GmbH. Das Unternehmen der Brandstätter-Gruppe (Playmobil) soll nach dem Tod des Unternehmenseigentümers an die gemeinnützige Playmobil-Stiftung gehen. Der Stifter Brandstätter möchte mittels der Stiftung seinen Willen über die Führung des Unternehmens in die Zukunft fortschreiben. Die Nachfolge der Unternehmensgruppe um das Handelsunternehmen Adolf Würth GmbH & Co. KG wurde bereits zu Lebzeiten des Stifters, Reinhold Würth im Jahre 1987 durch die Einbringung des Unternehmens in die Adolf-Würth-Stiftung geregelt, welche die vier Familienstiftungen seiner Frau und seiner drei Kinder zusammenfasst.

Durch die Stiftungslösung will der Unternehmer einen möglichen Grabenkampf der Erben verhindern, der dazu führen könnte, dass ein Familienstamm aus dem Gesellschafterkreis ausscheidet und durch Firmengelder teuer ausbezahlt werden muss.

Der Beitrag setzt sich mit den Einwänden gegen die Stiftung als Unternehmensnachfolgemodell auseinander und geht der Frage nach, ob die Stiftung zur Regelung der Nachfolge in ein mittelständisches Unternehmen geeignet ist. Ob die Stiftung zur Lösung der Unternehmensnachfolge taugt, lässt sich nur beurteilen, wenn zuvor die tatsächlichen Probleme einer Unternehmensnachfolge aufgezeigt werden, zu deren Lösung die Stiftung eingesetzt werden soll.

2. Stiftung als Unternehmensnachfolgemodell

2.1 Tatsächliche Probleme der Unternehmensnachfolge

Häufig ist das gesamte oder nahezu das gesamte Familienvermögen im Unternehmen gebunden. Der Unternehmer möchte sichergestellt wissen, dass mit dem Fortbestand des Unternehmens zugleich die Versorgungsbedürfnisse der Erben und naher Angehöriger gedeckt werden. Die Nachfolgeregelung muss deshalb auch darauf abzielen, dass nicht nur das (unternehmerisch gebundene) Vermögen auf den Rechtsnachfolger übergeht und in seinen Händen erhalten bleibt, sondern auch über die Gewinne des Unternehmens die Versorgungsbedürfnisse der Erben befriedigt werden. Die Interessen der Familie sind also mit den Erfordernissen eines zu erhaltenden Unternehmens abzustimmen. Einem Unternehmer, der die Unternehmensnachfolge regeln will, ist an der „Sicherung der Unternehmenskontinuität durch die Familie und für die Familie" gelegen. Dies bedeutet im Einzelnen:

(1) Kontinuität des Unternehmensbestandes, also Sicherung des Unternehmensvermögens in Familienhand;

(2) Kontinuität der Unternehmensführung, also Sicherung der Unternehmernachfolge, vornehmlich durch Familienmitglieder;

(3) „Sicherung der Unternehmenskontinuität für die Familie" bedeutet, dass die wirtschaftliche Existenzgrundlage der Familie erhalten bleibt;

(4) schließlich soll die Unternehmensnachfolge auch steuergünstig gestaltet werden.

Zur Lösung der genannten Probleme ist im Einzelnen darzustellen, ob die Stiftung in der Lage ist, die genannten Probleme zu lösen und inwieweit eine solche Konstruktion Vor- oder Nachteile gegenüber anderen Gesellschaftsformen hat.

2.2 Unternehmensstiftung

Die Stiftung bürgerlichen Rechts (§§ 80 ff. BGB) wird als eine rechtsfähige, nicht verbandsmäßig organisierte Institution verstanden, die einen vom Stifter vorgegebenen Zweck mit Hilfe eines dazu gewidmeten Vermögens dauerhaft verfolgt. Weil die Stiftung keine Mitglieder (Gesellschafter) und damit keine Verbandsstruktur hat, ist sie keiner Fremdbeeinflussung ausgesetzt. Die Stiftung hat auch keine (fremden) Eigentümer; sie gehört sich selbst. Sie hat ausschließlich das ihr zugedachte und ihr gehörende Vermögen zu verwalten und den in der Stiftungssatzung festgelegten Stiftungszweck zu erfüllen. Dieser Zweckerfüllung dient das Stiftungsvermögen, das in seinem Bestand ungeschmälert zu erhalten ist (Grundsatz der Vermögenserhaltung; vgl. z. B. § 7 Abs. 2 S. 1 BadWürttStiftG, Art. 11 Abs. 1 S. 1 BayStiftG, § 3 S. 1 BerlStiftG, § 7 Abs. 1 S. 1 NRWStiftG, § 14 Abs. 1 RhPfStiftG, § 6 Abs. 1 S. 1 HessStiftG, § 6 Abs. 1 S. 1 NdsStiftG). Dies hat für die Unternehmensbeteiligung, die den wesentlichen Teil des Vermögens ausmacht, zur Folge, dass diese nicht veräußert werden darf. Da das Unternehmen grundsätzlich nur „dem Werte nach" zu erhalten ist, nicht jedoch in seiner konkreten Zusammensetzung, empfiehlt sich zusätzlich die Unveräußerlichkeit der Unternehmensanteile in der Satzung festzulegen. Der Stifter kann der Stiftung jeden Zweck geben, der „das Gemeinwohl nicht gefährdet", den also das Gesetz nicht verbietet. Gesetzliches Leitbild ist dabei die gemeinwohlkonforme Allzweckstiftung (vgl. § 80 Abs. 2 BGB). Der Stiftungszweck muss auf Dauer angelegt sein; für zeitlich kurzfristige Vorhaben steht die Stiftung nicht zur Verfügung. Der Stiftungszweck muss aus der Sicht des Stifters uneigennützigen Charakter haben, weshalb eine „Stiftung für den Stifter" und eine Stiftung, deren Vermögen nur sich selbst und der eigenen Perpetuierung dient (Selbstzweckstiftung), unzulässig sind. Gleiches gilt nach herrschender Meinung auch für die Unternehmensselbstzweckstiftung, deren alleiniger (Haupt)Zweck die Unternehmensführung und -erhaltung ist. Der Unternehmer wird daher die Stiftung auf gemeinnützige oder privatnützige Zwecke, nämlich die Versorgung seiner Familie, festlegen. Den Prototyp der privatnützigen Stiftung stellt die Familienstiftung dar. Ihre Begriffsbestimmung ist uneinheitlich. Aus zivilrechtlicher Sicht handelt es sich dabei um eine Stiftung, die ausschließlich oder überwiegend dem Interesse einer oder mehrere bestimmter Familien gewidmet ist.

In ihrer Verbindung mit einem Unternehmen lassen sich zwei (zulässige) Arten von Stiftungen unterscheiden. Die Unternehmensträgerstiftung betreibt das Unternehmen unmittelbar selbst unter ihrer Rechtsform. Sie ist wegen strukturbedingter Nachteile nicht empfehlenswert und hat sich in der Praxis nicht durchgesetzt. Gegenwärtig betreibt die Carl-Zeiss-Stiftung als letzte noch verbliebene Unternehmensträgerstiftung die Umwandlung der Stiftungsbetriebe Carl Zeiss und Schott Glas in selbständige Aktiengesellschaften. Nach Ansicht der Unternehmensleitung behindert die besondere rechtliche Gestaltung der Betriebe die Expansion der beiden Milliardenkonzerne. Die Carl-Zeiss-Stiftung soll auch nach der Umwandlung Alleineigentümer beider Aktiengesellschaften bleiben; ein Börsengang ist allerdings nicht geplant. Ist die Stiftung dagegen an einer Personen- oder Kapitalgesellschaft beteiligt, handelt es sich um eine Beteiligungsträgerstiftung. Zum ganz überwiegenden Teil bilden Stiftungsunternehmen eigenständige Kapitalgesellschaften (also GmbH oder AG), deren Anteile in der Regel mehrheitlich oder ausschließlich von einer Stiftung gehalten werden. Alternativ können durch die Konstruktion einer Stiftung & Co. KG die Vorteile einer GmbH & Co. KG – und damit einer typischen Rechtsform für den Mittelstand – im Rahmen einer Stiftung nutzbar gemacht werden.

3. Stiftungsrechtliche Lösung der Nachfolgeprobleme
3.1 Kontinuität des Unternehmens
Der Stiftungszweck – er spiegelt den Willen des Stifters wider und bestimmt die Stiftungstätigkeit – ist nahezu unabänderlich. Eine Änderung der Stiftungssatzung kommt nur nach den in ihr aufgestellten Voraussetzungen oder den in den einzelnen Landesstiftungsgesetzen getroffenen Regelungen in Betracht. Weiterhin muss sie mit dem erklärten oder mutmaßlichen Willen des Stifters im Einklang stehen und bedarf der Genehmigung durch die Stiftungsaufsichtsbehörde. Änderungen des Stiftungszweck, können aus diesem Grunde nur im Ausnahmefall möglich sein. Im Gegensatz dazu unterliegen Personen- und Kapitalgesellschaften den sich wandelnden Interessen ihrer Gesellschafter. Änderungen des Gesellschaftsvertrages bzw. der Satzung sind bei ihnen durch entsprechenden Gesellschafterbeschluss grundsätzlich jederzeit möglich (vgl. für Personengesellschaften §§ 709 Abs. 1 BGB, 119 Abs. 1 HGB sowie für Kapitalgesellschaften §§ 53 Abs. 1, Abs. 2 GmbHG, 179 Abs. 1, Abs. 2 AktG). Eine dauerhaft unabänderliche Regelung – etwa die Anordnung der Unveräußerlichkeit der Unternehmensanteile – kann im Gesellschaftsvertrag oder in der Satzung nicht aufgenommen werden. Satzungsänderungen oder die Auflösung der Gesellschaft und damit ein Abweichen vom ausdrücklich festgelegten Gründerwillen sind zumindest durch einstimmigen Mitgliederbeschluss immer möglich. Dagegen ist die Stiftung bürgerlichen Rechts als verbandslose juristische Person weder von der Existenz noch vom Willen ihrer Mitglieder abhängig. Durch die Errichtung einer (Stiftungs-)Körperschaft kann dem Wunsch des Stifters nach einer dauerhaften Vermögensbindung somit nur unvollkommen entsprochen werden. Sie stellt daher nur eingeschränkt eine Alternative für die Errichtung einer Unternehmensstiftung dar. Aus dem gleichen Grund ist auch – mit dem Ziel der Bindung der Gesellschaft an den Willen des Gründers bzw. zur Sicherung des Familieneinflusses in der Gesellschaft – die Bildung eines (fakultativen) Beirates (vgl. § 52 GmbHG) zur dauerhaften Vermögensbindung nur bedingt geeignet. Die Rechtsform der Stiftung ist daher zur Sicherung der Unternehmenskontinuität geeigneter, dem Willen des Unternehmers dauerhaft Geltung zu verschaffen, als eine an Mitglieder gebundene Gesellschaftsform.

3.1.1 Anerkennungserfordernis

Als Nachteil der Stiftung gegenüber anderen Gesellschaftsformen wird ihr Anerkennungserfordernis bei der Errichtung der Stiftung nach § 80 Abs. 2 BGB angeführt, insbesondere dann, wenn der Stiftungsbehörde bekannt ist, dass die Stiftung eine Komplementär-Stellung einnehmen soll. Der Gesetzgeber hat jedoch mit der ausdrücklichen Aufnahme des Prinzips der gemeinwohlkonformen Allzweckstiftung in § 80 Abs. 2 BGB durch das Gesetz zur Modernisierung des Stiftungsrechts klargestellt, dass der privatnützige und erwerbswirtschaftliche Stiftungszweck der Anerkennung der Stiftung nicht entgegensteht. Anders lautende Ansichten haben sich im Gesetzgebungsverfahren nicht durchsetzen können. Liegen daher die drei materiellrechtlichen Voraussetzungen für die Anerkennung der Stiftung als rechtsfähig vor, besteht grundsätzlich ein Rechtsanspruch auf Errichtung der Unternehmensstiftung.

Voraussetzung hierfür ist vor allem, dass mit dem Unternehmensertrag die dauernde und nachhaltige Erfüllung des Stiftungszwecks gesichert erscheint (vgl. § 80 Abs. 2 BGB). Die Stiftungslösung ist also keine Alternative für unrentable oder rote Zahlen schreibende Unternehmen. Die Errichtung einer Stiftung richtet sich ausschließlich nach § 80 Abs. 2 BGB. Wegen der bundeseinheitlich abschließenden Normierung der Voraussetzungen für die Anerkennung von Stiftungen durch das Gesetz zur Modernisierung des Stiftungsrechts sind Vorschriften der Landesstiftungsgesetze, die für Familien- oder Unternehmensstiftungen zwingende oder fakultative Voraussetzungen vorsehen, nach Art. 72 Abs. 1 GG unwirksam und daher nicht mehr anwendbar. Dagegen richten sich alle anderen, insbesondere ihrem Inhalt nach öffentlich-rechtlichen Fragen, nach den Vorschriften der Landesstiftungsgesetze.

3.1.2 Stiftungsaufsicht
Weiterhin wird als Nachteil der Stiftung die laufende Stiftungsaufsicht, insbesondere das behördliche Genehmigungserfordernis (vgl. Art. 27 Abs. 1 BayStiftG, § 21 NRWStiftG) für bestimmte Rechtsgeschäfte der Stiftung, angeführt. Im Einzelfall kann das dazu führen, dass der Stiftungsvorstand als gesetzlicher Vertreter der Stiftung vor einem endgültigen Geschäftsabschluss die Genehmigung der zuständigen Behörde einholen muss, was sich im geschäftlichen Verkehr als Nachteil auswirken kann. Sinn und Zweck dieser Genehmigungsvorbehalte ist der Schutz der Stiftung und deren Existenzsicherung. Ist die Stiftung an einem Unternehmen beteiligt (Beteiligungsträgerstiftung), ergeben sich für das Unternehmen wegen dessen Trennung von der Stiftung daraus aber keine Nachteile. Die Genehmigungsvorbehalte wirken sich daher in erster Linie auf die Unternehmensträgerstiftung aus, die das Unternehmen unter ihrer Rechtsform betreibt. Inwieweit die Stiftung der laufenden Stiftungsaufsicht unterliegt, richtet sich allein nach den Landesstiftungsgesetzen; die Aufsichtsbehörde kann nicht von sich aus für bestimmte Stiftungen, etwa für Unternehmensstiftungen, eigenständige Genehmigungsvorbehalte aufstellen. Die Landesstiftungsrechte sehen teilweise Ausnahmen von den gesetzlichen Genehmigungsvorbehalten vor. Beispielsweise entfällt die gesetzliche Anzeige- und Genehmigungspflicht in einigen Bundesländern dann, wenn bereits durch ein in der Stiftungssatzung vorgesehenes unabhängiges Kontrollorgan eine ordnungsgemäße Überwachung gewährleistet ist (vgl. § 8 Abs. 2 S. 2 BadWürttStiftG, § 19 Abs. 2 NRWStiftG). Zum anderen unterliegen zum Teil Familienstiftungen nicht oder nur beschränkt der Stiftungsaufsicht. Welches Landesstiftungsrecht Anwendung findet und welche Intensität und Umfang der Stiftungsaufsicht zukommt, entscheidet letztlich der Stifter mit seiner (freien) Wahl des Stiftungssitzes.

3.1.3 Flexibilität
Der Stiftung wird ein Mangel an Flexibilität vorgeworfen. Wegen ihrer Ausrichtung allein auf den in der Stiftungssatzung festgelegten Willen des Stifters sei sie aufgrund der Schwierigkeiten, die eine Satzungsänderung mit sich bringt, nicht in der Lage, schnell und umfassend auf Veränderungen des Marktes zu reagieren. Wegen dieser Schwerfälligkeit wird die Stiftung als Mittel der Unternehmensnachfolge zum Teil

abgelehnt. Sinn und Zweck der Stiftung ist jedoch gerade ihre Dauerhaftigkeit, ihre Beständigkeit gegenüber dem Wandel der Verhältnisse. Verfolgt ein Stifter bei der Errichtung einer Unternehmensstiftung im Rahmen der Unternehmensnachfolge das Motiv der Kontinuität von Unternehmen und dessen Leitung, so ist sein Ziel, seinem Willen dauerhaft Geltung zu verschaffen. Ein Mangel an Flexibilität ist daher bei der Stiftung als Instrument der Unternehmensnachfolge gerade auch beabsichtigt. Die unternehmerische Tätigkeit der Stiftung wird von der Starrheit des Stiftungszwecks allerdings nur insoweit betroffen, als der Unternehmensgegenstand zugleich auch Stiftungszweck, dieser also unternehmensbezogen ausgestaltet ist. So kann etwa die Rolle der Stiftung im Unternehmen selbst (z. B. als persönlich haftender Gesellschafter oder Kommanditist in einer KG) durch statuarische Vorgaben besonders festgelegt sein. Hinsichtlich der Ausformulierung des Stiftungszwecks in der Stiftungssatzung ergeben sich vor allem bei Unternehmensstiftungen Besonderheiten: Ist eine Stiftung Träger eines Unternehmens bzw. von Unternehmensanteilen, so muss die Stiftungssatzung einerseits ein wirtschaftlich flexibles Verhalten des Unternehmens gestatten, andererseits den in der Stiftungssatzung zum Ausdruck kommenden Stifterwillen wahren. Der Stiftungszweck muss daher so flexibel ausgestaltet sein, dass die Handlungsfähigkeit eines Unternehmens nach wirtschaftlichen Grundsätzen erhalten bleibt. Treten im Nachhinein Ereignisse ein, die bei der Errichtung der Stiftung unvorhersehbar waren, ist eine spätere Anpassung der Stiftungssatzung an die veränderten Verhältnisse denkbar. Doch auch dann muss der Stifter keine Verfälschung seines Willens befürchten, da dies nur im Einklang mit seinem in der Satzung zum Ausdruck kommenden Willen möglich ist und durch die staatliche Stiftungsaufsicht genehmigt werden muss. Daneben kann der Stifter bestimmen, dass zu seinen Lebzeiten seine Zustimmung einzuholen ist. Eine darüber hinausgehende Kontrolle durch die Konstituierung eines Aufsichtsorgans ist in der Stiftungspraxis die Regel. Macht der Stifter daher verbindliche Vorgaben für die künftige Unternehmenspolitik, sollte er dem Unternehmen gleichzeitig so viel Flexibilität belassen, dass es auf Marktentwicklungen angemessen und rechtzeitig reagieren kann. Insbesondere sollte die Stiftungssatzung keine Beschränkung auf eine bestimmte Rechtsform enthalten, die einer späteren Umwandlung der Unternehmensstiftung bzw. der Einbringung der Unternehmensanteile in eine Personen- oder Kapitalgesellschaft entgegenstehen könnte. Der Stifter kann etwa eine Anordnung dergestalt treffen, dass Anpassungen an wirtschaftliche Veränderungen im Sinne des Stifters gestattet sind. Dies ließe die Möglichkeit zu späteren Änderungen hinsichtlich der Rechtsform sowie des Unternehmensgegenstandes in jedem Falle offen. Das Beispiel der Alfried-Krupp von Bohlen und Halbach-Stiftung, deren Zweck u. a. die Wahrung und Förderung der Entwicklung des Krupp-Unternehmens ist, hat gezeigt, dass die Beteiligung einer Stiftung an einem Unternehmen nicht notwendigerweise der Umwandlung des Unternehmens oder etwaiger Kapitalerhöhungen der Gesellschaft entgegenstehen muss.

3.2 Kontinuität des Unternehmens als Einkunftsquelle für die Familie

Sind nach dem Tod des Unternehmers mehrere Erben vorhanden, droht eine Zersplitterung der Anteile, die Geltendmachung von Pflichtteilsansprüchen, der Streit um Mitspracherechte in der Geschäftsführung und die Kündigungen von Beteiligungen, die dem Unternehmen Liquidität entziehen und sogar seine Zerschlagung zur Folge haben können. Eines der vorrangigen Ziele der Nachfolgeplanung ist daher die Kontinuität des Unternehmensbestandes und damit die Sicherung des Unternehmensvermögens in Familienhand. Formal betrachtet, erfüllt die Beteiligungsträgerstiftung diese Anforderung einer Nachfolgeregelung nicht, da das unternehmerisch gebundene Vermögen endgültig auf die Stiftung übergeht, also seinen Eigentümer wechselt. Dennoch lässt sich mit einer Beteiligungsträgerstiftung die Unternehmenskontinuität in Familienhand sichern. Dem Senior-Unternehmer wird es in aller Regel nicht darauf ankommen, dass Familienmitglieder als Gesellschafter auch formal die wirtschaftlichen Eigentümer des Unternehmens sind; denn die Stellung der Familienmitglieder als Gesellschafter ist mit der Verfügungsmöglichkeit über die Mitgliedschaft und damit über das wirtschaftliche Eigentum an dem Unternehmen verbunden. Die Familienmitglieder sollen nicht „Kasse machen" und den Unternehmenswert nicht durch Veräußerung realisieren können. „Die Enkel können nicht das Firmengeld für Ferraris verjubeln", so ein Motiv Unternehmers Reinhold Würths für seine Stiftungslösung. Das Unternehmen bleibt der Familie jedoch erhalten; zwar nicht als verfügbares Vermögen, aber als Einkunftsquelle. Das Unternehmen sichert das Versorgungsbedürfnis der Familienmitglieder als Destinatäre der Stiftung.

3.2.1 Haftungsverfassung

Bei einer Stiftungskonstruktion haftet kein Familienmitglied als Gesellschafter persönlich, sondern ausschließlich das Stiftungsvermögen. Als Vorteil der Stiftung, insbesondere in ihrer Verbindung mit einer Personengesellschaft, namentlich der Stiftung & Co. KG, wird daher auch ihre im Vergleich zur GmbH & Co. KG noch perfektere Haftungsverfassung genannt. Bei einer Stiftung & Co. KG ist die Stiftung der Komplementär; die Familienmitglieder (oder andere Personen) sind Kommanditisten. Die Stiftung kann entweder der Kontrolle der Kommanditisten über das Unternehmen dienen oder – umgekehrt – der Entmachtung der Kommanditisten. Hinzu kommt der weitere Vorzug, dass im Unterschied zur GmbH bei einer Stiftung mangels Verbandstruktur eine Durchgriffshaftung auf die Gesellschafter wegen Unterkapitalisierung ausgeschlossen ist. In Betracht kommt lediglich eine Haftung eines Familienmitglieds, wenn es dem Stiftungsvorstand angehört. Ein Stiftungsvorstand, der gegen den Grundsatz der Vermögenserhaltung verstößt und die Stiftungserträge satzungswidrig verwendet, haftet der Stiftung.

3.2.2 Publizität

Die Stiftung ist nicht kraft Rechtsform Kaufmann und damit nicht zur Führung von Handelsbüchern (§§ 238 ff. HGB) verpflichtet. Denn die Unternehmensträgerstiftung betreibt unter ihrer Rechtsform ein Unternehmen und erfüllt damit die Kaufmannseigenschaft nach §§ 1, 33 HGB. Im Unterschied zu den Kapitalgesellschaften ist die Stiftung grundsätzlich von der Publizitätspflicht der §§ 264 ff. HGB befreit. Mit der Einführung von § 264a HGB (Bundesgesetzblatt I 2000, S. 154 – KapCoRiLiG) unterliegen jetzt aber auch Personengesellschaften und damit die Stiftung & Co. KG der Publizitätspflicht, sofern nicht wenigstens ein Komplementär eine natürliche Person bzw. eine Personengesellschaft mit einer natürlichen Person als persönlich haftendem Gesellschafter beteiligt ist. Ob darin ein Nachteil der Stiftungskonstruktion zu sehen ist, muss wegen der den Kapitalgesellschaften vergleichbaren Lage bezweifelt werden. Die Vorschriften der §§ 264 ff. HGB sind auf die Stiftung entsprechend anzuwenden, sofern das von ihr betriebene Unternehmen (§ 3 Abs. 1 Nr. 4 PublG) die Voraussetzungen des § 1 Abs. 1 PublG bzw. die Stiftung als Mutterunternehmen die Voraussetzungen des § 11 Abs. 1 PublG erfüllt. Ferner können nach den Landesstiftungsgesetzen stiftungsspezifische Publizitätsregelungen bestehen.

3.3 Kontinuität der Unternehmensleitung

3.3.1 Personelle Kontinuität

Zur Sicherung der Kontinuität in der Unternehmensleitung reichen die Möglichkeiten, die das Erbrecht zur Unternehmensfortführung zur Verfügung stellt, auf Dauer nicht aus. Die Fortführung eines Unternehmens durch einen Testamentsvollstrecker stellt im Hinblick auf die Stiftung keine dauerhafte Alternative zur Perpetuierung des Gründerwillens dar, da die Testamentsvollstreckung gemäß § 2210 BGB grundsätzlich nach 30 Jahren, spätestens aber nach dem Tod des Erben bzw. des Erblassers endet. Auch die Auflage (§§ 2192 ff. BGB) eignet sich hierzu nicht, da die Gefahr besteht, dass der Erbe oder der Vermächtnisnehmer die Erbschaft ausschlagen und sich damit der Auflage entziehen. Im Unterschied dazu kann die Stiftung die Erbschaft nicht ausschlagen, da sie sich sonst ihrer eigenen Existenzgrundlage berauben würde. Hingegen kann der Unternehmer mit der Errichtung einer Stiftung das Nachfolgeproblem in seinem Sinne lösen. Mit der Unternehmensträgerstiftung erhält das Unternehmen grundsätzlich einen auf Dauer angelegten Unternehmensträger, mit der Beteiligungsträgerstiftung einen dauerhaften Gesellschafter. Die Existenz eines dauerhaften Nachfolgers für den ausscheidenden Senior-Unternehmers ist mit der Stiftung gesichert.

3.3.1.1 Familieninterne und –externe Nachfolge

Die Nachfolge eines Familienmitglieds in die Unternehmensleitung ist immer noch der Wunsch fast aller Eigentümerunternehmer. Die Unternehmensnachfolge durch die Kinder hat den Vorteil, dass die Kinder mit dem Unternehmen groß geworden sind, dessen Geschichte und dessen Mitarbeiter sowie die ungeschriebenen Gesetze des Unternehmens kennen. Die von vielen Unternehmern als Idealfall empfundene Übertragung des Unternehmens auf ein Kind unterscheidet sich aber in einem ganz wesentlichen Punkt von anderen Übergabeformen, weil bei der Familiennachfolge die emotionale Komponente rationale Überlegungen oftmals überlagert. Die Erwartungen des Übergebers an das nachfolgende Familienmitglied sind viel höher als bei Dritten. Vielen Eltern fällt das Eingeständnis schwer, dass nicht jedes Kind eine geeignete Unternehmerpersönlichkeit ist. Nach einer Umfrage der Intes-Akademie für Familienunternehmen wollen mehr als die Hälfte (51,4 %) der 250 befragten Unternehmer, dass sowohl die Führung als auch die Beteiligungen des Unternehmens in nächster Generation in der Hand der Familie bleiben. Nur rund 10 % der Befragten wollen beim Generationswechsel Dritten die Führung des Unternehmens anvertrauen. Eine familieninterne Nachfolge in die Geschäftsführung wird mit einer Stiftung als geschäftsführender Gesellschafter auf den ersten Blick nicht verwirklicht; denn ein Familienmitglied kann nur mittelbar als Stiftungsvorstand die Geschäfte leiten. Bei näherer Betrachtung indessen lenkt bei einer geschäftsführenden Stiftung faktisch das Familienmitglied als Stiftungsvorstand – wie der Geschäftsführer einer Komplementär-GmbH bei einer GmbH & Co. KG – die Geschicke des Unternehmens. Die „Mediatisierung" durch die Stiftung mindert nicht den Familieneinfluss auf die Unternehmensleitung.

Die Stiftung kann auch helfen, die Nachkommen des Unternehmers in optimaler Weise auf Führungspositionen in dem Unternehmen vorzubereiten, indem ihnen Aufgaben und steigende Verantwortung innerhalb des Unternehmens sukzessive übertragen werden. Mit einer Stiftung als Träger der Unternehmensleitung wird zudem für den immer häufiger werdenden Fall vorgesorgt, dass die familieninterne Nachfolge in die Geschäftsführungsverantwortung ausscheidet oder scheitert. Denn der Senior-Unternehmer muss auch in Rechnung stellen, dass kein Mitglied der Familie willens oder geeignet ist, eine Führungsposition im Unternehmen zu übernehmen. Eine familieninterne Nachfolge in die Führungsverantwortung scheidet dann aus. Auch für diesen Fall ermöglicht die Beteiligungsträgerstiftung als geschäftsführende Gesellschafterin eine Gestaltungslösung, nämlich die Bestellung eines Familienexternen zum Stiftungsvorstand. Die Beteiligungsträgerstiftung ermöglicht mithin die Wahl zwischen einem familieninternen und einem familienexternen Unternehmensleiter und lässt auch einen Wechsel zu, falls sich eine Nachfolgevariante als nicht tragfähig erweist.

3.3.1.2 Bestellungs- und Kontrollorgan

Der Stifter kann auch ein bestimmtes Gremium in der Stiftungssatzung als Berufungsorgan des Stiftungsvorstandes vorsehen. Das Berufungsorgan kann – nach Art eines Aufsichtsrats – mit entsprechend qualifizierten Personen besetzt werden und ihm kann aufgetragen werden, bei der Bestellung des Stiftungsvorstandes die Vorgaben des Stifters für die personelle Auswahl zu beachten. Über die Führung des Unternehmens bestimmt nicht mehr die Zufälligkeit des Erbgangs, sondern die fachliche Kompetenz der zu Stiftungsorganen berufenen Personen. Weiterhin kann der Stifter die Entscheidungen des Stiftungsvorstandes an die Zustimmung eines Kontrollorgans binden, dem die Aufgabe zukommt, die Geschäftsführung des Stiftungsvorstandes zu überwachen und damit ein Einschreiten der Stiftungsaufsicht entbehrlich zu machen.

Insgesamt erweist sich: Mit der Stiftung als juristischer Person erhält der Unternehmer einen dauerhaften und geeigneten Nachfolger. Das Unternehmen ist nicht mehr den Risiken ausgesetzt, die Unternehmensnachfolge wegen unvorhergesehener Ereignisse (z. B. Krankheit oder Tod des Senior-Unternehmers) spontan regeln zu müssen und keine geeigneten Nachfolger zu finden.

3.3.2 Kontinuität der Unternehmensgrundsätze

Die Stiftung kann mittels der Satzung auf die Prinzipien der Unternehmensleitung festgelegt werden, die der ausscheidende Unternehmer für identitätsprägend ansieht. Die Stiftung als Nachfolger des Unternehmers, ihr Stiftungsvorstand als Exekutivorgan und, soweit die Stiftung als Führungsinstrument des Unternehmens eingesetzt ist, die Führung des Unternehmens sind auf den Willen des Stifters ausgerichtet. Er ist die oberste Handlungsmaxime auch für die Leitung des Unternehmens. Die Stiftungssatzung ermöglicht es dem Senior-Unternehmer, den tragenden Grundsätzen seines Lebenswerks und seines unternehmerischen Erfolges Dauer zu verleihen. Von dieser Gestaltungsmöglichkeit einer Stiftung will Horst Brandstätter, der Chef der Brandstätter-Gruppe in Zirndorf (Playmobil) Gebrauch machen. Nach seinem Tod soll das Unternehmen an die gemeinnützige Playmobil-Stiftung gehen. Damit will der Senior-Unternehmer Brandstätter seinen Willen über die Führung des Unternehmens in die Zukunft fortschreiben. Die Einhaltung der Leitlinien kann der Stifter durch mehrheitlich mit Familienfremden besetzten Gremien absichern.

3.3.3 Kontrolldefizite

Gegen die Stiftung als geeignetes Modell der Unternehmensnachfolge werden auch rechtsformspezifische Kontrolldefizite angeführt. Es findet bei der Stiftung keine Kontrolle durch die wirtschaftlichen Eigentümer statt wie z. B. bei einer Aktiengesellschaft durch die Aktionäre oder durch den Kapitalmarkt. Neben der Stiftungsaufsicht, deren Kontrollfunktion gegenüber der (Familien)Stiftung nur eingeschränkt oder überhaupt nicht vorhanden ist (s. o.), werden die Entscheidungen des Stiftungsvorstands durch interne oder externe Gremien kontrolliert, die der Stifter benennt. Die weitere Benennung der Organmitglieder muss aber nicht ausschließlich durch Kooptation, sondern kann auch durch andere vom Stifter festgelegte Personen, in der Regel Inhaber eines bestimmten Amtes, erfolgen. Dies gewährleistet eine größere Unabhängigkeit der einzelnen Mitglieder. Die Kontrolle des Stiftungsvorstandes wird darüber hinaus effektiv gestaltet, wenn der Stifter eine Personalunion von Kontroll- und Exekutivorgan verbietet und die Kompetenzen sowie die Aufgaben des Kontrollgremiums klar umreißt. Daneben kann der Stifter auch die Kontroll- und Einwirkungsbefugnisse der Stiftungsbehörde in der Stiftungssatzung ohne weiteres erweitern. Die Staatsaufsicht ist jedoch auf eine bloße Rechtsaufsicht beschränkt. Die Kontrolle durch ein stiftungsinternes Kontrollorgan erweist sich daher als effektiver und intensiver, da es auch Zweckmäßigkeitserwägungen vornehmen kann.

3.4 Kontinuität der Unternehmensliquidität

Ein Liquiditätsentzug kann selbst für ein mittelständisches Unternehmen, das wirtschaftlich gesund ist, existenzbedrohend sein. Der die Nachfolge planende Senior-Unternehmer muss sein besonders Augenmerk auf den Schutz der Unternehmensliquidität richten. Zu beachten ist, dass die Liquidität insbesondere durch erbrechtliche Ansprüche in Mitleidenschaft gezogen werden kann.

3.4.1 Schutz vor Liquiditätsentzug durch Familienangehörige

Der Unternehmer ist mit Hilfe der Stiftung in der Lage, sein Unternehmen vor der Zersplitterung in Gesellschaftsanteile aufgrund zahlreicher Erbfolgen und bei einer Vielzahl von Erben vor Erbstreitigkeiten zu bewahren. Mit der Übertragung des Unternehmens erhält dieses einen grundsätzlich auf Dauer angelegten Eigentümer. Eine Zersplitterung der Gesellschaftsanteile ist damit ausgeschlossen. Außerdem vermeidet der Unternehmer eine Beeinträchtigung der Unternehmensliquidität durch Kündigung einzelner Gesellschafter, die sich gerade auf ein mittelständisches Unternehmen existenzbedrohend auswirken kann. Zur Sicherung des Familienunterhalts kann der Stifter seine Familienangehörigen als Destinatäre begünstigen; ein unternehmerischer Einfluss ist damit nicht verbunden. Allerdings sind mit der Errichtung einer Stiftung von Todes wegen (§ 83 BGB) Pflichtteilsansprüche nach den §§ 2303 ff. BGB nicht ausgeschlossen. Um den einem Unternehmen drohenden Liquiditätsentzug zu vermeiden, muss es im Interesse des Unternehmers sein, die Stiftung vor Pflichtteilsansprüchen durch Erb- bzw. Pflichtteilsverzichtsverträge der Pflichtteilsberechtigten zu bewahren. So war z. B. für die Errichtung der Alfried Krupp von Bohlen und Halbach-Stiftung der Erbverzicht des Sohnes des Stifters ein wesentlicher Gesichtspunkt. Wird die Stiftung bereits zu Lebzeiten des Stifters errichtet, führt dies dann nicht zu einem Pflichtteilsergänzungsanspruch der gesetzlichen Erben, wenn im Zeitpunkt des Erbfalles zehn Jahre seit der Schenkung verstrichen sind (§ 2325 Abs. 3 BGB). Ob der Unternehmer so frühzeitig sein Unternehmen auf eine Stiftung überträgt und sich mit der Rolle des Stiftungsvorstandes begnügt, hängt von vielen Faktoren ab und bedarf reiflicher Überlegung. Es kann aber durchaus ratsam sein, so frühzeitig die Unternehmensnachfolge zu gestalten.

3.4.2 Steuergünstige Vermögensnachfolgegestaltung

Neben der Versorgung seiner Familienangehörigen ist ein weiteres Anliegen des Stifter-Unternehmers die steuergünstige Gestaltung der Unternehmensnachfolge, welche die Liquidität des im Unternehmen gebundenen Familienvermögens schützt.

3.4.2.1 Nichtgemeinnützige Familienstiftung

Im Gegensatz zur Gründung anderer juristischer Personen ist die Errichtung einer Familienstiftung und der Übergang von Vermögen auf die Stiftung anlässlich der Stiftungserrichtung erbschaftsteuerpflichtig. Das gilt sowohl für den Erwerb von Todes wegen (§ 1 Abs. 1 Nr. 1 i. V. m. § 3 Abs. 2 Nr. 1 ErbStG) als auch für das Stiftungsgeschäft unter Lebenden (§ 1 Abs. 1 Nr. 2 i. V. m. § 7 Abs. 1 S. 1 Nr. 8 ErbStG).

Eine Familienstiftung ist voll steuerpflichtig, also mit ihren Einnahmen aus Ausschüttungen oder Zinszahlungen der Kapitalgesellschaft. Sie unterliegt der Erbersatzsteuer (§ 1 Abs. 1 Nr. 4 ErbStG), die alle 30 Jahre anfällt.

3.4.2.2 Gemeinnützige Familienstiftung

Von zentraler Bedeutung für das Stiftungssteuerrecht ist die Frage der Steuerbefreiung infolge der Gemeinnützigkeit. „Gemeinnützigkeit" ist dabei in einem weiten Sinn zu verstehen, der auch mildtätige und kirchliche Zwecke umfasst. Auch eine unternehmensverbundene Familienstiftung kann gemeinnützig sein. Die für Stiftungen geltenden Steuerbefreiungen oder -vergünstigungen, die in den Einzelsteuergesetzen enthalten sind, setzen die Gemeinnützigkeit voraus, deren Voraussetzungen in den §§ 51 bis 68 AO für alle Einzelsteuergesetze einheitlich geregelt sind. Die Gemeinnützigkeitsvoraussetzungen betreffen – neben dem gemeinnützigen Stiftungszweck – die Einkommensverwendung und die Einkommenserzielung. Eine Familienstiftung dient der Versorgung von Familienangehörigen des Stifters; sie verfolgt grundsätzlich keine gemeinnützigen, sondern privatnützige Zwecke. Sie kann aber bis zu einem Drittel ihres Einkommens dazu verwenden, „um in angemessener Weise den Stifter und seine nächsten Angehörigen zu unterhalten" (§ 58 Nr. 5 AO). Möglich ist also eine gemeinnützige Stiftung mit einer steuerlich zulässigen Familienbegünstigung bis zu einem Drittel. Bei der Einkommenserzielung der Stiftung ist die steuerfreie Vermögensverwaltung von dem steuerpflichtigen wirtschaftlichen Geschäftsbetrieb zu unterscheiden. Die Beteiligung einer Stiftung an einer gewerblich tätigen Personengesellschaft begründet Mitunternehmerschaft (§ 15 Abs. 1 Nr. 2 EStG); sie führt also bei einer steuerbegünstigten Körperschaft stets zu einem wirtschaftlichen Geschäftsbetrieb. Die Beteiligung einer Stiftung an einer Kommanditgesellschaft – eine in der Praxis häufig gewählte Konstruktion – stellt daher einen wirtschaftlichen Geschäftsbetrieb dar und schließt die Gemeinnützigkeit der Stiftung aus. Die Beteiligung einer Stiftung an einer GmbH (und auch an einer AG), selbst als Mehrheits- und Alleingesellschafter, stellt grundsätzlich private Vermögensverwaltung dar und steht der Gemeinnützigkeit nicht entgegen. Es ist darauf abzustellen, ob die Stiftung entscheidenden Einfluss auf die Geschäftsführung der Gesellschaft nimmt und damit durch sie unmittelbar selbst am allgemeinen wirtschaftlichen Geschäftsverkehr teilnimmt. Der für die Gemeinnützigkeit schädliche unternehmerische Einfluss einer selbst mehrheitlich beteiligten Stiftung lässt sich durch stimmrechtslose Anteile ausschließen. Diese Stiftungs-Aktiengesellschaft-Konstruktion hat Bertelsmann gewählt. Zur steuergünstigen Vermögensnachfolgegestaltung bei mittelständischen Unternehmen bietet sich daher eine Stiftungs-GmbH-Kombination an. Obwohl bei einer gemeinnützigen Familienstiftung (mindestens) zwei Drittel des Stiftungsertrags der Familienversorgung nicht mehr zur Verfügung stehen, kann diese Konstruktion per saldo dennoch langfristig günstiger sein als die Gesamt-Steuerbelastung bei einer nicht-gemeinnützigen Stiftung. Denn eine gemeinnützige Familienstiftung, die als Beteiligungsträgerstiftung über eine Kapitalgesellschaft ein Unternehmen betreibt, ist mit allen Einkünften aus der Kapitalgesellschaft und mit der Beteiligung an der Kapitalgesellschaft steuerfrei. Auch Gewinne aus der Veräußerung der Beteiligung sind für die gemeinnützige Stiftung steuerfrei. Mit einer gemeinnützigen Stiftung mit Familienbegünstigung sind zahlreiche Steuervergünstigungen für die Errichtung der Stiftung und deren laufende Besteuerung verbunden: Die Übertragung von Vermögen auf die gemeinnützige Stiftung ist erbschaft- und schenkungsteuerfrei. Da künftig keine steuerpflichtigen Erbfälle eintreten, wird die Stiftung nicht mit Erbschaftsteuer belastet, auch nicht mit Erbersatzsteuer. Wegen der Gemeinnützigkeit unterliegt die Stiftung nicht der laufenden Besteuerung. Steuerpflichtig sind nur die Ausschüttungen an die Familienangehörigen (§ 22 Nr. 1 Buchst. a EStG).

3.4.3 Kapitalbeschaffung

Die Stiftung wird nur dann als rechtsfähig anerkannt, wenn mit dem zugewendeten Grundstockvermögen die dauernde Erfüllung des Stiftungszwecks gesichert erscheint. Eine Mindestkapitalausstattung wird in den Landesstiftungsgesetzen zwar nicht verlangt; sie wird aber von den einzelnen Stiftungsaufsichtsbehörden in unterschiedlicher Höhe vorausgesetzt. In diesem Zusammenhang stellt sich insbesondere bei der Unternehmensstiftung die Frage der Finanzierung. Da die Stiftung eine mitgliederlose Vermögensmasse ist, kann sie nicht durch die Aufnahme neuer Gesellschafter neues Eigenkapital beschaffen. Der öffentliche Kapitalmarkt, insbesondere der Börsengang, steht einer Stiftung nicht offen. Als Nachteil der Stiftungskonstruktion wird daher auf die eingeschränkte Möglichkeit der Kapitalbeschaffung hingewiesen. Ein Unternehmen muss, um auf dem sich stets ändernden Markt dauerhaften Erfolg zu haben, in der Lage sein, sich kurzfristig den veränderten Verhältnissen anzupassen und sich dafür das erforderliche Eigenkapital beschaffen können. Daneben kann sie – allerdings in nur begrenztem Umfang – Rücklagen bilden oder Unternehmensteile ausgliedern (§§ 161 ff. UmwG). Das Grundstockvermögen der Stiftung kann schließlich auch durch die Zuwendung fremder Vermögenswerte, sei es durch den Stifter oder Dritte, erhöht werden (sog. Zustiftung) sowie durch die Begebung von Schuldverschreibungen im Rahmen der Kreditfinanzierung – ein Weg, den die Carl-Zeiss-Stiftung erfolgreich beschritten hat. Der Beteiligungsträgerstiftung stehen überdies alle Finanzierungsmöglichkeiten offen, die auch die Unternehmensträgerstiftung hat, etwa die Aufnahme weiterer Kommanditisten in eine Personengesellschaft. Zur Sicherung der Unternehmenskontinuität muss bei Kapitalgesellschaften die Stiftung ihre Beteiligung entsprechend erhöhen, um sich als Mehrheitsgesellschafter behaupten zu können. Sie kann auch gesellschaftsvertraglich das Stimmrecht der anderen bzw. neu aufgenommenen Gesellschafter durch die Schaffung stimmrechtsloser Gesellschaftsanteile oder Vorzugsaktien (§ 139 AktG) ausschließen. Mit der Ausgabe von stimmrechtslosen Anteilen erhält das Unternehmen neues Eigenkapital, während die Stiftung ihre Stimmrechtsmacht behält, ohne sich an der Kapitalerhöhung beteiligen zu müssen.

4. Ergebnis

Mit der Errichtung einer Stiftung können die tatsächlichen Probleme, die bei einer Unternehmensnachfolge auftreten können, grundsätzlich gelöst werden.

1. Wegen des grundsätzlich unabänderbaren Stiftungszwecks gewährleistet die Stiftung die Kontinuität des Unternehmens. Der Mangel an Flexibilität, der einer Stiftungskonstruktion als Nachteil vorgehalten wird, trifft in erster Linie die Unternehmensträgerstiftung, nicht aber die Beteiligungsträgerstiftung.
2. Als Eigentümerin des Unternehmensvermögens sichert die Stiftung das Versorgungsbedürfnis der Unternehmerfamilie. Das im Unternehmen gebundene Familienvermögen wird dauerhaft einem Rechtsträger zugeordnet. Die Stiftung verhindert die Zerschlagung des Unternehmens durch den Verkauf einzelner Gesellschaftsanteile und schützt vor existenzbedrohendem Liquiditätsentzug durch Familienangehörige. Sie bietet damit eine größere Sicherheit als andere Gesellschaftsformen davor, dass das Unternehmen durch Konflikte gesellschafts- oder erbrechtlicher Art in Gefahr gerät.
3. Der ausscheidende Unternehmer sichert sich mit der Stiftung als geschäftsführenden Gesellschafter einen dauerhaften, auf seine Prinzipien ausgerichteten Unternehmernachfolger. Die Stiftung garantiert die Kontinuität der Unternehmensleitung.
4. Eine Beteiligungsträgerstiftung kann als gemeinnützige Familienstiftung die Versorgung der Angehörigen des Senior-Unternehmers mit steuerrechtlichen Vorteilen verbinden.
5. Bei einer Beteiligungsträgerstiftung stehen dem Unternehmen grundsätzlich alle Formen der Kapitalbeschaffung des jeweiligen Unternehmensträgers offen.

Die Stiftung bietet sich daher als Instrument der mittelständischen Unternehmensnachfolge an. Sie ist für einen Unternehmer eine Alternative zur Gestaltung der Unternehmensnachfolge gegenüber den Rechtsformen des Gesellschaftsrechts. Die Vor- und Nachteile einer Stiftungskonstruktion sind im Einzelnen gegeneinander abzuwägen. Eine Lösung, die in allen Detailfragen einem anderen Nachfolgemodell überlegen wäre, gibt es auch bei einer Stiftungskonstruktion nicht. Vorbehalte gegen die Stiftung als Unternehmensnachfolger, wie sie zum Teil in der Beratungspraxis geäußert werden, sind aber nicht angebracht. Die aufgezeigten Nachteile lassen sich bei einer entsprechenden Gestaltung der Stiftungssatzung (weitestgehend) vermeiden. Unverzichtbar ist im Einzelfall der Rat eines im Stiftungs- und Gesellschaftsrecht versierten Beraters.

Weiterführende Literatur:

Flämig, Unternehmensnachfolge mittels stiftungshafter Gebilde, in: Der Betrieb Beilage 22/1978, S. 1 ff.

Hennerkes/Binz/Sorg, Die Stiftung als Rechtsform für Familienunternehmen, in: Der Betrieb 1986, S. 2217 ff.; 2269 ff.

Nietzer/Stadie, Die Familienstiftung & Co. KG – eine Alternative für die Nachfolgeregelung bei Familienunternehmen, in: Neue Juristische Wochenschrift 2000, S. 3457 ff.

Schwarz, Die Stiftung als Instrument für die mittelständische Unternehmensnachfolge, in: Betriebs-Berater 2001, S. 2381 ff.

Schwarz, Zur Unternehmensnachfolge im Mittelstand, in: Deutsche Notarrechtliche Vereinigung e. V. (Hrsg.), Unternehmensnachfolge im Mittelstand, Symposium des Instituts für Notarrecht, Würzburg 2001.

Schwarz, Kommentierung des Stiftungsrechts (§§ 80 bis 89 BGB), in: Kommentar zum Bürgerlichen Gesetzbuch, Band 1 (§§ 1 bis 610), hrsg. v. Bamberger und Roth, München 2003.

Die liechtensteinische Familienstiftung

Thomas Bellwald

Inhalt:

Seite
1. Was ist eine liechtensteinische Familienstiftung
   (Fondation, Foundation) (Art. 522-570 PGR) 163
2. Organisation 165
3. Buchführungs- und Bilanzpflicht 167
4. Die Verwaltung des Stiftungsvermögens 167
5. Die Begünstigung 167
6. Das Beistatut 168
7. Auflösung und Liquidation 171
8. Die Besteuerung der Familienstiftung 171
9. Schlussbemerkungen 171

1. Was ist eine liechtensteinische Familienstiftung
(Fondation, Foundation) (Art. 522-570 PGR)
Begriff und Rechtsnatur

Das liechtensteinische Personen- und Gesellschaftsrecht kennt nebst der in diesem Beitrag zur Abhandlung kommenden Familienstiftung auch noch das Institut der gemeinnützigen oder der kirchlichen Stiftung. Da jedoch den beiden letzteren wenig praktische Bedeutung zu kommen, wird im Folgenden verzichtet, diese beiden Arten der Stiftung näher darzustellen.

Die Familienstiftung kann zusammengefasst auf die Weise umschrieben werden, dass ein ihr gewidmetes Vermögen für einen bestimmten bezeichneten Zweck Rechtspersönlichkeit erlangt. Die Stiftung zeichnet sich also durch ein für einen bestimmten Zweck gewidmetes, rechtlich verselbstständigtes Vermögen aus. Sie ist somit eine selbstständige juristische Person. Die Stiftung hat den Zweck, den im Stiftungsstatut oder im Beistatut niedergelegten Willen des Stifters zu verwirklichen. Sie kennt keine Gesellschafter, Teilhaber oder Anteilsinhaber. Zur Erreichung des vom Stifter formulierten Stiftungswillens haben ihre Organe besorgt zu sein. Die Stiftung kennt Begünstigte, d.h. Personen, Institutionen und dergleichen mehr, zu deren Gunsten die Verwirklichung des Stiftungszweckes erfolgt. Selbstverständlich kann zu diesen Begünstigten auch der Stifter selbst gehören.

Der Inhalt der Begünstigtenstellung kann mit oder ohne Auflagen für die jeweilig begünstigte Person verbunden sein; es kann sich um die Einräumung zeitlich unbegrenzter oder befristeter Rechte handeln. Die Stellung des Begünstigten kann einen klagbaren Anspruch resp. eine entsprechende Befugnis beinhalten.

Man unterscheidet zwischen eingetragenen oder hinterlegten Stiftungen. Zusammengefasst ist zu vermerken, dass die eingetragene Stiftung ihre Rechtspersönlichkeit mit der Eintragung im Öffentlichkeitsregister erlangt, die hinterlegte Stiftung erlangt bereits Rechtspersönlichkeit mit ihrer Errichtung. Bei letzterer werden die Stiftungsurkunden somit lediglich beim liechtensteinischen Register hinterlegt. Der Inhalt der Stiftungsurkunden ist Dritten entsprechend nicht zugänglich. Anfragen beim Register führen dazu, dass lediglich die Existenz der Stiftung bestätigt wird. Weitere Auskünfte werden Dritten nicht erteilt.

Die eingetragene Stiftung erlangt Rechtspersönlichkeit mit ihrer Eintragung im Öffentlichkeitsregister. Die Eintragungspflicht besteht nur für Stiftungen, die zur Erreichung ihres nichtwirtschaftlichen Zweckes ein nach kaufmännischer Art geführtes Gewerbe betreiben. Aus dem Handelsregisterauszug einer eingetragenen Stiftung ist vornehmlich der Firmenname, der allgemeine Zweck des Unternehmens, das Gründungsdatum, die Organe der Stiftung und deren Zeichnungsrecht sowie auch der Repräsentant des Unternehmens ersichtlich. Es gibt keinerlei Hinweis auf den Stifter oder die Begünstigten.

Sowohl bei der hinterlegten wie auch bei der eingetragenen Stiftung ist weder die Existenz noch der Inhalt eines Beistatutes einer Behördenstelle ersichtlich oder bekannt. Dies garantiert eine vollumfängliche Anonymität für den Stifter und alle Begünstigten der Stiftung.

Mindestkapital

Das Mindestkapital (Stiftungsfonds) beträgt CHF 30.000,– oder den Gegenwert in jeder beliebigen Währung. Somit kann das Stiftungskapital je nach Wunsch des Stifters in USD, EURO, JPY oder einer sonstigen frei konvertierbaren Währung eingebracht werden.

Bei Errichtung der Stiftung muss das entsprechende Kapital vom Stifter der Stiftung gewidmet werden. Nach Entstehen der Stiftung können ihr vom Stifter oder von Dritten weitere Vermögenswerte in beliebiger Höhe zugewendet werden. Im Regelfall bestimmen die Statuten einer Stiftung, dass solche Zuwendungen den Reserven gutzuschreiben sind. Dies bringt mit sich, dass die Einlagen zu keinen steuerlichen Abgaben bei der Einbringung führen.

Haftung der Stiftung

Für sämtliche Verbindlichkeiten der Stiftung haftet den Gläubigern gegenüber einzig das Stiftungsvermögen. Eine persönliche Haftung des Stifters oder der Organe der Stiftung besteht für Verbindlichkeiten der Stiftung nicht. Für solche Personen gibt es auch keine gesetzliche Nachschussverpflichtung. Lediglich der Stifter ist verpflichtet, das der Stiftung erstmalig gewidmete Vermögen an diese zu übertragen.

Zweck

Der Stifter kann den Zweck der Stiftung vollkommen (unter Ausschluss einer rein kommerziellen Zweckbestimmung) frei wählen. Selbstverständlich besteht eine gesetzliche Schranke dort, wo der gewählte Zweck als unsittlich oder widerrechtlich bezeichnet werden muss.

Mögliche Zweckbestimmungen kommen in Betracht für die Finanzierung von Erziehung, Bildung und Gewährung wirtschaftlicher Unterstützung an nahe stehende Personen oder Angehörige. Im Weiteren kann der Zweck generell die Unterstützung und Gewährung von finanziellen Vorteilen an die Begünstigten beinhalten. Somit besteht auch die Möglichkeit, eine Stiftung als reine Unterhaltsstiftung, ähnlich dem Rechtsinstitut des Fideikommisses, auszugestalten.

In der Definition der Zweckbestimmungen unterscheiden sich im Wesentlichen die eingangs erwähnten gemeinnützigen resp. kirchlichen Stiftungen von den Familienstiftungen.

Dauer

Die Dauer einer Stiftung wird vom Stifter in der Errichtungsurkunde festgelegt. Eine auf unbeschränkte Zeit errichtete Stiftung ist ebenso möglich wie eine zeitlich begrenzte.

Widerruf

Nach Entstehung der Stiftung ist diese unwiderruflich, es sei denn, die Errichtungsurkunde sieht ausdrücklich ein Widerrufsrecht vor. Mit einem allfälligen Widerruf fällt die Existenz der Stiftung dahin und das gewidmete Vermögen fällt an den Stifter zurück.

2. Organisation

Der Stifter (kein Organ)

Der Stifter selbst gilt nicht als Organ der Stiftung. In der Praxis lässt sich der Stifter während der Gründungsphase im Regelfall durch eine konzessionierte liechtensteinische Treuhandgesellschaft vertreten. Somit wird eine doppelte Anonymität für den Stifter herbeigeführt, da der Gründungsvorgang durch die Treuhandgesellschaft im fiduziarischen (treuhänderischen) Auftrag erfolgt.

Der Stifter hat die Möglichkeit, die Überwachung der widmungsgemäßen Verwendung des Stiftungsvermögens vorzusehen bzw. sich selbst vorzubehalten. Dies kann beispielsweise durch entsprechende statutarische Bestimmungen, die Bestellung von Kuratoren oder durch entsprechende Bestimmungen im Beistatut erfolgen.

Der Stiftungsrat

Mitglied des Stiftungsrates kann jede natürliche oder juristische Person sein. Mindestens ein Stiftungsrat muss liechtensteinischer Staatsangehöriger sein, seinen Wohnsitz in Liechtenstein haben und über die gesetzlich vorgeschriebene Qualifikation verfügen. Ausländer sind unter gewissen Voraussetzungen den Liechtensteinern gleichgestellt, sie müssen unter anderem im Besitze einer Niederlassungsbewilligung sein.

Der Stiftungsrat, welcher das oberste Organ einer Stiftung darstellt, leitet im Sinne der Statuten, Beistatuten und Reglemente die Geschäfte der Stiftung. Er besorgt die Geschäftsführung und die Vertretung der Stiftung nach außen. Der Stiftungsrat hat mit der Sorgfalt eines ordentlichen und gewissenhaften Geschäftsführers vorzugehen und uneingeschränkt der Befolgung des Stifterwillens zum Durchbruch zu verhelfen. In der Praxis stellt der Stiftungsrat seine Entscheidungen einzig auf die Weisungen des Stifters ab. Im Innenverhältnis schließt der Stifter üblicherweise einen Treuhandvertrag mit den Stiftungsräten ab, in welchem die gegenseitigen Rechte und Pflichten klar geregelt sind.

Die Kontrollstelle

Eine Kontrollstelle ist nicht zwingend vorgeschrieben. Betreibt die Stiftung jedoch zur Erreichung ihres nichtwirtschaftlichen Zweckes ein nach kaufmännischer Art geführtes Gewerbe, hat sie sich den Bestimmungen betreffend Buchführung, Bilanzpflicht und Benennung einer Kontrollstelle zu unterwerfen. Die Kontrollstelle hat die Pflicht, die Buchhaltung der Gesellschaft auf Vollständigkeit, Ordnungsmäßigkeit und hinsichtlich der Bewertung auf Richtigkeit zu überprüfen. Über ihre Prüfung hat sie dem obersten Organ Bericht zu erstatten. Somit übt sie auch eine Schutzfunktion zugunsten des obersten Organs und der Gläubiger aus. Deshalb ist eine von der Verwaltung unabhängige Kontrollstelle vorgeschrieben. Eine Kontrollstellentätigkeit kann nur ausüben, wer über eine entsprechende Konzession der Fürstlichen Liechtensteinischen Regierung verfügt.

Der Kurator

Die Statuten können vorsehen, dass weitere Organe mit dem Auftrag, unabhängig vom Stiftungsrat eine Oberkontrolle auszuüben, eingesetzt werden. Reglemente umschreiben die Befugnisse, d. h. Rechte und Pflichten sowie die Zusammensetzung der Kuratoren. Im Regelfall ist es dem Kurator grundsätzlich zur Pflicht gestellt, dass er für die Überwachung der widmungsgemäßen Verwendung des Stiftungsvermögens zuständig ist. Er überprüft die Beschlüsse des Stiftungsrates im Interesse des Stifters resp. des Stiftungsbegünstigten. Die Entscheidungen des Stiftungsrates erlangen grundsätzlich erst durch die Zustimmung des Kurators Gültigkeit, ausgenommen eine anders lautende Bestimmung in den Statuten. Es können auch mehrere Kuratoren bestellt werden.

Der Stifter bestellt die Kuratoren bei der Errichtung der Stiftung und ist in der Ausgestaltung des Reglements völlig frei. Empfehlenswert ist die Einsetzung von Kuratoren lediglich bei Stiftungen mit erheblichen Vermögenswerten und bei komplexen Beistatutsbestimmungen.

Der Repräsentant

Unter dem im Gesetz vorgesehenen Repräsentanten versteht man einen von der Gesellschaft zu benennenden inländischen Zustellungsbevollmächtigten. Er ist zur Empfangnahme von behördlichen bzw. gerichtlichen Erklärungen und Mitteilungen jeder Art ermächtigt.

Bezüglich dieser Vertretung bestehen in Liechtenstein bestimmte Vorschriften. Es können als Repräsentanten nur liechtensteinische Staatsangehörige oder liechtensteinische Firmen auftreten, die ihren Wohnsitz resp. ihren Sitz im Fürstentum Liechtenstein haben.

3. Buchführungs- und Bilanzpflicht

Die Stiftung ist grundsätzlich buchführungspflichtig. Sowohl eingetragene wie auch hinterlegte Stiftungen führen eine jährliche Vermögensaufstellung, die über die Schuld- und Forderungsverhältnisse hinreichend Aufschluss gibt. Eingetragene Stiftungen sind verpflichtet, binnen sechs Monaten nach Abschluss des Geschäftsjahres seitens des Stiftungsrates eine Deklaration beim Öffentlichkeitsregisteramt abzugeben, aus der ersichtlich ist, dass für das letzte Geschäftsjahr eine Vermögensaufstellung vorliegt und dass die Stiftung kein nach kaufmännischer Art geführtes Gewerbe betrieben hat. Hinterlegte Stiftungen sind von der Einreichung dieser Deklaration befreit. Die Einreichung der eigentlichen Vermögensaufstellung ist jedoch in keinem Fall erforderlich.

Die Praxis empfiehlt jedoch eine ordentliche, nach kaufmännischen Grundlagen geführte Buchhaltung. Da der Stifter resp. die Begünstigten im Normalfall zum Zeitpunkt des Eintrittes ihrer Begünstigungsrechte Aufschluss über die Art und Höhe ihrer Begünstigung verlangen können, ist die Vorlage genauester Aufzeichnungen von Vorteil.

4. Die Verwaltung des Stiftungsvermögens

Der Stifter kann sich die Verwaltung des Stiftungsvermögens selbst vorbehalten, den Stiftungsrat oder Dritte mit der entsprechenden Verwaltung beauftragen. Die Statuten, Beistatuten oder spezielle Vermögensverwaltungsreglemente können Richtlinien vorsehen, welche die Anlagestrukturen des Stiftungsvermögens zu Lebzeiten des Stifters wie auch nach dessen allfälligem Ableben im Detail regeln.

5. Die Begünstigung

Die Begünstigten werden in der Regel entweder vom Stifter oder aufgrund seiner Weisungen vom Stiftungsrat bestellt. Üblicherweise erfolgt diese Bestellung in einem Beistatut, welches, wie bereits an anderer Stelle erwähnt, bei keiner Behörde einzureichen ist. Anonymität der Begünstigten ist somit gewährleistet.

Vielfach werden die Begünstigten einer Familienstiftung nach dem Stammesprinzip in ihre Rechte eingesetzt. Der Umfang und der Eintritt der Begünstigung werden dabei genauestens festgelegt. In der Regel gestaltet sich die Begünstigungsreihenfolge wie folgt:

Erstbegünstigt: z. B. der Stifter selbst;
nach seinem Ableben:
Zweitbegünstigt: der Lebenspartner des Stifters;
nach dessen Ableben:

Drittbegünstigt: allfällige Kinder des Stifters;
bei deren Ableben die direkten Nachkommen dieser Kinder (Enkel des Stifters)
Viertbegünstigt: die gesetzlichen Erben des Stifters, dessen Freunde oder Geschäftskollegen und andere dem Stifter nahe stehende natürliche oder juristische Personen
Fünftbegünstigt: Falls keine Begünstigten mehr am Leben sind, ist es ratsam, am Ende jeder Begünstigungsreihenfolge eine Organisation zu benennen.

Da das Beistatut in der Stiftung eine zentrale Rolle einnimmt und von großer Bedeutung ist, wird im Folgenden näher über die möglichen Ausgestaltungen eines Beistatutes ausgeführt.

6. Das Beistatut

Der Stifter bzw. der Stiftungsrat ist beim Erlass eines Beistatutes gesetzlicherweise an keine Form gebunden. So ist er berechtigt, die Bestimmungen eines Beistatutes widerrufbar oder unwiderruflich zu erlassen. Es bestehen die weitreichendsten Möglichkeiten und Kompetenzen bei der Anordnung der Begünstigten, sei dies nach Familie, Abstammung, nach Beruf und Tätigkeit oder nach religiösen Gesichtspunkten. Der Stiftungsrat hält sich bei seiner Entscheidungsfindung ausschließlich an die vorzufindenden Weisungen des Stifters, sofern der Stiftungsgenuss nicht in das freie Ermessen des Stiftungsrates gestellt ist. Erbrechtliche Bestimmungen in Bezug auf die Person des Stifters treten für den Stiftungsrat in den Hintergrund und sind daher nicht von Bedeutung.

Der Umfang der Begünstigung kann sich auf den jährlichen Kapitalertrag oder auf das Stiftungsvermögen oder auf Kapitalertrag und Stiftungsvermögen zusammen beziehen. Die Begünstigung kann an Auflagen gebunden sein oder völlig frei erfolgen. Es können sowohl natürliche wie auch juristische, kulturelle, religiöse oder gemeinnützige Begünstigte bestellt werden. Nachfolgend sollen mögliche Muster von Beistatutsformulierungen die Vorgangsweise näher erklären.

Begünstigung einer Person

– OHNE Einschränkung

Begünstigt am gesamten Stiftungsvermögen und am Stiftungsertrag sowie an einem allfälligen Liquidationserlös ist auf Lebzeiten und ohne Einschränkung – Persönliche Daten, Adresse.

– MIT IDEELLER Einschränkung

Begünstigt am gesamten Stiftungsvermögen und am Stiftungsertrag sowie an einem allfälligen Liquidationserlös ist auf Lebzeiten und mit folgender Einschränkung – Persönliche Daten, Adresse.

Die Begünstigung erfolgt erst, wenn der Begünstigte folgende Auflagen erfüllt:
- eine gewisse Altersgrenze erreicht hat,
- eine gewisse Ausbildung abgeschlossen hat,
- einen gewissen Zivilstand erreicht hat,
- sich einer gewissen Sucht entzogen hat,
- einen gewissen Betrieb erfolgreich weitergeführt hat,
- eine bestimmte Aufgabe übernommen hat usw.

Über die Erfüllung dieser Auflagen hat sich der Begünstigte gegenüber dem Stiftungsrat durch die Vorlage von Dokumenten/Urkunden/Bilanzen/Zeugenaussagen/Erklärungen etc., d. h. in rechtsgenügender Form, auszuweisen.

- **MIT WIRTSCHAFTLICHER Einschränkung**

Begünstigt am gesamten Stiftungsvermögen und am Stiftungsertrag sowie an einem allfälligen Liquidationserlös ist auf Lebzeiten und mit folgender Einschränkung – Persönliche Daten, Adresse.

Die Begünstigung erfolgt in folgendem Umfang:
- Variante 1

Der Stiftungsrat ist berechtigt, während der Dauer dieser Begünstigung aus dem Kapitalertrag des Stiftungsvermögens dem Begünstigten jedwelche Summe auf Antrag auszuzahlen. Das eigentliche Stiftungsvermögen darf dabei nicht angetastet werden.

- Variante 2

Der Stiftungsrat ist berechtigt, während der Dauer dieser Begünstigung aus dem Stiftungsvermögen dem Begünstigten jedwelche Summe auf Antrag auszuzahlen. Der Kapitalertrag aus dem eigentlichen Stiftungsvermögen darf dabei nicht angetastet werden.

- Variante 3

Der Stiftungsrat ist berechtigt, während der Dauer dieser Begünstigung aus dem Stiftungsvermögen dem Begünstigten auf Antrag jedwelche Summe, jedoch maximal den Betrag X auszuzahlen.

Begünstigung mehrerer volljähriger, natürlicher Personen auf einer Begünstigungsstufe

Begünstigt am gesamten Stiftungsvermögen und am Stiftungsertrag sowie an einem allfälligen Liquidationserlös sind auf Lebenszeit zu folgenden Anteilen folgende Personen:

Mit einem Anteil von XX% am gesamten Stiftungsvermögen und am Stiftungsertrag sowie an einem allfälligen Liquidationserlös auf Lebenszeit und ohne Einschränkungen – Persönliche Daten, Adresse.

Mit einem Anteil von XX% am gesamten Stiftungsvermögen und am Stiftungsertrag sowie an einem allfälligen Liquidationserlös auf Lebenszeit und ohne Einschränkungen – Persönliche Daten, Adresse.

Sollte einer dieser Begünstigten sterben, fällt sein Anteil dem überlebenden Mitbegünstigten zu, sofern keine Nachkommen des verstorbenen Mitbegünstigten vorhanden sind. Sind Nachkommen vorhanden, treten diese zu gleichen Teilen nach Stammesprinzip in die Rechte des Vorverstorbenen ein.

Diese allfälligen Nachkommen sind mit den gleichen Rechten und Auflagen belastet wie der vorverstorbene Begünstigte selbst.

Begünstigung mehrerer minderjähriger, natürlicher Personen auf einer Begünstigungsstufe

Begünstigt am gesamten Stiftungsvermögen und am Stiftungsertrag sowie an einem allfälligen Liquidationserlös sind auf Lebenszeit zu folgenden Anteilen folgende Personen:

Mit einem Anteil von XX % am gesamten Stiftungsvermögen und am Stiftungsertrag sowie an einem allfälligen Liquidationserlös auf Lebenszeit und ohne Einschränkungen – Persönliche Daten, Adresse.

Mit einem Anteil von XX % am gesamten Stiftungsvermögen und am Stiftungsertrag sowie an einem allfälligen Liquidationserlös auf Lebenszeit und ohne Einschränkungen – Persönliche Daten, Adresse.

Sind die Vorbegünstigten verstorben, bevor die vorerwähnten begünstigten Personen das 21. Lebensjahr erreicht haben, entscheidet der Stiftungsrat für die betroffenen Begünstigten nach seinem Ermessen über Unterhaltsbeiträge zur Gewährleistung des Lebensunterhaltes sowie einer standesgemäßen Erziehung oder Ausbildung.

Sollte einer dieser Begünstigten sterben, fällt sein Anteil dem überlebenden Mitbegünstigten zu, sofern keine Nachkommen des verstorbenen Mitbegünstigten vorhanden sind. Sind Nachkommen vorhanden, treten diese zu gleichen Teilen nach Stammesprinzip in die Rechte des Vorverstorbenen ein. Diese allfälligen Nachkommen sind mit den gleichen Rechten und Auflagen belastet wie der vorverstorbene Begünstigte selbst.

Begünstigung der gesetzlichen Erben

Sollten alle in diesem Beistatut genannten Begünstigten verstorben sein und sind keine Nachkommen der Letztbegünstigten vorzufinden, hat der Stiftungsrat die allfälligen gesetzlichen Erben des Erstbegünstigten zu ermitteln und deren Instruktionen einzuholen, ob die Stiftung liquidiert und der daraus resultierende Liquidationserlös den Erbquoten gemäß verteilt oder ob die gesetzlichen Erben quotenmäßig als weitere Begünstigte der Stiftung eingesetzt werden sollen.

Bei der Entscheidung der Erben ist die einfache quotenmäßige Mehrheit ausschlaggebend. Bei Stimmengleichheit entscheidet der Stiftungsrat.

Begünstigung einer juristischen Person OHNE Einschränkung

Begünstigt am gesamten Stiftungsvermögen und am Stiftungsertrag sowie an einem allfälligen Liquidationserlös ist, solange sie existiert und nicht fusioniert hat, ohne Einschränkung – Firmenname, Adresse, Handelsregister, Handelsregisternummer.

Begünstigung einer gemeinnützigen Organisation OHNE Einschränkung
Sollten alle in diesem Beistatut genannten Begünstigten verstorben sein und sind keine Nachkommen oder gesetzlichen Erben ermittelbar, hat der Stiftungsrat die Stiftung zu liquidieren und den Liquidationserlös einer gemeinnützigen Organisation seiner Wahl zukommen zu lassen.

Schlussbestimmungen
Das Beistatut ist zu Lebzeiten des Stifters durch diese jederzeit widerrufbar. Nach ihrem Tode wird es unwiderruflich.

Sollte die Existenz von einzelnen, in diesem Beistatut nicht namentlich erwähnten Begünstigten (insbesondere von Nachkommen bzw. gesetzlichen Erben) dem Stiftungsrat im gegebenen Zeitpunkt unbekannt sein resp. wurden diese nicht ermittelt, kann dem Stiftungsrat daraus keine Haftung erwachsen.

7. Auflösung und Liquidation

In den Statuten kann bestimmt werden, wann, von wem und unter welchen Voraussetzungen eine Auflösung bzw. Liquidation der Stiftung vorzunehmen ist. Der Auflösungsbeschluss bringt bei der eingetragenen Stiftung die Bestellung der Liquidatoren mit sich. Diese haben die Aufgabe, die laufenden Geschäfte zu beenden und die Verbindlichkeiten der Gesellschaft zu erfüllen. Nach Ablauf von sechs Monaten erfolgt die Verteilung des Liquidationsüberschusses unter den Begünstigten. Anschließend kann die Löschung der Gesellschaft im Öffentlichkeitsregister angemeldet werden.

Die hinterlegte Stiftung kann unmittelbar nach Liquidationsbeschluss die Verteilung des Liquidationsüberschusses vornehmen und zur sofortigen Löschung im Öffentlichkeitsregister angemeldet werden.

Ist der Stiftungszweck nicht mehr zu verwirklichen oder ist die Stiftung nur für eine bestimmte Zeitdauer errichtet worden, kommt es zur Auszahlung des Stiftungsvermögens gemäß den Richtlinien des Beistatutes.

8. Die Besteuerung der Familienstiftung

Die Familienstiftung ist von der Vermögens-, Erwerbs- und Ertragssteuer gänzlich befreit. Einzig unterliegt sie der Kapitalsteuer. Diese beträgt 1 ‰ des Stiftungskapitals unter Einberechnung der Reserven, jährlich jedoch mindestens CHF 1.000,–. Diese Kapitalsteuer ist jährlich im Voraus zu entrichten. Bei einem Kapital von über 2 Millionen Franken ermäßigt sich der Steuersatz auf 3/4 ‰ und bei einem Kapital von über 10 Mio. auf 1/2 ‰. Festzuhalten ist, dass die Kapitalsteuer die einzige jährlich anfallende Steuer ist.

9. Schlussbemerkungen

Viele betrachten die Familienstiftung als idealen Vermögensträger schlechthin. Dabei hat die Familienstiftung oft die Funktion der Vermögenshaltung und -verwaltung einer speziellen Vermögensmasse wie auch das Halten von Beteiligungen oder Patenten und Lizenzrechten. Dabei wird ermöglicht, dass nach Ableben des Stifters die gewidmete Vermögensmasse den Personen oder Institutionen zukommt, die vom Stifter speziell dafür ausgewählt worden sind. Entsprechend versteht sich, dass die einzigartige Anonymität des Stifters und der Begünstigten weltweit geschätzt wird.

II
Rechtliche Grundlagen der Unternehmensnachfolge

Vorbereitende Maßnahmen des Unternehmers

Dr. Gerhard Sack

Inhalt:

	Seite
1. Einleitung	175
2. Vorsorgevollmacht	176
3. Postmortale Vollmachten	177
4. Auswahl und Vorbereitung des oder der Nachfolger(innen)	177
5. Checkliste für die Datenerfassung aller relevanten Vermögenswerte	179
6. Erbvertrag, Erb- bzw. Pflichtteilsverzicht	182
7. Der Beirat – nützliches Instrument bei der Unternehmensnachfolge	184
7.1 Errichtung und Organisation	185
7.2 Rechtsstellung, Pflichten und Haftung von Beiräten	186
8. Unternehmensrechtsformen und Nachfolge	186

1. Einleitung

Überlegungen zur Nachfolge in Unternehmen werden fast immer zu spät begonnen. Unterschiede gibt es aber zwischen so genannten Gründerunternehmern und solchen, die selbst schon Nachfolger waren oder sich in eine Reihe von Vorgängern besonders aus der eigenen Familie eingebettet sehen. Diese wissen infolge des eigenen Erfahrungshorizonts, wie notwendig es ist, sich bereits so früh wie möglich Gedanken über die eigene Nachfolge zu machen.

Häufig fehlt es an einer realistischen Überprüfung der erträumten Option, so dass eine tiefere Auseinandersetzung mit dem Gedanken der Nachfolge erst beginnt, wenn nicht nur der Unternehmer selbst, sondern auch das Unternehmen seinen Zenit bereits überschritten hat. Die Erkenntnis, keinen geeigneten Nachfolger – ob aus der Familie oder auch extern (aufgebaut) zu haben, geht nur zu häufig parallel mit der Erkenntnis, auch den geeigneten Zeitpunkt für andere Optionen – wie beispielsweise einen Verkauf – um einige Jahre verpasst zu haben. Bei kleineren Unternehmen bleibt daher nur zu oft nichts anderes übrig, als den Weg der geordneten Betriebsaufgabe als Ultima Ratio zu wählen.

Es geht also zunächst darum, alle möglichen Optionen für die Nachfolge zu kennen, realistisch einzuschätzen und zu prüfen:
- Gibt es einen (oder mehrere) potenzielle familieninterne Nachfolger?
- Wenn nicht – gibt es einen oder mehrere externe Nachfolger, beispielsweise aus dem Kreis der Mitarbeiter mit Führungsaufgaben?
- Wenn auch diese Möglichkeit nicht existiert – welcher inländische oder ausländische Wettbewerber ist auf Expansionskurs und könnte unter Umständen an einer Übernahme interessiert sein?

– Kommt eventuell eine Stiftungslösung oder Ähnliches für mein Unternehmen in Betracht, um den Fortbestand zu sichern?
– Lässt sich – als Ultima Ratio – eine Geschäftsaufgabe planvoll gestalten und dabei das Risiko möglicher negativer Nachwirkungen wie zum Beispiel der Nachhaftung ausschalten?

Vielfach verheddern sich insbesondere Gründerunternehmer, wenn sich eine familieninterne Nachfolge nicht aufdrängt, gedanklich in solchen Überlegungen, schieben sie letzten Endes beiseite und konzentrieren sich lieber wieder auf das operative Geschäft.

Dabei wird nur zu leicht ein Aspekt ausgeklammert, der unter gar keinen Umständen auf der Strecke bleiben dürfte, nämlich die Frage: „Was passiert eigentlich, wenn mir morgen ein Ziegelstein auf den Kopf fällt und ich – wenn auch nicht gleich endgültig, so doch zumindest für einige Wochen oder Monate – keine Entscheidung mehr treffen kann?" Zumindest im Freiberufler-Umfeld oder für weitgehend mit Eigenmitteln wirtschaftende Unternehmen, bei denen keine kreditgebende Bank mit kritischen Fragen eine diesbezügliche Vorsorge angestoßen hat, bedeutet ein solcher Unfall schlichtweg eine Katastrophe.

Besonders also, wenn eine eindeutige Regelung der Nachfolge noch nicht erfolgt ist, oder der potenzielle Nachfolger sich noch nicht vollumfänglich als Unternehmer in Amt und Würden befindet, erweist sich die Erteilung von Vorsorgevollmachten und trans- bzw. postmortalen Vollmachten als absolut notwendig, um die lückenlose Fortführung des Unternehmens sowohl im Hinblick auf drängende Geschäftsführungs- und/oder auch Gesellschafterbeschlüsse zu ermöglichen. Bedeutung haben diese Vorsorgemaßnahmen bei entsprechender Ausgestaltung aber natürlich auch für das Privatvermögen.

2. Vorsorgevollmacht

Darunter versteht man solche rechtsgeschäftlichen Vollmachten[1], die vor allem auch für den Fall einer dauerhaften Beeinträchtigung der Geschäftsfähigkeit gelten sollen. Dieses Risiko hat sich durch die lebensverlängernde Wirkung der modernen Medizintechnik eher erhöht als verringert.

In einer solchen Vollmacht kann der Vollmachtgeber eine Person seines Vertrauens allgemein oder beschränkt auf einzelne Bereiche (z. B. das Unternehmen) bevollmächtigen, seine Angelegenheiten zu besorgen. Entscheidend ist, dass ein Bevollmächtigter selbst im Betreuungsfall handeln kann, da das Vormundschaftsgericht für die dem Bevollmächtigten übertragenen Aufgaben nicht zwingend einen Betreuer bestellen muss. Mit der Erteilung einer solchen Vorsorgevollmacht kann also auch für den Betreuungsfall noch ein hohes Maß an Selbstbestimmung realisiert werden. Dies zeigt sich auch darin, dass ein Bevollmächtigter eine freiere Stellung hat als ein Betreuer, der vom Vormundschaftsgericht in umfassender Weise überwacht wird.

Die Vorsorgevollmacht bedarf zwar grundsätzlich keiner bestimmten Form, sondern kann auch mündlich erteilt werden. Aber natürlich empfiehlt es sich – vor

---

[1] Vgl. §§ 164 ff. BGB.

allem wenn der Regelungsgehalt den unternehmerischen Bereich umfasst –, für die spätere Nachweisbarkeit der Erteilung und des Umfangs der Vollmacht diese schriftlich zu verfassen.

Zu beachten ist aber noch, dass Banken die Vollmacht in der Regel nur dann anerkennen, wenn die Unterschrift des Vollmachtgebers bankintern bestätigt oder notariell beglaubigt ist. Dies gilt häufig auch für Behörden, die zumindest auf einer amtlichen Beglaubigung der Unterschrift bestehen.

3. Postmortale Vollmachten

Eine weitere Möglichkeit, auch im Falle eines überraschenden Todesfalls, eine lückenlose Weiterführung eines Unternehmens zu ermöglichen, besteht darin, eine Vollmacht von vornherein auf den Todesfall hin zu erteilen. Dies kann immer dann eine sinnvolle Alternative sein, wenn nur Handlungsvakuen vermieden werden sollen, die Erteilung einer Vollmacht bereits zu Lebzeiten – die i. d. R. durch den Tod des Vollmachtgebers nicht erlischt – aber gerade nicht gewollt ist.

Mit einer solchen Vollmacht trifft der Vollmachtgeber keine Verfügung über bestimmte Vermögenswerte, sie hat also selbstverständlich keinen Einfluss auf den Nachlass. Das Risiko des Missbrauchs einer nach außen unbeschrankten oder nur teilweise beschränkten Vollmacht trägt der Vollmachtgeber. Potenzielle Vertragspartner trifft grundsätzlich keine Prüfungspflicht, es sei denn bei objektiver Evidenz des Missbrauchs, die aber massive Verdachtsmomente voraussetzt[2]. Liegen diese nicht vor, muss eine Bank die ihr vom Bevollmächtigten erteilten Weisungen unverzüglich und vorbehaltlos ausführen. Sie ist nicht berechtigt, die Zustimmung des oder der Erben abzuwarten oder diesen durch Zuwarten den Widerruf zu ermöglichen.[3]

Wie bei der Vorsorgevollmacht sind bei der postmortalen Vollmacht grundsätzlich keine besonderen Formvorschriften zu beachten, es sei denn, das vom Bevollmächtigten beabsichtigte Grundgeschäft (z. B. Immobilienkauf oder –verkauf) unterliegt einer Formvorschrift.

Die Möglichkeit, mit Hilfe von Vorsorgevollmachten oder von postmortalen Vollmachten eine Phase des Stillstands im Unternehmen zu vermeiden und dem Bevollmächtigten eine unmittelbare Fortführung des Unternehmens zu ermöglichen, kann im Hinblick auf eine sinnvolle Klärung der Fragen rund um die Unternehmensnachfolge jedoch nur ein – wenn auch wichtiger – Begleitschritt sein.

4. Auswahl und Vorbereitung des oder der Nachfolger(innen)

Die erfolgreiche Implementierung eines Nachfolgers erfordert nicht nur eine Vielzahl von weitreichenden Überlegungen, sondern vor allem viele konkrete Handlungsschritte, die umgesetzt werden müssen, wenn vermieden werden soll, dass Nachfolger nicht nach dem Abtreten des Unternehmers scheitern.

---

[2] Vgl. BGH, Neue Juristische Wochenschrift 1994, S. 2082.
[3] Vgl. BGH, Neue Juristische Wochenschrift 1995, S. 250.

Soweit für die Nachfolge die eigenen Kinder oder andere nahe stehende Personen in Frage kommen, empfiehlt es sich, nicht nur für eine hervorragende Ausbildung Sorge zu tragen, sondern die potenziellen Nachfolger(innen) schon möglichst frühzeitig ins Unternehmen hineinschnuppern zu lassen. Praktika in den Schul– oder in den Semesterferien verschaffen nicht nur dem potenziellen Nachfolger ein Gefühl für die eigenen Neigungen und Fähigkeiten, sondern vor allem dem Unternehmer selbst Klarheit bzw. Bestätigung in Bezug auf die Wahl des geeigneten Nachfolgers und dessen konkrete Eignung. Praktika oder die befristete Übernahme von Aufgaben in Unternehmen von befreundeten Unternehmern sichern die so gewonnenen Erkenntnisse ab. Am sinnvollsten ist es, wenn der Unternehmer einen Stufenplan für den/die Nachfolger entwickelt, um diesen eine klare Perspektive zu verschaffen, wann und wie sie mit der Übergabe von Entscheidungsbefugnissen rechnen können, die von entsprechenden Maßnahmen auf der Kapitalebene flankiert werden. Die folgende Grafik soll exemplarisch einen solchen Stufenplan skizzieren, der selbstverständlich der individuellen Situation angepasst werden muss.

Stufenplan für die Unternehmensnachfolge

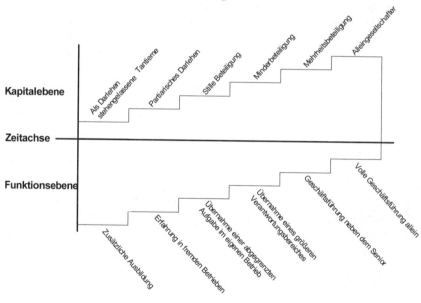

Mit der persönlichen Auswahl eines geeigneten Nachfolgers ist jedoch nur ein erster wichtiger gedanklicher Schritt getan. Zentrale Bedeutung kommt der rechtlichen und steuerlichen Unangreifbarkeit der Umsetzung der Implementierung dieser Person zu.

Folgende Stichworte skizzieren die Minenfelder, welche die nachhaltige Umsetzung der getroffenen Entscheidungen verhindern, zumindest aber gefährden können:

- Nicht synchronisierte Nachfolgeregelungen zwischen Gesellschaftsverträgen und letztwillige Verfügungen.
- Die Nachfolgeregelung für das Unternehmen verstößt gegen Pflichtteilsrechte z. B. von anderen Abkömmlingen.
- Die Unternehmensnachfolge löst Erbschaft-/Schenkungsteuern aus, die im Ergebnis so substanzschmälernd wirken, dass die Existenz des Unternehmens gefährdet wird, oder das Unternehmen gegenüber den Wettbewerbern an Boden verlieren lassen.

So sehr es auch für den Unternehmer eine Erleichterung sein mag, endlich Klarheit bezüglich der Person seines designierten Nachfolgers zu haben, so wenig ist damit bereits sichergestellt, dass diese Entscheidung nicht an rechtlichen oder steuerlichen Barrieren scheitert. Es ist deshalb unbedingt sinnvoll, die getroffenen Entscheidungen im Rahmen einer umfassenden Nachfolgeplanung auf ihre Bestandskraft im Erbfall zu untersuchen.

Gerade bei mittelständischen Unternehmern, bei denen das Unternehmen meist deutlich mehr als 50 % des Gesamtwerts ihres Vermögens ausmacht, besteht das Risiko, dass die Entscheidung für eine bestimmte Person als Nachfolger im Unternehmen eine Pflichtteilsverletzung auslöst. Da der Anspruch von Pflichtteilsberechtigten bei einem Pflichtteilsverstoß auf Geld lautet und sofort fällig ist, ist es zuallererst notwendig, die Höhe der Ansprüche der Pflichtteilsberechtigten zu kennen. Diese zu beziffern, ist ohne eine vollständige Bewertung des gesamten Vermögens des Unternehmers zu Verkehrswerten nicht möglich, was wiederum eine lückenlose Bestandsaufnahme des Vermögens unumgänglich macht. Hier ist mit großer Sorgfalt vorzugehen, da auch kleine Nachlässigkeiten in der Summe zu erheblichen Abweichungen führen können.

Die folgende Checkliste soll dabei behilflich sein, die für eine Vollständigkeit notwendige Systematik in der Erfassung aller relevanten Daten zu unterstützen.

5. Checkliste für die Datenerfassung aller relevanten Vermögenswerte

Aktive und passive Beteiligungen

- Aktive Unternehmensbeteiligungen: Gesellschaftsverträge, Einnahmen-/ Überschussrechnungen (BWA) oder Gewinn- und Verlustrechnungen sowie Bilanzen der letzten Jahre,
- Angaben zu Gesellschafterdarlehen, wie Höhe, Zinssatz und geplanter Rückfluss,
- Passive Beteiligungen, wie geschlossene Mobilien-, Immobilien-, Medien- und Schiffsfonds: Beitrittserklärungen, Prospekte und Prognoseberechnungen und – soweit verfügbar – Darlehensverträge sowie aktuelle Salden der zusätzlichen Finanzierungen.

Immobilien und Grundstücke

- Angaben zu: Standort (In- oder Ausland), Selbst- oder Fremdnutzung, wohnwirtschaftlicher oder gewerblicher Prägung, Wohn- und Nutzflächen, Grund-

stücksgrößen, Verkehrswerten, laufenden Mieteinnahmen und Nebenkosten sowie Grundbuchauszug,
- Anschaffungs- bzw. Herstellungskosten, Baujahr und Kaufdatum
- Darlehensverträge, aktuelle Salden, Zinssätze und Annuitäten p. a. sowie Tilgungsarten von laufenden Finanzierungen, Angaben zu Sondertilgungen.

Liquides Vermögen
- Aktuelle Salden aller relevanten Konten, wie Giro–, Tagesgeld–, Devisen–, Festgeld– und Sparkonten sowie Bausparguthaben,
- Aktuelle Auszüge von Wertpapierdepots und sonstigen Investments (z. B. Fonds oder Berlin-Darlehen),
- Angaben zu geplanten Investments (z. B. Immobilienerwerb).

Versicherungssituation
- Kapitallebens–, Berufs– und Erwerbsunfähigkeitsversicherung sowie Private Rentenversicherungen: Policen und aktuelle Nachträge,
- Risikolebensversicherungen: Policen und aktuelle Prämienhöhe,
- Gesetzliche Rentenversicherung: Rentenverlauf und eventuell vorhandene Rentenberechnungen,
- Betriebliche oder berufsständische Altersversorgung sowie sonstige bestehende Anwartschaften auf Renten und Pensionen: Höhe der Anwartschaften, aktuelle Beiträge und Name des Versicherungsträgers.

Sonstiges Vermögen
- Kunst,
- Sammlungen (z. B. Münzen),
- Schmuck usw.

Vermögensnachfolge
- Aktuelles Testament oder
- Ehe– und Erbverträge,
- Angaben über Zeitpunkt und Wert bereits erfolgter Schenkungen, Verwendung von Freibeträgen,
- Sonstige vermögensrelevante Vereinbarungen, wie z. B. Nießbrauchsvereinbarungen oder Wohnrechte.

Erfahrungsgemäß ist kaum jemand wirklich in der Lage, ohne fremde Unterstützung und ohne zeitlichen Druck die Disziplin aufzubringen, die eine solch systematische Erfassung der Vermögenssituation erfordert. Zudem ist es mit der Bestandsaufnahme an sich nicht getan. Entscheidende Bedeutung kommt der Bewertung der einzelnen Vermögenspositionen zu. Gerade wegen möglicher Pflichtteilsansprüche muss eine möglichst realistische Bewertung zu Verkehrswerten erfolgen. Sinnvollerweise sollte eine Verdichtung der Datenfülle in Form einer Privatbilanz erfolgen, die nach Vermögenssegmenten gegliedert ist und so den Umfang besonders volatiler Vermögenspositionen leichter erkennen lässt (z. B. Wertpapiere wie Aktien). Auf Basis der so ermittelten Vermögenswerte sollte unbedingt parallel dazu eine Bewertung unter erbschaft-/schenkungsteuerlichen Gesichtspunkten erfolgen, um eine Idee vom Umfang einer möglichen erbschaft-/schenkungsteuerlichen Belastung zu bekommen. In einem Umfeld, in dem Konstanz bei steuerlich relevanten Themen nicht mehr erwartet werden kann, kann es hier nur um eine zeitliche Fiktion gehen, die den Erbfall als aktuell unterstellt und somit gleichzeitig eine Indikation für die Konsequenzen von zeitnahen Schenkungen verschafft.

Nur auf dieser Basis lassen sich beispielsweise mögliche Alternativen bzw. Gestaltungen vergleichend im Wege einer vorweggenommenen Erbfolge durch Schenkung ermitteln und gegenüberstellen. Dabei zeigt die Praxis, dass eine Auflistung verschiedenster Gestaltungsmöglichkeiten in abstrakter, rein verbaler Form häufig nicht den hinreichenden Druck erzeugt, der im Ergebnis zum Handeln zwingt. Dies geschieht meist erst auf der Basis klarer Ergebnisse zu Fragen wie:
– Wie hoch ist die konkrete Steuerlast im Erbfall insgesamt?
– Wie hoch ist die Steuerbelastung jedes einzelnen Begünstigten bei der vom Vermögensinhaber gewünschten Verteilung des Erbes? Damit entsteht Klarheit, welche pekuniären Folgen die unterschiedliche Bewertung von Vermögenswerten wie Immobilien, Betriebsvermögen, Land- und Forstwirtschaft für die einzelnen Begünstigten, z. B. bei Sachvermächtnissen und konkreten Teilungsanordnungen, hat.
– Lassen die in den Gesellschaftsverträgen getroffenen oder gegebenenfalls eben nicht getroffenen Nachfolgeregelungen eine Übernahme des Unternehmens durch den dafür vorgesehenen Erben überhaupt zu, oder zieht der Erbfall etwa ungewollt die Liquidation des Unternehmens nach sich?
– Werden durch die vorgesehene Regelung für die Unternehmensnachfolge aktuell Pflichtteilsrechte tangiert?
– Ist der Unternehmensnachfolger in der Lage, ohne Gefährdung des Unternehmens die fälligen Erbschaftsteuern aufzubringen und gegebenenfalls zusätzlich die Ausgleichsforderungen von Pflichtteilsberechtigten zu erfüllen?

Die Antwort auf diese Fragen ist infolge der Analyse der vorhandenen Regelungen präzise möglich. Faktisch verursacht die so gewonnene Klarheit fast immer den notwendigen Handlungsdruck, und selbst in den seltenen Fällen, in denen Handlungsalternativen keine signifikanten Verbesserungen darstellen, hilft diese Erkenntnis. Die bisweilen lähmende Ungewissheit weicht, und die Beteiligten können sich gezielter auf die gegebenenfalls unvermeidlichen Konsequenzen vorbereiten.

Unterstützung in diesem Prozess bieten dem Unternehmer nicht nur seine angestammten Rechts- und Steuerberater, sondern auch Spezialabteilungen von Finanzdienstleistern wie Banken, die den dafür notwendigen Analysevorgang bedingt durch eine Vielzahl von behandelten Fällen systematisiert haben. Ihnen hilft dabei, dass sie sich mit den diesbezüglichen Fragen besonders fokussiert auf mögliche Vermögensumstrukturierungen auseinandersetzen, weil dort alternative Investitionsmöglichkeiten mit u. a. günstigerer Bewertung nicht nur abstrakt, sondern konkret und aktuell bekannt sind. Denn die reine Rechtssicht ist manchmal genauso wenig ausreichend wie der rein steuerliche Blickwinkel.

Hat der Unternehmer vor, sich mit seinem Wunsch einer Analyse der von ihm getroffenen Nachfolgeregelungen an eine Bank zu wenden, so sollte er dringend Fragen zur fachlichen Qualifikation und Ausbildung der seinen Fall bearbeitenden Personen stellen. Außerdem sollte er sich anonymisierte Analysen der jüngsten Vergangenheit vorlegen lassen, um einen Eindruck zu bekommen, ob und wie weit darin auf individuelle Fragestellungen eingegangen wurde. Andernfalls läuft er Gefahr, dass Bestandsaufnahme und Bewertung zwar routiniert und zügig ablaufen, die Empfehlungen jedoch bestenfalls Ratgeber-Niveau erreichen, weil für ihn konkret umsetzbare Lösungsvorschläge nicht oder nur oberflächlich angerissen werden.

Die Analyse der bestehenden Situation ist also unverzichtbar. So sehr aber Klarheit über die Gesamtsituation auch hilft – entscheidend sind Art und Umfang der Handlungsalternativen. Das mögliche Spektrum ist hier erheblich größer als gemeinhin bekannt. Wichtig ist deshalb, dass der Unternehmer eindeutige Prioritäten setzt im Hinblick auf die von ihm gewünschten Ergebnisse. Sonst läuft er Gefahr, sich wegen der Fülle interessanter Handlungsalternativen nicht entscheiden zu können. Er muss möglichst eindeutig definieren:

- Genießt für ihn der weitgehend unproblematische Fortbestand seines Unternehmens (seines Lebenswerks) die erste Priorität, oder eine möglichst penible Gleichverteilung seines Nachlasses an die potenziellen Erben?
- Soll der/die Unternehmensnachfolger(in) bei unternehmensbezogenen Entscheidungen möglichst frei agieren können, oder wird ein Gesellschafterkreis, in dem auch die anderen Erben vertreten sind, als unproblematisch und daher akzeptabel angesehen?
- Sollen besonders einfache bzw. klare Strukturen für die Nachlassregelung gefunden werden (z. B. im Wege quotaler Aufteilung), oder soll den Erben die Auseinandersetzung bezüglich des Nachlasses (z. B. durch Teilungsanordnungen) erleichtert werden?
- Welchen Stellenwert soll eine besonders geringe Belastung mit Erbschaft-/Schenkungsteuern haben?

Besonders in den Fällen, in denen der Unternehmer Probleme hat, sich zwischen diesen Polen und vielen weiteren Aspekten zu entscheiden, kommt einer sauberen Analyse des Ist-Zustands große Bedeutung zu. Dabei tritt sehr häufig zu Tage, dass insbesondere eine allzu ausgeprägte Gerechtigkeitsidee dem/der Unternehmensnachfolger(in) eine erfolgreiche Weiterführung des Unternehmens unmöglich macht oder zumindest angesichts der übernommenen unternehmerischen Risiken unnötig erschwert. Im Ergebnis führt dies dann auch nicht zum erhofften Frieden in der Familie – im Gegenteil.

6. Erbvertrag, Erb- bzw. Pflichtteilsverzicht

Als Erbvertrag wird die vertragsmäßige Erbeinsetzung und Anordnung von Vermächtnissen oder Auflagen verstanden. Dies ist klassischer–, aber nicht notwendigerweise ein mindestens zweiseitiger Vertrag, in dem die Vertragspartner (meist Ehepartner) als potenzielle Erblasser über ihren Nachlass verfügen. Es tritt eine weitreichende Bindungswirkung für die Vertragspartner ein. Zur Schaffung von Akzeptanz für die letztwilligen Verfügungen bei den begünstigten Dritten (z. B. die Kinder) taugt ein Erbvertrag aber auch nicht mehr als ein gut gemachtes Testament. Deshalb sollten besonders Unternehmer unbedingt erbvertragliche Regelungen anstreben, die unter Einbeziehung aller Pflichtteilsberechtigten bereits zu Lebzeiten getroffen werden. Im Vorfeld einer solchen vertraglichen Regelung sind der oder die Vermögensinhaber gezwungen, die Intentionen der von ihnen gewünschten Erbregelungen offen zu legen. Dies trägt zur Klärung vieler unausgesprochener Erwartungen innerhalb der Familie entscheidend bei und eröffnet die Chance, spätere Konflikte, beispielsweise mit noch unbekannten künftigen Ehepartnern der Kinder, von vorneherein auszuschließen. Steht am Ende eines solchen Prozesses ein gemeinsamer Erbvertrag aller Beteiligten, dann sind Spannungen und Unstimmigkeiten in der Familie vorübergehender Natur und meist schnell vergessen. Die Unumstößlichkeit der darin getroffenen Regelungen fördert gemeinhin die Akzeptanz durch alle Vertragspartner – selbst dann, wenn es nach Vertragsschluss im Laufe der Jahre zu Wertverschiebungen bezüglich der einzelnen Personen zugewiesenen Vermögenswerte (insbesondere des Unternehmens) kommen sollte.

Fälschlicherweise gehen Unternehmer häufig davon aus, dass die gewünschte vertragliche Zuordnung des Unternehmens an den/die designierten Nachfolger grundsätzlich einen umfassenden Erb- und Pflichtteilsverzicht seiner anderen Erben notwendig macht, der kaum zu erreichen sei. Das ist so nicht richtig. Zwar umfasst der Erbverzicht nach dem Wortlaut des Gesetzes auch einen Pflichtteilsverzicht[4]. Dennoch ist es nach herrschender Ansicht möglich, dass der Verzichtende sich, entgegen dem Wortlaut des Gesetzes, sein Pflichtteilsrecht vorbehält.

Andererseits hat ein Erbverzicht zur Folge, dass er sich auch auf die Abkömmlinge des Verzichtenden erstreckt und somit den ganzen Stamm von der Erbfolge ausschließt. Außerdem erhöht der Erbverzicht eines gesetzlichen Miterben die Pflichtteilsrechte der übrigen gesetzlichen Erben. Das liegt daran, dass die Höhe eines Pflichtteilsanspruchs von zwei Faktoren bestimmt wird, weil er die Hälfte der gesetzlichen Erbquote beträgt: von der Höhe der gesetzlichen Erbquote und vom Wert und Bestand des Nachlasses zum Zeitpunkt des Erbfalls. Da diejenigen, die auf ihren Erbteil verzichtet haben, bei der Ermittlung der Erbquote nicht mitgezählt werden, ergibt sich diese zumeist ungewollte Konsequenz.

Vor dem Abschluss eines Erbverzichts muss also gewarnt werden, in der Regel genügt vielmehr ein Pflichtteilsverzichtvertrag. Gerade in Unternehmerfamilien würde häufig sogar ein gegenständlicher Pflichtteilsverzicht, beispielsweise bezüglich des Betriebsvermögens, seitens der nicht die unternehmerische Nachfolge antretenden Erben voll genügen.

Immer dann, wenn Vermögensinhabern innerhalb der Familie geklärte Erbschaftsverhältnisse besonders am Herzen liegen und/oder das Unternehmen die eindeutig größte Vermögensposition darstellt sowie eine quotale Gleichverteilung des potenziellen Nachlasses kaum möglich oder sinnvoll ist, stellt eine einvernehmliche

---

[4] Vgl. § 2346 BGB.

erbvertragliche Regelung – bisweilen auch mit sanftem Druck und Zugeständnissen durchgesetzt – die langfristig beste Regelung dar. Die bekannte Schwierigkeit, einen solchen Vertrag wegen der dafür erforderlichen Übereinstimmung aller Beteiligten in den Folgejahren nochmals abzuändern, wird durch die Vorteile einer kaum anfechtbaren Regelung eindeutig überkompensiert.

7. Der Beirat – nützliches Instrument bei der Unternehmensnachfolge

Auf Ebene des Unternehmens kann die Errichtung eines Beirats bei der Regelung der Nachfolge im Unternehmen äußerst hilfreich sein, da er zur Erleichterung des Übergangs der unternehmerischen Kontrolle auf die Nachfolger entscheidend beitragen kann. Dies geschieht am besten dadurch, dass dieses Gremium folgende Funktionen übernimmt:

- Der Einsatz des Beirats als Kontrollinstrument hilft dem aus der aktiven Geschäftsführung ausscheidenden Unternehmer, seinen Einfluss zu wahren. Sollte zum Zeitpunkt des Ausscheidens noch kein familieneigener Nachwuchs in die Geschäftsführung einrücken können, kann der Beirat eine wirksame Kontrolle im Sinne der Familie ausüben.
- Der Beirat bietet die Chance, durch die Art seiner Zusammensetzung die ursprünglich vom Unternehmer als Gesellschafter oder Geschäftsführer eingebrachte fachliche und inhaltliche Kompetenz zu ersetzen, die – zumindest anfangs – bei den Nachfolgern vielleicht noch nicht vorhanden ist.
- Ein von den Beteiligten akzeptierter Beirat vermag entscheidend aus quasi neutraler Warte zum Ausgleich zwischen den Unternehmergenerationen beizutragen. Das Gleiche gilt auch in Bezug auf die mitunter widerstrebenden Interessen bei Übertragung der Anteile auf mehrere Abkömmlinge bzw. deren Familienstämme.
- Der Beirat ist das geeignete Forum für den ausgeschiedenen Unternehmer, um als Imageträger auch nach außen noch weiter für die Gesellschaft zu fungieren.

Sowohl bei Personengesellschaften als auch bei der GmbH erlaubt der Grundsatz der Gestaltungsfreiheit eine relativ weitgehende Modifikation der gesetzlich vorgegebenen Organstruktur. Grenzen bestehen allerdings dort, wo dem Beirat in Bezug auf die Geschäftsführung nicht nur eine konkurrierende, also im Prinzip gleichwertige, sondern sogar eine verdrängende Entscheidungskompetenz zugewiesen wird. Bei Personengesellschaften setzt das Prinzip der Selbstorganschaft den Befugnissen des Beirats dann Grenzen, wenn ihm überwiegend gesellschaftsfremde Mitglieder angehören. Bei der GmbH verstoßen solche verdrängenden Kompetenzen des Beirats gegen eine Vielzahl zwingender Befugnisse der Geschäftsführer wie z. B. bezüglich der

- Erhaltung des Stammkapitals,[5]
- Anmeldung diverser gesellschaftsrechtlicher Angelegenheiten zum Handelsregister,[6]
- Buchführung und Erstellung des Jahresabschlusses,[7]

---

[5] Vgl. §§ 30, 31, 33 GmbHG.
[6] Vgl. § 40, 78 GmbHG.
[7] Vgl. §§ 41, 42 a GmbHG.

- Einberufung der Gesellschafterversammlung,[8]
- Antragstellung bei Insolvenz.[9]

Bezüglich der Gesellschafterrechte dürfen sich die Entscheidungsbefugnisse eines Beirats wohl kaum auf die Bereiche erstrecken, die nach dem Gesetz mit einer Dreiviertelmehrheit der Gesellschafter zu treffen sind. Dazu gehören Satzungsänderungen, die Einforderung von Nachschüssen bzw. Kapitalmaßnahmen, die Auflösung, Umwandlung oder Verschmelzung der Gesellschaft, die Einziehung eines Geschäftsanteils oder der Ausschluss eines Gesellschafters.

Typische Aufgaben eines Beirats hingegen sind zum Beispiel
- Überwachung der Geschäftsführung, die Aspekte wie Legalität und Wirtschaftlichkeit umfasst und sich nicht nur auf die Vergangenheit, sondern auch auf die Zukunft bezieht.
- Personalentscheidungen, wie die Befugnis zur Bestellung und Abberufung von Geschäftsführern und Prokuristen.
- Prüfung und Feststellung des Jahresabschlusses sowie Entscheidung über Gewinnausschüttung und Thesaurierung.
- Zustimmung zur Übertragung oder Teilung von Geschäftsanteilen. Damit wächst dem Beirat unter Umständen gerade im Hinblick auf die Nachfolgeregelung eine bedeutende Aufgabe zu.
- Weisungsbefugnisse gegenüber der Geschäftsführung bezüglich ausgewählter Geschäftsbereiche, zu denen im Beirat ein besonderer Erfahrungshorizont besteht.
- Zustimmungspflichten bei bestimmten Maßnahmen der Geschäftsführung, wie beispielsweise bei Projekten über einer bestimmten Größenordnung oder mit Auslandsbezügen.
- Wahrnehmung von bestimmten Aufgaben der Geschäftsführung im Rahmen einer rechtsgeschäftlichen Bevollmächtigung.
- Schiedsrichterliche Aufgaben bei Meinungsverschiedenheiten auf der Ebene der Geschäftsführung, des Gesellschafterkreises und zwischen diesen Gremien.
- Wahrnehmung weitreichender Informations- und Einsichtsrechte, die aus allgemeinen Prinzipien und den Regelungen des GmbH-Gesetzes[10] und des Aktien-Gesetzes[11] abzuleiten sind.

7.1 Errichtung und Organisation

Das Gesetz sieht keine bestimmte Anzahl von Beiratsmitgliedern vor. Ohne andersartige Regelung gilt für die GmbH ein dreiköpfiger Beirat als typisch[12].

Die Bestellung der Beiräte erfolgt ohne anderweitige Regelung im Gesellschaftsvertrag durch die Gesellschafterversammlung. Die Gestaltungsfreiheit geht aber

---

[8] Vgl. § 49 Abs. 3 GmbHG.
[9] Vgl. § 64 GmbHG.
[10] Vgl. § 52 Abs. 1 GmbHG.
[11] Vgl. §§ 90 Abs 3-5; 111; 170 AktG.
[12] Vgl. § 52 Abs. 1 GmbHG i. V. m. § 95 AktG.

sogar so weit, dass auch Dritten das Recht eingeräumt werden kann, Mitglieder in den Beirat zu entsenden. Ohne andere gesellschaftsvertragliche Regelung sind Beiräte auf unbestimmte Zeit bestellt, können dann aber auch ohne wichtigen Grund durch Mehrheitsbeschluss der Gesellschaft abberufen werden. Die Beiratsfunktion kann an persönliche Voraussetzungen, wie berufliche Qualifikationen oder Zugehörigkeit zu einer der Gesellschafter-Familien geknüpft werden. Da weder das GmbH-Gesetz noch die Normen des Handels-Gesetzbuchs für Kommanditgesellschaften und Offene Handelsgesellschaften Regelungen zur inneren Ordnung eines Beirats vorsehen, ist dringend zu empfehlen, diesen Bereich, also Einberufung und Durchführung von Beiratssitzungen oder das Entscheidungsprozedere wie notwendige Mehrheiten oder ggf. Vetorechte für bestimmte Beiräte inklusive der damit verbundenen Formalitäten im Gesellschaftsvertrag zu regeln.

7.2 Rechtsstellung, Pflichten und Haftung von Beiräten

Auch die Rechtsstellung der Beiräte in der Gesellschaft ist im Gesetz nicht geregelt; es ist deshalb von einem aus der Organstellung abgeleiteten körperschaftlichen Rechtsverhältnis auszugehen. Im Ergebnis bedeutet dies, dass die Beiräte auch ohne gesellschaftsvertragliche Regelung Ansprüche auf eine „übliche" Vergütung[13] und auf Aufwendungsersatz[14] haben. Sorgfaltspflichten der Beiräte regeln sich bei Kapitalgesellschaften entsprechend den Regelungen des Aktien-Gesetzes[15], andernfalls in Anlehnung an die Regelungen des bürgerlichen Gesetzbuchs[16]. Daneben unterliegt der Beirat einer gesetzlichen Schweigepflicht[17] und aufgrund seiner Organstellung auch einer Treuepflicht gegenüber der Gesellschaft, die das Ausnutzen der Organstellung im eigenen Interesse verbietet.

Die Haftungsgrundlagen von Beiräten sind nicht abschließend geklärt. Bei Kapitalgesellschaften ist wohl hinsichtlich der Wahrung von Sorgfaltspflichten von einer Umkehr der Beweislast zu Lasten des Beirats auszugehen[18]. Bei Personengesellschaften ist wohl auf den Sorgfaltsmaßstab in eigenen Angelegenheiten abzustellen[19], sofern der Beirat auch Gesellschafter ist. Diese Haftungserleichterung kann in anderen Fällen nicht gelten[20].

8. Unternehmensrechtsformen und Nachfolge

Die bei Gründung des Unternehmens getroffene Entscheidung für die Rechtsform wird klassischerweise später anlässlich von Wachstumsplänen, der Aufnahme und dem Ausscheiden von Mitunternehmern bzw. Kapitalgebern und im Hinblick auf

---

[13] entsprechend § 612 BGB.
[14] entsprechend § 670 BGB.
[15] Vgl. §§ 116, 93 AktG.
[16] Vgl. § 276 BGB.
[17] Vgl. § 52 GmbHG i. V. m. § 116 AktG.
[18] entsprechend § 52 GmbHG i. V. m. §§ 93 Abs. 2, 116 AktG.
[19] gemäß § 708 BGB.
[20] So dass wohl eher der schärfere Haftungsmaßstab des § 276 BGB heranzuziehen ist.

die Änderung steuerrechtlicher oder anderer Rahmenbedingungen immer wieder überprüft. Insbesondere die durch das Umwandlungsgesetz und Umwandlungssteuergesetz erweiterten und erleichterten Möglichkeiten der Rechtsformwandlung machen eine Überprüfung des Status Quo in regelmäßigen Abständen sinnvoll; einen besonderen Anlass bietet aber die Planung der Unternehmensnachfolge. Die Vielfalt der möglichen zu berücksichtigenden unternehmerischen wie familiären Sachverhalte und Ziele ist unüberschaubar, aber als zentrale Gesichtspunkte, welche die Rechtsformwahl unter dem Aspekt der Nachfolge beeinflussen, kristallisieren sich immer wieder die folgenden heraus:

- Sicherung der Unternehmenskontinuität: Hier ist entscheidend, ob für die Nachfolge in der Leitung des Unternehmens eine bestimmte Person (z.B. aus der Familie) vorgesehen ist oder nicht
- Verhinderung der Zersplitterung der Beteiligung: Dies wird der Unternehmer insbesondere bei Beteiligungen an Familiengesellschaften beachten wollen
- Haftung der Nachfolger: Der Unternehmer wird Maßnahmen zum Schutz der Nachfolger vor Haftungsrisiken ergreifen müssen, will er verhindern, dass die Motivation der Nachfolger zur Übernahme von Verantwortung gelähmt wird.

Sicherung der Altersversorgung: Nach dem Rücktritt aus der aktiven Geschäftsführung hat der Unternehmer regelmäßig ein besonderes Interesse an einer nur kapitalmäßigen Form der Fortsetzung seiner Beteiligung.

- Verhinderung des erbfallbedingten Kapitalabflusses: Da im Regelfall nur eines der Kinder dem Unternehmer im Unternehmen nachfolgt, muss diese Person meist gegenüber anderen Kindern und der Ehefrau Ausgleichspflichten übernehmen. Außer durch erbrechtliche Verfügungen ist das Unternehmen auch durch gesellschaftsvertragliche Regelungen vor einem übermäßigen Kapitalabfluss zu schützen.

Soweit nicht im Einzelfall weitere Problemstellungen in der Unternehmerfamilie den entscheidenden Ausschlag für die Entscheidung bezüglich der Unternehmensrechtsform geben, ist es gerade die Priorisierung unter den oben genannten Kriterien, die den Ausschlag dafür gibt, ob im Hinblick auf die Unternehmensnachfolge eine Kapitalgesellschaft, eine Personengesellschaftsform, Mischgebilde wie die GmbH & Co KG oder gar Stiftungsstrukturen der Vorzug zu geben ist. Die folgenden Kapitel geben hier einen vertieften Einblick.

Weiterführende Literatur:

Esch/Baumann/Schulze zur Wiesche, Handbuch der Vermögensnachfolge, 6. Auflage Bielefeld 2001.

Flick/von Oertzen, Erben ohne Streit und Steuern, Frankfurt am Main 2003.

Kerscher/Tanck, Pflichtteilsrecht in der anwaltlichen Praxis, Bonn 1997.

Sudhoff, Unternehmensnachfolge, 4. Auflage München 2000.

Unternehmensnachfolge zu Lebzeiten

Dr. Wolfgang Galonska

Inhalt:

	Seite
1. Vorweggenommene Erbfolge	189
1.1 Grundfragen	189
1.2 Zivilrechtliche Einordnung der vorweggenommenen Erbfolge	190
1.3 Gesellschaftsbeteiligungen als Schenkungsgegenstand	191
2. Betriebsaufspaltung und Wiesbadener Modell	193
3. Familien-Holding	195
3.1 Grundfragen	195
3.2 Formen der vermögensverwaltenden Gesellschaften	195
3.3 Güterstand	196
4. Beteiligung Minderjähriger	196
4.1 Ergänzungspfleger	197
4.2 Vormundschaftsgerichtliche Genehmigung	197

1. Vorweggenommene Erbfolge

1.1 Grundfragen

Die Übertragung eines Unternehmens kann durch testamentarische Regelungen von Todes wegen erfolgen oder aber auch mit Wirkung zu Lebzeiten. Dabei fasst der Begriff der vorweggenommenen Erbfolge solche Generationennachfolgeregelungen zusammen, bei denen das Vermögen oder wesentliche Teile davon durch den künftigen Erblasser auf einen oder mehrere als künftige Erben in Aussicht genommene Empfänger übertragen wird[1]. Regelmäßig sehen solche Gestaltungsformen ergänzende Versorgungs-, Anrechnungs- oder Ausgleichsregelungen vor.

Erforderlich ist die Bereitschaft des Betriebsinhabers, sich schon zu Lebzeiten von einem Vermögenswert oder einem wesentlichen Teil davon zu trennen, ohne gleichzeitig die Sicherheit zu erhalten, dass sich seine ursprünglichen Vorstellungen über die Entwicklung bis zu seinem eigenen Tode tatsächlich auch unverändert verwirklichen. Trotz vielfach rechtlich möglicher Gestaltungsmöglichkeiten verbleiben Risiken wie die Verschlechterung der eigenen wirtschaftlichen Situation des Erblassers, das nicht auszuschließende Vorversterben des Empfängers oder dessen mangelnde Eignung zur Unternehmensführung.

Diesem Nachteil steht eine Fülle von Vorteilen gegenüber, die regelmäßig die Motivation für Gestaltungen im Wege der vorweggenommenen Erbfolge begründen: Noch zu Lebzeiten hat der Erblasser die Macht, mit seinen Nachfolgern eine vertragliche Regelung herbeizuführen, deren Umsetzung er selbst begleiten kann. Er

---

[1] Vgl. *Sudhoff/Stenger*, Unternehmensnachfolge, B 1 § 19 Rdnr. 1.

bestimmt die Vermögensverteilung und vermag zu Lebzeiten die Wahrung der Familieninteressen zu kontrollieren sowie Erbauseinandersetzungen zu vermeiden. Gerade die Vermeidung des Entstehens von Erbengemeinschaften mit der häufig verbundenen Folge von Erbstreitigkeiten lässt sich vor dem Hintergrund der beabsichtigten Vermögens- bzw. Unternehmenssicherung flexibler und wirkungsvoller als durch testamentarische Regelungen erreichen. Darüber hinaus vermag der Erblasser den Nachfolger bei der Unternehmensführung zu unterstützen und kann Fehlentwicklungen entgegenwirken. Steht wegen, des zu geringen Alters der Kinder der geeignete Nachfolger noch nicht fest, kann durch eine zu Lebzeiten getroffene Regelung, anders als bei Verfügungen von Todes wegen, die Bestimmung des geeigneten Nachfolgers einem Dritten überlassen werden (§ 2065 BGB).

Ein entscheidender Vorteil einer lebzeitigen vertraglichen Regelung wird schließlich durch die Möglichkeit der Pflichtteilsbegrenzung ggf. auch durch den vollständigen Pflichtteilsverzicht weiterer künftiger Erben eröffnet. Selbst wenn sich eine solche Vereinbarung bei den künftigen Erben nicht durchsetzen lassen sollte, bietet auch das Gesetz selbst zahlreiche Vorteile: Etwaige mit der Unternehmensübertragung vom Übernehmer übernommene Verpflichtungen sind ggf. als Negativposten bei der Pflichtteilsberechnung pflichtteilsmindernd zu berücksichtigen. Erfolgt die Übertragung im Wege der Schenkung und sind bis zum Eintritt des Erbfalls mehr als zehn Jahre vergangen, vermögen die nicht berücksichtigten Erben – eine Ausnahme gilt im Falle des beschenkten Ehegatten – aufgrund der Betriebsübertragung keine Pflichtteilsergänzungsansprüche mehr geltend zu machen, sofern keine Nutzungs- und Widerrufsrechte vereinbart wurden (§ 2325 Abs. 3 BGB; Vgl. die Beiträge von von Oppeln-Bronikowski und Traichel).

Neben weiteren Vorteilen in erbschaft- und schenkungsteuerlicher sowie einkommensteuerrechtlicher Hinsicht (Vgl. den Beitrag von Schimpfky) können schließlich durch lebzeitige Regelungen in Fällen von Auslandsbezug – auch schon bei im Ausland belegenem Vermögen – häufig schwierige und komplizierte erbrechtliche Fragestellungen vermieden werden (Vgl. den Beitrag von Frank). Aufgabe der Vertragsgestaltung im Rahmen der vorweggenommenen Erbfolge ist es, einzelfallbezogene Lösungen zu erarbeiten, bei denen unter Berücksichtigung erkannter Gefahren oder Nachteile die positiven Ziele der Generationennachfolge umgesetzt werden.

1.2 Zivilrechtliche Einordnung der vorweggenommenen Erbfolge

Aus dem Begriff der vorweggenommenen Erbfolge ist bereits zu ersehen, dass der andernfalls mit dem Erbfall eintretende Vermögensübergang vom Grundsatz her gerade ohne Gegenleistung erfolgt und somit im Regelfall eine Schenkung nach § 516 BGB vorliegt. Soweit jedoch vom Empfänger Verpflichtungen übernommen werden, bereitet die rechtliche Einordnung Schwierigkeiten. In Betracht kommt in solchen Fällen die Einordnung als Schenkung unter Auflage, als gemischte Schenkung oder gar als entgeltliches Geschäft, wobei zu beachten ist, dass die Abgrenzung dieser einzelnen Vertragstypen untereinander sowie auch im Verhältnis zur reinen Schenkung mit den unterschiedlichsten Auswirkungen in steuerrechtlicher Hinsicht, wie auch in Bezug auf die Anfechtung und Rückforderbarkeit sowie die Ausgleichungspflicht nach § 2050 BGB verbunden ist.

Eine Schenkung nach § 516 BGB liegt vor, wenn jemand durch eine Zuwendung aus dem Vermögen des anderen bereichert wird und beide Teile darüber einig sind, dass die Zuwendung unentgeltlich erfolgen soll. So fehlt es an dem Merkmal der Vermögensschmälerung auf Seiten des Schenkers, wenn dem Empfänger lediglich der unentgeltliche Gebrauch überlassen wird und die Vermögenssubstanz beim Schenker verbleibt, da insoweit eine Leihe vorliegt. Das Tatbestandsmerkmal der Unentgeltlichkeit fehlt wiederum, wenn der Empfänger vertraglich eine Verbindlichkeit gegenüber dem Schenker, z. B. in Form von Rentenzahlungen oder aber auch gegenüber Dritten übernimmt und diese aus seinem eigenen Vermögen erfüllen muss, so in den Fällen der sog. Gleichstellungsgelder an übergangene Miterben. Wird die Gegenleistung aus dem Wert des zugewendeten Gegenstandes erbracht, wie beispielsweise bei der Übernahme von Versorgungsverpflichtungen gegenüber dem Schenker, wird regelmäßig eine Schenkung unter Auflage im Sinne der §§ 516 ff., 525 ff. BGB vorliegen, wobei dann das Wertverhältnis zwischen Auflage und geschenktem Gegenstand unerheblich ist. Schließlich kommt noch eine Schenkung unter Nießbrauchsvorbehalt in Betracht, wenn der Erblasser zwar einen Vermögensgegenstand, z. B. einen Gesellschaftsanteil überträgt, sich dessen Nutzung aber vollständig oder teilweise vorbehält. Gemischte Schenkungen wiederum, die unter Familienangehörigen weite Anwendung finden, liegen dann vor, wenn den Vertragsbeteiligten das Missverhältnis von Leistung und Gegenleistung bekannt und gewollt ist, dass der überschießende Betrag vom Zuwendenden unentgeltlich erbracht wird. Dabei unterstellt die Rechtsprechung, dass bei einem auffallenden groben Missverhältnis dieses von den Vertragsparteien erkannt wurde. Kein Entgelt wird indes von der Rechtsprechung angenommen, wenn als Gegenleistung vom Zuwendungsempfänger ein Erb- oder Pflichtteilsverzicht erklärt wird.

1.3 Gesellschaftsbeteiligungen als Schenkungsgegenstand

Gesellschaftsbeteiligungen kommen grundsätzlich als Gegenstand einer Schenkung in Betracht. Die Schaffung solcher Familiengesellschaften mit dem Ziel der schrittweise Übertragung des Betriebsvermögens und der damit verbundenen Eröffnung eigener Einkommensquellen für die Kinder gehört zu den traditionellen Instrumenten der vorweggenommenen Unternehmensnachfolge.

Gegenstand einer Schenkung kann uneingeschränkt zunächst die Übertragung eines Kommanditanteils sein, da die kapitalmäßige Beteiligung, soweit die Einlage erbracht ist, nicht durch Mitgliedschaftspflichten kompensiert wird. Begründet wird eine echte Außengesellschaft, gleichwohl liegt weitgehend eine nur passive Beteiligungsform vor, da die Mitwirkung des Kommanditisten auf ein Widerspruchsrecht gegenüber der Geschäftsführung beschränkt ist, falls diese Handlungen beabsichtigt, die über den gewöhnlichen Betrieb des Handelsgewerbes der Gesellschaft hinausgehen (§ 164 Abs. 1 HGB). Ansonsten stehen ihnen ohne abweichende gesellschaftsvertragliche Regelung keine Mitspracherechte bei der Geschäftsführung zu. Für die rechtliche Einordnung als Schenkung kommt es dabei nicht darauf an, ob der Kommanditanteil unmittelbar übertragen wird oder nur mittelbar durch Einbringung des Kapitals im Falle der Gründung einer KG mit dem Beschenkten. Die Kündigung der Kommanditgesellschaft führt bei fehlender abweichender Regelung im Gesellschaftsvertrag nach neuem Recht nicht mehr zur Auflösung der Gesellschaft, sondern zum Ausscheiden des kündigenden Gesellschafters (§ 161 Abs. 2, § 131 Abs. 3 Nr. 3 HGB n. F.). Gegen seinen Willen kann der Kommanditist in der Regel nur aus wichtigem Grund ausgeschlossen werden.

Auch stille Beteiligungen (§§ 230 ff. HGB) können unproblematisch im Wege der Schenkung eingeräumt werden. Gegenüber dem Kommanditisten ist die Rechtsstellung des stillen Gesellschafters insoweit schwächer ausgeprägt, als er sich lediglich an dem Handelsgewerbe eines anderen mit einer Vermögenseinlage beteiligt, ohne dass gemeinsames Vermögen gebildet wird und bei der die Gesellschafter unter einer Firma nach außen gemeinsam auftreten. Bei der stillen Gesellschaft handelt es sich um eine reine Innengesellschaft, bei der dem stillen Gesellschafter gegenüber der Geschäftsführung keine Widerspruchsrechte zustehen, sondern er auf reine Kontrollrechte beschränkt ist (§ 233 HGB). Der Betrieb des Handelsgeschäfts erfolgt somit allein durch den Unternehmensinhaber in alleiniger Zuständigkeit. Die stille Gesellschaft kann – anders als die Kommanditgesellschaft – jederzeit zum Schluss des Geschäftsjahres gekündigt werden, falls der Gesellschaftsvertrag keine abweichenden Regelungen vorsieht. Ein weiterer Unterschied zur Kommanditgesellschaft liegt darin, dass bei der Auflösung der stillen Gesellschaft eine Liquidation der Gesellschaft nicht stattfindet, der stille Gesellschafter auch nicht an den stillen Reserven beteiligt wird, sondern lediglich die Abrechnung des Auseinandersetzungsanspruchs erfolgt (§ 235 Abs. 1 HGB).

Die stille Gesellschaft bietet dem Unternehmensinhaber die Möglichkeit der frühzeitigen Beteiligung seiner Nachkommen am Unternehmen, ohne jedoch eigene Geschäftsführungs- und Verfügungsbefugnisse einzubüßen oder eine endgültige Bindung befürchten zu müssen. Aber auch zur unternehmerischen Nachfolge nicht geeignete Nachfahren können so finanziell abgesichert werden, ohne dass dem Unternehmen Liquidität entzogen wird. Gegenüber Personenhandelsgesellschaften hat die stille Gesellschaft den weiteren Vorteil, dass sie Kosten und Mühen der Registerpublizität vermeidet.

Die Beteiligung des stillen Gesellschafters am Gewinn der Gesellschaft – nicht notwendig an deren Verlust – ist unverzichtbares Merkmal jeder stillen Beteiligung (§ 231 HGB). In jedem Fall aber ist die Verlustbeteiligung auf die Höhe der Einlage begrenzt, so dass der Stille nur mit einem begrenzten finanziellen Risiko belastet wird. Soll der Stille darüber hinaus auch am Unternehmensvermögen beteiligt werden, spricht man von einer so genannten „atypischen stillen Gesellschaft". Der stille Gesellschafter wird dabei schuldrechtlich so gestellt, als wäre er am gemeinsamen Gesellschaftsvermögen beteiligt, obwohl dies dinglich allein dem Inhaber zusteht. Daneben kann auch eine Mitwirkungsbefugnis an der Geschäftsführung vereinbart werden und/oder Widerspruchs-, Zustimmungs-, Stimm- oder Weisungsrechte zugunsten des Stillen vereinbart werden.

Im Falle der Insolvenz des Inhabers wird die stille Einlage in der Regel wie langfristiges Fremdkapital behandelt. Verluste, die er nach dem Vertrag tragen muss, trägt er endgültig, seine Einlage kann er zur Insolvenztabelle anmelden (§ 236 HGB). Handelt es sich jedoch um eine atypische stille Gesellschaft, so kann sich aus einer Gesamtbetrachtung ergeben, dass die stille Einlage Eigenkapitalcharakter hat[2]. In den Fällen, in denen das Unternehmen als GmbH, GmbH & Co. KG, KG, KGaA oder AG organisiert ist, wird dann der Stille haftungsrechtlich einem Kommanditisten gleichgestellt mit der Folge, dass er in der Insolvenz des Inhabers seine Einlage nicht zurückverlangen kann.

Gegenstand einer Schenkung können weiterhin Unterbeteiligungen sein, die gesetzlich nicht gesondert geregelt sind. Im Gegensatz zur stillen Beteiligung erfolgt keine Beteiligung an der Gesellschaft unmittelbar, sondern nur am Gesellschaftsanteil eines Gesellschafters in Form einer reinen Innengesellschaft nach den Regeln der Gesellschaft bürgerlichen Rechts (§§ 705 ff. BGB). Dem Unterbeteiligten stehen lediglich schuldrechtliche Ansprüche gegenüber dem Hauptbeteiligten zu. Die Einräumung von Unterbeteiligungen wird regelmäßig dann in Betracht kommen, wenn gesellschaftsvertraglich Beteiligungen als stille Gesellschafter oder die Abtretung von Gesellschaftsanteilen untersagt ist oder die Mitgesellschafter dem verschließen. In jedem Fall gilt, dass mangels ausdrücklicher gesetzlicher Regelung Unterbeteiligungsverträge umfassende Vorschriften über die Rechtsfolgen bei Kündigung, Ausscheiden und Tod, auch in Bezug auf die Wertermittlung und die Vererblichkeit der Beteiligung enthalten sollten.

Auch Beteiligungen an Kapitalgesellschaften können Gegenstand einer Schenkung im Rahmen der vorweggenommenen Unternehmensnachfolge sein, da wegen des dort geltenden Trennungsprinzips nur das Gesellschaftsvermögen für Verbindlichkeiten der Gesellschaft haftet (§§ 13 Abs. 2 GmbHG, 1 Abs. 1 S. 2 AktG). Anders verhält es sich indes bei der unentgeltlichen Beteiligung an einer Personenhandelsgesellschaft als persönlich haftender Gesellschafter (OHG) oder an einem Einzelhandelsgeschäft. Selbst wenn der Begünstigte keine Kapitaleinlage zu erbringen hat, genügt allein die mit dem Eintritt als Gesellschafter verbundene Übernahme der persönlichen Haftung für die vor seinem Eintritt begründeten Gesellschaftsverbindlichkeiten (§ 130 Abs. 1 HGB) sowie die Beteiligung an einem etwaigen Verlust neben der übernommenen Pflicht zur Geschäftsführung, um einer rechtlichen Einordnung als (reiner) Schenkung entgegenzustehen.

2. Betriebsaufspaltung und Wiesbadener Modell

Als Betriebsaufspaltung bezeichnet man die Aufteilung eines bisher einheitlichen Unternehmens in wenigstens zwei rechtlich selbstständige Unternehmen, wobei in der Regel dieselben natürlichen Personen an beiden Unternehmen beteiligt sind. Für den mittelständischen Unternehmer bietet sie die Möglichkeit der frühzeitigen Beteiligung der nachfolgenden Generation, indem das Grundvermögen vom sonstigen Betriebsvermögen durch Einbringung des Grundvermögens in eine Grundbesitzgesellschaft getrennt wird. Durch die Aufspaltung kann dem Unternehmer der Rückzug auf die Beteiligung am Anlagevermögen und die Abgabe der Geschäftsfüh-

---

[2] Vgl. Bundesgerichtshof, Wertpapier Mitteilungen 1988, S. 750, 752.

rung erleichtert werden. Da ihm ein gleichmäßiger Pachtzins und das Eigentum über das Anlagevermögen verbleiben, ist sein Einkommen gesichert. Je nach Zielsetzung können aber auch die nachfolgende Generation oder andere Familienangehörige Gesellschafter der Besitzgesellschaft werden, falls der Unternehmer die Leitung der Betriebsgesellschaft noch nicht aufzugeben gedenkt.

Das zivilrechtliche Verhältnis zwischen Besitz- und Betriebsgesellschaft wird in aller Regel als Pachtvertrag ausgestaltet, wobei das Anlagevermögen an die Betriebsgesellschaft verpachtet wird.

Zu beachten ist indes, dass bei einer Betriebsaufspaltung beide Unternehmen gewerbesteuerlich als ein Unternehmen behandelt werden mit der Folge, dass auch auf die Pachteinnahmen Gewerbesteuer anfällt. Da die Betriebsgrundstücke steuerverstrickt sind, unterliegt ein Veräußerungsgewinn beim Verkauf einzelner Grundstücke der Einkommensteuer. Ferner sind Fallkonstellationen denkbar, die mit einer zwangsweisen Aufdeckung stiller Reserven verbunden sind. Eine Unternehmensaufspaltung in Besitz- und Betriebsgesellschaft erfolgt regelmäßig mit der weiteren Zielsetzung, dass ein Haftungsdurchgriff auf das sich in der Besitzgesellschaft befindliche wertvolle Anlagevermögen für Verbindlichkeiten der Betriebsgesellschaft vermieden werden soll. Indes ist derzeit in der Rechtsprechung noch nicht abschließend geklärt, in welchem Umfang betrieblich genutzte Grundstücke bei einer Betriebsaufspaltung der Haftung für Verbindlichkeiten der Betriebsgesellschaft entgehen können. Besteht eine konzernähnliche Abhängigkeit zwischen dem herrschenden und dem beherrschten Unternehmen, was dann der Fall ist, wenn beide Gesellschaften von den gleichen Gesellschaftern oder Gesellschaftergruppen beherrscht werden, und werden die wirtschaftlichen Interessen des beherrschten Unternehmen durch das herrschende Unternehmen beeinträchtigt, so kann eine Verlustausgleichungspflicht gegeben sein. Eine solche negative Einflussnahme kann indes bereits bei Vereinbarung eines überhöhten Pachtzinses zugunsten der Besitzgesellschaft vorliegen. Lediglich dann, wenn sich die Besitzgesellschaft auf eine reine Vermögensverwaltung beschränkt, besteht eine solche Verlustausgleichsverpflichtung nicht.

Der Vorteil der Enthaftung des Grundvermögens sowie die Vermeidung der weiteren vorstehend geschilderten Nachteile werden vorzugsweise dadurch erreicht, dass die Betriebsgesellschaft und die Besitzgesellschaft durch unterschiedliche Familienangehörige als Gesellschafter beherrscht werden (sog. Wiesbadener Modell). Dabei ist darauf zu achten, dass die Übertragung der Gesellschafterstellung auf Familienmitglieder nicht in einer Weise erfolgt, dass sie jederzeit vom beherrschenden Gesellschafter der Betriebsgesellschaft wieder rückgängig gemacht werden kann, da in solchen Fällen weiterhin eine faktische Beherrschung gegeben ist. Die gleiche negative Folge kann durch Stimmbindungsverträge oder durch stille Beteiligungen drohen[3]

---

[3] Eingehend *Brandenstein/Kühn*, Voraussetzungen der personellen Verflechtung von Ehegatten bei der Betriebsaufspaltung, in: Neue Zeitschrift für Gesellschaftsrecht 2002, S. 904 ff.

3. Familien-Holding

3.1 Grundfragen

Ein weiteres Instrument der Nachfolgeplanung stellt der so genannte Familien-Pool (Familien-Holding) dar. Diese Form der Unternehmensnachfolge zu Lebzeiten unterscheidet sich von den bisher vorgestellten Modellen darin, dass das zu übertragende Familienvermögen nicht zwangsläufig bereits in Form eines Unternehmens, also einer Industriegesellschaft in Familienbesitz, eingebunden sein muss. Vielmehr eignen sich sämtliche Vermögensgegenstände im Familienverbund, in eine Familienholding eingebracht und zu Lebzeiten an die nächste Generation weitergegeben zu werden.

Gestaltungsmittel der Vermögensübertragung in Form einer Familienholding ist die gesellschaftsrechtliche Organisation des Familienvermögens. Ziel dieser Organisation ist es, das Vermögen generationenübergreifend und steuerlich günstig zu übertragen und es damit zu erhalten. Gewährleistet werden bei dieser Übertragungsform sowohl die Übertragung der Substanz, als auch die Versorgung des Übergebers und die Aufrechterhaltung des Einflusses der älteren, übertragenden Generation. Gleichzeitig wird die Übertragung des Vermögens erheblich dadurch erleichtert, dass lediglich die Gesellschaftsanteile Gegenstand der Übertragung sind.

3.2 Formen der vermögensverwaltenden Gesellschaften

Bei der Gründung der Familienholding kommen die Gesellschaftsformen der GbR, der KG, der GmbH und der GmbH & Co. KG in Betracht.

Bei der GbR handelt es sich um die bisher üblichste Form der Familiengesellschaft. In der Regel wurde Immobilienvermögen eingebracht, wodurch gewerbesteuerfreie Einkünfte aus Vermietung und Verpachtung gemäß § 21 EStG erzielt werden. Die vermögensverwaltende GbR birgt gegenüber der Miteigentümergemeinschaft nach Bruchteilen u. a. Vorteile im Fall der Insolvenz eines der Beteiligten insofern, als die im Falle der Insolvenz eines der Bruchteilseigentümer drohende Teilungsversteigerung vermieden werden kann, die zu einem Verlust des Miteigentumsanteils führen kann. Auch die Möglichkeiten der Verwaltung und Regelung der Geschäftsführung sind im Vergleich zur Gesellschaft eingeschränkt.

Ein Nachteil der Familien-GbR besteht dagegen in der Kündigungsmöglichkeit aus wichtigem Grund, die minderjährigen Gesellschaftern mit Vollendung ihres 18. Lebensjahrs durch § 723 Abs. 1 Satz 3 Nr. 2 BGB eingeräumt wird. Anhand dieser Möglichkeit des volljährigen Gesellschafters entsteht eine zu beachtende Rechtsunsicherheit bei der Beteiligung Minderjähriger an der Familien-GbR. Dem Risiko der Gesellschaft, in Folge der Ausübung dieses Kündigungsrechts zur Zahlung einer Abfindung verpflichtet zu sein, muss somit vertraglich durch eine entsprechende Abfindungsregelung oder die Vereinbarung einer auflösenden Bedingung bezüglich der Zuwendung begegnet werden.

Daneben kommt als vermögensverwaltende Familiengesellschaft die Form der KG in Betracht. Vorteil ist die Geschäftsführungs- und Vertretungsbefugnis, die der übertragenden Generation als Komplementärin vorbehalten werden kann, sowie die im Vergleich zur GmbH & Co. KG wohl nicht erzwingbare Buchführungs- und

Bilanzierungspflicht. Indes wird aus haftungsrechtlichen Gründen oftmals kein Familienmitglied bereit sein, die Komplementärstellung zu übernehmen. Auch ist die Frage der Anwendung des Sonderkündigungsrechts gemäß § 723 Abs. 1 Nr. 2 BGB bisher nicht abschließend geklärt worden. Es ist daher empfehlenswert, auch hier eine Abfindungsklausel oder eine auflösende Bedingung in den Gesellschaftsvertrag aufzunehmen.

Vorteil der Rechtsform der GmbH ist die umfangreiche vertragliche Gestaltungsfreiheit, die es ermöglicht, dem Übergeber anhand der Einräumung von Sonderrechten, beispielsweise der Position des Geschäftsführers, den entsprechenden Einfluss zu gewähren und so den Familiencharakter aufrechtzuerhalten. Als Nachteil ist das Publizitätserfordernis gemäß §§ 325 Abs. 1, 326 HGB zu bewerten, da der Geschäftsführer zur Bilanzierung und Einreichung der Bilanz nebst Anhang beim Handelsregister verpflichtet ist; bei vermögensverwaltenden Gesellschaften wird indes eine Offenlegung der Vermögenswerte selten erwünscht sein.

Bei größeren Vermögen mit zahlreichen Unternehmensbeteiligungen wird die Übertragung des Familienvermögens häufig in Form einer Familienholding in der Gesellschaftsform der nicht lediglich vermögensverwaltenden, also gewerblich geprägten GmbH & Co. KG erfolgen. Diese Gestaltungsform verwirklicht vorzugsweise das Ziel, neben steuerlichen Vorteilen wie die nach §§ 13 a, 19 a ErbStG privilegierte Übertragung von Betriebsvermögen, den Kommanditanteilen, familienfremde Personen auszuschließen, den Altgesellschaftern die Kontrolle über das Unternehmen zu bewahren und nach dem Ableben der Elterngeneration den Kindern die Vormachtstellung vor den Enkeln zu sichern sowie gleichzeitig den Nachfolgegenerationen eigene Einkünfte zu verschaffen. Sind mehrere Familienstämme vorhanden, sind für jeden einzelnen Stamm Kommanditgesellschaften zu gründen, so dass idealiter eine Vermögensverteilung nach Stämmen schon zu Lebzeiten eingeleitet werden kann (Vgl. den Beitrag zu zivilrechtlichen Aspekten der Spaltung von Sommer).

3.3 Güterstand

Für alle vorgenannten Gestaltungsformen gilt, dass zur Sicherstellung der Erhaltung des Gesellschaftsvermögens und der Liquidität den Gesellschaftern ehevertragliche Vorgaben aufzuerlegen sind. In der Regel wird den Gesellschaftern die Vereinbarung der Gütertrennung vorgegeben, mindestens jedoch bei grundsätzlicher Aufrechterhaltung der Zugewinngemeinschaft die Gestaltung in Form der modifizierten Zugewinngemeinschaft. Kommt ein Gesellschafter dieser Verpflichtung nicht nach, sollte dies als wichtiger Grund für dessen Ausschluss aus der Gesellschaft ausdrücklich vorgesehen werden.

4. Beteiligung Minderjähriger

Generationennachfolgeregelungen werden häufig unter Beteiligung Minderjähriger erfolgen. Grundsätzlich besteht jedoch beim Abschluss von Verträgen mit minderjährigen Kindern die Gefahr von Vertretungsmängeln, die zur Unwirksamkeit des Rechtsgeschäfts führen.

4.1 Ergänzungspfleger

Soll einem minderjährigen Kind eine Unternehmensbeteiligung zugewendet werden, bedarf dies der Bestellung eines Ergänzungspflegers (§ 1909 Abs. 1 S. 1 BGB). Dabei ist für jeden Minderjährigen ein Ergänzungspfleger zu bestellen.

Die Vertretungsbefugnis der Eltern greift bei solchen Rechtsgeschäften zwischen Eltern und Kindern nicht, die nicht ausschließlich der Erfüllung einer Verbindlichkeit dienen (§§ 1629 Abs. 2, 1795 BGB). Dabei wird die Einschränkung der Vertretung des Kindes auch auf den anderen Elternteil ausgedehnt, soweit ein Elternteil von der Vertretungsmacht ausgeschlossen ist. Die Vertretung eines Elternteils scheidet insoweit schon dann aus, wenn im Falle des Eintritts in eine Gesellschafterstellung durch den Minderjährigen der andere Elternteil Mitgesellschafter wird.

Die Eltern können den Ergänzungspfleger selbst vorschlagen. Zwar unterliegt die Bestellung des Ergänzungspflegers der Ermessensentscheidung des Gerichts, doch wird ein Vorschlag der Eltern in der Regel Berücksichtigung finden.

Für die weitere Vertretung der Kinder nach Begründung der Gesellschaft ist eine Dauerpflegschaft nicht erforderlich. Die Eltern können vielmehr als gesetzliche Vertreter die Gesellschafterrechte der Kinder für diese ausüben. Anderes gilt im Falle von Beschlüssen, die den Kernbereich der Gesellschafterrechte betreffen.

Ebenfalls nicht lediglich rechtlich vorteilhaft sind Schenkungen unter Auflage und gemischte Schenkungen. Bei dem Erfordernis der Bestellung eines Ergänzungspflegers ist jedoch zu unterscheiden, wie entfernt und geringfügig der mit der Schenkung verbundene Nachteil ist. So ist die Schenkung eines mit einem Nießbrauch belasteten Grundstücks danach lediglich rechtlich vorteilhaft.

Liegt keine oder eine unwirksame Vertretungshandlung vor, kann auch keine vormundschaftsgerichtliche Genehmigung erteilt werden.

4.2 Vormundschaftsgerichtliche Genehmigung

Von der Frage der Vertretungsbefugnis unabhängig ist die Genehmigungspflicht durch das Vormundschaftsgericht.

Während der Ergänzungspfleger für sämtliche in den §§ 1821, 1822 BGB enthaltenen Rechtsgeschäften der vormundschaftsgerichtlichen Genehmigung bedarf (§ 1915 BGB), ist diese für Eltern nur für die in den §§ 1822 Nr. 1, 3, 5 und 8 bis 11, 1821 genannten Rechtsgeschäfte und für die Schenkung unter Auflage unter den Voraussetzungen der §§ 1821, 1822 Nr. 1, 3, 5 und 8 bis 11 BGB erforderlich.

Im Rahmen vorweggenommener Erbfolge ist § 1822 Nr. 3 BGB von Bedeutung. Danach sind zum einen Verträge, die dem entgeltlichen Erwerb, der Veräußerung eines Erwerbsgeschäfts oder der Nießbrauchbestellung an einem Erwerbsgeschäft dienen, genehmigungspflichtig. Zum anderen unterliegt jeder Abschluss eines Gesellschaftsvertrages der Genehmigungspflicht, es sei denn, es handelt sich um eine Beteiligung an einer Gesellschaft ohne Verlustbeteiligung. Genehmigungspflichtig ist auch die Errichtung einer auf Dauer angelegten Grundstücksverwaltungsgesellschaft, selbst wenn die Beteiligung unentgeltlich erfolgt.

Eine gesetzliche Regelung, wonach die vormundschaftgerichtliche Genehmigung zu erteilen ist oder nicht, existiert nicht.

Anerkannt ist jedoch, dass sich die Entscheidung ausschließlich am Interesse des Kindes zu orientieren hat. Dabei ist eine Gesamtwürdigung unter Abwägung der konkreten Vor- und Nachteile des Rechtsgeschäfts erforderlich. Interessen der Familie sind erst zu berücksichtigen, wenn die Interessen des Kindes gewahrt sind. Es ist der Maßstab eines verständigen Volljährigen anzulegen, wobei auch Erwägungen zur Zweckmäßigkeit und Nützlichkeit des genehmigungspflichtigen Rechtsgeschäfts anzustellen sind.

Im Ergebnis herrscht jedoch hinsichtlich der Kriterien für die Genehmigungserteilung eine gewisse Rechtsunsicherheit. In die Ermessensausübung mit einfließen muss die seit der Neuregelung des § 723 BGB zwingende Kündigungsmöglichkeit des Gesellschafters mit Vollendung des 18. Lebensjahrs, wodurch die Haftungsrisiken des Minderjährigen beschränkt wurden.

Weiterführende Literatur:

Sudhoff, Unternehmensnachfolge, 4. Auflage München 2000.

Hübner/Weingarten, Die Beteiligung von Kindern als Kommanditisten, stille Gesellschafter und Unterbeteiligte – grundsätzliche Erwägungen, in: Zeitschrift für Erbrecht und Vermögensnachfolge 1999, S. 81 ff., 95 ff.

Blaurock, Handbuch der stillen Gesellschaft, 5. Auflage, Köln 1998.

Waldner, Vorweggenommene Erbfolge für die notarielle und anwaltliche Praxis, Berlin 2003.

Lommer, Die Unternehmensnachfolge in eine Familien-Kapitalgesellschaft nach Gesellschafts-, Zivil- und Steuerrecht, in: Betriebs-Berater 2003, S. 1909 ff.

Absicherung des Unternehmers nach der Übergabe des Unternehmens (Nießbrauch, Ertragsbeteiligung und wiederkehrende Leistungen)

Florian Brunner

Inhalt:

		Seite
1.	Einleitung	199
2.	Notwendigkeit einer finanziellen Absicherung	200
3.	Nießbrauchsgestaltungen	201
4.	Wiederkehrende Leistungen	203
5.	Zusammenfassung	205

1. Einleitung

Es ist der verständliche Wunsch wohl eines jeden Unternehmers, auch nach der Übergabe seines Unternehmens den gewohnten Lebensstandard zumindest zu halten, wenn nicht (insbesondere durch den Wegfall der beruflichen Belastung) zu steigern. Bei der Gestaltung einer Unternehmensnachfolge ist deshalb die finanzielle Absicherung des Unternehmers für die Zeit nach der Übergabe von entscheidender Bedeutung. Wesentliche Weichenstellungen für die Gestaltung der Unternehmensnachfolge erfolgen regelmäßig unter diesem Gesichtspunkt, beispielsweise die Entscheidung, ob das Unternehmen verkauft oder im Wege der vorweggenommenen Erbfolge übergeben werden soll. Auch die Entscheidung, ob der Unternehmer sich ganz aus dem Unternehmen zurückzieht oder ob eine stufenweise Übergabe realisiert wird, beispielsweise durch Aufnahme des Unternehmensnachfolgers als Gesellschafter und spätere Übertragungen von Gesellschaftsanteilen, wird nicht zuletzt unter diesem Aspekt getroffen werden. Sowohl der Verkauf des Unternehmens als auch gesellschaftsvertragliche Nachfolgegestaltungen werden in gesonderten Kapiteln dargestellt. Die nachfolgenden Ausführungen zeigen hingegen Gestaltungen, die den Unternehmer nach Übergabe des Unternehmens finanziell absichern, ohne dass er selbst weiterhin unternehmerisch tätig bleibt.

Nicht gesondert erläutert werden Vergütungen, die ein Unternehmer nach Übergabe seines Unternehmens vom Unternehmen selbst für Dienstleistungen erhält. Derartige Vergütungen, beispielsweise aufgrund eines Beratervertrages, werden nach Übergabe eines Unternehmens häufig vereinbart; Unternehmensnachfolger wären oftmals schlecht beraten, wenn Sie auf die Erfahrung und insbesondere auf die Kontakte des Übergebers verzichten. Rechtsgrund derartiger Leistungen sind jedoch selbständig abgeschlossene Beratungs- und Dienstleistungsverträge, es handelt sich somit nicht um finanzielle Absicherungen in direktem Zusammenhang mit der Unternehmensnachfolge.

Für die Beratungspraxis ist unter dem Aspekt der Absicherung nicht allein das Interesse des Übergebers, sondern regelmäßig auch das Interesse des Übernehmers zu beachten. Die finanzielle Absicherung des Übergebers darf nicht dazu führen, dass die Handlungsfähigkeit des Unternehmensnachfolgers zu stark eingeschränkt wird; wäre dies der Fall, wäre nicht nur die Fortführung des Unternehmens, sondern regelmäßig und hierdurch bedingt auch die Absicherung des Übergebers gefährdet. Weiterhin sind selbstverständlich die steuerlichen Folgen der vereinbarten Leistungen für Übergeber und Übernehmer zu beachten. Die rechtliche Ausgestaltung wird im Regelfall aufgrund steuerlicher Vorgaben erfolgen; die Entscheidung für eine bestimmte Absicherung fällt leicht, wenn sie den steuerlichen und damit wirtschaftlichen Interessen beider Vertragsteile dient. Nachfolgend wird zunächst jedoch das zivilrechtliche Instrumentarium vorgestellt, die steuerlichen Folgen werden in einem gesonderten Kapitel erörtert.

2. Notwendigkeit einer finanziellen Absicherung

Die wesentliche Absicherung des Unternehmers sollte bereits vor der Unternehmensübergabe erfolgt sein. Im Normalfall wird jeder Unternehmer darauf bedacht sein, neben dem Aufbau und Erhalt des Unternehmens auch privates Vermögen zu schaffen. Auch wenn dieses private Vermögen häufig, schon aus Haftungsgründen, bereits frühzeitig auf den Ehepartner oder auch Kinder übertragen wird, so werden diese Übertragungen regelmäßig so ausgestaltet, dass der Unternehmer selbst wirtschaftlich abgesichert bleibt. Die zusätzliche finanzielle Absicherung im Zusammenhang mit der Übergabe des Unternehmens ist nach einer erfolgreichen Tätigkeit als Unternehmer zwar sehr gewünscht, dann aber nicht existenznotwendig.

Ist der Unternehmer nicht in der glücklichen Lage, bereits vor der Abgabe des Unternehmens ausreichendes Privatvermögen erworben zu haben, so sollte bei der Gestaltung der Nachfolge zunächst überlegt werden, ob eine dem Grundsatz nach unentgeltliche Übertragung, verbunden mit einer finanziellen Absicherung des Übergebers auf Lebzeit, die richtige Gestaltungsvariante ist. Wie die nachfolgenden Ausführungen zeigen, wird die Sicherheit einer derartigen regelmäßigen Leistung stets wesentlich vom wirtschaftlichen Erfolg des Unternehmens, damit natürlich auch vom Können des Unternehmensnachfolgers, abhängen. Will der Unternehmer dieses Risiko nicht eingehen, so kommen andere Möglichkeiten, insbesondere ein Verkauf des Unternehmens, in Betracht. Denkbar sind selbstverständlich auch Verbindungen beider Gestaltungsvarianten; vom Grundsatz her hat ein Verkauf jedoch den Vorteil, dass ein bestimmter Grundbetrag als fester Kaufpreis vereinbart wird und dass die Entscheidung, wie dieser Kaufpreis nach Verkauf möglichst ertragsbringend angelegt wird, durch den Verkäufer selbst und somit unabhängig von der Ertragslage des Unternehmens getroffen werden kann.

Im Folgenden sollen nun einzelne Gestaltungen dargestellt werden, die den Unternehmer nach Übergabe des Unternehmens finanziell absichern, indem sie ihn noch an den Erträgen des Unternehmens teilhaben lassen; zu unterscheiden sind dabei Nießbrauchsgestaltungen und die Vereinbarung von wiederkehrenden Leistungen.

3. Nießbrauchsgestaltungen

Eine Legaldefinition für den Nießbrauch findet sich in § 1030 Abs. 1 BGB; Nießbrauch ist die Belastung einer Sache in der Weise, dass der Nießbraucher berechtigt ist, die Nutzungen der Sache zu ziehen. Es handelt sich um ein dingliches Recht in Form einer Dienstbarkeit; bei Grundstücken bedarf es somit der Eintragung und Einigung im Grundbuch. Ein Nießbrauch kann aber auch an beweglichen Sachen, an Sachgesamtheiten (wie einem Unternehmen insgesamt) und an Gesellschaftsanteilen bestellt werden; bei der Belastung von Gesellschaftsanteilen ist jedoch stets der Gesellschaftsvertrag zu überprüfen, da dieser häufig vorsehen wird, dass zur Belastung von Gesellschaftsanteilen, also auch zur Bestellung eines Nießbrauchs, die Zustimmung aller Gesellschafter erforderlich ist. Der Nießbrauch erlischt mit dem Tode des Berechtigten, er ist also nicht vererblich und auch nicht übertragbar.

Im Rahmen von lebzeitigen Vermögensübertragungen wird häufig vereinbart, dass der Übergeber sich die Nutzung in Form eines Nießbrauchs vorbehält. Die Regel ist dies insbesondere bei der Übertragung von Privatvermögen (sei es das selbstbewohnte Haus oder auch das Mietshaus, dessen Erträge sich der Übergeber vorbehalten will) im Wege der vorweggenommenen Erbfolge.

Im Bereich der Unternehmensnachfolge wird, obwohl rechtlich selbstverständlich möglich, weitaus seltener vom Rechtsinstitut des Nießbrauchs Gebrauch gemacht. Dies leuchtet unmittelbar ein, wenn man sich vor Augen hält, dass die Vereinbarung eines Nießbrauchs für den Übergeber dazu führt, dass eben keine vollständige Unternehmensnachfolge stattfindet. Der Nachfolger, dem selbst die Nutzungen des Unternehmens nicht zustehen, wird sich kaum als echter Unternehmer sehen. Dieser zivilrechtlichen Aussage folgt auch das Steuerrecht, das beim umfassenden Nießbrauchsvorbehalt den Nießbrauchsberechtigten weiterhin als Unternehmer ansieht. Der Vorbehalt des Nießbrauchs für den Übergeber scheint somit zunächst keine taugliche Gestaltung im Rahmen der Unternehmensnachfolge zu sein.

Dennoch sind verschiedene Konstellationen denkbar, in denen sich der Nießbrauch zur Absicherung des Übergebers im Zusammenhang mit der Unternehmensnachfolge einsetzen lässt. Der Vorteil einer Übergabe unter Nießbrauchsvorbehalt ist zunächst, dass sich Wertsteigerungen des übergebenen Vermögens bereits schenkungsteuerfrei beim Übernehmer realisieren, während der Übergeber aufgrund des Nießbrauchs weiterhin als Unternehmer allein ihm zustehende Erträge erwirtschaftet. Der Nießbrauch ist zudem ein äußerst flexibles Mittel, um eine gestufte Unternehmensnachfolge zu erreichen; es ist möglich, einen zunächst uneingeschränkt vorbehaltenen Nießbrauch im Laufe der Zeit schrittweise um bestimmte Quoten zu reduzieren, um so den Übernehmer zunehmend nicht nur an der Substanz, sondern auch am Unternehmensbetrieb selbst zu beteiligen. Wirtschaftlich entspricht eine derartige Gestaltung, sobald der Übergeber nicht mehr zu hundert Prozent Nießbrauchsberechtigter ist, der Einbringung des Unternehmens in eine Gesellschaft, verbunden mit der schrittweisen Übertragung von Gesellschaftsanteilen an den Übernehmer und Unternehmensnachfolger. Beide Modelle können auch kombiniert werden, indem Gesellschaftsanteile auf den Übernehmer übertragen werden, der Übergeber sich an diesen Gesellschaftsanteilen jedoch den Nießbrauch vorbehält.

Bei jeder Nießbrauchsgestaltung ist zivilrechtlich die Aufteilung der Rechte und Pflichten von Nießbraucher (Übergeber) und Eigentümer (Unternehmensnachfolger) sorgfältig zu regeln. Die gesetzlichen Bestimmungen reichen hier allein nicht aus, insbesondere kann die gesetzliche Lastenverteilung steuerlich nachteilige Folgen haben. Steuerlich problematisch bei Nießbrauchsgestaltungen im Zusammenhang mit der Unternehmensnachfolge ist stets die Frage, wer Unternehmer bzw. Mitunternehmer ist; aufgrund der fatalen steuerlichen Auswirkungen einer nicht gewollten Beendigung der Unternehmerschaft sollte in Zweifelsfällen eine andere Lösung mit vergleichbaren Ergebnissen, beispielsweise durch gesellschaftsvertragliche Gestaltungen, gewählt werden.

Häufig gewünscht wird der Vorbehalt eines Nießbrauchs von Beteiligten bei der Übergabe eines Betriebs, bei der das Betriebsgrundstück zwar mit übergeben werden soll, der Übergeber jedoch aufgrund eines vorbehaltenen Nießbrauchs vom Übernehmer monatliche Miet- oder Pachtzinsen erhalten will. Diese Regelung mag wirtschaftlich sinnvoll und zivilrechtlich möglich sein, sie ist steuerlich jedoch unter Umständen äußerst nachteilig: Durch den Vorbehalt des Nießbrauchs wird das Nutzungsrecht für das Grundstück aus dem Betriebsvermögen entnommen, was zu einer erheblichen Einkommensteuerbelastung führen kann. Dies wird schon deshalb nicht gewünscht sein, da in derartigen Fällen keine endgültige Entnahme aus dem Betriebsvermögen vorliegt und aufgrund des späteren Erlöschens des Nießbrauchs das bereits übergebene Grundstück wieder uneingeschränkt Betriebsvermögen beim Übernehmer wird.

Denkbar ist weiterhin die Vereinbarung eines so genannten Ertragsnießbrauchs; hier wird dem Übergeber eine gewisse Quote des Unternehmensertrags zugewiesen. Schon zivilrechtlich handelt es sich hierbei nicht um einen echten Nießbrauch im Sinne der gesetzlichen Definition, da der Berechtigte nicht selbst die Nutzungen zieht, sondern lediglich einen Teil der vom Unternehmensnachfolger durch eigene Nutzung erzielten Erträge erhält. Auch steuerlich werden derartige Leistungen nicht als Nießbrauch bewertet; es handelt sich um eine steuerlich unbeachtliche Ergebnisverwendung des Übernehmers oder um wiederkehrende Leistungen, die Besteuerung erfolgt dann anhand der für wiederkehrende Leistungen geltenden Grundsätze. Ein derartiger Ertragsnießbrauch wird häufig in Unternehmertestamenten zur Absicherung des Ehepartners vorgesehen, wenn das Unternehmen selbst an ein oder mehrere Kinder vererbt werden soll. Bei der Gestaltung einer lebzeitigen Unternehmensnachfolge ist auch der so genannte Ertragsnießbrauch eher selten.

Zusammenfassend lässt sich sagen, dass der Vorbehalt eines Nießbrauchs zwar bei der Übergabe von Privatvermögen durchaus üblich und sinnvoll ist, bei der Unternehmensübergabe jedoch eher eine Ausnahme darstellt und allenfalls zur stufenweise Nachfolgeregelung insbesondere bei ertragsstarkem Vermögen oder Vermögen, bei dem große Wertsteigerungen zu erwarten sind, eingesetzt wird. Zunehmende Bedeutung könnten Nachfolgegestaltungen unter Nießbrauchsvorbehalt auch im betrieblichen Bereich im Vorfeld einer Schenkungsteuererhöhung erhalten; der Nießbrauch ermöglicht die Fortführung des Unternehmens durch den Nießbrauchsberechtigten bei gleichzeitig schenkungsteuerlich vollzogener Übertragung des Betriebes auf den Unternehmensnachfolger.

4. Wiederkehrende Leistungen

Bei der vollständigen Übergabe eines Unternehmens erfolgt die Absicherung des Übergebers häufig durch die Vereinbarung von wiederkehrenden Leistungen für den Übergeber in Geld (aber auch Sachleistungen und persönliche Dienste sind denkbar und zumindest bei der landwirtschaftlichen Übergabe durchaus üblich). Diese wiederkehrenden Leistungen zur Absicherung des Übergebers werden nachfolgend kurz dargestellt. Nicht dargestellt werden hierbei am Verkehrswert des Unternehmens ausgerichtete Leistungen; hierbei handelt es sich wirtschaftlich um den Verkauf eines Unternehmens unter der Vereinbarung von Kaufpreisraten, was selbstverständlich möglich ist, aber keinen Fall der dem Grunde nach unentgeltlichen Unternehmensnachfolge durch Übergabe darstellt.

Werden bei der Unternehmensübergabe laufende, in der Regel monatliche Leistungen für den Übergeber vereinbart, kann es sich hierbei um die Vereinbarung einer Leibrente oder einer so genannten dauernden Last handeln. Die Weichenstellung erfolgt durch die zivilrechtliche Vereinbarung im Übergabevertrag, die Entscheidung zwischen diesen beiden Rechtsinstituten ist jedoch in der Regel steuerlich motiviert; Leibrente und dauernde Last führen steuerlich zu völlig anderen Ergebnissen, die in einem gesonderten Kapitel dargestellt werden. Nicht übersehen werden darf hierbei jedoch, dass es auch zivilrechtlich einen erheblichen Unterschied macht, ob sich der Übergeber durch eine Leibrente oder eine dauernde Last absichert.

Bei einer Leibrente handelt es sich um in der Höhe gleich bleibende und regelmäßig zu erbringende wiederkehrende Leistungen, die bei der so genannten echten Leibrente auf Lebenszeit des Berechtigten zu erbringen sind (§ 759 BGB). Aufgrund des Lebensalters des Übergebers bei Vereinbarung der Leibrente lässt sich ein sog. Rentenstammrecht und ein Ertragsanteil der Rente ermitteln; diese Aufspaltung der Leibrente ist insbesondere von steuerlicher Bedeutung. Sonderfälle der Leibrente sind sog. abgekürzte Leibrenten, die zwar grundsätzlich auf Lebenszeit, jedoch mit einer bestimmten Höchstlaufzeit festgelegt werden und somit erlöschen, wenn der Berechtigte zu diesem Zeitpunkt noch lebt; umgekehrt denkbar sind auch sog. verlängerte Leibrenten, bei denen eine Mindestlaufzeit vereinbart wird, so dass Zahlungen u. U. auch noch an die Erben des verstorbenen Übergebers bis zum Ablauf dieser Mindestlaufzeit zu entrichten sind. Der Vorteil derartiger Leibrenten unter dem Gesichtspunkt der Absicherung des Übergebers liegt darin, dass der fest vereinbarte Betrag unabhängig vom wirtschaftlichen Erfolg des Unternehmensnachfolgers zu entrichten ist. Eine Abänderung erfolgt in der Regel nur zum Ausgleich eines inflationsbedingten Wertverlustes; Wertsicherungs- oder Indexklauseln sind auch bei der Vereinbarung von Leibrenten zulässig und sinnvoll.

Bei dauernden Lasten handelt es sich ebenfalls um wiederkehrende Leistungen, bei denen im Übergabevertrag jedoch nur ein zum Zeitpunkt der Übergabe zu entrichtender Betrag festgelegt wird. Dieser Betrag steht sodann in Abhängigkeit von variablen Bemessungsgrundlagen sowohl in der Sphäre des Übergebers als auch in der Sphäre des Übernehmers. Zu einer Abänderung der meist monatlichen Zahlungsverpflichtung führt dann beispielsweise eine Änderung der Bedürftigkeit des Übergebers, die sowohl durch eine Verbesserung als auch eine Verschlechterung seiner finanziellen Verhältnisse bedingt sein kann. Auf Seite des Übernehmers führt dementsprechend eine Änderung der Leistungsfähigkeit durch Steigerung oder Verminderung des Unternehmensgewinns ebenfalls zur Abänderung der Zahlungsverpflichtung. Zusätzlich kann selbstverständlich auch bei der dauernden Last eine Wertsicherungsklausel vereinbart werden.

Die Abänderbarkeit der dauernden Last führt dazu, dass die Absicherung des Übergebers wirtschaftlich das Schicksal des zu übergebenden Unternehmens teilt: Ist der Übernehmer erfolgreich, kann dies zu einer Erhöhung der dauernden Last führen, gerät das Unternehmen hingegen in die Krise, reduziert sich die Höhe der an den Übergeber zu erbringenden Leistungen, u. U. entfallen diese ganz. Umgekehrt stellt eine dauernde Last auch für den Übernehmer ein gewisses Risiko dar; erhöht sich beispielsweise der wirtschaftliche Bedarf des Übergebers (denkbar z. B. bei Wegfall anderer Einkünfte oder bei Eintritt der Pflegebedürftigkeit), so kann dies zu einer grundsätzlich unbegrenzten Erhöhung der dauernden Last führen. Zivilrechtlich lässt sich dieses beiderseitige Risiko sowohl durch die Vereinbarung von Höchst- bzw. Mindestbeträgen als auch durch den Ausschluss bestimmter Änderungstatbestände eingrenzen; in vielen Verträgen findet sich beispielsweise die Klausel, dass ein Mehrbedarf des Übergebers aufgrund des Eintritts der Pflegebedürftigkeit nicht zu einer Aufstockung der regelmäßigen Leistung führt. Auf diesem Wege sollen für den Übernehmer unübersehbare Risiken ausgeschlossen werden. Einschränkungen der Abänderbarkeit sind jedoch stets steuerlich genauestens zu überprüfen, da die Gefahr besteht, dass steuerlich keine dauernde Last mehr vorliegt, was zu gänzlich anderen Steuerfolgen führen kann. Auch wenn die Steuerfolgen hier nicht Thema sind, lässt sich sagen, dass steuerlich in den vergangenen Jahren kaum ein Thema im Zusammenhang mit der Unternehmensnachfolge so umstritten und so oft Änderungen unterworfen war wie die steuerliche Bewertung von wiederkehrenden Leistungen zur Versorgung und Absicherung des Übergebers.

Die rechtliche Absicherung von wiederkehrenden Leistungen, gleichgültig ob Leibrente oder dauernde Last, erfolgt im Falle der notariell beurkundeten Unternehmensübergabe zunächst durch Aufnahme einer Zwangsvollstreckungsunterwerfung des Nachfolgers hinsichtlich der regelmäßigen Zahlungsverpflichtung. Diese Zwangsvollstreckungsunterwerfung ermöglicht dem Übergeber, seine offenen Forderungen ohne Mahn- oder Klageverfahren nach Zustellung einer vollstreckbaren Ausfertigung der Urkunde sofort zu vollstrecken. Wie bei jeder Forderungsvollstreckung bleibt jedoch das Risiko, dass die Vollstreckung ins Leere geht, weil vollstreckbares Vermögen nicht mehr vorhanden ist.

Weiterhin werden, sofern zusammen mit dem Unternehmen auch Grundstücke übertragen werden, regelmäßig Reallasten zur Absicherung des Übergebers in den jeweiligen Grundbüchern eingetragen und somit dinglich abgesichert. Auch hier darf jedoch nicht übersehen werden, dass bei wohl jedem übergebenen Betrieb zur Absicherung der finanzierenden Banken bereits bei Übergabe Grundpfandrechte eingetragen sein werden; diese Grundpfandrechte stehen somit im Rang vor der neu einzutragenden Reallast. Nach Betriebsübergabe wird der Übernehmer häufig neue Darlehen benötigen, um in den Betrieb zu investieren. Bei einem unternehmerischen Scheitern stellt die Reallast dann keine Sicherheit mehr dar, wenn die vorrangig eingetragen Banken aus den Grundpfandrechten die Verwertung betreiben und kein Übererlös verbleibt; die Reallast erlischt, Zahlungsansprüche gegen den Übernehmer selbst dürften dann ebenfalls nicht mehr durchsetzbar sein. Steht auf Seiten des Nachfolgers unbelastetes privates Vermögen zur Verfügung, so kann die Absicherung der Zahlungsverpflichtung an diesem privaten Vermögen erfolgen, beispielsweise durch Eintragung einer Reallast an privatem Grundbesitz. In der Praxis ist dies jedoch eher selten, ebenso wie zusätzliche Absicherungen, z. B. durch Bankbürgschaft und dergleichen.

Die vorgenannten Ausführungen zeigen, dass wiederkehrende Leistungen, sei es in Form der Leibrente oder auch der dauernden Last, ein durchaus geeignetes und auch in der Praxis häufig verwendetes Instrument zur Absicherung des Übergebers darstellen. Vorteil ist, dass diese reinen Zahlungsverpflichtungen den Übernehmer nicht im unternehmerischen Tagesgeschäft einschränken; er muss lediglich einkalkulieren, dass ihm nicht der gesamte Unternehmensgewinn verbleibt, sondern der vereinbarte Betrag regelmäßig an den Übergeber abzuführen ist. Häufig entspricht dies auch dem Wunsch des Übergebers, der eine regelmäßige Zahlung erhalten möchte, ohne hierfür jedoch bei der Unternehmensführung noch unmittelbar mitzuwirken. Rechtliche Absicherungen werden für den Übergeber regelmäßig vorgesehen; im Krisen- oder Insolvenzfall teilt der Übergeber jedoch u. U. das Schicksal anderer Gläubiger. Dies zeigt, wie bereits eingangs bemerkt, dass derartige wiederkehrende Leistungen nach Möglichkeit ein willkommenes Zubrot für den Übergeber, nicht jedoch existenznotwendige Versorgung darstellen sollten.

5. Zusammenfassung

Zusammenfassend lässt sich sagen, dass Nießbrauchsgestaltungen im Zusammenhang mit der lebzeitigen Unternehmensnachfolge eine eher geringe Rolle spielen; sie werden in erster Linie bei gestuften Unternehmensnachfolgen eingesetzt und führen dann zu ähnlichen Ergebnissen wie gesellschaftsrechtliche Nachfolgegestaltungen.

Wiederkehrende Leistungen zur Sicherung des Übergebers werden hingegen häufig vereinbart. Aufgrund der erzielbaren steuerlichen Effekte, die gesondert dargestellt werden, sind derartige Leistungen oft für Übergeber und Übernehmer vorteilhaft. Stehen die steuerlichen Effekte im Vordergrund, wird häufig die zivilrechtliche Absicherung der Zahlungsverpflichtung durchaus einvernehmlich vernachlässigt. Der Übergeber ist deshalb gut beraten, wenn die wiederkehrenden Leistungen nicht seine einzige Absicherung darstellen.

Weiterführende Literatur:

Spiegelberger, Vermögensnachfolge, München 1994.

Esch/Baumann/Schulze zur Wiesche, Handbuch der Vermögensnachfolge, 6. Auflage Bielefeld 2001.

Mayer, Grundzüge des Rechts der Unternehmensnachfolge, München 1999.

Münch, Vorbehaltsnießbrauch an betrieblichem Vermögen – eine Steuerfalle?, in: Zeitschrift für Erbrecht und Vermögensnachfolge 1998, S. 8 ff.

Widerrufsklauseln in Übergabeverträgen

Michael H. Spring

Inhalt:

		Seite
1.	Einleitung	207
2.	Korrekturmöglichkeiten	208
2.1	Gesetzliche Korrekturmöglichkeiten	208
2.2	Vertragliche Korrekturmöglichkeiten	210
3.	Gestaltung der Korrekturmöglichkeiten	213
3.1	Vertragliches Widerrufsrecht	213
3.2	Rückabwicklung bei Gegenleistungen	214
3.3	Modalitäten des Rückforderungsrechtes	215
3.4	Personenmehrheit auf Seiten der Übergeber bzw. Übernehmer	215

1. Einleitung

In den letzten Jahrzehnten ist ein Anstieg des durchschnittlichen Vermögens der Bewohner in der Bundesrepublik Deutschland zu verzeichnen. Schätzungen gingen für die 90er-Jahre des letzten Jahrhunderts von einem zu vererbenden Geldvermögen von rund DM 20 Mrd. und einem Immobilienvermögen von rund DM 100 Mrd. jährlich aus. Während sich 1980 der durchschnittliche Wert einer Hinterlassenschaft auf rund DM 85.000 belief, wurde für das Jahr 2002 ein Betrag von DM 470.000 (ca. € 235.000) geschätzt[1]. Das bis zum Jahr 2010 zu vererbende Vermögen wird auf € 2 Billionen geschätzt.[2]

Demzufolge wird immer häufiger das im Laufe eines Lebens angesammelte Vermögen nicht mehr bzw. nicht vollständig zur Absicherung der Altersversorgung benötigt. Die kontinuierlich gestiegene durchschnittliche Lebenserwartung bringt es mit sich, dass Erbfälle oft erst dann eintreten, wenn die Erben ihrerseits die Jahre des Auf- und Ausbaus ihrer beruflichen Position hinter sich haben. Diese Konstellation führt immer öfter dazu, dass Vermögensbestandteile im Wege vorweggenommener Erbfolge auf die nächste -oder übernächste- Generation übertragen werden. Vorweggenommene Erbfolge ist kein eigenständiges Rechtsinstitut. Man versteht darunter im Kern die Übertragung von Vermögensgegenständen durch Rechtsgeschäfte unter Lebenden, die von einem künftigen Erblasser im Hinblick auf den künftigen Erbfall vorgenommen wird[3]. Für die vorweggenommene Erbfolge stehen unterschiedliche Gestaltungsmöglichkeiten zur Verfügung. Diese reichen von der reinen Schenkung über die Auflagenschenkung und die gemischte Schenkung bis

---

[1] Vgl. Süddeutsche Zeitung 09. 09. 1999.
[2] Vgl. *Braun* et. al., Erben in Deutschland, Deutsches Institut für Altersvorsorge (Hrsg,), Köln 2002.
[3] Vgl. *Kollhosser*, in: Archiv für die civilistische Praxis 194, S. 231 ff.

zum vollentgeltlichen Rechtsgeschäft. Es kann sich um zweiseitige Verträge, mehrseitige Verträge oder Verträge zugunsten Dritter handeln.

Die Beteiligten an einer Vermögensübertragung im Wege vorweggenommener Erbfolge verbinden hiermit ganz bestimmte Erwartungen. Das wirft die Frage auf, ob und welche Korrekturmöglichkeiten es für die Fälle gibt, in denen die Erwartungen aufgrund äußerer Ereignisse, persönlicher Entwicklungen und Schicksale nicht erfüllt werden. Man denke nur an den Fall, dass der Unternehmensnachfolger, dem wesentliche Teile des Vermögens übertragen worden sind, aufgrund eines Unfalls nicht mehr handlungsfähig ist oder unter Hinterlassung von minderjährigen Erben und einem nicht für die Unternehmensführung qualifizierten oder bereiten Ehe- bzw. Lebenspartners verstirbt.

Es lassen sich vielfältige Konstellationen denken, in denen die Übergeber echte oder nur vermeintliche schutzwürdige Interessen an einer Korrektur der Vermögensübertragung haben. Es ist Aufgabe des juristischen Beraters bzw. Gestalters echte und nur vermeintlich schutzwürdige Interessen des Übergebers zu ermitteln. Seinem Geschick ist es überlassen, den Übergeber von sachdienlichen maßgeschneiderten Lösungen zu überzeugen.

Der rechtsgestaltende Berater, insbesondere der zur Neutralität verpflichtete Notar, wird sehr sorgfältig den Sachverhalt, die Beweggründe und die Vorstellungen eruieren müssen, die die Übergeber mit der Weggabe von Teilen ihres Vermögens zu Lebzeiten an die nachfolgende Generation verbinden. Er wird den Übergebern dann eine maßgeschneiderte Lösung anbieten, die ihre schutzwürdigen Interessen berücksichtigt. Er wird ihnen dafür Korrekturmöglichkeiten aufzeigen, die auf ihre persönliche Situation zugeschnitten sind.

Dem 80-jährigen vermögenden Unternehmer, der seinen in den Vierziger-/Fünfziger-Jahren stehenden und langjährig in funktionierender Ehe/Partnerschaft lebenden Abkömmlingen einen Teil seines Vermögens überträgt, wird er, wenn keine Besonderheiten vorliegen, vorschlagen, es im Wesentlichen bei den gesetzlichen Korrekturmöglichkeiten zu belassen.

Einem Übergeber in den mittleren Jahren, der seinen in den Zwanzigern befindlichen Kindern, die noch in der beruflichen und persönlichen Entwicklung begriffen sind, Vermögen übertragen will, wird er zur Verwendung wesentlich weitergehender Korrekturmöglichkeiten raten.

Die Motivlage für die Schaffung von Korrekturmöglichkeiten kann wie folgt systematisiert werden:
- Verstärkung oder nähere Ausgestaltung der gesetzlichen Korrekturmöglichkeiten,
- Sicherstellung des Übergebers gegenüber familienfremden Dritten,
- Sicherungsrechte für den Scheidungsfall,
- Freies Widerrufsrecht des Übergebers.

2. Korrekturmöglichkeiten

2.1 Gesetzliche Korrekturmöglichkeiten

Das Schenkungsrecht kennt drei elementare Rückforderungstatbestände.

Nichtvollziehung einer Auflage durch den Übernehmer

§ 527 BGB gewährt dem Übergeber (Schenker) ein Rückforderungsrecht gegenüber dem Übernehmer (Beschenkten), wenn dieser eine Auflage, z. B. die Zahlung eines sogenannten Gleichstellungsgeldes an Geschwister, nicht erfüllt. Der Anspruch entsteht nur dann, wenn der Übernehmer die Nichterfüllung der Auflage zu vertreten hat und es sich bei der Auflagenschenkung auch nicht um einen echten Vertrag zugunsten Dritter handelt.

Verarmung des Übergebers

§ 528 BGB gibt dem Übergeber einen Rückforderungsanspruch, wenn dieser Vermögen unentgeltlich auf die Nachkommen übertragen hat und die zurückgehaltenen Vermögensteile später nicht mehr zur Sicherung seiner Lebensbedürfnisse ausreichen. Dieser Rückforderungsanspruch besteht auch bei künstlicher Verarmung, d. h. er ist bei dem Versuch, die Altersversorgung auf die Sozialhilfe abzuwälzen, nicht ausgeschlossen.

Hat der Übergeber Sozialhilfe in Anspruch genommen, geht der Anspruch aus § 528 BGB jedenfalls insoweit nicht mit dem Tod des Schenkers unter. Wegen dieser fortbestehenden Erstattungspflicht gegenüber dem Träger der Sozialhilfe erlischt das Rückforderungsrecht selbst dann nicht, wenn der Beschenkte zugleich Erbe des Schenkers wird[4].

Das Rückforderungsrecht nach § 528 BGB ist ausgeschlossen, wenn zwischen der Schenkung und dem Eintritt der Bedürftigkeit des Übergebers 10 Jahre verstrichen sind.

Grober Undank

§ 530 BGB gewährt dem Übergeber bei grobem Undank des Übernehmers ein Widerrufsrecht.

Es ist sehr schwierig das Tatbestandsmerkmal des groben Undankes festzustellen. Dies zeigt die ausführliche Sachverhaltsdarstellung des Berufungsgerichtes im sog. Benteler-Fall, in dem es um die Rückforderung eines geschenkten Kommanditanteils ging, und die eingehende Auseinandersetzung des Bundesgerichtshofes mit diesem Sachverhalt im Revisionsurteil[5]. Über das Tatbestandsmerkmal des groben Undanks lässt sich sicherlich immer wieder trefflich streiten. Grober Undank liegt nicht schon dann vor, wenn der Beschenkte beispielsweise als maßgeblich beteiligter Gesellschafter eine ganz andere Unternehmenspolitik vertritt als der Übergeber. Das Tatbestandsmerkmal wird dann zu bejahen sein, wenn sich das Verhalten des Beschenkten vornehmlich gegen die Persönlichkeitssphäre des Schenkers richtet und sich daraus eine feindselige Gesinnung diesem gegenüber ableitet.

---

[4] Vgl. Bundesgerichtshof, in: Zeitschrift für Erbrecht und Vermögensnachfolge 1995, S. 378 f.
[5] Vgl. Entscheidungen des Bundesgerichtshof in Zivilsachen, 112, S. 40, 49 ff.

Obwohl das Gesetz bei grobem Undank des Übernehmers dem Übergeber ein Widerrufsrecht einräumt, empfiehlt es sich, für diesen Fall des Fehlverhaltens ausdrücklich ein vertragliches Rückforderungsrecht zu vereinbaren. Damit können Schwierigkeiten der Abwicklung bei gemischten Schenkungen vermieden werden. Die vertragliche Einräumung eines Rückforderungsrechtes in diesen Fällen ermöglicht eine differenzierte Ausgestaltung der Modalitäten der Rückabwicklung.

Die Probleme, die mit der Bestimmung des Vorliegens des Tatbestandes des groben Undanks verbunden sind, können wesentlich vereinfacht werden, wenn auf die Gründe Bezug genommen wird, die einen Erblasser berechtigen, einem gesetzlichen Erben den Pflichtteil zu entziehen (§ 2333 BGB).

2.2 Vertragliche Korrekturmöglichkeiten

Für eine Reihe von bestimmt definierten Situationen hat die notarielle Praxis eine Reihe von Standardkorrekturmöglichkeiten entwickelt. Bei Grundstückszuwendungen werden die Korrekturmöglichkeiten durch eine im jeweiligen Grundbuch einzutragende Rückauflassungsvormerkung gesichert, die einen Gutglaubenserwerb Dritter verhindert. Bei Schenkung von gesellschaftsrechtlichen Beteiligungen existieren derartige Sicherungsmöglichkeiten nicht. Nur dann, wenn beispielsweise im Zusammenhang mit der Schenkung einer Kommanditbeteiligung ein im Sonderbetriebsvermögen stehendes Grundstück mit übertragen wird, ist die Sicherung von Rückforderungsrechten durch eine Vormerkung möglich.

2.2.1 Beschränkung der Veräußerungs- und Belastungsmöglichkeiten

Die für den Übergeber zur Sicherung seiner Rechtsposition wichtigste Korrekturmöglichkeit wird für den Fall vorgesehen, dass der Übernehmer den ihm geschenkten Vermögensgegenstand ohne Zustimmung des Übergebers veräußert oder belastet. Derartige Beschränkungen in der Verfügungsmacht des Übernehmers verstoßen nicht gegen das rechtsgeschäftliche Verfügungsverbot[6] (137 BGB). Bei Schenkung von Grundstücken sollte deren Belastung ohne Zustimmung des Übergebers deswegen zum Rückforderungsgrund gemacht werden, weil Grundpfandrechte bzw. Reallasten durchaus im gleichen Rang wie die zur Sicherung des Rückforderungsrechtes eingetragene Auflassungsvormerkung stehen können. Dies kann dazu führen, dass die Zwangsversteigerung aus einer solchen Belastung nicht dem Veräußerungsverbot unterfällt. Die zur Sicherung eingetragene Rückauflassungsvormerkung bietet in derartigen Fällen keinen Schutz mehr.

Mit dem Rückforderungsrecht wegen Veräußerung ohne Zustimmung des Übergebers werden auch solche unvorhergesehenen Fälle gelöst, wie z. B. der Eintritt des Übernehmers in eine Sekte, die ihre Mitglieder zur Übertragung ihres Vermögens auf sich veranlasst.

---

[6] Vgl. Kohler, in: Deutsche Notarzeitschrift 1989, S. 339 ff [343]; allgemeine Meinung.

2.2.2 Insolvenz/Zwangsvollstreckung

Eine Standardsituation, für die üblicherweise eine Rückforderungsmöglichkeit vorgesehen wird, ist die Eröffnung eines Insolvenzverfahrens über das Vermögen des Übernehmers oder die Einleitung von Zwangsvollstreckungsmaßnahmen in die übergebenen Vermögensgegenstände oder Teile davon. Die Sicherung des Rückforderungsrechtes durch Eintragung einer Auflassungsvormerkung zugunsten des Übergebers bei Grundstücksschenkungen ermöglicht auch nach Eröffnung des Insolvenzverfahrens nach § 91 Abs. 2 InsO in Verbindung mit § 878 BGB den Rückerwerb des Grundstücks. In der Regel wird hier vereinbart, dass das Rückforderungsrecht in einem solchen Fall erst ausgeübt werden kann, wenn die Zwangsmaßnahmen gegen den Übernehmer nicht nach einer bestimmten Zeit wieder aufgehoben werden. Der Zeitraum, innerhalb dessen die Zwangsmaßnahmen wieder aufgehoben sein müssen, sollte im Hinblick auf die Dauer der verschiedenen Verfahren nicht zu knapp bemessen sein (mindestens 2 Monate).

2.2.3 Vorversterben des Übernehmers

Ein standardisierter Rückforderungsgrund ist der Tod des Übernehmers vor dem Übergeber. Üblicherweise soll dieses Rückforderungsrecht es dem Übergeber ersparen, sich zu seinen Lebzeiten mit fremden Dritten hinsichtlich eventueller Gegenleistungen für den übergebenen Vermögensgegenstand auseinandersetzen zu müssen. In diesen Fällen wird regelmäßig die Einschränkung angebracht, dass das Rückforderungsrecht nur entsteht, wenn der Übernehmer ohne Hinterlassung von Abkömmlingen oder – je nach dem persönlichen Verhältnis des Übergebers zum Schwiegerkind – eines Ehegatten oder Lebenspartners verstirbt. Das Rückforderungsrecht kann jedoch auch so ausgestaltet werden, dass es als mittelbare Einwirkungsmöglichkeit auf die Testierfreiheit des Übernehmers verwendet wird. Da das Rückforderungsrecht in diesen Fällen auch nur ausgeübt werden kann, wenn der Übernehmer vor dem Übergeber verstirbt, ist eine derartige Ausgestaltung rechtlich unbedenklich.

2.2.4 Geschäftsunfähigkeit

Der Eintritt der Geschäftsunfähigkeit des Übernehmers kann ebenso zum Rückforderungsgrund gemacht werden. Anerkennenswertes Motiv ist in diesen Fällen, dass der Übergeber sich nicht mit familienfremden Dritten oder einem gerichtlich bestellten Betreuer hinsichtlich der gegebenenfalls vereinbarten Gegenleistungen auseinandersetzen will.

2.2.5 Familienrechtlich begründete Rückforderung

Ebenfalls zum Standardrepertoire gehören Rückforderungsrechte, die für den Fall der Scheidung der Ehe oder Auflösung der Lebenspartnerschaft des Übernehmers vereinbart werden. Dabei kann der Schutz des Übergebers das bestimmende Motiv sein, der im Falle der Scheidung seiner Ehe beziehungsweise der Auflösung der Lebenspartnerschaft mit dem Übernehmer ein vitales Interesse hat, den überlassenen

Vermögensgegenstand zurückzuerhalten. Es kann jedoch auch der Schutz des übernehmenden Abkömmlings vor den Fährnissen und Unberechenbarkeiten des ehelichen Güterrechtes bestimmendes Motiv sein. In diesen Fällen wird üblicherweise vereinbart, dass das Rückforderungsrecht entsteht, wenn der Übernehmer mit seinem Ehegatten oder Lebenspartner nicht in einem Ehevertrag oder einem Lebenspartnerschaftsvertrag eine Regelung trifft, die den übergebenen Vermögensgegenstand aus dem Zugewinn- beziehungsweise Vermögensausgleich herausnimmt.

Zweckmäßigerweise wird die Entstehung dieses Rückforderungstatbestandes daran geknüpft, dass der Übernehmer nicht binnen einer festzulegenden Frist einen Ehe- bzw. Lebenspartnerschaftsvertrag vorlegt, der dies regelt.

2.2.6 Notbedarf/Grober Undank

Es empfiehlt sich, den Notbedarf des Übergebers (Rückforderung gem. § 528 BGB) und groben Undank des Übernehmers (Rückforderung gem. § 530 BGB) in die vertraglich zu vereinbarenden Rückforderungsrechte aufzunehmen, weil hier die Modalitäten der Rückabwicklung detailliert geregelt und Schwierigkeiten bei gemischten Schenkungen vermieden werden können. Insbesondere ist eine Klausel zu empfehlen, die dem Übernehmer die zwischenzeitlich gezogenen Nutzungen belässt, ihm umgekehrt dafür aber keine Verwendungsansprüche gewährt.

2.2.7 Freies Widerrufsrecht

Ein freies, nicht an irgendwelche tatbestandlichen Voraussetzungen gebundenes, Rückforderungsrecht wäre aus der Sicht des Übergebers die einfachste und umfassendste Möglichkeit, allen Unwägbarkeiten, die mit der Übergabe im Wege der vorweggenommenen Erbfolge verbunden sind, zu entgehen.

Der Übernehmer wird ein derart freies Widerrufsrecht im Allgemeinen als ungerecht empfinden. Er ist willkürlichen Handlungen des Übergebers, die ihre Schranken im Wesentlichen nur in der rechtsmissbräuchlichen Ausnutzung oder in der Verwirkung des Rückforderungsrechtes haben[7] ausgesetzt. Der Freie Widerruf wird grundsätzlich als zulässig angesehen[8]. Eingehender diskutiert wird die Frage der Zulässigkeit der Vereinbarung eines freien Widerrufs im Zusammenhang mit der Schenkung von gesellschaftsrechtlichen Anteilen.

Hier besteht im Hinblick auf die Rechtsprechung des Bundesgerichtshofes zur Unzulässigkeit von freien Hinauskündigungsklauseln aus einer Gesellschaft[9] Unsicherheit. Die Unsicherheit ist durch eine gefestigte höchstrichterliche bzw. obergerichtliche Rechtsprechung bisher nicht beseitigt worden. Es wird vorgeschlagen, Fallgruppen zu bilden, in denen ein freier Widerruf möglich ist[10]. So wird ein freier

---

[7] Vgl. *Schmidt*, Die Schenkung von Personengesellschaftsanteilen durch Einbuchung, in: Betriebs-Berater 1990, S. 1992, 1997.
[8] Vgl. Entscheidungen des Bundesgerichtshofes in Zivilsachen 112, S. 40, 49 ff.
[9] Vgl. Entscheidungen des Bundesgerichtshofes in Zivilsachen 107, S. 351 ff. und 112, S. 103 ff; Bundesgerichtshof, in: Neue Juristische Wochenschrift 1990, S. 2622.
[10] Vgl. *Kollhosser*, a. a. O., S. 231, 241.

Widerruf für zulässig gehalten, wenn ein kein wesentlichen Einfluss gewährender Kommandit- bzw. GmbH-Geschäftsanteil übertragen worden ist und der Übernehmer hieraus nicht den wesentlichen Teil seines Lebensunterhalts bestreitet[11].

Dagegen wird bei Übertragung einer Beteiligung, die mit persönlichen Verpflichtungen (Arbeitsleistung, persönliche Haftung, Unternehmensleitung) verbunden ist, und/oder einen beherrschenden Gesellschaftseinfluss sichert, ein freier Widerruf nicht für möglich gehalten[12].

In den vorgenannten Grenzen problematisiert die zivilrechtliche Rechtsprechung einen freien Widerrufsvorbehalt nicht. Der Bundesfinanzhof hat lange die Auffassung vertreten, bei einem freien Widerrufsvorbehalt läge keine Schenkung vor[13]. Er hat jedoch später seine Rechtsprechung geändert und geht nun von einer Schenkung aus[14]. Er verneint jedoch für den Bereich des Einkommensteuerrechtes in derartigen Fällen die Mitunternehmereigenschaft des Übernehmers, weil keine Mitunternehmerinitiative und kein Mitunternehmerrisiko vorliegt[15]. Ein weiteres Bedenken gegen das freie Widerrufsrecht besteht auch deswegen, weil dieses jederzeit von einem Gläubiger des Übergebers gepfändet werden kann, während bei den tatbestandlich eingegrenzten Widerrufsmöglichkeiten dies erst nach Eintritt des Auslösetatbestandes möglich ist.

3. Gestaltung der Korrekturmöglichkeiten
3.1 Vertragliches Widerrufsrecht

Es empfiehlt sich, das Rückforderungsrecht als ein eigenständiges, rein vertragliches Recht zu gestalten. Dabei sind die Modalitäten der Rückabwicklung genau zu bestimmen. Nur so werden die Nachteile und Unwägbarkeiten vermieden, die dann entstehen, wenn das Rückforderungsrecht als auflösende Bedingung nach § 158 BGB, als Widerrufsvorbehalt oder als vertragliches Rücktrittsrecht konstruiert werden. Bei der auflösenden Bedingung erfolgt die Rückabwicklung automatisch, ohne dass der Übergeber darauf einen Einfluss hätte. Dies ist nicht sinnvoll, weil sich der Übergeber die Möglichkeit offen halten sollte, die Rückabwicklung – aus welchen Gründen auch immer – nicht durchzuführen. Abgesehen davon kann sich die auflösende Bedingung nach § 158 BGB bei Grundstücksschenkungen wegen der Regelung des § 925 BGB nur auf den schuldrechtlichen Vertrag beziehen.

Der vorbehaltene Widerruf einer Schenkung führt zur Rückabwicklung nach Bereicherungsrecht. Die Unwägbarkeiten, die sich aus der in diesem Bereich anzuwendenden Saldotheorie ergeben, können zu nur bedingt kalkulierbaren Ergebnissen führen.

---

[11] Vgl. *Klumpp*, Die Schenkung von Gesellschaftsanteilen und deren Widerruf, in: Zeitschrift für Erbrecht und Vermögensnachfolge 1995, S. 385, 388.
[12] Vgl. ebenda.
[13] Vgl. Bundessteuerblatt II 1985, S. 159 f.
[14] Vgl. Neue Juristische Wochenschrift 1990, S. 1750 ff.; vgl. auch Meincke, Kommentar zum Erbschaftsteuergesetz 13. Auflage, München 2002 § 7, Rn. 53 f.
[15] Vgl. Bundesfinanzhof, in: Betriebs-Berater 1989, S. 2236 m. w. N.

Bei einem vertraglichen Rücktrittsrecht gelten die Regelungen der §§ 346 ff. BGB. Weil die empfangenen Leistungen nach den §§ 346, 348 BGB zurückzugewähren sind, tritt im Ergebnis eine – von den Parteien meistens nicht gewollte – Rückwirkung ein. Im Hinblick auf die Verpflichtungen des Übernehmers gemäß § 347 n. F. BGB ist eine Rückabwicklung nach Rücktrittsrecht häufig nicht sinnvoll.

3.2 Rückabwicklung bei Gegenleistungen

Sind Gegenleistungen für die Übertragung der Vermögensbestandteile auf den Übernehmer vereinbart worden, ist zu regeln, ob und ggf. wie diese rückabzuwickeln sind. Zu regeln ist auch, ob dem Übernehmer seine Aufwendungen, und wenn ja in welcher Höhe, erstattet werden. Hat der Übernehmer mit Zustimmung des Übergebers auf ihm übertragenen Grundbesitz Belastungen aufgenommen, ist zu regeln, was mit den zugrunde liegenden Darlehensverbindlichkeiten zu geschehen hat.

Bei Rückforderungen, die Strafcharakter haben oder in Fällen von Zwangsmaßnahmen in das übergebene Vermögen erfolgen, kann vereinbart werden, dass ein Ersatz für Gegenleistungen und eine Erstattung von Aufwendungen nicht zu erfolgen hat. Bei einer Veräußerung des übertragenen Vermögensgegenstandes ohne Zustimmung des Übergebers hat es der Übernehmer in der Hand, durch sein Wohlverhalten die negative Folge, die mit dem Rückerwerb verbunden ist, zu vermeiden.

Für den Fall der Rückforderung aufgrund von Zwangsmaßnahmen ist es sachgerecht, die Erstattung von Gegenleistungen und Aufwendungen auszuschließen, weil diese ausschließlich den Gläubigern des Übernehmers zugute kämen. Hat der Übernehmer umfangreiche Gegenleistungen im Zusammenhang mit der Übergabe zu erbringen, sollten Notbedarf, Eintreten der Geschäftsunfähigkeit und Scheidung der Ehe des Übergebers nicht als Rückforderungsgrund vereinbart werden. Der gesetzlich statuierte Rückforderungsgrund der Verarmung des Übergebers (§ 527 BGB) kann durch vertragliche Regelung nicht ausgeschlossen werden. Bei umfangreichen Gegenleistungen wird der Übergeber aufgrund seiner Verarmung nicht in der Lage sein, diese zurückzugewähren. Hier kann folgende Gestaltung helfen, wenn beispielsweise als Gegenleistung für die Überlassung von übergebenem Grundbesitz eine Geldrente gewährt wird:

Ein Recht zur Änderung des Übergabevertrages kann aus dem Mehrbedarf abgeleitet werden, der sich als Folge dauernder Pflegebedürftigkeit des Übergebers ergibt. Dabei endet jedoch die Zahlungspflicht des Übernehmers mit Ablauf des Monats, in dem die von ihm insgesamt aufgebrachten monatlichen Zahlungen den Verkehrswert des übergebenen Grundstücks zum Zeitpunkt der Übergabe erreichen. Mit diesem Zeitpunkt soll die vertragliche Zahlungspflicht enden. Eine weitergehende Zahlungspflicht soll dann ausschließlich aus dem Unterhaltsrecht abgeleitet werden können[16].

Für die Fälle der Rückforderung wegen Vorversterbens des Übergebers ist zu klären, ob die Erben des Übernehmers für die von diesem zu Lebzeiten für die

---

[16] Vgl. Spiegelberger, Münchener Vertragshandbuch, 4. Auflage, München; Bürgerliches Recht, Band 4, 2. Halbband, VII. 1 Anm. 4.

Übergabe erbrachten Gegenleistungen zu entschädigen sind. Jedenfalls sollten der überlebende Ehegatte des Übernehmers oder dessen Abkömmlinge die Gegenleistungen des Verstorbenen zurückerhalten, die dieser aus eigenem Vermögen erbracht hat. Wurden die Gegenleistungen aus den Erträgen des übergebenen Vermögens erbracht, ist es angemessen, diese nicht zurückgewähren zu lassen. Ist der Übergeber nicht in der Lage, die vereinbarte Rückerstattung zu leisten, ist auf das Rückforderungsrecht zu verzichten.

3.3 Modalitäten des Rückforderungsrechtes

In den Übergabeverträgen sollte vereinbart werden, dass nicht schon das Vorliegen eines Rückforderungstatbestandes den Anspruch des Übergebers entstehen lässt. Erst die Geltendmachung des Rechtes durch den Übergeber soll den Rückübertragungsanspruch entstehen lassen. Die Veräußerlichkeit und Übertragbarkeit des Rückforderungsrechtes durch den Übergeber auf Dritte wird regelmäßig auszuschließen sein. Es ist zu regeln, ob das Rückforderungsrecht bei Versterben des Übergebers ersatzlos entfällt, wenn bis dahin ein Auslösetatbestand nicht eingetreten ist oder ob es ganz oder in spezifizierten Fällen auf dessen Erben oder zu benennende Dritte übergehen soll. Sinnvoll ist es, bei entsprechenden Fallgestaltungen zu vereinbaren, dass der Rückforderungsberechtigte die Übertragung des Vermögensgegenstandes an sich oder an von ihm zu benennende Dritte verlangen kann.

Es empfiehlt sich weiterhin, die Ausübung des Rückfallrechtes an eine bestimmte, einigermaßen großzügig zu bemessende Frist ab dem Zeitpunkt der Kenntnis des Übergebers bzw. seiner Erben vom Auslösetatbestand zu knüpfen.

Schließlich sollte der Rückforderungsanspruch von der Erfüllung formeller Voraussetzungen (schriftliche Geltendmachung) abhängig gemacht werden.

3.4 Personenmehrheit auf Seiten der Übergeber bzw. Übernehmer

3.4.1 Mehrere Übernehmer

Wird ein Vermögensgegenstand auf mehrere Übernehmer übertragen, so ist zu regeln, ob ein Rückforderungstatbestand auch dann gegeben ist, wenn nur einer der Übernehmer die Tatbestandsvoraussetzungen erfüllt. Bei gesamthänderischer Berechtigung der Übernehmer empfiehlt es sich, die Rückforderung schon dann zuzulassen, wenn ein Rückforderungstatbestand nur hinsichtlich eines Erwerbers vorliegt.

3.4.2 Mehrere Übergeber

Sind mehrere Übergeber zu ideellen Bruchteilen oder in Gesamthand Eigentümer eines zu übertragenden Vermögensgegenstandes, kann man ihnen den Rückforderungsanspruch in demselben Rechtsverhältnis zugestehen. Sehr häufig empfiehlt es sich, ihnen den Rückforderungsanspruch als Gesamtgläubigern nach § 428 BGB zu gewähren. Dabei wird bestimmt, dass nach dem Tod eines Übergebers der Rückforderungsanspruch dem anderen allein zustehen soll.

Es handelt sich dabei nicht um mehrere Ansprüche, sondern um einen einzigen Anspruch, der durch nur eine Rückauflassungsvormerkung – bei übertragenem Grundbesitz – gesichert werden kann.

Ist der Übergeber Alleineigentümer des zu übertragenden Vermögensgegenstandes, so ist zu überlegen, ob das Rückforderungsrecht nach seinem Tode erlöschen oder auf einen Dritten, beispielsweise den überlebenden Ehegatten oder Lebenspartner, übergehen soll. Hier stehen im Wesentlichen drei Möglichkeiten zur Verfügung:

Dem Überlebenden kann ein eigenes Rückforderungsrecht eingeräumt werden, das dann durch eine eigenständige Vormerkung im Falle einer Grundstücksübertragung zu sichern ist. Zum anderen kann der Übergeber seinen Rückforderungsanspruch auf seinen Tod dem Überlebenden abtreten (Vorausabtretung). Schließlich kann der Rückforderungsanspruch im Wege der Erbfolge übertragen werden. Diese Lösung ist dann gangbar, wenn der Übergeber mit seinem Ehe- oder Lebenspartner bereits ein gemeinschaftliches Testament oder einen Erbvertrag mit gegenseitiger Alleinerbeinsetzung hat. Im Übergabevertrag ist festzuhalten, dass der Rückforderungsanspruch vererblich ist.

Weiterführende Literatur:

Klumpp, Die Schenkung von Gesellschaftsanteilen und deren Widerruf, in: Zeitschrift für Erbrecht und Vermögensnachfolge 1995, S. 385 ff.

Kollhosser, Archiv für die civilistische Praxis, 194, S. 231 ff.

Langenfeld, Grundstückszuwendungen im Zivil- und Steuerrecht, 3. Auflage, Köln, Rz. 321 ff.

Schmidt, Die Schenkung von Personengesellschaftsanteilen durch Einbuchung, in: Betriebs-Berater 1990, S. 1992 ff.

Weser, Rücknahmevorbehalte bei Grundstücksschenkungen im Wege vorweggenommener Erbfolge aus zivilrechtlicher Sicht, in: Zeitschrift für Erbrecht und Vermögensnachfolge 1995, S. 353 ff.

Das Unternehmertestament

Thomas Wachter

Inhalt:

	Seite
1. Einführung	217
1.1 Notwendigkeit eines Unternehmertestaments	217
1.2 Ziele bei der Erbfolge in Unternehmen	218
1.3 Unternehmertestament vs. Unternehmensnachfolge zu Lebzeiten	219
1.4 Unternehmertestament als Teil einer ganzheitlichen Vermögensnachfolgeplanung	219
1.5 Vorbereitung des Unternehmertestaments	220
1.6 Gang der Darstellung	220
2. Erbrechtliche Grundlagen des Unternehmertestaments	221
2.1 Gesetzliche und gewillkürte Erbfolge	221
2.2 Formen letztwilliger Verfügungen	221
2.3 Erbrechtliche Gestaltungsinstrumente	221
2.4 Pflichtteilsrecht	225
3. Erbrechtliche Nachfolge in Unternehmensbeteiligungen	226
3.1 Einzelunternehmen	226
3.2 Offene Handelsgesellschaft	227
3.3 Kommanditgesellschaft	230
3.4 Gesellschaft mit beschränkter Haftung	231
3.5 Aktiengesellschaft	232
4. Zusammenfassung	233

1. Einführung

1.1 Notwendigkeit eines Unternehmertestaments

Nur wenigen Menschen gelingt es, ein eigenes Unternehmen erfolgreich aufzubauen und zu führen. Noch viel seltener gelingt es jedoch, ein solches Unternehmen auch langfristig zu erhalten. Der Volksmund geht davon aus, dass die Lebensdauer von Familienunternehmen vielfach auf drei Generationen beschränkt ist („Der Vater erstellt's, der Sohn erhält's und den Enkeln zerfällt's.").

Die Ursachen für das Misslingen der Unternehmensnachfolge sind vielfältig. In einer Vielzahl von Fällen fehlt es schon an einem wirksamen Testament. Jüngsten Schätzungen zufolge haben nicht einmal 30 % aller Unternehmer ein Testament errichtet. Die meisten dieser Testamente sind im Erbfall vermutlich bereits veraltet, weil sie nicht mit der sich ändernden unternehmerischen, familiären und steuerlichen Situation abgestimmt worden sind. An eine ergänzende rechtliche Vorsorge gegen Unfall- oder Krankheitsrisiken wird oftmals gar nicht gedacht.

Das mangelnde Problembewusstsein vieler Unternehmer ist umso erstaunlicher, als sich die meisten von ihnen durch zahlreiche Versicherungen gegen private und betriebliche Risiken (zum Beispiel Lebens-, Unfallversicherungen sowie Brand- und Betriebsunterbrechungsversicherungen) gegen unvorhersehbare Risiken umfassend abgesichert haben.

Eine frühzeitige und umfassende Planung der Unternehmensnachfolge ist zur Sicherung des langfristigen Bestands des Unternehmens unerlässlich. Dies gilt nicht nur für Unternehmer, die sich altersbedingt aus dem Tagesgeschäft zurückziehen möchten, sondern auch für Jungunternehmer und Unternehmensgründer.

Ein überzeugendes Nachfolgekonzept kann darüber hinaus auch für die laufende Unternehmensführung von Vorteil sein. Das Rating eines Unternehmens beurteilt sich heute u. a. danach, ob das Unternehmen auch im Fall eines – überraschenden und ungewollten – Ausscheidens des Unternehmers am Markt erfolgreich fortbestehen kann. Mit einem guten Rating lassen sich oftmals günstigere Kreditkonditionen erzielen oder neue Investoren gewinnen.

Jeder Unternehmer sollte daher in jeder Lebensphase über ein individuell ausgestaltetes Unternehmertestament verfügen.

1.2 Ziele bei der Erbfolge in Unternehmen

Bei der Gestaltung eines Unternehmertestaments sind typischerweise folgende Ziele zu verwirklichen:

- **Sicherung der Unternehmensfortführung**

   In der Regel ist der Wille des Unternehmers darauf gerichtet, das Unternehmen (in der bisherigen oder einer geänderten Form) nach seinem Tod zu erhalten und die Fortführung des Unternehmens durch einen (oder mehrere) geeignete Nachfolger sicherzustellen.

- **Absicherung der Familie**

   Da das Unternehmen in der Regel nur von einem (selten auch von mehreren) Erben fortgeführt wird, gilt es, die weichenden Erben und den Ehegatten des Unternehmers wirtschaftlich angemessen abzusichern.

- **Reduzierung von Ausgleichs- und Abfindungsansprüchen**

   Mögliche (Liquiditäts-)Belastungen des Unternehmenserben und des Unternehmens durch Ausgleichs- und Abfindungsansprüche (wie beispielsweise Pflichtteils- und Pflichtteilsergänzungsansprüche, erbrechtliche oder güterrechtliche Ausgleichsansprüche oder gesellschaftsrechtliche Abfindungsansprüche) sind möglichst zu reduzieren oder zu vermeiden.

- **Optimierung der steuerlichen Belastung**

   Unter mehreren erbrechtlichen Gestaltungsmöglichkeiten ist die Unternehmernachfolge so zu gestalten, dass die steuerliche Gesamtbelastung des Unternehmenserben durch Erbschaftsteuer und Einkommensteuer möglichst gering ist.

In der Praxis werden sich nicht immer alle Ziele in gleicher Weise erreichen lassen. Der Unternehmer muss dann seine persönlichen Prioritäten bestimmen und auf einen sachgerechten Ausgleich aller Ziele achten.

1.3 Unternehmertestament vs. Unternehmensnachfolge zu Lebzeiten

Nach Möglichkeit sollte das Unternehmen bereits zu Lebzeiten im Wege der vorweggenommenen Erbfolge auf den Nachfolger übertragen werden. Das Unternehmertestament sollte die Unternehmensnachfolge zu Lebzeiten lediglich ergänzen und abrunden. Es dient vor allem auch als Notfalllösung für den Fall eines überraschenden und unerwarteten Ablebens des Unternehmers (beispielsweise aufgrund eines Unfalls oder einer Krankheit).

Für eine gleitende Unternehmensübertragung zu Lebzeiten sprechen u. a. folgende Überlegungen:
- die Einbindung des potentiellen Unternehmenserben (gegebenenfalls auch des späteren Testamentsvollstreckers) in das Unternehmen und in die Unternehmensleitung,
- die Übertragung von unternehmerischer Verantwortung zur Sicherung der Kontinuität der Unternehmensführung,
- die Gewährleistung des Fortbestands des Unternehmens durch die sukzessive Einräumung von gesellschaftsrechtlichen Mitgliedschaftsrechten,
- die frühzeitige Anpassung der Unternehmens- und Vermögensstruktur an die veränderten Rahmenbedingungen (beispielsweise durch eine Umstrukturierung des Unternehmens oder den gezielten Aufbau von Privatvermögen),
- die Vermeidung bzw. Reduzierung von Pflichtteilsansprüchen,
- die mehrfache Ausnutzung der erbschaftsteuerrechtlichen Freibeträge,
- die Erzielung einkommensteuerrechtlicher Vorteile durch die Verlagerung von Einkünften.

1.4 Unternehmertestament als Teil einer ganzheitlichen Vermögensnachfolgeplanung

Das Unternehmertestament bildet nur einen von mehreren Bestandteilen einer ganzheitlichen und generationenübergreifenden Unternehmensnachfolgeplanung.

Neben dem Unternehmertestament sind im Rahmen der Nachfolgeplanung auch folgende Aspekte mit zu berücksichtigen:
- die Umstrukturierung des Unternehmens (zum Beispiel durch einen Rechtsformwechsel, die Begründung oder Beendigung einer Betriebsaufspaltung, die Errichtung einer stillen Beteiligung oder einer Unterbeteiligung),
- die Abstimmung des Gesellschaftsvertrages mit der Nachfolgeregelung (zum Beispiel Art und Höhe der Abfindungen, erbrechtliche Regelungen, Zulässigkeit einer Testamentsvollstreckung),
- der Ehevertrag des Unternehmers und des Nachfolgers,
- Pflichtteilsverzichtsverträge (gegebenenfalls gegen eine Abfindung in Bar- oder Sachwerten, deren Art, Höhe und Fälligkeit von den Beteiligten bestimmt werden kann),

- Vollmachten (zum Beispiel postmortale bzw. transmortale Vollmachten, Generalvollmachten und Vorsorgevollmachten),
- Versicherungen,
- Stiftungslösungen.

Die einzelnen Bestandteile der Nachfolgeplanung stehen dabei nicht isoliert nebeneinander, sondern beeinflussen sich wechselseitig und sind untereinander abzustimmen.

Die Planung und Gestaltung der Unternehmensnachfolge ist kein punktueller Vorgang, sondern ein kontinuierlicher Prozess. Um die Verwirklichung des Willens des Unternehmers sicherzustellen, ist die Nachfolgeplanung und deren vertragliche Umsetzung daher in regelmäßigen Zeitabständen zu überprüfen und gegebenenfalls an veränderte persönliche, wirtschaftliche oder rechtliche Rahmenbedingungen anzupassen. Dies gilt in besonderem Maße für das Testament eines Unternehmers, bei dem der Abstimmung des Testaments mit den äußeren Umständen (wie beispielsweise dem Gesellschaftsvertrag und den steuerrechtlichen Rahmenbedingungen) besondere Bedeutung zukommt.

1.5 Vorbereitung des Unternehmertestaments

Die Gestaltung des Unternehmertestaments erfordert eine genaue und umfassende Kenntnis der tatsächlichen Verhältnisse. Im Rahmen der Vorbereitung des Unternehmertestaments ist daher die bestehende Situation des Unternehmers, seiner Familie und des Unternehmens sorgfältig zu ermitteln.

Im Rahmen einer Bestandsaufnahme sollten alle vorhandenen Unterlagen und Verträge in aktueller Fassung zusammengestellt und auf ihre Vollständigkeit geprüft werden. Dazu gehören beispielsweise Staatsangehörigkeitszeugnisse, Eheverträge, Testamente, Erbverträge, Gesellschaftsverträge, Ergebnisabführungsverträge, Darlehensverträge, Grundbuchauszüge, Handelsregisterauszüge und Jahresabschlüsse.

Ausgehend von einer solchen Bestandsaufnahme gilt es, die Ziele und Vorstellungen des Erblassers zu ermitteln und ein Konzept zu deren Umsetzung zu entwickeln.

1.6 Gang der Darstellung

Auf der Grundlage einer kurzen Einführung in die allgemeinen Grundlagen des Erbrechts (Teil 2.) gibt der Beitrag einen Überblick über einige Möglichkeiten der inhaltlichen Gestaltung eines Unternehmertestaments (Teil 3.). Die Darstellung unterscheidet dabei zwischen den einzelnen Rechtsformen, da zwischen der Vererbung der einzelnen Gesellschaftsbeteiligungen erhebliche rechtliche Unterschiede bestehen. Die Rechtsform des Unternehmens ist somit nicht nur in steuerrechtlicher Hinsicht, sondern auch aus zivilrechtlicher Hinsicht von entscheidender Bedeutung. Abschließend wird der Versuch unternommen, die komplexen rechtlichen Rahmenbedingungen für Unternehmertestamente in einigen praktischen Regeln zusammenzufassen (Teil 4.).

Bei der Vorbereitung und Abfassung eines Unternehmertestaments ist neben rechtlichen Gesichtspunkten naturgemäß auch eine Vielzahl familiärer, wirtschaftlicher und steuerrechtlicher Aspekte zu berücksichtigen. Diese sind nicht Gegenstand dieses Beitrags. Gleichwohl gilt es, diese in allen Phasen der Nachfolgeplanung mit zu erörtern und in die Entscheidungsfindung mit zu beziehen. Dies gilt in besonderer Weise für die möglichen steuerrechtlichen Folgen eines Unternehmertestaments.

2. Erbrechtliche Grundlagen des Unternehmertestaments

2.1 Gesetzliche und gewillkürte Erbfolge

Bei Eintritt der gesetzlichen Erbfolge können die Ziele des Unternehmers für seine Nachfolge in aller Regel nicht verwirklicht werden. In vielen Fällen kommt es zum Entstehen von Erbengemeinschaften, deren Auseinandersetzung zivilrechtlich und steuerrechtlich für das Unternehmen und den Unternehmenserben meist nachteilig ist.

Für den Unternehmer ist daher die gewillkürte Erbfolge vorrangig. Nur auf diesem Wege kann eine Nachfolgeregelung erreicht werden, die den persönlichen, familiären und unternehmerischen Vorstellungen Rechnung trägt und die gesellschaftsrechtlichen und steuerlichen Auswirkungen umfassend berücksichtigt.

2.2 Formen letztwilliger Verfügungen

Der Unternehmer kann seinen letzten Willen in einem Einzeltestament, einem gemeinschaftlichen Testament oder einem Erbvertrag niederlegen.

Die Frage, ob die mit einem gemeinschaftlichen Testament oder einem Erbvertrag verbundene Bindungswirkung sachgerecht ist, kann nur im jeweiligen Einzelfall entschieden werden. Im Allgemeinen sollte sich der Unternehmer erbrechtlich noch weniger binden als sonstige Erblasser, um bei einer Änderung der persönlichen, unternehmerischen oder wirtschaftlichen Situation angemessen reagieren zu können. Sofern sich der Unternehmer im Einzelfall für eine bindende Verfügung von Todes entscheidet, sollte die Bindungswirkung durch die Vereinbarung eines Rücktrittsrechts oder eines Änderungsvorbehalts zumindest teilweise wieder gelockert werden.

2.3 Erbrechtliche Gestaltungsinstrumente

2.3.1 Erbeinsetzung

Der Erblasser kann durch Verfügung von Todes wegen einen oder mehrere Erben bestimmen. Sind mehrere Personen zu Erben bestimmt, bilden sie eine Erbengemeinschaft. Der Nachlass wird gemeinschaftliches Vermögen der Erben. Für die Führung und Verwaltung eines Unternehmens ist eine Erbengemeinschaft nicht geeignet. Der Erblasser sollte daher den Unternehmensnachfolger nach Möglichkeit zum Haupterben bestimmen.

Der Erblasser muss seine Erben selbst bestimmen. Dies gilt auch dann, wenn sich die unternehmerische Eignung der (minderjährigen) Erben zur Zeit der Errichtung des Testaments noch nicht beurteilen lässt. Ein Dritter kann nur unter sehr eingeschränkten Voraussetzungen ermächtigt werden aus einem eng begrenzten Personenkreis den Erben nach bestimmten sachlichen Kriterien zu bezeichnen. Diese Möglichkeit hilft in der Praxis jedoch kaum weiter, da der Dritte den Unternehmenserben nicht auswählen, sondern nur nach den vorgegebenen Kriterien bezeichnen darf. Bis zur Ausübung des Bestimmungsrechts ist darüber hinaus unsicher, wer Erbe wird.

Der Erblasser kann einen Erben auch in der Weise zum Erben einsetzen, dass dieser erst Erbe wird, nachdem zunächst ein anderer Erbe geworden ist. Das Institut der Vor- und Nacherbschaft gibt dem Erblasser die Möglichkeit, sein Vermögen zunächst einem Vorerben zuzuwenden und gleichzeitig zu bestimmen, dass es nach einer bestimmten Zeit oder mit einem bestimmten Ereignis (z. B. Tod des Vorerben oder Wiederverheiratung) auf eine andere Person (Nacherben) übergeht. Der Vorerbe kann zwar grundsätzlich über die zur Erbschaft gehörenden Gegenstände verfügen, jedoch unterliegt er zugunsten des Nacherben mehr oder weniger weitreichenden Beschränkungen. Die Rechte des Vorerben sind somit meist kaum größer als die eines Nießbrauchers. Diese Einschränkungen können die Führung eines Unternehmens erheblich erschweren, so dass von der Anordnung einer Vor- und Nacherbschaft bei Unternehmensbeteiligungen nur äußerst zurückhaltend Gebrauch gemacht werden sollte.

2.3.2 Vermächtnis

Mit einem Vermächtnis kann der Erblasser einem anderen einen bestimmten Vermögensvorteil zuwenden, ohne ihn als Erben einzusetzen. Der Vermächtnisnehmer erwirbt den vermachten Gegenstand nicht unmittelbar vom Erblasser. Der Gegenstand muss vielmehr nach Eintritt des Erbfalls noch auf den Vermächtnisnehmer übertragen werden. Ein vermachtes Grundstück muss beispielsweise aufgelassen und im Grundbuch auf den Vermächtnisnehmer umgeschrieben werden.

In der Praxis sind Vermächtnisse meist auf einen bestimmten Geldbetrag oder einen Sachgegenstand gerichtet.

Gegenstand eines Vermächtnisses kann aber auch ein Anteil an einer Personengesellschaft sein. Die Erfüllung des Vermächtnisses setzt voraus, dass der Gesellschaftsanteil vererblich ist, d. h. aufgrund einer Nachfolgeklausel auf einen oder mehrere Erben übergeht. Die Übertragung des Gesellschaftsanteils bedarf in aller Regel der Zustimmung der anderen Gesellschafter, sofern diese nicht bereits allgemein im Gesellschaftsvertrag enthalten ist. Um die Realisierung eines steuerlichen Entnahmegewinns zu vermeiden, muss sichergestellt sein, dass bei Erfüllung des Vermächtnisses das gesamte betriebsnotwendige (Sonder-)Betriebsvermögen zeitgleich auf den Vermächtnisnehmer mit übertragen wird. Die erbschaftsteuerrechtlichen Begünstigungen für Betriebsvermögen kann der Vermächtnisnehmer ebenfalls nur unter diesen Umständen in Anspruch nehmen.

Bei der vermächtnisweisen Zuwendung von Anteilen an Kapitalgesellschaften sind etwaige Abtretungsbeschränkungen in der Satzung zu berücksichtigen. Ist in der Satzung vorgesehen, dass die Veräußerung von Gesellschaftsanteilen der Genehmigung der Gesellschaft oder der anderen Gesellschafter bedarf, gilt dies grundsätzlich auch für Anteilsübertragungen in Erfüllung eines Vermächtnisses. Um sicherzustellen, dass die Übertragung des Geschäftsanteils auch tatsächlich an den vom Erblasser vorgesehenen Nachfolger möglich ist, kann die notwendige Zustimmung schon zu Lebzeiten eingeholt werden. Im Übrigen kann die Satzung Fälle der Übertragung in Erfüllung eines Vermächtnisses von der Genehmigungspflicht generell oder in bestimmten Fällen ausnehmen.

Insgesamt erscheint die vermächtnisweise Zuwendung von Anteilen an Personen- und Kapitalgesellschaften sowohl aus erbrechtlichen als auch aus steuerrechtlichen Gründen für die Gestaltung der Unternehmensnachfolge in der Praxis nur eingeschränkt geeignet.

2.3.3 Auflagen
Durch die Auflage kann der Erblasser den Erben oder einen Vermächtnisnehmer zu einer Leistung verpflichten, ohne einem anderen einen Anspruch auf die Leistung zuzuwenden. Die Leistung besteht in der Verpflichtung, etwas Bestimmtes zu tun (z. B. Pflege der Grabstelle des Erblassers) oder zu unterlassen (z. B. Widerruf einer Vollmacht). Der Auflagebegünstigte kann selbst die Vollziehung der Auflage nicht verlangen, wohl aber der Erbe, Miterbe und derjenige, dem der Wegfall des mit der Auflage zunächst Beschwerten unmittelbar zustatten kommen würde.

2.3.4 Testamentsvollstreckung
Die Testamentsvollstreckung ermöglicht es dem Erblasser, im Rahmen der ihm gegebenen Testierfreiheit auch über seinen Tod hinaus Einfluss aus sein Vermögen zu nehmen. Die Testamentsvollstreckung gehört in vielen Fällen zu den zentralen Bestandteilen des Unternehmertestaments.
Mit der Testamentsvollstreckung lassen sich vor allem folgende Ziele erreichen:
– Absicherung der Nachfolgeregelung durch eine Beschränkung des Erben in seiner Rechtsstellung, vor allem in den Fällen, in denen der gewünschte Unternehmensnachfolger nicht oder noch nicht die erforderliche fachliche Qualifikation oder persönliche Eignung hat,
– langfristige Verwirklichung der Vorstellungen und Ziele des Erblassers durch die sachkundige, uneigennützige und unparteiische Mitwirkung des Testamentsvollstreckers,
– Schutz des Nachlasses vor den Eigengläubigern des Erben,
– Sicherung der Fortführung des Unternehmens,
– begrenzte Übertragung der Auswahl des Unternehmensnachfolgers und der Festlegung der Unternehmensstruktur auf den Testamentsvollstrecker.
Im Grundsatz sind drei Arten der Testamentsvollstreckung zu unterscheiden:
– die Abwicklungsvollstreckung zur Vermeidung von Streitigkeiten zwischen den Miterben bei der Nachlassverteilung und der Sicherstellung der Verwirklichung des letzten Willens des Erblassers,
– die Verwaltungsvollstreckung zur Verwaltung des Nachlassvermögens und damit des Unternehmens,
– die Dauertestamentsvollstreckung zur Ausführung der letztwilligen Verfügung des Erblassers und der Verwaltung des Nachlassvermögens.

Die Aufgaben und Rechte des Testamentsvollstreckers sollten vom Erblasser in der letztwilligen Verfügung sorgfältig geregelt werden.

Der Erfolg der Testamentsvollstreckung hängt entscheidend von der Person des Testamentsvollstreckers ab. Die Bestimmung des Testamentsvollstreckers sollte daher nicht dem Nachlassgericht oder einem Dritten überlassen werden. Der Erblasser sollte den Testamentsvollstrecker vielmehr selbst im Testament bestimmen und auch einen Ersatzvollstrecker für den Fall benennen, dass der eigentlich vorgesehene Testamentsvollstrekker das Amt nicht übernehmen kann oder will. Der Testamentsvollstrecker sollte jünger sein als der Erblasser, von den Nachlassbeteiligten akzeptiert werden und über unternehmerische und kaufmännische Erfahrung verfügen.

Die Dauer der Testamentsvollstreckung ist gesetzlich auf die Dauer von dreißig Jahren nach dem Tod des Erblassers beschränkt. Die gesetzliche Höchstdauer sollte vom Erblasser in der Regel aber nicht ausgeschöpft werden, sondern vielmehr eine im Einzelfall angemessene Dauer der Testamentsvollstreckung bestimmt werden.

Der Testamentsvollstrecker erhält eine angemessene Vergütung. Zur Vermeidung von Streitigkeiten sind die Höhe der Vergütung und die Fälligkeit im Testament klar zu regeln. Dabei ist insbesondere auch festzulegen, ob in der Vergütung die Umsatzsteuer enthalten ist oder nicht. Grundsätzlich wird die Testamentsvollstreckervergütung als Bruttobetrag angesehen.

Der Durchführung der Testamentsvollstreckung im Unternehmensbereich sind bestimmte Grenzen gesetzt, die sich aus der unterschiedlichen Haftungsordnung im Erbrecht und im Gesellschaftsrecht ergeben. Dem Erben steht unabdingbar die Möglichkeit zu, die Haftung (auch für Handlungen des Testamentsvollstreckers) auf den Nachlass zu beschränken. Demgegenüber geht das Unternehmensrecht von der grundsätzlich unbeschränkten und unbeschränkbaren persönlichen Haftung des Unternehmers aus. Diese Kollision von Erbrecht und Gesellschaftsrecht kann bei einer dauerhaften Fremdverwaltung von Einzelunternehmen und von Personengesellschaften zu Beschränkungen der Testamentsvollstreckung führen.

Zu Eingriffen in den Kernbereich der Mitgliedschaft an einer Gesellschaft ist der Testamentsvollstrecker nicht befugt. In diesen Fällen ist die Zustimmung der Erben erforderlich.

Der Testamentsvollstrecker unterliegt dem Verbot unentgeltlicher Verfügungen. Der Testamentsvollstrecker ist daher beispielsweise nicht berechtigt an Gesellschafterbeschlüssen mitzuwirken, die Leistungspflichten begründen, die aus Nachlassmitteln nicht vollständig erfüllt werden können oder an Handlungen, die zu einem einseitigen Rechtsverlust des Gesellschafter Erben führen. Der Erblasser kann den Testamentsvollstrecker im Testament nicht zu unentgeltlichen Verfügungen ermächtigen. Doch kann der Erblasser dem Testamentsvollstrecker eine entsprechende postmortale Vollmacht erteilen.

2.3.5 Nachlassvollmacht

Ergänzend zur Errichtung einer letztwilligen Verfügung von Todes wegen kann der Erblasser einer oder mehreren Personen seines Vertrauens eine transmortale oder postmortale Vollmacht erteilen.

Die Erteilung einer Vollmacht an den Erben oder den Testamentsvollstrecker ist vor allem aus zwei Gründen empfehlenswert:
- Der Bevollmächtigte kann unmittelbar nach dem Tod des Erblassers handeln, ohne die Erteilung eines Erbscheins, die Eröffnung der letztwilligen Verfügung oder die Ausstellung eines Testamentsvollstreckerzeugnisses abwarten zu müssen.
- Der Bevollmächtigte ist auch zu unentgeltlichen und teilentgeltlichen Verfügungen befugt.

Aus Gründen der Rechtssicherheit sollte die Vollmacht zumindest öffentlich beglaubigt sein.

2.4 Pflichtteilsrecht

Der Erblasser unterliegt bei der Errichtung seines Testaments grundsätzlich keinen Beschränkungen. Weder Familienangehörige noch Verwandte haben einen Anspruch darauf, im Testament bedacht zu werden. Es steht ihnen allenfalls ein Pflichtteilsanspruch zu.

Pflichtteilsberechtigt sind die Abkömmlinge, die Eltern des Erblassers sowie der Ehegatte bzw. Lebenspartner. Enkel sind dann pflichtteilsberechtigt, wenn ihr Elternteil beim Erbfall nicht mehr lebt; Eltern des Erblassers dann, wenn kein Abkömmling den Erbfall erlebt. Nicht pflichtteilsberechtigt sind Geschwister, Großeltern und andere Verwandte des Erblassers.

Der Pflichtteilsanspruch begründet keine unmittelbare Beteiligung am Nachlassvermögen, sondern lediglich einen Anspruch auf Zahlung einer Geldsumme. Die Höhe des Pflichtteils entspricht der Hälfte des gesetzlichen Erbteils. Dieser hängt von der Zahl der Miterben ab, die neben dem Pflichtteilsberechtigten zu berücksichtigen sind. Der Pflichtteilsanspruch ist grundsätzlich mit Eintritt des Erbfalls sofort zur Zahlung fällig.

Für die Berechnung des Pflichtteilsanspruchs sind der Bestand und der Wert des Nachlasses im Zeitpunkt des Erbfalls maßgebend. Die zum Nachlass gehörenden Gegenstände sind dabei mit dem Verkehrswert zu bewerten. Dies gilt insbesondere auch für Grundstücke und Unternehmen. Einheitswerte, Steuerwerte oder Liquidationswerte sind daher nicht zu berücksichtigen. Eine abweichende Wertbestimmung durch den Erblasser ist grundsätzlich nicht möglich. Allenfalls durch die Beschränkung des Abfindungsanspruchs des Erben im Gesellschaftsvertrag kann im Einzelfall auch der Pflichtteilsanspruch reduziert werden.

Der Erblasser sollte bereits zu Lebzeiten frühzeitig versuchen, die Verwirklichung seiner Nachfolgeregelung durch den Abschluss von Pflichtteilsverzichtsverträgen sicherzustellen. Durch einen Pflichtteilsverzichtsvertrag kann nicht nur eine Liquiditätsbelastung des Unternehmenserben, sondern auch ein möglicher Streit über den Wert des Nachlassvermögens (Unternehmensbewertung) verhindert werden. Ein Pflichtteilsverzichtsvertrag kann dabei auf einzelne Vermögensgegenstände (z. B. Unternehmensbeteiligungen) oder andere Einzelfragen (z. B. den Wert des Unternehmens oder die Bewertungsmethode) beschränkt werden. Durch die Vereinbarung einer sachgerechten Abfindung wird sich in vielen Fällen ein Pflichtteilsverzichtsvertrag erreichen lassen. Die Abfindung kann dabei zwischen den Beteiligten frei vereinbart werden. Neben einer Barabfindung ist auch die Einräumung einer Sachabfindung, beispielsweise in Form einer stillen Beteiligung oder einer Unterbeteiligung möglich.

Ein Pflichtteilsverzichtvertrag kann durchaus auch mit dem eigentlichen Unternehmenserben sinnvoll sein. Denn der Unternehmenserbe wird vielfach durch Anordnungen des Erblassers (z. B. die Anordnung der Testamentsvollstreckung) beschwert oder beschränkt zu sein. Ohne einen Pflichtteilsverzichtsvertrag könnte der Unternehmenserbe die Erbschaft ausschlagen und dann trotzdem den vollen Pflichtteil verlangen. Der Pflichtteilsverzicht kann in diesen Fällen auch auf das Recht zur Ausschlagung der Erbschaft beschränkt werden.

Eine Pflichtteilsentziehung ist nur bei schweren Verfehlungen möglich, zum Beispiel wegen vorsätzlicher körperlicher Misshandlung des Erblassers oder seines Ehegatten oder wegen eines Verbrechens oder eines schweren vorsätzlichen Vergehens gegen den Erblasser oder dessen Gatten. Es handelt sich demnach um seltene Ausnahmesituationen, in denen eine Pflichtteilsentziehung berechtigt ist. Der Grund der Entziehung muss zur Zeit der Errichtung der Verfügung bestehen und in der Verfügung von Todes wegen konkret angegeben werden. Ärger des Erblassers oder Unstimmigkeiten, grober Undank, Störung des Familienfriedens genügen dagegen zur Entziehung nicht. Im Streitfall hat den Entziehungsgrund derjenige zu beweisen, der die Entziehung geltend macht.

3. Erbrechtliche Nachfolge in Unternehmensbeteiligungen

3.1 Einzelunternehmen

Das Einzelunternehmen ist vererblich. Es unterliegt trotz der besonderen Zweckbestimmung der in ihm zusammengefassten Vermögenswerte der erbrechtlichen Gesamtrechtsnachfolge. Alle zum Unternehmen gehörenden Vermögensgegenstände (z. B. Grundstücke, Forderungen, Patente) gehen auf den Erben über. Die bilanzielle Zusammenfassung der Vermögensgegenstände führt nicht zu einem Sondervermögen.

Der Erbe kann die bisherige Firma mit oder ohne Beifügung eines des Nachfolgezusatzes andeutenden Zusatzes fortführen. Führt der Erbe die Firma fort, haftet er unbeschränkt für alle im Unternehmen des Erblassers begründeten Verbindlichkeiten.

Bei einer Mehrheit von Erben wird ein zum Nachlass gehörendes Einzelunternehmen gemeinschaftliches Vermögen der Erbengemeinschaft. Eine Erbengemeinschaft kann Inhaberin eines Handelsgeschäfts sein. Die Fortführung des Einzelunternehmens durch eine Erbengemeinschaft ist zeitlich unbegrenzt zulässig. Die Miterben sind in Erbengemeinschaft im Handelsregister einzutragen. Die auf jederzeitige Auseinandersetzung angelegte Erbengemeinschaft ist gleichwohl nicht dazu geeignet, ein Einzelunternehmen fortzuführen.

Eine Erbengemeinschaft kann ein Einzelunternehmen grundsätzlich auch dann in ungeteilter Erbengemeinschaft fortführen, wenn einer oder mehrerer der Miterben noch minderjährig sind. In diesem Fall ist aber aus Haftungsgründen die Umwandlung in eine Kommanditgesellschaft und die Übertragung des Geschäfts von der Erbengemeinschaft auf die Kommanditgesellschaft empfehlenswert.

3.2 Offene Handelsgesellschaft

Gehört zum Nachlass eine Beteiligung an einer Offenen Handelsgesellschaft, unterliegen die Anordnungen des Erblassers sowohl dem Erbrecht als auch dem Gesellschaftsrecht. Das Gesellschaftsrecht bestimmt, ob und inwieweit die Mitgliedschaft an einer Gesellschaft vererblich ist. Das Erbrecht findet diese Situation vor und kann sie nur insoweit ausgestalten, als dass Gesellschaftsrecht dies zulässt.

Aufgrund der zwingenden Verbindung zwischen Erbrecht und Gesellschaftsrecht ist darauf zu achten, dass Gesellschaftsvertrag und Verfügung von Todes wegen miteinander in Einklang stehen. Andernfalls gehen erbrechtliche Gestaltungen aufgrund der gesellschaftsrechtlichen Vorgaben unter Umständen ins Leere.

Enthält der Gesellschaftsvertrag keine Regelung über den Tod eines Gesellschafters kommt die gesetzliche Regelung zur Anwendung. Danach führt der Tod eines Gesellschafters einer Offenen Handelsgesellschaft nicht zur Auflösung der Gesellschaft. Der verstorbene Gesellschafter scheidet aus der Gesellschaft aus und die Gesellschaft wird mit den verbleibenden Gesellschaftern fortgesetzt. Den Erben des verstorbenen Gesellschafters steht ein schuldrechtlicher Abfindungsanspruch gegen die verbleibenden Gesellschafter zu. Die gesetzliche Regelung entspricht einer vertraglichen Fortsetzungsklausel.

Die gesetzliche Regelung ist nicht ausreichend, um den Fortbestand der Gesellschaft zu sichern. Die Abfindung der Erben richtet sich grundsätzlich nach dem tatsächlichen Wert des Gesellschaftsanteils. Der Abfindungsanspruch kann demnach eine erhebliche Liquiditätsbelastung der Gesellschaft zur Folge haben. Angesichts der Schwierigkeiten der Unternehmensbewertung kann es darüber hinaus zu Streitigkeiten über die Wertbestimmung kommen.

Der Gesellschaftsvertrag sollte daher den Abfindungsanspruch im Einzelnen regeln. Im Interesse des Fortbestands der Gesellschaft ist in der Regel eine angemessene Begrenzung des Abfindungsanspruchs sachgerecht. Ferner sollte das Verfahren zur Ermittlung der Höhe des Abfindungsanspruchs festgelegt werden (z. B. Bewertungsverfahren, Sachverständiger). Schließlich ist eine Regelung der Auszahlungsmodalitäten (z. B. Ratenzahlung, Verzinsung) empfehlenswert.

Die Gesellschafter können (und sollten) die Frage der Vererbung von Gesellschaftsanteilen im Gesellschaftsvertrag abweichend von den gesetzlichen Vorschriften regeln.

Im Gesellschaftsvertrag kann beispielsweise durch eine Nachfolgeklausel vereinbart werden, dass der Gesellschaftsanteil des Erblassers auf den oder die Erben übergehen soll. Der Eintritt der Erben in die Gesellschaft erfolgt dann unmittelbar und bedarf keiner weiteren Rechtsgeschäfte. Im Zusammenhang mit einer Nachfolgeklausel kann die Vererblichkeit des Gesellschaftsanteils auch eingeschränkt werden. Die Nachfolge kann beispielsweise auf bestimmte Personen (wie etwa Mitgesellschafter, Abkömmlinge, Ehegatte, etc.) beschränkt werden. Der Gesellschaftsvertrag kann auch bestimmen, dass der Gesellschaftsanteil nur dann vererblich ist, wenn der Erblasser den Nachfolger durch eine Verfügung von Todes wegen bestimmt hat. Eine Vererbung aufgrund gesetzlicher Erbfolge wird dadurch ausgeschlossen.

Im Allgemeinen wird zwischen einfachen und qualifizierten Nachfolgeklauseln unterschieden.

Bei der einfachen Nachfolgeklausel wird die Gesellschaft mit allen Erben fortgeführt. Bei einem Erben geht der Gesellschaftsanteil auf den Alleinerben über. Bei mehreren Erben kommt es zu einer Kollision zwischen Erbrecht und Gesellschaftsrecht, weil eine Erbengemeinschaft (nach derzeit herrschender Auffassung) nicht Mitglied einer werbenden Personengesellschaft sein kann. Die einzelnen Miterben werden im Wege der Sondererbfolge in Höhe ihrer jeweiligen Erbquote unmittelbar Mitglied der Personengesellschaft. Durch die einfache Nachfolgeklausel können die übrigen Gesellschafter in die Minderheit geraten, wenn aufgrund der Regelung im Gesellschaftsvertrag oder nach der gesetzlichen Regelung ein Stimmrecht nach Köpfen gilt. Der Gesellschaftsvertrag sollte für diesen Fall eine geeignete Regelung vorsehen (z.B. Stimmrecht nach Kapitalanteilen oder Beschränkung des Stimmrechts von Rechtsnachfolgern eines Gesellschafters). Zumindest sollte der Gesellschaftsvertrag eine Regelung enthalten, wonach die Erben ihre Rechte durch einen Repräsentanten wahrnehmen müssen, um eine Vervielfältigung der Mitwirkungsrechte in der Gesellschafterversammlung zu verhindern. Der Repräsentant kann auch vom Erblasser selbst oder von einem Dritten (zum Beispiel einem Testamentsvollstrecker) bestimmt werden. Personengesellschaften sind grundsätzlich auf die umfassende Mitwirkung aller Gesellschafter angelegt. Bei der einfachen Nachfolgeklausel droht eine Zersplitterung des Anteils des verstorbenen Gesellschafters. Eine große Zahl von Gesellschaftern mit unterschiedlichen Interessen erschwert die Unternehmensfortführung. Ein weiterer Nachteil der einfachen Nachfolgeklausel besteht darin, dass die Mitgesellschafter auf die Nachfolge keinen Einfluss haben. In der Regel sollten einfache Nachfolgeklauseln daher vermieden werden.

Bei der qualifizierten Nachfolgeklausel bestimmt der Gesellschaftsvertrag, dass nicht alle Erben, sondern nur einzelne oder einer von ihnen in die Gesellschafterstellung einrücken (z.B. nur Erben, die bestimmte Qualifikationen erfüllen, wie etwa Alter, Verwandtschaftsverhältnis, Gesellschafterstellung, berufliche Qualifikation, etc.). Der Gesellschaftsanteil geht im Wege der Sonderrechtsnachfolge unmittelbar und im ganzen auf den qualifizierten Miterben über. Die übrigen Miterben werden nicht Gesellschafter, sondern erlangen einen schuldrechtlichen Ausgleichsanspruch gegen den nachfolgeberechtigten Erwerber. Die Erbengemeinschaft wird danach nicht (auch nicht vorübergehend) Gesellschafterin. Am übrigen Nachlass sind die qualifizierten Miterben nur entsprechend ihrer Erbquote beteiligt. Qualifizierte Nachfolgeklauseln können daran scheitern, dass die im Gesellschaftsvertrag vorgesehene Person nicht erbrechtlich legitimiert ist. Die unter Umständen katastrophalen Folgen des Auseinanderfallens von gesellschaftsvertraglicher und erbrechtlicher Regelung können nach Eintritt des Erbfalls nur noch im Einzelfall (z. B. durch eine Ausschlagung der Erbschaft oder eine Umdeutung der Nachfolgeklausel in eine Eintrittsklausel) vermieden werden. Bei der qualifizierten Nachfolgeklausel ist die Abstimmung zwischen Gesellschaftsvertrag und Verfügung von Todes wegen von besonderer Bedeutung. Die qualifizierte Nachfolgeklausel kann nur zur Anwendung kommen, wenn der vorgesehene Nachfolger in einer Verfügung von Todes wegen als Erbe eingesetzt wird und die im Gesellschaftsvertrag bestimmten Qualifikationen in seiner Person gegeben sind. Um einen dauerhaften Gleichlauf zwischen Erbrecht und Gesellschaftsrecht sicherzustellen, ist nicht nur bei der Errichtung der Verfügung von Todes wegen, sondern auch bei späteren Änderungen oder Ergänzungen stets auf die notwendige Abstimmung zu achten. Die qualifizierte Nachfolgeklausel überlässt es (anders als die einfache Nachfolgeklausel) nicht dem freien Willen des Erblassers oder familiären Zufälligkeiten, wer und insbesondere wie viele Erben die Gesellschafterstellung übernehmen. Die Nachfolge wird vielmehr auf einen oder mehrere Erben beschränkt. Auf diese Weise werden auch die Interessen der anderen Gesellschafter an einer berechenbaren Nachfolge angemessen berücksichtigt. Die Bestimmung der zur Nachfolge qualifizierten Personen kann entweder im Gesellschaftsvertrag selbst abschließend erfolgen oder vom Erblasser (im Rahmen der Bestimmungen des Gesellschaftsvertrages) noch außerhalb ergänzt werden. In jedem Fall ist aber sicherzustellen, dass der ausgewählte Nachfolger auch tatsächlich Erbe wird.

Beispiel

Erblasser E ist Gesellschafter einer KG (Verkehrswert der Beteiligung: 10.000.000 €; Buchwert der Beteiligung: 2.500.000 €). Zusammen mit seiner Ehefrau F hat E einen Ehe- und Erbvertrag geschlossen, in dem sie sich gegenseitig zu Alleinerben und die gemeinsamen Kinder S und T zu Schlusserben zu untereinander gleichen Teilen eingesetzt haben. Der Gesellschaftsvertrag der KG sieht vor, dass bei Tod eines Gesellschafters nur leibliche Kinder Gesellschafter werden können. Im Falle des Ausscheidens eines Gesellschafters ist eine Abfindung in Höhe des Buchwerts der Beteiligung vorgesehen. Nach dem Willen des Vaters E sollte die Gesellschaftsbeteiligung einmal vom Sohn S fortgeführt werden.

Die Nachfolgeklausel des Gesellschaftsvertrages schränkt die Vererblichkeit des Gesellschaftsanteils ein. Als Nachfolger kämen hier nur die Kinder S und T in Betracht. Diese sind aber nicht Erben des E. Alleinerbe des E ist die Ehefrau F, die aber nicht zum Kreis der im Gesellschaftsvertrag vorgesehenen Nachfolger gehört.

Der Gesellschaftsanteil wächst daher den anderen Gesellschaftern an. F erhält als Erbin die im Gesellschaftsvertrag vorgesehene Abfindung in Höhe von 2.500.000 €. Der übrige Wert der Gesellschaftsbeteiligung ist für die Familie des E verloren.

Zur Vermeidung dieses Schadens könnte F nach Eintritt des Erbfalls innerhalb der gesetzlichen Ausschlagungsfrist von sechs Wochen die Erbschaft (gegen eine Abfindung) ausschlagen. Erben würden dann S und T zu je ein Halb. In diesem Fall würde auch die Gesellschaftsbeteiligung zu je ein Halb auf S und T übergehen.

Besser wäre es jedoch gewesen, wenn E zu Lebzeiten den bestehenden Erbvertrag dahin gehend geändert hätte, dass er von S alleine beerbt wird und zu Gunsten seiner Frau F und Tochter T Vermächtnisse ausgesetzt hätte. In diesem Fall wäre die Gesellschaftsbeteiligung in vollem Umfang auf den Sohn S übergegangen.

Qualifizierte Nachfolgeklauseln sind aber selbst im Falle einer umfassenden Abstimmung zwischen erbrechtlicher und gesellschaftsrechtlicher Regelung in der Praxis nur eingeschränkt empfehlenswert. Vielfach ist schon eine eindeutige und sinnvolle Festlegung der notwendigen Qualifikation des Nachfolgers in der Praxis nicht ohne weiteres möglich. Darüber hinaus ist die qualifizierte Nachfolgeklausel mit verschiedenen erbschaftsteuerrechtlichen Nachteilen verbunden, da die Vorteile für Betriebsvermögen (Bewertung, Freibetrag, Bewertungsabschlag) allen Miterben und nicht nur dem qualifizierten Nachfolger alleine zugute kommen.

3.3 Kommanditgesellschaft

3.3.1 Tod eines persönlich haftenden Gesellschafters

Beim Tod eines persönlich haftenden Gesellschafters einer Kommanditgesellschaft gelten die selben Grundsätze wie für den Tod eines Gesellschafters einer Offenen Handelsgesellschaft.

Eine Kommanditgesellschaft kann ohne persönlich haftenden Gesellschafter nicht bestehen. Stirbt der einzige persönlich haftende Gesellschafter einer Kommanditgesellschaft mit mehreren Kommanditisten wird die Gesellschaft in der Regel aufgelöst. Versäumen die Gesellschafter es, die Liquidation zu betreiben wird die Gesellschaft automatisch in eine Offene Handelsgesellschaft umgewandelt. Die Gesellschafter haften dann zwingend unbeschränkt für alle bestehenden und neu entstehenden Gesellschaftsverbindlichkeiten. Der Gesellschaftsvertrag sollte daher eine Regelung für den Fall enthalten, dass der letzte (bzw. einzigste) persönlich haftende Gesellschafter einer Kommanditgesellschaft wegfällt. Beispielsweise kann eine Verpflichtung aller Gesellschafter vereinbart werden, der Aufnahme einer GmbH als persönlich haftende Gesellschafterin zuzustimmen und den Gesellschaftsvertrag entsprechend zu ändern. Einfacher ist es, bereits zu Lebzeiten des Erblassers vorsorglich eine GmbH als (weitere) persönlich haftende Gesellschafterin ohne vermögensmäßige Beteiligung in die Gesellschaft aufzunehmen.

3.3.2 Tod eines Kommanditisten

Bei Tod eines Kommanditisten wird die Gesellschaft mit den Erben fortgesetzt. Der Gesellschaftsanteil des Kommanditisten ist grundsätzlich vererblich. Der Gesellschaftsvertrag kann die Vererblichkeit des Kommanditistenanteils aber beschränken oder ganz ausschließen.

Wird der Kommanditist von mehreren Erben beerbt, rücken diese nicht als Erbengemeinschaft, sondern unmittelbar als Erben zu dem ihrer Erbquote entsprechenden Anteil in die Gesellschafterstellung des Erblassers ein.

Infolge des Übergangs der Kommanditbeteiligung auf die Erben treten diese in alle mit der Beteiligung verbundenen Rechte und Pflichten ein. Bis zur Eintragung der Erben als Kommanditisten im Handelsregister haften die Erben für Verbindlichkeiten der Gesellschaften unter Umständen persönlich, sofern sie nicht schon vor dem Erbfall Kommanditisten der Gesellschaft waren. Zur Vermeidung eines persönlichen Haftungsrisikos sollte die Eintragung der Erben als Kommanditisten unverzüglich zur Eintragung in das Handelsregister angemeldet werden.

3.3.3 Besonderheiten bei der GmbH & Co. KG

Die Anteile an einer GmbH & Co. KG werden getrennt vererbt:
- Die Erbfolge in die Anteile an der Kommanditgesellschaft richtet sich nach den Bestimmungen des KG-Rechts (siehe oben Abschnitt 3.3.2.).
- Die Erbfolge in die Anteile an der Komplementär-GmbH richtet sich nach den Vorschriften des GmbH-Rechts (siehe unten Abschnitt 3.4.).

Die Rechtsform der GmbH & Co. KG kann für die Gestaltung der Unternehmensnachfolge in verschiedener Hinsicht von Vorteil sein.
- Die GmbH & Co. KG hat stets einen persönlich haftenden Gesellschafter, so dass die mit Wegfall des persönlich haftenden Gesellschafters verbundenen Probleme von vornherein nicht bestehen.
- Die Geschäftsführung kann aufgrund der bei der GmbH bestehenden Möglichkeit der Drittorganschaft unabhängig von der Nachfolge in die Gesellschafterstellung geregelt werden.
- Bei mehreren Erben können die Gesellschaftsanteile und Geschäftsführungsbefugnisse flexibel auf die einzelnen Nachfolger aufgeteilt werden (indem beispielsweise der eigentliche Unternehmensnachfolger Gesellschafter und Geschäftsführer wird und die weichenden Erben eine Kommanditistenstellung erhalten).

Aus Sicht der Nachfolgeplanung besteht bei der GmbH & Co. KG jedoch das Risiko, das aufgrund der unterschiedlichen Vererbung der GmbH-Anteile und der Kommanditanteile die notwendige Verzahnung zwischen beiden Gesellschaften verloren geht. Durch eine entsprechende Abstimmung der beiden Gesellschaftsverträge gilt es, ein solches Auseinanderfallen zu verhindern. Möglich ist auch die Errichtung einer Einheits-GmbH & Co. KG, bei der die Geschäftsanteile der Komplementär-GmbH von der Kommanditgesellschaft gehalten werden, so dass das Problem der Abstimmung zwischen GmbH und Kommanditgesellschaft entfällt.

3.4 Gesellschaft mit beschränkter Haftung

3.4.1 Vererbung der Gesellschaftsanteile

Die Gesellschaftsanteile an einer GmbH sind frei vererblich. Mehrere Miterben erwerben den Anteil gesamthänderisch. Sie können ihre Gesellschafterrechte nur gemeinschaftlich ausüben. In der Satzung sollte vorgesehen werden, dass mehrere Erben ihre Rechte aus dem Gesellschaftsanteil nur einheitlich durch einen gemeinsamen Vertreter wahrnehmen können. Die Person des Repräsentanten sollte gegebenenfalls auf Mitgesellschafter, Angehörige der rechts- oder steuerberatenden Berufe oder andere qualifizierte Personen beschränkt werden. Die Satzung sollte klarstellen, dass das Stimmrecht und die sonstigen Verwaltungsrechte der Gesellschaftererben ruhen, sofern kein gemeinsamer Vertreter benannt worden ist.

3.4.2 Einschränkung der Vererbung durch die Satzung
Die Vererblichkeit der Geschäftsanteile kann durch die Satzung nicht ausgeschlossen werden. Dies gilt auch für die GmbH-Anteile an einer GmbH & Co. KG.

Eine Sondererbfolge wie im Recht der Personengesellschaften kann bei der GmbH in der Satzung nicht begründet werden. Der Übergang des Geschäftsanteils auf einen Dritten außerhalb der Erbfolge ist durch eine Satzungsregelung nicht möglich. Die Satzung kann aber vorsehen, dass beim Tode eines Gesellschafters dessen Geschäftsanteil einzuziehen ist oder an einen Gesellschafter, die Gesellschaft oder eine sonstige Person abzutreten ist. Damit werden die Wirkungen der Vererbung mittelbar beseitigt.

3.5 Aktiengesellschaft
Die Anteile an der Aktiengesellschaft sind frei vererblich. Die Vererblichkeit von Aktien kann auch durch die Satzung nicht eingeschränkt werden. Dies gilt sowohl für Namensaktien als auch für Inhaberaktien.

Mehrere Erben können ihre Rechte aus den Aktien nur durch einen gemeinschaftlichen Vertreter ausüben. Bis zur Bestellung eines gemeinsamen Vertreters ruhen die Verwaltungsrechte (z. B. das Stimmrecht), nicht aber das Gewinnbezugsrecht. Dies sollte in der Satzung entsprechend klargestellt werden.

Die mittelbare Regelung der Nachfolge in der Satzung einer Aktiengesellschaft ist (anders als bei der GmbH) nur eingeschränkt zulässig. Eine Abtretungsverpflichtung kann in Satzung der Aktiengesellschaft nicht begründet werden, da darin ein Verstoß gegen das Verbot der Begründung von Nebenleistungsverpflichtungen gesehen wird. Die Vereinbarung von Erwerbsrechten und Andienungspflichten ist im Aktienrecht gleichfalls nicht möglich.

Zulässig ist lediglich die zwangsweise Einziehung der Aktien beim Tod eines Aktionärs. Die Einziehung kann generell oder nur für bestimmte Fälle (z. B. wenn die Aktien beim Tod eines Aktionärs nicht innerhalb einer bestimmten Frist auf Mitaktionäre, Abkömmlinge oder Ehepartner des Aktionärs übertragen werden) angeordnet werden. Die Einziehung der Aktien setzt zwingend eine Kapitalherabsetzung voraus. Ein Einziehungsbeschluss der Hauptversammlung ist nicht erforderlich. Für die Einziehung genügt eine Entscheidung des Vorstands.

Bei der Einziehung von Aktien sind die strengen Vorschriften über die Kapitalherabsetzung zu beachten. Im Hinblick auf die geringe Flexibilität dieser Regeln ist die Einziehung in der Regel keine geeignete Lösung zur sachgerechten Gestaltung der Nachfolge. In der Praxis ist daher der Abschluss von Poolverträgen unter den Aktionären in der Rechtsform einer Gesellschaft bürgerlichen Rechts zweckmäßig, mit denen außerhalb der Satzung der Aktiengesellschaft die Wahrnehmung der Mitgliedschaftsrechte geregelt wird. Durch die Vereinbarung von erbrechtlichen Regelungen im Gesellschaftsvertrag der Gesellschaft bürgerlichen Rechts (Fortsetzungsklausel, Nachfolgeklausel, Eintrittsklausel) kann die Nachfolge in die Aktien mittelbar gezielt gesteuert werden. Allerdings werden für solche mittelbaren Beteiligungen an einer Kapitalgesellschaft die besonderen Begünstigungen für Betriebsvermögen bei der Erbschaftsteuer nicht gewährt.

4. Zusammenfassung

Für die richtige Gestaltung eines Unternehmertestaments lassen sich kaum allgemein gültige Empfehlungen geben. So wie es keine für alle Unternehmen optimale Unternehmensrechtsform gibt, existiert auch kein für alle Unternehmer optimales Testament.

Unumstritten ist aber die Notwendigkeit, ein Unternehmertestament zu errichten. Denn die gesetzliche Erbfolge ist zur sachgerechten Regelung der Unternehmensnachfolge jedenfalls nicht geeignet.

Der Unternehmer sollte daher zu jeden Lebensphase über ein Testament verfügen, dass seinen persönlichen und unternehmerischen Vorgaben entspricht und die erbrechtlichen und steuerrechtlichen Rahmenbedingungen berücksichtigt. Das fehlende oder falsche Unternehmertestament kann zum Scheitern des Unternehmens führen.

Die Gestaltung der Unternehmensnachfolge ist – ebenso wie die Führung eines Unternehmens – eine strategische planerische Aufgabe.

Der Unternehmer hat daher frühzeitig, ein individuelles und ganzheitliches Konzept der Nachfolgeplanung zu erstellen und dieses kontinuierlich an veränderte Lebensumstände anzupassen und fortzuentwickeln. Das Unternehmertestament ist dabei nur ein Bestandteil einer umfassenden Nachfolgeplanung.

Das beste Unternehmertestament ist vermutlich dasjenige, das gar nicht zum Tragen kommt, weil der Unternehmer die Nachfolge bereits zu Lebzeiten nach seinen Vorstellungen geregelt hat.

Zehn Regeln für das Unternehmertestament

1. Die gesetzliche Erbfolge ist zur Verwirklichung der Unternehmensnachfolge ungeeignet. Es gilt daher – zu jeder Lebensphase – ein individuelles Unternehmertestament zu errichten.
2. Das Unternehmen sollte bereits zu Lebzeiten im Wege der vorweggenommenen Erbfolge sukzessive auf einen Nachfolger übertragen werden. Das Unternehmertestament dient lediglich der Ergänzung und Abrundung des Gesamtkonzepts der Unternehmensnachfolge.
3. Das Unternehmertestament ist mit den Gesellschaftsverträgen abzustimmen und umgekehrt. Daher sollte ein Testament nie ohne vollständige Kenntnis der aktuellen Gesellschaftsverträge errichtet oder geändert werden. Bei einer Änderung des Gesellschaftsvertrages sind stets die Auswirkungen auf die Verfügungen von Todes wegen aller Gesellschafter zu berücksichtigen.
4. Zur Absicherung der Verwirklichung des letzten Willens des Unternehmers empfiehlt sich zu Lebzeiten der Abschluss von Pflichtteilsverzichtsverträgen (gegebenenfalls gegen eine angemessene Abfindung) mit den pflichtteilsberech-

tigten Kindern. Auf einen Erbverzicht sollte demgegenüber im Regelfall verzichtet werden.
5. Inhaltlich sollte das Unternehmertestament eine klare und praktikable Erbfolge vorsehen. Das Entstehen von Erbengemeinschaften ist nach Möglichkeit zu vermeiden. Die Anordnung von Vor- und Nacherbfolge ist in den meisten Fällen wenig zweckmäßig. Zur Verwirklichung des letzten Willens des Unternehmers kann eine individuell ausgestaltete Testamentsvollstreckung in vielen Fällen sachgerecht sein. Eine Bindung des Unternehmers durch einen Erbvertrag oder ein gemeinschaftliches Testament sollte nur im Einzelfall erfolgen.
6. Das Unternehmertestament ist in regelmäßigen Zeitabständen (von längstens fünf Jahren) zu überprüfen und gegebenenfalls anzupassen. Dies gilt insbesondere dann, wenn sich die persönlichen, familiären oder wirtschaftlichen Rahmenbedingungen verändert haben.
7. Das Unternehmertestament ist um einen individuellen Unternehmer Ehevertrag zu ergänzen. Gütertrennung und Gütergemeinschaft scheiden als Güterstand regelmäßig aus. Vielmehr ist der Güterstand der Zugewinngemeinschaft unter Berücksichtigung der Umstände des Einzelfalls sachgerecht zu modifizieren.
8. Eine umfassende Vorsorgevollmacht zu Gunsten des Unternehmensnachfolgers (und gegebenenfalls weiterer Vertrauenspersonen) ermöglicht insbesondere bei Tod oder Krankheit des Unternehmers die Veranlassung aller notwendigen Maßnahmen.
9. Die Auswirkungen der Unternehmensnachfolge bei den verschiedenen Steuerarten (insbesondere bei der Erbschaft- und Schenkungsteuer sowie der Einkommensteuer) sind umfassend und regelmäßig zu überprüfen.
10. Besteht von Seiten des Unternehmers oder des Unternehmens in persönlicher oder sachlicher Hinsicht ein Auslandsbezug, sind sämtliche Gestaltungen mit den in Betracht kommenden ausländischen Rechts- und Steuerordnungen abzustimmen.

Weiterführende Literatur:

Crezelius, Unternehmenserbrecht, München 1998.
Flick/Hannes/von Oertzen, Erben ohne Streit und Steuern, Frankfurt 2003.
Gebel, Betriebsvermögen und Unternehmensnachfolge, 2. Auflage, München 2002.
Koblenzer, Familienunternehmen vor dem Generationswechsel, Herne/Berlin 2004.
Lorz/Kirchdörfer, Unternehmensnachfolge, München 2002.
Mohr, Unternehmertestament, Köln 2001.
Semrau, Das Unternehmertestament, Berlin 2003.
Sudhoff, Handbuch der Unternehmensnachfolge, 4. Auflage, München 2000.
Spiegelberger, Vermögensnachfolge, München 1994.

Der Erbvertrag als Mittel der Unternehmensnachfolge
Prof. Dr. Gottfried Schiemann

Inhalt:

	Seite
1. Einführung	235
2. Abschluss und Inhalt des Erbvertrages	237
2.1 Persönliche Voraussetzungen	237
2.2 Form	237
2.3 Einseitige und zweiseitige Erbverträge	237
2.4 Erbvertrag und Gegenleistungen	238
3. Die Bindungswirkung des Erbvertrages	238
3.1 Der Gegenstand der Bindung	238
3.2 Anfechtung und Anfechtungsverzicht	240
3.3 Rücktritts- und Änderungsvorbehalte	241
3.4 Ergänzende Regelungen zum Schutz des vertraglichen Erben oder Vermächtnisnehmers	242
4. Verbindung mit anderen erbrechtlichen Geschäften und Alternativen	243

1. Einführung

Der Erbvertrag ist in vielen Fällen als Instrument für die Gestaltung der Unternehmensnachfolge geeignet: Einerseits gibt er dem oder den Unternehmensnachfolger(n) wie auch anderen Erbbeteiligten (Ehegatte, Kinder und Enkel) größere Sicherheit als ein jederzeit widerrufliches Testament. Andererseits zwingt er im Gegensatz zu einem Übergabevertrag unter Lebenden den Unternehmer nicht dazu, schon vor dem Tod die Stellung als Unternehmer zugunsten der nächsten Generation oder Außenstehender aufgeben zu müssen.

Entschließt sich der Unternehmer zur Übertragung seines Unternehmens schon zu Lebzeiten durch Übergabevertrag, kann der Erbvertrag eine wichtige Ergänzung dazu bilden: Wenn der Unternehmer bei der Gestaltung seiner Nachfolge über die Person des Übernehmers hinausdenkt. Dann schwebt ihm eine Lösung vor, die auch den Übernehmer hinsichtlich dessen Rechtsnachfolge bereits festlegt. Eine schuldrechtliche Verpflichtung des Übernehmers zur Errichtung einer erbrechtlichen Verfügung, an die man hier zunächst denken könnte, wäre unwirksam, § 2302 BGB. Für die Zielvorstellung des Erblassers geeignet scheint deshalb eher die Anordnung einer Vor- und Nacherbfolge. Aber diese Gestaltung sollte für Unternehmen vermieden werden[1], da Vertragspartner des Vorerben als Unternehmer befürchten, dass ihre Vereinbarungen im Nacherbfall unwirksam sein könnten, die

---

[1] Dazu treffend *Bengel/Reimann*, in: Beck'sches Notarhandbuch, 3. Auflage 2000, hrsg. von Brambring u. a., Abschnitt C Rdnr. 184: „Die Anordnung der Nacherbfolge bringt mehr Probleme, als sie Probleme vermeiden hilft."

Einbeziehung des oder der Nacherben in die Geschäftstätigkeit des Vorerben jedoch oft schon wegen der Notwendigkeit, das Familiengericht einzuschalten, viel zu umständlich ist. Der Wunsch des bisherigen Unternehmers nach einer Nachfolgeregelung für die übernächste Generation lässt sich daher sinnvoll nur verwirklichen, wenn der Übernehmer sogleich im Sinne der Vorstellungen des Übergebers Anordnungen für den Fall seines eigenen Todes trifft[2]. Gebunden ist der Unternehmernachfolger an eine solche Anordnung, wenn er sie in einem mit dem Übergeber abgeschlossenen Erbvertrag niederlegt. Denn der Erbvertrag muss nicht den Vertragspartner des Erblassers (hier insoweit: den Übernehmer) begünstigen. Zulässig ist auch ein Erbvertrag zugunsten Dritter, § 1941 Abs. 2 BGB.

Besonders wichtig ist die Fortdauer der eigenen umfassenden Verfügungsbefugnis über das Unternehmen für einen Inhaber, der noch zu jung dazu ist (oder sich noch zu jung dazu fühlt), sich von der Leitung zurückzuziehen: Die gesetzliche Erbfolgeregelung ist für die Fortführung eines Unternehmens im Allgemeinen ungeeignet. Nur wenn der Unternehmer unverheiratet, geschieden oder verwitwet ist und nicht mehr als einen Nachkommen hat, wird er von einem einzelnen Erben beerbt. In allen anderen Fällen entsteht nach seinem Tod eine Erbengemeinschaft, und diese ist nicht als Unternehmer handlungsfähig. Denn die herrschende Meinung und insbesondere der BGH[3] halten daran fest, dass die Erbengemeinschaft im Kern auf die baldige Teilung nach § 2042 BGB angelegt ist und u. a. deshalb auch keine Rechtsfähigkeit wie die Gesellschaft bürgerlichen Rechts hat[4]. Deshalb muss auch ein junger Unternehmer bereits rechtlich Vorsorge für den Fall treffen, dass er unerwartet stirbt. Gelegentlich empfiehlt es sich für einen solchen Unternehmer, zunächst die Nachfolge einseitig und frei widerruflich durch Testament zu gestalten, später dann aber – wenn Interessen eigener Lebensplanung der anderen Beteiligten an einer Nachfolgeregelung zu berücksichtigen sind – eine definitive Regelung durch Erbvertrag zu treffen.

Mit diesen Überlegungen ist ein wichtiger „psychologischer" Vorteil des Erbvertrages aus der Sicht des Erblassers angedeutet: Durch den Vertrag wird der Nachfolger von vornherein in die Nachfolgeplanung und -regelung verbindlich einbezogen[5]. Dies erhöht die Barriere für den Nachfolger, den Erwerb des Unternehmens (als Erbe) auszuschlagen oder (als Vermächtnisnehmer) zu unterlassen.

---

[2] Vgl. dazu hier nur *Baumann*, in: Esch/Baumann/Schulze zur Wiesche, Handbuch der Vermögensnachfolge, 6. Auflage 2001, 1. Buch Rdnr. 307.

[3] Vgl. Neue Juristische Wochenschrift 2002, S. 3389, insbesondere 3390; ebenso z. B. *Lange/Kuchinke*, Erbrecht, 5. Auflage 2001, S. 1086 („keine werbende, sondern eine sterbende Gemeinschaft"); *Dütz*, in: Münchener Kommentar BGB, 3. Auflage 1997, Rdnr. 7 („durch den ... Liquidationszweck dinglich gebundenes Sondervermögen").

[4] Dazu die lebhafte Diskussion zwischen *Eberl-Borges*, in: Zeitschrift für Erbrecht und Vermögensnachfolge 2002, S. 125 ff.; *Heil*, in: Zeitschrift für Erbrecht und Vermögensnachfolge 2002, S. 296 ff.; *Weipert*, in: Zeitschrift für Erbrecht und Vermögensnachfolge S. 2002, 300 ff. und *Marotzke*, in: Zeitschrift für Erbrecht und Vermögensnachfolge 2002, S. 506 ff.

[5] Ebenso *Staudinger/Kanzleiter*, BGB, 13. Bearbeitung 1998, vor §§ 2274 ff. Rdnr. 2.

2. Abschluss und Inhalt des Erbvertrages

2.1 Persönliche Voraussetzungen

Als Erblasser kann jede geschäftsfähige volljährige[6] natürliche Person einen Erbvertrag schließen, § 2275 Abs. 1 BGB. Eine Vertretung ist für den Erblasser nicht zulässig, § 2274 BGB. Der Vertragspartner hingegen braucht, wenn er nicht selbst im Vertrag eine letztwillige Verfügung trifft, weder volljährig zu sein, noch muss er persönlich den Vertrag abschließen. Übernimmt ein minderjähriger Vertragspartner irgendwelche Pflichten, benötigt er allerdings nach § 107 BGB die Zustimmung seiner gesetzlicher Vertreter, und wenn diese oder einer von ihnen am Erbvertrag beteiligt ist, nach § 1629 Abs. 2 Satz 1, 1795, 181 BGB die Zustimmung eines Ergänzungspflegers nach § 1909 BGB.

2.2 Form

Nach § 2276 Abs. 1 BGB kann ein Erbvertrag nur vor einem Notar geschlossen werden. Der Erblasser und entweder der Vertragspartner oder sein Vertreter (siehe oben 2.1.) müssen anwesend sein.

Der Erbvertrag kann nach § 2276 Abs. 2 BGB mit einem Ehevertrag (Vertrag über Gütertrennung oder Gütergemeinschaft, Ausschluss des Zugewinnausgleichs und/oder des Versorgungsausgleichs, §§ 1408 ff. BGB) verbunden werden. Auch andere Verträge können die Beteiligten mit dem Erbvertrag kombinieren. Besonders relevant ist dies für Erb- und Pflichtteilsverzichtverträge. Denkbar ist bei einem Unternehmererbvertrag ferner z. B. die Verbindung mit einem Anstellungsvertrag für den künftigen Nachfolger.

Ohne eine einheitliche Urkunde können andere Verträge nach dem Willen der Parteien wegen ihres Inhalts (z. B. der Versorgung des Erblassers selbst oder seiner Witwe) mit dem Erbvertrag wirtschaftlich und funktional verbunden sein. Dann verlangt der BGH[7] eine Beurkundung auch dieser Vereinbarung.

2.3 Einseitige und zweiseitige Erbverträge

Die im Erbvertrag getroffenen Anordnungen müssen sich nicht von denjenigen in einem Testament unterscheiden. Einseitige, jederzeit widerrufliche letztwillige Verfügungen können daher in einem Erbvertrag enthalten sein. Die für die praktische Bedeutung und das rechtliche Profil des Erbvertrages entscheidende Bindungswirkung kommt aber nur solchen Anordnungen zu, die der Erblasser als unwiderrufliche wollte. Der Notar wird daher in der Regel in die Urkunde aufnehmen, welche Verfügungen bindend sein sollen und welche nicht.

Gerade der Unternehmererblasser wird vielfach wünschen, dass der Vertragspartner ebenfalls bindende letztwillige Verfügungen vornimmt, z. B. seinerseits einen

---

[6] Ausnahmen gelten nach § 2275 Abs. 2 und 3 BGB für noch nicht achtzehnjährige Eheleute und Verlobte.
[7] Vgl. BGHZ 36, S. 6 5, 71. Kritisch dazu *Kanzleiter*, Neue Juristische Wochenschrift 1997, S. 217 ff.

Nachfolger bestimmt (vgl. oben 1.). Ein solcher zweiseitiger Erbvertrag hat die Folge, dass von Rechts wegen zu vermuten ist, bei Unwirksamkeit der Verfügungen des einen Erblassers sollten zugleich diejenigen des anderen unwirksam sein, § 2298 Abs. 1, 2 BGB.

2.4 Erbvertrag und Gegenleistungen

Für den Unternehmererbvertrag weniger als für den sonstigen Erbvertrag charakteristisch ist die Verbindung der unwiderruflichen Anordnungen mit noch zu Lebzeiten des Erblassers zu erbringenden Gegenleistungen des Vertragspartners. Außerhalb des Bereichs der Unternehmensnachfolge beruht das Interesse der Parteien an einer unwiderruflichen Erbregelung überwiegend auf der Verknüpfung dieser Regelung mit Pflege- oder Versorgungsleistungen des Vertragspartners für den Erblasser. Die Erbregelung ist dann die „Gegenleistung"[8] für die Versorgung durch den Vertragspartner. Beim Unternehmererbvertrag steht hingegen die Fortführung des Unternehmens ganz im Vordergrund, und soweit sich der Übernehmer zu Leistungen verpflichtet, beziehen sich diese typischerweise auf die Mitarbeit im Unternehmen, solange der Alt-Unternehmer lebt. Diese Mitarbeit kann den Charakter einer „Gegenleistung" haben, wenn etwa wegen der Erbberechtigung eine geringere Vergütung festgesetzt wird, als sie sonst angemessen wäre. Auch die Bereitschaft zur Mitarbeit im Unternehmen kann schon in diesem Sinne zu verstehen sein, wenn der Nachfolger eine aussichtsreiche Karriere außerhalb des Unternehmens dafür aufgibt.

Darüber hinaus kommen typische Versorgungsleistungen des Vertragspartners (und Unternehmensnachfolgers) auch in Unternehmererbverträgen vor, z.B. als Verpflichtung zur Versorgung des Erblassers und seines Ehegatten, wenn der Übergang der Inhaberschaft erst mit dem Erbfall eintreten soll, der Erblasser sich aber schon vorher wegen Alters oder Krankheit von den (Alltags-)Geschäften zurückzieht. Für solche Fälle ist allerdings die (Voll-)Übergabe unter Lebenden häufiger und auch angemessener als die Erbvertragslösung. Keine Gegenleistung ist hingegen die Übernahme der Versorgung der Witwe nach dem Tode des Erblassers. Ist sie im Erbvertrag vorgesehen, handelt es sich um ein Vermächtnis, mit dem der Erbe erst nach dem Erbfall belastet ist.

3. Die Bindungswirkung des Erbvertrages

3.1 Der Gegenstand der Bindung

Der Erbvertrag zeichnet sich gegenüber dem Testament durch seine Bindungswirkung aus. Sie ist in § 2289 Abs. 1 Satz 2 BGB niedergelegt. Hiernach sind spätere letztwillige Verfügungen (Testamente oder Erbverträge) unwirksam, soweit sie die im Erbvertrag niedergelegten Rechte des oder der Bedachten beeinträchtigen würden. Jemand, der im Erbvertrag z.B. als Erbe eingesetzt worden ist, kann sich also

---

[8] Dadurch wird der Erbvertrag aber nicht zum „gegenseitigen Vertrag" im Sinne des Allgemeinen Schuldrechts (§§ 320 ff. BGB), *Palandt/Edenhofer*, BGB, 63. Auflage 2004, vor § 2274 Rdnr. 2; *Staudinger/Kanzleiter* (oben Fn. 5) vor §§ 2274 ff. Rdnr. 7 m. Nachw.

in der Regel darauf verlassen, dass der Erblasser ihm diese Stellung nicht wieder nimmt. Möglich bleibt allerdings gemäß § 2289 Abs. 2 i. V. m. § 2338 Abs. 1 Satz 1 BGB, dass der Erblasser einen durch den Erbvertrag als Erben oder Vermächtnisnehmer eingesetzten Abkömmling (Sohn/Tochter oder Enkel) zum bloßen Vorerben mit den Verfügungsbeschränkungen des § 2113 BGB herabstuft. Voraussetzung dafür ist eine erhebliche Neigung zur Verschwendung oder eine Überschuldung des Abkömmlings. Dann ist dieser aber ohnehin als Unternehmensnachfolger ungeeignet. Daher sollte für einen solchen Fall eher z. B. durch einen Rücktrittsvorbehalt im Erbvertrag selbst nach § 2293 BGB Vorsorge getroffen werden.

Die Bindungswirkung des Erbvertrages gilt nur hinsichtlich letztwilliger Verfügungen, nicht für Veräußerungen, die der Erblasser zu Lebzeiten vornimmt. Hinsichtlich Rechtsgeschäften unter Lebenden bleibt er völlig frei, § 2286 BGB. Der Erbe oder Vermächtnisnehmer aus dem Erbvertrag genießt gegenüber solchen Geschäften des Erblassers nur nach dessen Tod einen beschränkten Schutz: Hat der Erblasser den Nachlass durch eine Schenkung[9] geschmälert und bei der Schenkung kein legitimes Interesse (sog. lebzeitiges Eigeninteresse) verfolgt, gewährt die Rechtsprechung in Fortentwicklung des § 2287 BGB dem benachteiligten Erben nach dem Tod des Erblassers einen Herausgabeanspruch gegen den Beschenkten[10]. Kein legitimes Interesse ist insbesondere ein bloßer Sinneswandel des Erblassers[11]. Entsprechendes wie für den Erbenschutz gilt nach § 2288 Abs. 2 Satz 2 BGB zum Schutz des Vermächtnisnehmers, wenn der Erblasser den Vermächtnisgegenstand verschenkt hat.

Die Bindungswirkung des Erbvertrages gegenüber dem Erblasser gilt ferner nur für die in § 2278 Abs. 2 BGB genannten Anordnungen, also Erbeinsetzung, Vermächtnis und Auflagen. Ohne weiteres kann der Erblasser daher die Anordnung einer Testamentsvollstreckung für den Nachlass oder einzelne Erben nachträglich ändern oder die konkrete Verteilung des Nachlasses durch eine Teilungsanordnung regeln. Die Sicherheit eines etwaigen Unternehmensnachfolgers durch den Erbvertrag besteht somit nur, wenn dieser die Unternehmerstellung im Erbvertrag ausdrücklich als Vermächtnis (Vorausvermächtnis) zugewiesen bekommt oder wenn er zum Alleinerben eingesetzt wird. Würde eine Erbengemeinschaft Rechtsnachfolger und würde der Erblasser die Zuweisung des Unternehmens an einen Nachfolger nicht einmal durch eine – bis zu seinem Tod nicht bindende – Teilungsanordnung vornehmen, könnten Miterben oder ein Testamentsvollstrekker das Unternehmen

---

[9] Dafür genügt eine sog. „gemischte Schenkung", wenn also zwar eine Gegenleistung erbracht oder versprochen wird, beide Seiten aber wissen, dass diese deutlich unter dem Wert der Leistung bleibt, *Palandt/Edenhofer* a. a. O. § 2287 Rdnr. 5; *Musielak*, in: Münchener Kommentar § 2287 Rdnr. 3 m. Nachw. Fn. 4. Uneinheitlich ist die Behandlung von (sog. unbenannten) Zuwendungen unter Ehegatten: Für Gleichstellung mit Schenkungen bei § 2287 BGB BGHZ 116, S. 167; anders allgemein – nicht unentgeltlich und daher keine Schenkung – BGHZ 127, S. 48, 52.

[10] Vgl. BGHZ 59, S. 343, 350; 66, S. 8, 15 f.; 77, S. 264, 266 f.; 82, S. 274, 282; 88, S. 269, 271; BGH Neue Juristische Wochenschrift 1992, S. 2630.

[11] Vgl. BGHZ 66, S. 8, 16; 77, S. 264, 268; BGH, Neue Juristische Wochenschrift 1973, S. 240.

„versilbern" und es dem potentiellen Unternehmensnachfolger dadurch überhaupt entziehen[12].

3.2 Anfechtung und Anfechtungsverzicht

Um für alle Beteiligten möglichst große Klarheit der Rechtsfolgen zu erreichen, sollte der Erbvertrag des Unternehmers sowohl die Bindungswirkung der getroffenen Anordnungen als auch die noch bestehenden bindungsfreien Gestaltungsalternativen ausdrücklich erwähnen. Hierauf hat der Notar zu achten, der zwingend den Erbvertrag beurkunden muss, § 2276 BGB.

Auch abgesehen von den hier (3.1.) aufgeführten Grenzen und Durchbrechungen darf die Tragweite der Bindungswirkung nicht überschätzt werden. Gerade wegen ihrer für den Erblasser regelmäßig sehr einschneidenden Bedeutung – dem (Teil-)Verlust der Testierfreiheit – ist sie nicht gegen alle grundlegenden Veränderungen der Situation beständig. Denn gemäß § 2281 BGB hat der Vertragserblasser und davon abgeleitet (innerhalb der für den Erblasser geltenden Jahresfrist seit Kenntnis, §§ 2285, 2283 BGB) auch ein Dritter das Recht, den Erbvertrag unter bestimmten Voraussetzungen anzufechten. Ein wichtiger Anfechtungsgrund ist, dass nach Abschluss des Erbvertrages noch jemand nach dem Erblasser pflichtteilsberechtigt wird. Dies kann durch eine (neue) Heirat oder die Geburt eines (weiteren) Kindes geschehen, ferner durch eine Adoption. Will der in Aussicht genommene Unternehmensnachfolger gegenüber solchen familiären Veränderungen sicher gehen, muss er den Erblasser dazu veranlassen, im Erbvertrag auf sein Anfechtungsrecht nach §§ 2079, 2281 BGB zu verzichten, was allgemein als zulässig angesehen wird[13].

Zweifelhaft ist ein Verzicht hinsichtlich des Anfechtungsrechts aus § 2078 BGB, insbesondere § 2078 Abs. 2 BGB. Denn diese Anfechtungsgründe sind Ausdruck der Relevanz von Testierfreiheit überhaupt. Auf die Testierfreiheit selbst kann man nicht verzichten, vgl. § 2302 BGB[14]. Hiernach kann sich der Erblasser vom Vertrag lösen, wenn er zum Vertragsschluss durch einen Motivirrtum veranlasst worden ist. Dazu zählt die Rechtsprechung auch, wenn sich eine „unbewusste Vorstellung" des Erblassers als unzutreffend erweist[15]. Dadurch kann in Einzelfällen die Gültigkeit des Vertrages von der nicht immer sicher voraussehbaren Beurteilung der Gerichte abhängen. So hat der BGH als Anfechtungsgrund anerkannt, dass der Bedachte den

---

[12] Vgl. bereits die Schilderung der Interessenlage oben 1.
[13] Vgl. BGH, Neue Juristische Wochenschrift 1983, S. 2247, 2249; *Musielak*, in: Münchener Kommentar § 2281 Rdnr. 16; *Palandt/Edenhofer* (oben Fn. 8) § 2281 Rdnr. 2.
[14] Etwas „weicher", aber in der Tendenz ebenso *Staudinger/Kanzleiter* (oben Fn. 5) § 2281 Rdnr. 20: Ein Anfechtungsverzicht könne so auszulegen sein, dass die Anfechtung wegen unvorhergesehener Umstände nicht ausgeschlossen sei.
[15] Vgl. BGH, Wertpapier Mitteilungen 1971, S. 1153, 1155; FamRZ 1983, S. 898, 899. Etwas genauer spricht der BGH später (Wertpapier Mitteilungen 1987, S. 1019 f.) von „selbstverständlichen Vorstellungen", Schmidt-Kessel, der zu dieser Zeit die Rechtsprechung des BGH im Testamentsrecht wesentlich geprägt hat, von „Selbstverständlichkeiten unterhalb der konkreten Vorstellungsebene", Wertpapier Mitteilungen 1988, Beilage Nr. 8, S. 9.

Erblasser durch Trunkenheit am Steuer grob fahrlässig getötet hatte[16]. Solchen unvorhergesehenen Störungen der im Erbvertrag beabsichtigten Gestaltung ist am besten durch genaue Regeln für eine spätere Aufhebung des Vertrages zu begegnen. Je klarer im Erbvertrag solche Gründe für einen Änderungs- oder Aufhebungsvorbehalt gefasst sind, umso sicherer kann ausgeschlossen werden, dass der Erblasser darüber hinaus „unbewusste" und daher im Vertrag nicht angesprochene Vorstellungen hatte.

3.3 Rücktritts- und Änderungsvorbehalte

Die Aufhebung des Erbvertrages kann von den Parteien des Vertrages vereinbart werden, so lange sie selbst leben, § 2290 Abs. 1 Satz 1 und 2 BGB. Nur eine formale Erleichterung gilt für die Aufhebung eines erbvertraglichen Vermächtnisses oder einer entsprechenden Auflage: Sie können vom Erblasser durch Testament einseitig beseitigt werden, wenn der Vertragspartner in notarieller Form zustimmt, § 2291 BGB. Der hierin zum Ausdruck kommenden freien Disposition der Parteien über die Bindungswirkung entspricht es, dass sie von vornherein einen Rücktrittsvorbehalt für den Erblasser vereinbaren können, § 2293 BGB. Ein derartiger Vorbehalt ist dem künftigen Übernehmer und Vertragspartner nur zumutbar, wenn seine Ausübung an bestimmte, im Vertrag bezeichnete Voraussetzungen geknüpft ist, und der Vertragspartner sollte sich nur dann auf den Rücktrittsvorbehalt einlassen[17]. Das Gesetz selbst sieht eine Rücktrittsmöglichkeit des Erblassers vor, wenn der Vertragspartner sich entweder schwer gegen den Erblasser vergangen hat oder im Vertrag übernommene Verpflichtungen des Vertragspartners, z.B. die Mitarbeit im Unternehmen, aufgehoben werden, §§ 2294, 2295 BGB.

Die Ausübung eines Rücktrittsrechts führt regelmäßig zur Aufhebung des ganzen Erbvertrages. Dies wird den Interessen des Erblassers und des künftigen Übernehmers meist nicht gerecht. Besser ist daher in der Regel eine Gestaltung, bei der ein fester Bindungsrahmen vorgesehen wird, innerhalb dieses Rahmens aber einseitige Änderungen zugelassen werden. Ein solcher Änderungsvorbehalt im Erbvertrag wird vom Gesetz nicht erwähnt, ist aber heute anerkannt[18]. Gerade im Erbvertrag zur Regelung der Unternehmensnachfolge kann dieses Gestaltungsmittel sinnvoll sein. So kann der Erblasser etwa den Nachfolger als Alleinerben einsetzen, sich aber vorbehalten, über sein sonstiges Vermögen (außerhalb des Unternehmens) durch Vermächtnisse (z.B. zugunsten von Ehegatten, Lebenspartnern, [anderen] Abkömmlingen) zu verfügen. Diese letztwilligen Verfügungen kann der Erblasser dann auch durch eigenhändiges einseitiges Testament vornehmen.

---

[16] Vgl. BGH, Wertpapier Mitteilungen 1971, S. 1153. Weitere Fälle z.B. bei *Staudinger/Otte*, BGB, Bearbeitung 2002, § 2078 Rdnr. 20.

[17] Vgl. dazu den Katalog regelungsbedürftiger Punkte bei *J. Mayer*, in: Dittmann/Reimann/Bengel, Testament und Erbvertrag, 4. Auflage 2003, § 2293 BGB Rdnr. 30 f. m. Nachw. Rdnr. 33.

[18] Vgl. *Nieder*, Handbuch der Testamentsgestaltung, 2. Auflage 2000, Rdnr. 763 f. m. Nachw.

3.4 Ergänzende Regelungen zum Schutz des vertraglichen Erben oder Vermächtnisnehmers

Während die bisher erwähnten gesetzlichen Vorschriften und vertraglichen Klauseln dazu dienen, die Bindungswirkung einzuschränken und dadurch dem Erblasser einen größeren Spielraum zu verschaffen, besteht ein großes Interesse des Übernehmers und Vertragspartners daran, die Bindungswirkung dadurch zu verstärken, dass der Erblasser auch hinsichtlich Verfügungen unter Lebenden (also z. B. der Veräußerung des Unternehmens) in irgendeiner Weise festgelegt wird. Eine Bestimmung im Erbvertrag, die eine Veräußerung des Unternehmens durch den Erblasser entgegen § 2286 BGB für unwirksam erklärt, hat wegen § 137 Satz 1 BGB keine unmittelbare (dingliche) Wirkung. Möglich ist aber etwa die Begründung eines Vorkaufsrechts für den künftigen Übernehmer. Wird das Unternehmen auf einem Grundstück des Erblassers betrieben, kann zugunsten des Vertragspartners des Erbvertrages und Übernehmers sogar ein dingliches Vorkaufsrecht an diesem Grundstück nach § 1094 BGB bestellt werden. Der Preis für das Unternehmen oder das Grundstück, den der Dritterwerber zu zahlen bereit wäre, wird dann freilich vom Vorkaufsberechtigten bei Ausübung des Vorkaufsrechts geschuldet. Deshalb müsste dem vorkaufsberechtigten Übernehmer der Kaufpreis im Erbvertrag für den Fall der Ausübung seines Vorkaufsrechts bis zum Erbfall gestundet werden. Beim Erbfall oder beim Anfall des Vermächtnisses erlischt dann der Kaufpreisanspruch durch „Konfusion" (Zusammenfallen von Schuld und Forderung), wenn er dem Übernehmer im Erbvertrag als (Voraus-)Vermächtnis zugewendet wird[19].

Ein Vorkaufsrecht hilft dem Übernehmer aber nur im Falle entgeltlicher Veräußerung des Unternehmens durch den Erblasser. Eine Verpflichtung des Erblassers, generell keine Verfügungen (also auch keine unentgeltlichen) vorzunehmen, sichert den Übernehmer nur dann hinlänglich, wenn sie mit der Verpflichtung des Erblassers verbunden wird, bei einem Verstoß das Unternehmen auf den Vertragserben oder vertraglichen Vermächtnisnehmer zu übertragen[20]. Diese Verpflichtung kann schon dann eingreifen, wenn sich der Erblasser seinerseits gegenüber einem Dritten zur (entgeltlichen oder unentgeltlichen) Übertragung des Unternehmens verpflichtet[21]. Im Gegensatz zu einem Anspruch auf das Unterlassen beeinträchtigender Verfügungen ist eine solche bedingte Übertragungsverpflichtung, wenn Grundstücke davon betroffen sind, vormerkungsfähig[22]. Da die Verfügung an den Dritten logisch eine entsprechende Verpflichtung ihm gegenüber voraussetzt, ist der Anspruch des Vormerkungsberechtigten bereits vollständig entstanden, wenn die Verfügung vorgenommen wird. Deshalb ist die Verfügung dem Vormerkungsberechtigten gegenüber nach § 883 Abs. 2 BGB relativ unwirksam.

---

[19] Überblick über die zusätzlichen Verpflichtungen des Erblassers durch besondere Klauseln bei *Staudinger/Kanzleiter*, § 2286 Rdnr. 16 f. m. Nachw. – Zum Erlass-Vermächtnis *Staudinger/Otte* (oben Fn. 16) § 2174 Rdnr. 22.
[20] Vgl. *Seiler*, in: Anwaltskommentar BGB, Band 5 Erbrecht, 2004, § 2286 Rdnr. 14.
[21] Vgl. *J. Mayer*, in: Dittmann/Reimann/Bengel, Testament und Erbvertrag, 4. Auflage 2003, § 2286 Rdnr. 28.
[22] Vgl. BGHZ 134, S. 182, 186 f.

4. Verbindung mit anderen erbrechtlichen Geschäften und Alternativen

Ein Erbvertrag zur Regelung der Unternehmensnachfolge ist schon aus (erbschafts-) steuerlichen Gründen in der Regel nur sinnvoll unter engen Familienangehörigen (Ehegatten, Kinder, Enkel). Dann stellt sich aber vielfach die Frage nach der Rechtsstellung der übrigen Familienmitglieder. Mindestens aus wirtschaftlichen Gründen muss die Erbvertragsregelung durch Einbeziehung der Familie abgesichert werden[23]. Andernfalls besteht die Gefahr, dass die Nachfolge durch Pflichtteilsansprüche beeinträchtigt oder nach § 2306 Abs. 1 Satz 1 BGB sogar zunichte gemacht wird. Der geschickte Berater des Unternehmers wird daher die potentiell Pflichtteilsberechtigten in die Gestaltung der Nachfolge einbeziehen.

Der einfachste Weg besteht darin, die pflichtteilsberechtigten Familienmitglieder zum Pflichtteilsverzicht nach § 2346 BGB zu veranlassen und den Nachfolger im Vertrag zum Alleinerben zu bestimmen. Der Verzicht der Pflichtteilsberechtigten ist jedoch im Allgemeinen nicht ohne Gegenleistung an die Verzichtenden zu erreichen. Die Möglichkeit dazu hängt von der Liquidität des Unternehmers und von seinem Vermögen außerhalb des Unternehmens ab[24].

Fehlt es an der Verzichtsbereitschaft der Berechtigten oder lässt die Vermögenslage des Unternehmers ausreichende Entgelte für den Pflichtteilsverzicht nicht zu, muss die Einbeziehung der Pflichtteilsberechtigten in den Erbvertrag selbst und somit in die Unternehmensnachfolge erwogen werden. Denkbar ist etwa, als Auflage die Gründung einer Gesellschaft anzuordnen[25] und die (anderen) Pflichtteilsberechtigten zu Gesellschaftern minderen Rechts (z.B. zu Kommanditisten oder zu stillen Gesellschaftern) zu bestimmen. Durch weitere Auflagen kann der Zusammenhalt der Gesellschaft über lange Zeit gesichert werden[26].

Dies ist nur ein Beispiel dafür, dass der Erbvertrag als Instrument zur Regelung der Unternehmensnachfolge nicht isoliert betrachtet werden darf. Er ist nur eine Alternative[27], z.B. neben der vorweggenommenen Erbfolge durch Schenkung des Unternehmens mit der Chance, dass vor dem Erbfall die Zehnjahresfrist des § 2325 Abs. 3 BGB für die Berücksichtigung beim Pflichtteil verstrichen ist.

Weiterführende Literatur:

Esch/Baumann/Schulze zur Wiesche, Handbuch der Vermögensnachfolge, 6. Auflage, Bielefeld 2001.

Staudinger/Kanzleiter, BGB §§ 2265-2338a, 13. Bearbeitung, Berlin/New York 1998.

Dittmann/Reimann/Bengel, Testament und Erbvertrag, 4. Auflage, München 2003.

---

[23] Vgl. schon oben bei und in Fn. 5.
[24] Dazu die Gestaltungsempfehlungen von *Baumann* (oben Fn. 2) Rdnr. 935-942.
[25] Vgl. *Baumann*, (oben Fn. 2) Rdnr. 1504.
[26] Auch dazu *Baumann*, (oben Fn. 2) Rdnr. 1501.
[27] Dies betont mit Recht auch *Staudinger/Kanzleiter*, vor §§ 2274ff. Rdnr. 39. Zur „Rehabilitierung" des Erbvertrages als Gestaltungsmittel auch *J. Mayer*, (oben Fn. 21) vor §§ 2274ff. Rdnr. 3.

Zivilrechtliche Aspekte der Unternehmensnachfolge durch Spaltung

Dr. Michael Sommer

Inhalt:

	Seite
1. Allgemeines	245
1.1 Auflösung der GmbH	246
1.2 Einzelübertragung	246
1.3 Spaltung nach dem Umwandlungsgesetz	246
2. Gesellschaftsrechtliche Überlegungen	246
2.1 Spaltungsarten:	246
2.2 Spaltungsplan/Spaltungsvertrag	248
2.3 Schlussbilanz, Spaltungsbilanz und Wertnachweis	248
2.4 Spaltungsberichte, Spaltungsprüfung und Spaltungsprüfungsbericht	249
2.5 Rückwirkung	249
2.6 Vertragliche Absicherung der steuerlichen Neutralität der Spaltung einer Kapitalgesellschaft	250
2.7 Nicht verhältniswahrende Spaltung	251
2.8 Rechtsfolgen der Spaltung	251

1. Allgemeines

Die Spaltung von Gesellschaften ist ein gängiges Gestaltungsmittel zur Vorbereitung und/oder Durchführung der Nachfolge in Betriebsvermögen, aber auch zur Restrukturierung und Umstrukturierung von Konzernen. Beispiele für Spaltungen im Konzern sind die Abspaltung von der HypoVereinsbank AG auf die Immobilien-Sparte der Hypo Real Estate AG im Oktober 2003 und die Aufteilung des Familienunternehmens Bahlsen, das 1999 in drei Teile (Süßgebäck, Salzgebäck und Auslandsgeschäft) getrennt wurde, weil sich die Gesellschafter zerstritten hatten.

Spaltungen können sowohl im Rahmen einer „vorweggenommenen" Erbfolge als auch zur Vorbereitung einer Unternehmensnachfolge von Todes wegen genutzt werden.

Beispiel 1:

Die Brau- und Back GmbH (B + B) besteht aus dem Teilbetrieb I (Brauwesen) und dem Teilbetrieb II (Nahrungsmittel); darüber hinaus hält die B + B eine wertvolle Beteiligung (100 %) an der A-GmbH (Teilbetrieb III) und wertvolle Betriebsgrundstücke. Alle Teilbetriebe haben etwa den gleichen Verkehrswert. Alleiniger Gesellschafter der B + B ist der Vater V.

V hat drei verheiratete Söhne, die alle drei in der B + B tätig sind. Die Ehefrauen der drei Söhne verstehen sich – wie üblich – jedoch nicht, mit der Folge, dass allmählich auch Spannungen zwischen den Söhnen S1, S2 und S3 auftreten. V ist 80 Jahre alt und geneigt, sich Gedanken über eine Nachfolgeregelung zu machen. Sein Steuerberater rät ihm, die B + B so zu spalten, dass in der B + B nur die Betriebsgrundstücke und der Teilbetrieb I (Brauwesen) verbleiben und die beiden anderen Teilbetriebe auf zwei andere Gesellschaften übertragen werden. Danach soll V unter Ausnutzung der schenkungsteuerlichen Begünstigung der Übertragung von Betriebsvermögen die Anteile an den drei Gesellschaften auf jeweils einen Sohn übertragen, ggf. unter Vorbehalt des Nießbrauchs.

V hält dies für einen guten Rat und beauftragt seinen Steuerberater und seinen Rechtsanwalt mit der Prüfung und ggf. der Vorbereitung der notwendigen Schritte.

Der Steuerberater und der Rechtsanwalt überlegen folgende Varianten:

1.1 Auflösung der GmbH

V könnte die B + B auflösen und im Rahmen der Liquidation die beiden Teilbetriebe I und II (Brauwesen und Nahrungsmittel) auf zwei neue Gesellschaften und die 100 %ige Beteiligung an der A-GmbH auf eine dritte Gesellschaft übertragen. Diese Lösung scheint dem Rechtsanwalt und dem Steuerberater zu umständlich und mit steuerlichen Risiken behaftet zu sein.

1.2 Einzelübertragung

V könnte die 100 %ige Beteiligung an der A-GmbH und einen der beiden Teilbetriebe im Wege einer Sacheinlage in zwei neu gegründete GmbHs oder Personengesellschaften einbringen. Von dieser Lösung rät jedoch der Rechtsanwalt ab, weil dies bedeuten würde, dass alle Aktiva einzeln übertragen und für den Übergang von Verbindlichkeiten und von Verträgen die Zustimmung der jeweiligen Gläubiger bzw. Vertragspartner eingeholt werden müssten.

1.3 Spaltung nach dem Umwandlungsgesetz

V könnte die B + B auch nach dem Umwandlungsgesetz aufspalten oder einzelne Teilbetriebe aus dem Vermögen der B + B abspalten. Da dies im Wege der Gesamtrechtsnachfolge erfolgen kann, entschließen sich der Steuerberater und der Rechtsanwalt, diese Variante näher zu prüfen.

2. Gesellschaftsrechtliche Überlegungen

2.1 Spaltungsarten:

Das Umwandlungsgesetz unterscheidet drei Spaltungsarten, nämlich die Aufspaltung, die Abspaltung und die Ausgliederung (§ 123 Abs. 1-3 UmwG).

Bei der Aufspaltung geht der Rechtsträger unter und seine Aktiva und Passiva werden auf mindestens zwei bestehende („Spaltung zur Aufnahme") oder neu gegründete Rechtsträger („Spaltung zur Neugründung") gegen Gewährung von Gesellschaftsrechten übertragen. Die Anteilsinhaber des übertragenden Rechtsträgers erhalten die Anteile der übernehmenden Rechtsträger. Eine Aufspaltung zur

Trennung von Familienstämmen ist jedoch steuerlich nachteilig, wenn wertvolle Betriebsgrundstücke zum Betriebsvermögen gehören, da deren Übertragung Grunderwerbsteuer auslösen würde. Da die B + B in unserem Beispielsfall über wertvollen Grundbesitz verfügt, scheidet eine Aufspaltung aus.

Bei der Abspaltung wird nur ein Teil des Vermögens des übertragenden Rechtsträgers auf einen anderen Rechtsträger gegen Gewährung von Gesellschaftsrechten übertragen. Der übertragende Rechtsträger bleibt bestehen. Auch hier können die übernehmenden Rechtsträger entweder bereits bestehende Gesellschaften oder neu gegründete Gesellschaften sein. Die Anteilsinhaber des übertragenden Rechtsträgers erhalten auch hier Anteile des oder der übernehmenden Rechtsträger. In unserem Beispielsfall bietet es sich daher an, entweder den Teilbetrieb Brauwesen oder den Teilbetrieb Nahrungsmittel und die Beteiligung an der A-GmbH abzuspalten (1. Schritt). Als aufnehmende Gesellschaften kommen sowohl Kapitalgesellschaften (AG, GmbH) als auch Personengesellschaften (oHG, KG, GmbH & Co. KG) in Frage.

Nach der Abspaltung wäre V alleiniger Gesellschafter der B + B und der beiden neuen Gesellschaften. Er könnte dann die drei Beteiligungen zu Lebzeiten ganz oder teilweise (auch unter Nießbrauchsvorbehalt) auf seine drei Söhne übertragen (2. Schritt) oder in seinem Testament durch eine „Teilungsanordnung" festlegen, welcher Sohn welche Beteiligung erhalten soll.

Die Spaltung mit anschließender Schenkung von Beteiligungen unter Nießbrauchsvorbehalt hat u. a. folgende Vorteile:
- Die Gesellschaftsanteile (die „Substanz") gehen (ganz oder teilweise) auf die Abkömmlinge über, künftige stille Reserven entstehen damit bereits in der Person der Kinder und unterliegen im Todeszeitpunkt des Schenkers nicht mehr der Erbschaftsteuer. Der Schenkungsteuerfreibetrag kann bei einer ratenweise Schenkung alle zehn Jahre ausgenutzt werden. Die derzeit bestehenden erbschaftsteuerlichen Vorteile (Betriebsvermögensfreibetrag (EUR 225.000, seit 01.01.2004) und Betriebsvermögensabschlag (seit 01.01.2004 nur noch 35 %)) können genutzt werden.
- Die Erträge aus den Gesellschaftsanteilen (Gewinnanteil) bleiben über den Nießbrauch (ganz oder teilweise) beim Vater! Der Gewinn aus den Gesellschaften kann maßgeschneidert zwischen Vater und Kindern aufgeteilt werden!

Nachteile dieser Lösung sind:
- Die Schenkungsteuer entsteht früher als die Erbschaftsteuer, ist jedoch zu stunden, wenn dies zur Erhaltung des Betriebs notwendig ist.
- Die Ausübung der Rechte aus der Gesellschaft müssen sorgfältig zwischen Gesellschafter und Nießbraucher verteilt werden.

Bei der Ausgliederung überträgt ein Rechtsträger einen Teil seines Vermögens ebenfalls auf einen bestehenden oder neu gegründeten Rechtsträger. Die als Gegenleistung gewährten Anteilsrechte erhält im Falle der Ausgliederung jedoch der ursprüngliche Rechtsträger, nicht die Anteilsinhaber, vorliegend also die B + B. Die Ausgliederung bleibt nachfolgend außer Betracht, da die Ausgliederung unmittelbar nicht zu einer Trennung von Familienstämmen führt. Eine Ausgliederung kann allenfalls eine Trennung der Familienstämme vorbereiten.

2.2 Spaltungsplan/Spaltungsvertrag

Kernstück einer jeden Spaltung ist der Spaltungs- und Übernahmevertrag gem. § 126 UmwG bzw. der Spaltungsplan (§ 136 UmwG).

Wird Vermögen auf eine bereits bestehende Gesellschaft („Spaltung zur Aufnahme") abgespalten, bedarf es eines Spaltungs- und Übernahmevertrages zwischen der übertragenden Gesellschaft und der aufnehmenden Gesellschaft, der notariell beurkundet werden muss. Soll auf eine neu gegründete Gesellschaft („Spaltung zur Neugründung") abgespalten werden, beschließt das Vertretungsorgan des übertragenden Rechtsträgers (hier der Geschäftsführer der B + B) in notarieller Form lediglich einen Spaltungsplan, weil er ja noch keinen Vertragspartner hat! Der Inhalt von Spaltungs- und Übernahmevertrag bzw. Spaltungsplan ergibt sich im Einzelnen aus § 126 UmwG und muss u. a. enthalten:

- die Firma und den Sitz der an der Spaltung beteiligten Rechtsträger,
- die Vereinbarung über die Übertragung von Vermögensteilen des übertragenden Rechtsträgers als Gesamtheit gegen Gewährung von Anteilen oder Mitgliedschaften an den übernehmenden Rechtsträgern,
- das Umtauschverhältnis der Anteile und ggf. die Höhe der baren Zuzahlungen,
- den Zeitpunkt, von dem an die Anteile oder die Mitgliedschaft den Anspruch auf einen Anteil am Bilanzgewinn gewähren,
- den Zeitpunkt, von dem an die Handlungen des übertragenden Rechtsträgers als für Rechnung jedes der übernehmenden Rechtsträger vorgenommen gelten (Spaltungsstichtag),
- die genaue Bezeichnung und Aufteilung der Gegenstände des Aktiv- und Passivvermögens, die an jeden der übernehmenden Rechtsträger übertragen werden,
- die Folgen der Spaltung für die Arbeitnehmer und ihre Vertretungen sowie die insoweit vorgesehenen Maßnahmen etc.

Nach § 126 Abs. 1 Nr. 9, Abs. 2 UmwG sind die von der Spaltung betroffenen materiellen, immateriellen, bilanzierungsfähigen oder nicht bilanzierungsfähigen Vermögensgegenstände so klar und deutlich zu bezeichnen, dass ihre Zuordnung an den übernehmenden Rechtsträger zweifelsfrei möglich ist („Bestimmtheitsgrundsatz"). Die Abgrenzung muss im Ergebnis so erfolgen wie bei einer Einzelrechtsnachfolge (§ 126 Abs. 2 S. 1 UmwG). Dabei kann auf Bilanzen und Inventare Bezug genommen werden (§ 126 Abs. 2 S. 3 UmwG). Sie sind der notariellen Urkunde als Anlage beizufügen (§ 126 Abs. 2 S. 3, 2. HS UmwG).

Soll die Spaltung steuerfrei erfolgen, müssen die abgespaltenen Vermögensgegenstände einen „Teilbetrieb" darstellen und in der alten Gesellschaft muss bei einer Abspaltung ein Teilbetrieb verbleiben. Zum Begriff des Teilbetriebes siehe den Beitrag von Sommer „Steuerliche Aspekte der Spaltung einer Kapitalgesellschaft", Ziffer 1.2.2).

2.3 Schlussbilanz, Spaltungsbilanz und Wertnachweis

Gem. § 17 Abs. 2 S. 1 UmwG hat der übertragende Rechtsträger der Anmeldung zum Handelsregister eine Schlussbilanz beizufügen. Für diese Bilanz gelten die Vorschriften über die Jahresbilanz und die Prüfung entsprechend (§ 17

Abs. 2 S. 2 UmwG), die für den übertragenden Rechtsträger unabhängig von seiner Umwandlung gelten würden. Das Registergericht darf die Umwandlung nur eintragen, wenn die Bilanz auf einen höchstens acht Monate vor der Anmeldung liegenden Stichtag aufgestellt worden ist (§ 17 Abs. 2 S. 4 UmwG).

Diese Schlussbilanz erfasst das ganze Vermögen des übertragenden Rechtsträgers und eignet sich deshalb nicht zur Konkretisierung der Aktiva und Passiva, die abgespalten werden sollen. In der Praxis wird deshalb regelmäßig eine sog. „Spaltungsbilanz" aufgestellt, in der nur das von der Spaltung erfasste Vermögen aufgeführt wird. Die Spaltungsbilanz dient der Konkretisierung des abgespaltenen Vermögens gem. dem Bestimmtheitsgrundsatz in § 126 Abs. 2 S. 3 UmwG. Für sie gilt weder die Regelung des § 17 Abs. 2 UmwG, noch die 8-Monatsfrist, noch die Vorschriften über die Jahresbilanz.

Zum Nachweis der Werthaltigkeit sind die Wertansätze in der Spaltungsbilanz mit einer entsprechenden Bescheinigung eines Wirtschaftsprüfers/Steuerberaters zu versehen, aus der hervorgeht, dass die Wertansätze in der Spaltungsbilanz den gesetzlichen Vorschriften entsprechen, insbesondere die Aktiva nicht überbewertet und die Passiva nicht unterbewertet sind. Allerdings kommt es für die Beurteilung, ob durch das übertragene Vermögen das Kapital bei der übernehmenden Gesellschaft aufgebracht worden ist, immer auf den tatsächlichen Wert des übertragenen Vermögens an, nicht auf die Buchwerte.

Im vorliegenden Fall sind die 2 Spaltungsbilanzen zu erstellen, für jeden Teilbetrieb, der abgespalten werden soll, eine.

2.4 Spaltungsberichte, Spaltungsprüfung und Spaltungsprüfungsbericht

Nach § 127 UmwG haben die Vertretungsorgane der beteiligten Rechtsträger einen ausführlichen schriftlichen Bericht zu erstatten, in dem die Spaltung und der Spaltungsvertrag im Einzelnen, das Umtauschverhältnis sowie dessen Ermittlung etc. rechtlich und wirtschaftlich zu erläutern sind. Die Gesellschafter können jedoch auf die Erstellung eines solchen Berichtes verzichten.

Bei einer Auf- und Abspaltung hat grundsätzlich auch eine Spaltungsprüfung zu erfolgen, soweit rechtsformspezifische Regelungen eine solche Prüfung vorsehen. Bei einer am Spaltungsvorgang beteiligten GmbH ist dies nur der Fall, wenn einer der Gesellschafter dies verlangt (§ 125 UmwG i. V. m. § 48 UmwG). Der Umfang der Prüfung richtet sich nach den §§ 125 UmwG i. V. m. §§ 9 – 12 UmwG. Auf die Prüfung kann verzichtet werden.

Bei einer Ausgliederung findet eine Spaltungsprüfung nicht statt (§ 125 S. 2 UmwG).

2.5 Rückwirkung

Eine Spaltung kann zivilrechtlich und steuerrechtlich rückwirkend erfolgen. Die Rückwirkung ergibt sich aus dem Zusammenspiel von § 17 Abs. 2 S. 4 UmwG und § 2 Abs. 1 UmwStG. Die Schlussbilanz des übertragenden Rechtsträgers muss gem. § 17 Abs. 2 S. 4 UmwG auf einen Stichtag aufgestellt werden, der höchstens acht Monate vor dem Tag der Anmeldung der Spaltung zum Handelsregister liegt. § 2

Abs. 1 UmwStG bestimmt, dass das Einkommen und das Vermögen der beteiligten Rechtsträger so zu ermitteln ist, als ob das abzuspaltende Vermögen zu dem Stichtag der Schlussbilanz des übertragenden Rechtsträgers auf den übernehmenden Rechtsträger übergegangen wäre. Es sind drei Stichtage zu unterscheiden:
- der Spaltungsstichtag/Umwandlungsstichtag,
- der Stichtag der handelsrechtlichen Schlussbilanz und
- der steuerliche Übertragungsstichtag.

Der steuerliche Übertragungsstichtag ist identisch mit dem Stichtag der handelsrechtlichen Schlussbilanz, die der Spaltung zu Grunde liegt. Umstritten ist das Verhältnis des Stichtages der handelsrechtlichen Schlussbilanz, der gleichzeitig steuerlicher Übertragungsstichtag ist, zum „Umwandlungsstichtag", im Falle der Spaltung zum „Spaltungsstichtag". Die Finanzverwaltung vertritt die Auffassung, dass der Stichtag der Schlussbilanz zwingend auf den dem Umwandlungsstichtag/Spaltungsstichtag vorangehenden Tag fallen müsse.

Sieht z. B. der Spaltungsplan/Spaltungs- und Übernahmevertrag vor, dass die Spaltung mit Wirkung zum 01. Januar 2004 (= Umwandlungsstichtag) erfolgen solle, so bedeutet dies, dass steuerlicher Übertragungsstichtag der 31. 12. 2003 ist, auf den auch die handelsrechtliche Schlussbilanz aufzustellen ist. Dies bedeutet auch, dass bei Verwendung des 01. Januar als Spaltungsstichtag sich die steuerlichen Folgen der Spaltung noch in dem vorangegangenen Veranlagungszeitraum (2003) auswirken. Soll eine solche Rückwirkung in den vergangenen Veranlagungszeitraum vermieden werden, wählt man den 02. Januar als Spaltungsstichtag.

2.6 Vertragliche Absicherung der steuerlichen Neutralität der Spaltung einer Kapitalgesellschaft

Eine der steuerlichen Voraussetzungen für die Steuerneutralität der Abspaltung aus einer Kapitalgesellschaft auf eine andere Kapitalgesellschaft ist, dass die innerhalb einer Haltefrist von fünf Jahren veräußerten Anteile an der übertragenden und/oder der übernehmenden Gesellschaft nicht mehr als 20 % der vor Wirksamkeit der Spaltung bestehenden Anteile ausmachen (§ 15 Abs. 3 S. 4 UmwStG, s. hierzu unten lit. C, I, 4). Es muss daher bei einer Spaltung in Familienstämme vertraglich die Absicherung der steuerlich gebotenen Veräußerungsbeschränkung erfolgen. Es werden hierbei folgende Möglichkeiten diskutiert:
- Die Voraussetzungen und die Rechtsfolgen eines steuerschädlichen Verkaufes werden zwischen den Parteien geregelt. Eine solche Regelung kann insbesondere vorsehen, dass die Steuerschulden der übertragenden Gesellschaft, die durch eine Verletzung der fünfjährigen Haltefrist entstehen, von derjenigen Gesellschaft zu tragen sind, deren Gesellschafter durch den Verkauf von Gesellschaftsanteilen innerhalb der Haltefrist von fünf Jahren die Besteuerung ausgelöst haben.
- In den jeweiligen Gesellschaftsverträgen wird eine Veräußerung von Anteilen für die Dauer der Haltefrist von fünf Jahren ausgeschlossen.
- In den Gesellschaftsverträgen der beteiligten Gesellschaften werden Vinkulierungsregelungen eingefügt, die die Abtretung von Geschäftsanteilen an den über-

nehmenden Rechtsträgern innerhalb von fünf Jahren an die Zustimmung eines Beirats anknüpfen, der mit Vertretern aller beteiligten Rechtsträger besetzt ist.

2.7 Nicht verhältniswahrende Spaltung

Wenn durch eine Spaltung eine Trennung von Gesellschafterstämmen erreicht oder vorbereitet werden soll, handelt es sich in der Regel um eine nicht verhältniswahrende Spaltung, die in § 128 UmwG geregelt ist. Diese Form der Spaltung wurde vom Gesetzgeber ausdrücklich zur Spaltung von Familienstämmen geschaffen.

Bei einer normalen Aufspaltung oder Abspaltung erhalten die Gesellschafter des betroffenen Rechtsträgers eine unter ihnen im Verhältnis gleiche Beteiligung am aufnehmenden Rechtsträger.

Beispiel 2:

V hat im Beispiel 1 vor drei Jahren seinen drei Söhnen je 10 % an der B + B geschenkt, so dass er nur noch zu 70 % an der B + B beteiligt ist.

Würde in Beispiel 2 eine nicht verhältniswahrende Spaltung erfolgen, könnten die Teilbetriebe „Nahrungsmittel" und 100 %-Beteiligung an der A-GmbH auf zwei (neue) Gesellschaften abgespalten werden, an denen nur noch S1 und S2 beteiligt wären, S1 und S2 würden gleichzeitig an der B + B ausscheiden („Spaltung zu Null"). Fraglich ist allerdings, ob V im Rahmen der Spaltung auch aus der B + B ausscheiden kann oder ob er mit einem minimalen Anteil an einer der drei Gesellschaften beteiligt werden muss (so die herrschende Meinung!).

Für den Fall einer nicht verhältniswahrenden Spaltung verlangt das Umwandlungsgesetz in § 128 S. 1 die Zustimmung aller Anteilsinhaber des übertragenden Rechtsträgers. Ist ein Gesellschafter auf der Gesellschafterversammlung, die über die Spaltung beschließt, nicht anwesend, muss er nachträglich in notariell beurkundeter Form zustimmen, damit die Spaltung wirksam wird (§§ 125, 13 Abs. 3 UmwG).

Die Zustimmungsverpflichtung aller Anteilsinhaber im Falle einer nicht verhältniswahrenden Spaltung bezieht sich im Falle einer Spaltung zur Aufnahme ausschließlich auf die Beschlussfassung bei der übertragenden Gesellschaft, nicht auf das Stimmenverhältnis bei der übernehmenden Gesellschaft.

Da bei einer nicht verhältniswahrenden Spaltung die Beteiligungsverhältnisse an dem übernehmenden Rechtsträger nicht den Beteiligungsverhältnissen beim übertragenden Rechtsträger entsprechen, ist eine Neuordnung der Beteiligungsverhältnisse erforderlich.

2.8 Rechtsfolgen der Spaltung

Die Eintragung der Abspaltung löst folgende Rechtsfolgen aus:
– Das zur Übertragung bestimmte Vermögen geht auf den übernehmenden Rechtsträger über, ohne dass es einer Übertragung der einzelnen Aktiva und ohne dass es der Zustimmung der Gläubiger der übergehenden Verbindlichkeiten bedarf (§ 131 Abs. 1 Nr. 1 UmwG).

- Die Anteilsinhaber des übertragenden Rechtsträgers werden entsprechend der vereinbarten Aufteilung Anteilsinhaber der beteiligten Rechtsträger (§ 131 Abs. 1 Nr. 3 S. 1 UmwG).
- Bei der Abspaltung zur Neugründung entsteht die neue Gesellschaft mit Eintragung der Spaltung in das Handelsregister der übertragenden Gesellschaft.

Die Spaltung sowohl in der Form der Aufspaltung als auch in der Form der Abspaltung ist ein geeignetes Mittel zur Vorbereitung einer Unternehmensnachfolge wegen der vorweggenommenen Erbfolge und zur Trennung von Familienstämmen im Zusammenhang mit der Aufteilung von Unternehmen auf Familienstämme. Spaltungen werfen zahlreiche gesellschaftsrechtliche, zivilrechtliche, arbeitsrechtliche und steuerrechtliche Probleme auf. Es ist daher ratsam, sich der Sachkunde erfahrener Berater zu bedienen.

Weiterführende Literatur:

Blumers/Siegels, Ausgliederung und Spaltung und Zuordnung von Wirtschaftsgütern, in: Der Betrieb 1997, S. 7 ff.

Fey/Neier, Veränderungssperre für Konzernstrukturen nach steuerneutraler Spaltung?, in: GmbH-Rundschau 1999, S. 274 ff.

Kallmeyer, Der Einsatz von Spaltung und Formwechsel nach dem UmwG 1995 für die Zukunftssicherung von Familienunternehmen, in: Der Betrieb 1996, S. 28 ff.

Nagel/Thies, Die nichtverhältnismäßige Abspaltung als Gestaltungsinstrument im Rahmen von Unternehmenszusammenschlüssen, in: GmbH-Rundschau 2004, S. 83 ff.

Walpert, Fallstudie zur Trennung von Gesellschafterstämmen einer GmbH durch Abspaltung, in: Wirtschaftsrechtliche Beratung 1996, S. 44 ff.

Erb- und Pflichtteilsverzichte zur Absicherung der Unternehmensnachfolge

Dr. Christoph von Oppeln-Bronikowski

Inhalt:

	Seite
1. Problem	253
2. Gestaltungsmöglichkeiten	254
2.1 Erbverzicht	254
2.2 Zuwendungsverzicht	254
2.3 Pflichtteilsverzicht	255
3. Vertragliche Vereinbarungen zum Erb- und Pflichtteilsverzicht	257
3.1 Form	257
3.2 Inhalt	257
3.3 Rechtsfolgen	258
4. Praxisfälle	259

1. Problem

Erb- und Pflichtteilsverzichte sind seit je wichtige und geeignete Instrumente, die Unternehmensnachfolge wunschgemäß zu gestalten. Treten beim Tode des Unternehmers mehrere Erben an, droht die Zerschlagung des Unternehmens. Hat er nur einen Erben eingesetzt, z. B. den gewünschten und befähigten Nachfolger, und melden sich dann übergegangene Angehörige mit Pflichtteilsansprüchen, ist das Ergebnis womöglich das Gleiche.

Es muss das Ziel sein, hier dem Unternehmer Gestaltungsfreiheit zu verschaffen, diese für den Fortbestand seines Unternehmens gefährlichen Ansprüche zu Lebzeiten zu neutralisieren oder jedenfalls so zu regeln, dass sein Nachlass, und das ist in vielen Fällen ganz wesentlich das Unternehmen, nicht durch unerwünschte erbrechtliche Ansprüche überfordert wird.

Fallbeispiel:

Ein Vater hinterlässt eine Ehefrau, mit der er im gesetzlichen Güterstand (Zugewinngemeinschaft) verheiratet war und drei Abkömmlinge.

a) Er hat kein Testament hinterlassen, somit gesetzliche Erbfolge: Die Ehefrau erbt zu 1/2 (§§ 1931, 1371 BGB), die Kinder erben zu je 1/6. Können sich die Erben auf eine gemeinschaftliche Unternehmensfortführung nicht verständigen, wird liquidiert werden müssen.

b) Abkömmling A ist zum Alleinerben eingesetzt. Er erhält das Unternehmen und auch den sonstigen Nachlass, muss aber mit folgenden Ansprüchen rechnen: Zugewinnausgleichsanspruch und daneben 1/8 Pflichtteil der Ehefrau, je 1/8 Pflichtteil der Abkömmlinge B und C. Neben dem Zugewinnausgleichsanspruch in unbekannter Höhe muss er also noch an Pflichtteilsansprüchen insgesamt 3/8 des Wertes (objektiven Verkehrswertes) des Nachlasses an die pflichtteilsberechtigten übergangenen Erben auszahlen.

Dass in solchen Fällen dringender Gestaltungsbedarf besteht, liegt auf der Hand.

2. Gestaltungsmöglichkeiten
Vorbemerkung

Die im deutschen Recht grundsätzlich gegebene Testierfreiheit ist durch das Pflichtteilsrecht beschränkt, das heißt, Abkömmlinge, der Ehegatte und in besonderen Fällen die Eltern können den Pflichtteil verlangen, wenn sie durch Testament von der Erbfolge ausgeschlossen sind. Der Pflichtteil besteht in der Hälfte des Wertes des gesetzlichen Erbteils, § 2303 BGB. Um diese Ansprüche, die den Unternehmensnachfolger unerträglich belasten können und deshalb den Unternehmer in der freien Gestaltung seiner Nachfolge behindern, auszuschalten oder wenigstens zu modifizieren, bieten sich folgende Möglichkeiten an:

2.1 Erbverzicht

Gesetzliche Erben können durch Vertrag mit dem Erblasser auf ihr gesetzliches Erbrecht verzichten, § 2346 Abs. 1 BGB. Hier kommt vor allem in Frage der Verzicht des Ehegatten und der Abkömmlinge. Auch Verlobte (wichtig für Eheverträge) können auf ihr künftiges gesetzliches Erbrecht verzichten, § 2347 BGB.

Der Verzicht auf das Erbrecht schließt den Verzicht auf das Pflichtteilsrecht mit ein, § 2346 Abs. 1 S. 2 BGB.

Möglich ist auch der Verzicht auf einen Bruchteil der gesetzlichen Erbquote, so dass auf diese Weise die prinzipiell möglichst ganz zu vermeidende Beteiligung mehrerer Miterben am Unternehmen wenigstens reduziert werden kann.

Aber Achtung ! Der Erbverzicht eines gesetzlichen Erben hat zur Folge, dass der Verzichtende bei der Berechnung des Erbteils der übrigen Pflichtteilsberechtigten nicht mitgezählt wird (§ 2310 S. 2 BGB). Das bedeutet, dass sich die Erbquote der anderen erhöht. Verzichtet also von mehreren Pflichtteilsberechtigten nur einer nicht, erhöht sich seine Erbquote und damit auch sein Pflichtteilsanspruch um die Quoten derer, die verzichtet haben. Der Nachfolger hat also einen Pflichtteilsanspruch zu erfüllen, der genauso hoch ist, wie wenn es keine Erbverzichte gegeben hätte! In solchen Fällen muss deshalb sichergestellt werden, dass ausnahmslos alle infrage kommenden Pflichtteilsberechtigten auf ihr gesetzliches Erbrecht, jedenfalls aber auf ihren Pflichtteil, verzichten.

2.2 Zuwendungsverzicht

Ist jemand durch Testament oder Erbvertrag zur Erbfolge oder zu einem Vermächtnis berufen, kann er durch Vertrag mit dem Erblasser auf die Zuwendung verzichten. Das Gleiche gilt für eine Zuwendung durch Erbvertrag, § 2352 BGB. Man fragt sich freilich, warum in solchen Fällen verzichtet werden soll, weil ja doch der Erblasser sein Testament jederzeit ändern und Erbverträge von den Vertragschließenden jederzeit wieder aufgehoben werden können.

Ein solcher Zuwendungsverzicht erlangt vor allem dann Bedeutung, wenn der Erblasser durch ein gemeinschaftliches Testament mit seinem bereits vorverstorbenen Ehegatten gebunden ist oder ein Erbvertrag nach dem Tod des anderen Teils nicht mehr geändert werden kann. In solchen Fällen kann durch einen Erbverzichtsvertrag mit dem begünstigten Dritten die Testierfreiheit zurückerlangt werden.

2.3 Pflichtteilsverzicht

Der zuvor erwähnte umfassende Erbverzicht (Verzicht auf das gesetzliche Erbrecht unter Einschluss des Pflichtteilsrechts) kann beschränkt werden allein auf das Pflichtteilsrecht, § 2346 Abs. 2 BGB. Diese Beschränkung ist die Regel und hier liegt die eigentliche Bedeutung des Rechtsinstituts. Sie ist aus den vorstehend unter 2.1 erörterten Gründen dem Erbverzicht gegenüber vorzuziehen, weil der bloße Pflichtteilsverzicht nicht zur Erhöhung der Erbquoten und damit der Pflichtteile derjenigen führt, die nicht verzichtet haben.

In das gesetzliche Erbrecht kann mittels Testaments einseitig eingegriffen werden, in Pflichtteilsansprüche nicht. Deshalb sind hier vertragliche Regelungen erforderlich, die regelmäßig nur gegen entsprechende Gegenleistungen erreichbar sein werden. Außerdem ist der entschädigungslose Verzicht der Familienangehörigen meistens auch gar nicht gewollt. Es geht um den Erhalt des Unternehmens und nicht darum, diejenigen, die um seinetwillen zurückstehen sollen, ganz und gar zu benachteiligen.

Verzichten die Pflichtteilsberechtigten, also in aller Regel Ehegatte und Abkömmlinge, auf ihr Pflichtteilsrecht, erlangt der Unternehmer die gewünschte Handlungsfreiheit, seinen letzten Willen seinen Vorstellungen entsprechend zu gestalten. Er muss also nicht mehr darauf Rücksicht nehmen, dass an seinen Nachlass Ansprüche gestellt werden, die er nur in gröbsten Fällen (der Pflichtteilsberechtigte hat ihm nach dem Leben getrachtet, ihn misshandelt o. ä.) entziehen kann, § 2333 BGB. Mittels dieser Handlungsfreiheit kann er sein Unternehmen selbst einem familienfremden Dritten zuwenden, ohne dass seine Familienangehörigen noch irgendwelche Ansprüche stellen können.

Auf den Pflichtteil kann, wie bei jeder Geldforderung, ganz nach den Bedürfnissen des Einzelfalls, nicht nur vollständig, sondern in unterschiedlichster Weise auch nur zum Teil verzichtet werden:
- Beschränkung z. B. auf einen Bruchteil des gesetzlichen Anspruchs, auf eine feste Summe oder lediglich Verzicht auf Pflichtteilsergänzungsansprüche, also auf die Hinzurechnung dessen, was durch lebzeitige Schenkungen des Erblassers innerhalb der letzten zehn Jahre (bei Ehegatten ohne diese Grenze) weggeben worden ist, § 2325 BGB.
- Gegenständliche Beschränkung, also Verzicht auf die Hinzurechnung bestimmter Nachlassgegenstände, in Sonderheit des Unternehmens. Das heißt, bei der Ermittlung der Höhe der Pflichtteilsansprüche bleiben das Unternehmen und/ oder bestimmte Beteiligungen (die zugehörigen Verbindlichkeiten und die Gut-

haben auf den zugehörigen festen und variablen Kapital- und Verrechnungskonten sollte man nicht vergessen) außer Betracht. Ein solchermaßen beschränkter Pflichtteilsverzicht genügt in aller Regel zum Schutz des Unternehmens. Er ist auch leichter zu erreichen, weil die weichenden Pflichtteilsberechtigten jedenfalls am sonstigen Nachlassvermögen beteiligt bleiben und die vorrangige Sicherung des womöglich schon seit Generationen betriebenen Unternehmens oftmals Zustimmung, jedenfalls Einsicht findet.

Ein solch gegenständlich beschränkter Pflichtteilsverzicht hat den weiteren Vorteil, dass das Unternehmen auch schon zu Lebzeiten auf den vorgesehenen Nachfolger übertragen werden kann, ohne dass auf spätere Pflichtteilsergänzungsansprüche Rücksicht genommen werden muss.

Versuche, Pflichtteilsansprüche durch die Anordnung von Vor- und Nacherbschaft, Testamentsvollstreckung, Teilungsanordnungen oder durch Vermächtnisse oder Auflagen einzuschränken, sind untauglich. Das Pflichtteilsrecht ist ein gesetzlich garantiertes Mindesterbrecht, das grundsätzlich nicht durch Beschränkungen oder Beschwerungen weiter eingeschränkt werden kann. Wird dem durch Testament zum Erben berufenen Pflichtteilsberechtigten ein Erbteil hinterlassen, der kleiner oder gleich der Pflichtteilsquote ist, gelten die Beschränkungen oder Beschwerungen als nicht angeordnet; ist der Erbteil größer, so kann sich der Pflichtteilsberechtigte von den Beschränkungen und Beschwerungen befreien, in dem er den Erbteil ausschlägt und den – dann unbeschwerten – Pflichtteil verlangt, § 2306 BGB. Wird diese außerordentlich wichtige Vorschrift nicht beachtet, kann das bestgemeinte Testament scheitern.

Als pflichtteilsreduzierende Maßnahmen kommen jedoch in Betracht:
- Die Übertragung des Unternehmens zu Lebzeiten. Jedoch Achtung! Zwischen Schenkung und Erbfall müssen zehn Jahre liegen, weil anderenfalls die Schenkung dem Nachlass zum Zwecke der Pflichtteilsberechnung hinzugerechnet wird, § 2325 BGB. Dabei können Schenkungen an den Ehegatten, auch wenn sie über zehn Jahre zurückliegen, Pflichtteilsansprüche der Kinder nicht mindern, weil in diesem Falle die Frist erst mit der Auflösung der Ehe, also dem Tod des Erblassers, beginnt, § 2325 Abs. 3 BGB. Außerdem: Um die Frist in Gang zu setzen, muss die Schenkung vollzogen sein, und zwar in dem Sinne, dass der Erblasser sein Eigentum tatsächlich aufgibt und darauf verzichtet, es weiterhin zu nutzen, das heißt, er muss dessen „Genuss" endgültig aufgeben[1]. Also besser kein Nießbrauchs- oder Nutzungsvorbehalt, sondern endgültige Übertragung gegen Rentenzahlung.
- Ehegatten können ihren Güterstand zur Verminderung von Pflichtteilsansprüchen wechseln. Ist das Unternehmen z.B. erst während der Ehe aufgebaut worden und ist dadurch bei gesetzlichem Güterstand (Zugewinngemeinschaft) ein erheblicher Zugewinn entstanden, löst der Übergang zur Gütertrennung den Zugewinnausgleich aus, § 1378 Abs. 1 BGB. Vermögen, das in diesem Rahmen

---

[1] Vgl. Bundesgerichtshof Neue Juristische Wochenschrift 1987, S. 122 und Neue Juristische Wochenschrift 1994, S. 1791; *Groll/Esser* Praxis-Handbuch Erbrechtsberatung C VI Rn. 233.

übertragen wird, ist keine Schenkung und kann deswegen auch von den Kindern nicht mit der Pflichtteilsergänzung des § 2325 BGB in Anspruch genommen werden[2].
- Ein Pflichtteilsberechtigter wird durch Testament auf einen unbelasteten, also nicht durch Testamentsvollstreckung, Teilungsanordnung pp. beschränkten Erbteil eingesetzt, der geringer ist als seine Pflichtteilsquote. In diesem Falle kann nicht ausgeschlagen werden, um den vollen Pflichtteil zu erlangen. Es kann nur noch als Geldanspruch die Differenz bis zur Höhe des Pflichtteils verlangt werden. (§ 2305 BGB).
- Will ein Unternehmer einen Außenstehenden zur Unternehmensnachfolge berufen, sollte er diesen adoptieren. Das reduziert die Pflichtteilsansprüche der eigenen Abkömmlinge erheblich und hat außerdem den Vorteil, dass der Nachfolger wie die eigenen Abkömmlinge der Steuerklasse I zugerechnet wird. Zu beachten ist allerdings, dass eine Adoption, die nichts anderem dienen soll als der Pflichtteilsreduzierung der übrigen Beteiligten, nichtig sein kann[3].
- Oder: Der verwitwete Unternehmer heiratet erneut bei gleichzeitigem Pflichtteilsverzicht der neuen Ehefrau. Sie selbst erwirbt also keine Ansprüche. Die Pflichtteilsrechte der Abkömmlinge werden jedoch wesentlich vermindert. In solchen Fällen darf kein Erbverzicht vereinbart werden, sonst tritt die gewünschte Verminderung nicht ein (s. o. unter 2.1)

3. Vertragliche Vereinbarungen zum Erb- und Pflichtteilsverzicht

3.1 Form

Erb- und Pflichtteilsverzichtsverträge bedürfen notarieller Beurkundung, § 2348 BGB. Gleichzeitige Anwesenheit der Vertragsparteien ist dabei nicht erforderlich. Es kann durch Angebot und Annahme auch getrennt beurkundet werden.

Der Erblasser/Unternehmer muss den Verzichtsvertrag in eigener Person schließen. Vertretung ist unzulässig, § 2347 Abs. 2 BGB. Der Verzichtende kann sich jedoch vertreten lassen. Sollen Minderjährige verzichten, bedürfen ihre Eltern zum Abschluss des Verzichtsvertrages vormundschaftsgerichtlicher Genehmigung, es sei denn, der Verzichtsvertrag wird unter Ehegatten oder Verlobten geschlossen, § 2347 Abs. 1 BGB.

3.2 Inhalt

Zu einem Erb- oder Pflichtteilsverzicht wird sich in der Regel nur derjenige bereit finden, der eine Gegenleistung erhält. Entspricht sie in der Höhe in etwa dem, was als Pflichtteilsanspruch im Erbfall überschlägig zu erwarten steht, dürfte der Verzicht in den meisten Fällen ohne Weiteres erreichbar sein. Trotz quasi voller Pflichtteilszahlung besteht der Vorteil dann immer noch darin, dass die Erbauseinandersetz-

---

[2] Näheres hierzu *Groll/Rössler* Praxis-Handbuch Erbrechtsberatung C VI Rn. 333 ff.
[3] Vgl. *Palandt/Edenhofer* Bürgerliches Gesetzbuch, 63. Auflage 2004, § 2281 Rn. 5; Bundesgerichtshof, in: Familienrechtszeitschrift 1970, S. 79.

zung mit diesem Pflichtteilsberechtigten vorweggenommen ist und der Erbe nicht mit möglichem Streit über Auskünfte, Nachlassbewertungen o. ä. belastet wird.

Der Ausgleich für das gesetzliche Erb- oder Pflichtteilsrecht ist nach § 7 Abs. 1 Nr. 5 ErbStG erbschaftsteuerpflichtig. Der Verzicht kann aber auch unentgeltlich erfolgen. Er ist von der Vereinbarung einer Gegenleistung nicht abhängig. Erbverzicht und Pflichtteilsverzicht sind abstrakte erbrechtliche Verfügungen[4]. Das heißt, der Verzicht bleibt wirksam, auch wenn der Verzichtende die versprochene Abfindung nicht erhält. Wegen dieser Selbstständigkeit beider Rechtsinstitute kann der Verzichtende, wenn er die Abfindung nicht erhält, weder die Einrede des nicht erfüllten Vertrages erheben noch ein gesetzliches Rücktrittsrecht ausüben. Er kann nur Erfüllung, also Leistung der vereinbarten Abfindung oder Schadensersatz wegen Nichterfüllung verlangen.

Um hier den Verzichtenden zu schützen, kann man wie folgt vorgehen:

Die beiden Rechtsgeschäfte können durch eine Bedingung in der Weise verknüpft werden, dass die Wirksamkeit des Verzichts durch die Leistung der Abfindung aufschiebend oder auflösend bedingt wird. Die Bedingung sollte klar und deutlich genannt werden, weil allein die Vereinbarung eines Verzichts gegen Abfindung noch nicht ohne weiteres bedeutet, dass eine Bedingung vermutet wird. Weil ein Erbverzicht, auch wenn er gegen Abfindung erklärt wird, in erster Linie der Erhaltung des Familienvermögens dienen soll, wird man in der Regel nicht davon ausgehen können, dass es dem Willen beider Parteien entsprach, Verzicht und Abfindung so zu verknüpfen, dass ein Bedingungsverhältnis angenommen werden kann [5].

In jedem Falle ist deshalb zu empfehlen die Aufnahme von Erbverzicht/Pflichtteilsverzicht und Abfindung in eine Urkunde und ihre möglichst enge und ausdrückliche Verknüpfung im Sinne eines Bedingungsverhältnisses.

3.3 Rechtsfolgen

Erb- wie Pflichtteilsverzicht sind als Vertrag bindend und unwiderruflich. Der Vorbehalt eines Widerrufs oder eines Rücktritts ist unzulässig[6].

Beim Erbverzicht ist der Verzichtende nach Eintritt des Erbfalls von der gesetzlichen Erbfolge ausgeschlossen, wie wenn er den Erbfall nicht mehr erlebt hätte.

Ist der Verzicht allerdings auf das Pflichtteilsrecht beschränkt, bleibt die gesetzliche Erbfolge unberührt und der Verzichtende wird Erbe, wenn der Erblasser nicht anders testiert hat. Überhaupt: Weder Erb- noch Pflichtteilsverzicht schließen es aus, dass der Erblasser den Verzichtenden in seinem Testament bedenkt.

Verzichtet ein Abkömmling oder ein Seitenverwandter des Erblassers auf das gesetzliche Erbrecht, so erstreckt sich die Wirkung des Verzichts auch auf seine Abkömmlinge, sofern nicht ein anderes bestimmt wird, § 2349 BGB. Diese Rechts-

---

[4] Vgl. Münchener Kommentar/*Strobel*, 3. Auflage 1997, Rn. 21 zu § 2346 Bürgerliches Gesetzbuch.
[5] Näher hierzu: Münchener Kommentar/*Strobel*, 3. Auflage 1997, Rn. 26 zu § 2346 Bürgerliches Gesetzbuch.
[6] Vgl. *Staudinger/Schotten*, Kommentar zum Bürgerlichen Gesetzbuch, 13. Bearbeitung 1997, § 2346, Rn. 111.

folge tritt also kraft Gesetzes auch für die Abkömmlinge des Verzichtenden ein, ohne dass der Verzicht auch in ihrem Namen erklärt werden müsste. Dem liegt die Überlegung zugrunde, dass ein Erbverzicht in aller Regel nur gegen Abfindung erklärt wird und diese Abfindung schließlich auch den Abkömmlingen des Verzichtenden zugute kommt. Die Wirkung tritt aber auch ein, wenn eine Abfindung nicht vereinbart worden ist. Soll diese Wirkung nicht eintreten, muss in dem Verzichtsvertrag „ein anderes bestimmt" werden. Hierauf ist also bei der Gestaltung besonders zu achten.

Die Erstreckung auf die Abkömmlinge gilt genauso für den bloßen Pflichtteilsverzicht, so dass die Pflichtteilsansprüche des gesamten Stammes des Verzichtenden entfallen[7].

Die entscheidende rechtliche Folge eines Erb- oder Pflichtteilsverzichts liegt aber darin, dass der Erblasser vollkommene Handlungsfreiheit erlangt und sein Testament so gestalten kann, wie es ihm optimal erscheint. Somit kann er vor allem sein Unternehmen in die Hände geben, die er für die geeignetsten hält, ohne dass der von ihm Ausgewählte sich mit Ansprüchen konfrontiert sieht, die den Bestand des Unternehmens gefährden oder seine Fortführung erschweren können.

4. Praxisfälle

Ein Erblasser (verwitwet) hat zwei Söhne, von denen der eine mit entsprechender Ausbildung im Unternehmen mitarbeitet. Der andere versucht sich als Künstler in den USA. Hier konnte mit dem Künstlersohn ein Pflichtteilsverzicht vereinbart werden gegen die Einrichtung eines Ateliers in New York und Zuwendung eines Startkapitals. Vorteil: Der Vater konnte frei zu Gunsten des anderen Sohnes testieren. Eine Erbauseinandersetzung findet nicht statt.

Von mehreren Abkömmlingen wollte einer (trotz angebotener Abfindung) nicht auf seinen Pflichtteil verzichten. Das gewünschte Ergebnis konnte dadurch erreicht werden, dass ihm ein der vorgesehenen Abfindung etwa gleichwertiges Ferienhausgrundstück im Vermächtniswege zugewandt wurde unter der Bedingung, dass er keine Pflichtteilsansprüche geltend macht. Da dem Abkömmling an dem Ferienhaus außerordentlich gelegen war, entschied er sich für das Vermächtnis. Hätte er den Pflichtteil verlangt, hätte er auf das Ferienhausgrundstück verzichten müssen.

Um Pflichtteilsansprüchen zu begegnen, setzt ein Vater neben seiner zweiten Ehefrau seine Kinder aus zwei Ehen zu Erbquoten ein, die jeweils geringfügig höher als die Pflichtteilsquote liegen. Gleichzeitig ordnet er langjährige Testamentsvollstreckung durch seine zweite Ehefrau an, und zwar ungeachtet der Tatsache, dass die beiden Töchter aus erster Ehe etwa im gleichen Alter stehen wie die zweite Ehefrau. Eine solche Gestaltung muss scheitern. Selbstverständlich haben die Töchter ausgeschlagen und auf den zugewandten Erbteil (12,5 %) verzichtet, um ihren Pflichtteil (10 %) sofort und unbeschränkt durch Testamentsvollstreckung zu erhalten.

Ein erfolgreicher Unternehmer (namhafter Autohändler) vereinbart mit Ehefrau und vier Kindern Pflichtteilsverzichte und setzt einen Testamentsvollstrecker ein,

---

[7] Vgl. Münchener Kommentar/*Strobel*, Rn. 5 zu § 2349 BGB.

der auf zehn Jahre den Nachlass verwalten und während dieser Zeit unter den vier noch relativ jungen Kindern den geeigneten Nachfolger bestimmen soll. Eine solche Gestaltung ist zulässig, wenn der Vorschrift des § 2065 BGB (nur der höchstpersönlich eigene Wille kann als Testament Geltung beanspruchen) Rechnung getragen wird. Voraussetzung ist deshalb, dass der Dritte keinerlei eigenen Ermessensspielraum hat, sondern imstande ist, nach vorgegebenen objektiven Kriterien den Bedachten zu bezeichnen. Dazu muss das Testament den Personenkreis allerdings eng begrenzen und die maßgeblichen Gesichtspunkte für die Auswahl so genau festlegen, dass jede Willkür ausscheidet, die Bezeichnung also von jeder mit genügender Sachkunde ausgestatteten Person vorgenommen werden kann, ohne dass deren Ermessen auch nur mitbestimmend wäre[8]. Das heißt also, der Erblasser muss ganz genau vorgeben, welche Kriterien (z. B. Alter, berufliche Qualifikation, Dauer der Mitarbeit im Betrieb o. ä.) sein Nachfolger erfüllen soll. Dann hat er für sein Unternehmen optimal vorgesorgt und kann das Weitere der Zukunft überlassen.

Weiterführende Literatur:

Damrau, Der Erbverzicht als Mittel zweckmäßiger Vorsorge für den Todesfall, 1966.

Haegele, Inhalt und wirtschaftliche Bedeutung des Erb-(Pflichtteils-)verzichts, in: Rechtspfleger 1968, S. 247.

Mayer, Der beschränkte Pflichtteilsverzicht, in: Zeitschrift für Erbrecht und Vermögensnachfolge 2000, S. 263.

---

[8] Vgl. *Palandt/Edenhofer* Bürgerliches Gesetzbuch, 63. Auflage 2004, Rn. 5 zu § 2065 mit weiteren Nachweisen aus der Rechtsprechung.

Der Testamentsvollstrecker als Unternehmensleiter

Prof. Dr. Jürgen Damrau, Richter am LG a. D.

Inhalt:

	Seite
1. Allgemeines	261
1.1 Das Anliegen	261
1.2 Grenzen der Verwaltungsvollstreckung	262
2. Das einzelkaufmännische Unternehmen	262
2.1 Sog. Vollmachtslösung	263
2.2 Sog. Treuhandlösung	263
2.3 Umwandlung in eine GmbH	264
3. Testamentsvollstreckung über die Beteiligung eines persönlich haftenden Gesellschafters einer OHG oder KG	265
3.1 Vollmachtslösung	266
3.2 Treuhandlösung	266
3.3 Beaufsichtigende Testamentsvollstreckung	266
3.4 Umwandlung in eine Kommanditbeteiligung	267
4. Testamentsvollstreckung über die Beteiligung eines Kommanditisten	267
5. Testamentsvollstreckung über den Geschäftsanteil an einer GmbH	268
6. Testamentsvollstreckung über die Beteiligung an einer Aktiengesellschaft	268
7. Testamentsvollstreckung über die Beteiligung an einer Stillen Gesellschaft	269
8. Vergütung für eine unternehmensleitende Testamentsvollstreckung	269

1. Allgemeines

1.1 Das Anliegen

Der Erblasser hat nicht selten den Wunsch, ein Unternehmen durch einen Testamtensvollstrecker führen zu lassen. Gründe für diesen Wunsch sind regelmäßig das jugendliche Alter von Kindern als Unternehmensnachfolger oder auch die wirtschaftliche Unerfahrenheit des Nachfolgers. Auch die Feindschaft zwischen Erben kann dadurch, dass nicht den Erben gemeinsam die Verwaltung des Nachlasses zusteht, sondern dem Testamentsvollstrecker, zu einem guten Teil kompensiert werden. Der Testamtensvollstrecker, genauer der Verwaltungsvollstrecker (§ 2209 BGB), soll das Unternehmen z. B. bis zum 28. Lebensjahr des Kindes oder auf die Dauer von längstens 30 Jahren führen. Die Erträge sollen aber dem Erben in einem bestimmten Umfang oder vollständig zufließen.

Bei schwer zu regulierenden und/oder schwer zu verwaltenden Nachlässen kommt auch die Einsetzung von zwei oder mehreren Testamentsvollstreckern in Betracht; dabei kann es im Einzelfall sinnvoll sein, sie aus der gleichen Branche auszuwählen, damit sie sich kontrollieren können, oder unterschiedliche Berufe zu bevorzugen, damit sie sich wechselseitig ergänzen. Gerade auch bei wirklich großen

Vermögen/Unternehmungen wurde bisher erfolgreich das Institut der Testamentsvollstreckung eingesetzt: Springer, Dornier, Bosch.

1.2 Grenzen der Verwaltungsvollstreckung

Solche Verwaltungsvollstreckung ist nur in relativ engen Grenzen möglich, und zwar aus rechtlichen Gesichtspunkten. Dort, wo aus handelsrechtlichen Gründen eine umfassende persönliche Haftung des Unternehmers rechtlich geboten ist, kann ein Testamentsvollstrecker nicht als Unternehmer tätig werden, weil er als Testamentsvollstrecker nur Verbindlichkeiten mit einer beschränkten Haftung, nämlich beschränkt auf den Nachlas, eingehen kann (§ 2206 BGB); auch noch 29 Jahre nach dem Erbfall kann er nur Nachlassverbindlichkeiten begründen. Die unbeschränkte persönliche Haftung zwingt beim einzelkaufmännischen Unternehmen und bei einer Beteiligung als persönlich haftender Gesellschafter eine maßgebliche Rolle dazu, Ersatzlösungen zu wählen. Bei Kapitalgesellschaften, GmbH und AG, ist die Verwaltungsvollstreckung zulässig. Um eine Testamentsvollstreckung zu ermöglichen, bietet es sich zu Lebzeiten des Erblassers an, das einzelkaufmännische Unternehmen oder die OHG in eine GmbH umzuwandeln. Auch ein Testamentsvollstrecker wird dies erwägen.

2. Das einzelkaufmännische Unternehmen

Der Einzelkaufmann, ebenso wie der persönlich haftende Gesellschafter einer OHG oder KG, haften grundsätzlich unbeschränkt und unbeschränkbar auch mit ihrem Privatvermögen (§§ 22, 25, 27, 128, 130, 161 Abs. 2 HGB). Ein Testamentsvollstrecker kann den Erben als Unternehmer nicht mit seinem Privatvermögen verpflichten, er kann nur Nachlassverbindlichkeiten begründen (§ 2206 BGB). Nach den allgemeinen erbrechtlichen Regeln kann der Erbe jederzeit, auch noch Jahre nach dem Erbfall (vgl. § 319 InsO, der für den Nachlassgläubiger eine Frist bestimmt), seine Haftung auf den Nachlass beschränken, sei es durch ein Nachlassinsolvenzverfahren, sei es durch eine Nachlassverwaltung (§ 1975 BGB). Aus Gründen des Gläubigerschutzes hat das Handelsrecht Vorrang vor dem Erbrecht. Eine eigentliche Verwaltungsvollstreckung am einzelkaufmännischen Unternehmen ist daher also nicht möglich. Der Erblasser hat aber Ausweichmöglichkeiten zur Verfügung, die eine verwaltende Testamentsvollstreckung (§ 2209 BGB) ersetzen können: der Erbe überträgt dem Testamentsvollstrecker faktisch die Unternehmensleitung und bevollmächtigt ihn entsprechend oder er überträgt ihm die Unternehmensleitung, die dieser treuhänderisch als Inhaber wahrnimmt. Fehlt eine klare Anordnung des Erblassers und widersprechen sich in diesem Punkt Erben und Testamentsvollstrecker, dann sollte man die Entscheidung dem Testamentsvollstrecker überlassen. Nicht selten werden auch die Voraussetzungen dafür gegeben sein, dass der Testamentsvollstrecker das einzelkaufmännische Unternehmen in eine GmbH umwandelt, auch dann wenn der Erblasser keine dahingehende Anordnung getroffen hat.

2.1 Sog. Vollmachtslösung

Der Erblasser kann anordnen, dass der Testamentsvollstrecker das einzelkaufmännische Unternehmen als Bevollmächtigter des Alleinerben oder der Miterben fortführt. Inhaber des Unternehmens sind und bleiben dann die Erben. Sie haften für die Verbindlichkeiten, die der Testamentsvollstrecker, der hier ja gar nicht als solcher (§§ 2197 ff. BGB), sondern als Bevollmächtigter eingeht, persönlich und unbeschränkbar. Damit die Erben des Einzelkaufmanns als Erblasser dessen Anordnung, dem „Testamentsvollstrecker" Vollmacht zu erteilen, nachkommen, wird er in seiner Verfügung von Todes wegen, Testament oder Erbvertrag, vorsichtshalber wirkungsvolle Druckmittel vorsehen. Der Erblasser kann z. B. beträchtliche Vermächtnisse zu Gunsten des Testamentsvollstreckers oder anderer Personen und zu Lasten des unwilligen Erben anordnen, wenn dieser nicht binnen bestimmter Zeit seiner Verpflichtung, Vollmacht zu erteilen, nachkommt. Er kann ihm sogar seine Erbschaft für diesen Fall ganz entziehen. Es gibt allerdings Stimmen im Schrifttum, die diese sogenannte Vollmachtslösung als unzulässig betrachten, weil sie es für unzulässig halten, den Erben zu einer Handlung zu verpflichten, nämlich Vollmacht zu erteilen, die seine unbeschränkbare persönliche Haftung zur Folge hat. Hier wird der gegenteilige Standpunkt genommen: Wenn einem Erben die Anordnung, dem Testamentsvollstrecker Vollmacht zu erteilen, nicht passt, so kann er die gesamte Erbschaft ausschlagen und erhält dann seine Mindestbeteiligung am Nachlass, seinen Pflichtteil. Problematisch ist bei der Vollmachtslösung der Umstand, dass der Erbe als Unternehmer berechtigt ist im seinem Unternehmen selbst tätig zu werden und dass er dann dem Bevollmächtigten dazwischen pfuschen kann. Das deutsche Recht kennt nämlich keine verdrängende Vollmacht; Vollmachtgeber und Bevollmächtigter können neben einander tätig werden. Ein vorsichtiger Erblasser wird dem dadurch vorbeugen, dass er wiederum Vermächtnisse zu Lasten des Erben anordnet, für den Fall, dass dieser selbst unternehmerisch tätig wird.

2.2 Sog. Treuhandlösung

Der Erblasser kann anordnen, dass der Testamentsvollstrecker selbst das Unternehmen als Treuhänder fortführt. Dieser ist dann der Unternehmer, nicht der Erbe, und haftet persönlich und unbeschränkbar für alle neuen Geschäftsschulden. Diese Ersatzlösung für die unzulässige Testamentsvollstreckung vermeidet die Problematik eines Hineinregierens des Vollmachtgebers (siehe 2.3. am Ende), der Erbe wird vom Unternehmen ferngehalten. Der Treuhänder kann vom Erben indes verlangen, dass dieser ihn von allen Verbindlichkeiten freistellt, die er in ordnungsgemäßer Tätigkeit wie ein Testamentsvollstrecker eingegangen ist, so dass im Innenverhältnis zwischen Testamentsvollstrecker als Treuhänder und Erben als Treugeber der Erbe das Geschäftsrisiko trägt. Umstritten ist, ob der Erbe seine Haftung dem Testamentsvollstrecker gegenüber auf den Nachlass beschränken kann oder er dem Testamentsvollstrecker auch aus seinem Privatvermögen Verluste ersetzen muß die über den Wert des Nachlasses hinausgehen. Rechtsprechung zu dieser Frage existiert nicht. Der Erblasser sollte schon vor Abfassung seiner Verfügung von Todes wegen, Testament oder Erbvertrag, mit dem in Aussicht genommenen „Testamentsvollstrecker

– Treuhänder" abklären, ob dieser die mit der Treuhandlösung verbundenen Risiken, vielleicht sogar über viele Jahre hinweg, eingehen will. Zweckmäßigerweise wird der Erblasser eine klare Anordnung treffen, ob er die Treuhandlösung oder die Vollmachtslösung wünscht.

Der Treuhänder kann die Haftung für die vom Erblasser herrührenden Altschulden gemäß §§ 25 Abs. 2, 27 HGB durch eine Haftungsausschlusserklärung von sich persönlich abwenden. Dies ist allerdings umstritten, da er ja nicht als „Erbe" das Geschäft fortführt, wie es § 27 Abs. 1 HGB verlangt.

Die sog. Treuhandlösung kann in zwei Varianten verwirklicht werden.

2.2.1 Verwaltungstreuhand

Inhaber des Geschäftsvermögens, also z. B. des Geschäftsgrundstücks, der Maschinen, bleiben die Erben. Es werden also diese Gegenstände aus dem Nachlass nicht auf den Treuhänder – Testamentsvollstrecker übertragen. Als wirklicher Testamentsvollstrecker verwaltet er dieses Vermögen. Als Treuhänder wird der Testamentsvollstrecker nur insoweit eingesetzt als es um unternehmerisches Handeln, also die Leitung des Betriebes geht. Als Handelnder haftet der Treuhänder für die von ihm eingegangenen Verbindlichkeiten persönlich und unbeschränkbar. In seinem Verhältnis zum Erben hat der Treuhänder den Anspruch, ihn von dieser Haftung zu befreien (dazu siehe oben).

2.2.2 Vollrechtstreuhand

Bei der Vollrechtstreuhand wird der Treuhänder zum Eigentümer aller beweglichen und unbeweglichen Sachen, die zum Betrieb gehören, gemacht. Gehören zum Unternehmen z. B. Grundstücke, Maschinen, Autos, so wird ihm das Eigentum daran übertragen. Durch die Übertragungsakte entstehen zum Teil Kosten. Die steuerliche Seite dieser Vollrechtsübertragung ist praktisch noch nicht geklärt. Anders als bei der Verwaltungstreuhand wird der Testamentsvollstrecker als Firmeninhaber ins Handelsregister eingetragen, ohne dass die Treuhand oder die Testamentsvollstreckung aus dem Register ersehen werden könnte.

2.3 Umwandlung in eine GmbH

Der Erblasser wird auch erwägen, ob er anordnet, dass der Testamentsvollstrecker alsbald nach dem Erbfall das einzelkaufmännische Unternehmen in eine GmbH oder AG umwandelt (§ 152 Umwandlungsgesetz). Die Testamentsvollstreckung bei einer GmbH oder AG ist weitaus komplikationsloser als die über ein einzelkaufmännisches Unternehmen (s. unten). Mit Rücksicht auf die strenge persönliche unbeschränkbare Haftung, die mit einer Gründung einer GmbH verbunden ist, ist die Gründung einer GmbH auch im Zuge der Umwandlung nur möglich, wenn die Volleinzahlung des Stammkapitals, mindestens 25.000,– Euro gemäß § 5 GmbH-Gesetz, bzw. eine entsprechende Sacheinlage sofort vom Testamentsvollstrecker aus dem Nachlas erbracht werden kann.

Fehlt eine Anordnung des Erblassers, so wird man den Testamentsvollstrecker dennoch für befugt halten, binnen der Drei-Monat-Frist des § 27 Abs. 2 HGB eine Umwandlung vorzunehmen; die Miterben werden dann die Gesellschafter. Auch wenn der Testamentsvollstrecker als Treuhänder das Handelsgeschäft fortführt, hat er die Macht, eine Umwandlung vorzunehmen. Führt der Testamentsvollstrecker als Bevollmächtigter im Namen der Erben das Geschäft fort, dann ist umstritten, ob er eine Umwandlung vornehmen kann.

3. Testamentsvollstreckung über die Beteiligung eines persönlich haftenden Gesellschafters einer OHG oder KG

Voraussetzung für jede Testamentsvollstreckung an der Beteiligung an einer Personalgesellschaft ist es, dass die Gesellschaft nicht durch den Tod des Erblassers aufgelöst ist. Bei einer BGB-Gesellschaft bedarf es dazu eine Regelung im Gesellschaftsvertrag; nach Änderung des § 131 HGB führt nunmehr der Tod eines persönlich haftenden Gesellschafters einer OHG oder KG nicht mehr zur Auflösung der Gesellschaft. Weitere Voraussetzung für eine Testamentsvollstreckung am Gesellschaftsanteil ist, dass der Gesellschaftsvertrag die Zulässigkeit einer Testamentsvollstreckung ausspricht oder dass die Gesellschafter wenigstens nachträglich einer Testamentsvollstreckung zustimmen. Ob in der im Gesellschaftsvertrag ausgesprochenen unbeschränkten Vererblichkeit der Beteiligung schon stillschweigend die Zustimmung zu einer Testamentsvollstreckung ausgesprochen ist, ist umstritten, aber wohl zu bejahen.

Weiterhin ist erforderlich, dass der Nachfolger in die gesellschaftsrechtliche Beteiligung diese aufgrund Erbrechts erhalten hat. In der Praxis kommt es nicht selten vor, dass der Gesellschaftsvertrag die Gesellschafterstellung nicht vererblich stellt, sondern dass er den Gesellschaftern nur gestattet, für den Fall ihres Todes eine Person (im Testament) zu bezeichnen, die in die Gesellschaft eintritt (sogenannte Eintrittsklausel). Der Gesellschaftsvertrag berechtigt dann im Todesfall den Begünstigten, wenn er Erbe oder Vermächtnisnehmer geworden ist, in die Gesellschaft einzutreten. Das Abfindungsguthaben des durch Tod ausgeschiedenen Gesellschafters wird dann in die vermögensmäßige Beteiligung umgewandelt. Dies ist keine erbrechtliche Nachfolge.

Zu einer erbrechtlichen Nachfolge bedarf es einer Klausel im Gesellschaftsvertrag, wonach der Gesellschafter seinen Anteil mehreren oder einem Nachfolger aus dem Kreis der Erben vererben kann (sogenannte einfache oder qualifizierte Nachfolgeklausel). Die erbrechtliche Beteiligung geht dann kraft Sondererbfolge auf den im Testament bezeichneten Nachfolger oder unter Aufspaltung in die im Testament bezeichneten mehreren Nachfolger als Erben über. Eine angeordnete Testamtensvollstreckung kann sich dann auf den gesamten Nachlass oder auch nur auf die gesellschaftsrechtliche Beteiligung erstrecken. Diese Testamentsvollstreckung ist aber stark eingeschränkt. Wie bei einem einzelkaufmännischen Unternehmen muss jeder persönlich haftende Gesellschafter mit seinem gesamten Vermögen für die Verbindlichkeiten der Gesellschaft haften; der Testamentsvollstrecker kann aber nur den Nachlass verpflichten (§ 2206 BGB). Weil es aber keine OHG mit beschränkter Haftung gibt, muss hier – wie beim einzelkaufmännischen Unternehmen – das Erbrecht dem Handelsrecht weichen. Wie bei dem einzelkaufmännischen Unternehmen gibt es Ersatzlösungen.

3.1 Vollmachtslösung

Der Testamtensvollstrecker handelt im Namen des Gesellschafter-Erben und verpflichtet aus seinen Handlungen diesen allein. Die Erteilung einer Vollmacht erreicht der Erblasser durch entsprechende Strafandrohungen im Falle der Nichterteilung solcher Vollmacht; Strafandrohungen finden sich in seiner Verfügung von Todes wegen. Es wird auf die Vollmachtslösung beim einzelkaufmännischen Unternehmen verwiesen.

3.2 Treuhandlösung

Wie beim einzelkaufmännischen Unternehmen handelt hier der Testamentsvollstrecker im eigenen Namen und mit eigener Haftung gegenüber den Gesellschaftsgläubigern. Im Innenverhältnis handelt er aber für Rechnung des Gesellschafter-Erben. Damit der Testamentsvollstrecker so handeln kann, wird ihm der Gesellschaftsanteil treuhänderisch übertragen. Die Verpflichtung des Gesellschafter-Erben dazu ergibt sich – wie beim einzelkaufmännischen Unternehmen – aus der Verfügung von Todes wegen.

3.3 Beaufsichtigende Testamentsvollstreckung

Nicht selten kommt es vor, dass die Verfügung von Todes wegen hinsichtlich der gesellschaftsrechtlichen Beteiligung nur „Testamentsvollstreckung" anordnet, ohne zu sagen, ob die Treuhandlösung oder die Vollmachtslösung gewünscht ist. Es mag dann sein, dass der Erbe die Vollmachtslösung nicht wünscht, weil er nicht haften will, während der Testamentsvollstrecker für ihn handelt. Umgekehrt mag es auch sein, dass der Testamentsvollstrecker die Treuhandlösung ablehnt, weil er dann nach außen unbeschränkt selbst haftet. Die Auslegung sollte ergeben, dass die zum Testamentsvollstrecker bestimmte Person dann die Wahl hat zwischen der Vollmachtslösung und der Treuhandlösung. Wo solche Auslegung scheitert, was besonders misslich ist, wenn die Erben noch im Kindesalter sind oder noch nicht in der Lage sind, das Unternehmen mitzuführen, erstreckt sich die Testamentsvollstreckung nur auf die „Außenseite" des Gesellschaftsanteils. Hinsichtlich der sogenannte „Innenseite" des Anteils, also hinsichtlich aller inneren Angelegenheiten der Gesellschaft, besteht keine Verwaltungsbefugnis des Testamentsvollstreckers. Im Einzelnen bedeutet dies, dass der Gesellschafter-Erbe selbst die Geschäfte (mit-) führt und alle Handlungsbefugnisse ausübt, die ihm nach dem Gesellschaftsvertrag zustehen. Ist der Erbe noch im Kindesalter, so wird er insoweit von seinen Eltern oder seinem Vormund vertreten. Der Erbe haftet auch persönlich und unbeschränkbar. Die Testamentsvollstreckung an der Außenseite der Beteiligung bedeutet, dass der Gesellschafter-Erbe für alle anderen Maßnahmen, die die vermögensrechtliche Außenseite der Beteiligung betreffen, der Zustimmung des Testamentsvollstreckers bedarf. Der

Gesellschafter-Erbe kann also seinen Anteil nicht ohne Zustimmung des Testamentsvollstreckers verkaufen oder verpfänden. Auch können sogenannte Eigengläubiger des Erben, gem. § 2214 BGB nicht in die gesellschaftsrechtliche Beteiligung vollstrecken. Maßnahmen hinsichtlich des Abfindungsguthabens und der Ergebnisverwendung sowie Änderungen des Gesellschaftsvertrages sind ohne Zustimmung des Testamentsvollstreckers unwirksam. Allerdings macht die Rechtsprechung eine Einschränkung: Nach längerem erfolgreichen Einsatz des Unternehmer-Erben muß ihm eine angemessene Quote an den laufenden Gewinnen zukommen; insoweit ist dem Testamentsvollstrecker sein Verwaltungsrecht entzogen.

3.4 Umwandlung in eine Kommanditbeteiligung

Nach § 139 Abs. 1 HGB kann der Erbe eines persönlich haftenden Gesellschafters die Umwandlung der ererbten Beteiligung in die Beteiligung als Kommanditisten verlangen. Wenn der Gesellschaftsvertrag keinen Anspruch darauf vorsieht, so können die anderen Gesellschafter das Verlangen ablehnen, so dass der Erbe aus der Gesellschaft ausscheiden muss. Bei dem Recht nach § 139 Abs. 1 HGB handelt es sich um eine höchstpersönliches Recht, das der Erbe ohne Mitwirkung des Testamentsvollstreckers ausüben kann. Die Anordnungen im Testament sind dafür maßgeblich, ob das Abfindungsguthaben des aus der Gesellschaft ausscheidenden Erben der Testamentsvollstreckung unterliegt oder nicht. Sind die Mitgesellschafter mit der Umwandlung in eine Kommanditistenstellung einverstanden, so unterliegt hinfort diese Beteiligung der Testamentsvollstreckung.

4. Testamentsvollstreckung über die Beteiligung eines Kommanditisten

Eine Kommanditbeteiligung ist grundsätzlich vererblich (§ 177 HGB). Wenn die Mitgesellschafter einer Testamentsvollstreckung zustimmen oder wenn diese im Gesellschaftsvertrag vorgesehen ist, kann die Beteiligung vom Erblasser unter Testamentsvollstreckung gestellt werden. Bei frei veräußerlichen Kommanditanteilen ist davon auszugehen, dass eine Testamentsvollstreckung zulässig ist; Beispiel: „Publikums-KG". Während bei der Beteiligung eines persönlich haftenden Gesellschafters zwischen der Innenseite, an der keine Testamentsvollstreckung möglich ist, und der Außenseite, die der Testamentsvollstreckung unterliegt, unterschieden werden muß (vgl. Punkt 3.3), erstreckt sich hier die Testamentsvollstreckung auf beide Seiten. Dennoch gibt es gewisse Beschränkungen, in die der Testamentsvollstrecker ohne Zustimmung des Kommanditisten nicht eingreifen kann (sogenannte Kernbereichslehre); Beispiele: Verringerung des Kapitalanteils, der Gewinnbeteiligung, des Auseinandersetzungsguthabens, Kündigung aus wichtigem Grund. Fehlt die Zustimmung der anderen Gesellschafter zu einer Testamentsvollstreckung, so erstreckt sich eine dennoch angeordnete Testamtensvollstreckung lediglich auf die Außenseite der Beteiligung als Kommanditist (vgl. dazu Punkt 3.3).

5. Testamentsvollstreckung über den Geschäftsanteil an einer GmbH

Der Geschäftsanteil an einer GmbH ist gem. § 15 Abs. 1 GmbH-Gesetz vererblich und gehört zum Nachlass. Über solchen Anteil ist Testamtensvollstreckung angeordnet, wenn über den gesamten Nachlass Testamentsvollstreckung angeordnet ist. Der Erblasser kann allerdings auch die Testamentsvollstreckung – ebenso wie beim Handelsgeschäft oder den Beteiligungen an OHG und KG – auf den Anteil beschränken. Sogenannte Vinkulierungsklauseln stehen einer Testamentsvollstreckung nicht entgegen. Der Testamentsvollstrecker verwaltet als Inhaber eines privaten Amtes den Geschäftsanteil kraft eigenen Rechts unter Ausschluss der Erben und kann alle Rechtshandlungen vornehmen, die sonst der Erbe als Gesellschafter vornehmen könnte. Beispiel: Ausübung des Stimmrechts, Mitwirkung bei Satzungsänderungen, Entgegennahme der Gewinnausschüttung oder des Liquidationserlöses. Ausgenommen von der Verwaltungsbefugnis des Testamentsvollstreckers sind jedoch satzungsmäßig eingeräumte höchstpersönliche Gesellschafterrechte, wie z. B. ein in der Satzung eingeräumtes Geschäftsführungsrecht. Beschlüssen über Kapitalerhöhungen darf der Testamentsvollstrecker nur zustimmen, wenn sie aus Gesellschaftsmitteln erfolgen kann. Bei Kapitalerhöhungen gegen Barzahlung oder Sacheinlagen ist dem Testamentsvollstrecker die Kapitalerhöhung dann erlaubt, wenn die Nachlassmittel dafür ausreichen, die Einlage voll zu erbringen, und wenn das gesamte Stammkapital voll eingezahlt ist. Ist dies nicht der Fall, so ist die Kapitalerhöhung nur möglich, wenn der Erbe ausdrücklich zustimmt oder wenn er analog § 2128 BGB in entsprechender Höhe Sicherheit leistet. Der Testamentsvollstrecker ist nicht befugt, mit Wirkung für den Erben einen Gesellschaftsvertrag zur Errichtung einer GmbH abzuschließen bzw. ein Stammanteil zu übernehmen, auch wenn der Testamentsvollstrecker die Einlage voll aus Nachlassmitteln erbringen kann; er kann dies nicht mit Rücksicht auf die persönliche Haftung der Gründer, da er als Gründer nur den Nachlass verpflichten kann. Dem Testamentsvollstrecker steht es aber frei, selbst als Treuhänder und unter eigener persönlicher Haftung einen Geschäftsanteil zu übernehmen und Nachlassmittel dazu verwenden oder dies als Testamentsvollstrecker unter Schuldbeitritt aller Erben zu tun; später kann er dann die Anteile auf die Miterben übertragen und die Testamentsvollstreckung behalten; auch solcher Neuerwerb zählt zum Nachlass, er ist Surrogat der eingesetzten Nachlassmittel.

6. Testamentsvollstreckung über die Beteiligung an einer Aktiengesellschaft

Der Testamentsvollstrecker verwaltet die zum Nachlass gehörenden Inhaberaktien ebenso wie die dazu gehörenden Namensaktien. Er übt Stimmrecht (§ 134 Aktiengesetz) und Bezugsrecht aus; er verwaltet die Ausschüttungen. Es gilt im Übrigen das, was zur GmbH gesagt wurde entsprechend.

7. Testamentsvollstreckung über die Beteiligung an einer Stillen Gesellschaft

Durch den Tod des Geschäftsinhabers wird die Stille Gesellschaft aufgelöst; es gilt § 727 Abs. 1 BGB, weil keine besondere Regelung existiert. Da gemeinschaftliches Vermögen nicht existiert, gibt es kein Abwicklungsstadium. Die Auseinandersetzung nimmt an Stelle der Erben der Testamentsvollstrecker vor: er nimmt das in Geld zu berichtigende Guthaben entgegen (§ 235 Abs. 1 HGB) und verwaltet es. Bestimmt der Gesellschaftsvertrag die Fortsetzung der Gesellschaft für den Fall des Todes des Geschäftsinhabers, so gelten die Ausführungen zur Beteiligung eines persönlich haftenden Gesellschafters sinngemäß; denn die Stille Gesellschaft ist ebenso wie OHG und KG eine Sonderform der BGB-Gesellschaft, ohne dass hier etwas Abweichendes bestimmt wäre. Für den Tod des Stillen Gesellschafters findet sich eine abweichende Bestimmung: der Tod des Stillen löst die Gesellschaft nicht auf (§ 234 Abs. 2 HGB). Ein Testamentsvollstrecker kann die Stille Beteiligung verwalten; allerdings bedarf er dazu der Zustimmung des Geschäftsinhabers oder einer entsprechenden Klausel im (Stillen) Gesellschaftsvertrag.

8. Vergütung für eine unternehmensleitende Testamentsvollstreckung

Gemäß § 2221 BGB kann der Testamentsvollstrecker grundsätzlich für die Führung seines privaten Amtes eine angemessene Vergütung verlangen. Es gibt mindestens sieben verschiedene Ansichten darüber, was die „angemessene" Vergütung für die Verwaltung eines „normalen" Nachlasses ist, wobei sich alle Tabellen am Wert des Nachlasses orientieren und jährlich entsprechende Prozentsätze davon als Vergütung zubilligen. Jüngere gerichtliche Entscheidung zur Höhe der Vergütung gibt es nicht; in älteren Entscheidungen orientiert man sich nicht nur an Tabellen, sondern auch am Einzelfall.

Übernimmt der Testamentsvollstrecker unternehmerische (Mit-) Verantwortung als Bevollmächtigter oder Treuhänder, so wird er insoweit gar nicht in seiner Eigenschaft als Testamentsvollstrecker tätig, so dass die Tabellen noch weniger passen. Gerade deshalb ist es Aufgabe des Erblassers, in seinem Testament oder Erbvertrag die Vergütung für die Tätigkeit als Testamentsvollstrecker festzulegen; solche Anordnung geht gemäß § 2221 BGB allen Tabellen vor. Die Vergütung für die unternehmerische Tätigkeit kann er auch durch Vertrag festlegen, da insoweit der Vollstrecker keine erbrechtliche Funktion wahrnimmt. Hat er das versäumt, wird der Testamentsvollstrecker eine Einigung mit dem Erben anstreben. Kommt diese nicht zustande, vielleicht weil der Erbe so meint, die Vollstreckung abschütteln zu können, so orientiert man sich bei der Vergütungsfrage doch wieder an den Tabellen und billigt, z. B. bei einer Vollrechtstreuhand dem Testamentsvollstrecker darüber hinaus noch weitere 10 % des (anteiligen) jährlichen Reingewinns zu.[1]

---

[1] Vgl. zu diesem Komplex: *Staudinger/Reimann*, BGB, 13. Aufl., 2003, § 2221 Rn. 38 ff. und 50 ff.

Weiterführende Literatur:

Lorz, Testamentsvollstreckung und Unternehmensrecht, München, 1995.

Jörg Mayer, Testamentsvollstreckung im Unternehmensbereich, in: Mayer/Bonefeld/Daragan (Hrsg.), Testamentsvollstreckung, Angelbachtal, 2000.

Jörg Mayer, Testamentsvollstreckung über GmbH-Anteile, in: Zeitschrift für Erbrecht und Vermögensnachfolge 2002, S. 209 ff.

Privatveranlasste Liquiditätsprobleme im Nachfolgeprozess – insbesondere Zugewinnausgleichsansprüche und Pflichtteilsansprüche –

Romana Traichel

Inhalt:

Seite

1. Problemschwerpunkt: Eherechtliche Regelungsfelder – insbesondere der Güterstand 272
1.1 Der Güterstand der Zugewinngemeinschaft 272
1.2 Der Güterstand der Gütertrennung 274
1.3 Modifizierte Zugewinngemeinschaft – Verbindung der Vorteile der Güterstände der Zugewinngemeinschaft und der Gütertrennung – 277
1.4 Grenzen der Vertragsfreiheit 277
1.5 Formbedürftigkeit von Eheverträgen 278
1.6 Fazit 278
2. Problemschwerpunkt: Erbrechtliche Regelungsfelder – insbesondere der Pflichtteilsanspruch 279
2.1 Notarieller Pflichtteilsverzichtvertrag 279
2.2 Pflichtteilsstrafklauseln 280
2.3 Fazit 280

Obwohl sich der Unternehmer dessen häufig nicht bewusst ist, ist der Fortbestand des Unternehmens nicht nur von der Konkurrenz, dem sich rasch verändernden Markt oder ungelittenen Mitgesellschaftern, sondern insbesondere auch von vielfältigen privat veranlassten Gefahren bedroht. Gerade verwandtschaftliche Bande können das Unternehmen heftigen Konflikten aussetzen:

Sei es,

- dass der scheidungswillige Ehepartner hohe güterrechtliche Ausgleichsforderungen oder Unterhaltsansprüche stellt, die den Liquiditätsbedarf des Unternehmers dermaßen steigern, dass er zu Entnahmen aus dem Unternehmen gezwungen ist, die ein unternehmerisch vernünftiges Maß überschreiten,
- dass Kinder den Versterbensfall des Unternehmers zum Anlass nehmen, latente Streitigkeiten und Animositäten endlich, dann aber zu Lasten des Unternehmensvermögens austragen zu können.

Neben der Vorsorge, dass ein Unternehmen sich gegenüber der Konkurrenz behaupten kann und nicht durch gesellschaftsrechtliche Fallstricke zu Fall kommt, muss der Unternehmer dafür sorgen, dass sein Unternehmen eine Ehescheidung verkraften kann, das Unternehmen den Fall seines – insbesondere unerwarteten – Todes übersteht.

1. Problemschwerpunkt: Eherechtliche Regelungsfelder – insbesondere der Güterstand

Ehegatten können durch ehevertragliche Regelungen ihre vermögensrechtlichen Verhältnisse regeln, § 1408 Abs. 1 BGB, und zwar entweder schon vor Eheschließung oder durch einen späteren Wechsel zu einem anderen Güterstand. Obwohl den meisten Unternehmern das Eherecht als Regelungsgebiet bekannt ist, führt der größte Teil der Unternehmer vor Eheschließung keine individuelle Gestaltung durch Ehevertrag herbei und überlässt so die Regelung seiner eherechtlichen Beziehungen dem Gesetzgeber. Dies kann ein schweres Versäumnis sein.

1.1 Der Güterstand der Zugewinngemeinschaft

Haben die Eheleute vor Eheschließung keine notarielle Vereinbarung zum Güterstand getroffen, leben sie grundsätzlich im Güterstand der Zugewinngemeinschaft. Die Bezeichnung Zugewinngemeinschaft umschreibt die sich aus diesem Güterstand ergebenden rechtlichen Konsequenzen unzureichend. Denn grundsätzlich werden im Güterstand der Zugewinngemeinschaft die Vermögensmassen, die die Eheleute in die Ehe mit einbringen und während der Ehezeit erwirtschaften, nicht vermischt (§ 1363 Abs. 2 Satz 1 BGB), obwohl sich dies aufgrund der Bezeichnung „Gemeinschaft" annehmen ließe. Der Güterstand der Zugewinngemeinschaft erklärt lediglich den in der Ehezeit erzielten Vermögenszuwachs für ausgleichspflichtig. Hat also ein Ehegatte während der Ehezeit einen höheren Zugewinn erzielt als der andere, ist er verpflichtet, die Hälfte der Differenz des beiderseitigen Wertzuwachses dem anderen Ehegatten auszugleichen. Dieser Zugewinnausgleichsanspruch ist grundsätzlich auf Geld gerichtet, § 1378 i. V. m. § 1383 BGB. Es handelt sich um einen Baranspruch. Man kann daher den Güterstand der Zugewinngemeinschaft auch als „Gütertrennung mit Ausgleich des ehezeitlichen Zugewinns" bezeichnen.

Aus dem Grundsatz der Vermögenstrennung folgt zum einen, dass kein Ehegatte über das Vermögen des anderen verfügen kann, es sei denn, er ist hierzu von dem anderen ermächtigt worden. Auf der anderen Seite kann jeder Ehegatte über sein Vermögen grundsätzlich frei verfügen. Die selbstständige Verwaltung und Nutzung des jeweiligen Vermögens durch jeden Ehegatten ist jedoch hinsichtlich der Verfügungsmacht über das Vermögen im Ganzen, § 1365 Abs. 1 Satz 1 BGB, und hinsichtlich der Verfügungen über Haushaltsgegenstände, § 1369 BGB, eingeschränkt.

§ 1365 Abs. 1 Satz 1 BGB verlangt die Einwilligung eines Ehegatten bei Verpflichtungen des anderen Ehegatten über sein Vermögen im Ganzen – damit ist die Verfügung über das Gesamtvermögen und/oder einzelne Vermögensgegenstände im Wert von ca. 90 % des Gesamtvermögens gemeint. Dieses absolute Veräußerungsverbot erlangt insbesondere in Unternehmerehen Bedeutung, da auch solche Rechtsgeschäfte erfasst sind, bei denen es um

– den Verkauf des Unternehmens oder von Geschäftsanteilen,
– die Einbringung von Vermögenswerten in eine Personen- oder Kapitalgesellschaft,
– die formwechselnde oder übertragende Umwandlung des Familienunternehmens,
– die Kündigung der Gesellschaft,

- die Auflösung durch Gesellschafterbeschluss,
- das Ausscheiden aus der Gesellschaft,
- die Belastung von Grundstücken oder deren Teilungsversteigerung

geht. Dies gilt insbesondere deshalb, da die vertragliche Gegenleistung bei der Beurteilung der Verfügung über das Vermögen im Ganzen außer Betracht bleibt. Regelt der Unternehmer hinsichtlich des Veräußerungsverbotes des § 1365 BGB ehevertraglich mithin nichts, muss sein Ehegatte bei den vorstehenden Geschäften grundsätzlich miteingebunden werden. Der Unternehmer ist mithin auf das Wohlwollen seines Ehegatten angewiesen.

Ebenso wie das Aktivvermögen der Ehepartner in der Zugewinngemeinschaft streng getrennt ist, verhält es sich auch mit dem Passivvermögen. Jeder Ehegatte haftet nur für seine eigenen Verbindlichkeiten. Der Abschluss eines Ehevertrages allein aus „haftungsrechtlichen Gründen" ist daher nicht sinnvoll.

Seine wesentlichen Wirkungen entfaltet der gesetzliche Güterstand der Zugewinngemeinschaft erst bei seiner Beendigung, also bei Tod eines Ehegatten oder aber bei Scheidung. Dann wird der Zugewinn ausgeglichen, den die Ehegatten während des Bestehens des Güterstandes der Zugewinngemeinschaft erzielt haben.

Der Ausgleich erfolgt gemäß folgender vereinfachter Rechnung:

Am Ende der Ehezeit wird die Differenz zwischen dem Vermögen, das jeder Ehepartner einzeln in die Ehe mit eingebracht hat, und dem Vermögen, über das er am Ende der Ehezeit verfügt, gebildet und so der auf jeden Partner entfallende Wertzuwachs, also Zugewinn, ermittelt. Wenn die Eheleute unterschiedlich hohe Zugewinne erzielt haben, wird dieser Unterschied ausgeglichen, in dem derjenige mit dem geringeren Zugewinn einen Ausgleichsanspruch in bar in Höhe der Hälfte der Differenz beider Zugewinne gegen den anderen Ehegatten erhält.

Beispiel:
Beide Ehegatten hatten bei Eheschließung kein Vermögen. Obwohl die Ehefrau entgegen der klassischen Rollenverteilung während der 40-jährigen Ehezeit im Unternehmen mitarbeitet, erwirbt sie kein Vermögen. Sämtliches Vermögen bildet der Ehemann, da dieser alleiniger Gesellschafter des von den Eheleuten gemeinsam aufgebauten Unternehmens ist. Sein Zugewinn entspricht dem Wert des Unternehmens, beispielhaft: 10 Millionen Euro. Bei Scheidung der Ehe hat die Ehefrau daher einen Anspruch auf Zugewinnausgleich in Höhe von 5 Millionen Euro. Wie bereits erwähnt, handelt es sich um einen Baranspruch, der mit Rechtskraft des Urteils zum Zugewinnausgleich fällig ist. Spätestens jetzt ist das während der Ehezeit aufgebaute Familienunternehmen in Gefahr, sofern es dem Ehegatten und alleinigen Gesellschafter nicht gelingt, diesen Zugewinnausgleichsanspruch zu finanzieren. Selbst wenn es dem Ehemann gelingen sollte, den Ausgleichsanspruch zu finanzieren, kann die Existenz des Unternehmens durch die bestehenden Verbindlichkeiten des Gesellschafters existenziell bedroht sein. Der Gesellschafter wird zur Finanzierung des Ausgleichsanspruchs potentiell im Übermaß Entnahmen aus dem Unternehmen tätigen müssen. Diese Gelder würden wiederum zur Finanzierung notwendiger Investitionen im Unternehmen fehlen, was schnell dazu führen kann, dass das Unterneh-

men nicht mehr konkurrenzfähig ist. Der Niedergang des Unternehmens ist vorgezeichnet.

Dieses Beispiel verdeutlicht die häufig von Unternehmern zwar erkannte, aber nicht angegangene Gefahr, dass eine Eheschließung ohne individualvertragliche Regelung das Unternehmen in seinem Fortbestand gefährden kann.

Dem kann begegnet werden, in dem abweichend vom sogenannten gesetzlichen Güterstand der Zugewinngemeinschaft ein Wahlgüterstand vereinbart wird. Hier bietet sich zum einen die Gütertrennung und zum anderen eine Modifizierung der Zugewinngemeinschaft an.

1.2 Der Güterstand der Gütertrennung

Im Güterstand der Gütertrennung erhält und behält jeder Ehegatte unabhängig vom unterschiedlichen Vermögenszuwachs innerhalb der Ehezeit das Vermögen, das ihm eigentumsrechtlich gehört. Ein Ausgleich des unterschiedlichen Wertzuwachses innerhalb der Ehezeit erfolgt bei Beendigung des Güterstandes der Gütertrennung in keiner Weise. Aufgrund dessen wird häufig der Güterstand der Gütertrennung als idealer Güterstand für Unternehmer gepriesen. Tatsächlich ergeben sich durch die schlichte Vereinbarung des Güterstands der Gütertrennung sowohl negative unterhaltsrechtliche Folgen, ins Kalkül zu ziehende erbrechtliche Folgen, sowie nicht unerhebliche erbschaftsteuerrechtliche Nachteile.

1.2.1 Unterhaltsrechtsrechtliche Folgen

Der vom Vermögenserwerb ausgeschlossene Ehegatte erhält zwar im Falle der Scheidung wegen der vereinbarten Gütertrennung keinen Vermögensausgleich, wird aber – soweit dies nicht auch im zulässigen Maß ehevertraglich geregelt ist (vgl. hierzu unten) – zumeist Unterhaltszahlungen durchsetzen können. Dies führt daher häufig zu einer Verlagerung der Belastung des Unternehmers von der Vermögensebene zur Ertragsebene. Bei Vorliegen entsprechender Einkommensverhältnisse kann es zur gerichtlichen Durchsetzung von Unterhaltsansprüchen bis zu einer Höhe von ca. 10.000 € allein für den geschiedenen Ehegatten kommen. Hinzukommen häufig – vom Güterstand unabhängig – nicht unerhebliche Kindesunterhaltsansprüche. Solche monatlichen Zahlungsverpflichtungen belasten selbstredend in einem erheblichen Maße die Liquidität des Unternehmers, was sich auch auf das Unternehmen auswirken kann, rechtfertigt dieses eigentlich dauerhaft oder aber auch nur vorübergehend entsprechende, zur Finanzierung der Unterhaltsansprüche ausreichende Entnahmen nicht.

1.2.2 Erbrechtliche Konsequenzen

In erbrechtlicher Hinsicht hat der Güterstand unmittelbare Konsequenzen auf das Pflichtteilsrecht, da sich die Höhe der Pflichtteilsansprüche der Abkömmlinge bei Gütertrennung deutlich erhöhen.

Pflichtteilsberechtigt sind nach § 2303 BGB Ehepartner und Abkömmlinge, wenn Abkömmlinge fehlen, auch die Eltern des Erblassers. Eine Pflichtteilsberechtigung besteht bei den Vorgenannten immer dann, wenn sie aufgrund einer letztwilligen Verfügung des Erblassers von ihrem gesetzlichen Erbe ausgeschlossen sind. Der besondere Reiz, aber auch die besondere Gefahr von Pflichtteilsansprüchen ist, dass es sich grundsätzlich um einen Baranspruch gegen den oder die Erben handelt, der mit dem Tod des Erblassers fällig wird. Der Höhe nach beläuft sich der Pflichtteilsanspruch auf die Hälfte des gesetzlichen Erbteils, so dass zur Ermittlung der Höhe der Pflichtteilsansprüche immer zunächst die Höhe des gesetzlichen Erbteils berechnet werden muss.

Zur Verdeutlichung der von Pflichtteilsansprüchen im Güterstand der Gütertrennung ausgehenden Gefahren für den Fortbestand des Unternehmens folgendes

Beispiel:

Die Ehegatten haben sich durch Testament oder Erbvertrag wechselseitig zu Alleinerben berufen, was die Enterbung der gemeinschaftlichen drei Kinder zur Folge hat. Als der Ehemann verstirbt, hinterlässt er ein Unternehmen im Wert von 3 Mio. €. Abhängig vom Güterstand, in dem die Eheleute lebten, ergeben sich folgenden Pflichtteilsansprüche der gemeinschaftlichen drei Kinder:

Güterstand der Zugewinngemeinschaft:

Zur Berechnung der Pflichtteilsansprüche muss, wie bereits erwähnt, zunächst der Erbanspruch bei gesetzlicher Erbfolge, also ohne abweichende letztwillige Verfügung, errechnet werden. Danach erhält jedes Kind neben der zu ½ erbenden Ehefrau 1/3 der übrigen Hälfte, mithin also 1/6. Ist, wie vorliegend, die Ehefrau zur Alleinerbin berufen, erhalten die Kinder den Pflichtteilsanspruch, also nur die Hälfte des gesetzlichen Erbteils (1/6), also 1/12. Jedes Kind hat also bei der Enterbung einen Pflichtteilsanspruch auf 250.000 €. Verlangt jedes Kind diesen Pflichtteil, so müsste die das Unternehmen fortführende Ehefrau 750.000 € ggf. aus dem Ertrag des Unternehmens finanzieren und könnte so zumindest in Liquiditätsenge geraten. Die Pflichtteilsgefahr ist also auch im Güterstand der Zugewinngemeinschaft ernst zu nehmen.

Güterstand der Gütertrennung:

Deutlich höher wäre die Pflichtteilsgefahr, wenn die Eheleute Gütertrennung vereinbart hätten. Auch hier muss zunächst der gesetzliche Erbteil ermittelt werden, um dann die Höhe des Pflichtteils (1/2 des gesetzlichen Erbteils) zu berechnen. In diesem Fall hätte bei gesetzlicher Erbfolge jedes Kind gemäß § 1931 Abs. 4 BGB gleiches gesetzliches Erbrecht mit dem überlebenden Ehegatten, nämlich ¼, so dass der Pflichtteil ein 1/8 von 3 Mio. € betrüge, also 375.000 €. Machten alle drei Kinder ihren Pflichtteil geltend, sähe sich der überlebende Ehegatte Pflichtteilsansprüchen von insgesamt 1,125 Mio. € ausgesetzt. Diese Ansprüche könnten aus den Einnahmen des Unternehmens möglicherweise nicht finanziert werden. Die überlebende Ehefrau könnte gezwungen sein, das Unternehmen oder Teile des Unternehmens zu veräußern.

Zusammenfassend hierzu folgende Übersicht:

	Ehefrau		Kinder	
	Zugewinn-gemeinschaft	Güter-trennung	Zugewinn-gemeinschaft	Gütertrennung
Erbanteil aufgrund gesetzlicher Erbfolge	½ (1,5 Mio. €)	¼ (0,75 Mio. €)	jeweils 1/6 (insgesamt: 1,5 Mio. €)	jeweils ¼ (insgesamt: 2,25 Mio. €)
Höhe der wegen des gewillkürten Ausschlusses von der Erbfolge bestehenden Pflichtteilsansprüche			jeweils 1/12 (insgesamt 0,75 Mio. €)	jeweils 1/8 (insgesamt 1,125 Mio. €)

Das Pflichtteilsrecht gebietet daher dem Unternehmer, den Güterstand der Zugewinngemeinschaft dem der Gütertrennung vorzuziehen.

1.2.3 Erbschaftsteuerrechtliche Konsequenzen

Schließlich ergeben sich auch aus dem Erbschaftsteuerrecht Nachteile des Güterstandes der Gütertrennung im Vergleich zur Zugewinngemeinschaft. § 5 Erbschaftsteuergesetz sieht ausdrücklich vor, dass der dem überlebenden Ehegatten zustehende Zugewinnausgleichsanspruch wie ein erbschaftsteuerrechtlicher Freibetrag zu behandeln ist. Bei der Berechnung der erbschaftsteuerrechtlichen Bemessungsgrundlage wird also der während der Ehezeit erzielte Zugewinn vorab abgezogen. Dies führt zu einer erheblichen Reduzierung der Erbschaftsteuer. Nach derzeitiger Rechtslage ergibt sich bei einem Vergleich zwischen Zugewinngemeinschaft und Gütertrennung folgendes Bild:

Beispiel:
Unterstellt, der Unternehmer verfügte bei Eheschließung über kein Vermögen. Bei seinem Tod hinterlässt er ein Unternehmen im Wert von 3 Mio. €. Weitere Vermögensgegenstände sind nicht vorhanden. Sein Zugewinn beläuft sich also auf 3 Mio. €. Die ihn überlebende Ehefrau ist Alleinerbin. Sie hat während der Ehezeit keinen Vermögenszuwachs zu verzeichnen. Ihr stünde also im Güterstand der Zugewinngemeinschaft ein Zugewinnausgleichsanspruch i. H. v. 1.500.000,00 € zu.

Im Güterstand der Zugewinngemeinschaft ergäbe sich folgende Erbschaftsteuerbelastung:

Nachlass	3.000.000,00 €
./. „Sonderfreibetrag" (Zugewinn), § 5 Abs. 1 ErbStG	1.500.000,00 €
./. Versorgungsfreibetrag, § 17 ErbStG	256.000,00 €
./. persönlicher Freibetrag der Ehefrau, § 16 ErbStG	307.000,00 €
Bemessungsgrundlage für die Erbschaftsteuer	937.000,00 €
Steuersatz gem. § 19 Abs. 1 ErbStG: 19 %	178.030,00 €

Lebten die Eheleute im Güterstand der Gütertrennung, stünde der Ehefrau kein Zugewinnausgleichsanspruch zu. Der „Sonderfreibetrag" des § 5 Abs. 1 ErbStG entfiele also ersatzlos. Es ergäbe sich folgende Erbschaftsteuer:

Nachlass	3.000.000,00 €
./. Versorgungsfreibetrag, § 17 ErbStG	256.000,00 €
./. persönlicher Freibetrag der Ehefrau, § 16 ErbStG	307.000,00 €
Bemessungsgrundlage für die Erbschaftsteuer	2.437.000,00 €
Steuersatz gem. § 19 Abs. 1 ErbStG: 19 %	463.030,00 €

Allein durch die Wahl des „richtigen Güterstandes" kann also im Beispielsfall eine erbschaftsteuerliche Entlastung von 285.000,00 € erreicht werden.

1.3 Modifizierte Zugewinngemeinschaft – Verbindung der Vorteile der Güterstände der Zugewinngemeinschaft und der Gütertrennung –

Zusammenfassend lässt sich also festhalten, dass sowohl der Güterstand der reinen Zugewinngemeinschaft wie auch der Güterstand der reinen Gütertrennung bedenkenswerte Konsequenzen haben. Empfehlenswert ist daher, über eine grundsätzlich zulässige Modifikation des gesetzlichen Güterstandes nachzudenken.

So kann z. B. vereinbart werden, dass entweder einzelne Vermögensteile, insbesondere das Unternehmen, bei einem etwaig durchzuführenden Zugewinnausgleich von der Berechnung des Zugewinnausgleichsanspruches ausgenommen wird. Auch kann vereinbart werden, dass die ehevertraglichen Modifizierungen des gesetzlichen Güterstandes der Zugewinngemeinschaft nur im Falle der Beendigung der Ehe durch Scheidung gelten. Dadurch kann vermieden werden, dass die vorstehend angesprochenen erbrechtlichen und erbschaftsteuerrechtlichen Nachteile im Falle der Beendigung der Ehe durch den Tod eintreten.

1.4 Grenzen der Vertragsfreiheit

Grundsätzlich steht es Eheleuten frei, die rechtlichen Konsequenzen ihrer Eheschließung vertraglich zu regeln, also die gesetzlichen Regelungen zu den Folgen der Eheschließung, also zum Zugewinn, zum Versorgungsausgleich und zum nachehelichen Unterhalt, zu modifizieren. Dies führte dazu, dass in der Vergangenheit Unternehmer häufig Eheverträge abschlossen, die sämtliche gesetzlich vorgesehenen Scheidungsfolgen ausschlossen. Die Ehepartner verzichteten sowohl auf nachehelichen Unterhalt, als auch auf den Ausgleich der während der Ehezeit erworbenen Rentenanwartschaften, den sog. Versorgungsausgleich, sowie auf den Zugewinnausgleich. Höchstrichterliche Entscheidungen aus den Jahren 2001 und 2004 haben jedoch Grenzen dieser Vertragsfreiheit aufgezeigt:

Zunächst hatte das Bundesverfassungsgericht am 6. Februar 2001 einer Verfassungsbeschwerde (Geschäftszeichen: 1 BvR 12/92, in: Neue Juristische Wochenschrift 2001, S. 957 ff.) stattgegeben, mit der eine Entscheidung des Oberlandesgerichts Stuttgart angefochten worden war. Das Oberlandesgericht Stuttgart hatte in dem angefochtenen Urteil eine ehevertragliche Regelung zum Kindesunterhalt für wirksam gehalten, mit der sich die kinderbetreuende Ehefrau verpflichtet hatte, den

Ehemann von Kindesunterhaltsansprüchen der gemeinsamen Kinder insoweit freizustellen, als mehr als 150 DM monatlich geschuldet waren. Die Eheleute hatten den Ehevertrag vor der Heirat im Jahr 1976 geschlossen als die Ehefrau schwanger war. Das Bundesverfassungsgericht sah es in diesem Fall als erwiesen an, dass der Vertrag nicht Ausdruck und Ergebnis gleichberechtigter Lebenspartnerschaft war, sondern dass die Lastenverteilung besonders einseitig erfolgt sei, und die Ehegatten bei Abschluss des Ehevertrages, insbesondere aufgrund der bestehenden Schwangerschaft der Ehefrau, erheblich ungleiche Verhandlungspositionen gehabt hatten.

Nunmehr hat der Bundesgerichtshof in einem am 11. Februar 2004 verkündeten Urteil (Geschäftszeichen: XII ZR 265/02) entschieden, dass Eheleute zwar grundsätzlich frei seien, die gesetzlichen Regelungen über den Zugewinn, den Versorgungsausgleich und den nachehelichen Unterhalt ehevertraglich auszuschließen. Allerdings dürfe der Schutzzweck der gesetzlichen Regelungen nicht unterlaufen werden. Die Grenze sei dort zu ziehen, wo die vereinbarte Lastenverteilung der individuellen Gestaltung der ehelichen Lebensverhältnisse in keiner Weise mehr gerecht werde. Dies sei der Fall, wenn die ehevertraglichen Regelungen für den belastenden Ehepartner unzumutbar würden. Eine solche Unzumutbarkeit sei um so eher anzunehmen, je mehr der Ehevertrag in den Kernbereich des Scheidungsfolgenrechtes eingreife. Zu diesem Kernbereich gehöre in erster Linie der nacheheliche Unterhalt wegen Kindesbetreuung sowie in zweiter Linie der nacheheliche Unterhalt wegen Alters und Krankheit. Ebenso sei der Versorgungsausgleich nicht uneingeschränkt abdingbar. Hingegen unterlägen die Regelungen zum Güterstand angesichts der gesetzlich vorgesehenen Wahlfreiheit hinsichtlich des Güterstandes keiner Beschränkung, der ohne ehevertragliche Regelung geschuldete Zugewinnausgleich könne daher vollständig ausgeschlossen werden.

Die beiden vorgenannten Entscheidungen haben somit zur Konsequenz, dass vor Abschluss eines Ehevertrages, die beiderseitigen Verhältnisse der Eheleute, die ehelichen Lebensverhältnisse sowie die beiderseitige Lebensplanung der (zukünftigen) Eheleute individuell betrachtet werden müssen. Die Gestaltung des Ehevertrages muss dann so erfolgen, dass keiner der Ehepartner evident einseitig belastet wird, der Ehevertrag nicht zu einer unzumutbaren Belastung eines Ehegatten führt.

1.5 Formbedürftigkeit von Eheverträgen

Eheverträge können sowohl vor Eheschließung als auch während des Bestehens der Ehe geschlossen werden. Soweit mit ihnen der gesetzliche Güterstand modifiziert oder abbedungen wird oder Vereinbarungen zum Versorgungsausgleich geschlossen werden, bedürfen sie der notariellen Beurkundung.

1.6 Fazit

Zusammenfassend lässt sich daher folgendes festhalten:

Unternehmer sollten sich grundsätzlich bereits vor Eheschließung über die möglichen Folgen für ihr Unternehmen im Falle des Scheiterns der Ehe bewusst sein und daher den Abschluss eines Ehevertrages in Betracht ziehen. Sofern dies vor Eheschließung nicht erfolgt ist, kann ein Ehevertrag auch während des Bestehens geschlossen werden.

Sollte der Unternehmer bereits über einen Ehevertrag verfügen, ist es im Hinblick auf die geänderte Rechtsprechung zu den Grenzen der Vertragsfreiheit bei ehevertraglichen Regelungen ratsam, diese auf ihre Wirksamkeit überprüfen zu lassen.

2. Problemschwerpunkt: Erbrechtliche Regelungsfelder – insbesondere der Pflichtteilsanspruch

Wie sich bereits aus den vorstehenden Ausführungen zum Einfluss des Güterstandes auf das Pflichtteilsrecht ergeben hat, stellen Pflichtteilsansprüche eine ernst zu nehmende Gefahr für den Fortbestand des Unternehmens dar. Da sich das Pflichtteilsrecht am Verkehrswert des Unternehmens orientiert, kann der Streit bereits bei der Unternehmensbewertung beginnen, führt dann über den Streit über die Finanzierung und die Finanzierbarkeit des Pflichtteilsanspruches bis zuletzt nicht selten zum Verkauf und zur Zerschlagung des Unternehmens.

Insofern ist es von Bedeutung, gerade die Pflichtteilsgefahr nicht entstehen zu lassen oder sie zumindest, wenn sie unvermeidbar ist, zu minimieren. Neben den bereits unter 1. dargestellten Möglichkeiten der güterrechtlichen Beeinflussung der Höhe des Pflichtteilsrecht, bestehen die Möglichkeiten, Regelungen zum Pflichtteil entweder durch einen notariell beurkundeten Pflichtteilsverzicht oder aber durch sogenannte Pflichtteilsabwehrklauseln in letztwilligen Verfügungen zu treffen.

2.1 Notarieller Pflichtteilsverzichtvertrag

Häufig besteht die Situation, dass der überwiegende Teil des Vermögens des Unternehmers aus dem Unternehmen selber besteht, das Unternehmen aber nur auf einen Nachfolger übergeleitet werden soll, die anderen Pflichtteilsberechtigten aber selbst bei Zuwendung des gesamten Privatvermögens nicht gleichwertig bedacht werden können. Bei einer solchen Konstellation entstehen häufig Pflichtteilsansprüche der weichenden Erben, also derjenigen, die nicht in das unternehmerische Vermögen einrücken.

Vertragliche Regelungen zum Pflichtteilsrecht können für beide Seiten von Vorteil sein: Der Unternehmer kann durch lebzeitige vertragliche Regelungen mit den weichenden Erben hinsichtlich ihrer Pflichtteilsansprüche im günstigsten Fall vollständige testamentarische Gestaltungsfreiheit gewinnen, die Unternehmensnachfolge also frei gestalten. Die Verzichtenden erlangen mit der im Gegenzug regelmäßig geleisteten Abfindung vorzeitig eigenes Vermögen und haben so frühzeitig die Möglichkeit, eine eigene Existenz aufzubauen und eigene Wege zu gehen. Solange und soweit Einvernehmen in der Familie über die Vermögensverteilung besteht, stehen die Chancen, die gewünschte Unternehmensnachfolge durch Vereinbarung zu sichern, nicht schlecht. Zu berücksichtigen ist auch, dass solche lebzeitigen Regelungen bei den Beteiligten in der Regel eine höhere Akzeptanz als Verfügungen von Todes wegen mit überraschenden Inhalten haben, spätere Streitigkeiten um das Erbe daher häufig vermieden werden können.

Grundsätzlich bestehen hier zwei Handlungsmöglichkeiten:

Zum einen der Abschluss eines umfassenden Erbverzichtvertrages nach § 2346 Abs. 1 Satz 1 BGB oder aber der Abschluss eines isolierten Pflichtteilsverzichtvertrages gemäß § 2346 Abs. 2 BGB. Der weiterreichende Erbverzichtsvertrag hat gegenüber dem Pflichtteilsverzichtvertrag einen entscheidenden Nachteil, da sich auch dieser – ähnlich wie die Vereinbarung einer Gütertrennung – auf die Quoten der anderen Miterben auswirkt. Durch den Abschluss eines Erbverzichtsvertrages scheidet der Verzichtende gänzlich aus der Erbfolge aus. Dadurch erhöhen sich die gesetzlichen Erbquoten der anderen gesetzlichen Erben, was wiederum zu einer Erhöhung der potentiellen Pflichtteilsansprüche anderer gesetzliche Erben führen kann. Dies ist zumeist nicht gewollt, insbesondere dann nicht, wenn diese anderen Pflichtteilsberechtigten ebenfalls bei der Unternehmensnachfolge nicht bedacht werden sollen und zum Abschluss eine Pflichtteilsverzichtsvertrages ihrerseits nicht bereit sind.

Daher empfiehlt sich eher ein isolierter Pflichtteilsverzichtvertrag. Ein solcher Pflichtteilsverzicht bedarf der notariellen Beurkundung.

2.2 Pflichtteilsstrafklauseln

Sollten die Pflichtteilsberechtigten nicht bereit sein, schon zu Lebzeiten des Erblassers einen Pflichtteilsverzichtsvertrag zu schließen, besteht noch eine weitere, wenngleich weniger sichere Möglichkeit, die Geltendmachung von Pflichtteilsansprüchen auszuschließen oder zu minimieren:

Regelmäßig treffen Eheleute in gemeinschaftlichen letztwilligen Verfügungen Regelungen dahingehend, dass sie sich gegenseitig zu Alleinerben einsetzen und den pflichtteilsberechtigten Kindern aufgeben, nach dem Tod des Erstversterbenden keine Pflichtteilsansprüche geltend zu machen. Im Gegenzug dazu werden die pflichtteilsberechtigten Kinder beim Tod des Letztversterbenden als Erben des gesamten, verbleibenden Vermögens eingesetzt. Im Falle einer Zuwiderhandlung gegen diese Anordnung werden die Kinder sowohl für den ersten sowie den zweiten Erbfall auf ihren Pflichtteil gesetzt. So wird versucht, wirtschaftlich einen Anreiz zu schaffen, die Geltendmachung von Pflichtteilsansprüchen im ersten Erbfall auszuschließen.

2.3 Fazit

Wesentlicher Teil jeder Unternehmensnachfolgeplanung ist die Berücksichtigung der Pflichtteilsansprüche der weichenden Erben, also der Pflichtteilsberechtigen, die bei der Unternehmensnachfolge nicht persönlich zum Zuge kommen. Um spätere Streitigkeiten um den Nachlass, die das Unternehmen erheblich belasten können, zu vermeiden, ist es ratsam, mit diesen weichenden Erben lebzeitige Pflichtteilsverzichtsverträge zu schließen.

Weiterführende Literatur:

von Heintschel/Klein, Handbuch des Fachanwalts Familienrecht, 4. Auflage München 2002.

Schwab, Handbuch des Scheidungsrechts, 4. Auflage München 2000.

Wendl/Staudigl, Das Unterhaltsrecht in der familienrichterlichen Praxis, 5. Auflage München 2000.

Crezelius, Unternehmenserbrecht, München 1998.

Dittmann/Reimann/Bengel, Testament und Erbvertrag, 3. Auflage München 2000.

Besonderheiten der Unternehmensnachfolge bei Personengesellschaften

Dr. Dietmar Weidlich

Inhalt:

		Seite
1.	Einführung	283
2.	Nachfolge zu Lebzeiten eines Gesellschafters	283
3.	Nachfolge bei Tod eines Gesellschafters	284
3.1	Gesetzliche Ausgangslage	284
3.2	Fortsetzung der Gesellschaft unter den verbleibenden Gesellschaftern (Fortsetzungsklausel)	285
3.3	Fortsetzung der Gesellschaft mit einem oder mehreren Erben des verstorbenen Gesellschafters (Nachfolgeklauseln)	286
3.4	Pflichtteilsansprüche	292
4.	Schlussbetrachtung	293

1. Einführung

Die Rechtsnachfolge in Anteile an Personengesellschaften ist ein komplexes und besonders schwieriges Beratungsgebiet. Dies ergibt sich daraus, dass in diesem Bereich erbrechtliche, gesellschaftsrechtliche und steuerrechtliche Fragen ineinander greifen und viele Probleme durch die Gerichte noch nicht endgültig geklärt sind. Überlegungen zur Unternehmensnachfolge können nicht auf den Zeitpunkt der Errichtung der Verfügung von Todes wegen verschoben werden, da der Inhalt des Gesellschaftsvertrags den Gestaltungsspielraum für die Verfügung von Todes wegen vorgibt. Bereits beim Abschluss des Gesellschaftsvertrags gilt es, den entsprechenden Ausgleich zu finden zwischen dem Interesse eines Gesellschafters, den Wert seiner Beteiligung an seinen Nachfolger, insbesondere an seine Familie weitergeben zu können, und dem Interesse der übrigen Gesellschafter, nicht mit unerwünschten Personen in der Gesellschaft konfrontiert oder mit erheblichen Abfindungsansprüchen belastet zu werden.

2. Nachfolge zu Lebzeiten eines Gesellschafters

Aufgrund der Individualbezogenheit der Personengesellschaft ist gemäß der Vorschrift des § 717 S. 1 BGB ein Gesellschaftsanteil zu Lebzeiten eines Gesellschafters nicht übertragbar. Dies gilt aufgrund entsprechender Verweisungsvorschriften für alle Personengesellschaften einschließlich derjenigen Gesellschaftsbeteiligungen, die nach der gesetzlichen Regelung frei vererblich sind (vgl. hierzu unten Ziffer 3.1).

Das Gesetz sieht in § 717 S. 2 BGB nur die Übertragbarkeit einzelner Vermögensansprüche vor. Will ein Gesellschafter bereits zu seinen Lebzeiten im Wege der vorweggenommenen Erbfolge seinen Gesellschaftsanteil weitergeben, benötigt er die Zustimmung der übrigen Mitgesellschafter. Die Übertragung ohne Zustimmung der übrigen Gesellschafter ist nur möglich, wenn der Gesellschaftsvertrag eine Freistellung von der Zustimmungspflicht vorsieht. Bei der Partnerschaftsgesellschaft muss der Erwerber, auf den die Beteiligung übertragen wird, partnerschaftsfähig sein (vgl. hierzu unten Ziffer 3.3.2). Zum Schutze der verbleibenden Gesellschafter, insbesondere zur Überschaubarkeit potentiell neuer Gesellschafter wird sich häufig die Beschränkung der Übertragbarkeit auf einen bestimmten Personenkreis, wie z.B. Abkömmlinge oder Ehegatten eines Gesellschafters, anbieten.

3. Nachfolge bei Tod eines Gesellschafters

3.1 Gesetzliche Ausgangslage

Nach der Regelung der §§ 131 Abs. 3 Nr. 1, 161 Abs. 2 HGB, § 9 Abs. 1, Abs. 4 S. 1 PartGG in ihrer Fassung nach dem HRefG führt seit 01. 07. 1998 der Tod eines persönlich haftenden Gesellschafters einer offenen Handels- bzw. einer Kommanditgesellschaft sowie der Tod eines Gesellschafters einer Partnerschaftsgesellschaft grundsätzlich zum Ausscheiden des verstorbenen Gesellschafters.[1] Im Interesse der Erhaltung der Gesellschaft wird diese nicht aufgelöst, sondern von den verbleibenden Gesellschaftern fortgesetzt. Der Anteil des verstorbenen Gesellschafters wächst den verbleibenden Gesellschaftern gemäß den Bestimmungen der §§ 9 Abs. 4 PartGG, 105 Abs. 2 HGB, 738 Abs. 1 S. 1 BGB an. Vgl. im Übrigen unten Ziffer 3.2.

Zur Auflösung der Gesellschaft kommt es dagegen, wenn der einzige persönlich haftende Gesellschafter einer Kommanditgesellschaft verstirbt, da diese ohne Komplementär nicht bestehen kann. Die Auflösung der Gesellschaft ist auch der im Gesetz vorgesehene Regelfall nach § 727 Abs. 1 BGB beim Tod des Geschäftsinhabers einer stillen Gesellschaft bzw. beim Tod eines BGB-Gesellschafters. Beim Tod eines Kommanditisten oder eines stillen Gesellschafters besteht die Gesellschaft dagegen weiter und wird mit den Erben des verstorbenen Gesellschafters fortgeführt (§§ 177, 234 Abs. 2 HGB).

In denjenigen Fällen, in denen der Tod eines Gesellschafters die Auflösung der Gesellschaft bewirkt, endet automatisch ihre werbende Tätigkeit und die Gesellschaft tritt unabhängig von der Kenntnis der Mitgesellschafter in das Liquidationsstadium. Die Auflösung führt zu einer Änderung des Gesellschaftszwecks, der von nun an nur noch auf Abwicklung und Beendigung der Gesellschaft ausgerichtet ist. Die Identität der Gesellschaft bleibt dabei erhalten. Sie kann durch einen entsprechenden Beschluss wieder als werbende Gesellschaft fortgesetzt werden. An die Stelle des verstorbenen Gesellschafters tritt dessen Erbe. Bei mehreren Erben wird die Position des verstorbenen Gesellschafters durch die Erbengemeinschaft als Gesamthandsgemeinschaft eingenommen. Mangels abweichender Vereinbarungen sind im

---

[1] Zur Rechtslage vor dem 01. 07. 1998 vgl. *Zöller*, in: Mitteilungen der Rheinischen Notarkammer 1999, S. 121 ff.

Rahmen des Liquidationsverfahrens schwebende Geschäfte zu beendigen (§ 730 Abs. 2 BGB), gemeinschaftliche Schulden zu berichtigen (§ 733 Abs. 1, Abs. 3 BGB) und der Überschuss nach Maßgabe der Gewinnanteile auf die einzelnen Gesellschafter zu verteilen.

3.2 Fortsetzung der Gesellschaft unter den verbleibenden Gesellschaftern (Fortsetzungsklausel)

Bei der Fortsetzungsklausel sieht der Gesellschaftsvertrag vor, dass beim Tod eines Gesellschafters die Gesellschaft unter den verbleibenden Gesellschaftern fortgeführt wird. Dies entspricht der gesetzlichen Regelung bei der offenen Handelsgesellschaft, bei persönlich haftenden Gesellschaftern einer Kommanditgesellschaft sowie bei Gesellschaftern einer Partnerschaftsgesellschaft (vgl. oben Ziffer 3.1). Bei den anderen Gesellschaftsformen gilt dies nur, wenn eine entsprechende Klausel im Gesellschaftsvertrag vereinbart wird.

Nach der Regelung des § 738 Abs. 1 S. 1 BGB geht mit dem Tod des Gesellschafters dessen Beteiligung am Gesamthandsvermögen der Gesellschaft auf die verbleibenden Gesellschafter von selbst über, ohne dass hierzu irgendwelche Übertragungshandlungen notwendig sind. Der Gewinnanteil und der Kapitalanteil des verstorbenen Gesellschafters wächst den verbleibenden Gesellschaftern im Verhältnis ihrer bisherigen Beteiligung an, sofern keine anderweitigen Regelungen vereinbart sind. Die Ansprüche der Erben beschränken sich auf den Abfindungsanspruch gemäß § 738 Abs. 1 S. 2 BGB. Der Abfindungsanspruch ist in Geld zu erbringen und bemisst sich grundsätzlich nach dem wahren Wert des Anteils, der durch Erstellung einer Auseinandersetzungs- (Abschichtungs-)bilanz zu ermitteln ist.[2] Je nach der Höhe der Beteiligung des verstorbenen Gesellschafters kann der mit der Abfindungszahlung verbundene Liquiditätsabfluss die Kontinuität des Unternehmens gefährden. Um dies zu vermeiden bietet sich eine Beschränkung des Abfindungsanspruchs, z. B. auf den Buchwert, oder eine Stundung der Auszahlung an. Anders als in sonstigen Fällen des Ausscheidens ist auch ein vollständiger Ausschluss des Abfindungsanspruchs regelmäßig zulässig.[3] Zu Pflichtteils- bzw. Pflichtteilsergänzungsansprüchen vgl. unten Ziffer 3.4.

Voraussetzung für die Fortsetzung der Gesellschaft ist, dass mindestens zwei Gesellschafter verbleiben. Sofern dies nicht der Fall ist, sollte der Gesellschaftsvertrag ein Übernahmerecht zugunsten des letzten verbleibenden Gesellschafters vorsehen. Enthält der Gesellschaftsvertrag einer zweigliedrigen Personengesellschaft nur eine Fortsetzungsklausel, kann diese ggf. in ein Übernahmerecht des überlebenden Gesellschafters umgedeutet werden.[4] Der überlebende Gesellschafter übernimmt das (Handels-)geschäft mit allen Aktiven und Passiven und führt dieses als Einzelunternehmen fort. Auch hier erfolgt die Übernahme nach der h. M. regelmä-

---

2 Vgl. *Palandt*, Bürgerliches Gesetzbuch, 63. Auflage 2004, § 738 Rdnr. 4.
3 Vgl. Entscheidungen des Bundesgerichtshofes in Zivilsachen Band 22, S. 186, 194 f.; Band 98, S. 48, 56.
4 Vgl. BGH, Wertpapier-Mitteilungen 1957, S. 512, 514.

ßig automatisch durch Anwachsung gemäß § 738 Abs. 1 S. 1 BGB, ohne dass weitere Übertragungshandlungen notwendig sind.[5]

Die Vereinbarung einer Fortsetzungsklausel bietet sich an, wenn eine gedeihliche Zusammenarbeit mit den Erben des Verstorbenen nicht zu erwarten ist oder zukünftige Erben, wie Ehegatten oder Abkömmlinge des Gesellschafters bereits zu Lebzeiten in die Gesellschaft aufgenommen wurden bzw. ein Gesellschafter ohne Abkömmlinge oder ohne nachfolgefähige Abkömmlinge ist.[6] Sie muss nicht zwingend für alle Gesellschafter einheitlich geregelt sein und kann auch nur für den Tod einzelner Gesellschafter angeordnet werden. Ebenso kann vereinbart werden, dass der Gesellschaftsanteil eines verstorbenen Gesellschafters nicht allen, sondern nur einzelnen Gesellschaftern zufällt. Mit der Vereinbarung einer Fortsetzungsklausel wird der Gesellschaftsanteil mit Ausnahme des Abfindungsanspruches erbrechtlichen Regelungen entzogen. Für einen Gesellschafter ist es nicht mehr möglich, hierüber durch Testament oder Erbvertrag zu verfügen.

3.3 Fortsetzung der Gesellschaft mit einem oder mehreren Erben des verstorbenen Gesellschafters (Nachfolgeklauseln)

3.3.1 Prinzip der Sondererbfolge

Wird die Gesellschaft beim Tod eines Gesellschafters mit dessen Erben aufgrund gesetzlicher Regelung oder entsprechender vertraglicher Vereinbarungen fortgesetzt, so tritt der Erbe voll an die Stelle des Erblassers. Sind mehrere Erben vorhanden, so wird der Nachlass nach der Regelung des § 2032 Abs. 1 BGB gemeinschaftliches Vermögen der Erben. Bei der kraft Gesetzes entstehenden Erbengemeinschaft handelt es sich um eine Gesamthandsgemeinschaft, welche das Nachlassvermögen verwaltet.

Im Personengesellschaftsrecht gilt dieses Prinzip nur in den Fällen, in denen der Tod eines Gesellschafters zur Auflösung der Gesellschaft führt und bei der Nachfolge in Gesellschaftsbeteiligungen einer stillen Gesellschaft. Bei den anderen Gesellschaftsformen kommt es nach der Rechtsprechung zur so genannten Sondererbfolge. Dies bedeutet, dass der Gesellschaftsanteil an der Erbengemeinschaft vorbei gesteuert wird und jeder zur Nachfolge berufene Erbe eine selbständige Gesellschafterstellung erhält.[7] Dabei kommt es zu einer Aufspaltung des Kapitalanteils des Erblassers entsprechend den Quoten der Miterben und zu einer Vervielfältigung der Verwaltungsrechte. Aufgrund der Sondererbfolge übt, anders als bei der Erbengemeinschaft, jeder Gesellschaftererbe seine Gesellschaftsverwaltungsrechte, wie z. B. das Stimmrecht, grundsätzlich allein und unabhängig von den anderen Gesellschaftererben aus. Die Sondererbfolge führt zu einem automatischen Splitting der Mitgliedschaft und bewirkt daher eine sich kraft Gesetzes vollziehende, automatische Auseinandersetzung hinsichtlich des Gesellschaftsanteils. Auch die in § 2306 BGB

---

[5] Vgl. *Nieder*, Handbuch der Testamentsgestaltung, 2. Auflage 2000, § 19 Rdnr. 1232.
[6] Vgl. *Nieder*, Handbuch der Testamentsgestaltung, 2. Auflage 2000, § 19 Rdnr. 1232.
[7] Vgl. Entscheidungen des Bundesgerichtshofes in Zivilsachen Band 68, S. 225, 237; Band 91, S. 135 f.

angeordnete Unwirksamkeit erbrechtlicher Teilungsanordnungen bei Beeinträchtigungen pflichtteilsberechtigter Personen steht diesem Ergebnis nicht entgegen.[8]

Nicht vollständig geklärt ist allerdings, ob die nach § 717 S. 2 BGB selbständig abtretbaren Vermögensansprüche, wie der Gewinnanspruch oder der Anspruch auf das Abfindungsguthaben, von der Sondererbfolge erfasst sind oder ob diese bei mehreren Erben unter Abtrennung vom übrigen Gesellschaftsanteil gemäß § 2032 BGB in den gesamthänderisch gebundenen Nachlass fallen und daher von der Erbengemeinschaft geltend zu machen sind.[9] Sofern die Vermögensrechte in den gesamthänderisch gebundenen Nachlass fallen, muss bezüglich dieser Ansprüche eine Auseinandersetzung erfolgen.

3.3.2 Einfache Nachfolgeklausel

Bei der einfachen Nachfolgeklausel handelt es sich um eine gesellschaftsvertragliche Vereinbarung, dass die Gesellschaft mit den Erben des verstorbenen Gesellschafters fortgeführt wird. Dies entspricht der gesetzlichen Regelung beim Tod eines Kommanditisten gemäß § 177 HGB. Durch die einfache Nachfolgeklausel wird der Gesellschaftsanteil generell vererblich gestellt. Der jeweilige Gesellschafter bestimmt durch seine erbrechtliche Regelung seinen Nachfolger nach freiem Ermessen. Für die übrigen Gesellschafter bedeutet dies, dass sie ggf. auch Erben akzeptieren müssen, die für die Gesellschafternachfolge nicht geeignet sind.

Mit dem Tod des Gesellschafters nehmen die Erben automatisch dessen Stellung ein, ohne dass es eines zusätzlichen Übertragungsakts bedarf. Liegt eine Teilungsanordnung des Erblassers nach § 2048 BGB vor, wonach nur ein Miterbe den Gesellschaftsanteil übernehmen soll, so tritt dieser mit dem Tod nicht automatisch an die Stelle des verstorbenen Gesellschafters. Hierfür ist noch ein gesonderter Übertragungsakt notwendig, der je nach Gesellschaftsvertrag ggf. der Zustimmung der anderen Gesellschafter bedarf. Will der Erblasser den Gesellschaftsanteil nur einer bestimmten Person zuwenden, so ist es in der Regel sinnvoll, diese Person als Alleinerben einzusetzen und das Restvermögen im Wege von Vermächtnissen auf andere Personen zu verteilen.

Eine Besonderheit ergibt sich bei der Partnerschaftsgesellschaft. Hier können nur Erben nachfolgen, die partnerschaftsfähig im Sinne des Partnerschaftsgesetzes sind. Insoweit ergibt sich durch das Gesetz bereits die Situation einer qualifizierten Nachfolgeklausel (vgl. unten Ziffer 3.3.3). Nach dem Gesetz ist allerdings jeder partnerschaftsfähig, der einen Freien Beruf ausübt. Insoweit sollte der Gesellschaftsvertrag vorsehen, dass die Nachfolgemöglichkeit auf solche Personen beschränkt ist, die den

---

[8] Vgl. *Keller*, in: Zeitschrift für Erbrecht und Vermögensnachfolge 2001, S. 297 ff.
[9] So BGH, in: Neue Juristische Wochenschrift 1989, S. 3152, 3154. Für eine einheitliche Vererbung andeutungsweise aber BGH, in: Zeitschrift für Erbrecht und Vermögensnachfolge 1996, S. 110, 111; Weidlich, in: Zeitschrift für Erbrecht und Vermögensnachfolge 1994, S. 205, 206.

Beruf des verstorbenen Partners ausüben oder die Partnerschaft sinnvoll ergänzen können.[10]

Bei einer Vielzahl von Erben kann die einfache Nachfolgeklausel zu einer von den übrigen Gesellschaftern nicht kontrollierbaren Anzahl neuer Gesellschafter führen, insbesondere wenn mehrere Todesfälle hintereinander erfolgen. Es droht eine Überbevölkerung der Gesellschaft und eine Vervielfältigung von Gesellschafts-, insbesondere Minderheitsrechten. Will man diese Problematik entschärfen, so sind im Gesellschaftsvertrag Vertreterklauseln aufzunehmen, wonach die Gesellschafterrechte, insbesondere das Stimmrecht nur durch einen gemeinschaftlichen Vertreter wahrgenommen werden können und die Rechte bis zur Bestimmung des gemeinschaftlichen Vertreters ruhen.[11]

3.3.3 Qualifizierte Nachfolgeklausel

Bei der qualifizierten Nachfolgeklausel sieht der Gesellschaftsvertrag vor, dass nicht alle Erben in die Gesellschafterstellung eines verstorbenen Gesellschafters einrücken können, sondern nur bestimmte Personen nachfolgeberechtigt sind. Dies kann z. B. dadurch erfolgen, dass nur ein bestimmter Personenkreis (z. B. Abkömmlinge oder Ehegatten) zur Nachfolge berechtigt ist und/oder die Zahl der Erben begrenzt wird (z. B. auch nur auf eine Person). Auch bei der qualifizierten Nachfolgeklausel kommt es beim Tod des Gesellschafters zu einem automatischen Rechtsübergang im Wege der Erbfolge auf den nachfolgeberechtigten Erben. Dieser nimmt mit dem Tod des Erblassers dessen Position ein. Hat der Erblasser mehrere Erben eingesetzt, die teilweise nicht nachfolgeberechtigt sind, so geht der Gesellschaftsanteil im Erbwege nur auf die nachfolgeberechtigten Miterben im Verhältnis ihrer Erbquoten über, sofern der Gesellschaftsvertrag nicht etwas anderes bestimmt.[12] Sind z. B. nur zwei von drei Erben nachfolgeberechtigt, so erwerben die beiden nachfolgeberechtigten Erben den Gesellschaftsanteil zur Hälfte, obwohl ihre Erbquote nur ein Drittel beträgt. Ist nur ein Erbe nachfolgeberechtigt, bekommt dieser den Gesellschaftsanteil alleine.

Den nicht in den Gesellschaftsanteil nachfolgenden Erben steht grundsätzlich ein interner schuldrechtlicher Wertausgleichsanspruch gegen die nachfolgenden Miterben zu, der sich nach der Höhe ihrer Erbquote bemisst.[13] Maßgebend ist grundsätzlich der Verkehrswert der Gesellschaftsbeteiligung.[14] Der Ausgleich hat im Rahmen

---

[10] Vgl. *Salger*, Münchener Handbuch des Gesellschaftsrechts, 1995, § 38 Rdnr. 46. Einschränkend Ulmer, Münchener Kommentar zum Bürgerlichen Gesetzbuch, 4. Auflage 2004, § 9 PartGG Rdnr. 26, wonach der Erbe bereits kraft Gesetzes einen vom Gegenstand der Partnerschaft umfassten Freien Beruf ausüben muss, um nachfolgeberechtigt zu sein.
[11] Vgl. *Nieder*, Handbuch der Testamentsgestaltung, 2. Auflage 2000, § 19 Rdnr. 1243; vgl. auch Entscheidungen des Bundesgerichtshofes in Zivilsachen Band 46, S. 291 ff.
[12] Vgl. Entscheidungen des Bundesgerichtshofes in Zivilsachen, Band 68, S. 225, 237 f.
[13] Vgl. Entscheidungen des Bundesgerichtshofes in Zivilsachen, Band 22, S. 186, 197; Band 68, S. 225, 238.
[14] Vgl. *Zöller*, in: Mitteilungen der Rheinischen Notarkammer 1999, S. 121, 136; Ulmer, Münchener Kommentar zum Bürgerlichen Gesetzbuch, 4. Auflage 2004, § 727 Rdnr. 45.

der Auseinandersetzung über den Restnachlass zu erfolgen. Deckt der Restnachlass die Ausgleichspflicht nicht ab, so ist der jeweilige Gesellschafternachfolger zu einer Barausgleichszahlung aus seinem Privatvermögen verpflichtet.[15] Sofern er hierzu nicht imstande ist, droht die Verwertung des ererbten Gesellschaftsanteils zur Begleichung des Wertausgleichsanspruchs. Vermeiden lässt sich dies, wenn dem Gesellschafternachfolger ein entsprechendes Vorausvermächtnis zugewendet wird. Sofern sich das Vorausvermächtnis wegen Pflichtteilsansprüche anderer Miterben nicht realisieren lässt (vgl. hierzu unten 3.4), ist an eine vermächtnisweise Einräumung von Unterbeteiligungen am Gesellschaftsanteil durch den Erblasser zugunsten der weichenden Miterben zu denken.[16]

Die qualifizierte Nachfolgeklausel verhindert eine Zersplitterung der Gesellschaft und kommt dem Interesse der anderen Gesellschafter an der Kalkulierbarkeit der Nachfolge entgegen. Im Rahmen des durch die Nachfolgeklausel vorgegebenen Personenkreises steht dem Erblasser regelmäßig das alleinige Nachfolgebestimmungsrecht zu. Er ist daher in der Regel berechtigt, den Kreis der im Gesellschaftsvertrag vorgesehenen Nachfolger zu begrenzen und nur die von ihm erwünschten Nachfolgeberechtigten zu benennen. Komplikationen treten auf, wenn der Erblasser seine erbrechtliche Regelung nicht an den Gesellschaftsvertrag angepasst hat und als Erben ausschließlich Personen benennt, die nicht zur Nachfolge berechtigt sind. Tritt eine derartige Situation ein und soll der im Gesellschaftsvertrag benannte Nachfolger auf jeden Fall in die Gesellschaft eintreten, so kommt je nach den Umständen des Einzelfalles eine ergänzende Vertragsauslegung dahingehend in Betracht, dass der im Gesellschaftsvertrag benannte Nachfolger ein rechtsgeschäftliches Eintrittsrecht hat (vgl. hierzu unten Ziffer 3.3.5).[17]

Probleme bereitet die qualifizierte Nachfolgeklausel auch in steuerlicher Hinsicht beim Vorhandensein von Sonderbetriebsvermögen, z. B. wenn ein Gesellschafter der Gesellschaft ein Grundstück zur Nutzung überlassen hat. Sind nicht alle Erben nachfolgeberechtigt führt dies dazu, dass die Beteiligungsverhältnisse am Gesellschaftsanteil und am Sonderbetriebsvermögen nicht mehr identisch sind. Das Sonderbetriebsvermögen fällt der Erbengemeinschaft und damit auch den nicht in die Gesellschaft nachfolgenden Erben zu. Durch den Erbfall kann es daher zu einer Aufdeckung stiller Reserven und ggf. zu erheblichen Steuerbelastungen kommen.[18] Dem lässt sich dadurch vorbeugen, dass die nachfolgeberechtigten Miterben als alleinige Erben eingesetzt werden und Vermögen, das diesen Personen nicht verbleiben soll, durch Vermächtnisse verteilt wird.[19]

---

[15] Vgl. *Zöller*, in: Mitteilungen der Rheinischen Notarkammer 1999, S. 121, 136.
[16] Vgl. *Hörger/Pauli*, in: GmbH-Rundschau 1999, S. 945, 950.
[17] Vgl. BGH, in: Neue Juristische Wochenschrift 1978, S. 264, 265.
[18] Vgl. *Koblenzer/Groß*, in: Erbschaftsteuerberater 2003, S. 367, 369 f.; *Daragan/Zacher-Röder*, in: Deutsches Steuerrecht 1999, S. 89 ff.
[19] Vgl. hierzu sowie zu weiteren Vermeidungsstrategien *Daragan/Zacher-Röder*, in: Deutsches Steuerrecht 1999, S. 89 ff; Zöller, in: Mitteilungen der Rheinischen Notarkammer 1999, S. 121, 133.

3.3.4 Erbenhaftung und Wahlrecht nach § 139 HGB

Nach den §§ 128, 130 HGB haften die aufgrund Erbfolge in den Gesellschaftsanteil eines persönlich haftenden Gesellschafters einer offenen Handelsgesellschaft bzw. einer Kommanditgesellschaft nachfolgenden Erben nicht nur für Neuverbindlichkeiten, sondern auch für vor dem Erbfall entstandene Altverbindlichkeiten unbeschränkt. Sie haben nicht die Möglichkeit, ihre Haftung gemäß den §§ 1967 ff BGB auf den Nachlass zu beschränken. Damit der jeweilige Erbe zur Vermeidung dieses Risikos nicht gezwungen ist, die gesamte Erbschaft auszuschlagen, kann er gemäß § 139 Abs. 1 HGB innerhalb einer Frist von drei Monaten sein Verbleiben in der Gesellschaft davon abhängig machen, dass ihm unter Belassung des bisherigen Gewinnanteils die Stellung eines Kommanditisten eingeräumt wird. Wird der Antrag rechtzeitig angenommen, wandelt sich die Beteiligung des Erben automatisch in die eines Kommanditisten um. Für seine Haftung gelten dann die Grundsätze der Kommanditistenhaftung.[20] Sofern die übrigen Gesellschafter einen dahingehenden Antrag nicht annehmen, kann der Erbe ohne Einhaltung einer Kündigungsfrist sein Ausscheiden aus der Gesellschaft erklären, um sich hierdurch gemäß § 139 Abs. 4 HGB die Möglichkeit einer erbrechtlichen Haftungsbeschränkung zu erhalten. Aufgrund der Sondererbfolge steht bei mehreren Erben dieses Recht jedem Miterben einzeln und unabhängig von den übrigen Erben zu.

Sofern der Gesellschaftsvertrag nicht eine mit dem Erbfall eintretende automatische Umwandlung in eine Kommanditistenstellung vorsieht, kann das Wahlrecht des Erben nicht ausgeschlossen werden. Möglich ist es nur, bei der Einräumung der Kommandistenstellung nach § 139 Abs. 5 HGB den Gewinnanteil anders als beim Erblasser zu bestimmen. Verstirbt der einzig persönlich haftende Gesellschafter und machen sämtliche in den Gesellschaftsanteil nachfolgenden Erben von diesem Recht Gebrauch, führt dies zur Auflösung der Gesellschaft, sofern nicht ein weiterer Komplementär in der Zwischenzeit aufgenommen wird.

Bei der Partnerschaftsgesellschaft haftet der nachfolgende Erbe in gleichem Umfang, wie der verstorbene Partner. Nach § 9 Abs. 4 PartGG beschränkt sich sein Recht zur Aufrechterhaltung der erbrechtlichen Haftungsbeschränkung darauf, gemäß § 139 HGB seinen Austritt aus der Partnerschaft zu erklären.

In einem neuen Urteil hat der BGH die unbeschränkbare Haftung gemäß den §§ 128, 130 HGB auch bei der BGB-Gesellschaft angewendet.[21] Ob als Konsequenz dieser Entscheidung dem nachfolgenden Erben ebenfalls ein Wahlrecht entsprechend § 139 Abs. 1 HGB zuzugestehen ist, ist derzeit noch ungeklärt.[22]

3.3.5 Eintrittsklausel

Bei einer gesellschaftsvertraglich vereinbarten Eintrittsklausel sind die Erben oder einige von ihnen zum Eintritt in die Gesellschaft berechtigt. Bei Ableben eines

---

[20] Vgl hierzu *Baumbach/Hopt*, Handelsgesetzbuch, 31. Auflage 2003, § 139 Rdnr. 47.
[21] Vgl. BGH, in: Neue Juristische Wochenschrift 2003, S. 1803 ff.
[22] Bejahend *Ulmer*, Münchener Kommentar zum Bürgerlichen Gesetzbuch, 4. Auflage 2004, § 727 Rdnr. 47.

Gesellschafters wird die Gesellschaft zunächst unter den übrigen Gesellschaftern fortgesetzt und mit dem jeweils eintrittsberechtigten Erben muss durch Rechtsgeschäft unter Lebenden eine neue Mitgliedschaft begründet werden. Der Mitgliedschaftswechsel vollzieht sich daher nicht automatisch auf erbrechtlichem Wege, sondern durch ein Rechtsgeschäft unter Lebenden unter Mitwirkung des Eintrittsberechtigten. Ein Wahlrecht nach § 139 Abs. 1 HGB besteht nicht.

Der Anspruch kann bereits zu Lebzeiten mit dem Nachfolger vereinbart werden. Erfolgt die Vereinbarung nur unter den Gesellschaftern, dann handelt es sich um einen echten oder unechten Vertrag zugunsten Dritter (§§ 328, 331 BGB) zugunsten des Nachfolgers. Der Vorteil der Eintrittsklausel liegt darin, dass für sie das erbrechtliche Verbot der Erbenbestimmung durch dritte Personen gemäß § 2065 BGB nicht gilt.[23] Auf diesem Wege ist es daher möglich, den verbleibenden Gesellschaftern die Auswahl des Eintretenden zu überlassen. Zu beachten ist, dass der Abfindungsanspruch des verstorbenen Gesellschafters nach § 738 Abs. 1 S. 2 BGB den Erben zusteht. Bei Fehlen der Personenidentität zwischen Eintretenden und Erbe kann es daher zu ungewollten Kapitalabflüssen in der Gesellschaft kommen. Aus diesem Grund ist es erforderlich, durch entsprechende Gestaltungen Vorsorge zu tragen, dass der Eintretende den Abfindungsanspruch erhält.[24] Dies kann dadurch erfolgen, dass der Erblasser den Abfindungsanspruch dem Eintretenden in der Verfügung von Todes wegen vermächtnisweise zuwendet. Eine andere Lösung besteht darin, dass der Abfindungsanspruch gesellschaftsvertraglich ausgeschlossen wird und die übrigen Gesellschafter den ihnen zugewachsenen Kapitalanteil des verstorbenen Gesellschafters treuhänderisch für den Eintrittsberechtigten halten und bei dessen Eintritt auf ihn übertragen.[25]

Der Nachteil der Fortsetzungsklausel liegt in der Unsicherheit, ob der Eintrittsberechtigte von seinem Eintrittsrecht Gebrauch macht. Für die Gesellschaft ist daher auf diesem Wege nicht gewährleistet, dass sie nicht unter Umständen Abfindungen zu zahlen hat, die das Gesellschaftskapital schmälern.

3.3.6 Zuwendung im Wege des Vermächtnisses

Hat der verstorbene Gesellschafter seine Gesellschaftsbeteiligung nicht dem Erben, sondern einer anderen Person im Wege des Vermächtnisses vermacht, so geht die Gesellschaftsbeteiligung im Todesfall ebenso wenig wie bei einer Teilungsanordnung nach § 2048 BGB unmittelbar auf den Vermächtnisnehmer über. Nach § 2174 BGB hat der Vermächtnisnehmer nur das Recht, vom Erben die Übertragung der Gesellschaftsbeteiligung, ggf. unter Zustimmung der übrigen Gesellschafter, verlangen zu können. Dies ist allerdings nur dann möglich, wenn die Gesellschaftsbeteiligung auf den Erben übergegangen ist, was wiederum voraussetzt, dass der Erbe aufgrund der gesetzlichen bzw. gesellschaftsvertraglichen Regelung seinerseits nachfolgeberechtigt

---

[23] Vgl. *Zöller*, in: Mitteilungen der Rheinischen Notarkammer 1999, S. 121, 133.
[24] Vgl. hierzu *Nieder*, Handbuch der Testamentsgestaltung, 2. Auflage 2000, § 19 Rdnr. 1259 ff.
[25] Vgl. BGH, in: Neue Juristische Wochenschrift 1978, S. 264, 265; Nieder, Handbuch der Testamentsgestaltung, 2. Auflage 2000, § 19 Rdnr. 1259 f.

ist. Ist bei Vorliegen einer qualifizierten Nachfolgeklausel nur der Vermächtnisnehmer nicht aber der Erbe nachfolgeberechtigt, kommt, abhängig von den Umständen des Einzelfalls, nur eine Vertragsauslegung in Betracht, dass der Vermächtnisnehmer als im Gesellschaftsvertrag zugelassener Nachfolger ein rechtsgeschäftliches Eintrittsrecht hat (vgl. oben Ziffer 3.3.3). Unklarheiten entstehen auch, wenn nur der Erbe, nicht jedoch der Vermächtnisnehmer zur Nachfolge berechtigt ist und die übrigen Gesellschafter ihre Zustimmung zu einer Übertragung der Gesellschaftsbeteiligung auf den Vermächtnisnehmer versagen.[26]

Soweit mehrere Erben den Gesellschaftsanteil im Wege der Sondererbfolge erhalten haben, kann der Vermächtnisnehmer die Übertragung der Gesellschaftsbeteiligung nur anteilig von jedem Erben entsprechend seiner Beteiligung verlangen.[27] Jeder Erbe hat daher seinen Anteil an den Vermächtnisnehmer abzutreten. In der Hand des Vermächtnisnehmers vereinigen sich mehrere getrennte Anteile wieder zu einem einzigen Gesellschaftsanteil, da jeder Gesellschafter einer Personengesellschaft nur einen Gesellschaftsanteil halten kann.[28]

3.4 Pflichtteilsansprüche

Ist ein Pflichtteilsberechtigter von der Erbfolge nach dem Erblasser ausgeschlossen oder verbleibt ihm am Gesamtnachlass unter Einbeziehung des Wertes der Gesellschaftsbeteiligung weniger als seine Pflichtteilsquote, so stehen ihm die ordentlichen Pflichtteilsansprüche gemäß den §§ 2303 ff. BGB zu. Nach § 2303 Abs. 1 S. 2 BGB besteht der Pflichtteil in der Hälfte des Wertes des gesetzlichen Erbteils, was bezogen auf den Gesellschaftsanteil bedeutet, dass die Hälfte des Wertes des Gesellschaftsanteils zu berücksichtigen ist. Umstritten ist dabei, mit welchem Wert die Gesellschaftsbeteiligung anzusetzen ist. Folgt ein Erbe in den Gesellschaftsanteil nach und kommt es nicht zum Entstehen eines Abfindungsanspruches, so neigt die h. M. dazu, den wahren Wert der fortgesetzten Beteiligung für die Berechnung des Pflichtteilsanspruchs zu Grunde zu legen, auch wenn der Gesellschaftsvertrag für den Fall des Ausscheidens niedrigere Abfindungswerte vorsieht. Ausnahmen werden allerdings befürwortet, wenn es zu einem alsbaldigen Ausscheiden des Gesellschafternachfolgers kommt.[29]

Soweit Abfindungsansprüche, wie etwa im Fall der Fortsetzungsklausel, ausgeschlossen oder beschränkt werden, fallen diese nicht in den Nachlass und können daher auch keine Pflichtteilsansprüche auslösen. In Betracht kommen aber Pflichtteilsergänzungsansprüche nach den §§ 2325 ff. BGB, sofern man im Ausschluss oder der Beschränkung des Abfindungsanspruches eine unentgeltliche Zuwendung sieht. Nach einem älteren Urteil des BGH handelt es sich bei gesellschaftsvertraglichen Abfindungsausschlüssen, soweit sie jeden Gesellschafter in gleicher Weise treffen,

---

[26] Vgl. hierzu *Demuth*, in: Betriebs-Berater 2001, S. 945, 948.
[27] Vgl. *Demuth*, in: Betriebs-Berater 2001, S. 945, 947.
[28] Vgl. *Baumbach/Hopt*, Handelsgesetzbuch, 31. Auflage 2003, § 124 Rdnr. 16.
[29] Vgl. *Reimann*, in: Zeitschrift für Erbrecht und Vermögensnachfolge 1994, S. 7, 10; *Zöller*, in: Mitteilungen der Rheinischen Notarkammer 1999, S. 121, 137.

um Risikogeschäfte, die ihrer Natur nach entgeltlich sind und daher keine Pflichtteilsergänzungsansprüche auslösen können. Voraussetzung ist allerdings, dass das Risiko in etwa identisch ist und weder das Alter noch der Gesundheitszustand der Gesellschafter beträchtlich voneinander abweichen.[30] Berücksichtigt man neuere wesentlich pflichtteilsfreundlichere Entscheidungen des BGH,[31] so erscheint es unsicher, ob diese Rechtsprechung Bestand haben wird.

Pflichtteilsergänzungsansprüche nach den §§ 2325 ff BGB richten sich in erster Linie gegen die Erben. Reicht der Restnachlass zur Befriedigung der Pflichtteils- und Pflichtteilsergänzungsansprüche nicht aus, so besteht ein direkter Ergänzungsanspruch gemäß § 2329 BGB gegen die in der Gesellschaft verbleibenden Gesellschafter.[32]

Um die Unternehmenskontinuität durch die Geltendmachung von Pflichtteils- bzw. Pflichtteilsergänzungsansprüchen nicht zu gefährden, sollte der Erblasser zu seinen Lebzeiten bereits versuchen, mit den weichenden Erben eine einvernehmliche Regelung zu erzielen. So bietet sich der Abschluss eines Pflichtteilsverzichtsvertrages gemäß § 2346 Abs. 2 BGB verknüpft mit lebzeitigen Schenkungen an die weichenden Miterben an. Dieser kann auch auf die Gesellschaftsbeteiligung beschränkt werden und ist gemäß § 2348 BGB notariell zu beurkunden.

4. Schlussbetrachtung

Bei der Nachfolge in Beteiligungen an Personengesellschaften ist darauf zu achten, dass die erbrechtliche und die gesellschaftsrechtliche Regelung aufeinander abgestimmt werden. Für den erbrechtlichen bzw. steuerrechtlichen Berater bedeutet dies, dass grundsätzlich eine ganzheitliche Betrachtung notwendig ist. Eine letztwillige Verfügung sollte nur unter Hinzuziehung des Gesellschaftsvertrages verfasst werden. Bei der Abschließung eines Gesellschaftsvertrages und bei dessen Änderungen hat grundsätzlich eine Überprüfung der letztwilligen Verfügungen zu erfolgen. Lässt der Berater dies außer Acht, muss er ggf. mit Haftungsansprüchen rechnen, wenn aufgrund nicht abgestimmter Regelungen Vermögensverluste beim Erben eintreten. So hat der BGH die Haftung eines Rechtsanwaltes wegen fehlerhafter Beratung bei Errichtung eines Unternehmertestaments bejaht, in einem Fall, in dem die Ehefrau als Erbin eingesetzt wurde. Anders als der Sohn des Erblassers war sie bezüglich des Gesellschaftsanteils nicht nachfolgeberechtigt. Es kam daher zum Ausscheiden der Ehefrau, welche aufgrund der Abfindungsregelung im Gesellschaftsvertrag nur eine um den Firmenwert gekürzte Abfindung erhielt. Dieser Vermögensverlust hätte im

---

[30] Vgl. BGH, in: Neue Juristische Wochenschrift 1981, S. 1956, 1957; Kammergericht, in: Deutsche Notarzeitschrift 1978, S. 109, 111; OLG Düsseldorf, in: Monatsschrift des Deutschen Rechts 1977, S. 932.
[31] Vgl. Entscheidungen des Bundesgerichtshofes in Zivilsachen Band 116, S. 167 ff. hinsichtlich Ehegattenzuwendungen; *Reimann*, in: Zeitschrift für Erbrecht und Vermögensnachfolge 1994, S. 7 ff.
[32] Vgl. BGH, in: Neue Juristische Wochenschrift 1981, S. 1446, 1447.

konkreten Fall durch Einsetzung des Sohnes zum Alleinerben und Anordnung entsprechender Vermächtnisse zugunsten der Ehefrau vermieden werden können.[33]

Weiterführende Literatur:

Demuth, Nachfolgegestaltung für eine Personenhandelsgesellschaft durch Aussetzung von Vermächtnissen: Zivilrechtliche und steuerliche Probleme mit Lösungsvorschlägen, in: Betriebs-Berater 2001, S. 945 ff.

Keller, Die Problematik des § 2306 BGB bei der Sondererbfolge in Anteile an Personengesellschaften, in: Zeitschrift für Erbrecht und Vermögensnachfolge 2001, S. 297 ff.

Koblenzer/Groß, Qualifizierte Nachfolgeklausel bei Personengesellschaften, in: Erbschaftsteuerberater 2003, S. 367 ff.

Nieder, Gesellschaftsvertragliche Nachfolgeregelungen, in: Handbuch der Testamentsgestaltung, 2. Auflage 2000, § 19 Rdnr. 1228 ff.

Reimann, Gesellschaftsvertragliche Abfindung und erbrechtlicher Ausgleich, in: Zeitschrift für Erbrecht und Vermögensnachfolge 1994, S. 7 ff.

Zöller, Nachfolge von Todes wegen bei Beteiligungen an Personengesellschaften, in: Mitteilungen der Rheinischen Notarkammer 1999, S. 121 ff.

---

[33] Vgl. BGH, in: Mitteilungen des Bayerischen Notarvereins 1995, S. 397 f. mit Anmerkung Weidlich.

Besonderheiten der Unternehmensnachfolge bei Kapitalgesellschaften

Dr. Michael Sommer

Inhalt:

	Seite
1. Grundsätze	295
2. Gestaltungsmöglichkeiten im Gesellschaftsvertrag	296
2.1 Nachfolgeklauseln	296
2.2 Einziehungsklauseln	296
2.3 Abtretungsklauseln	303
2.4 Inhaltliche Änderung des Geschäftsanteils	305
2.5 Kaduzierung	306
2.6 Bedingte Abtretung auf den Todesfall	306
2.7 Auflösung der Gesellschaft	307
3. Testamentsvollstreckung	307
4. Gestaltungsmöglichkeiten bei der AG	308

1. Grundsätze

§ 15 Abs. 1 GmbHG lautet wie folgt: „Die Geschäftsanteile sind veräußerlich und vererblich." Der Geschäftsanteil einer GmbH ist somit frei vererblich. Stirbt ein Gesellschafter, so geht sein Anteil ohne weiteres und mit allen Rechten und Pflichten unmittelbar und ungeteilt auf den oder die Erben über, § 1922 Abs. 1 BGB. Dabei ist gleichgültig, ob der Übergang auf gesetzlicher oder gewillkürter Erbfolge beruht. Für den Übergang bedarf es weder einer Mitwirkung der übrigen Gesellschafter, noch ist eine Anmeldung nach § 16 GmbHG gegenüber der Gesellschaft erforderlich. Die Vererblichkeit kann durch die Satzung weder ausgeschlossen noch geändert werden, sei es durch eine „Sondererbfolge" am Nachlass vorbei, sei es durch eine „automatische" Einziehung im Todesfall. Der Geschäftsanteil fällt vielmehr stets in den Nachlass. Wer Erbe ist, bestimmt sich ausschließlich nach Erbrecht, der Gesellschaftsvertrag kann – anders als im Recht der Personengesellschaften – keine Sonderrechtsnachfolge mit unmittelbar dinglicher Wirkung begründen. Mehreren Miterben fällt der Anteil ungeteilt zur gesamten Hand zu (§ 2032 Abs. 1 BGB), sie können die Rechte aus dem ungeteilten Anteil nur gemeinschaftlich ausüben, § 18 Abs. 1 GmbHG.

Falls der Gesellschaftsvertrag keine Nachfolgeregelungen enthält, bleibt es beim Grundsatz des § 15 Abs. 1 GmbHG: Der Geschäftsanteil geht mit dem Tode des Gesellschafters auf den oder die Erben über. Sind mehrere Erben vorhanden, die dem Gesellschafter in der Gesellschaft nachfolgen, kann der Anteil im Rahmen der Erbauseinandersetzung geteilt werden (§ 17 Abs. 6 S. 1 GmbHG), es sei denn, der Gesellschaftsvertrag schließt dies aus.

2. Gestaltungsmöglichkeiten im Gesellschaftsvertrag

Die Gesellschafter haben in der Regel ein großes Interesse daran, detaillierte Regelungen für den Tod eines Mitgesellschafters zu treffen. Insbesondere bei personalistisch strukturierten Gesellschaften sind die Gesellschafter häufig bestrebt, den Gesellschafterkreis im Fall des Todes eines Mitgesellschafters auf bestimmte Personen zu beschränken und einer Zersplitterung des Anteils entgegen zu wirken. Diesem Interesse kann durch vielfältige Satzungsregelungen Rechnung getragen werden.

2.1 Nachfolgeklauseln

Nachfolgeklauseln sind Bestimmungen im Gesellschaftsvertrag, die die Gesellschafternachfolge für den Fall des Todes eines Gesellschafters festlegen. Dabei wird der Begriff „Nachfolgeklausel" bei der GmbH (anders als bei Personengesellschaften, bei denen Nachfolgeklauseln bedeuten, dass die Gesellschaft mit mindestens einem Erben fortgesetzt wird) untechnisch als Oberbegriff für alle denkbaren Klauseln verstanden, die die Nachfolge in Geschäftsanteile nach einem Todesfall betreffen. Zwar können die Gesellschafter weder die Vererblichkeit des Geschäftsanteils durch Satzung ausschließen, noch eine unmittelbare Sonderrechtsnachfolge außerhalb der erbrechtlichen Nachfolge anordnen. Jedoch kann die Satzung für die Zeit nach dem Erbfall bindende Regelungen für das weitere Schicksal des Anteils treffen. Der Begriff „Nachfolgeklausel" bedeutet damit nicht, dass durch sie eine oder mehrere bestimmte Personen unmittelbar zum Rechtsnachfolger berufen werden. Vielmehr regelt die Klausel lediglich, was nach dem Erbfall mit dem Geschäftsanteil geschehen soll, insbesondere ob alle Erben oder nur einzelne Erben in der Gesellschaft verbleiben sollen, ob die Gesellschaft allein mit den verbliebenen Gesellschaftern oder mit bestimmten anderen Personen fortgeführt werden soll.

Ausgehend vom Leitbild des § 15 Abs. 1 GmbHG kann eine einfache Nachfolgeklausel i. e. S. lauten: „Im Fall des Todes eines Gesellschafters wird die Gesellschaft mit seinen Erben oder den durch Verfügung von Todes wegen Begünstigten fortgesetzt."

Solche Klauseln sind jedoch meistens mit weiteren Bestimmungen verbunden, etwa Abtretungs- oder Einziehungsklauseln, die eine differenzierte Regelung für den Fall des Todes eines Gesellschafters treffen, oder mindestens mit Vertreterklauseln (s. u. Ziffer 2.4).

2.2 Einziehungsklauseln

2.2.1 Voraussetzungen

Der Gesellschaftsvertrag kann bestimmen, dass der Geschäftsanteil nach dem Tod des Gesellschafters von der Gesellschaft eingezogen werden darf oder muss (Einziehungsklausel). Die Einziehung erfolgt durch Gesellschafterbeschluss nach § 46 Nr. 4 GmbHG und kann allgemein oder unter bestimmten Voraussetzungen angeordnet werden; so z. B. für den Fall, dass der Anteil auf andere Erben als im Gesellschaftsvertrag zugelassen übergegangen ist, beispielsweise bei einer Familiengesellschaft auf familienfremde Personen. Die satzungsmäßige Bestimmung, nach der der Anteil im

Todesfall nur an eine oder mehrere bestimmte Personen vererbt werden kann, ist in der Regel als Abtretungsklausel (s. u. Ziffer 2.3), gleichzeitig hilfsweise als Einziehungsklausel auszulegen, d. h. die Gesellschaft ist, falls keine fristgemäße Abtretung erfolgt, zur Einziehung berechtigt.

Voraussetzung für die Einziehung ist, dass die Einlage auf den vererbten Geschäftsanteil voll geleistet ist und eine etwaige Abfindung im Augenblick der Zahlung aus dem freien Vermögen der GmbH ohne Verstoß gegen den Kapitalerhaltungsgrundsatz geleistet werden kann, § 34 Abs. 3 GmbHG i. V. m. § 30 Abs. 1 GmbHG. Der Beschluss über die Einziehung eines Geschäftsanteils ist nichtig, wenn bereits bei der Beschlussfassung feststeht, dass die Entschädigung des Gesellschafters ganz oder teilweise nur aus gebundenem Vermögen gezahlt werden kann und der Beschluss nicht klarstellt, dass die Zahlung nur bei Vorhandensein ungebundenen Vermögens erfolgen darf (BGH, Neue Juristische Wochenschrift 2000, S. 2819). Ist dagegen bei Beschlussfassung noch nicht absehbar, ob die Abfindung aus dem ungebundenen Vermögen möglich sein wird, steht der Einziehungsbeschluss nach h. M. unter der aufschiebenden gesetzlichen Bedingung, dass die Zahlung der Abfindung ohne Beeinträchtigung des Stammkapitals erfolgt (BGH, Deutsches Steuerrecht 1997, S. 1336). Allerdings kann in der Satzung das sofortige Wirksamwerden der Einziehung angeordnet werden. Die Einziehung bedarf als einseitiges Rechtsgeschäft der Einziehungserklärung an den betroffenen Anteilsinhaber. Diese Erklärung ist allerdings dann entbehrlich, wenn der Betroffene bzw. seine Erben bei der Beschlussfassung anwesend waren.

Formulierungsvorschlag:

(1) „Kommen die Erben ihrer Pflicht zur Abtretung nicht innerhalb von drei Monaten nach, kann der Anteil eingezogen werden" oder

„Für den Fall, dass andere Personen als der überlebende Ehegatte, Abkömmlinge des verstorbenen Gesellschafters oder Mitgesellschafter den Geschäftsanteil von Todes wegen erwerben, kann der Anteil eingezogen werden" oder

„Im Fall des Todes eines Gesellschafters darf sein Geschäftsanteil eingezogen werden, wenn dessen Rechtsnachfolger im Zeitpunkt der Nachfolge nicht die notwendige fachliche Qualifikation auf dem Tätigkeitsgebiet der Gesellschaft aufweist oder wenn in der Person des Rechtsnachfolgers wichtige Gründe vorliegen, die dessen Ausschließung aus der Gesellschaft rechtfertigen würden."

(2) Die Einziehung erfolgt durch Beschluss der Gesellschafterversammlung. Das Stimmrecht aus dem einzuziehenden Geschäftsanteil ruht ab dem Zeitpunkt des Todes des Gesellschafters. Der Einziehungsbeschluss wird mit der Mitteilung des Beschlusses an den Erben durch die Geschäftsführung wirksam, ohne Rücksicht auf den Zeitpunkt der Zahlung der Abfindung. Ist der betroffene Gesellschafter bei der Abstimmung anwesend oder vertreten, wird die Einziehung mit der Feststellung des Einziehungsbeschlusses durch den Versammlungsleiter wirksam."

Enthält die Einziehungsklausel keinerlei einschränkende Voraussetzungen, d. h. wird die Einziehungsmöglichkeit beim Tod schlechthin vorgesehen (sog. einfache Einziehungsklausel), führt dies dazu, dass die Gesellschaft nur unter den überlebenden Gesellschaftern fortgesetzt wird bzw. dass die Entscheidung über eine Fortführung mit den Erben den übrigen Gesellschaftern überlassen sein soll und entspricht damit der „Fortsetzungsklausel" bei Personengesellschaften.

Formulierungsvorschlag:
„Im Fall des Todes eines Gesellschafters können die anderen Gesellschafter die Einziehung des Geschäftsanteils des Verstorbenen beschließen" oder

„Im Fall des Todes eines Gesellschafters darf sein Geschäftsanteil eingezogen werden, wenn die Gesellschafterversammlung nicht innerhalb einer Frist von drei Monaten ab Kenntnis der Rechtsnachfolge in den Geschäftsanteil des verstorbenen Gesellschafters beschließt, die Gesellschaft mit den Erben fortzusetzen. Der Erbe hat hierbei kein Stimmrecht."

Die Einziehung kann im Gesellschaftsvertrag an eine Frist gebunden werden. Wird sie ins Ermessen der Gesellschaft gestellt, so ist die Einziehung nur innerhalb angemessener Zeit nach dem Erbfall und nachdem erkennbar geworden ist, welche Personen den maßgeblichen Einfluss ausüben, zulässig. Die Nichtausübung kann andernfalls einen Verzicht auf das Einziehungsrecht bedeuten bzw. zur Verwirkung des Rechts führen.

Mit der Wirksamkeit der Einziehung des Geschäftsanteils geht dieser unter, gleichzeitig erlöschen alle Rechte und Pflichten aus dem Anteil. Die Beteiligungsrechte der überlebenden Gesellschafter ändern sich entsprechend dem Verhältnis ihrer bisherigen Beteiligung zum unverändert bleibenden Stammkapital. Umstritten ist dabei lediglich, ob sich die Nennbeträge der übrigen Geschäftsanteile automatisch erhöhen oder ob sie durch Satzungsänderung angepasst werden müssen.

2.2.2 Abfindung

Als Folge des Ausscheidens der Erben aus der GmbH durch Einziehung (bzw. Abtretung) des Anteils steht ihnen analog § 738 Abs. 1 S. 2 BGB grundsätzlich ein Anspruch auf Abfindung zu. Soweit der Gesellschaftsvertrag keine abweichende Regelung enthält, ist der Abfindungsbetrag nach dem vollen wirtschaftlichen Wert des Geschäftsanteils zu bestimmen. Darunter ist der jeweilige Anteil des Betrags zu verstehen, den ein Dritter im Zeitpunkt der Klageerhebung als Erwerber des Unternehmens zahlen würde (Verkehrswert). Der Abfindungsanspruch bei Einziehung ist grundsätzlich durch Satzungsregelungen modifizierbar. So kann die Satzung die Methode zur Ermittlung des Anteilswerts näher festlegen, seine verbindliche Festsetzung durch einen Schiedsgutachter vorschreiben oder sie der Höhe nach beschränken.

Die heute zur Ermittlung des Verkehrswerts herrschende Ertragswertmethode setzt eine betriebswirtschaftliche Unternehmensbewertung voraus. Bei der Bewertung des Anteils wird auf die jeweils aktuellen Grundsätze zur Durchführung von Unternehmensbewertungen des Instituts der Wirtschaftsprüfer zurückgegriffen (derzeit IDW Standard S 1 v. 28. 6. 2000). Im Hinblick auf mögliche Streitfragen empfiehlt es sich, für den Konfliktfall eine Entscheidung durch Schiedsgutachter vorzusehen. Vom ermittelten Ertragswert sollte ein prozentualer Abschlag zum Schutz der Finanzausstattung des Unternehmens gemacht werden.

Statt auf die allgemeinen Grundsätze der Unternehmensbewertung kann auch auf ganz bestimmte Verfahren zurückgegriffen werden, so z. B. auf das sog. Stuttgarter Verfahren. Dieses beruht auf einer Mischung von Ertrags- und Substanzwertkomponenten und wurde früher u. a. zur Ermittlung des Vermögenssteuerwertes angewandt. Heute ist das Verfahren in den Erbschaftsteuerrichtlinien (R96 ff. Erbschaftsteuerrichtlinien) geregelt. Nach dem Stuttgarter Verfahren wird der Wert des Geschäftsanteils unter Berücksichtigung des Vermögens und der Ertragsaussichten der Gesellschaft geschätzt. Das Stuttgarter Verfahren führt i. d. R. zu Unternehmenswerten, die unter dem Verkehrswert liegen. Es passt nicht für ertragsschwache Unternehmen mit hohem Vermögen. Nachteilig aus der Sicht des ausscheidenden Gesellschafters ist auch, dass in die Bewertung ganz überwiegend die Buchwerte eingehen. Dies eröffnet Gestaltungsspielräume, wenn sich das Ausscheiden eines Gesellschafters abzeichnet.

Nach der sog. Buchwertklausel erhalten die Erben ihren Anteil aus Eigenkapital/ Stammkapital zuzüglich anteiliger offener Rücklagen und Gewinnvortrag, abzüglich eines anteiligen Verlustvortrages. Die Buchwertklausel macht eine besondere Unternehmensbewertung überflüssig, da stille Reserven und der Firmenwert nicht berücksichtigt werden. Solche Klauseln führen regelmäßig zu einer Abfindung unter dem Verkehrswert und tragen so stärker dem Interesse der Gesellschaft und der verbleibenden Gesellschafter Rechnung.

Formulierungsvorschläge:

(1) „Wird der Geschäftsanteil eines Gesellschafters eingezogen, so erhalten seine Erben eine Abfindung.

(2) [Ertragswertklausel] Die Abfindung bestimmt sich nach dem anteiligen Ertragswert. Der Ertragswertberechnung ist das Durchschnittsergebnis der drei letzten festgestellten Bilanzen vor dem Erbfall/Ausscheiden zu Grunde zu legen und nach der Formel für ewige Renten mit einem Zinsfuß von 4 % über dem Basiszins zu kapitalisieren."

Variante 1 (Ertragswertklausel mit konkreter Berechnungsmethode):

„Maßgebend für die Ermittlung des Abfindungsgutachtens ist der Unternehmenswert der Gesellschaft, der auf der Grundlage der „Grundsätze zur Durchführung von Unternehmensbewertungen" in ihrer jeweils vom Institut der Wirtschaftsprüfer aktualisierten Fassung (derzeit IDW Standard S 1 v. 28. 6. 2000) oder auf Grund entsprechender neuer Gutachten oder Stellungnahmen des Instituts der Wirtschaftsprüfer auf den letzten vor dem Ausscheiden liegenden oder mit ihm zusammen fallenden 31.12. zu ermitteln ist."

Variante 2 (Ertragswertklausel mit Schiedsgutachter):

„Die Erben erhalten als Abfindung den dem Geschäftsanteil des verstorbenen Gesellschafters entsprechenden Anteil am tatsächlichen Wert des Unternehmens, der nach betriebswirtschaftlichen Grundsätzen unter Anwendung der Ertragswertmethode zu ermitteln ist. Dieser Wert wird vom Abschlussprüfer der Gesellschaft ermittelt. Die Erben können die Überprüfung dieses Wertes durch einen von ihnen beauftragten Wirtschaftsprüfer verlangen. Weichen die Ergebnisse voneinander ab und können sich der Abschlussprüfer und der Wirtschaftsprüfer der Erben nicht innerhalb eines Monats nach Vorlage des abweichenden Gutachtens einigen, so entscheidet ein weiterer Wirtschaftsprüfer als Schiedsgutachter. Dieser wird auf Antrag einer Partei vom Institut der Wirtschaftsprüfer e. V. in Düsseldorf bestimmt. Die Gesellschaft beauftragt den zu bestimmenden Schiedsgutachter. Die Kosten des Schiedsgutachters tragen die Erben, es sei denn, das diesen gemachte Abfindungsangebot liegt um mehr als 20 % unter der rechtsverbindlich getroffenen Wertermittlung; in diesem Falle trägt die Gesellschaft die Gutachterkosten."

Variante 3 (Stuttgarter Verfahren):

„Die Abfindung entspricht, soweit die Beteiligten nichts Abweichendes vereinbaren, dem gemeinen Wert des Geschäftsanteils am 1. Januar des Kalenderjahres, in dem die Einziehung erfolgt. Der gemeine Wert ist nach dem jeweiligen Stuttgarter Verfahren gem. R 96 ff. Erbschaftsteuerrichtlinien zu schätzen. Spätere Veränderungen des gemeinen Wertes auf Grund von Betriebsprüfungen etc. lassen den Abfindungsanspruch unberührt."

Variante 4 (Buchwertklausel):

„Die Abfindung besteht in einem Geldbetrag, der dem Anteil des verstorbenen Gesellschafters am Reinvermögen der Gesellschaft entspricht. Das Reinvermögen ist anhand der Jahresschlussbilanz, die dem Zeitpunkt des Todes des Gesellschafters vorangeht, zu ermitteln. Das Reinvermögen entspricht dem Saldo aus Stammkapital zzgl. der offenen Rücklagen, eines etwaigen Gewinnvortrags und Bilanzgewinnes abzüglich eines etwaigen Bilanzverlustes. An einem Firmenwert, an sonstigen stillen Reserven und am Ergebnis des Geschäftsjahres, in dem der Anteil eingezogen wird, nehmen die Erben nicht teil."

Die Grenze der möglichen Abfindungsbeschränkungen bildet § 138 Abs. 1 BGB. Allerdings ist eine Abfindungsbeschränkung erst dann als sittenwidrig anzusehen, wenn ein grobes Missverhältnis zwischen Abfindungsbetrag und tatsächlichem Anteilswert besteht. Die Rechtsprechung bestimmt die Grenze zur Sittenwidrigkeit entsprechend den zur Personengesellschaft entwickelten Grundsätzen. Dabei ist die Festlegung von starren Werten kaum möglich, vielmehr ist eine umfassende Abwägung der Vermögensinteressen des betroffenen Gesellschafters auf der einen Seite und der Bestandsinteressen der verbleibenden Gesellschafter auf der anderen Seite unter Berücksichtigung der konkreten Umstände des Einzelfalls geboten (BGH, Neue Juristische Wochenschrift 1992, S. 892, 896; Neue Juristische Wochenschrift

1993, S. 3193, 3194). Entscheidender Beurteilungszeitpunkt ist grundsätzlich derjenige, zu dem über den Satzungsinhalt Beschluss gefasst wird (BGHZ 116, S. 359, 368). Führt eine Beschränkung zu einer unangemessenen Abfindung, so resultiert daraus nicht die Unwirksamkeit der Einziehung. Vielmehr tritt nach herrschender Meinung an die Stelle der unangemessenen eine angemessene Abfindung. Insbesondere im Rahmen von Buchwertklauseln kann es nachträglich zu einem Auseinanderfallen von vereinbarter Abfindung und wahrem Anteilswert kommen, so dass eine Anpassung zu erfolgen hat.

Anpassungsklausel:
„Besteht zum Zeitpunkt des Todes des Gesellschafters ein den Erben unzumutbares Missverhältnis zwischen der nach vorstehenden Grundsätzen ermittelten Abfindung und dem wirklichen Wert der Beteiligung, so kann eine Anpassung durch einen vom Präsidenten der Industrie- und Handelskammer am Sitz der Gesellschaft zu bestimmenden Schiedsgutachter verlangt werden. Der Schiedsgutachter entscheidet, ob ein unzumutbares Missverhältnis vorliegt. Er hat bei der Anpassung von der vorstehend beschriebenen Bewertungsmethode auszugehen und deren Ergebnis nach den Grundsätzen von Treu und Glauben unter angemessener Abwägung der Interessen der Gesellschaft und der Erben sowie unter Berücksichtigung der Einzelumstände den veränderten Verhältnissen seit Vereinbarung der Abfindungsregelung anzupassen. Die Kosten des Schiedsgutachters trägt ..."

Zu berücksichtigen sind auch etwaige Zahlungsmodalitäten, die den ausscheidenden Gesellschafter zusätzlich belasten können. Bei Teilzahlungsregelungen werden Zeiträume bis zu fünf Jahren allgemein noch als zulässig angesehen, die absolute Höchstgrenze liegt jedenfalls bei zehn Jahren. Solchen Zahlungsmodalitäten kommt umso größeres Gewicht zu, je stärker der Abfindungsbetrag bereits unter dem vollen Anteilswert liegt.

Formulierungsvorschlag:
„Die Abfindung ist in vier gleichen Teilbeträgen zu entrichten. Der erste Teilbetrag ist sechs Monate nach Erklärung der Einziehung durch die Geschäftsführung der Gesellschaft zahlbar. Die folgenden Teile sind jeweils ein Jahr nach Fälligkeit des vorausgegangenen Teiles fällig. Das Abfindungsguthaben wird mit einem Zinssatz von ... Prozentpunkten über dem jeweiligen Basiszinssatz verzinst."

Der völlige Ausschluss einer Abfindung ist grundsätzlich nach § 138 Abs. 1 BGB sittenwidrig, unabhängig davon, ob alle Gesellschafter der Satzungsregelung zugestimmt haben oder nicht.

Allerdings gilt eine Besonderheit bei der Einziehung des Geschäftsanteils im Falle des Todes eines Gesellschafters. Bei solchen – der Sache nach erbrechtlichen Regelungen – soll nach höchstrichterlicher Rechtsprechung das sonst bestehende Abfindungsrecht zumindest weit über die sonst geltenden Grenzen hinaus eingeschränkt werden können. Soll z. B. durch eine Satzungsbestimmung der Charakter einer Familiengesellschaft „für alle Zukunft" gewahrt werden, soll sogar die entschädigungslose Einziehung des Geschäftsanteils eines familienfremden Erben zulässig sein (BGH, Der Betrieb 1977, S. 342 f.). Denn hier gehe es nicht mehr um die Sicherung der freien Entfaltung des Gesellschafters in der Gesellschaft, sondern um erbrechtliche Gestaltungen im weitesten Sinn. In diesem Rahmen müsse es einem Gesellschafter möglich sein, seinen Geschäftsanteil nicht nur zu vermachen, sondern ihn auch an seine Mitgesellschafter durch den vereinbarten Abfindungsausschluss wertmäßig zu verschenken (ob diese Rspr. in dieser Form aufrechterhalten bleibt, ist freilich nicht sicher). Ähnlich entschied der BGH in einem besonders gelagerten Fall, in dem die GmbH-Gesellschafter nach der Satzung lediglich eine treuhandähnliche Stellung haben sollten. Hier entschied der BGH, dass die Entschädigungsregelung der Satzung selbst dann nicht gegen § 138 BGB verstoße, wenn der Verkehrswert des Anteils das Abfindungsentgelt um mehr als das 200-fache übersteige (BGH, Deutsches Steuerrecht 1997, S. 336). Gleiches soll für die treuhandähnliche Ausgestaltung des Gesellschaftsverhältnisses in Form eines sog. „Mitarbeitermodells" gelten, das dadurch gekennzeichnet sei, dass die Mitarbeiter der GmbH zwar am Gewinn der Gesellschaft teilhaben, nicht aber an der Substanz der Gesellschaft beteiligt werden sollten. Vor diesem Hintergrund sei eine satzungsmäßig vorgeschriebene Rückübertragung der Geschäftsanteile an die Gesellschaft unabhängig vom Verkehrswert, ggf. sogar unentgeltlich, nicht zu beanstanden (OLG Celle, GmbH-Rundschau 2003, S. 1428 f.).

Formulierungsvorschlag:
„Die Einziehung erfolgt unentgeltlich" oder
„Im Fall des Todes eines Gesellschafters können die überlebenden Gesellschafter die entschädigungslose Einziehung des Geschäftsanteils des Verstorbenen beschließen."

Wird im Gesellschaftsvertrag die Abfindung beschränkt oder völlig ausgeschlossen, stellt sich die Frage, ob darin eine unentgeltliche Zuwendung an die Gesellschaft oder an die übrigen Gesellschafter i. S. d. § 2301 Abs. 1 BGB liegt. § 2301 Abs. 1 S. 1 BGB bestimmt, dass auf ein Schenkungsversprechen, welches unter der Bedingung erteilt wird, dass der Beschenkte den Schenker überlebt, die Vorschriften über Verfügungen von Todes wegen Anwendung finden. Diese Frage ist insbesondere im Hinblick auf Pflichtteilsergänzungsansprüche relevant.

Im Fall der bloßen Beschränkung der Abfindung bei Einziehung des Anteils liegt nach überwiegender Meinung kein Schenkungsversprechen von Todes wegen vor. Eine solche Bestimmung soll in aller Regel dem gesellschaftlichen Interesse an der zügigen und vereinfachten Abwicklung des Erbfalls und der Vermeidung existenzbedrohender Kapitalabflüsse auf Seiten der Gesellschaft dienen. Ist in der Satzung die Zahlung einer Abfindung im Todesfall gänzlich ausgeschlossen, so liegt nach Ansicht der Rechtsprechung keine unentgeltliche Zuwendung i. S. d. § 2301 Abs. 1 BGB vor, wenn diese Bestimmung für alle Gesellschafter gilt. Denn dann nimmt jeder Gesellschafter das gleiche Risiko auf sich, im Todesfall seinen Anteil zu verlieren. Etwas anderes gilt nur dann, wenn ein grobes Missverhältnis zwischen den übernommenen Risiken gegeben ist, so z. B. ein erheblicher Altersunterschied oder eine schwere Erkrankung (BGH, Neue Juristische Wochenschrift 1981, S. 1956, 1957; OLG Düsseldorf, Monatsschrift des Deutschen Rechts 1977, S. 932), so dass sich eine hinreichende Wahrscheinlichkeit dahingehend ergibt, dass einer der Gesellschafter als erster verstirbt. In diesem Fall rechnen die Gesellschafter bereits bei Vertragsschluss mit einer ungleichen Behandlung. Ebenfalls ist eine Schenkung dann zu bejahen, wenn der Abfindungsanspruch nicht allseitig, sondern nur für den Fall des Todes einzelner Gesellschafter ausgeschlossen ist.

Selbst wenn man mit Teilen des Schrifttums eine unentgeltliche Zuwendung an die Gesellschaft oder die übrigen Gesellschafter annimmt, stehen zwingende erbrechtliche Vorschriften der Satzungsregelung nicht entgegen, da die Schenkung i. d. R. mit Abschluss des Gesellschaftsvertrags aufschiebend bedingt vollzogen ist (§ 2301 Abs. 2 BGB). Soweit es um die Anwendung des allgemeinen schenkungsrechtlichen Formerfordernisses des § 518 Abs. 1 S. 1 BGB geht, ist diesem jedenfalls durch die notarielle Beurkundung des GmbH-Vertrags bzw. einer späteren Satzungsänderung genügt.

2.3 Abtretungsklauseln

Neben einer einfachen Nachfolgeklausel i. e. S. kann der Gesellschaftsvertrag zusätzlich Abtretungsklauseln vorsehen. Durch die satzungsmäßige Festlegung einer Abtretungspflicht kann dem Interesse der verbliebenen Gesellschafter Rechnung getragen werden, den Gesellschafterkreis auf bestimmte Personen zu beschränken. Danach können die Erben verpflichtet werden, den Geschäftsanteil im Todesfall an alle verbliebenen Gesellschafter, an einen Gesellschafter, an einen der Miterben, an einen bestimmten oder von der Gesellschaft zu bestimmenden Dritten oder an die Gesellschaft selbst abzutreten (sog. Abtretungsklausel). Sieht der Gesellschaftsvertrag vor, dass der Geschäftsanteil nur an eine oder mehrere bestimmte Personen vererbt werden kann, so ist eine solche Klausel im allgemeinen dahingehend auszulegen, dass ein nicht nachfolgeberechtigter Erbe zur Abtretung an eine näher bestimmte Person oder Personenkreis verpflichtet ist.

Formulierungsvorschlag:

(1) „Im Fall des Todes eines Gesellschafters wird die Gesellschaft mit seinen Erben oder den durch Verfügung von Todes wegen Begünstigten fortgesetzt."
(2) „Für den Fall, dass andere Personen als der überlebende Ehegatte, Abkömmlinge des verstorbenen Gesellschafters oder Mitgesellschafter den Geschäftsanteil von Todes wegen erwerben, kann die Gesellschafterversammlung die Übertragung an die Gesellschaft, an einen oder mehrere Gesellschafter und/oder an näher zu bestimmende Dritte nach § ... der Satzung beschließen. Ab dem Übertragungsbeschluss bis zur Übertragung ruht das Stimmrecht aus den von der Abtretungsklausel erfassten Geschäftsanteilen."

Gehört der Begünstige bereits zum Kreis der Gesellschafter, hat sein Anspruch eine gesellschaftsrechtliche Grundlage. Ist der begünstigte Dritte dagegen nicht Gesellschafter und hat er nicht an der Satzungsregelung mitgewirkt, handelt es sich dogmatisch um einen echten oder unechten Vertrag zugunsten Dritter auf den Todesfall (§§ 328, 331 BGB). Falls aus dem Gesellschaftsvertrag nicht hervorgeht, dass der Begünstigte einen eigenen Anspruch gegen die Erben auf Abtretung des Geschäftsanteils haben soll, steht der Abtretungsanspruch der Gesellschaft zu. Sieht die Satzung allerdings ausdrücklich eine bestimmte Person als Nachfolger vor, so wird dies in der Regel in der Weise ausgelegt werden können, dass der Begünstigte selbst den Anspruch erwerben soll (sog. Eintrittsklausel). Geht aus dem Gesellschaftsvertrag oder aus den sonstigen Umständen nichts anderes hervor, richtet sich der Abtretungsanspruch gegen den oder die Erben, nicht dagegen gegen die Gesellschaft.

Kommt es in Erfüllung des Eintrittsrechts zur Abtretung des Anteils, bedarf diese der notariellen Beurkundung (§ 15 Abs. 3 GmbHG), nicht dagegen einer Genehmigung der Gesellschaft, selbst wenn die Satzung die Abtretung an die Genehmigung der Gesellschaft knüpft (§ 15 Abs. 5 GmbHG). Etwas anderes gilt nur dann, wenn die Satzung ausnahmsweise ausdrücklich auch die Abtretung im Rahmen einer Abtretungsklausel von der Genehmigung der Gesellschaft abhängig macht.

Ist die Gesellschaft Berechtigte aus einer Abtretungsklausel, so muss sie zur Ausübung dieses Rechts die Erben zur Abtretung des Geschäftsanteils auffordern. Diese Aufforderung bedarf mangels anderweitiger Regelung eines Gesellschafterbeschlusses. Als weiteres Mittel zum Ausschluss der Erben von der Gesellschafternachfolge kann die Satzung die verbleibenden Gesellschafter aber auch, ohne dass der Anteil zuvor „kaduziert" werden muss, gleich zu dessen Abtretung ermächtigen (sog. Übertragungsermächtigung). Danach sind die Gesellschafter befugt, im Fall des Todes eines Gesellschafters den Geschäftsanteil auf einen bestimmten oder zu bestimmenden Erwerber zu übertragen. Es handelt sich hierbei um eine zwangsweise Abtretung, zu der die Gesellschaft nach § 185 BGB analog ermächtigt wird. Zur Ausübung der Ermächtigung ist bei Fehlen einer abweichenden Regelung ein Gesellschafterbeschluss erforderlich, § 46 Nr. 4 GmbHG analog. Dabei sind zwei Varianten denkbar. Einerseits kann die Satzung vorsehen, dass die Gesellschafter zunächst die Übertragung des Anteils beschließen müssen, die Übertragung dann durch den Geschäftsführer erfolgt und notariell beurkundet werden muss, § 15 Abs. 3 GmbHG. Andererseits kann die Satzung aber auch die Gesellschafterversammlung direkt zur Übertragung des Anteils durch Gesellschafterbeschluss ermächtigen, der in diesem Fall der notariellen Beurkundung bedarf. Letzterenfalls ist die Übertragung bereits mit Fassung des notariell beurkundeten Gesellschafterbeschlusses erfolgt. Allerdings ist im Fall der Übertragung des Anteils auf einen Dritten, der nicht Gesellschafter ist, seine (formgerechte) Mitwirkung an der Übertragung erforderlich (zur Form der Mitwirkung siehe die Parallelproblematik unter Ziffer 2.6).

Formulierungsvorschlag:

Variante 1:

(1) „Im Fall des Todes eines Gesellschafters können die verbleibenden Gesellschafter die Übertragung des Geschäftsanteils auf die Gesellschaft, auf zur Übernahme bereite Gesellschafter im Verhältnis ihrer Beteiligung oder, falls kein Gesellschafter zur Übernahme bereit ist, auf einen Dritten beschließen.

(2) Die Gesellschaft wird zur Übertragung des Anteils an den Erwerber ermächtigt, die Übertragung erfolgt durch den Geschäftsführer.
(3) Von dem Gesellschafterbeschluss an ruht das Stimmrecht aus dem betroffenen Geschäftsanteil."

Variante 2:
„Im Fall des Todes eines Gesellschafters kann die Gesellschaft durch Gesellschafterbeschluss in notariell beurkundeter Form die Übertragung des Geschäftsanteils auf die Gesellschaft, auf zur Übernahme bereite Gesellschafter im Verhältnis ihrer Beteiligung oder, falls kein Gesellschafter zur Übernahme bereit ist, auf einen Dritten vornehmen."

2.4 Inhaltliche Änderung des Geschäftsanteils

In der Satzung kann geregelt werden, dass der Anteil bei den Erben verbleibt, aber durch den Tod des Gesellschafters inhaltliche Änderungen erfährt. So kann bestimmt werden, dass gewisse Sonderrechte oder Pflichten nicht auf die Erben übergehen oder bestimmte Rechte beschränkt werden oder ganz entfallen sollen, z. B. das Stimmrecht oder das Gewinnbezugsrecht. Üblich und weit verbreitet sind u. a. sog. „Vertreterklauseln" (obligatorische Gruppenvertretung), die der Zersplitterung eines Geschäftsanteils entgegenwirken und so der Gesellschaft den Schutz des § 18 Abs. 1 GmbHG über die Auseinandersetzung der Erbengemeinschaft hinaus sichern sollen. Derartige Klauseln können grundsätzlich auf Grund der Vertragsfreiheit der Gesellschafter in den Gesellschaftsvertrag aufgenommen werden. Allerdings kann eine solche Klausel nicht die gesamte Gesellschafterstellung umfassen, vielmehr müssen die Rechte, die den Kernbereich des Gesellschaftsanteils und den Minderheitenschutz betreffen, in der Hand des einzelnen Gesellschafters verbleiben (Bsp.: Kündigungs- bzw. Austrittsrecht aus wichtigem Grund, Recht auf Einberufung einer Gesellschafterversammlung nach § 50 Abs. 1 GmbHG, Recht auf Erhebung einer Auflösungsklage nach § 61 Abs. 2 S. 2 GmbHG). Zu beachten ist, dass der Vertreter seine Vollmacht gegenüber den übrigen Gesellschaftern und gegenüber der Gesellschaft nach § 47 Abs. 3 GmbHG schriftlich nachweisen muss, um die Rechte wirksam wahrnehmen zu können.

Formulierungsvorschlag für eine „Vertreterklausel":
„Wird ein Gesellschafter hinsichtlich seines Geschäftsanteils oder seiner Geschäftsanteile durch mehr als einen Erben beerbt, so ist den Erben auch nach der Teilung der Geschäftsanteile die Ausübung der Gesellschaftsrechte nur durch einen gemeinsamen Bevollmächtigten gestattet. Der Bevollmächtigte ist von der Gemeinschaft der Rechtsnachfolger gegenüber der Gesellschaft innerhalb von drei Monaten nach dem Tode des Gesellschafters zu benennen. Er hat eine schriftliche Vollmacht vorzulegen. Bis zur Benennung des Bevollmächtigten ruht das Stimmrecht aus den Geschäftsanteilen, die auf die Rechtsnachfolger übergegangen sind."

2.5 Kaduzierung

Neben einer Einziehungs- oder Abtretungsklausel kann die Satzung auch die „Kaduzierung" des Anteils vorsehen. Die Kaduzierung nach den §§ 21 ff. GmbHG betrifft den Fall des zwangsweisen Ausschlusses eines Gesellschafters im Fall der verzögerten Einzahlung der Stammeinlage. Nach h. M. steht es den Gesellschaftern frei, das Kaduzierungsverfahren der §§ 21 ff. GmbHG durch Satzung auf weitere Sachverhalte zu erstrecken. Dabei sind sie in der Regelung des Verfahrens solange frei, als der Grundsatz der Kapitalerhaltung nicht gefährdet wird. Ist die Kaduzierung im Todesfall vorgesehen, kann die Gesellschaft den verstorbenen Gesellschafter seines Geschäftsanteils zu Gunsten der Gesellschaft für verlustig erklären. Dies muss durch eingeschriebenen Brief erfolgen, erforderlich ist Zugang bei den Erben. Die Kaduzierung führt zum Ausschluss der Gesellschaftererben, jedoch – anders als die Einziehung – nicht zur Vernichtung des Anteils. Das Gesetz sagt nichts über das weitere Schicksal des Geschäftsanteils. Nach einer früheren, heute kaum mehr vertretenen Ansicht verwandelt er sich vorübergehend in ein sog. trägerloses Recht, über das die GmbH nur in bestimmter Weise verfügen darf, um sich aus ihm zu befriedigen. Auf der anderen Seite wird vertreten, der Anteil stelle nach der Kaduzierung vorübergehend ein treuhänderisch gebundenes Sondervermögen der Gesellschaft dar, wobei die Rechte und Pflichten daraus für diese Zeit ruhen. In der Folge soll die Gesellschaft berechtigt sein, den kaduzierten Anteil an Mitgesellschafter oder Dritte abzutreten, wenn diese zustimmen (BGH Neue Juristische Wochenschrift 1983, S. 2880 f.). Vom Einziehungsverfahren unterscheidet sich die Kaduzierung weiterhin dadurch, dass sie nach überwiegender Meinung entschädigungslos erfolgt.

Formulierungsvorschlag:

(1) „Im Fall des Todes eines Gesellschafters können die überlebenden Gesellschafter die Kaduzierung des Geschäftsanteils des Verstorbenen nach den Vorschriften der §§ 21 ff. GmbHG analog beschließen.
(2) Die Kaduzierung erfolgt entschädigungslos.
(3) Bis zur Verwertung oder Übertragung des Anteils auf einen Erwerber ruhen sämtliche Rechte und Pflichten aus dem betroffenen Geschäftsanteil."

2.6 Bedingte Abtretung auf den Todesfall

Zwar ist eine unmittelbare Sonderrechtsnachfolge in den Geschäftsanteil grundsätzlich ausgeschlossen. Jedoch wird ein unmittelbarer Übergang im Todesfall ausnahmsweise für den Fall für zulässig gehalten, dass der Geschäftsanteil durch eine Satzungsregelung auf den Todesfall bedingt an einen Gesellschafter der GmbH oder an einen Dritten übertragen wird. Die Abtretung des Anteils ist in diesem Fall aufschiebend bedingt durch den Tod des verfügenden Gesellschafters und auflösend bedingt durch das Längerleben des Begünstigten. Eine derartig bedingte Übertragung setzt jedoch voraus, dass der Erwerber an der fraglichen Satzungsbestimmung mitwirkt, da mit dem Geschäftsanteil nicht nur Rechte, sondern auch mitgliedschaftliche Pflichten und Lasten auf ihn übergehen. Ist der Dritte bereits Gesellschafter, ist seine Mitwirkung am Gesellschaftsvertrag unproblematisch. Ist er dies nicht, liegt in der Satzungsregelung lediglich das formgerechte Angebot des abtretenden Gesellschafters auf Übertragung des Geschäftsanteils. Die erforderliche notariell beurkundete Annahmeerklärung des Dritten kann in einer zusätzlichen notariellen Urkunde enthalten sein oder an die Satzungsurkunde angefügt werden.

Unabhängig von der Frage der Mitwirkung des Begünstigten an der Satzung handelt es sich hierbei insgesamt um eine wenig praktikable Lösung, da in diesem Fall jede nachfolgende Zwischenverfügung des Anteilsinhabers unmöglich wäre. § 161 BGB bestimmt nämlich, dass jede weitere Verfügung über den Gegenstand, die der Berechtigte bis zum Eintritt der Bedingung vornimmt, im Fall des Eintritts der Bedingung unwirksam ist. Eine solch beschränkende Wirkung wird in aller Regel nicht dem Willen der Vertragschließenden entsprechen. Auch der Erblasser wäre in diesem Fall erheblichen Beschränkungen ausgesetzt, da er die Nachfolgeregelung ohne Zustimmung der übrigen Gesellschafter nicht ändern kann, so dass eine engere Bindung bestünde als z. B. beim Erbvertrag.

2.7 Auflösung der Gesellschaft

Als weitere – allerdings i. d. R. nicht interessengerechte – Satzungsregelung bietet sich die Auflösung der Gesellschaft an. So kann festgelegt werden, dass die GmbH mit dem Tod eines Gesellschafters aufgelöst wird bzw. die Gesellschafter die Auflösung der GmbH beschließen können.

3. Testamentsvollstreckung

Hat der Erblasser hinsichtlich des gesamten, eines Teils des Nachlasses oder auch nur bezüglich des in den Nachlass fallenden Geschäftsanteils Testamentsvollstreckung angeordnet, steht der Geschäftsanteil ab dem Erbfall unter der Verwaltung des Testamentsvollstreckers. Die Testamentsvollstreckung am Geschäftsanteil ist gesellschaftsrechtlich zulässig. Mangels abweichender Anordnungen des Erblassers ist der Testamentsvollstrecker berechtigt und verpflichtet, alle Rechte der Erben – unter Ausschluss derselben – aus dem Geschäftsanteil geltend zu machen, so z. B. die Ausübung des Stimmrechts. Allerdings kann nach h. M. die Satzung die Ausübung von Mitverwaltungsrechten durch den Testamentsvollstrecker ausschließen. In diesem Fall stehen sie den Erben zu, wobei dann durch Auslegung des Erblasserwillens zu entscheiden ist, ob zumindest vermögensrechtliche Ansprüche der Testamentsvollstreckung unterliegen. Unzulässig ist die Beschränkung der Testamentsvollstreckung auf die Ausübung eines selbständig nicht übertragbaren Mitgliedschaftsrechts, so z. B. des Stimmrechts. Von der Testamentsvollstreckung ausgenommen sind höchstpersönliche Gesellschafterrechte, des Weiteren ist der Testamentsvollstrecker nach § 2205 S. 3 BGB nicht zu unentgeltlichen Verfügungen über den Geschäftsanteil befugt. Rechtshandlungen der GmbH sind dem Testamentsvollstrecker gegenüber vorzunehmen.

4. Gestaltungsmöglichkeiten bei der AG

Aktien sind ebenfalls vererblich und gehen mit dem Erbfall auf die Erben als Gesamthandsgemeinschaft über. Dies gilt für Inhaber- und Namensaktien. Hinterlässt ein Aktionär mehrere Erben, wird die Aktie gem. § 2032 BGB gemeinschaftliches Vermögen aller Miterben. Die Vererblichkeit kann weder durch die Satzung ausgeschlossen werden, noch ist – ebenso wie beim GmbH-Anteil – eine „Sondererbfolge" möglich. Jedoch kann für den Fall des Todes eines Aktionärs in der Satzung eine Zwangseinziehung (§ 237 AktG) vorgesehen werden. Miterben können die Rechte aus der Aktie nur durch einen gemeinschaftlichen Vertreter ausüben, § 69 Abs. 1 AktG. Auch Aktienbezugsrechte sind vererblich, wenn sie dem Aktionär als solchem zugewiesen sind, d. h. nicht „vertragsmäßig auf die Person des ursprünglich Berechtigten beschränkt" sind, was notfalls durch Auslegung zu klären ist. Bei der Auseinandersetzung ist zu beachten, dass Aktien unteilbar sind, § 8 Abs. 3 AktG.

Im Bereich der Testamentsvollstreckung gelten die gleichen Grundsätze wie zum GmbH-Anteil. Der Testamentsvollstrecker verwaltet die zum Nachlass gehörenden Namens- und Inhaberaktien und übt das Stimmrecht (§ 134 AktG) und das Bezugsrecht (§ 186 AktG) aus.

Weiterführende Literatur:

Jasper, in Münchener Handbuch des Gesellschaftsrechts, Band 3, GmbH, § 25, 2. Auflage, München 2003.

Crezelius, Unternehmenserbrecht, § 8, § 10, 1998.

Winkler in Pelka, Beck'sches Wirtschaftsrechts-Handbuch, Kap. F, München 1995.

Sommer in Pelka, Beck'sches Wirtschaftsrechts-Handbuch Kap. H, München 1995.

Schacht in Beck'sches Handbuch der GmbH, § 12 F., 3. Auflage, München 2002.

Rechtliche Probleme eines MBO: Zivilrecht – Strafrecht

Dr. Kai Greve

Inhalt:

		Seite
1.	Einleitung: Anlass und Arten eines MBO	309
2.	Zivilrecht	311
3.	Strafrecht	317

Im Gegensatz zum Management Buy-In (MBI), bei dem ein bzw. mehrere Außenstehende(r) ein Unternehmen erwerben, um sodann auch die Managementfunktionen zu übernehmen, wird bei einem Management Buy-Out (MBO) das Unternehmen bzw. ein aus dem Unternehmen auszugliedernder und zu verselbstständigender Teilbereich (in beiden Fällen als Zielunternehmen oder Target bezeichnet) von dem bereits aktiv tätigen Management des Unternehmens erworben[1]. Auf die Details der zivilrechtlichen Gestaltungsvarianten eines MBOs und auf den jeweiligen wirtschaftlichen Hintergrund für die Wahl soll nur als Übersicht in einer Einleitung (1.) eingegangen werden. Im Rahmen der zivilrechtlichen Erörterung (2.) wird auf spezielle Problemstellungen beim MBO eingegangen, die sodann auch hinsichtlich ihrer strafrechtlichen Bedeutsamkeit (3.) erörtert werden. Es können dabei jedoch nur Gefahrenmomente aufgezeigt werden. Allgemeingültige Lösungsmöglichkeiten gibt es schon wegen der unterschiedlichen Anforderungen in jedem konkreten Einzelfall und wegen der sich ständig ändernden Rechtslage – insbesondere im Steuerrecht – nicht. Ob bei einem MBO ein zivil- oder strafrechtliches Risiko besteht, muss daher im konkreten Einzelfall anhand der hier aufgezeigten Problemlagen gesondert untersucht werden.

1. Einleitung: Anlass und Arten eines MBO

MBOs sind besonders verbreitet, wenn es um eine Unternehmensnachfolge geht. Hier findet man als Ursache im Bereich der kleinen und mittleren Unternehmen (KMUs), die sich häufig noch im Familienbesitz befinden, die Unwilligkeit bzw. Ungeeignetheit der nachfolgenden Familiengeneration zur Übernahme des Unter-

---

[1] Vgl. *Rödder/Hötzel/Mueller-Thuns*, Unternehmenskauf Unternehmensverkauf, § 15 Rz. 2; *Hölters/Hölters*, Handbuch des Unternehmens- und Beteiligungskaufs, Teil I Rz. 70; *Koblenzer*, Management Buy-Out (MBO) und Management Buy-In (MBI) als Instrument der Unternehmensnachfolgeplanung, in: Zeitschrift für Erbrecht und Vermögensnachfolge 2002, S. 350; *Nölkel*, Besonderheiten bei der Durchführung von MBOs in den neuen Bundesländern, in: Deutsches Steuerrecht 1994, S. 761.

nehmerrisikos[2], bei Großunternehmen oder Konzernen das Outsourcing von Geschäftsbereichen bzw. die Veräußerung von Tochtergesellschaften[3]. Als weiterer Auslöser kommt aber auch eine wirtschaftliche Schwäche des Unternehmens in Betracht, bei der das Management durch Übernahme die Arbeitsplätze sichern will. In den neunziger Jahren des vorigen Jahrhunderts schließlich waren auch die Privatisierungsanstrengungen der Treuhand Auslöser für zahlreiche MBOs[4].

Ein MBO unterscheidet sich in der rechtlichen Gestaltung grundsätzlich nicht von anderen Unternehmenskäufen[5]. Die Besonderheit besteht zum einen (begriffsprägend) in der Person der Käufer – das eigene Management – und häufig in der Tatsache, dass der/die Käufer wenn überhaupt nur über geringe Eigenmittel verfügt/en und daher in hohem Maß, oft bis zu 100 %, von einer Fremdfinanzierung abhängig ist (sog. Leveraged Buy-Out (LBO)[6]. Da das Management selbst in der Regel nicht über ein ausreichendes Vermögen verfügt, um dem Fremdfinanzierer – sei es ein Kreditinstitut, eine Finanzierungs- und Beteiligungsgesellschaft (Venture Capital Gesellschaft) oder ein privater Kapitalgeber (z. B. als stiller Gesellschafter) – hinreichende Sicherheiten bieten zu können, stellt das Vermögen der Zielgesellschaft üblicherweise das einzige Potenzial dar, um für den MBO die Finanzierung zu garantieren. Es kommt daher nicht jedes Unternehmen für einen MBO in Betracht, sondern es handelt sich in den meisten Fällen um Produktionsunternehmen, bei denen das

---

[2] Vgl. *Rödder/Hötzel/Mueller-Thuns*, Unternehmenskauf Unternehmensverkauf, § 15 Rz. 2; *Picot/Picot*, Kauf und Restrukturierung von Unternehmen, Teil I Rz. 178; *Koblenzer*, Management Buy-Out (MBO) und Management Buy-In (MBI) als Instrument der Unternehmensnachfolgeplanung, in: Zeitschrift für Erbrecht und Vermögensnachfolge 2002, S. 350; *Streck/Schwedhelm*, Management Buy-out und verdeckte Gewinnausschüttungen, in: Betriebs-Berater 1992, S. 792; *Wagner*, Mitarbeiterbeteiligung in Deutschland – ein Überblick, in: Neue Juristische Wochenschrift 2003, S. 3081.

[3] Vgl. *Rödder/Hötzel/Mueller-Thuns*, Unternehmenskauf Unternehmensverkauf, § 15 Rz. 2; *Semler/Volhard* Arbeitshandbuch für Unternehmensübernahmen, Band 1, § 12 Rz. 232.

[4] Vgl. *von Jeinsen*, Die besondere Problematik der kapitalersetzenden Gesellschafterdarlehen bei Management Buyouts in den neuen Bundesländern, in: Betriebs-Berater 1992, S. 1149; *Nölkel*, Besonderheiten bei der Durchführung von MBOs in den neuen Bundesländern, in: Deutsches Steuerrecht 1994, S. 761; *Wagner*, Strafrechtliche Risiken beim MBO, in: Zeitschrift für Wirtschaft · Steuer · Strafrecht 1992, S. 161.

[5] Vgl. *Rödder/Hötzel/Mueller-Thuns*, Unternehmenskauf Unternehmensverkauf, § 15 Rz. 1; *Hölters/Hölters*, Handbuch des Unternehmens- und Beteiligungskaufs, Teil I Rz. 70; *Picot/Picot*, Kauf und Restrukturierung von Unternehmen, Teil I Rz. 182;.

[6] Vgl. *Rödder/Hötzel/Mueller-Thuns*, Unternehmenskauf Unternehmensverkauf, § 15 Rz. 4; *Hölters/Hölters*, Handbuch des Unternehmens- und Beteiligungskaufs, Teil I Rz. 71; *Picot/Picot*, Kauf und Restrukturierung von Unternehmen, Teil I Rz. 178; *Ziegeler*, Bilanzierungsprobleme beim Leveraged Management Buy-Out, Betriebs-Berater 1997, in: S. 513.

Anlagevermögen (einschließlich vorhandener stiller Reserven) die Grundlage der Absicherung bedeutet[7].

Unternehmenskäufe werden im Rahmen der zivilrechtlichen Gestaltung entweder als asset deal oder als share deal abgewickelt.

Erfolgt der Erwerb als Asset deal, so übernimmt der Käufer alle wesentlichen, zur Fortführung des Betriebs notwendigen Vermögensgegenstände und ggf. auch die zugehörigen Verbindlichkeiten. Es ist hierbei durchaus problematisch, von einem Unternehmenskauf und einer Zielgesellschaft als Kaufgegenstand zu sprechen, da Veräußerer der Vermögensgegenstände eben diese Zielgesellschaft selbst ist, in der bei einem MBO die Manager als Unternehmensführer tätig sind. Die Zielgesellschaft als solche bleibt – ganz oder teilweise entleert – auch nach dem Asset Deal im Eigentum und Vermögen der/des bisherigen Gesellschafter(s). Da die Käufer das zu erwerbende Unternehmen üblicherweise nicht in der Rechtsform der offenen Handelsgesellschaft (oHG) betreiben wollen, die bei einer schlichten Geschäftsaufname mit den erworbenen Vermögensgegenständen automatisch entstehen würde[8], erfolgt durch sie in einem ersten Schritt die Gründung einer neuen Gesellschaft (NewCo) – häufig in Abhängigkeit von steuerlichen Überlegungen entweder als GmbH & Co. KG oder als GmbH bzw. AG – und sodann der Erwerb der Vermögensgegenstände durch die NewCo[9].

Bei einem share deal werden je nach Rechtsform die Gesellschafts-, Geschäftsanteile oder Aktien des Zielunternehmens auf die Käufer übertragen; das Zielunternehmen steht damit nach dem share deal im Eigentum und Vermögen der/des neuen Gesellschafter(s). Hierbei haben sich im Wesentlichen zwei Gestaltungsalternativen herausgebildet. Entweder gründen bzw. erwerben die Käufer ebenfalls zunächst eine NewCo. – üblicherweise wiederum als GmbH & Co. KG oder als GmbH bzw. AG –, die dann die Gesellschafts-, Geschäftsanteile oder Aktien erwirbt, oder aber der Erwerb der Anteile bzw. Aktien erfolgt unmittelbar durch die Käufer[10]. Auch hier stehen häufig steuerliche Überlegungen im Vordergrund wie z. B. die Steuerfreiheit von Gewinnausschüttungen oder Veräußerungen nach § 8b Abs. 1, 2 KStG bei Kapitalgesellschaften als Gesellschaftern von Kapitalgesellschaften.

2. Zivilrecht

Besondere zivilrechtliche Fragestellungen ergeben sich neben den üblichen Problempunkten eines Unternehmenskaufs – genaue Definition des Kaufgegenstandes, due

---

[7] Vgl. *Rödder/Hötzel/Mueller-Thuns*, Unternehmenskauf Unternehmensverkauf, § 15 Rz. 4; *Koblenzer*, Management Buy-Out (MBO) und Management Buy-In (MBI) als Instrument der Unternehmensnachfolgeplanung, in: Zeitschrift für Erbrecht und Vermögensnachfolge 2002, S. 350.

[8] Vgl. *Schmidt*, Gesellschaftsrecht, 4. Auflage, Köln 2002, § 11 IV 1.

[9] Vgl. *Rödder/Hötzel/Mueller-Thuns*, Unternehmenskauf Unternehmensverkauf, § 15 Rz. 10; *Picot/Picot*, Kauf und Restrukturierung von Unternehmen, Teil I Rz. 183.

[10] Vgl. *Rödder/Hötzel/Mueller-Thuns*, Unternehmenskauf Unternehmensverkauf, § 15 Rz. 12, 13; *Hölters/Semler*, Handbuch des Unternehmens- und Beteiligungskaufs, Teil IV Rz. 209.

diligence, Form- und Zustimmungserfordernisse, Arbeitsrecht, Mangelhaftung usw. – vor allem aus der besonderen Stellung des Managements als eines Insiders, der über den Kaufgegenstand – das Zielunternehmen – häufig besser informiert ist als der Verkäufer, die Gesellschafter (beim share deal) bzw. gleichzeitig als Käufer und Verkäufer auftritt (beim Asset Deal)[11]. Besonderheiten bestehen sowohl bei der Vorbereitung eines MBO als auch bei den zu führenden Kaufvertragsverhandlungen, aber auch hinsichtlich der einzelnen Regelungen des Unternehmenskaufvertrages bezüglich der sich aus der speziellen Situation ergebenden, vom Üblichen abweichenden Risikoverteilung.

Der Zielkonflikt des Managements im Vorfeld besteht vor allem darin, dass sie im Rahmen der Prüfung der Machbarkeit des MBO einerseits mit Geldgebern – Kreditinstitute, Venture Capital Gesellschaften, Privatpersonen – sprechen müssen, andererseits aber in der Regel auch mit Kunden, Lieferanten und sogar Arbeitnehmern des Zielunternehmens, um die Beständigkeit der jeweiligen Leistungsbeziehung bei einem Gesellschafterwechsel zu prüfen[12]. Letzteres ist in der Regel für den langfristigen Erfolg des MBO entscheidend. Sowohl die Gespräche mit Außen- als auch mit Innenstehenden aber können mit der Verpflichtung des Managements zur Vertraulichkeit und Geheimhaltung von Unternehmensinformationen ebenso in Konflikt stehen wie mit der Verpflichtung zur Wahrung der Gesellschafts- und evtl. der Gesellschafterinteressen mit der „Sorgfalt eines ordentlichen und gewissenhaften Geschäftsleiters" (§ 93 Abs. 1 AktG) bzw. der „Sorgfalt eines ordentlichen Geschäftsmannes" (§ 43 Abs. 1 GmbHG). Gerade die einen MBO finanzierenden Geldgeber benötigen für ihre Entscheidung konkrete und detaillierte Angaben zum Wert des Unternehmens[13].

Im Rahmen der Vertragsverhandlungen mit dem Verkäufer über den MBO wirkt sich die Besonderheit, dass das eigene Management das Unternehmen erwerben will, in zweierlei Weise aus. Zum einen besitzt der Käufer einen bei anderen Unternehmenskäufen unüblichen detaillierten Einblick in das Zielunternehmen, so dass sich die Frage stellt, in welchem Umfang vom Verkäufer eine Mangelhaftung verlangt werden kann. Zum anderen hat der Käufer (das Management) unter Umständen sogar weitergehende Informationen über wertbildende Faktoren als der Verkäufer, so dass hier – umgekehrt als bei anderen Unternehmenskäufen – eine Aufklärungspflicht des Käufers gegenüber dem Verkäufer bestehen könnte[14]. Diese kann sich

---

[11] Vgl. *Koblenzer*, Management Buy-Out (MBO) und Management Buy-In (MBI) als Instrument der Unternehmensnachfolgeplanung, in: Zeitschrift für Erbrecht und Vermögensnachfolge 2002, S. 350; *Rödder/Hötzel/Mueller-Thuns*, Unternehmenskauf Unternehmensverkauf, § 15 Rz. 16; *Hölters/Hölters*, Handbuch des Unternehmens- und Beteiligungskaufs, Teil I Rz. 75.

[12] Vgl. *Rödder/Hötzel/Mueller-Thuns*, Unternehmenskauf Unternehmensverkauf, § 15 Rz. 15; *Hölters/Hölters*, Handbuch des Unternehmens- und Beteiligungskaufs, Teil I Rz. 74.

[13] Vgl. *Hölters/Hölters*, Handbuch des Unternehmens- und Beteiligungskaufs, Teil I Rz. 74; *Rödder/Hötzel/Mueller-Thuns*, Unternehmenskauf Unternehmensverkauf, § 15 Rz. 15.

[14] Vgl. *Hölters/Hölters*, Handbuch des Unternehmens- und Beteiligungskaufs, Teil I Rz. 75; *Rödder/Hötzel/Mueller-Thuns*, Unternehmenskauf Unternehmensverkauf, § 15 Rz. 16.

z. B. ergeben, wenn das Management über eine mögliche außergewöhnliche Wertsteigerung bei einem Vermögensgegenstand der Zielgesellschaft informiert ist, die Gesellschafter/Verkäufer jedoch (noch) nicht[15].

Verstößt das Management gegen seine Pflichten zur Vertraulichkeit und Geheimhaltung, so können hieraus Schadenersatzansprüche der Gesellschafter entstehen. Zum Teil sind die Geheimhaltungspflichten ausdrücklich gesetzlich geregelt, etwa in § 93 Abs. 1 Satz 2 AktG, oder aber sie ergeben sich aus den allgemeinen Grundsätzen, z. B. über die Treuepflicht der Geschäftsführer einer GmbH[16] oder aus den allgemeinen arbeitsrechtlichen Pflichten eines nicht am Unternehmensvermögen beteiligten Managements[17]. Auch die Schadensersatzpflicht ergibt sich entweder spezialgesetzlich, z. B. §§ 93 Abs. 2 AktG, 43 Abs. 2 GmbHG, aus den allgemeinen Regelungen einer schuldhaften Vertragsverletzung oder etwa §§ 823 Abs. 2, 826 BGB[18]. Im Ergebnis kann daher das Management die für einen erfolgreichen MBO notwendigen Gespräche mit Finanzierungspartnern, Lieferanten, Kunden und Mitarbeitern des Zielunternehmens nur führen, wenn es zuvor die Gesellschafter über den beabsichtigten MBO informiert und sich von diesen die Erlaubnis zur Führung der Gespräche geholt hat[19].

Im Rahmen der Mangelhaftung für den Zustand des Zielunternehmens, die bei einem Unternehmenskauf in der Regel sehr ausführlich und detailliert geregelt wird und bei der der Käufer versucht, möglichst weitgehende Haftungsverpflichtungen des Verkäufers durchzusetzen, wirkt sich die Insiderkenntnis für das Management eher nachteilig aus[20]. Wenn der Käufer den Mangel des Kaufgegenstandes beim Kauf kannte, so besteht nach den allgemeinen Regeln keine Mangelhaftung, § 442 Abs. 1 Satz 1 BGB, ggf. in Verbindung mit § 453 Abs. 1 BGB. Gleiches gilt, wenn der Käufer den Mangel infolge grober Fahrlässigkeit, die bei dem Management in Bezug auf Mängel des selbst geführten (Ziel-)Unternehmens die Regel sein dürfte, nicht kannte, § 442 Abs. 1 Satz 2 BGB. Im Verhältnis zu dem das Zielunternehmen erwerbenden

---

[15] Vgl. das instruktive Beispiel bei *Hölters/Hölters*, Handbuch des Unternehmens- und Beteiligungskaufs, Teil I Rz. 74.
[16] Vgl. *Rowedder/Schmidt-Leithoff/Koppensteiner*, GmbHG Kommentar, 4. Auflage, München 2002, § 43 Rz. 21; *Thümmel*, Persönliche Haftung von Managern und Aufsichtsräten, 3. Auflage, Stuttgart 2003, Rz. 12.
[17] Vgl. *Kunz*, Betriebs- und Geschäftsgeheimnisse und Wettbewerbsverbot während der Dauer und nach Beendigung des Anstellungsverhältnisses, in: Der Betrieb 1993, S. 2482; *Thümmel*, Persönliche Haftung von Managern und Aufsichtsräten, 3. Auflage, Stuttgart 2003, Rz. 15/16.
[18] Vgl. *Kunz*, Betriebs- und Geschäftsgeheimnisse und Wettbewerbsverbot während der Dauer und nach Beendigung des Anstellungsverhältnisses, in: Der Betrieb 1993, S. 2482; *Thümmel*, Persönliche Haftung von Managern und Aufsichtsräten, 3. Auflage, Stuttgart 2003, Rz. 21.
[19] Vgl. *Rödder/Hötzel/Mueller-Thuns*, Unternehmenskauf Unternehmensverkauf, § 15 Rz. 15; *Hölters/Hölters*, Handbuch des Unternehmens- und Beteiligungskaufs, Teil I Rz. 74; *Thümmel*, Persönliche Haftung von Managern und Aufsichtsräten, 3. Auflage, Stuttgart 2003, Rz. 158.
[20] Vgl. *Rödder/Hötzel/Mueller-Thuns*, Unternehmenskauf Unternehmensverkauf, § 15 Rz. 16.

Management eine Beschaffenheitsgarantie zu übernehmen, was über § 442 Abs. 1 Satz 2 BGB trotz grob fahrlässiger Unkenntnis des Käufers wiederum zu einer Mangelhaftung des Verkäufers führen würde, wird der Verkäufer bei einem MBO in der Regel nicht bereit sein, weil das Management über die besseren Kenntnisse und Informationsmöglichkeiten verfügt[21], eine Risikoübernahme durch den Verkäufer daher auch nicht geboten ist und von diesem darum auch in der Regel abgelehnt werden wird. Für das Management bestehen vor diesem Hintergrund auch keine vernünftigen Aussichten, eine Beschaffenheitsgarantie vom Verkäufer erfolgreich zu verlangen.

Grundsätzlich muss der Käufer den Verkäufer nicht über Umstände informieren, die diesen vom Verkauf abhalten oder aber einen höheren Preis fordern könnten[22]. Bei einem MBO aber muss das Management, also der Käufer, die Gesellschaft bzw. die Gesellschafter, also den Verkäufer, im Rahmen des Unternehmenskaufs über alle wertbildenden Faktoren jedenfalls dann informieren, wenn es sich um hohe unerkannte stille Reserven oder aber erhebliche, dem Verkäufer (noch) nicht bekannte Geschäftschancen handelt[23]. Dies ergibt sich entweder aus spezialgesetzlichen Regelungen wie § 90 Abs. 1 AktG oder aber allgemein aus der Verpflichtung zur Führung der Geschäfte „mit der Sorgfalt eines ordentlichen und gewissenhaften Kaufmanns" bzw. zumindest als Nebenpflicht aus dem Beschäftigungsverhältnis[24]. Verletzt das Management derartige Informationspflichten gegenüber dem Verkäufer, so stehen diesem mehrere Reaktionsmöglichkeiten zur Verfügung: Er kann von dem Käufer Schadenersatz aufgrund spezialgesetzlicher Regelungen (z. B. §§ 93 Abs. 2 AktG, 43 Abs. 2 GmbHG), aus allgemeinen gesetzlichen Regelungen vertraglicher (z. B. §§ 311 Abs. 2 BGB) oder deliktischer Natur (z. B. § 823 Abs. 2, 826 BGB) fordern oder sogar den Unternehmenskaufvertrag wegen arglistiger Täuschung nach § 123 BGB anfechten[25].

Auch gegenüber den MBO finanzierenden Geldgebern (Kreditinstitute, Venture Capital Gesellschaften, Privatpersonen) bestehen für das Management Informationspflichten. Diese haben die Geldgeber über alle wesentlichen wertbildenden Faktoren objektiv zu unterrichten. Werden dabei die Vermögenswerte oder die Geschäftschancen überbewertet, um die Finanzierung zu ermöglichen, so stehen auch den Geldgebern ggf. Schadenersatz- und/oder Anfechtungsrechte hinsichtlich des Finan-

---

[21] Vgl. *Rödder/Hötzel/Mueller-Thuns*, Unternehmenskauf Unternehmensverkauf, § 15 Rz. 17, der sogar den Ausschluss der gesetzlichen Regelungen als Gestaltungsmöglichkeit anbietet.

[22] Vgl. *Staudinger/Köhler*, Kommentar BGB, 13. Auflage, Berlin 1995, § 433 Rz. 206; *Hölters/Hölters*, Handbuch des Unternehmens- und Beteiligungskaufs, Teil I Rz. 76.

[23] Vgl. *Rödder/Hötzel/Mueller-Thuns*, Unternehmenskauf Unternehmensverkauf, § 15 Rz. 18; *Hölters/Hölters*, Handbuch des Unternehmens- und Beteiligungskaufs, Teil I Rz. 77; *Staudinger/Köhler*, Kommentar BGB, 13. Auflage, Berlin 1995, § 433 Rz. 206.

[24] Vgl. *Schmidt*, Gesellschaftsrecht, 4. Auflage, Köln 2002, § 28 V 1; *Thümmel*, Persönliche Haftung von Managern und Aufsichtsräten, 3. Auflage, Stuttgart 2003, Rz. 105-107, 151 ff.

[25] Vgl. *Rödder/Hötzel/Mueller-Thuns*, Unternehmenskauf Unternehmensverkauf, § 15 Rz. 18; *Hölters/Hölters*, Handbuch des Unternehmens- und Beteiligungskaufs, Teil I Rz. 77.

zierungsvertrages zu. Diese ergeben sich aus den bereits genannten allgemeinen Rechtsnormen.

Besondere Nachteile sind für das Management mit einer Anfechtung entweder des Unternehmenskauf- oder des Finanzierungsvertrages dann verbunden, wenn nur einer dieser Verträge durch Anfechtung nichtig ist, der andere aber nicht. Entweder mangelt es dann an der Finanzierung oder aber es gibt eine Finanzierung aber keinen Unternehmenskauf.

Im Zusammenhang mit der Finanzierung ergeben sich weitere zivilrechtliche Probleme, nämlich in Bezug auf die Frage, wer Vertragspartner des Geldgebers ist, und hinsichtlich der im Gegenzug zur Finanzierung gegebenen Sicherheiten. Für letzteres steht in der Regel nur das Vermögen der Zielgesellschaft zur Verfügung. Erfolgt die Finanzierung über ein Darlehen, so kommen als Darlehensnehmer die Manager persönlich, die von ihnen gegründete NewCo oder aber auch die Zielgesellschaft in Betracht. Darlehensgeber können unbeteiligte Dritte, ein sich an der Zielgesellschaft bzw. NewCo beteiligender Dritter (Venture Capital Gesellschaft oder Privatperson) sein oder aber erneut auch die Zielgesellschaft sein[26].

Bei einem Asset Deal ist es möglich, die Gegenstände des Anlagevermögens als Sicherheit zu geben. Dies ist insoweit unproblematisch, als der Darlehensnehmer üblicherweise die erwerbende NewCo ist und daher Darlehensnehmer und Eigentümer der Gegenstände, die als Sicherheiten dienen, identisch ist[27]. Ist der Darlehensgeber allerdings gleichzeitig Gesellschafter der NewCo, ist darauf zu achten, dass er einerseits nicht übersichert ist und andererseits das Darlehen einen eigenkapitalersetzenden Charakter annehmen kann. Dies ist abhängig von der Rechtform des Unternehmens (vgl. §§ 32a, 32b GmbHG, deren Regelung auf die AG und die KGaA entsprechend anzuwenden ist) und hat vor allem bei einer Insolvenz Bedeutung, vgl. § 135 InsO[28]. Handelt es sich bei der NewCo um eine Personengesellschaft, so stellt sich das Problem des Eigenkapitalersatzes dann, wenn – wie in der Regel – es sich um eine GmbH & Co. KG ohne eine natürliche Person als Komplementär handelt[29].

Erfolgt der MBO, wie aus steuerlichen Interessen des Verkäufers, der den Veräußerungsgewinn entweder über § 8b Abs. 2 KStG steuerfrei oder aber nach § 3 Nr. 40 lit. b) EStG nach dem Halbeinkünfteverfahren vereinnahmen will, häufig, als share deal, so stehen die Vermögenswerte der Zielgesellschaft nicht im direkten Eigentum des Darlehensnehmers (sei es das Management direkt oder aber eine beim Erwerb zwischengeschaltete NewCo), weil dieser direkt nur die Anteile der Zielgesellschaft

---

[26] Vgl. *Ziegeler*, Bilanzierungsprobleme beim Leveraged Management Buy-Out, in: Betriebs-Berater 1997, 513; *Rödder/Hötzel/Mueller-Thuns*, Unternehmenskauf Unternehmensverkauf, § 15 Rz. 18.
[27] Vgl. *Hölters/Semler*, Handbuch des Unternehmens- und Beteiligungskaufs, Teil VI Rz. 205; *Rödder/Hötzel/Mueller-Thuns*, Unternehmenskauf Unternehmensverkauf, § 15 Rz. 19.
[28] Vgl. *Rödder/Hötzel/Mueller-Thuns*, Unternehmenskauf Unternehmensverkauf, § 15 Rz. 21.
[29] Vgl. *Rödder/Hötzel/Mueller-Thuns*, Unternehmenskauf Unternehmensverkauf, § 15 Rz. 22.

erworben hat. Sollen sie als Sicherheit zur Finanzierung dienen, so handelt es sich um von dritter Seite gestellte Sicherheiten. Dies führt dann zu zivilrechtlichen Problemen, wenn bei der Zielgesellschaft durch die Gewährung der Sicherheit gegen Kapitalerhaltungsvorschriften verstoßen wird, weil die Hingabe der Sicherheit eine verbotene Rückzahlung von Eigenkapital darstellt[30]. Dieselbe Problematik stellt sich, wenn das Darlehen unmittelbar von der Zielgesellschaft dem kaufenden Management oder aber der erwerbenden NewCo eingeräumt wird[31]. Das Kapitalerhaltungsgebot ergibt sich aus spezialgesetzlichen Regelungen wie §§ 30 Abs. 1 GmbHG, 57 Abs. 1 AktG für die Kapitalgesellschaft bzw. § 172 Abs. 4 S. 1 HGB für die KG. Sowohl die Gewährung eines Darlehens als auch die Stellung von Sicherheiten verstößt nicht grundsätzlich gegen das Kapitalerhaltungsgebot, ist aber immer dann verboten, wenn hierdurch bei der Zielgesellschaft eine Unterbilanz oder eine Überschuldung entsteht[32]. Das droht immer dann, wenn der Zielgesellschaft gegen den Darlehensnehmer (Management selbst oder NewCo) kein werthaltiger Regressanspruch zusteht[33]. Dies dürfte aber bei MBOs häufig der Fall sein, weil Management oder NewCo die Finanzierung ohne die Sicherheitenstellung durch die Zielgesellschaft dann gewählt hätten, wenn sie hierzu in der Lage gewesen wären. Steuerrechtlich kann die Sicherheitenstellung durch die Zielgesellschaft als verdeckte Gewinnausschüttung (vGA) zu qualifizieren sein[34]. Das Vermögen der Zielgesellschaft lässt sich mithin risikofrei in der Regel nur über den Weg von Gewinnausschüttungen zur MBO-Finanzierung einsetzen[35].

Den für die Zielgesellschaft handelnden Personen drohen wegen Verstoßes gegen ihre Geschäftsführungs- bzw. Vorstandspflichten aus den bereits genannten Zivilrechtsnormen Schadenersatzverpflichtungen vor allem gegenüber der Zielgesell-

---

[30] Vgl. *Rödder/Hötzel/Mueller-Thuns*, Unternehmenskauf Unternehmensverkauf, § 15 Rz. 27, 30; *Ziegeler*, Bilanzierungsprobleme beim Leveraged Management Buy-Out, in: Betriebs-Berater 1997, S. 513; *Hölters/Hölters*, Handbuch des Unternehmens- und Beteiligungskaufs, Teil I Rz. 71; *Friedrich*, Die Rechtsfolgen einer darlehensweisen Auszahlung von Stammkapital bei der GmbH, in: Deutsches Steuerrecht 1991, S. 1118.

[31] Vgl. *Rödder/Hötzel/Mueller-Thuns*, Unternehmenskauf Unternehmensverkauf, § 15 Rz. 26, 30; *Ziegeler*, Bilanzierungsprobleme beim Leveraged Management Buy-Out, in: Betriebs-Berater 1997, S. 513; *Friedrich*, Die Rechtsfolgen einer darlehensweisen Auszahlung von Stammkapital bei der GmbH, in: Deutsches Steuerrecht 1991, S. 1118.

[32] Vgl. *Hölters/Semler*, Handbuch des Unternehmens- und Beteiligungskaufs, Teil VI Rz. 206; *Rödder/Hötzel/Mueller-Thuns*, Unternehmenskauf Unternehmensverkauf, § 15 Rz. 26, 27, 30; *Friedrich*, Die Rechtsfolgen einer darlehensweisen Auszahlung von Stammkapital bei der GmbH, in: Deutsches Steuerrecht 1991, S. 1118.

[33] Vgl. *Hölters/Semler*, Handbuch des Unternehmens- und Beteiligungskaufs, Teil VI Rz. 206; *Rödder/Hötzel/Mueller-Thuns*, Unternehmenskauf Unternehmensverkauf, § 15 Rz. 26, 27, 30; *Friedrich*, Die Rechtsfolgen einer darlehensweisen Auszahlung von Stammkapital bei der GmbH, in: Deutsches Steuerrecht 1991, S. 1118.

[34] Vgl. *Ziegeler*, Bilanzierungsprobleme beim Leveraged Management Buy-Out, in: Betriebs-Berater 1997, S. 513; *Streck/Schwedhelm*, Management Buy-Out und verdeckte Gewinnausschüttungen, in: Betriebs-Berater 1992, S. 792.

[35] Vgl. *Hölters/Semler*, Handbuch des Unternehmens- und Beteiligungskaufs, Teil VI Rz. 205.

schaft, bei einer GmbH & Co KG indirekt über den Ersatzanspruch der KG gegenüber ihrer persönlich haftenden Gesellschafterin, der GmbH.

3. Strafrecht

Die strafrechtlichen Fragestellungen sind in der Regel eng mit den beschriebenen zivilrechtlichen Problemen verknüpft. Immer dann, wenn es zivilrechtlich problematisch sein könnte, sollte im Rahmen eines MBO auch immer eine mögliche strafrechtliche Sanktion untersucht werden.

Zum Teil sind spezialgesetzliche Regelungen geschaffen worden. So ist der Verstoß gegen die Geheimhaltungspflicht des Managements strafrechtlich sanktioniert, §§ 404 AktG, 85 GmbHG.

In Betracht kommen daneben vor allem die allgemeinen strafrechtlichen Regelungen übe Kapitaldelikte. Das Management ist der Zielgesellschaft gegenüber zur Vermögenssorge verpflichtet[36], so dass ein Verstoß dagegen sich leicht als eine Untreue im Sinne von § 266 StGB darstellen kann. Dies gilt insbesondere bei einer verbotenen Rückzahlung von Stamm- (GmbH) bzw. Grundkapital (AG)[37]. Insbesondere dann, wenn steuerlich eine vGA vorliegt, drängt sich die Möglichkeit einer strafrechtlich relevanten Untreue auf[38]. Bei der GmbH & Co. KG ergibt sich eine vergleichbare Situation, weil die GmbH als persönlich haftende Gesellschafterin ggf. der KG zum Schadenersatz verpflichtet ist und so indirekt das Vermögen der GmbH durch eine Untreuehandlung des Geschäftsführers geschädigt wird[39].

Die Untreue nach § 266 StGB ist in der Regel in der zweiten Alternative des Treubruchtatbestandes erfüllt. Danach ist strafbar, wer eine ihm obliegende Pflicht, fremde Vermögensinteressen wahrzunehmen, verletzt und dadurch dem, dessen Vermögensinteressen er wahrzunehmen hat, Nachteil zufügt. Die Pflicht zur Wahrnehmung der Vermögensinteressen ergibt sich aus der Stellung als Management[40], die Verletzung aus der Verschlechterung der Vermögenssituation der Zielgesellschaft, wodurch zugleich der Nachteil entsteht.

---

[36] Vgl. *Schmidt*, Gesellschaftsrecht, 4. Auflage, Köln 2002, §§ 28 II 4, 36 II 4; *Thümmel*, Persönliche Haftung von Managern und Aufsichtsräten, 3. Auflage, Stuttgart 2003, Rz. 50; BGH vom 29. 5. 1987, 3 StR 242/86, BGHSt 34, S. 379; *Wagner*, Strafrechtliche Risiken beim MBO, in: Zeitschrift für Wirtschaft · Steuer · Strafrecht 1992, S. 161.

[37] Vgl. *Hölters/Hölters*, Handbuch des Unternehmens- und Beteiligungskaufs, Teil I Rz. 78; *Wabnitz/Janovsky/Köhler*, Handbuch des Wirtschafts- und Steuerstrafrechts, 2. Auflage, München 2004, Kapitel 8 Rz. 239, 244.

[38] Vgl. *Krekeler/Werner*, Verdeckte Gewinnausschüttung als Untreue, in: Strafverteidiger Forum 2003, S. 374; *Wabnitz/Janovsky/Köhler*, Handbuch des Wirtschafts- und Steuerstrafrechts, 2. Auflage, München 2004, Kapitel 8 Rz. 244.

[39] Vgl. *Wagner*, Strafrechtliche Risiken beim MBO, in: Zeitschrift für Wirtschaft · Steuer · Strafrecht 1992, S. 161; BGH vom 17. 3. 1987, VI ZR 282/85, BGHZ 100, S. 190; *Wabnitz/Janovsky/Köhler*, Handbuch des Wirtschafts- und Steuerstrafrechts, 2. Auflage, München 2004, Kapitel 8 Rz. 247.

[40] Vgl. *Schönke/Schröder/Lenckner/Perron*, Kommentar StGB, 26. Auflage, München 2001, § 266 Rz. 25.

Wird durch die Finanzierung des MBO die Zielgesellschaft in eine Überschuldungssituation gebracht oder aber bei tatsächlicher Inanspruchnahme von Sicherheiten zahlungsunfähig, so kommt, wenn das Managements hier zur Verschleierung zu „Rettungsmaßnahmen" greift, auch die Straftat des Bankrotts nach § 283 StGB oder die Verletzung von Buchführungspflichten gemäß § 283b StGB in Betracht[41]. Hierbei ist allerdings nach der Interessenformel des BGH[42] abzuwägen, in wessen Interesse das Management handelt. Geschah die Handlung (zumindest auch) im Interesse der (insolventen) Zielgesellschaft, so liegt eine Bankrotttat vor, handelte das Management (nur) im Eigen- oder sonstigen Drittinteresse, so ist eine Untreuehandlung zulasten der Zielgesellschaft gegeben. Da nunmehr aber in der Regel ein Einverständnis aller (neuen) Gesellschafter der Zielgesellschaft vorliegen dürfte, dürfte mit der Rechtsprechung ein Handeln zumindest auch im Interesse der Gesellschaft vorliegen, so dass von einer Bankrottstraftat auszugehen ist.

Straftaten kommen auch gegenüber den den MBO finanzierenden Geldgebern (Kreditinstitute, Venture Capital Gesellschaften, Privatleute) in Betracht. Hier gibt es zwar keine Vermögenssorgepflicht, aber in Betracht kommt vollendeter bzw. versuchter Betrug gemäß § 263 StGB bzw. des Kreditbetruges nach § 265b StGB. Die Geldgeber werden über maßgebliche Umstände – wesentliche wertbildende Faktoren – durch das Management getäuscht, bei ihnen entsteht ein Irrtum über den tatsächlichen Wert des MBO-Geschäfts, der sie zu der Vermögensverfügung – Finanzierung des MBOs – veranlasst, wodurch ihnen ein entsprechender Schaden entsteht[43].

Nimmt das Management im Zusammenhang mit dem MBO öffentliche Fördermittel in Anspruch und falsche oder unvollständige Erklärungen ab, so kommt auch eine Straftat des Subventionsbetruges gemäß § 264 StGB in Betracht.

Letztlich kann, wenn das Management im Zusammenhang mit dem MBO einem größeren Personenkreis gegenüber z. B. mittels eines Prospektes Beteiligungsangebote unterbreitet, auch ein Kapitalanlagebetrug nach § 264 a StGB begangen werden[44]. Dies dürfte aber bei MBOs, deren Finanzierung in der Regel mit nur einem oder wenigen Kapitalgebern erfolgt, nur selten der Fall sein.

---

[41] Vgl. *Wabnitz/Janovsky/Köhler*, Handbuch des Wirtschafts- und Steuerstrafrechts, 2. Auflage, München 2004, Kapitel 7 Rz. 105 ff.; *Thümmel*, Persönliche Haftung von Managern und Aufsichtsräten, 3. Auflage, Stuttgart 2003, Rz. 53.

[42] Vgl. *Wabnitz/Janovsky/Köhler*, Handbuch des Wirtschafts- und Steuerstrafrechts, 2. Auflage, München 2004, Kapitel 7 Rz. 178; BGH vom 4. 7. 1979, 3 StR 488/78, BGHSt 28, S. 371; BGH vom 20. 5. 1981, 3 StR 94/81, BGHSt 30, S. 127.

[43] Vgl. zu den Voraussetzungen des Betruges *Schönke/Schröder/Cramer*, Kommentar StGB, 26. Auflage, München 2001, § 263 Rz. 5.

[44] Vgl. zu den Voraussetzungen *Schönke/Schröder/Cramer*, Kommentar StGB, 26. Auflage, München 2001, § 264a.

Da Strafnormen aus dem Bereich der Vermögensdelikte Schutzgesetze im Sinne des § 823 Abs. 2 BGB sind[45], ergibt sich bei strafrechtlich relevanten Verstößen automatisch auch eine zivilrechtliche Schadenersatzpflicht (vgl. oben unter 2.).

In allen Fällen einer Strafbarkeit wird sich zudem für das Management im Rahmen des Strafmaßes besonders nachteilig auswirken, dass sich die aus den äußeren Umständen ergebende Vermutung, die Tat wäre ausschließlich zur eigenen Bereicherung, also grob eigennützig, begangen worden, kaum widerlegen lassen wird.

Weiterführende Literatur:

Hölters, Handbuch des Unternehmens- und Beteiligungskaufs, 5. Auflage, Köln 2002.

Picot, Unternehmenskauf und Restrukturierung, 2. Auflage, München 1998.

Rödder/Hötzel/Mueller-Thuns, Unternehmenskauf Unternehmensverkauf, München 2003.

Semler/Volhard, Arbeitshandbuch für Unternehmensübernahmen, Band 1, München 2001, Band 2, München 2003.

Thümmel, Persönliche Haftung von Managern und Aufsichtsräten, 3. Auflage, Stuttgart 2003.

Wabnitz/Janovsky/Köhler, Handbuch des Wirtschafts- und Steuerstrafrechts, 2. Auflage, München 2004.

Wagner, Strafrechtliche Risiken beim MBO, in: Zeitschrift für Wirtschaft · Steuer · Strafrecht 5/1992, S. 161 ff.

---

[45] Vgl. *Wagner*, Strafrechtliche Risiken beim MBO, Zeitschrift für Wirtschaft · Steuer · Strafrecht 1992, S. 161; *Thümmel*, Persönliche Haftung von Managern und Aufsichtsräten, 3. Auflage, Stuttgart 2003, Rz. 62; BGH vom 17. 3. 1987, VI ZR 282/85, BGHZ 100, S. 190.

Unternehmensnachfolge durch Verkauf des Unternehmens

Dr. Cornelius Weitbrecht

Inhalt:

		Seite
1.	Interessenlage und vorvertragliche Maßnahmen	321
2.	Ausgewählte Themen der Vertragsgestaltung	322
2.1	Vertragsart/share deal oder asset deal	322
2.2	Kaufpreisgestaltungen	324
2.3	Verkäufergarantien und Haftung	325
2.4	Optionsrechte	326
3.	Schuldrechtsreform	327
3.1	Auswirkungen auf Unternehmenskauf	327
3.2	Konsequenzen für die Vertragspraxis	328

1. Interessenlage und vorvertragliche Maßnahmen

Eine Unternehmensnachfolge durch Verkauf kommt in Betracht, wenn der Unternehmer keinen geeigneten Nachfolger findet, dem er das Unternehmen zuwenden kann oder will. Der Unternehmer verfolgt dabei u. a. folgende Ziele:
- das Unternehmen zu einem möglichst hohen Kaufpreis zu versilbern,
- möglichst geringe Haftungsrisiken einzugehen,
- zu einem klar definierten Zeitpunkt aus der Verantwortung auszuscheiden.

Die Interessen des Erwerbers andererseits hängen nicht unwesentlich davon ab, um welche Art von Käufer es sich handelt. Ein institutioneller Käufer (Private Equity Gesellschaft) etwa wird Wert darauf legen, sich gegen die Risiken aus dem ihm unbekannten Unternehmen abzusichern. Ist der Käufer beispielsweise ein Manager (ob aus dem Unternehmen selbst oder nicht) ohne wesentliche Eigenmittel, werden spezielle Kaufpreisgestaltungen mehr im Vordergrund stehen, die es ermöglichen, den Kaufpreis in zeitlich gestreckter Weise zu bezahlen, um diesen womöglich (teilweise) aus dem Cashflow des Unternehmens zu bestreiten.

Der Suche nach einem geeigneten Käufer muss, von Glücksfällen abgesehen, ausreichend Aufmerksamkeit und Zeit eingeräumt werden. In Betracht kommen Geschäftspartner, strategische Investoren, Finanzinvestoren, Manager von innerhalb oder außerhalb des Unternehmens und, sofern die eigene Ethik nicht entgegensteht, auch Konkurrenten. Jede Klientel besitzt ihre eigene Gesetzmäßigkeit und Psychologie. Es kann nützlich sein, sich bereits in diesem Stadium nach zuverlässigen und kompetenten Beratern umgesehen zu haben. Gleichzeitig wird man sich eine ungefähre Preisvorstellung machen. Methoden zur Unternehmensbewertung gibt es viele (vgl. den Beitrag von Coelen/Schulze) und sie können einen Anhaltspunkt liefern. Vor allem wenn das Unternehmen an Manager oder strategische Investoren verkauft werden soll, muss man sich aber von Substanzwert- Ertragswert- und EBIT-Berechnungen auch wieder lösen können. Am Ende gilt die ebenso nichtssagende wie zutreffende Weisheit der Unternehmenskaufslehre: „Ein konkretes Unternehmen ist so viel wert, wie jemand tatsächlich dafür zu zahlen bereit ist."

Falls der verkaufende Unternehmer die Geschäftsführung darstellt oder entscheidend mitprägt, muss die Management-Nachfolge bedacht werden. Bei einem geeigneten Käufer kann das mit diesem gemeinsam geschehen. Mit einem nicht unwesentlichen Einfluss auf den Kaufpreis muss gerechnet werden.

Nach Aufnahme der Verhandlungen und Abschluss einer Vertraulichkeitsvereinbarung sollte alsbald ein Letter of Intent (auch: Absichtserklärung, Offer Letter, Memorandum of Understanding u. ä.) unterzeichnet werden. Darin wird die gegenseitige Absicht, den Unternehmenskauf zum Abschluss zu bringen, niedergelegt. Weiter werden in der Regel Preisvorstellungen, die konzeptionelle Kaufgestaltung, die Art und Weise der Durchführung der due diligence und die Zeitplanung, so wie es bis dahin besprochen wurde, festgehalten, nicht selten auch weitere Details. Zwar stellt der Letter of Intent für die Verhandlungsparteien keine bindende Verpflichtung zum Kauf oder Verkauf dar, aber er begründet das gegenseitige Vertrauen, dass auf den Vertragsschluss hingearbeitet wird, welches – theoretisch – auch Schadensersatzpflichten nach sich ziehen kann, falls der Vertragsschluss aus bestimmten Gründen unterbleibt. In der Praxis dient der Letter of Intent als Ernsthaftigkeitstest für die Parteien und als eine Art Gesprächsprotokoll über die bis dahin gefundenen vorläufigen Ergebnisse.

In der sich daran anschließenden due diligence prüft der potenzielle Käufer das Unternehmen in technischer, finanzieller und rechtlicher Hinsicht auf „Herz und Nieren", indem er in die für ihn wichtigen Dokumente und Materialien des Unternehmens Einblick nimmt. Der Aufwand, der damit auch für den Verkäufer verbunden ist, und die Beeinträchtigung des Alltagsgeschäfts darf nicht unterschätzt werden. Das gilt erst recht, wenn dem Käufer und seinen Beratern auch Zugang zum Unternehmen selbst und die Möglichkeit, mit wesentlichen Mitarbeitern oder gar Kunden zu sprechen, eingeräumt wird, was aber bei kleineren Unternehmen zumeist vermieden werden kann.

Sobald sich abzeichnet, dass der Verkauf nicht mehr vor der Belegschaft oder vor Geschäftspartnern geheim gehalten werden kann, müssen diese Personenkreise durch angemessene Kommunikation auf den geplanten Verkauf des Unternehmens vorbereitet werden.

2. Ausgewählte Themen der Vertragsgestaltung

2.1 Vertragsart/share deal oder asset deal

Bei der rechtstechnischen Gestaltung eines Unternehmensverkaufs haben sich zwei Grundtypen von Unternehmenskaufverträgen herausgebildet, je nachdem, ob der Erwerber nur bestimmte Wirtschaftsgüter übernimmt oder ob er die gesellschaftsrechtliche Beteiligung an diesem Unternehmen vom Verkäufer übernimmt. Im ersten Fall geht es um den sog. asset deal, im zweiten Fall um den sog. share deal.

2.1.1 Asset deal

Beim asset deal handelt es sich um die Übertragung des Unternehmens als solches durch Übertragung der einzelnen Wirtschaftsgüter des Unternehmens, ohne dass dessen Rechtsträger, also die Gesellschaftsanteile, verkauft werden. Alle zu übertragenden Wirtschaftsgüter müssen einzeln bezeichnet im Kaufvertrag aufgeführt werden, was in der Regel ein umfangreiches Vertragswerk erforderlich macht. Bei Sachen (z. B. Maschinen, Warenvorräte etc.) hat der Verkäufer dem Käufer die Sache zu übergeben und das Eigentum einer Sache zu verschaffen. Handelt es sich um ein Recht (z. B. Patente, Lizenzen etc.), das verkauft wurde, ist dem Käufer das Recht durch Abtretung zu verschaffen. Bei Grundstücken sind die Auflassung und die Eintragung im Grundbuch zu bewirken.

2.1.2 Share deal

Beim share deal hingegen handelt es sich um die Veräußerung des Unternehmens durch Übertragung seines Rechtsträgers, also z. B. Veräußerung eines in der Rechtsform einer Gesellschaft (z. B. GmbH, AG) betriebenen Unternehmens durch Abtretung der Geschäftsanteile. Ein solcher Abtretungsvertrag ist, sofern nicht alle Anteile übertragen werden, zumeist auch an die Zustimmung der Gesellschaft und etwaiger Mitgesellschafter geknüpft. Gegenstand des zwischen Verkäufer und Käufer abgeschlossenen Kaufvertrags ist allein die gesellschaftsrechtliche Beteiligung des Verkäufers am Unternehmen. Diese Beteiligung umfasst eine Reihe von verschiedenen mitgliedschaftsrechtlichen Rechten, die aus der Stellung des Verkäufers als Gesellschafter des Unternehmens herrühren und die in der notariellen Urkunde zumeist näher konkretisiert werden. Als wichtigstes Recht ist hierbei das auf den Anteil entfallende Gewinnbezugsrecht zu nennen. Es muss eindeutig geregelt und auch bei der Kaufpreisbemessung berücksichtigt werden, ob noch nicht ausgeschüttete Gewinne dem Verkäufer oder dem Käufer zustehen sollen.

2.1.3 Formvorschriften

Der Unternehmenskaufvertrag in Form eines asset deals ist grundsätzlich formfrei und kann daher durch privatschriftliche Urkunde der Kaufvertragsparteien geschlossen werden. Werden allerdings im Rahmen einer einheitlichen Kaufvertragsurkunde auch Grundstücke mitverkauft, so ist der gesamte Unternehmenskaufvertrag notariell zu beurkunden. Die Formbedürftigkeit von Grundstückskaufverträgen wirkt sich in diesem Fall auf den gesamten Unternehmenskaufvertrag aus.

Beim share deal ist bei der Frage der Formbedürftigkeit danach zu differenzieren, welche Rechtsform das zu verkaufende Unternehmen hat. Während beim Verkauf einer AG oder GmbH stets notarielle Beurkundung vorgeschrieben ist, ist die Abtretung von Anteilen an Personengesellschaften (GbR, OHG, KG) formfrei und daher auch durch privatschriftliche Urkunde möglich. Eine Ausnahme hiervon bildet die Übertragung von Kommanditanteilen an einer GmbH & Co. KG, sofern gleichzeitig auch die Anteile an der Komplementär-GmbH an den Käufer übertragen werden.

2.1.4 Wahl zwischen asset deal oder share deal

Von einer generellen Bevorzugung des share deals oder des asset deals im Rahmen von Unternehmenskäufen kann grundsätzlich nicht gesprochen werden. Es geht hier nicht darum, was für eine Partei günstiger ist, sondern darum, was im konkreten Fall sinnvoller ist. Auch steuerliche Voraussetzungen und Folgen spielen hierbei oftmals eine wesentliche Rolle. Bei der Wahl zwischen asset oder share deal ist zunächst von Bedeutung, ob das ganze Unternehmen oder nur ein Teil dessen verkauft werden soll. Denn bei einem vollständigen Verkauf eines Unternehmens wird sich in der Regel der share deal als sinnvolle Verkaufsvariante anbieten, da diese Strukturierung zumindest im Vollzug einfacher ist. Geht es dem Verkäufer hingegen darum, nur einen bestimmten Unternehmensbereich zu veräußern, so ist häufig die Form des asset deals vorzugswürdig.

Bei der Unternehmensnachfolge durch Verkauf des Unternehmens geht es dem Verkäufer gerade darum, sein gesamtes Unternehmen und nicht nur einen Teilbereich oder einzelne Wirtschaftsgüter zu verkaufen. Insofern ist bei der Unternehmensnachfolge aus praktischen Erwägungen – und unabhängig von steuerlichen Überlegungen – regelmäßig die Form des share deal vorzugswürdig. Die unten unter Ziffer 2.4 angesprochenen Options-Gestaltungen lassen sich ohnehin nur bei einem share deal verwirklichen.

2.2 Kaufpreisgestaltungen

Für die Art und Weise der Kaufpreiszahlung sind vielfältige Gestaltungen denkbar. Vier wesentliche Gestaltungsarten lassen sich im Zusammenhang mit der Unternehmensnachfolge unterscheiden:

(1) Der vereinbarte Festkaufpreis wird in voller Höhe bei Kaufvertragsschluss und Übergabe bezahlt;

(2) Der vereinbarte Festkaufpreis wird in Raten über einen längeren Zeitraum hinweg bezahlt;

(3) Neben einem festen Basiskaufpreis wird ein weiterer, später zu zahlender, variabler Kaufpreisteil vereinbart, dessen Höhe vom Erfolg der weiteren Unternehmensentwicklung, z. B. von den Gewinnen der auf die Übergabe folgenden zwei oder maximal drei Geschäftsjahre, abhängt (sog. earn out Modell); es kann insbesondere an den Bilanzgewinn vor Steuern, oder das sog. EBIT, also die Erträge vor Steuern und vor Zinsen, angeknüpft werden.

(4) Der Kaufpreis wird versicherungsmathematisch in eine lebenslängliche Rentenzahlung umgerechnet und als Leibrente an den Verkäufer ausgezahlt.

Variante (1) erklärt sich von selbst. Dieses klassische Modell kommt vor allem bei institutionellen Käufern in Betracht. Nicht selten wird der Käufer einen gewissen Kaufpreis-Einbehalt für die Haftung des Verkäufers aus den Garantien des Unternehmenskaufvertrages verlangen. Der Sicherheitseinbehalt sollte 10 % des Kaufpreises nicht übersteigen, auf ein Treuhandkonto gezahlt werden und spätestens innerhalb von 2 Jahren nach Vertragsschluss ausgekehrt werden.

Sofern die begrenzten Barmittel des Käufers – etwa beim sog. Management-Buy-Out (vgl. die Beiträge von Brodbeck/Maaß und Greve) – eine Gestaltung entsprechend Variante (2) gebieten, sollte der Verkäufer auf eine substanzielle Anzahlung und auf häufige Raten – nicht jährlich, sondern mindestens vierteljährlich – bestehen, um sein Risiko zu verringern. Verfügt der Käufer über eine ausreichende Kreditwürdigkeit bei seiner Bank, ist eine Bankgarantie auf erstes Anfordern zur Sicherung des jeweils ausstehenden Kaufpreisteils naheliegend, anderenfalls müssen andere Absicherungen gefunden werden.

Modell (3) ist im Gegensatz zu den ersten beiden Varianten keine bloße Fälligkeitsregelung, sondern hat auch Einfluss auf die Kaufpreishöhe. Der Verkäufer nimmt am Risiko der Zukunft teil ebenso wie an den Chancen. Darauf wird sich der Verkäufer nur einlassen, wenn er nur auf diese Weise einen besonders hohen Kaufpreis durchsetzen kann und will. Sein Risiko ist offensichtlich: Er lässt sich auf Erfolg oder Misserfolg der neuen Unternehmensführung ein und unterwirft sich gewissen Manipulationsmöglichkeiten des Käufers. Im Rahmen der Unternehmensnachfolge ist dies nicht die erste Wahl. Solche Modelle werden eher bei Unternehmensverkäufen verwendet, wenn das Unternehmen noch jung und im Wachstum begriffen ist und/oder der Verkäufer sich noch Einfluss auf die Unternehmensführung vorbehält.

Die sehr lange Dauer der Abhängigkeit von den Zahlungen des Käufers lässt Variante (4) selten angezeigt erscheinen. Sollte der Verkäufer ein besonderes Interesse an einer Verrentung haben, sollte an Versicherungslösungen gedacht werden.

2.3 Verkäufergarantien und Haftung

Typischerweise verlangt der Käufer – wenn er nicht, etwa als Miteigentümer/Mitarbeiter, bereits bestens mit dem Unternehmen vertraut ist –, dass der Verkäufer zahlreiche Eigenschaften des Unternehmens garantiert. Diese Verkäufergarantien (englisch: representations and warranties) nehmen nicht selten den meisten Raum im Vertragswerk ein und beinhalten neben der freien Verfügungsbefugnis des Verkäufers u. a. Aussagen über den ordnungsgemäßen und gesetzmäßigen Zustand der Aktiva und des Geschäftsbetriebs insgesamt, über die Arbeitnehmerbeziehungen, die gewerblichen Schutzrechte, wichtige Dauerschuldverhältnisse (z. B. Verträge mit Zulieferern/Abnehmern/Vermietern), die rechtzeitige und vollständige Zahlung sämtlicher Steuern und Abgaben, und vieles mehr.

Von besonderer Bedeutung sind Bilanzgarantien. Der Verkäufer garantiert hierbei, dass mindestens der letzte Jahresabschluss entsprechend den einschlägigen handelsrechtlichen und steuerlichen Vorschriften aufgestellt wurde. Im Standardfall wird darüber hinaus vereinbart, dass eine Stichtagsbilanz auf den Tag der Übergabe des Unternehmens (Eigentumsübergang) aufgestellt wird und der Verkäufer in der Stichtagsbilanz ein bestimmtes Eigenkapital (bilanzieller Überschuss der Aktiva über die Verbindlichkeiten) garantiert (Eigenkapitalgarantie). Dazu ist zu beachten, dass ein solches Verfahren zwar „gerecht", aber auch aufwendig ist und regelmäßig ein Nachspiel hat. Aus Verkäufersicht ist es wünschenswert, lediglich die Richtigkeit des letzten abgeschlossenen Jahresabschlusses und für die Zeit danach bis zum Stichtag einen mit der „Sorgfalt eines ordentlichen Kaufmanns" geführter Geschäftsbetrieb zu garantieren.

Werden die Verkäufergarantien verletzt – was nicht unbedingt auf einem Verschulden des Verkäufers beruhen muss –, haftet der Verkäufer auf Schadensersatz. Ein Rücktrittsrecht des Käufers sollte als Rechtsfolge ausgeschlossen werden.

Der scheidende Unternehmer sollte auf jeden Fall auf eine Haftungsbegrenzung der Höhe nach achten. Üblicherweise wird sie einen Bruchteil des Kaufpreises ausmachen. Natürlich kann eine sehr niedrige Grenze Einfluss auf den Kaufpreis haben, weil der Verkäufer sein Risiko dann einfach teilweise vom Kaufpreis abzieht. Letztlich entscheiden hier Risikofreude und Sicherheitsbedürfnis des verkaufenden Unternehmers. Haftungsbegrenzungen zwischen 10 % und 50 % des Kaufpreises sind nicht selten.

Nicht unerwähnt bleiben soll schließlich die Möglichkeit, Verkäufergarantien und damit verbundene Haftungsrisiken vollständig (mit Ausnahme vorsätzlicher Schädigung) auszuschließen. Gerade bei einem Unternehmer, der nach Übergabe seines Unternehmens nicht mehr am Geschäftsleben teilnehmen will – und sei es auch nur in Form der Vertragsabwicklung für die Zeit der Nachhaftung –, und der einen übersichtlichen, „schlanken" Unternehmenskaufvertrag wünscht, kann ein Haftungsausschluss interessant sein. Eine solche Vertragsgestaltung setzt in der Praxis eine starke Verhandlungsposition des Verkäufers, Kompromissbereitschaft beim Kaufpreis und die Einräumung der Möglichkeit einer sehr intensiven due diligence durch den Käufer voraus.

2.4 Optionsrechte

Auch die Unternehmensnachfolge durch Verkauf bietet die Möglichkeit eines sukzessiven Ausscheidens des übergebenden Unternehmers, der sich erst nach und nach aus der Unternehmerinitiative zurückziehen will. Nicht selten liegt es sogar im Interesse des Käufers, dass der ehemals geschäftsleitende Verkäufer dem Unternehmen noch eine Zeit lang zur Verfügung steht und sein Know-how an die neue Unternehmensführung weitergibt. Ein Beratervertrag, der sich an den Zeitpunkt der Übergabe und der Übereignung des Unternehmens anschließt, ist eine – wenn auch begrenzte – Möglichkeit für diese Zielsetzung.

Eine motivierendere Lösung ist die Vereinbarung eines zunächst nur teilweisen Verkaufs mit anschließenden Verkaufsrechten (Put-Option) bzw. Kaufrechten (Call-Option) auf die restlichen Unternehmensanteile. Der Unternehmer verkauft im ersten Schritt (regelmäßig) eine Anteilsmehrheit an den Nachfolger gegen Zahlung eines entsprechenden Kaufpreises. Auf die restlichen Anteile räumt er dem Käufer das Recht ein, diese zu einem bestimmten Zeitpunkt oder innerhalb eines bestimmten Zeitfensters – beispielsweise nach Ablauf von mindestens einem, maximal zwei Jahren nach dem Erstverkauf –, zu erwerben, und zwar zu einem Preis, der sich an den Ergebnissen des Zeitpunkts der Optionsausübung orientiert und dementsprechend vom Preis für den Erstkauf abweichen kann; es kommt hier also regelmäßig zu den oben unter Ziffer 2.2 beschriebenen earn-out-Modellen. Um sicher zu sein, dass am Ende alle Anteile verkauft werden, wird die Option gegenseitig vereinbart, also auch dem Verkäufer ein Verkaufsrecht eingeräumt.

Diese Gestaltung hat den Vorteil, dass der Unternehmer während der Übergangszeit Mitspracherechte aus seiner verbleibenden (Minderheits-)Beteiligung ausüben kann, die ergänzend zu vereinbaren sind. Er bleibt in der unternehmerischen Verantwortung und kann Einfluss nehmen auf den Erfolg, der den Kaufpreis beim Zweitverkauf bestimmt.

Andererseits darf man nicht übersehen, dass ein Ausscheiden „auf Raten", wie auch bei anderen Nachfolgesituationen ohne Verkauf, eine psychologisch vielleicht nicht einfache Aufgabe darstellen kann, weil der Unternehmer zwar noch im Unternehmen mitspielt, aber nicht mehr „Herr im Haus" ist. Auch sollte man sich im Klaren sein, dass Optionsmodelle – so lehrt die Erfahrung – fast immer zu Neuverhandlungen über den Preis bei Optionsausübung führen. Kein Unternehmen wird ein oder zwei Jahre nach Übergabe an einen Nachfolger noch dasselbe sein und keine Kaufpreisformel, die heute für richtig gehalten wird, wird ein oder zwei Jahre später noch von beiden Parteien in gleicher Weise als angemessen angesehen werden.

3. Schuldrechtsreform

Das Stichwort „Schuldrechtsreform" hat im Zusammenhang mit Unternehmenskäufen sowohl Kaufvertragsparteien als auch juristische Berater aufgeschreckt. Mit dem Gesetz zur Modernisierung des Schuldrechts (SchRModG) vom 26. 01. 2001, welches zum 1. 01. 2002 in Kraft trat, hat der Gesetzgeber das im Bürgerlichen Gesetzbuch (BGB) verankerte sog. Schuldrecht einer längst überfälligen Reform unterzogen. Das Schuldrecht regelt in seinem allgemeinen Teil Vorraussetzungen und Rechtsfolgen für alle von Arten Austauschverträgen, im besonderen Teil werden einzelne Vertragstypen besonders geregelt (z. B. Kauf, Miete, Leihe, Werkvertrag etc.). Das Reformgesetz hat dabei vor allem im Gewährleistungsrecht, den allgemeinen Regelungen zur Verletzung vertraglicher Pflichten (sog. Recht der Leistungsstörung) sowie bei der Verjährung von schuldrechtlichen Ansprüchen zum Teil weitreichende Änderungen eingeführt. Im Ergebnis kann jedoch, um es vorweg zu nehmen, „Entwarnung" gegeben werden.

3.1 Auswirkungen auf Unternehmenskauf

Die Schuldrechtreform war im Grundsatz auch für das Recht des Unternehmenskaufs von Bedeutung, da sich der Kauf bzw. Verkauf eines Unternehmens nach den kaufrechtlichen Vorschriften des BGB richtet. Was spezifische Fragen des Unternehmenskaufs angeht, hat die Reform des Schuldrechts hingegen keine weitreichenden Änderungen gebracht. Vielmehr ist das neue Schuldrecht nunmehr lediglich frei von dem nach altem Recht bestehenden Wertungswidersprüchen und Ungereimtheiten. Dies gilt insbesondere für Fragen der Gewährleistung beim Unternehmenskauf, sofern das verkaufte Unternehmen Fehler aufweist oder sonstige Beschaffenheitszusagen nicht erfüllt wurden.

Insbesondere die Neuregelung des § 444 BGB, die in der juristischen Literatur zu einer heftigen Diskussion über die freie Gestaltbarkeit von selbständigen Garantieversprechen (Verkäufergarantien) geführt hat, kann wohl nur als Sturm im Wasserglas bezeichnet werden. Denn zunächst wurde § 444 BGB so verstanden, dass ein Haftungsausschluss oder Haftungseinschränkungen (s. o. Abschnitt 29.2.3) des Verkäufers unwirksam sein sollte, sofern der Verkäufer gegenüber dem Käufer gleichzeitig eine Garantie für eine bestimmte Beschaffenheit des Unternehmens bzw. einzelner Unternehmensgegenstände übernommen hatte. Solche sog. selbständigen Garantieversprechen spielen in der Praxis des Unternehmenskaufs eine bedeutende Rolle, ersetzen sie doch – was die Voraussetzungen einer Haftung sowie Inhalt und Umfang des Schadensersatzes anbetrifft – in der überwiegenden Zahl von Unternehmenskäufen das gesetzliche Gewährleistungsrecht. Inzwischen hat das Bundesministerium der Justiz klargestellt, dass sich trotz der Neuregelung dieser Vorschrift nichts an der bisherigen Rechtslage und damit and der Zulässigkeit solcher selbständiger Garantieversprechen und an ihrer Einschränkbarkeit geändert hat.

3.2 Konsequenzen für die Vertragspraxis

Nach der amtlichen Begründung des Gesetzgebers zur Reform des Schuldrechts soll das reformierte Kaufrecht, insbesondere was den Anspruch des Käufers auf Schadensersatz, die Berechnung der Minderung im Falle von Mängeln oder Fragen der Verjährung angeht, den besonderen rechtlichen Anforderungen beim Unternehmenskauf weitaus besser als bisher Rechnung tragen.

Die Mehrheit der juristischen Literatur plädiert jedoch weiterhin dazu, das gesetzliche Kaufrecht auszuschließen und durch bilaterale Vereinbarungen der Parteien zu ersetzen. Dies folgt insbesondere aus Gründen der Praktikabilität und der Möglichkeit, durch Verhandeln einen besseren Interessenausgleichs zwischen Käufer und Verkäufer herzustellen. Auch aus diesem Grund sind die Auswirkungen der Schuldrechtsreform auf den Unternehmenskauf gering und führen in der Rechtspraxis des Unternehmenskaufs letztlich zu keinen neuen Gestaltungsüberlegungen.

Weiterführende Literatur:

Picot (Hrsg.), Unternehmenskauf und Restrukturierung, München 1998.
Pöllath/Holzapfel, Unternehmenskauf in Recht und Praxis, 11. Auflage, Köln 2003.
Sattler, Kauf und Verkauf eines Unternehmens, Eschborn 1998.

Stiftungen und Unternehmen
Thomas Wachter

Inhalt:

		Seite
1.	Einführung	329
1.1	Renaissance des Stiftungswesens	329
1.2	Motive für die Errichtung einer Stiftung	329
1.3	Bedeutung der Stiftung für die Unternehmensnachfolge	330
1.4	Gang der Darstellung	331
2.	Rechtsform der Stiftung	331
3.	Errichtung einer Stiftung	332
3.1	Überblick	332
3.2	Stiftungsgeschäft unter Lebenden	332
3.3	Stiftungsgeschäft von Todes wegen	333
3.4	Stiftungserrichtung zu Lebzeiten oder von Todes wegen	333
4.	Stiftungssatzung	334
4.1	Inhalt der Stiftungssatzung	334
4.2	Stiftungszweck	335
4.3	Stiftungsorgane	337
4.4	Stiftungsvermögen	338
4.5	Anerkennung der Stiftung	340
5.	Doppelstiftung	340
6.	Zusammenfassung	341

1. Einführung

1.1 Renaissance des Stiftungswesens

Das Stiftungswesen hat in Deutschland in den letzten Jahren eine erfreuliche Entwicklung genommen. Die Zahl von Stiftungserrichtungen steigt kontinuierlich und hat jüngst die Marke von 12.000 Stiftungen überschritten. Fast die Hälfte davon sind in den letzten zehn Jahren gegründet worden. In diesem Jahr werden voraussichtlich erneut ca. 800 neue Stiftungen errichtet. Im Vergleich zum Beginn der neunziger Jahre bedeutet dies eine Verfünffachung der jährlichen Neugründungen.

1.2 Motive für die Errichtung einer Stiftung

Die Motive für die Errichtung einer Stiftung sind vielfältig. Denn jeder Stifter gestaltet die Stiftung nach seinen individuellen Vorstellungen und Wünschen. Gleichwohl lassen sich einige allgemeine Beweggründe für die Gründung einer Stiftung feststellen. Dazu gehören u. a.:
- **Persönliches Engagement**: In einer Stiftung kann sich der Stifter für das Gemeinwohl engagieren. Der Stifter kann auf diese Weise sein Verantwortungs-

gefühl, seine Betroffenheit oder seine Dankbarkeit zum Ausdruck bringen. Im Unterschied zu einer Spende kann sich der Stifter in der Stiftung eigenständig engagieren und die Verwirklichung des Stiftungszwecks selbst gestalten und kontrollieren.
- **Verwirklichung einer Idee**: Eine Stiftung ist eine ausgezeichnete Organisationsform, um ein persönliches Anliegen langfristig und dauerhaft zu verfolgen. Der Bestand der Stiftung und die Erträge aus dem Stiftungsvermögen gewährleisten, dass die Idee nachhaltig verwirklicht wird und im Alltagsgeschäft nicht schon bald wieder untergeht. Viele Stifter finden in der Tätigkeit für ihre Stiftung (nach Beendigung des Berufslebens) eine neue, erfüllende Aufgabe.
- **Gesellschaftliche Anerkennung**: Stifter und Stiftungen genießen zu Recht hohes Ansehen. Mit einer eigenen Stiftung kann man sich ein „Denkmal" setzen und sein eigenes Lebenswerk über den Tod hinaus sichern. Errichtet der Stifter die Stiftung zu Lebzeiten, kann er diese Anerkennung noch selbst erfahren.
- **Schutz des Vermögens**: Eine Stiftung hat keine Eigentümer oder Gesellschafter. Mit einer Stiftung kann der Stifter sein Vermögen daher dauerhaft als Einheit erhalten. Eine Zersplitterung des Vermögens wird dadurch ausgeschlossen.
- **Nachfolgeregelung**: Eine Stiftung ist unsterblich. Erblasser, die keine (oder keine geeigneten) Nachfolger haben, können sich durch die Errichtung der Stiftung gewissermaßen ihren eigenen Erben schaffen. Die Regelung der Nachfolge kann aber auch dann ein Motiv für die Errichtung einer Stiftung sein, wenn mehrere Erben vorhanden sind. Die Zweckbindung des Stiftungsvermögens vermeidet Nachlassstreitigkeiten zwischen mehreren Erben.
- **Außendarstellung**: Mit der Errichtung einer Stiftung können vermögende Privatpersonen und Unternehmer nicht nur ihrer sozialen Verantwortung Rechnung tragen, sondern dies auch nach außen sichtbar machen. Das positive Image der Stiftung kann im Einzelfall zugleich im Rahmen des Marketings von Privatpersonen oder Unternehmen genutzt werden.
- **Steueroptimierung**: Die Errichtung einer Stiftung ist kein Steuersparmodell. Denn der Stifter überträgt sein Vermögen grundsätzlich unwiderruflich auf die Stiftung und damit auf einen für ihn fremden Rechtsträger. Gleichwohl sind mit der Errichtung einer Stiftung zahlreiche steuerliche Vorteile verbunden, die im Einzelfall genutzt werden können. Stiftungen werden steuerlich stärker begünstigt als andere gemeinnützige Körperschaften oder Spenden.

1.3 Bedeutung der Stiftung für die Unternehmensnachfolge

Diese Motive für die Errichtung einer Stiftung sind in vielen Fällen auch im Unternehmensbereich von entscheidender Bedeutung. Zunehmende Bedeutung gewinnen Stiftungslösungen aber vor allem im Zusammenhang mit der Gestaltung der Unternehmensnachfolge. Jüngsten Schätzungen zufolge werden nur noch 45 % aller mittelständischen Unternehmen innerhalb der Familie übertragen. In der Mehrzahl der Fälle müssen daher andere Lösungen gefunden werden. Soll das Unternehmen nicht verkauft werden, kann die Errichtung einer Stiftung eine interessante Alternative darstellen.

Vielfach soll mit einer Stiftungslösung zugleich die Selbständigkeit des Familienunternehmens gewährleistet werden und ein Verkauf an Konkurrenten verhindert werden.

Der durch die Erbschaftsteuer ausgelöste Liquiditätsabfluss gefährdet – trotz zahlreicher Begünstigungen – in vielen Fällen den Fortbestand mittelständischer Unternehmen. Die Einbringung einer Unternehmensbeteiligung in eine gemeinnützige Stiftung ist von der Erbschaft- und Schenkungsteuer befreit und sichert somit den langfristigen Fortbestand des Unternehmens.

Durch die Errichtung einer (gemeinnützigen oder privatnützigen) Stiftung können viele Ziele der Unternehmensnachfolge verwirklicht werden. Gleichwohl sind Stiftungen keine Standardlösung zur Bewältigung der Unternehmensnachfolge. Denn sowohl die Übertragung eines Unternehmens als auch die Errichtung einer Stiftung sind komplexe Vorgänge, bei der eine Vielzahl unterschiedlicher persönlicher, familiärer, unternehmerischer und wirtschaftlicher Interessen und Ziele zu berücksichtigen sind. In geeigneten Einzelfällen bieten Stiftungslösungen aber durchaus einen interessanten Ansatz zur Bewältigung der Unternehmensnachfolge, wie zahlreiche prominente Beispiele eindrucksvoll belegen.

Insgesamt ist davon auszugehen, dass die Bedeutung von Stiftungen als erbrechtliches Gestaltungsmittel auch und gerade im unternehmerischen Bereich in den nächsten Jahren erheblich an Bedeutung zunehmen wird.

1.4 Gang der Darstellung

Ausgangspunkt der nachfolgenden Darstellung ist eine kurze Bestimmung der Charakteristika einer Stiftung und deren Abgrenzung zu anderen Rechtsformen (Teil 2). Vor der Errichtung einer Stiftung sollte – wie auch sonst bei der Gründung eines Unternehmens – stets geprüft werden, ob die Stiftung überhaupt die geeignete Rechtsform darstellt. In diesem Zusammenhang stellt sich auch die Frage nach der geeigneten Stiftungsform (selbständige oder unselbständige Stiftung, Familienstiftung oder gemeinnützige Stiftung, etc.). Dabei ist neben rechtlichen Gesichtspunkten naturgemäß eine Vielzahl persönlicher, wirtschaftlicher und steuerrechtlicher Aspekte zu berücksichtigen. Diese sind nicht Gegenstand dieses Beitrags. Eine ganzheitliche und generationenübergreifende Beratung des potentiellen Stifters muss diese Fragen indes mitberücksichtigen und in die Entscheidungsfindung miteinbeziehen.

Auf der Grundlage der Ausführungen zur Rechtsform der Stiftung gibt der Beitrag sodann einen Überblick über die Möglichkeiten zur Errichtung einer Stiftung (Teil 3) und zeigt verschiedene Möglichkeiten der Ausgestaltung einer Stiftungssatzung auf (Teil 4). Abschließend wird das Modell der Doppelstiftung kurz skizziert (Teil 5).

2. Rechtsform der Stiftung

Der Begriff der Stiftung ist gesetzlich nicht definiert. Unter einer rechtsfähigen Stiftung versteht man eine mitgliederlose Organisation, die bestimmte durch das Stiftungsgeschäft festgelegte Zwecke mit Hilfe eines ihr dauerhaft gewidmeten Vermögens verfolgt.

Die Stiftung ist von natürlichen und juristischen Personen losgelöst und damit potentiell unsterblich. Im Gegensatz zu Vereinen oder Gesellschaften hat die Stiftung weder Gesellschafter noch Mitglieder. Als verselbständigte Vermögensmasse gehört sich die Stiftung gewissermaßen selbst. Die Stiftung existiert völlig unabhängig von dem Stifter und sonstigen Dritten. Insbesondere haben die von der Stiftung begünstigten Dritten (Destinatäre) nicht die Stellung von Mitgliedern, sondern sind lediglich Nutznießer des Stiftungsvermögens.

Die Stiftung ist durch drei konstitutive Elemente gekennzeichnet:
- den Stiftungszweck,
- das Stiftungsvermögen, und
- die Stiftungsorganisation.

Oberstes Prinzip des Stiftungsrechts ist der Stifterwille. Die Stiftung ist Vollstreckerin des Stifterwillens. Während eine Körperschaft vom wandelbaren Willen ihrer Mitglieder getragen wird, ist der Wille des Stifters, der den Zweck der Stiftung bestimmt, grundsätzlich unabänderlich. Das Bundesverfassungsgericht hat die Bedeutung des Stifterwillens wie folgt umschrieben: „Das eigentümliche einer Stiftung ist, dass der Stifterwille für die Stiftung dauernd konstitutiv bleibt. Charakter und Zweck der Stiftung liegen mit diesem Anfang in die Zukunft hinein und für die Dauer der Existenz der Stiftung fest."

3. Errichtung einer Stiftung
3.1 Überblick

Voraussetzung für die Errichtung einer selbständigen Stiftung ist ein privatrechtliches Stiftungsgeschäft mit Stiftungssatzung und die staatliche Anerkennung einer Behörde des Bundeslandes, in dem die Stiftung ihren Sitz haben wird.

Das Stiftungsgeschäft besteht dabei aus zwei Teilen:
- einem organisationsrechtlichen Teil, der auf die Schaffung einer juristischen Person gerichtet ist, und
- einem vermögensrechtlichen Teil, der die Widmung des Stiftungsvermögens betrifft.

Die Stiftung kann entweder zu Lebzeiten oder von Todes wegen errichtet werden.

3.2 Stiftungsgeschäft unter Lebenden

Eine zu Lebzeiten errichtete Stiftung kann von einer oder mehreren, natürlichen oder juristischen Personen (z.B. Unternehmen, Vereinen, Gemeinden, Kirchen) errichtet werden.

Das Stiftungsgeschäft unter Lebenden muss nicht höchstpersönlich vorgenommen werden. Stellvertretung ist grundsätzlich zulässig. Gleichwohl sollte die mit der Errichtung einer Stiftung verbundene Willensentscheidung vom Stifter selbst getroffen und verantwortet werden.

Der Stifter muss unbeschränkt geschäftsfähig sein. Andernfalls ist das Stiftungsgeschäft unwirksam und kann auch nicht vom gesetzlichen Vertreter genehmigt werden. Das Stiftungsgeschäft eines Geschäftsunfähigen oder eines beschränkt Geschäftsfähigen kann nicht von seinem gesetzlichem Vertreter vorgenommen werden.

Das Stiftungsgeschäft bedarf der Schriftform. Das Stiftungsgeschäft kann dabei handschriftlich oder maschinenschriftlich errichtet werden.

3.3 Stiftungsgeschäft von Todes wegen

Das Stiftungsgeschäft von Todes wegen kann in einem Testament oder in einem Erbvertrag (als einseitige Erklärung) vorgenommen werden.

Stiftungen von Todes wegen werden erst nach Eröffnung der letztwilligen Verfügung von Todes wegen anerkannt. Die staatlich anerkannte Stiftung kann die Erbschaft oder das Vermächtnis nicht ausschlagen, da dies den Wegfall ihrer Existenzgrundlage zur Folge hätte.

3.4 Stiftungserrichtung zu Lebzeiten oder von Todes wegen

In der Praxis stellt sich die Frage, ob eine Stiftung bereits zu Lebzeiten oder erst von Todes wegen errichtet werden soll.

Stifter neigen oftmals dazu, die Stiftung erst nach ihrem Ableben zu gründen, um sich zu Lebzeiten noch nicht dauerhaft von ihrem eigenen Vermögen trennen zu müssen. Die Errichtung einer Stiftung im Wege der letztwilligen Verfügung erweist sich in der Praxis jedoch als wenig zweckmäßig. Eine lückenhafte oder unklare Regelung im Testament kann im Einzelfall die Errichtung der Stiftung sogar verhindern. Aus diesem Grund sind die Anerkennungsbehörden zwar grundsätzlich befugt, das Stiftungsgeschäft in den durch den Stifterwillen gezogenen Grenzen zu ändern oder zu ergänzen. Doch führt dies meist zu erheblichen Verzögerungen der Stiftungsgründung und Streitigkeiten mit etwaigen Erben. Dagegen können bei der Stiftungserrichtung zu Lebzeiten etwaige Zweifel hinsichtlich des Stiftungsgeschäfts durch den Stifter selbst jederzeit authentisch ausgeräumt werden.

Die Errichtung einer Stiftung zu Lebzeiten ist aber auch aus anderen Gründen einer Stiftungserrichtung von Todes wegen vorzuziehen.

Pflichtteilsberechtigte Personen müssen die Errichtung der Stiftung nur dann gegen sich gelten lassen, wenn der Stiftung das Vermögen mindestens zehn Jahre vor dem Ableben des Stifters gewidmet worden ist. Andernfalls kann der Bestand der Stiftung durch Pflichtteils(ergänzungs-)ansprüche gefährdet sein.

Der Stifter kann im Zusammenhang mit der Errichtung einer Stiftung verschiedene steuerrechtliche Vorteile in Anspruch nehmen. Die Möglichkeit, die Vermögensausstattung der Stiftung als Sonderausgabe geltend zu machen, besteht aber nur für Stiftungsgründungen zu Lebzeiten.

Nicht zuletzt erfährt der Stifter nur bei der Stiftungserrichtung zu Lebzeiten noch die öffentliche Anerkennung und Befriedigung, die im Einzelfall mit der Errichtung einer Stiftung verbunden sein kann.

Kann oder will sich der Stifter zu Lebzeiten noch nicht von seinem Vermögen trennen, sollte eine Stufengründung in Betracht gezogen werden. Der Stifter errichtet die Stiftung dabei bereits zu Lebzeiten mit einem relativ niedrigem (aber ausreichenden) Vermögen (z. B. 50.000 Euro Barvermögen). Die bereits bestehende Stiftung setzt der Stifter dann in einer letztwilligen Verfügung als Erbin oder Vermächtnisnehmerin ein. Der Stifter kann dann bereits manche Vorteile der Stiftungsgründung zu Lebzeiten nutzen, ohne sich bereits von seinem gesamten Vermögen trennen zu müssen.

4. Stiftungssatzung
4.1 Inhalt der Stiftungssatzung

Neben dem Stiftungsgeschäft hat der Stifter der Stiftung eine Stiftungssatzung zu geben. Die Stiftungssatzung ist in der Regel in einer Anlage zum Stiftungsgeschäft enthalten.

Die Stiftungssatzung muss in jedem Fall Regelungen zu folgenden Fragen enthalten:
- den Namen der Stiftung,
- den Sitz der Stiftung,
- den Zweck der Stiftung,
- das Vermögen der Stiftung, und
- die Bildung des Vorstands der Stiftung.

In der Praxis sollte die Satzung jedoch nicht auf diesen gesetzlichen Mindestinhalt beschränkt bleiben. Im Interesse des langfristigen Bestands der Stiftung ist es vielmehr empfehlenswert, in der Satzung eine Vielzahl weiterer Fragen nach den individuellen Vorstellungen des Stifters zu regeln. Dazu gehören u. a.:
- Anzahl, Berufung, Amtsdauer und Abberufung der Organmitglieder,
- Einberufung, Beschlussfähigkeit und Beschlussfassung der Organe,
- Aufgaben und Befugnisse der einzelnen Organe und Abgrenzung der Aufgaben zwischen mehreren Organen,
- Vergütung der Organmitglieder,
- Rechte der Destinatäre,
- Zulässigkeit von Satzungsänderungen,
- Auflösung der Stiftung und Anfallberechtigter.

Die in der Satzung festgelegten Regelungen bestimmen in hohem Maße Ziel, Art und Umfang der künftigen Stiftungshandelns. Mit der Gestaltung der Stiftungssatzung werden bereits die Grundlagen für ein effizientes Stiftungsmanagement gelegt. Vor der Erstellung eines Satzungsentwurfs sollten daher insbesondere folgende Fragen geklärt werden:
- Welchen Zweck soll die Stiftung verfolgen?
- Welche Mittel stehen dafür zur Verfügung?
- Auf welche Weise soll der Zweck der Stiftung inhaltlich verwirklicht werden?
- Wie soll die Stiftung organisiert sein?

In diesem Zusammenhang ist es hilfreich, wenn sich der Stifter (und seine Berater) bereits bei Errichtung der Stiftung vorstellen, wie gewährleistet werden kann, dass der Zweck der Stiftung auch noch in zehn oder zwanzig Jahren optimal verwirklicht werden kann. Erst nachdem Einigkeit über die inhaltliche Konzeption der Stiftung besteht, kann der Wille des Stifters in der Stiftungssatzung sachgerecht niedergelegt werden.

4.2 Stiftungszweck
4.2.1 Mögliche Stiftungszwecke
Der Stiftungszweck ist das „Herzstück" der Stiftung. Der vom Stifter bestimmte Stiftungszweck legt den Charakter der Stiftung dauerhaft fest.

Gesetzliches Leitbild des Stiftungsrechts ist die gemeinwohlkonforme Allzweckstiftung. Danach kann der Stifter die von ihm verfolgten Stiftungszwecke inhaltlich frei festsetzen, solange sie nicht das Gemeinwohl gefährden. Der Stifter ist insbesondere nicht auf die Förderung des Gemeinwohls festgelegt.

4.2.2 Einteilung der verschiedenen Stiftungszwecke
4.2.2.1 Steuerbegünstigte Stiftungszwecke
Die vielfältigen Stiftungszwecke können auf verschiedene Art und Weise untergliedert werden. In der Praxis hat vor allem der Unterscheidung zwischen steuerbegünstigten und nicht steuerbegünstigten Zwecken Bedeutung.

Mehr als 95 % aller Stiftungen verfolgen steuerbegünstigte Zwecke. Steuerbegünstigt sind dabei keineswegs nur soziale oder karitative Zwecke, sondern eine Vielzahl von Zwecken, deren Verfolgung im öffentlichen Interesse liegt. Dazu gehören etwa:
– Wissenschaft und Forschung,
– Bildung und Erziehung,
– Kunst und Kultur,
– Völkerverständigung und Entwicklungshilfe,
– Umwelt-, Landschafts- und Denkmalschutz,
– Jugend- und Altenhilfe,
– Wohlfahrtswesen.

Unternehmer können den Stiftungszweck nach ihren persönlichen Interessen und Vorlieben bestimmen und dabei auch an die Tätigkeit ihres Unternehmens berücksichtigen. Mögliche Verbindungen zwischen dem Unternehmen und einer Stiftung sind etwa:
– Ein Unternehmen, das in besonderer Weise mit einer Region verbunden ist, könnte sich für die Förderung von öffentlichen Anliegen in dieser Region (z. B. Jugendhilfe, Denkmalschutz, etc.) engagieren und damit das Ansehen des Unternehmens steigern.
– Ein Reiseunternehmer könnte eine Stiftung zur Förderung der Völkerverständigung errichten.

- Ein Softwareunternehmen könnte durch eine Stiftung begabte Informatikstudenten unterstützen und dadurch auch etwaige künftige Mitarbeiter fördern.
- Ein Lebensmittelhersteller könnte mit einer Stiftung auf dem Gebiet der Lebensmittelforschung tätig werden und auf diese Weise zur Verbesserung seiner Produkte beitragen.

Stiftungen, die steuerbegünstigte Zwecke verfolgen sind weitestgehend von sämtlichen Steuern befreit. Die Einbringung des Vermögens in die Stiftung ist beispielsweise von der Erbschaft- und Schenkungsteuer befreit. Betriebsvermögen kann in eine steuerbegünstigte Stiftung zu Buchwerten eingebracht werden, so dass keine Aufdeckung der stillen Reserven erfolgt.

Soll die Stiftung steuerbegünstigt sein, muss der Stiftungszweck und die Art und Weise seiner Verwirklichung in der Satzung so genau bestimmt sein, dass das Finanzamt allein an deren Prüfung feststellen kann, dass die Stiftung ausschließlich und unmittelbar steuerbegünstigte Zwecke verfolgt.

4.2.2.2 Nicht steuerbegünstigte Stiftungszwecke

Nur wenige Stiftungen verfolgen demgegenüber Zwecke, die nicht steuerbegünstigt sind. Dazu gehören vor allem Familienstiftungen und unternehmensverbundene Stiftungen. Diese Stiftungen verfolgen keine gemeinnützigen, sondern ausschließlich oder überwiegend eigennützige Zwecke. Mögliche Stiftungszwecke können etwa sein:
- Erhalt und Pflege des Lebenswerks eines Unternehmers,
- Bewahrung der Tradition eines Unternehmens,
- Unterstützung von bedürftigen Familienangehörigen,
- Förderung des Wohls und des Ansehens der Unternehmensfamilie.

Die rechtliche Zulässigkeit von privatnützigen Stiftungen war und ist nicht abschließend geklärt. Schwierigkeiten bei der Anerkennung einer solchen Stiftung lassen sich vielfach vermeiden, wenn das konkrete Stiftungsmodell frühzeitig mit den betroffenen Behörden abgestimmt wird.

Privatnützige Stiftungen unterliegen grundsätzlich in gleicher Weise wie andere Körperschaften der Besteuerung. Lediglich für Familienstiftungen bestehen bei der Erbschaft- und Schenkungsteuer gewisse Begünstigungen.

4.2.3 Kriterien für die Wahl des Stiftungszwecks

Der Stiftungszweck muss grundsätzlich auf Dauer angelegt sein. Der Stifter kann auch eine Mehrzahl von Stiftungszwecken bestimmen. Werden mehrere Stiftungszwecke nebeneinander verfolgt, kann die Satzung zwischen Haupt- und Nebenzwecken unterscheiden. Die mehreren Stiftungszwecke können aber auch zeitlich nacheinander verfolgt werden.

Der Stiftungszweck sollte stets in einem angemessenen Verhältnis zu der finanziellen Ausstattung der Stiftung stehen.

Der Stiftungszweck ist nach der Anerkennung der Stiftung sowohl der Disposition des Stifters als auch der Stiftungsorgane entzogen. Zweckänderungen sind nur unter engen Voraussetzungen und nur mit staatlicher Genehmigung möglich.

Der Stiftungszweck ist mit besonderer Sorgfalt zu formulieren. Durch eine klare Festlegung des Stiftungszwecks kann der Stifter die Stiftung entsprechend seinem Willen dauerhaft prägen und vor Willkür der Stiftungsorgane oder sonstiger Dritter schützen. Um eine Anpassung der Stiftung an veränderte Verhältnisse zu ermöglichen, sollte der Stiftungszweck aber auch ausreichend weit und allgemein gefasst sein. Detailregelungen sollten daher nicht in der Satzung selbst, sondern gegebenenfalls in Geschäftsordnungen der Stiftungsorgane außerhalb der Satzung niedergelegt werden. Diese können ohne Einschaltung der Stiftungsaufsichtsbehörde innerhalb des gesetzlichen und satzungsgemäßen Rahmens den Bedürfnissen der Stiftung entsprechend geändert oder angepasst werden.

4.3 Stiftungsorgane

4.3.1 Überblick

Als bloßes Zweckvermögen bedarf die Stiftung einer Organisationsstruktur, die ihr die notwendige Handlungsfähigkeit verschafft. Die Stiftungsorganisation wird maßgeblich vom Stiftungsvermögen und vom Stiftungszweck bestimmt. Anzahl, Größe und Funktion der Stiftungsgremien müssen Art und Umfang der Tätigkeit der Stiftung entsprechen.

4.3.2 Stiftungsvorstand

Gesetzlich vorgeschriebenes Organ der Stiftung ist lediglich der Vorstand. Der Vorstand kann aus einer oder mehreren (natürlichen oder juristischen) Personen bestehen. In der Regel sollten dem Stiftungsvorstand mindestens drei Personen angehören.

Der Stifter selbst ist kein Stiftungsorgan. Seine Rechtsstellung unterscheidet sich grundsätzlich nicht von der Position stiftungsfremder Dritter. Der Stifter kann sich jedoch selbst auf Lebenszeit zum Vorstand der Stiftung (oder zum Mitglied eines anderen Organs der Stiftung) bestellen oder sich die Benennung entsprechender Organmitglieder vorbehalten. Aber auch als Mitglied des Stiftungsvorstands ist der Stifter in gleicher Weise wie die anderen Organmitglieder an das Stiftungsgeschäft gebunden. Mit der Anerkennung der Stiftung wird der Stifterwille verselbständigt und objektiviert. Oberste Richtschnur für das Stiftungswesen ist der Stifterwille, wie er in dem Stiftungsgeschäft niedergelegt ist. Auf den späteren subjektiven Willen des Stifters kommt es dagegen nicht an.

Die Berufung der ersten Organmitglieder wird in der Regel vom Stifter vorgenommen. In der Satzung können dazu auch andere Personen oder Einrichtungen berufen werden. Die spätere Bestellung der Organmitglieder kann sich der Stifter zu seinen Lebzeiten gleichfalls vorbehalten. Daneben kann die Bestellung insbesondere durch ein anderes Stiftungsorgan oder im Wege der Selbstergänzung (Kooptation) erfolgen. Der Stifter kann Personen seines Vertrauens in der Satzung ein Recht auf die Übernahme eines Vorstandsamts oder ein entsprechendes Benennungsrecht einräumen. Auf diese Weise kann auch eine Verbindung zwischen den Mitgliedern der

Geschäftsführung eines Unternehmens und den Organen der Stiftung geschaffen werden.

Die Mitglieder des Stiftungsvorstands (und der anderen Stiftungsorgane) sollten sich nach Möglichkeit mit dem Stiftungszweck identifizieren, über Kenntnisse und Erfahrungen auf dem Tätigkeitsgebiet der Stiftung verfügen und persönlich unabhängig sein.

Die interne Willensbildung der Vorstands (insbesondere die Fragen der Beschlussfähigkeit und der Beschlussfassung) bedarf mangels gesetzlicher Regelung gleichfalls einer umfassenden satzungsmäßigen Regelung. Dem Stifter oder bestimmten anderen Personen kann dabei ein Vetorecht eingeräumt werden.

4.3.3 Weitere Organe der Stiftung

Neben dem Stiftungsvorstand kann der Stifter weitere Stiftungsorgane mit beratender bzw. kontrollierender Funktion vorsehen. Die Bezeichnung der weiteren Organe ist in der Praxis unterschiedlich (etwa als Beirat, Verwaltungsrat, Aufsichtsrat, Stiftungsrat, Kuratorium), ohne das damit eine rechtliche Entscheidung verbunden wäre.

Durch die Aufteilung der Geschäftstätigkeit auf mehrere Stiftungsorgane schafft der Stifter eine gewisse interne Kontrolle der Stiftungstätigkeit. Die mangelnde Kontrolle der Stiftung durch eine Mitglieder- oder Gesellschafterversammlung kann auf diese Weise ausgeglichen werden. Interne Kontrollvorkehrungen können im Einzelfall Maßnahmen der externen Stiftungsaufsicht erleichtern oder überflüssig machen. Im Gegensatz zur staatlichen Stiftungsaufsicht sind die Stiftungsorgane bei der Überwachung der Geschäftsführung nicht auf eine bloße Rechtmäßigkeitskontrolle beschränkt, sondern können auch die Wirtschaftlichkeit und Zweckmäßigkeit der Stiftungstätigkeit überprüfen.

Daneben kann der Stifter durch die Einrichtung weiterer Organe im Einzelfall den Sachverstand und die Erfahrungen externer Berater auf dem Gebiet des Stiftungszwecks für die Arbeit der Stiftung fruchtbar machen.

Im Interesse einer wirksamen Kontrolle der Stiftung, sollte dabei eine (rechtlich zulässige) Personalunion zwischen Mitgliedern des Stiftungsvorstands und der weiteren Organe möglichst vermieden werden.

4.4 Stiftungsvermögen

4.4.1 Vermögensausstattung von Stiftungen

Das Stiftungsvermögen bildet die Grundlage jeder Stiftungstätigkeit. Der Zweck der Stiftung kann nur mit Hilfe des Stiftungsvermögens verwirklicht werden.

Art und Höhe des Stiftungsvermögens sind gesetzlich nicht geregelt. Stiftungen werden aber in der Regel nur dann anerkannt, wenn die nachhaltige Verwirklichung des Stiftungszwecks aus den Erträgen des Stiftungsvermögens gesichert erscheint. Dadurch soll die Errichtung von Stiftungen mit unzulänglichem oder nicht wertbeständigem Vermögen verhindert werden. Entsprechend der Vielfalt der Stiftungszwecke und der Art ihrer möglichen Verwirklichung ist die Höhe des im Einzelfall erforderlichen Mindestvermögens sehr unterschiedlich.

In der Praxis wird meist Vermögen von zumindest 50.000 Euro verlangt. Gleichwohl sollte die Errichtung einer selbständigen Stiftung wegen des damit verbundenen Personal- und Verwaltungsaufwands in der Regel nur dann in Betracht gezogen werden, wenn ertragbringendes Vermögen von mindestens 250.000 Euro vorhanden ist. Bei kleineren Vermögen kann der Stiftungszweck mit einer unselbständigen Stiftung in der Regel einfacher und effektiver verwirklicht werden.

Zum Stiftungsvermögen können Sachen und Rechte aller Art gehören (z. B. Bargeld, Wertpapiere, Grundbesitz, Baudenkmäler, Unternehmensbeteiligungen, Kunstsammlungen und einzelne Kunstgegenstände, Urheberrechte und gewerbliche Schutzrechte). Stiftungen können aber nur dann als rechtsfähig anerkannt werden, wenn das eingebrachte Vermögen ausreichend ertragbringend ist oder sonstiges ertragbringendes Vermögen vorhanden ist. Dies ist insbesondere bei der Einbringung von Sachvermögen zu berücksichtigen. Auf die Einwerbung von Spenden oder Zustiftungen darf eine Stiftung nicht angewiesen sein. Diese stellen nur zusätzliche Mittel dar.

Der Stifter muss die Stiftung mit einem ausreichenden Anfangsvermögen ausstatten. Dabei muss sich der Stifter darüber bewusst sein, dass er mit der Errichtung der Stiftung das Eigentum an dem Stiftungsvermögen verliert. Das Vermögen der Stiftung ist nicht mehr das Vermögen des Stifters, sondern das einer fremden Person. Die staatlich anerkannte Stiftung genießt auch gegenüber dem Stifter Bestandschutz. Im Hinblick auf eine angemessene Absicherung des Lebensunterhalts des Stifters und seiner Familie kann daher auch eine schrittweise Vermögensausstattung erfolgen. Spätere Zustiftungen, auch von Todes wegen, zur Ergänzung des Stiftungsvermögens sind jederzeit möglich.

4.4.2 Vermögensverwaltung

Das Stiftungsvermögen ist in seinem Bestand ungeschmälert (nicht notwendig unverändert) zu erhalten. Es von anderen Vermögen getrennt zu halten. Die Stiftung darf das Stiftungsvermögen gebrauchen, aber nicht verbrauchen.

Vermögensumschichtungen sind grundsätzlich zulässig, sofern die Ertragskraft des Stiftungsvermögens erhalten bleibt. Die Einzelheiten sollten regelmäßig in der Stiftungssatzung geregelt werden. Dies gilt insbesondere auch für die Frage, ob und unter welchen Voraussetzungen einzelne Bestandteile des Stiftungsvermögens (z. B. Unternehmensbeteiligungen) veräußert werden dürfen.

Der Ertrag des Stiftungsvermögens (und etwaige zum Verbrauch bestimmte Zuwendungen) müssen zur Verwirklichung des Stiftungszwecks verwendet werden. Für den Stiftungszweck steht dabei nur der nach dem Abzug der (personellen und sachlichen) Kosten für die Verwaltung des Stiftungsvermögens Reinertrag zur Verfügung.

4.5 Anerkennung der Stiftung

Die Stiftung wird erst mit der staatlichen Anerkennung rechtsfähig. Die Entscheidung über die Anerkennung einer Stiftung steht nicht im Ermessen der Stiftungsbehörde. Der Stifter hat vielmehr einen Rechtsanspruch auf Anerkennung der Stiftung.

Im Falle des Stiftungsgeschäfts unter Lebenden ist zwingend ein Antrag des Stifters oder seines Beauftragten erforderlich. Mehrere Stifter haben den Antrag gemeinsam zu stellen. Bei der Stiftung von Todes wegen ist ein Antrag dagegen nicht erforderlich, da ein Widerruf der Stiftung nach dem Tod des Stifters nicht mehr möglich ist.

Der Antrag auf Anerkennung der Stiftung ist bei der nach dem jeweiligen Landesrecht zuständigen Stiftungsbehörde (meist sind dies die Regierungspräsidien oder Regierungen) zu stellen.

Mit der Anerkennung entsteht die Stiftung.

5. Doppelstiftung

Aus Sicht eines Unternehmers stellt sich vielfach die Frage, ob die Stiftung gemeinnützige oder privatnützige Zwecke verfolgen soll.
- Die Errichtung einer privatnützigen Stiftung entspricht im Regelfall am ehesten den Interessen des Unternehmers, ist jedoch mit keinerlei steuerlichen Vorteilen verbunden.
- Die Errichtung einer gemeinnützigen Stiftung ist steuerrechtlich in verschiedenster Hinsicht begünstigt. Doch lässt sich die ausschließliche Verfolgung gemeinnütziger Zwecke mit den sonstigen Interessen des Unternehmers meist nur eingeschränkt vereinbaren.

Eine interessante Möglichkeit, die Vorteile beider Stiftungsformen miteinander zu kombinieren stellt die so genannte Doppelstiftung dar.

Bei der Doppelstiftung wird grundsätzlich sowohl eine gemeinnützige als auch eine privatnützige Stiftung (meist eine Familienstiftung) errichtet. Die Gesellschaftsanteile werden sodann auf beide Stiftungen – in umkehrten Verhältnis – übertragen. Die mit der Mitgliedschaft verbundenen Vermögenswerte werden überwiegend auf die gemeinnützige Stiftung übertragen. Der Familienstiftung steht demnach nur ein geringer Anteil der Vermögensrechte zu, mit denen sie die Familienmitglieder unterstützen und fördern soll. Dagegen werden die Verwaltungsrechte, insbesondere die Stimmrechte mehrheitlich auf die Familienstiftung übertragen. Der gemeinnützigen Stiftung soll in dem Unternehmen regelmäßig nur ein geringes Mitspracherecht zukommen.

Mit der Doppelstiftung können im Einzelfall verschiedene Vorteile erreicht werden:
- Minimierung der Erbschaft- und Schenkungsteuerbelastung bei der Stiftungserrichtung,
- Beschränkung der bei Familienstiftungen alle 30 Jahre anfallenden Erbersatzsteuer auf die notwendigen Vermögensteile,
- Nutzung der gemeinnützigkeitsbezogenen Steuervorteile,
- Sicherung der unternehmerischen Verantwortung bei der Familie,

– Vermeidung einer Einflussnahme der Stiftungsaufsicht auf die Unternehmensführung.

Zwischen der gemeinnützigen Stiftung und der Familienstiftung besteht im Hinblick auf das Hauptziel, den Ertrag des Familienunternehmens zu optimieren, Übereinstimmung. Im Übrigen kann es zwischen den beiden Zielvorstellungen – Gemeinnützigkeit einerseits, Familienbegünstigung andererseits – durchaus auch zu Konflikten kommen, die eine sorgfältige vertragliche Regelung erfordern.

Doppelstiftungen und andere Kombinationsmodelle sind in jedem Fall vor der Errichtung mit den zuständigen Stiftungs- und Finanzbehörden umfassend abzustimmen.

6. Zusammenfassung

Zwischen Stiftungen und Unternehmen bestehen zahlreiche Berührungspunkte. Unternehmen können (ebenso wie Unternehmer) Stiftungen errichten, um damit ein bestimmtes Anliegen langfristig zu verwirklichen. Die Errichtung von Stiftungen ist dabei vielfach Teil eines umfassenden Marketingkonzepts, mit dem das positive Image der Stiftung für das Unternehmen genutzt werden soll.

Umgekehrt sind Stiftungen an Unternehmen der unterschiedlichsten Rechtsformen beteiligt. Mit der Beteiligung an einem Unternehmen kann eine Stiftung vielfältige Zwecke verfolgen. In den meisten Fällen wird es um reine Kapitalbeteiligungen zur Erzielung von Erträgen handeln, mit denen die Stiftung ihren eigentlichen Stiftungszweck verwirklicht. Im Einzelfall kann der Stiftungszweck aber auch darauf gerichtet sein, das Unternehmen zu erhalten und Einfluss auf die Unternehmensführung zu nehmen.

Bei der Gestaltung der Unternehmensnachfolge sollte daher stets auch die Möglichkeit einer Stiftungslösung in Betracht gezogen werden. Stiftungssatzung und Gesellschaftsvertrag sind dabei in jedem Einzelfall untereinander abzustimmen und mit den unternehmerischen Zielen in Einklang zu bringen.

Weiterführende Literatur:

Berndt, Stiftung und Unternehmen 7. Auflage, Herne/Berlin 2003.

Bertelsmann Stiftung, Handbuch Stiftungen 2. Auflage, Wiesbaden 2003.

Flick/Hannes/von Oertzen, Erben ohne Streit und Steuern, Frankfurt am Main 2003.

Hof/Hartmann/Richter, Stiftungen, München 2004.

Koss, Rechnungslegung von Stiftungen, Düsseldorf 2003.

Martin/Wiedemeier, Stiftungsideen, Regensburg 2000.

Meyn/Richter, Stiftungen, Freiburg 2004,

Pues/Scheerbarth, Gemeinnützige Stiftungen im Zivil- und Steuerrecht 2. Auflage, München 2004.

Schiffer, Die Stiftung in der anwaltlichen Praxis, Bonn 2003.

Sontheimer, Das neue Stiftungsrecht, Freiburg 2002.

Besonderheiten der Unternehmensnachfolge mit Auslandsbezug

Dr. Susanne Frank

Inhalt:

	Seite
1. Einführung	343
2. Rechtsprobleme des internationalen Erbfalls	345
2.1 Anwendbares Recht	345
2.2 Kollision durch unterschiedliche Rechtsordnungen	346
2.3 Veränderlichkeit in der Zeit	347
2.4 Steuerrecht	347
3. Grundzüge des internationalen Erbrechts aus deutscher Sicht	348
3.1 Erbstatut	348
3.2 Erb- und Gesellschaftsrecht	350
3.3 Erbstatut und Ehegüterrecht	351
3.4 Formfragen	351
3.5 Schenkungen	351
4. Praktische Folgerungen	352

1. Einführung

Einer der Aspekte im Rahmen der Unternehmensnachfolgeplanung, die häufig nicht oder nicht ausreichend berücksichtigt werden, ist die dadurch entstehende Problematik, dass der zugrunde liegende Sachverhalt Auslandsberührung aufweist. „Auslandsberührung" in diesem Sinne meint diejenigen Sachverhalte, in denen zu den üblichen sonstigen Problemen der Nachfolgeberatung in rechtlicher wie steuerlicher Hinsicht auch ein internationaler Bezug gegeben ist, z. B. aufgrund der Staatsangehörigkeit des Unternehmers oder seiner potentiellen Nachfolger, seines Wohnsitzes oder einer Betriebsstätte im Ausland oder auch nur der Belegenheit von Vermögenswerten im Ausland.

Nachfolgeplanung sowie Erbfälle mit Auslandsberührung sind heute keine Seltenheit mehr. Schätzungen zufolge besitzen heute bereits eine Million Bundesbürger eine Immobilie im Ausland, das Bar- und Wertpapiervermögen soll sich bis auf 1.000 Mrd. Euro belaufen. Der Anteil ausländischer Staatsangehöriger in der Bundesrepublik beträgt ca. 9 %, in Großstädten sogar bis ca. 20 %. Etwa 5 % aller neuen Eheschließungen soll mit einem ausländischen Partner erfolgen. Grund hierfür sind die ständig steigende Mobilität aufgrund der freien Grenzen innerhalb Europas sowie schnellere Fortbewegungsmöglichkeiten; ferner wird im privaten wie im betrieblichen Bereich ein immer erheblicherer Teil des Vermögens ins Ausland verlagert.

Auch die Unternehmensnachfolge bleibt von der Fragestellung mit Auslandsberührungen nicht unberührt. Ein Fall mit Auslandsberührung im Bereich der Unternehmensnachfolge liegt beispielsweise in folgenden Fällen vor:
- ein Beteiligter (z. B. der Unternehmer, dessen Ehepartner, dessen Kinder, der potentielle Unternehmensnachfolger) hat eine fremde Staatsangehörigkeit, mehrere Staatsangehörigkeiten oder ist staatenlos;
- ein Beteiligter hat seinen Haupt-, Zweit- oder Nebenwohnsitz, seinen gewöhnlichen Aufenthalt, sein „Domicile" oder seine „residence" im Ausland;
- es befinden sich Vermögenswerte im Ausland (z. B. eine Betriebsstätte, Immobilien, Wertpapiere, Unternehmensbeteiligungen oder Bankkonten);
- eine Verfügung von Todes wegen (Testament oder ähnliches) oder ein Vertrag im Rahmen der Nachfolgeplanung zu Lebzeiten wird im Ausland errichtet bzw. abgeschlossen und soll auch Wirkung in Deutschland haben;
- die Beteiligten haben die Anwendung ausländischen Rechts vereinbart.

Zur Veranschaulichung seien nachfolgende Beispiele – ohne Anspruch auf Vollständigkeit – genannt:

Beispiel 1:

Der Bauunternehmer U ist deutscher Staatsangehöriger. Sein Vermögen besteht im Wesentlichen aus einem Bauunternehmen in Deutschland sowie einem großen Ferienhaus an der Côte d'Azur in Frankreich. Seine Ehefrau ist verstorben. Aus der Ehe sind ein Sohn und eine Tochter hervorgegangen. U möchte sicherstellen, dass bei seinem Tode der Sohn S das Unternehmen erhält und weiterführen kann. Da er fürchtet, dass seine Tochter Pflichtteilsansprüche geltend machen würde, wenn er das Unternehmen ohne weitere Regelungen auf den Sohn überträgt, hat er die Idee, mit beiden Kindern einen Erbvertrag abzuschließen des Inhalts, dass im Falle seines Todes der Sohn das Unternehmen sowie die Tochter das Grundstück in Frankreich erhalten würde, abgerundet durch entsprechende Pflichtteilsverzichte beider Kinder.

Beispiel 2:

Ein italienischer Industrieller (ausschließlich italienische Staatsangehörigkeit, verheiratet mit einer deutschen Staatsangehörigen seit 1990, ein Sohn, eine Tochter) lebt seit 1960 in München und betreibt in Deutschland eine sehr gut gehende Kette von Eiscafes in Form einer OHG, deren Anteile er mehrheitlich hält. Zu seinem Vermögen gehören ansonsten Immobilien und Wertpapiere in Deutschland und in Italien. Er möchte, dass im Falle seines Todes seine Tochter sein Unternehmen sowie den gesamten Grundbesitz erhält.

Beispiel 3:

Das Vermögen des deutschen Fabrikanten F mit Wohnsitz in Ontario/Kanada besteht im Wesentlichen aus der Produktionsstätte und Grundstücken, die sich ebenfalls in Ontario/Kanada befinden. Er hat sich mit seinem Sohn, dem einzigen

Kind, überworfen und möchte, dass sein gesamtes Vermögen seine Ehefrau oder eine von ihm noch näher zu bestimmende Institution erhält. Er bittet um Auskunft, ob gegebenenfalls die Pflichtteilsansprüche des Sohnes ausgeschlossen werden können.

Beispiel 4:
Der deutsche Industrielle I hat seinen Wohnsitz in Zug/Schweiz, wo sich auch sein gesamtes Vermögen (Wertpapiere und Immobilien) befinden, mit Ausnahme eines Grundstücks am Starnberger See sowie einer Beteiligung an einer französischen s. a. r. l. (entspricht in etwa der deutschen GmbH).

Er sucht einen Schweizer Notar auf und bittet diesen, seine Nachfolgeregelung umfassend zu übernehmen. Kann dieser sich auf die Probleme des Schweizer Rechts beschränken?

Beispiel 5:
Unternehmer U verstirbt während seines Urlaubs auf den Bahamas. In seinen Reiseunterlagen findet sich ein handschriftliches und unterschriebenes Testament, welches er dort errichtet hat. Gültig?

2. Rechtsprobleme des internationalen Erbfalls

Sämtliche Aspekte rechtlicher, steuerlicher sowie wirtschaftlicher Art, die im Rahmen der Unternehmensnachfolgeplanung zu berücksichtigen sind, sind auch in den Fällen mit Auslandsberührung einzubeziehen. Bei der internationalen Vermögensnachfolge kommen jedoch die besonderen Fragestellungen aufgrund der Auslandsberührung hinzu. Im Einzelnen stellen sich insbesondere folgende Probleme:

2.1 Anwendbares Recht

Fraglich ist zunächst, welches Recht auf dem zugrunde liegenden Sachverhalt Anwendung findet. Allein die Tatsache, dass sich das Unternehmen in Deutschland befindet oder aber der Unternehmer seinen Wohnsitz hier hat, impliziert noch nicht automatisch die Anwendung der deutschen Rechtsvorschriften für den gesamten Sachverhalt. Vielmehr ist aufgrund der hierfür maßgeblichen Vorschriften des Internationalen Privatrechts, der sog. „Kollisionsnormen", zu ermitteln, welche Rechtsvorschriften, d. h., das Recht welchen Staates maßgeblich ist. Dabei ist das anwendbare Recht für jede Fragestellung gesondert zu ermitteln.

Im obigen Beispielsfall 2 des italienischen Industriellen gilt es zu unterscheiden: Aus der Sicht der deutschen Kollisionsnormen finden auf die erbrechtlichen Fragestellungen die Vorschriften des italienischen Rechts Anwendung, d. h., das italienische Erbrecht regelt die Frage, wie der Unternehmer beerbt wird und welche erbrechtlichen Regelungen überhaupt möglich sind. Das gilt zunächst unabhängig davon, ob der Unternehmer seinen Wohnsitz in Deutschland hat und sich sein

Unternehmen dort befindet.[1] Güterrechtlich, d. h., die Frage, welches Güterrecht auf die Ehe des Unternehmers und seiner Ehefrau anwendbar ist und welche ehevertraglichen Möglichkeiten die Ehegatten haben, beurteilt sich dagegen nach deutschem Recht. Das deutsche Gesellschaftsrecht regelt ferner die gesellschaftsrechtlichen Fragen der GmbH (Einzelheiten siehe unten unter 3.).

2.2 Kollision durch unterschiedliche Rechtsordnungen

Die bereits angedeutete Schwierigkeit verschärft sich dadurch, dass nicht jedes Land zu den gleichen Ergebnissen gelangt. Die soeben erarbeitete Lösung zur Ermittlung des anwendbaren Rechts im obigen Beispielsfall 2 kann aus der Sicht eines anderen Staates zu vollkommen unterschiedlichen Ergebnissen führen.

Dies zeigt der Beispielsfall 4: Aus der Sicht des deutschen Kollisionsrechts würde der deutsche Erblasser nach deutschem Erbrecht beerbt, und zwar unabhängig davon, wo dieser zuletzt gewohnt hat oder sich seine Nachlassgegenstände befinden.[2] Aus der Sicht der Schweizer Kollisionsvorschriften beurteilt sich die Beerbung nicht nach der Staatsangehörigkeit des Erblassers, sondern nach dessen letzten Wohnsitz, hier Zug/Schweiz. Aus der Sicht des Schweizer Kollisionsrechts käme es daher zur Anwendung Schweizer Erbrechts.[3]

Dies bedeutet: Würde in einem potentiellen Rechtsstreit der Prozess vor einem deutschen Gericht ausgetragen, käme dieses zur Anwendung deutschen Rechts; der Erbstreit würde nach deutschen Rechtsvorschriften beurteilt. Fände der Rechtsstreit dagegen vor einem Schweizer Gericht statt, würde dieses nach seinen eigenen Regeln Schweizer Erbrecht anwenden. Der Prozessausgang könnte daher unterschiedlich sein. Wollten deutsche Erben das in Deutschland erstrittene Urteil in der Schweiz durchsetzen, würden sie dort auf Schwierigkeiten treffen, da ein Schweizer Richter zu anderen Ergebnissen gekommen wäre – und umgekehrt.

Bei der Nachfolgeplanung mit Auslandsberührung ist zu berücksichtigen, dass in vielen Fällen nicht nur das Recht eines einzigen Staates gilt und somit die Regelungsmechanismen, die für einen rein nationalen Sachverhalt angezeigt und favorisiert werden, im Fall mit Auslandsberührung nicht funktionieren oder sogar zu gegenteiligen Ergebnissen führen können.

Im obigen Beispielsfall 1 planen die Beteiligten, einen Erbvertrag abzuschließen, das vorhandene Vermögen bereits bindend zuzuordnen sowie mittels Pflichtteilsverzichte gegenseitige Ansprüche auszuschließen und die Erbfolge vorab festzulegen. Die Beteiligten glauben hiermit eine streitvermeidende Lösung gefunden zu haben. Läge das Grundstück in Deutschland, wäre die angedachte Lösung auch durchaus sachgerecht. Das Grundstück ist jedoch in Frankreich belegen und wird nach französischem Erbrecht vererbt (siehe unten 3.). Nach den französischen Rechtsvorschriften kann die Tochter das Grundstück jedoch nicht zum Alleineigentum erhal-

---

[1] Davon zu unterscheiden ist die Frage, ob ggf. Regelungsmöglichkeiten offen stehen, zur Anwendbarkeit deutschen Erbrechts zu gelangen.
[2] Für Immobilien können Sonderregeln gelten; dazu unten 3.1.3.
[3] Auch in diesem Fall stehen ggf. Regelungsmöglichkeiten zur Verfügung.

ten, sondern ungeachtet der getroffenen Vereinbarungen steht dem Sohn ein hälftiges Noterbrecht zu. Ein Verzicht auf dieses Noterbrecht ist nach französischem Recht nicht zulässig und unwirksam. Der Abschluss eines Erbvertrages wird nicht anerkannt. Die abgeschlossene Vereinbarung hätte demnach zur Folge, dass die Tochter aufgrund des von ihrer Seite wirksam abgegebenen Pflichtteilsverzichts hinsichtlich des in Deutschland belegenen Unternehmens keinerlei Ansprüche geltend machen könnte und der Sohn dieses alleine erhielte. Umgekehrt stünden dem Sohn wertmäßig außer dem bereits in Deutschland erhaltenen Unternehmen zusätzlich die Hälfte des Grundstücks in Frankreich zu, da der von seiner Seite abgegebene Pflichtteilsverzicht in Frankreich nicht wirksam anerkannt würde und er nach französischem Erbrecht ein echtes Noterbrecht an dem im Frankreich belegenen Grundvermögen hätte. Letztlich erhielte der Sohn damit wertmäßig 75 % des gesamten Nachlasses, die Tochter 25 % – ein Ergebnis, das durch den Erbvertrag gerade vermieden werden sollte.

2.3 Veränderlichkeit in der Zeit

Ferner ist zu berücksichtigen, dass eine einmal gefundene Lösung nicht unbedingt immer in der Zukunft Bestand hat und die gefundenen Ergebnisse immer auf ihre Gültigkeit überprüft werden müssen. Verlagert bspw. der Unternehmer seinen Wohnsitz ins (andere) Ausland, sammelt er (weitere) Vermögenswerte im Ausland an oder wechselt er die Staatsangehörigkeit, um nur einige Faktoren zu nennen, können bisherige Nachfolgeregelungen sinnentleert oder gar unwirksam werden. Dies gilt nicht nur für erbrechtliche Regelungen, sondern auch für die zahlreichen nichterbrechtlichen Besonderheiten wie Familienrecht, Gesellschaftsrecht und Schuldrecht. Heiratet bspw. der Unternehmer oder trennt er sich von einem bisherigen Ehepartner, können güterrechtliche Probleme entstehen, wenn der Ehepartner nicht die deutsche Staatsangehörigkeit besitzt oder sich der erste gemeinsame eheliche Wohnsitz im Ausland befindet. Der Zukauf von Betriebs- und sonstigen -grundstücken im Ausland kann ebenso rechtliche Auswirkungen haben, wie bereits am Beispielsfall 1 verdeutlicht.

Teilweise ist eine so genannte „Rechtswahl" möglich, d. h., die Beteiligten können die Anwendbarkeit einer bestimmten Rechtsordnung bindend vereinbaren. Vor allem im Erbrecht sind derartige Möglichkeiten aber sehr eingeschränkt.

2.4 Steuerrecht

Ein weiterer Teilbereich, der im Rahmen der Nachfolgeplanung ganz entscheidend – oftmals hauptsächlich – zu berücksichtigen ist, sind die steuerrechtlichen Fragen. Auch hier stellen sich bei einem Sachverhalt mit Auslandsberührung besondere Probleme, namentlich Fragen der Doppelbesteuerung. Das internationale Steuerrecht ist von der Rechtsproblematik des internationalen Privatrechts, d. h., derjenigen Fragestellungen, die die zivilrechtlichen Fragen eines Sachverhalts mit Auslandsberührung regeln, grundverschieden und unterliegt vollständig eigenständigen Regeln. Die steuerliche Behandlung grenzüberschreitender Vorgänge soll jedoch nicht Gegenstand der vorliegenden Abhandlung sein.[4]

3. Grundzüge des internationalen Erbrechts aus deutscher Sicht
3.1 Erbstatut
3.1.1 Objektive Anknüpfung

Wie bereits angedeutet, kann für einen in Deutschland ansässigen Unternehmer nicht automatisch von der Anwendbarkeit des deutschen Rechts ausgegangen werden, wenn ein Auslandsbezug irgendeiner Art gegeben ist. Im Zuge der Nachfolgeplanung stellt sich insbesondere die Frage, welche erbrechtlichen Regelungen auf den Nachlass und die Vererbung des Unternehmers anwendbar sind. Aufgabe des internationalen Erbrechts ist es zu bestimmen, welches Erbrecht, d. h. das Erbrecht welchen Staates, anwendbar ist. Auf der Basis der so ermittelten Rechtsordnung können dann die erbrechtlichen Regelungen getroffen werden.

Staatsvertragliche Regelungen gehen dem autonomen nationalen Kollisionsrecht vor. Derzeit existieren drei bilaterale Abkommen, die Deutschland im Bereich des Erbrechts abgeschlossen hat, nämlich mit der Türkei, der Russischen Föderation sowie dem Iran.

Liegt kein Bezug zu einem dieser drei Länder vor, wird das anwendbare Erbrecht nach deutschem internationalen Erbrecht bestimmt. Danach unterliegt die Rechtsnachfolge von Todes wegen dem Recht des Staates, dem der Erblasser zum Zeitpunkt seines Todes angehörte. Die Vererbung richtet sich aus deutscher Sicht also nach der Staatsangehörigkeit des Erblassers, d. h. des Unternehmers im Zeitpunkt seines Todes. Für deutsche Staatsangehörige bedeutet dies, dass sie aus deutscher Sicht grundsätzlich nach deutschem Recht beerbt werden, egal wo sich ihr Wohnsitz oder Aufenthalt zum Zeitpunkt des Todes befindet.[5] Hat der Erblasser die deutsche und eine weitere Staatsangehörigkeit, geht die deutsche Staatsangehörigkeit vor.[6] Das deutsche Erbstatut richtet sich unabhängig davon, welcher Art das Vermögen ist (Immobilien oder bewegliches Vermögen) nach der Staatsangehörigkeit. Es gilt damit der Grundsatz der „Nachlasseinheit".

Die Verweisung auf das Recht der Staatsangehörigkeit des Erblassers versteht sich als sog. „Gesamtnormverweisung".[7] Das bedeutet: Ist der Unternehmer bspw. italienischer Staatsangehöriger, so verweisen die Regeln des deutschen internationalen Privatrechts auf italienisches Recht als das Recht der Staatsangehörigkeit des Erblassers. Es darf aber nicht sofort das italienische Erbrecht angewandt werden, sondern es sind zunächst die Vorschriften des italienischen internationalen Erbrechts anzuwenden und zu überprüfen, nach welchen Grundsätzen sich nach diesem Recht die

---

[4] Vgl. den Beitrag von *Lehmann*.
[5] Vgl. Art. 25 Abs. 1 EGBGB (Einführungsgesetz zum Bürgerlichen Gesetzbuch). Auch von dieser Regel gibt es Ausnahmen, dazu unten 3.1.3).
[6] Für Mehrstaatler siehe im übrigen Art. 5 Abs. 1 EGBGB, für Staatenlose Art. 5 Abs. 2 EGBGB.
[7] Vgl. Art. 4 Abs. 1 Satz 1 EGBGB.

Vererbung richtet. Die italienischen Vorschriften des internationalen Erbrechts bestimmen ebenso wie in Deutschland, dass sich die Vererbung nach der Staatsangehörigkeit des Erblassers richtet. Es kommt demnach zur Vererbung nach italienischem Recht. Ein italienischer Unternehmer, hat er auch in Deutschland seinen Wohnsitz oder Aufenthalt und befindet sich dort sein gesamtes Vermögen, wird ausschließlich nach italienischem Erbrecht beerbt.[8]

3.1.2 Rechtswahl

Der Erblasser kann für das im Inland belegene Vermögen in Form einer Verfügung von Todes wegen deutsches Recht wählen.[9] Das bedeutet: Die Rechtswahl ist beschränkt auf Immobilien in Deutschland. Eine Erweiterung auf sonstiges Vermögen ist nicht möglich. Die Rechtswahl selbst muss durch letztwillige Verfügung (Testament, u. U. Erbvertrag) vorgenommen werden.

3.1.3 Vorrang des Einzelstatuts

Der Grundsatz der einheitlichen Vererbung („Nachlasseinheit")[10] kann durch den „Vorrang des Einzelstatuts" unterbrochen werden: „Einzelstatut bricht Gesamtstatut".[11] In der erbrechtlichen Praxis betrifft dieser Ausnahmefall vor allem die Vererbung von im Ausland belegenen Grundstücken, und zwar, wenn diese nach den Regeln des internationalen Privatrechts des Landes, in dem sich die Immobilien befinden, zwingend besonderen Vorschriften unterliegen.

Im obigen Beispielsfall 1 wird der deutsche Staatsangehörige, der deutsche Unternehmer mit Wohnsitz in Deutschland, grundsätzlich nach deutschem Erbrecht beerbt. Er hinterlässt jedoch ein Ferienhaus in Frankreich. Das französische internationale Privatrecht unterstellt die Beerbung von Grundbesitz zwingend dem sog. „Belegenheitsprinzip", d. h. dem Recht des Staates, in dem sich die Immobilie befindet. Das übrige Vermögen wird nach dem letzten Wohnsitz des Erblassers beerbt. Da sich die Immobilie in Frankreich befindet, unterliegt sie französischem Erbrecht. Diese Regelung wird in Deutschland als Sondervorschrift anerkannt, so dass auch aus Sicht des deutschen Rechts das Ferienhaus an der Côte d'Azur nach den Regeln des französischen Erbrechts vererbt wird.

Diese Ausnahme gilt nicht für jedes Land und kann nicht verallgemeinert werden. Sie gilt nur dann, wenn das Recht des Staates, in dem sich Grundvermögen befindet, den Grundsatz der „Nachlassspaltung" kennt und die Vererbung von Grundbesitz besonderen Vorschriften – in der Regel der Belegenheit – unterstellt. Das „Belegenheitsprinzip" („lex rei sitae") gilt insbesondere für Grundvermögen in folgenden Ländern (Aufzählung nicht abschließend):

Frankreich, Belgien, Luxemburg, Kanada, viele Staaten der USA, Liechtenstein, Australien, Großbritannien, Irland, Neuseeland, Südafrika, Thailand, Haiti, Rumä-

---

[8] Vorbehaltlich etwaiger (zulässiger) Regelungen.
[9] Vgl. Art. 25 Abs. 2 EGBG.
[10] S. oben 3.1.3.
[11] Vgl. Art. 3 Abs. 3 EGBGB.

nien, Türkei. Sonderregelungen für die Nachlassabwicklung für Immobilien kennt auch Österreich.

Eine Sondervererbung für Immobilien (aus deutscher Sicht) gilt daher auch im obigen Beispielsfall 3, nicht dagegen für den Beispielsfall 4.

3.1.4 Umfang des Erbstatuts

Das Erbstatut umfasst alle mit dem Erbfall zusammenhängenden Fragen. Es regelt insbesondere den Kreis der gesetzlichen Erben, die Erbquoten, die Einsetzbarkeit als Erbe und Berufung zum Erben, Pflichtteils- und Noterbrechte, die Erbfähigkeit und Erbunwürdigkeit, die Möglichkeit zur Abgabe von Erb- und Pflichtteilsverzichten, die Vor- und Nacherbschaft, die dingliche Wirkung des Erbfalls, Fragen des Erwerbs der Erbschaft, den Umfang des Nachlasses, die Rechtsstellung der Erben und ihre Rechtsbeziehungen untereinander, die Testamentsvollstreckung und Nachlassverwaltung, die Haftung für Nachlassverbindlichkeiten, die Annahme und Ausschlagung der Erbschaft, die Auslegung von Testamenten und die Erbauseinandersetzung.[12]

3.2 Erb- und Gesellschaftsrecht

Der Erwerb und Verlust von Mitgliedschaftsrechten in Gesellschaften ermittelt sich nach dem Gesellschaftsstatut. Nach noch herrschender Auffassung richtet sich dieses nach dem Recht am Sitz der Hauptverwaltung der Gesellschaft („Sitztheorie"). Nach anderer Auffassung soll dagegen das Recht des Staates zur Anwendung kommen, in dem die Gesellschaft gegründet worden ist („Gründungstheorie"). Bei der Rechtsnachfolge von Todes wegen können das Erb- und das Gesellschaftsstatut grundsätzlich nebeneinander zur Anwendung kommen.

Dabei kann als Faustregel gelten: Das Erbstatut bestimmt grundsätzlich, wer zu welchem Teil Erbe wird. Das Gesellschaftsstatut bestimmt, was dem Erben aus dem Gesellschaftsverhältnis zufließt.

Abgrenzungsprobleme ergeben sich insbesondere bei der Vererbung von Anteilen an Personengesellschaften, die im deutschen Recht Sonderregelungen unterliegen. Die Vererblichkeit der Gesellschafterstellung beurteilt sich dann nach dem Gesellschaftsstatut.

Relevant wird dies bspw. im obigen Beispielsfall 2. Grundsätzlich gilt für den italienischen Industriellen italienisches Erbrecht. Die Vererbung des Anteils an der OHG richtet sich jedoch nach deutschem Gesellschaftsrecht. Der Gesellschaftsvertrag ist auf etwaige Sonderregelungen der Erbfolge zu überprüfen.

Die angesprochenen Sonderregelungen gelten nur für Personengesellschaften. Die Vererbung von Anteilen an Kapitalgesellschaften beurteilt sich nach allgemeinen Grundsätzen nach dem Erbstatut, so auch im Beispielsfall 4.

---

[12] Die dingliche Auseinandersetzung unterliegt aber regelmäßig dem Belegenheitsstatut.

3.3 Erbstatut und Ehegüterrecht

Für die Ermittlung des anwendbaren Ehegüterrechts gelten andere Vorschriften als für die Ermittlung des Erbrechts. Das bedeutet, dass Erbrecht und Ehegüterrecht demnach unterschiedlichen Rechtsordnungen unterliegen können. Abgrenzungsschwierigkeiten treten dann auf, wenn nach einer Rechtsordnung dem Ehegatten neben dem gesetzlichen Erbrecht zusätzlich ein güterrechtlicher Ausgleich zugebilligt wird.

Dies ist etwa in Deutschland aufgrund der pauschalen Erhöhung des Erbrechts des überlebenden Ehegatten um ein Viertel der Fall.[13] Aus der Sicht des deutschen Rechts bedeutet diese Regelung, dass sich das gesetzliche Erbrecht des überlebenden Ehegatten teilweise aus einem erbrechtlichen sowie teilweise aus einem güterrechtlichen Anteil zusammensetzt.[14] Problematisch und nicht abschließend geklärt ist, ob das güterrechtliche Viertel erbrechtlich zu beurteilen ist oder nicht. Bedeutung hat dies bei der Berechnung der Zugewinnquoten im Todesfall, der Pflichtteilsberechnung bzw. der erbrechtlichen Vermögensnachfolge bei internationalen Ehen.

3.4 Formfragen

Die Formgültigkeit einer letztwilligen Verfügung bestimmt sich ebenfalls nach besonderen Vorschriften. Sie richtet sich vorrangig nach dem Haager Übereinkommen über das auf die Form Letztwilliger Verfügungen anzuwendende Recht vom 5.10.1961. Die Vorschrift ist jedoch nahezu wörtlich in das deutsche internationale Privatrecht übernommen worden.[15]

Das Abkommen sowie das deutsche internationale Privatrecht enthalten eine Reihe alternativer Anknüpfungen für die Formwirksamkeit. Eine letztwillige Verfügung ist damit formwirksam, wenn einer der gesetzlich genannten Anknüpfungsmomente (z.B. Staatsangehörigkeit, Abschlußort, Wohnsitz, gewöhnlicher Aufenthalt, Belegenheit von Immobilien, Erbstatut) gegeben ist. Die Formwirksamkeit einer letztwilligen Verfügung mit Auslandsbezug ist demnach oftmals gewährleistet, so auch im Beispielsfall 5.

3.5 Schenkungen

Schenkungen, d.h. Übertragungen unter Lebenden, spielen im Bereich der Unternehmensnachfolge eine große Rolle. Oftmals wird bereits im Wege der vorweggenommenen Erbfolge das Vermögen auf den Unternehmensnachfolger übertragen. Liegt ein Auslandsbezug vor, sind auch hier die Aspekte des internationalen Rechts zu berücksichtigen.

---

[13] Vgl. § 1371 Abs. 1 BGB.
[14] Beispiel: Das im gesetzlichen Güterstand der Zugewinngemeinschaft verheiratete Ehepaar hat zwei Kinder. Der Ehemann verstirbt. Die Frau erbt vom Nachlass insgesamt die Hälfte, die andere die beiden Kinder zu je einem Viertel. Die Hälfte der Ehefrau setzt sich zusammen aus einem Viertel erbrechtlichen Teil sowie einem Viertel güterrechtlichen Teil.
[15] Vgl. Art. 26 Abs. 1-3 EGBGB.

Das anwendbare Recht kann in dem Vertrag bezüglich der Übertragung von Vermögen regelmäßig von den Vertragsparteien selbst gewählt werden.[16] Jedoch ist zu berücksichtigen, dass sich auch bei lebzeitiger Übertragung erbrechtliche Transferfragen stellen können, z. B. Pflichtteilsansprüche, Pflichtteilsverzichte etc. Derartige Fragestellungen werden regelmäßig nach dem Erbstatut beurteilt.

4. Praktische Folgerungen

Die Unternehmensnachfolge mit Auslandsbezug ist kein eigener Teilbereich der Unternehmensnachfolge. Vielmehr sind sämtliche Überlegungen der – rein nationalen – Unternehmensnachfolge auch dann zu stellen, wenn der Sachverhalt Auslandsberührung aufweist. Im letzteren Fall sind jedoch zusätzlich die internationalen Fragestellungen zu berücksichtigen. Dies betrifft einerseits zivilrechtliche Probleme, andererseits steuerliche Überlegungen.

Für den Unternehmer gleich wie für den Berater ist für die optimale Strukturierung der Unternehmensnachfolge beim Sachverhalt mit Auslandsbezug folgendes immer zu beachten:
- Liegt ein – aus erster Sicht auch noch so unwichtiger Auslandsbezug vor – kann der zugrunde liegende Sachverhalt nicht ausschließlich nach deutschen Rechtsvorschriften gelöst werden. Für jeden zu regelnden Teilbereich ist zunächst zu bestimmen, das Recht welchen Staates anzuwenden ist.
- Regelmäßig erscheint es angezeigt, die anzuwendende Rechtsordnung hierbei nicht nur aus der Sicht des deutschen Kollisionsrechts zu bestimmen, sondern (insbesondere) auch aus Sicht des betreffenden Landes, zu dem der Auslandsbezug gegeben ist. Dies ist vor allem dann notwendig, wenn ein Rechtsstreit dort potentiell anhängig werden könnte oder auch ausländische Behörden, z. B. Grundbuchamt, Nachlassgerichtoder sonstige Ämter bspw. zur Umschreibung von Immobilienbesitz oder zur Erteilung eines Erbscheines bzw. entsprechenden Zeugnissen notwendig einzuschalten sind.
- Die einmal erarbeiteten Lösungen bleiben nicht zwingend immer gültig, sondern müssen regelmäßig auf ihre weitere Wirksamkeit überprüft werden. Jede Veränderung eines Auslandsbezugs erfordert gegebenenfalls neue Regeln, zumindest aber die Überprüfung der bislang getroffenen Vereinbarungen.

Die Ziele der Unternehmensnachfolge mit Auslandsberührung entsprechen denen der rein nationalen Nachfolge:
- Fortentwicklung des Unternehmens und Sicherung des Unternehmensbestandes,
- Streitvermeidung,
- Vermeidung unnötiger Liquiditätsabflüsse,
- gerechte Verteilung des (zu erwartenden) Erbes in der Familie.

Die Gefahr, diese Ziele nicht zu erreichen, ist im Rahmen der internationalen Unternehmensnachfolge jedoch gleichviel größer, was schon anhand der obigen kleinen Beispielsfälle deutlich wird. Eine frühzeitige und regelmäßige kompetente Bera-

---

[16] Die dingliche Übertragung unterliegt jedoch regelmäßig dem Belegenheitsstatut. Dies ist insbesondere bei der Übertragung von Immobilien zu berücksichtigen.

tung hilft dem Unternehmer, maßgeschneiderte Lösungen zu erarbeiten und seine Ziele zu erreichen.

Weiterführende Literatur:
Flick/Piltz, Der Internationale Erbfall, München 1999.
Frank/Wachter, Handbuch Immobilienrecht in Europa, Heidelberg 2004 (Erscheinungstermin: Sommer).
Haas/Süß, Erbrecht in Europa, Angelbachtal 2004.
Merkt, Internationaler Unternehmenskauf, 2. Auflage, Köln 2003.
Reithmann/Martiny, Internationales Vertragsrecht, 6. Auflage, Köln 2004.

III

Steuerliche Optimierung der Unternehmensnachfolge

Steueroptimierung im Vorfeld der Unternehmensnachfolge
Elke Fischer

Inhalt:

	Seite
1. Einleitung	357
2. Vermeidung der Aufdeckung latenter Steuerbelastungen	357
2.1 Fälle der Aufdeckung latenter Steuerbelastungen	357
2.2 Betriebsaufspaltung	358
2.3 Sonderbetriebsvermögen	361
3. Rechtsformwahl	363
3.1 Einleitung	363
3.2 Rechtsformvergleich unter erbschaft-/schenkungsteuerlichen Aspekten	363
3.3 Rechtsformvergleich unter ertragsteuerlichen Aspekten	365
3.4 Gestaltungsmöglichkeiten	366
4. Umwandlung von Privatvermögen in Betriebsvermögen	367
4.1 Einleitung	367
4.2 Möglichkeiten zur Umwandlung von Privat- in Betriebsvermögen	368
4.3 Rechtsfolgen der Umwandlung von Privat- in Betriebsvermögen	369
5. Schlussbemerkung	370

1. Einleitung

Im Vorfeld einer Unternehmensnachfolge muss unter steuerlichen Gesichtspunkten das Augenmerk insbesondere auf drei Bereiche gelegt werden: die Vermeidung der Aufdeckung latenter Steuerbelastungen, die Wahl einer steueroptimalen Rechtsform und die möglichen Vorteile einer Umwandlung von Privat- in Betriebsvermögen.

2. Vermeidung der Aufdeckung latenter Steuerbelastungen

2.1 Fälle der Aufdeckung latenter Steuerbelastungen

Sowohl bei der unentgeltlichen Nachfolge im Erb- oder Schenkungswege als auch bei Verkauf kann bisheriges Betriebsvermögen durch den Übertragungsvorgang diese Eigenschaft verlieren. Dies löst eine Besteuerung von in diesem Vermögen gebundenen stillen Reserven aus. Eine Besteuerungsgefahr besteht in allen Fällen, in denen Vermögenswerte nicht originäres Betriebsvermögen sind, sondern nur steuerlich als solches fingiert werden. Dies trifft insbesondere auf Betriebsaufspaltungen sowie auf Personengesellschaften zu, denen von ihren Gesellschaftern Vermögen zur Nutzung überlassen wird, das steuerlich als Sonderbetriebsvermögen qualifiziert wird.

2.2 Betriebsaufspaltung

2.2.1 Definition

Eine Betriebsaufspaltung liegt vor, wenn einem Betriebsunternehmen Wirtschaftsgüter zur Nutzung überlassen werden, die dort eine funktional wesentliche Betriebsgrundlage bilden, und zwischen dem oder den Überlassenden („Besitzunternehmen") und dem Betrieb eine personelle Verflechtung besteht. Dies ist der Fall, wenn sowohl im Besitz- als auch im Betriebsunternehmen dieselbe Person oder Personengruppe einen einheitlichen geschäftlichen Betätigungswillen durchsetzen kann.[1] Das Besitzunternehmen gilt dann steuerlich als Gewerbebetrieb. Sofern die Betriebsgesellschaft eine Kapitalgesellschaft ist, gelten ihre Anteile als Betriebsvermögen des Besitzunternehmens[2] (bei Besitz-Personengesellschaften regelmäßig als Sonderbetriebsvermögen). Beispiel 1: A verpachtet ein Grundstück an die AB GmbH, an der er zu 60 % beteiligt ist. Das Grundstück ist wesentliche Betriebsgrundlage der AB GmbH. Grundstück und Anteile des A an der AB GmbH gelten als Betriebsvermögen des gewerblichen „Besitzunternehmens A".

2.2.2 Auslöser und Folge des Wegfalls einer Betriebsaufspaltung

Zum Wegfall der Betriebsaufspaltung kommt es unter anderem, wenn die personelle Verflechtung gelöst wird. Dies kann der Fall sein, wenn bei Vererbung, Schenkung oder Verkauf die Erwerber von Besitz- und Betriebsunternehmen nicht identisch sind. Werden die GmbH-Anteile des A aus Beispiel 1 testamentarisch auf ein Kind übertragen, ist im Übrigen aber der Ehegatte Alleinerbe, so entfällt die personelle Verflechtung. Bei vorweggenommener Erbfolge gilt das Gleiche, wenn z.B. die Anteile an der Betriebsgesellschaft übertragen werden, der Schenker jedoch das Vermögen des Besitzunternehmens als Altersversorgung zurückbehält. Die Folge ist eine Betriebsaufgabe des Besitzunternehmens mit Besteuerung aller dort gebildeten stillen Reserven, auch in den Anteilen an der Betriebsgesellschaft.

2.2.3 Strategien zur Vermeidung der Gewinnrealisierung

Zur Besteuerung nach dem Wegfall der personellen Verflechtung kommt es nicht, wenn das Vermögen des Besitzunternehmens über die Fiktion der Betriebsaufspaltung hinaus steuerliches Betriebsvermögen darstellt. Dies kann in folgenden Fällen gegeben sein:[3]
1. Subsidiär sind die Voraussetzungen einer Betriebsverpachtung im Ganzen erfüllt.
2. Es liegt ein Strukturwandel vor, z.B. wenn das Besitzunternehmen zu einem freiberuflichen „Erfinder-Unternehmen" wird.
3. Die Besitzgesellschaft ist eine gewerblich geprägte Gesellschaft oder ein Gewerbebetrieb kraft Rechtsform.

---

[1] Vgl. H 137 Absatz 4 Einkommensteuerrichtlinien 2002.
[2] Vgl. z.B. Urteile des Bundesfinanzhofs XI R 18/90 vom 12.02.1992, Bundessteuerblatt 1992 Teil II S. 723 mit weiteren Nachweisen und III R 47/98 vom 14.09.1999, Bundessteuerblatt 2000 Teil II S. 255 unter II. 1 der Gründe.
[3] Vgl. *Schmidt*, Einkommensteuergesetz, 22. Auflage 2003, § 15 Randziffer 865.

4. Die Besitzgesellschaft übt neben der Verpachtung eine nicht nur untergeordnete eigengewerbliche Tätigkeit aus. Bei einer Personengesellschaft „infiziert" diese gewerbliche Tätigkeit die Verpachtungstätigkeit und macht sie ebenfalls zur gewerblichen Tätigkeit. Bei einem Besitz-Einzelunternehmen kommt es dagegen regelmäßig nicht zu einer Infizierung.
5. Die personelle Verflechtung fällt nur vorübergehend weg (Betriebsunterbrechung).[4]

Die Strategien zur Vermeidung einer Gewinnrealisierung müssen zum Ziel haben, rechtzeitig eines dieser Kriterien zu erfüllen. In der Regel bleibt nur, das Besitzunternehmen zu einer gewerblich geprägten Personengesellschaft zu machen. Die Umwandlung in eine Kapitalgesellschaft (Gewerbebetrieb kraft Rechtsform) scheidet regelmäßig aus, da sie zum einen Grunderwerbsteuer auslöst, zum anderen in dem Fall, dass das Betriebsunternehmen eine Kapitalgesellschaft ist, deren Anteile zivilrechtlich auf die Besitzkapitalgesellschaft übergehen müssen, was eine Trennung von Besitz und Betrieb unmöglich macht. Eine gewerblich geprägte Gesellschaft ist eine Personengesellschaft, bei der vollhaftende Gesellschafter ausschließlich Kapitalgesellschaften sind und zur Geschäftsführung nur eine Kapitalgesellschaft oder eine Person befugt ist, die nicht Gesellschafter ist.[5] Hier bietet sich eine GmbH & Co. KG an, an der sich der bzw. die bisherigen Besitzunternehmer als Kommanditisten ohne Geschäftsführungsbefugnis beteiligen. Die Komplementärstellung ohne Kapitalbeteiligung übernimmt eine (neu gegründete) GmbH. Wenn im Rahmen der Umwandlung zumindest teilweise Gesellschaftsrechte an der Personengesellschaft gewährt werden, kann sie ertragsteuerneutral zu Buchwerten erfolgen.[6]

Bei einem Besitz-Einzelunternehmen ist wie folgt vorzugehen: Im Zuge der Neugründung einer gewerblich geprägten Personengesellschaft wird das Besitzunternehmen dort eingebracht und geht darin auf. Grunderwerbsteuer auf übergehende Grundstücke entsteht nicht, wenn der bisherige Besitzunternehmer mindestens während der folgenden fünf Jahre zu 100 % an der Gesellschaft beteiligt bleibt.[7] Ansonsten fällt Grunderwerbsteuer anteilig auf die Quote des Grundbesitzwerts[8] an, um die die Beteiligung reduziert wird, wobei bei der Übertragung auf Ehegatten oder Abkömmlinge sowie bei Anteilsschenkungen Steuerbefreiungen zur Anwendung kommen.[9] Die Anteile an der Betriebskapitalgesellschaft sind notwendiges Betriebsvermögen der Besitzgesellschaft, d. h. auch sie müssen mit eingebracht werden. Um jedoch sicherzustellen, dass Besitz- und Betriebsunternehmen im Rahmen der Unternehmensnachfolge getrennt voneinander übertragen werden können, macht es

---

[4] Vgl. Urteil des Bundesfinanzhofs XI R 2/96 vom 06. 03. 1997, Bundessteuerblatt 1997 Teil II S. 460; Urteilsanmerkung *Wendt*, Finanzrundschau 1997 S. 486.
[5] Vgl. § 15 Absatz 3 Nr. 2 Einkommensteuergesetz.
[6] Vgl. § 24 Absatz 1 Umwandlungssteuergesetz.
[7] Vgl. § 5 Absätze 2 und 3 Grunderwerbsteuergesetz.
[8] ermittelt nach den Vorschriften des Bewertungsgesetzes.
[9] Vgl. § 5 Absatz 2 und 3 in Verbindung mit § 3 Nr. 2, 4 und 6 Grunderwerbsteuergesetz; koordinierter Ländererlass Finanzministerium Baden-Württemberg 3 – S 4400/15 vom 14. 02. 2002, in: Der Betrieb 2002, S. 455, Textziffer 3.

keinen Sinn, die neue Besitz-Personengesellschaft direkt am Betriebsunternehmen zu beteiligen. Deshalb werden die Anteile am Betriebsunternehmen nicht in das zivilrechtliche Eigentum der Personengesellschaft eingebracht, sondern bleiben beim Besitzunternehmer und werden lediglich im steuerlichen Sonderbetriebsvermögen der Personengesellschaft geführt. Dies steht der Steuerneutralität der Einbringung nicht entgegen.[10]

In einem anschließenden zweiten Schritt müssen die Anteile an der Betriebskapitalgesellschaft auch steuerlich von der jetzt gewerblich geprägten Besitzgesellschaft separiert werden. Hierfür gründet der bisherige Besitzunternehmer eine zweite gewerblich geprägte Personengesellschaft mit eigener Komplementär-GmbH und überträgt die Anteile an der Betriebsgesellschaft in deren zivilrechtliches Eigentum und steuerliches Gesamthandsvermögen, und zwar alternativ gegen Gewährung von Gesellschaftsrechten (Kommanditkapital) oder unentgeltlich (Kapitalrücklage), was keine Besteuerung stiller Reserven auslöst.[11] Für diesen zweiten Schritt sind allerdings Missbrauchsvorschriften zu beachten. Zum einen gilt für die übertragene Beteiligung an der Betriebsgesellschaft eine Veräußerungs- und Entnahmesperre von drei Jahren seit Abgabe der Steuererklärung für das Übertragungsjahr. Diese Sperre kann jedoch durch Bildung einer Ergänzungsbilanz bei der aufnehmenden Gesellschaft vermieden werden.[12] Bedeutsamer ist der rückwirkende Wegfall der Steuerneutralität der Übertragung, so weit an der übertragenen Beteiligung in den nächsten sieben Jahren eine Kapitalgesellschaft beteiligt wird.[13] Weder darf also an der aufnehmenden Gesellschaft innerhalb des Sieben-Jahres-Zeitraums eine Kapitalgesellschaft vermögensmäßig beteiligt werden (die Beteiligung der Komplementär-GmbH ohne Vermögenseinlage ist unschädlich), noch darf diese Gesellschaft in eine Kapitalgesellschaft umgewandelt werden.

Nach Erreichen der Zielkonstellation (siehe nachstehende Abbildung) können im Rahmen der Unternehmensnachfolge die Besitz-GmbH & Co. KG und die Betriebs-Holding GmbH & Co. KG getrennt voneinander übertragen werden. Der Erwerber der Anteile an der Betriebs-Holding GmbH & Co. KG kann diese ggf. durch Verschmelzung oder Ausscheiden der Komplementärin wieder eliminieren.[14]

Ist das Besitzunternehmen eine nicht gewerblich geprägte Personengesellschaft, z. B. eine Gesellschaft bürgerlichen Rechts (GbR), so wird zunächst eine gewerblich geprägte Personengesellschaft gegründet, in die die Anteile an der Besitzgesellschaft eingebracht werden. Diese geht dadurch unter. Die Anteile an der Betriebskapitalgesellschaft gehen aus dem Sonderbetriebsvermögen des bisherigen Besitzunternehmens in das Sonderbetriebsvermögen der neuen Gesellschaft über. Zivilrechtlich

---

[10] Vgl. Schreiben des Bundesfinanzministeriums vom 25. 03. 1998 (Umwandlungssteuererlass), Bundessteuerblatt 1998 Teil I S. 268, Textziffer 24.06.
[11] Vgl. § 6 Absatz 5 Satz 3 Nr. 2 Einkommensteuergesetz.
[12] Vgl. § 6 Absatz 5 Satz 4 Einkommensteuergesetz.
[13] Vgl. § 6 Absatz 5 Sätze 5 und 6 Einkommensteuergesetz.
[14] Sofern ihre Erhaltung nicht aus anderen Gründen erforderlich ist, etwa wegen Einhaltung der Behaltefrist des § 13a Absatz 5 Nr. 1 Erbschaftsteuergesetz, vgl. dazu Abschnitt 3.4.

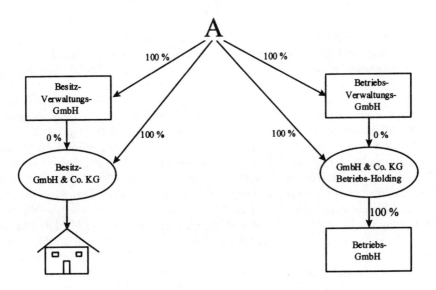

Abb.: Zielkonstellation bei Betriebsaufspaltung

bleiben sie im Eigentum der bisherigen Besitzgesellschafter.[15] Anschließend wird eine zweite gewerblich geprägte Gesellschaft gegründet, auf die die Anteile an der Betriebsgesellschaft nach dem oben beschriebenen Muster und unter Beachtung der Missbrauchsvorschriften übertragen werden.[16] Die Zielkonstellation entspricht der in der obigen Abbildung dargestellten, mit dem Unterschied, dass an den einzelnen Gesellschaften jeweils mehrere Gesellschafter beteiligt sind. Grunderwerbsteuer für in die Besitz-GmbH & Co. KG eingebrachte Grundstücke entsteht nicht, so weit die Besitzgesellschafter an der aufnehmenden Gesellschaft während der folgenden fünf Jahre im bisherigen Umfang beteiligt bleiben. Anderenfalls gilt das zum Besitz-Einzelunternehmen Gesagte sinngemäß.

2.3 Sonderbetriebsvermögen

2.3.1 Definition

Überlässt ein Gesellschafter seiner Personengesellschaft zivilrechtliches Privatvermögen zur Nutzung und stellt dieses Vermögen eine wesentliche Betriebsgrundlage der Personengesellschaft dar, so gilt es steuerlich als Sonderbetriebsvermögen I der Gesellschaft.

---

[15] Eine formwechselnde Umwandlung in eine gewerblich geprägte Personengesellschaft kommt als Alternative nur in Betracht, wenn die Besitzgesellschaft die Rechtsform der OHG oder der (nicht gewerblich geprägten) KG hat, nicht dagegen für eine GbR (§ 191 Absatz 1 Umwandlungsgesetz).
[16] Vgl. § 6 Absatz 5 Satz 3 Nr. 2 Einkommensteuergesetz.

2.3.2 Auslöser und Folge des Wegfalls von Sonderbetriebsvermögen
Auch beim Sonderbetriebsvermögen kann es zur Aufdeckung stiller Reserven kommen, wenn es im Erb-, Schenkungs- oder Veräußerungsfall nicht mit dem Anteil an der Personengesellschaft übertragen wird. Zwar ist es einkommensteuerlich zulässig, bei der Schenkung von Teilen eines so genannten Mitunternehmeranteils Sonderbetriebsvermögen nicht (anteilig) mit zu übertragen, wenn der Erwerber die Beteiligung mindestens fünf Jahre hält.[17] Dies gilt jedoch nicht bei Übertragung der gesamten Beteiligung, also insbesondere nicht im Erbfall. Beispiel 2: A ist an der ABC GmbH & Co. KG zu 40 % beteiligt. Er überlässt der KG pachtweise ein Grundstück, das dadurch zu Sonderbetriebsvermögen wird. Nach dem Testament des A ist seine Ehefrau Alleinerbin. Im Gesellschaftsvertrag der KG ist aber geregelt, dass Kommanditisten nur Personen mit einer bestimmten Berufsausbildung sein können, die die Ehefrau nicht hat (qualifizierte Nachfolgeklausel). Dem Sohn, der die Voraussetzung erfüllt, wird der KG-Anteil vermächtnisweise zugewandt. Die Ehefrau wird also nicht Mitunternehmerin der KG. Da sie aber das Grundstück erbt, verliert dieses beim Erbfall seinen Bezug zur KG und wird Privatvermögen. Die stillen Reserven im Grundstück werden besteuert. Die gleiche Folge tritt ein, wenn A seinen gesamten KG-Anteil im Rahmen der vorweggenommenen Erbfolge seinem Sohn schenkt, das Grundstück jedoch für seine Altersversorgung zurückbehält.

2.3.3 Strategien zur Vermeidung der Gewinnrealisierung
Auch hier muss das Sonderbetriebsvermögen rechtzeitig in eigenes gewerbliches Betriebsvermögen umgewandelt werden. Dies kann in der Weise geschehen, dass die betreffenden Wirtschaftsgüter in das Gesamthandsvermögen einer anderen Mitunternehmerschaft übertragen werden, an der der Steuerpflichtige beteiligt ist oder wird.[18] Eine gewerblich geprägte Personengesellschaft wird gegründet, auf die das Sonderbetriebsvermögen gegen Gewährung von Gesellschaftsrechten (Kommanditkapital) oder unentgeltlich (Kapitalrücklage) übertragen wird. Grunderwerbsteuer entsteht nicht, soweit der bisherige Grundstückseigentümer an der Personengesellschaft in den folgenden fünf Jahren unverändert beteiligt bleibt.[19] Bei Anteilsübertragungen an Ehegatten und Abkömmlinge sowie bei Anteilsschenkungen gelten Grunderwerbsteuerbefreiungen.[20] Diese Variante entspricht der Maßnahme, die im Betriebsaufspaltungsfall im zweiten Schritt durchgeführt wird. Die entsprechenden Missbrauchsvorschriften sind zu beachten.[21]

---

[17] Vgl. § 6 Absatz 3 Satz 2 Einkommensteuergesetz.
[18] Vgl. § 6 Absatz 5 Satz 3 Nr. 2, 2. Alternative Einkommensteuergesetz.
[19] Vgl. Fußnote 7.
[20] Vgl. Fußnote 9.
[21] Vgl. Abschnitt 2.2.3.

3. Rechtsformwahl

3.1 Einleitung

Nach derzeitiger Rechtslage[22] wird Betriebsvermögen bei der Erbschaft- und Schenkungsteuer gegenüber Privatvermögen durch einen zusätzlicher Freibetrag von 225.000 € sowie einen Bewertungsabschlag von 35 % für das den Freibetrag übersteigende Vermögen begünstigt.[23] Unabhängig vom Verwandtschaftsverhältnis wird außerdem zu 88 % der Tarif der günstigsten Steuerklasse I angewandt.[24] Darüber hinaus kann die Erbschaftsteuer auf den Erwerb von Betriebsvermögen auf Antrag bis zu zehn Jahre zinslos gestundet werden, so weit dies der Erhalt des Betriebs erfordert.[25] Doch auch innerhalb des Betriebsvermögens gibt es rechtsformabhängige Unterschiede. Bei der Entscheidung für die optimale Rechtsform sind die jeweiligen erbschaftsteuerlichen Besonderheiten, jedoch auch die Regelungen bei der laufenden Ertragsbesteuerung zu berücksichtigen.

3.2 Rechtsformvergleich unter erbschaft-/schenkungsteuerlichen Aspekten

Zum begünstigten Betriebsvermögen gehören Anteile an Personengesellschaften unabhängig von der Beteiligungsquote, Beteiligungen an Kapitalgesellschaften dagegen nur, wenn der Erblasser bzw. Schenker zu mehr als 25 % beteiligt war. Die Möglichkeit der Steuerstundung beim Erwerb von Betriebsvermögen besteht nicht für Anteile an Kapitalgesellschaften, unabhängig von der Beteiligungsquote.[26] Hinzu kommen Bewertungsunterschiede. Anteile an börsennotierten Kapitalgesellschaften werden nach dem Börsenkurs besteuert. Bei nicht börsennotierten Aktien sowie GmbH-Anteilen wird der Preis zugrunde gelegt, der bei Verkäufen innerhalb eines Jahres vor dem Bewertungsstichtag erzielt wurde.[27] Gab es in diesem Zeitraum keine Verkäufe, wird nach dem Stuttgarter Verfahren bewertet, das neben dem Betriebsvermögen einen Ertragshundertsatz aus den gewichteten Betriebsergebnissen der letzten drei Jahre berücksichtigt.[28] Beim Vermögenswert werden grundsätzlich Steuerbilanzwerte angesetzt. Abweichend davon gilt für Grundstücke der Grundbesitzwert nach Bewertungsgesetz, für Anteile an anderen Kapitalgesellschaften der Börsenkurs, Verkaufspreis oder Wert nach Stuttgarter Verfahren und für Anteile an Personengesellschaften deren Steuerbilanzwerte (für dort vorhandene Grundstücke und Beteiligungen die entsprechenden Sonderregelungen).

Während bei Anteilen an Kapitalgesellschaften also der Ertragswert eine Rolle spielt, bemisst sich bei Anteilen an Personengesellschaften die Erbschaft- und Schen-

---

[22] Zur Frage der Verfassungsmäßigkeit dieser Rechtslage siehe Abschnitt 4.1.
[23] Vgl. § 13a Erbschaftsteuergesetz.
[24] Vgl. § 19a Erbschaftsteuergesetz.
[25] Vgl. § 28 Erbschaftsteuergesetz.
[26] Vgl. zum Meinungsstand in der Literatur *Kapp/Ebeling*, Erbschaftsteuer- und Schenkungsteuergesetz, § 28 Randziffer 2.
[27] Vgl. § 12 Absatz 1 Erbschaftsteuergesetz in Verbindung mit § 11 Absatz 2 Satz 2 Bewertungsgesetz.
[28] Vgl. § 11 Absatz 2 Satz 2 Bewertungsgesetz, R 96 ff. Erbschaftsteuerrichtlinien 2003.

kungsteuer allein nach dem Betriebsvermögen nach Steuerbilanzwerten mit den für Grundstücke und Beteiligungen geltenden Sondervorschriften. Bereits bei durchschnittlicher Rendite ergibt sich für eine nach dem Stuttgarter Verfahren bewertete Kapitalgesellschaft eine höhere Steuerbemessungsgrundlage als für eine Personengesellschaft. Bei hoher Rendite weichen die Werte sogar erheblich ab, wie nachstehendes Beispiel zeigt.

Beispiel 3:[29] Ein Unternehmen hat ein (Stamm-)Kapital von 50.000 €. Das Betriebsvermögen laut Steuerbilanz beträgt 1,5 Mio. €. Grundstücke und Beteiligungen sind nicht vorhanden. Die Erträge der letzten drei Jahre belaufen sich auf 7 Mio. €, 5,5 Mio. € und 4 Mio. €. Erben/Beschenkte sind die Kinder A zu 75 % und B zu 25 %.

Erbschaftsteuerbelastung bei einer nach Stuttgarter Verfahren bewerteten GmbH:

$$\text{Vermögenswert } V = \frac{\text{Vermögen} \times 100}{\text{Stammkapital}} = \frac{1.500.000 \times 100}{50.000} = 3.000$$

$$\text{Ertragswert } E = \frac{\text{Ertrag letzte 3 Jahre 1:2:3} \times 100}{\text{Stammkapital}} = \frac{5.000.000 \times 100}{50.000} = 10.000$$

Faktor gemeiner Wert G = 0,68 (V + 5 E) = 0,68 (3.000 + 50.000) = 36.040
Wert der Gesellschaft = Stammkapital x G % = 50.000 x 36.040 % = 18.020.000

Wert der Gesellschaft nach Stuttgarter Verfahren		18.020.000 €
./. Betriebsvermögensfreibetrag		225.000 €
Zwischenergebnis		17.795.000 €
./. Bewertungsabschlag 35 %		6.228.250 €
Steuerpflichtiges Betriebsvermögen		11.566.750 €
Anteil A 75 %	8.675.063 €	
Anteil B 25 %		2.891.687 €
./. persönlicher Freibetrag	205.000 €	205.000 €
Wert des steuerpflichtigen Erwerbs	8.470.063 €	2.686.687 €
Steuersatz	23 %	19 %
Erbschaft-/Schenkungsteuer	1.948.114 €	510.470 €

---

[29] Nach *Schwedhelm*, Die Umstrukturierung von Kapitalgesellschaften in Personengesellschaften zur Vorbereitung der Unternehmensnachfolge, in: Zeitschrift für Erbrecht und Vermögensnachfolge 2003, S. 8.

Erbschaftsteuerbelastung bei einer GmbH & Co. KG:

Wert der Gesellschaft nach Einheitswert		1.500.000 €
./. Betriebsvermögensfreibetrag		225.000 €
Zwischenergebnis		1.275.000 €
./. Bewertungsabschlag 35 %		446.250 €
Steuerpflichtiges Betriebsvermögen		828.750 €
Anteil A 75 %		621.563 €
Anteil B 25 %		207.187 €
./. persönlicher Freibetrag	205.000 €	205.000 €
Wert des steuerpflichtigen Erwerbs	416.563 €	2.187 €
Steuersatz	15 %	7 %
Erbschaft-/Schenkungsteuer	62.484 €	153 €

3.3 Rechtsformvergleich unter ertragsteuerlichen Aspekten

3.3.1 Steuersatz

Der Körperschaftsteuersatz, zu dem eine Kapitalgesellschaft ihr Einkommen versteuert, beträgt derzeit 25 % zuzüglich Solidaritätszuschlag. Hinzu kommt die Gewerbesteuer zum gemeindeindividuellen Hebesatz. In der Regel wird die Kapitalgesellschaft insgesamt in der Größenordnung von ca. 38-40 % mit Ertragsteuern belastet. Schüttet sie Gewinne aus, werden diese bei den Gesellschaftern nach dem Halbeinkünfteverfahren zum individuellen Einkommensteuersatz versteuert (Spitzensatz 2004: 45 %; ab 2005: 42 %). Gewinne einer Personengesellschaft unterliegen bei den Gesellschaftern sofort, unabhängig von der Auszahlung, dem individuellen Einkommensteuersatz und sind daneben gewerbesteuerpflichtig. Die Gewerbesteuer wird jedoch durch ihre pauschalierte Anrechnung auf die Einkommensteuer weitgehend kompensiert.[30] Der vermeintlich günstigere Steuersatz der Kapitalgesellschaft führt nur bei hoher Thesaurierungsquote und sehr langer Thesaurierungszeit zu einem absoluten Vorteil gegenüber der Personengesellschaft.[31]

---

[30] Vgl. § 35 Einkommensteuergesetz.
[31] Vgl. z.B. *Tischer*, Rechtsformwahl nach der Unternehmenssteuerreform im Endwert-Modell, in: Finanzrundschau 2000, S. 1009; *Jacobs*, Rechtsformwahl nach der Unternehmenssteuerreform: Personenunternehmung oder Kapitalgesellschaft?, in: Deutsches Steuerrecht 2001, S. 806; *Elser*, Warum die GmbH nur selten als Spardose taugt, in: Betriebs-Berater 2001, S. 805.

3.3.2 Gewerbesteuerminimierung durch Verträge

Die Kapitalgesellschaft und ihre Gesellschafter stehen sich wie Fremde gegenüber und können daher steuerlich wirksame Verträge miteinander abschließen. Vergütungen für ein Anstellungsverhältnis mit dem Gesellschafter sind – Angemessenheit und Einhaltung bestimmter formaler Regeln vorausgesetzt – Betriebsausgaben der Gesellschaft. Sie unterliegen zwar beim Gesellschafter wieder der Einkommensteuer, nicht jedoch der Gewerbesteuer, die sie bei der Gesellschaft mindern. Neben Anstellungsverträgen und Altersversorgungszusagen gilt dies auch für andere Verträge wie z. B. Darlehens- oder Mietverträge. Zwar führt seit der Absenkung des Körperschaftsteuersatzes auf 25 % die Abzugsfähigkeit von Betriebsausgaben bei der Kapitalgesellschaft insgesamt nur noch zu einer Steuerentlastung von ca. 38-40 %. Die zusätzliche Entlastung auf der Ebene des Gesellschafters nach dem Halbeinkünfteverfahren ist jedoch in die Gesamtbetrachtung einzubeziehen. Dadurch ergeben sich in der Regel durch Verträge mit dem Gesellschafter nach wie vor Vorteile, deren Umfang vom persönlichen Einkommensteuersatz des Gesellschafters abhängig ist. Aufwendungen aus Verträgen zwischen einer Personengesellschaft und ihren Gesellschaftern sind demgegenüber keine steuerlichen Betriebsausgaben der Gesellschaft, mindern also auch nicht deren Gewerbesteuer. Seit Einführung der Gewerbesteuer-Anrechnung auf die Einkommensteuer wird dieser Nachteil jedoch weitgehend kompensiert und spielt somit keine große Rolle mehr.[32]

3.3.3 Verlustverrechnung

Während Kapitalgesellschaften Verluste nur in bestimmtem Rahmen per Verlustrück- oder -vortrag mit eigenen Gewinnen verrechnen können, können die Gesellschafter von Personengesellschaften deren anteilig auf sie entfallende Verluste auch mit positiven Einkünften aus anderen Einkunftsarten ausgleichen. Eine Begrenzung findet nur insoweit statt, als ein beschränkt haftender Gesellschafter Verluste nur bis zur Höhe seiner Kapitaleinlage bzw. einer ggf. übernommenen erweiterten Außenhaftung sofort ausgleichen und im Übrigen lediglich mit künftigen Gewinnen aus der Beteiligung verrechnen darf.[33]

3.4 Gestaltungsmöglichkeiten

Es kann also nicht nur unter erbschaftsteuerlichen, sondern auch unter ertragsteuerlichen Gesichtspunkten Sinn machen, eine Kapitalgesellschaft zur Vorbereitung der Unternehmensnachfolge formwechselnd in eine Personengesellschaft umzuwandeln.[34] Dies ist grundsätzlich ertrag- und grunderwerbsteuerneutral möglich. Zu beachten ist jedoch, dass die Gewinnrücklagen der Kapitalgesellschaft anlässlich der Umwandlung als ausgeschüttet gelten und von den Gesellschaftern nach dem Halbeinkünfteverfahren zu versteuern sind.[35] Weiterhin sollte berücksichtigt werden,

---

[32] Der zusätzliche Freibetrag von 24.500 € und der Staffeltarif bei der Ermittlung des Gewerbeertrags von Personengesellschaften können bei der Betrachtung vernachlässigt werden.
[33] Vgl. § 15a Einkommensteuergesetz.
[34] Zu den Einzelheiten der Umwandlung siehe *Schwedhelm* (Fußnote 29).
[35] Vgl. § 4 Absatz 4 in Verbindung mit Absatz 7 Satz 2 Umwandlungssteuergesetz.

dass eine Umwandlung allein zum Zweck der Übertragung mit von vornherein geplanter „Rückumwandlung" in eine Kapitalgesellschaft von der Finanzverwaltung als Missbrauch angesehen werden kann.[36] Daher ist die Umwandlung nur zu empfehlen, wenn sie auch von einiger Dauer sein soll, insbesondere also auch für die laufende Besteuerung als vorteilhaft empfunden wird.

Sofern eine Beteiligung an einer Kapitalgesellschaft von nicht mehr als 25 % besteht und eine formwechselnde Umwandlung nicht möglich ist, kann es Sinn machen, die Anteile in eine gewerblich geprägte Personengesellschaft einzubringen, um vom Betriebsvermögensfreibetrag und Bewertungsabschlag zu profitieren. Eine Änderung der Bewertung wird allerdings nicht erreicht. Die Einlage löst keine Ertragsteuern aus, wenn sie nicht gegen Gewährung von Gesellschaftsrechten (Kommanditkapital), sondern ausschließlich gegen Verbuchung auf einem Kapitalrücklagekonto erfolgt.[37] Der Erbe bzw. Beschenkte muss die Anteile an der gewerblich geprägten Gesellschaft während der nächsten fünf Jahre halten und darf zudem bis zum Ende des letzten in die Fünfjahresfrist fallenden Wirtschaftsjahrs über seine (anteiligen) Gewinne und eventuelle eigene Einlagen hinaus maximal 52.000 € entnehmen, um die Vergünstigungen nicht nachträglich zu verlieren.[38]

4. Umwandlung von Privatvermögen in Betriebsvermögen

4.1 Einleitung

Wie in Abschnitt 3.1 dargelegt, ist Betriebsvermögen gegenüber Privatvermögen derzeit erbschaft- und schenkungsteuerlich begünstigt. Dies wirft die Frage auf, ob zur Nachfolgevorbereitung Privatvermögen in Betriebsvermögen umgewandelt werden sollte, um die Steuerbelastung zu senken. Zwar steht die Verfassungsmäßigkeit der Ungleichbehandlung der verschiedenen Vermögensarten zurzeit auf dem gerichtlichen Prüfstand.[39] Dennoch erscheinen die hier angestellten Überlegungen gerechtfertigt. Sollte die Verfassungswidrigkeit der bisherigen Regelungen festgestellt werden – eine Entscheidung wird frühestens für 2005 erwartet –, kann dies zumindest bis zu einer gesetzlichen Neuregelung allenfalls eine niedrigere Besteuerung der bisher benachteiligten, nicht jedoch eine höhere Besteuerung der bisher privilegierten Steuerpflichtigen nach sich ziehen.[40]

---

[36] Vgl. § 42 Abgabenordnung.
[37] Vgl. Schreiben des Bundesministeriums der Finanzen IV C 2 – S 2178 – 4/00 vom 29. 03. 2000, Bundessteuerblatt 2000 Teil I, S. 462; zur Bewertung der Einlage vgl. die Ausführungen in Abschnitt 4.2.
[38] Vgl. § 13a Absatz 5 Nr. 1 und 3 Erbschaftsteuergesetz.
[39] Vgl. Vorlagebeschluss des Bundesfinanzhofs II R 61/99 an das Bundesverfassungsgericht vom 22. 05. 2002, Aktenzeichen des Bundesverfassungsgerichts 1 BvL 10/02, Bundessteuerblatt 2002 Teil II, S. 598.
[40] Gleicher Ansicht *Schwedhelm* (Fußnote 29); *Jordan/Haubold*, Praktische Auswirkungen der Überprüfung der Verfassungsmäßigkeit der erbschaft- und schenkungsteuerlichen Behandlung des Übergangs von Betriebsvermögen – Vorläufigkeit der Steuerfestsetzungen, Umsatzsteuer- und Verkehrsteuerrecht 2002, S. 120.

4.2 Möglichkeiten zur Umwandlung von Privat- in Betriebsvermögen

Für die Überführung ins Betriebsvermögen kommen insbesondere Grundbesitz und Kapitalvermögen in Betracht. Dieses Vermögen kann per Einlage entweder in ein existierendes Betriebsvermögen oder in eine separate, neu gegründete gewerblich geprägte Personengesellschaft[41] eingebracht werden. Anschließend werden die Anteile an dem so entstandenen Betriebsvermögen zu den günstigen Bedingungen verschenkt. Die Einlage erfolgt – außer bei Beteiligungen an Kapitalgesellschaften von 1 % oder mehr – zum Teilwert (d. h. in etwa zum Zeitwert) und löst keine Steuerpflicht aus, wenn sie ausschließlich als Kapitalrücklage verbucht wird und nicht gegen Gewährung von Gesellschaftsrechten (Kommanditkapital) erfolgt.[42] Nur falls ein Grundstück innerhalb von zehn Jahren seit seiner Anschaffung aus dem aufnehmenden Betriebsvermögen veräußert wird, wird die Einlage rückwirkend besteuert.[43] Beteiligungen an Kapitalgesellschaften von 1 % oder mehr gelten als zu den ursprünglichen Anschaffungskosten eingelegt, d. h. bei ihnen bleiben die vor der Einlage aufgebauten stillen Reserven steuerverstrickt.[44] Ist der Wert der Anteile im Einbringungszeitpunkt gegenüber den Anschaffungskosten gesunken, ist die Wertdifferenz zur eventuellen späteren Berücksichtigung festzuhalten.[45]

In der Literatur wird eine Gestaltung vorgeschlagen, die es ermöglichen soll, die Substanz des Vermögens bereits zu übertragen, die Verfügungsmöglichkeiten und Erträge jedoch beim Schenker zurückzubehalten: der so genannte Familienpool.[46] Dabei gründen z. B. die Eltern eine gewerblich geprägte Personengesellschaft und bringen das fragliche Privatvermögen nach den oben beschriebenen Grundsätzen ein. Anschließend verschenken sie einen Teil der Gesellschaftsanteile an die Kinder. Diese Anteile werden bezüglich der Stimmrechte und des Gewinnbezugsrechts anders ausgestattet als die der Eltern. Beispiel 4: 96 % der Anteile werden verschenkt, diese werden jedoch nur mit 4 % der Stimmrechte ausgestattet. Außerdem wird diesen Anteilen nur 4 % des Gewinnbezugsrechts eingeräumt. Dadurch hätten die Eltern zwar die Vermögenssubstanz noch unter den günstigen schenkungsteuerlichen Bedingungen für Betriebsvermögen abgegeben, sich aber gleichzeitig die Einflussnahme und die Erträge des Vermögens weitgehend vorbehalten. Diese Gestaltung führt jedoch nur dann zum gewünschten Ergebnis, wenn die Gesellschafterstellung der Kinder als steuerliche Mitunternehmerstellung anerkannt wird. Hierfür wird unter anderem von den Kindern das Entfalten von Mitunternehmerinitiative verlangt. Es ist deshalb im Einzelfall sorgfältig zu prüfen, ob die Mitunternehmerstellung aller Beteiligter zweifelsfrei erreicht werden kann.

---

[41] Zur Definition siehe Abschnitt 2.2.3.
[42] Vgl. Schreiben des Bundesministeriums der Finanzen vom 29. 03. 2000 (Fußnote 37).
[43] Vgl. § 23 Absatz 1 Satz 5 Nr. 1 Einkommensteuergesetz.
[44] Vgl. § 6 Absatz 1 Nr. 5 b) Einkommensteuergesetz.
[45] Vgl. R 140 Absatz 8 Einkommensteuerrichtlinien.
[46] Vgl. *Dehmer*, Der „Familienpool" – ein Gestaltungsinstrument im Rahmen der vorweggenommenen Erbfolge, in: INF Die Information für Steuerberater und Wirtschaftsprüfer 1993, S. 538.

4.3 Rechtsfolgen der Umwandlung von Privat- in Betriebsvermögen

4.3.1 Erbschaftsteuerliche Rechtsfolgen

Für Zwecke der Erbschaft- und Schenkungsteuer wird erreicht, dass auch bisheriges Privatvermögen von den (noch geltenden) besonderen Vergünstigungen für Betriebsvermögen profitiert. Unter diesem Aspekt und vor dem Hintergrund einer möglicherweise kommenden Gesetzesänderung macht eine Umwandlung von Privat- in Betriebsvermögen insbesondere für unmittelbar anstehende Nachfolgeregelungen Sinn. Zu beachten ist, dass der Erwerber das Vermögen während der folgenden fünf Jahre nach Erwerb weiterhin als Betriebsvermögen halten muss, es also weder veräußern noch wieder in Privatvermögen überführen darf. Er darf außerdem bis zum Ende des letzten in die Fünfjahresfrist fallenden Wirtschaftsjahres über die ihm zuzurechnenden Gewinne und eventuelle eigene Einlagen hinaus nicht mehr als 52.000 € entnehmen.[47]

Es ist grundsätzlich auch möglich, Verbindlichkeiten mit auf die gewerblich geprägte Gesellschaft zu übertragen. Dies mindert den Schenkungsteuerwert. Bei einer Übertragung von Verbindlichkeiten in das Gesamthandsvermögen der Gesellschaft löst dies jedoch in den Fällen Einkommensteuer aus, in denen eine Veräußerung des übertragenen Vermögens im Privatvermögen steuerpflichtig wäre, also bei Grundbesitz innerhalb der Zehnjahresfrist seit Anschaffung, bei sonstigen Wirtschaftsgütern, insbesondere Wertpapieren, innerhalb eines Jahres seit Anschaffung, und bei Beteiligungen an Kapitalgesellschaften von mindestens 1 % generell. In diesen Fällen müssten also die Verbindlichkeiten zurückbehalten und steuerlich dem Sonderbetriebsvermögen der gewerblich geprägten Gesellschaft zugeordnet werden. Eine Schenkung der Anteile zusammen mit den im zivilrechtlichen Privatvermögen, aber im steuerlichen Sonderbetriebsvermögen befindlichen Verbindlichkeiten stellt dann kein teilentgeltliches Geschäft, sondern im schenkungsteuerlichen Sinne eine voll unentgeltliche Übertragung dar.[48]

4.3.2 Ertragsteuerliche Rechtsfolgen

Durch die Verlagerung von Privatvermögen in das Betriebsvermögen wird das Vermögen steuerlich verstrickt, d. h. bei einer späteren Veräußerung oder Rückführung in das Privatvermögen unterliegen die zwischenzeitlich aufgebauten stillen Reserven der Besteuerung, was im Privatvermögen nur im Ausnahmefall – bei nicht selbstbewohnten Grundstücken z. B. bei Erwerb und Veräußerung innerhalb von zehn Jahren – der Fall ist. Neben der Einkommensteuer fällt auch Gewerbesteuer an, die jedoch aufgrund ihrer pauschalierten Anrechnung auf die Einkommensteuer kaum zu einer zusätzlichen Belastung führt. Im Gegenzug kann es zu einer Erhöhung der

---

[47] Vgl. § 13a Absatz 5 Nr. 1 und 3 Erbschaftsteuergesetz.
[48] Vgl. *Kapp/Ebeling* (Fußnote 26), § 12 Randziffer 313.8; *Meincke*, Erbschaftsteuer- und Schenkungsteuergesetz, 13. Auflage 2002, § 12 Randziffer 137; *Moench/Kien-Hümbert/Weinmann*, Erbschaft- und Schenkungsteuer, § 12 Abschnitt II. 3 Randziffer 12; anderer Ansicht *Gebel* in: *Troll/Gebel/Jülicher*, Erbschaftsteuer- und Schenkungsteuergesetz, § 12 Randziffer 899 f.

steuerlich berücksichtigungsfähigen Abschreibungen kommen, da diese auf Basis des Werts im Einlagezeitpunkt vorgenommen werden. Es ist allerdings darauf zu achten, dass bisherige degressive Abschreibungen nicht fortgeführt werden können.

Die laufenden Erträge des eingebrachten Vermögens unterliegen auch der Gewerbesteuer. Wegen der Anrechnung auf die Einkommensteuer entsteht dadurch jedoch wiederum keine wesentliche Zusatzbelastung. Zudem kann in Fällen, wo die Gesellschaft überwiegend eigenen Grundbesitz verwaltet und daneben allenfalls noch Kapitalvermögen hält, die so genannte erweiterte Gewerbeertragskürzung[49] zur Anwendung kommen, d. h. Gewerbesteuer fällt weder auf laufende Erträge noch auf Veräußerungsgewinne an.

5. Schlussbemerkung

Im Vorfeld der Unternehmensnachfolge ist sorgfältig zu prüfen, ob Steuerfallen z. B. durch automatische Entstrickung bestehen, ob die Rechtsform optimiert werden kann und ob es Sinn macht, Privatvermögen in Betriebsvermögen umzuwandeln. Bei sämtlichen Überlegungen ist es wichtig, die entsprechenden Maßnahmen rechtzeitig vor der Übertragung zu treffen und neben der steuerlichen Motivation auch rechtliche und wirtschaftliche Überlegungen bezüglich der Sinnhaftigkeit der Maßnahme anzustellen.

Weiterführende Literatur:

Brandmüller, Betriebsaufspaltung heute – planmäßige Entsorgung?, in: Deutsche Steuerzeitung 1998, S. 4 ff.

Dehmer, Der „Familienpool" – ein Gestaltungsinstrument im Rahmen der vorweggenommenen Erbfolge, in: INF Die Information für Steuerberater und Wirtschaftsprüfer 1993, S. 538 ff.

Jacobs, Rechtsformwahl nach der Unternehmenssteuerreform: Personenunternehmung oder Kapitalgesellschaft?, in: Deutsches Steuerrecht 2001, S. 806 ff.

Neu, Rechtsformwahl in kleineren Unternehmensgruppen – Prüfungskriterien für eine steueroptimale Konzerngestaltung, in: GmbH-Steuerberater 2003, S. 46 ff.

Schwedhelm, Die Umstrukturierung von Kapitalgesellschaften in Personengesellschaften zur Vorbereitung der Unternehmensnachfolge, in: Zeitschrift für Erbrecht und Vermögensnachfolge 2003, S. 8 ff.

---

[49] Vgl. § 9 Nr. 1 Satz 2 Gewerbesteuergesetz.

Steuerliche Rahmenbedingungen familieninterner Nachfolgemodelle

Peter Schimpfky, Markus Lehmann

Inhalt:

	Seite
1. Vorbemerkung	371
2. Steuerneutralität der Unternehmensnachfolge als oberste Maxime	372
2.1 Vermeidung einkommensteuerpflichtiger Veräußerungs- und Entnahmevorgänge	372
2.2 Beachtung gesetzlicher Missbrauchsvorschriften	372
2.3 Einbeziehung einkommensteuerlicher Folgen für sämtliche Beteiligte	375
2.4 Mehrmalige Ausnutzung erbschaftsteuerlicher Freibeträge und sonstiger Vergünstigungen durch zeitliche Streckung der Gesamtübertragung	375
2.5 Bestimmung des „richtigen" Zeitpunkts	376
3. Erbschaftsteuerliche Rahmenbedingungen bei Nachfolgeregelungen über Betriebsvermögen	376
3.1 Grundsätze der „gemischten Schenkung"	376
3.2 Bewertungsvergünstigungen und zu erwartende Verschärfungen	378
3.3 Missbrauchstatbestände im Zusammenhang mit Bewertungsvergünstigungen	380
4. Aktuelle ertragsteuerliche Entwicklungen bei vorweggenommener Erbfolge gegen wiederkehrende Leistungen	382
4.1 Abgrenzung einzelner Leistungsarten im Rahmen des Versorgungsvertrages	382
4.2 Prüfungsschema Versorgungsvertrag mit Abgrenzungen	383
4.3 Einschränkungen durch den Großen Senat des BFH: „ausreichende" Nettoerträge	384
5. Schlussbemerkung	385

1. Vorbemerkung

Im Rahmen der familieninternen Unternehmensnachfolge stellt die Planung und Ausgestaltung einer lebzeitigen Nachfolge in erhöhtem Maße zivil- und sterrechtliche Anforderungen an alle Beteiligten. Auf dem Weg zu einer sowohl nach persönlichen Vorstellungen als auch aus Sicht der Abgabenbelastung optimal ausgestalteten Nachfolgeregelung gibt es etliche grundlegende „Spielregeln", die aus steuerrechtlicher Sicht zu beleuchten sind. Der nachfolgende Beitrag soll einen Überblick über die wesentlichen ertragsteuerlichen und erbschaftsteuerlichen Vorschriften und Grundsätze einer lebzeitigen Unternehmensnachfolge geben und als Grundlage für die weitere Gestaltungspraxis dienen.

2. Steuerneutralität der Unternehmensnachfolge als oberste Maxime

2.1 Vermeidung einkommensteuerpflichtiger Veräußerungs- und Entnahmevorgänge

Anzusprechen ist an erster Stelle die ertragsteuerliche Belastungsneutralität der Unternehmensnachfolge. Sowohl für die unentgeltliche Übertragung im Wege der vorweggenommenen Erbfolge, als auch im Wege des Erbfalls gilt die steuerliche „Fußstapfentheorie", welche besagt, dass der Nachfolger in die Rechtsstellung des Übertragenden eintritt. Die vollständig unentgeltliche Übertragung ist ein Rechtsvorgang ohne Gewinnrealisierung und damit ohne einkommensteuerliche Auswirkungen, weder beim Übergeber noch beim Übernehmer. Dies ist Ausfluss der Einzelrechtsnachfolge bzw. Gesamtrechtsnachfolge anlässlich Schenkung bzw. Erbfall. Während das Erbschaftsteuergesetz gerade diesen Sachverhalt der Besteuerung unterwirft, sieht das Einkommensteuerrecht hier keinen steuerbaren Tatbestand vor. Dennoch gibt es einkommensteuerpflichtige Realisationstatbestände im Zusammenhang mit lebzeitigen Übertragungen von Betriebsvermögen aus folgenden Ansätzen heraus:

1. Übertragung mit der Auflage bzw. Verpflichtung zur Zahlung von Gleichstellungsgeldern an Geschwister;
2. Übertragung mit der Verpflichtung zur Übernahme privater Schulden des Überlassers bzw. zur Zahlung eines Teilentgeltes (Veräußerungsentgelt) an den Überlasser;
3. Übertragung außerhalb der begünstigten Vorgänge: Betriebs-/Teilbetriebsübertragung, Übertragung eines Mitunternehmeranteils bzw. Realteilung;
4. Zwangsrealisation von stillen Reserven anlässlich der Zurückbehaltung von steuerlich verhaftetem Privatvermögen (Sonderbetriebsvermögen bei Personengesellschaften bzw. Betriebsaufspaltungsfälle); zu den Risiken und gestaltenden Maßnahmen vgl. hierzu den Beitrag von Fischer in diesem Buch.

Die Realisationstatbestände bewirken eine (teilweise) Versteuerung der realisierten stillen Reserven und basieren entweder auf der Annahme eines Veräußerungsgeschäftes (z. B. Zahlung von Gleichstellungsgeldern, Übernahme privater Verbindlichkeiten) oder eines Entnahmevorgangs. Sie lassen sich im Rahmen einer strukturierten Übergabeplanung regelmäßig vermeiden.

2.2 Beachtung gesetzlicher Missbrauchsvorschriften

Maßnahmen der vorweggenommenen Erbfolge müssen neben den einmaligen Steuerfolgen aus der eigentlichen Übertragung heraus auch auf zukünftige Besteuerungsfolgen aller Beteiligter hin untersucht werden. Der Gesetzgeber hat in den letzten Jahren eine Vielzahl von Missbrauchsvorschriften erlassen, die für die zukünftige Steuer- und Gestaltungsplanung besonderer Beachtung bedürfen. In diesem Kontext sind als wesentliche Missbrauchsvorschriften zu nennen:

2.2.1 Einkommensteuer: § 6 Abs. 3 S. 3 EStG: 5-Jahresfrist bei Zurückbehalt von Sonderbetriebsvermögen

Um insbesondere die partielle Unternehmensnachfolge von Personengesellschaften und Einzelunternehmen zu erleichtern, hat der Gesetzgeber im Rahmen des UntStFG vom 20. 12. 2001[1] klargestellt, dass auch die Teilübertragung von Unternehmen bzw. Teilanteilsübertragung von Mitunternehmeranteilen einkommensteuerneutral zu Buchwerten erfolgen kann. Auch der Zurückbehalt von steuerlichem Sonderbetriebsvermögen beim Übergeber führt dabei nicht zur Versagung der Steuerneutralität, vorausgesetzt der Übernehmer behält seinen übertragenen Anteil über einen Mindestzeitraum von fünf Jahren im Anschluss an die Übergabe. Am häufigsten anzutreffen ist Sonderbetriebsvermögen in Form von betrieblich genutztem Grundbesitz, welcher der Gesellschaft zur Nutzung überlassen wird. Daneben stellt auch die Beteiligung an der persönlich haftenden Komplementär-GmbH einer GmbH Co. KG steuerliches Sonderbetriebsvermögen der Mitunternehmerschaft dar. In beiden Fällen besteht häufig anlässlich vorweggenommener Erbfolgegestaltungen ein Interesse des Übergebers an einem Zurückbehalt der betreffenden Vermögensteile entweder aus Gründen der Versorgungssicherung (vermieteter Grundbesitz) oder, um die Fortsetzung der Unternehmensführung zu sichern (Zurückbehalt der Geschäftsanteile an der Komplementär-GmbH). Obgleich vor der gesetzlichen Klarstellung der BFH[2] eine Mitübertragung von Sonderbetriebsvermögen als Voraussetzung einer steuerneutralen Buchwertübertragung gefordert hat, kann nach der Gesetzesneufassung hierauf verzichtet werden, sofern der Begünstigte seine Beteiligung für mindestens fünf Jahre beibehält.

2.2.2 Einkommensteuer: § 6 Abs. 5 S. 4 u. 5 EStG: 5-Jahresfrist im Anschluss an die Übertragung zwischen (Sonder-) Betriebsvermögen

Häufig finden im Vorfeld vorweggenommener Erbfolgeregelungen von Personengesellschaften Umstrukturierungen innerhalb des vorhandenen Betriebsvermögens, etwa durch Übertragung von Sonderbetriebsvermögen eines Gesellschafters in ein anderes Betriebsvermögen des Gesellschafters bzw. in das Gesamthandsvermögen einer Personengesellschaft statt. Derartige Übertragungen erfolgen einkommensteuerlich zwingend zu Buchwerten gemäß § 6 Abs. 5 S. 1-3 EStG, sofern diese unentgeltlich oder gegen Gewährung von Gesellschaftsrechten erfolgen.

Die zeitnahe Veräußerung der betreffenden Vermögensgegenstände im Anschluss an die vorgenommene Übertragung führt jedoch rückwirkend zur steuerpflichtigen Aufdeckung etwaiger stiller Reserven im Zeitpunkt der Überführung. Die drohende Steuerpflicht kann jedoch durch Bildung einer „Ergänzungsbilanz" vermieden werden, die dem Einbringenden den Mehrwert der Vermögensgegenstände zuweist. Die Sperrfrist endet drei Jahre nach Ablauf des Jahres, in dem die Steuererklärung des Übertragenden für das Jahr der Übertragung abgegeben wurde.

---

[1] Vgl. Bundesgesetzblatt 2001, S. 3858.
[2] Vgl. BFH v. 24. 08. 2000 IV R 51/98, in: Deutsches Steuerrecht 2000, S. 1786.

Im Zusammenhang mit Teilübertragungen von Anteilen an Personengesellschaften können die Rechtsfolgen des § 6 Abs. 3 EStG auch mit denen des § 6 Abs. 5 EStG verbunden sein, wenn anlässlich der Anteilsübertragung Sonderbetriebsvermögen quotal oder überquotal mit übertragen wird. So führt die quotale Mitübertragung eines der Gesellschaft zur Nutzung überlassenen Grundstücks auf den Nachfolger zusammen mit dem Gesellschaftsanteil zur Begründung einer mitunternehmerischen Betriebsaufspaltung in der Form einer Bruchteilsgemeinschaft am Betriebsgrundstück[3]. Während die Teilanteilsübertragung gemäß § 6 Abs. 3 EStG zu Buchwerten erfolgt, unterliegt die gleichzeitige Begründung der mitunternehmerischen Betriebsaufspaltung der Vorschrift des § 6 Abs. 5 S. 3 EStG. Auch hier kann eine Nachsteuer anfallen, wenn der betroffene Miteigentumsanteil vor Ablauf der 3-jährigen Sperrfrist veräußert oder aus dem Betriebsvermögen entnommen wird.[4]

Weiterhin tritt eine Steuerpflicht dann ein, wenn innerhalb von sieben Jahren im Anschluss an die vorgenommene Übertragung auf eine Personengesellschaft, etwa durch Aufnahme einer Kapitalgesellschaft als weitere Gesellschafterin der Personengesellschaft oder durch Aufstockung einer bereits bestehenden Beteiligung, der Anteil einer Kapitalgesellschaft unmittelbar oder mittelbar erhöht wird. Da vergleichbare steuerneutrale Vermögensübertragungen zwischen Gesellschafter und Kapitalgesellschaft gesetzlich ausgeschlossen sind, soll diese Missbrauchsvorschrift Umweggestaltungen verhindern, durch die eine Kapitalgesellschaft nicht unmittelbar sondern nur mittelbar über eine bestehende Beteiligung an einer Personengesellschaft steuerfrei an den Vermögenswerten beteiligt wird.

2.2.3 Grunderwerbsteuer: § 5 Abs. 3 i. V. m. § 6 Abs. 3 u. 4 GrEStG

Ein wesentlicher steuerlicher Vorteil der Personengesellschaft gegenüber der Kapitalgesellschaft liegt in der grunderwerbsteuerlichen Behandlung von Grundstücksübertragungen zwischen Gesellschaft und Gesellschafter und umgekehrt.

Aufgrund der steuerlichen Transparenz von Personengesellschaften werden partielle Grunderwerbsteuerbefreiungen für den Fall der Übertragung von Grundbesitz zwischen verschiedenen Gesamthandsvermögen von Personengesellschaften sowie für Übertragungsvorgänge zwischen Gesellschafter (Allein- und Miteigentum) und Personengesellschaft gewährt. Das Grunderwerbsteuergesetz sieht hier eine partielle Steuerfreiheit vor, soweit sich der Beteiligungsumfang des betreffenden Gesellschafters an dem Grundstück entweder direkt oder über die gesamthänderische Bindung der Personengesellschaft nicht vermindert hat. Reduziert sich jedoch innerhalb von fünf Jahren im Anschluss an derartige Grundstücksübertragungen der mittelbare oder unmittelbare Beteiligungsumfang des betreffenden Gesellschafters oder der übertragenden Gesellschaft, so hat dies rückwirkend die Versagung der Grunderwerbsteuerbefreiung zur Folge. Betroffen sind hiervon insbesondere Anteilsverschiebungen sowie Umwandlungen der Personengesellschaft in eine Kapitalgesellschaft innerhalb von fünf Jahren im Anschluss an vorge-

---
[3] Vgl. BMF Schreiben vom 28. 04. 1998, BStBl. I 1998, S. 583.
[4] Vgl. *Gebel*, Betriebsvermögensnachfolge, 2. Auflage, S. 280 ff.

nommene Grundstücksübertragungen. Unschädlich sind jedoch zeitnahe Anteilsübertragungen im Angehörigenkreis, soweit sie unter die personenbezogenen Steuerbefreiungen des § 3 Nr. 2-7 GrEStG[5] fallen. Damit sind insbesondere vorweggenommene Erbfolgeregelungen im Angehörigenkreis im Anschluss an vorgenommene Grundbesitzübertragungen auf die Personengesellschaft des bisherigen Inhabers unschädlich.

Maßnahmen der vorweggenommenen Erbfolge von Personengesellschaften, die in mehreren aufeinander folgenden Teilakten vollzogen werden, bedürfen daher einer vorausschauenden und rückwirkenden Planung vor dem Hintergrund nachfolgender gesellschaftsrechtlicher Veränderungen bzw. vorgenommener Veränderungen der Grundbesitzverhältnisse, um etwaige nachteilige Steuerfolgen auszuschließen. Von besonderer Bedeutung sind die erbschaft- und schenkungsteuerlichen Missbrauchsvorschriften, auf die unter 3.3 noch gesondert eingegangen wird.

2.3 Einbeziehung einkommensteuerlicher Folgen für sämtliche Beteiligte

Sind die vorgenannten Missbrauchs- und Realisationstatbestände geprüft und können sie im Rahmen des Übergabeplans ausgeschlossen werden, so gilt es ausgehend vom jeweiligen Übergabekonzept, die einkommensteuerlichen Folgen aus der laufenden zukünftigen Besteuerung zu planen und zu optimieren.

Sofern neben der eigentlichen Vermögenssubstanz (Betrieb, Teilbetrieb, Mitunternehmeranteil) dem Nachfolger auch Einkunftsteile mit übertragen werden, findet ein Einkunftssplitting statt, dass je nach Modell unterschiedliche einkommensteuerliche Rechtsfolgen für die Beteiligten (Übergeber und Übernehmer) nach sich zieht. Für diese Betrachtung sind zunächst die individuellen steuerlichen Rahmenbedingungen der Beteiligten, insbesondere die Einkunftsverhältnisse (Beteiligungen, übrige Einkünfte), vorhandene steuerliche Verlustvorträge sowie die persönlichen Rahmenbedingungen aufzubereiten und in eine zukünftige Einkunfts- und Liquiditätsplanung einzubeziehen.

Zu berücksichtigen sind hierbei die mittelbaren Rechtsfolgen für die laufende Besteuerung der Beteiligten aus:
- aufgestockten Anschaffungskosten (Abschreibungs-step up) insbesondere im Falle teilentgeltlicher Übertragungsvorgänge,
- Auflagen des Übernehmers aus Renten und dauernden Lasten.

2.4 Mehrmalige Ausnutzung erbschaftsteuerlicher Freibeträge und sonstiger Vergünstigungen durch zeitliche Streckung der Gesamtübertragung

Die persönlichen und sachlichen Freibeträge des derzeit geltenden Erbschaftsteuerrechts werden nach Ablauf von 10 Jahren erneut gewährt. Auch die Einbeziehung von Vorschenkungen betrifft nur die innerhalb der vorangegangenen 10 Jahre zugunsten einer bestimmten Person getätigten Zuwendungen. Danach beginnt quasi eine neue Zeitrechnung. Der Zuwendungsempfänger ist damit auch bezüglich der

---
[5] Vgl. *Gottwald*, Grunderwerbsteuer, München, S. 75 ff.

Einbeziehung von Vorschenkungen steuerlich unbelastet, wodurch neben den persönlichen und sachlichen Freibeträgen zusätzlich Progressionsvorteile greifen.

Neben den materiellen Bewertungsunterschieden sind dies die zentralen erbschaftsteuerlichen Vorteile zugunsten der vorweggenommenen Erbfolge. Durch bewusste zeitliche Streckung der Übertragungsvorgänge unter Ausnutzung günstiger Wertverhältnisse im Zeitpunkt der Schenkung lässt sich ein Großteil der kleineren mittelständischen Unternehmen weitgehend belastungsneutral auf die nächste Generation übertragen.

2.5 Bestimmung des „richtigen" Zeitpunkts

Die Wahl des „richtigen" Zeitpunkts für die Übergabe des Unternehmens auf die nächste Generation wird nicht nur durch die persönlichen und wirtschaftlichen Rahmenbedingungen der Betroffenen (Übergeber und Übernehmer) bestimmt. Die latente Erbschaftsteuer bemisst sich bei Unternehmensvermögen, anders als bei weitgehend beständigen Vermögenswerten wie Grundbesitz und Kapitalvermögen, am Unternehmenswert im Zeitpunkt der Anteilsübertragung. Dieser rechtsformspezifische Unternehmenswert ist ein vergangenheitsorientierter Wert, der durch konjunktur- und unternehmensindividuelle Wachstumszyklen sowie außerordentliche betriebliche Umstände und Verhältnisse (z. B. individuelle Unternehmenskrisen) beeinflusst wird. Der steuerliche Übertragungswert basiert je nach Rechtsform auf dem Vermögenswert (laut Steuerbilanz) bzw. bei Kapitalgesellschaften auf einem aus Vermögens- und Ertragswert kombinierten Unternehmenswert.

Es liegt auf der Hand, dass durch die bewusste Wahl des Übertragungszeitpunkts eine entscheidende Beeinflussung der schenkungsteuerlichen Bemessungsgrundlage erzielt werden kann. Der Unternehmenswert kann beispielsweise durch hohen Forschungs- und Entwicklungsaufwand oder durch außerordentlichen Umstrukturierungsaufwand belastet sein und damit deutlich unter dem eigentlichen zukunftsorientierten Unternehmenswert liegen.

Derartige „absehbare" Wertbeeinflussungen sollten bewusst erkannt und für die Erbschaftsteuerplanung der Unternehmensnachfolge genutzt werden.[6]

3. Erbschaftsteuerliche Rahmenbedingungen bei Nachfolgeregelungen über Betriebsvermögen

3.1 Grundsätze der „gemischten Schenkung"

Gemischte Schenkungen sind in den Fällen der familieninternen Nachfolge häufig anzutreffen. Definitionsgemäß ist dabei immer dann in einen unentgeltlichen und einen entgeltlichen Anteil aufzuteilen, wenn bei einem gegenseitigen Vertrag die Leistung der einen Partei nur zu einem gewissen Teil durch die Gegenleistung der anderen Partei ausgeglichen wird und sich die Parteien gleichzeitig darüber einig sind, dass der Wertüberschuss nicht ausgeglichen, also unentgeltlich geleistet wird. Neben den Fällen teilentgeltlicher Übertragungen im Angehörigenkreis fallen in die-

---

[6] Zu den rechtsformspezifischen Unterschieden vgl. den Beitrag von *Fischer*.

sen Bereich auch Übertragungen mit der Auflage zur Zahlung von Abstands- oder Gleichstellungsgeldern, beispielsweise an Geschwister des Bedachten. Typische Fälle einer „gemischten Schenkung" sind der Verkauf von Vermögenswerten zu einem unter dem Verkehrswert liegenden Wert bzw. die Schenkung gegen Übernahme bestehender privater Verbindlichkeiten des Schenkers.

Ob wertmäßig eine gemischte Schenkung gegeben ist, wird immer durch eine Gegenüberstellung der Verkehrswerte der beiden Leistungen ermittelt.

Abzugrenzen sind die Fälle gemischter Schenkungen stets von sog. Schenkungen unter einer Auflage. Diese stellen eine Schenkung verbunden mit einer Leistungsverpflichtung zu Gunsten eines Dritten oder des Schenkers selbst dar, wobei diese Leistung regelmäßig aus dem Zuwendungsgegenstand zu entnehmen ist.[7] In Folge langjähriger Rechtsprechung und Verwaltungspraxis hat sich im Bereich der Auflagenschenkungen eine Zweiteilung in Schenkungen unter Leistungsauflage einerseits (Behandlung nach den Grundsätzen gemischter Schenkungen) und in Schenkungen unter Nutzungs- und Duldungsauflagen andererseits (als Vollschenkungen zu behandeln) herauskristallisiert.

Die unterschiedliche steuerliche Behandlung hinsichtlich Bereicherung, Besteuerungswert und Anwendbarkeit der Besteuerungsprogression ist in nachfolgender Übersicht zusammengefasst:[8]

Art der Schenkung	Gemischte Schenkung unter einer Leistungsauflage (z. B. Rentenleistung)	Schenkung unter einer Nutzungs- oder Duldungsauflage (z. B. Nießbrauchsvorbehalt)
Bereicherung	Als Bereicherung gilt der Unterschied zwischen dem Verkehrswert des Schenkungsgegenstands und dem Verkehrswert der Gegenleistung oder Leistungsauflage.	Als Bereicherung gilt der gesamte Vermögensanfall.
Besteuerungswert	Der Steuerwert des Schenkungsgegenstands wird zu dem Teil angesetzt, zu dem die Zuwendung freigiebig ist (Berechnungsformel siehe unten).	Vom Steuerwert des Schenkungsgegenstands wird der Steuerwert der Auflagenlast abgezogen.
Anwendbarkeit des § 25	§ 25 Abs. 1 ist hinsichtlich der Gegenleistung oder der Leistungsauflage nicht anwendbar.	Das Abzugsverbot des § 25 Abs. 1 ist anwendbar. = zinslose Stundung der auf den Kapitalwert der Last entfallenden Steuer mit Wahlrecht zur jederzeitigen Ablösung der gestundeten Steuer mit dem Barwert im Zeitpunkt der Ablösung.

---

[7] Vgl. *Moench*, Kommentar zur Erbschaft- und Schenkungsteuer, § 7 ErbStG, Anm. 60ff.
[8] Angelehnt an *Moench*, Kommentar zur Erbschaft- und Schenkungsteuer, § 7 ErbStG, Anm. 69.

Die Belastung im Rahmen der gemischten Schenkung (in der Regel dauernde Last oder Rente) mindert den Steuerwert des übertragenen Vermögens nur in der Höhe, wie sie auf den unentgeltlichen Teil entfällt. Im Fall der Schenkung unter Nutzungsauflage hingegen („klassischer" Nießbrauchsfall) wird die Last in voller Höhe vom Steuerwert der Bereicherung abgezogen, da es sich insgesamt um einen unentgeltlichen Vorgang handelt. Eine Ausnahme hiervon ist nur gegeben, wenn die Last direkt dem Übergeber zusteht (§ 25 ErbStG).

Der Abzug einer Leistungsauflage (z. B. Rente, dauernde Last) ist hierbei wie in Fällen echter gemischter Schenkungen nach folgender Formel vorzunehmen:

$$\text{Steuerwert der Schenkerleistung} \times \frac{\text{Verkehrswert der Bereicherung des Beschenkten}}{\text{Verkehrswert der Leistung des Schenkers}} = \text{Steuerwert der freigebigen Zuwendung}$$

Die Anwendung dieser Grundsätze führt im Ergebnis dazu, dass der eigentliche Wert der Gegenleistung (z. B. übernommene Verbindlichkeit, Leistungsauflage) immer dann nur partiell abzugswirksam wird, wenn der Steuerwert des übertragenen Vermögens (z. B. Bedarfswert der Immobilie, Einheitswert des Betriebsvermögens) unter dem Verkehrswert liegt. In Fällen der Übernahme bestehender Verbindlichkeiten spricht man in diesem Zusammenhang auch von einer „Schuldenkappung"[9].

In Fällen der Auflagenschenkungen steht der Übergeber regelmäßig vor der Wahl zur Vereinbarung eines Vorbehaltsnießbrauchs oder einer Leistungsauflage (dauernde Last/Leibrente). Im Rahmen einer optimierten Steuerplanung sind hier die unterschiedlichen erbschaftsteuerlichen Belastungen aus der Anwendung des § 25 ErbStG (Vorbehaltsnießbrauch) bzw. der Anwendung der Grundsätze der gemischten Schenkung (Leistungsauflage) zu berücksichtigen[10].

Daneben ist im Rahmen der steuerlichen Nachfolgeplanung zu beachten, dass Gegenleistungen z. B. in Form der Übernahme privater Verbindlichkeiten im Erbfall ungekürzt zum Abzug zugelassen werden, während die Übernahme anlässlich der schenkungsweisen Übertragung zu Lebzeiten nur nach vorstehend genannten Grundsätzen in Betracht kommt. Dies ist einer der wenigen steuerlichen Nachteile der vorweggenommenen Erbfolge gegenüber dem Vermögensübergang im Erbfall.

3.2 Bewertungsvergünstigungen und zu erwartende Verschärfungen

Das Erbschaft- und Schenkungsteuerrecht wartet für Betriebsvermögen mit verschieden sachlichen und persönlichen Bewertungsvergünstigungen auf. Diese kom-

---

[9] Vgl. *Moench*, Komm. ErbStG, Rz 65 zu § 7 ErbStG .
[10] Vgl. den Beitrag von *Schimpfky* „ Steuerliche Varianten der vorweggenommenen Erbfolge".

men teilweise aus dem Bewertungsrecht sowie aus einzelnen Begünstigungsvorschriften im Erbschaftsteuergesetz. Dem Bundesverfassungsgericht wurden einige dieser Begünstigungen zur Überprüfung vorgelegt, um diese auf die Vereinbarkeit mit dem Grundsatz der gleichmäßigen Besteuerung zu prüfen. Materiell sind dabei die folgenden Regelungen (insbesondere im Rahmen der §§ 13a, 19a ErbStG) auf dem Prüfstand:

- Pauschale Begünstigung für Betriebsvermögen durch Übernahme der Steuerbilanzwerte einerseits und niedrige (Bedarfs-)Bewertung von Grundstücken und Anteilen an Kapitalgesellschaften andererseits;
- Zusätzlicher Freibetrag für Betriebsvermögen von derzeit € 225.000 sowie Gewährung eines Bewertungsabschlags von 35 % gem. § 13a Abs. 1, 2, 4 ErbStG;
- Pauschale Entlastung des Erwerbs von Anteilen an Kapitalgesellschaften bei Anteilsbesitz größer 25 % gem. § 13a Abs. 4 Nr. 3 ErbStG;
- Generelle Niedrigbewertung von Grundbesitz gegenüber übrigem Vermögen gem. § 12 Abs. 3 ErbStG i. V. m. §§ 138 ff. BewG;
- Kumulatives Zusammenwirken von Bewertungsvorteilen und Vergünstigungen des § 13a ErbStG;
- Überprivilegierung von land- und forstwirtschaftlichem Vermögen, das gar nur mit 10 % des Verkehrswertes der Besteuerung zugeführt wird.

Mit der jüngsten Verschärfung des Gesetzgebers in diesem Bereich (Absenkung des Bewertungsabschlages um 5 %, Kürzung des Betriebsvermögensfreibetrags um € 31.000) wurde bereits eine erste Weiche gestellt. Es bleibt abzuwarten, ob eine neuerliche Gesetzesinitiative noch vor der Entscheidung des höchsten deutschen Gerichtes erfolgt.

Das derzeit geltende Erbschaftsteuergesetz gibt neben den o. g. Vergünstigungen mit den Vorschriften des § 19a ErbStG (Entlastungsbetrag für Personen der Steuerklasse II und III) und des § 28 ErbStG (Stundungsmöglichkeit der ErbSt) zwei weitere Besteuerungsprivilegien vor, die ausschließlich für Betriebsvermögen gelten. § 28 ErbStG entlastet den Erwerber von Betriebsvermögen mittels Stundung der entstandenen Steuer auf Antrag für einen Zeitraum von zehn Jahren, sofern die sofortige Erhebung der Steuer eine Bestandsgefährdung für den Betrieb darstellen würde. Im Fall des Erwerbs von Todes wegen geschieht dies sogar zinslos. Es sei jedoch explizit darauf hingewiesen, dass die Verwaltung keine Begünstigung bei Erwerb eines über 25 % liegenden Anteils an einer Kapitalgesellschaft (eigentlich begünstigt nach § 13a Abs. 4 Nr. 3 ErbStG) gewährt.[11] Kritik an dieser Sichtweise übt u. a. *Kien-Hümbert*[12], der auch zu bedenken gibt, dass gerade bei ertragsstarken Familien-Kapitalgesellschaften aufgrund des Bewertungsniveaus nach dem Stuttgarter Verfahren erhebliche bestandsgefährdende Belastungen drohen können, die nicht von § 28 ErbStG begünstigt sind.

---

[11] Vgl. R. 86 Abs. 1 S. 2, 3 ErbStR.
[12] Vgl. *Kien-Hümbert* in: Moench, Kommentar zur Erbschaft- und Schenkungsteuer, § 28 ErbStG Anm. 3-8.

3.3 Missbrauchstatbestände im Zusammenhang mit Bewertungsvergünstigungen

Besonderes Augenmerk ist auf den Zeitraum von fünf Jahren im Anschluss an einen nach § 13a ErbStG begünstigten Erwerb von Betriebsvermögen zu legen.

Der Gesetzgeber hat mit den Nachsteuervorschriften in § 13a Abs. 5 ErbStG und § 19a Abs. 5 ErbStG sowohl auf Gesellschafterebene als auch auf Gesellschaftsebene einen 5-jährigen Bestandserhalt des übertragenen Betriebsvermögens eingefordert. Demnach stellen Veräußerungen von übertragenen Betrieben bzw. Anteilen hieran ebenso eine schädliche Verfügung dar, wie die Veräußerung wesentlicher Betriebsgrundlagen aus dem Betriebsvermögen des Betriebes bzw. der Gesellschaft heraus. Verfügungen dieser Art innerhalb von fünf Jahren im Anschluss an erbschaftsteuerlich begünstigte Übertragungen haben daher rückwirkend die Versagung der in Anspruch genommenen Vergünstigungen zur Folge. In Höhe der schädlichen Entnahme wird demnach rückwirkend die Erbschaftsteuer so veranlagt, als wäre kein begünstigtes Betriebsvermögen übergegangen. Neben den schädlichen Veräußerungstatbeständen ergänzt eine Entnahmebeschränkung bei Personenunternehmen (Einzelunternehmen und Personengesellschaften) den gesetzlichen Missbrauchskatalog. Hiernach führen Entnahmen innerhalb von fünf Jahren im Anschluss an den Erwerb zu einer partiell rückwirkenden Versagung der Vergünstigungen, sofern die Summe der Entnahmen die Summe der Einlagen und Gewinnanteile innerhalb der ersten fünf Jahre nach Übertragung um mehr als € 52.000 übersteigt.

An dieser Stelle soll auf einige in der Praxis häufig auftretende Zweifelsfragen und Risiken im Zusammenhang mit den Missbrauchsvorschriften verwiesen werden, die im Rahmen einer vorausschauenden Nachfolgeplanung berücksichtigt werden müssen:

Entnahmen zur Begleichung der Erbschaft- und Schenkungsteuer

Im Anschluss an erbschaftsteuerpflichtige Erwerbsvorgänge sind die Begünstigten häufig aus den verschiedensten Anlässen heraus zu Entnahmen frei verfügbarer Finanzmittel aus dem übertragenen Betriebsvermögen gezwungen (z. B. Ausgleichszahlungen, Erbfallkosten, Steuern). Hierunter fällt häufig auch die festgesetzte Erbschaftsteuer aus dem eigentlichen Erwerbsvorgang, deren geballte Entnahme häufig die Rechtsfolge des § 13a Abs. 5 Nr. 3 ErbStG auslöst. Die Finanzverwaltung macht auch in diesem Fall keine Ausnahme, sondern stellt formal auf den Entnahmevorgang ab, ganz gleich aus welchem Anlass er erfolgte[13].

Zur Vermeidung der hieraus entstehenden negativen Rechtsfolgen bietet sich an, die notwendigen Mittel nicht über Entnahmen, sondern über Darlehen zu tätigen. Den Beteiligten steht es grundsätzlich frei, erforderliche Auszahlungen zur Begleichung privater Verbindlichkeiten im Wege von Entnahmen oder darlehensweise zu gestalten. Die Rückzahlung der Darlehen kann zukünftig durch Verrechnung der Darlehensverbindlichkeiten mit Gewinnanteilen in Verbindung mit Entnahmeverzichten der Gesellschafter erfolgen.

---

[13] Vgl. R. 65 Abs. 1 S. 2 ErbStR.

Verkauf wesentlicher Betriebsgrundlagen

Die Veräußerung oder Entnahme wesentlicher Betriebsgrundlagen im Anschluss an den Erwerbsvorgang führt grundsätzlich zu einem Nachsteuertatbestand im Sinne des § 13a Abs. 5 ErbStG und zwar ganz gleich aus welchem Anlass heraus die Veräußerung erfolgt ist. Selbst ein wegen wirtschaftlichem Misserfolg notwendig gewordener Zwangsverkauf zur Abwendung einer Insolvenz löst einen Nachsteuertatbestand aus, wodurch die Erwerber quasi für mindestens fünf Jahre im Anschluss an den Erwerb „zum Erfolg verdammt"[14] werden.

Die Veräußerung wesentlicher Betriebsgrundlagen und damit zusammenhängend die Reinvestition in Ersatzwirtschaftsgüter ist nach herrschender Auffassung unschädlich und wird auch von der Finanzverwaltung toleriert[15], sofern der Veräußerungserlös „im betrieblichen Interesse" verwendet wird. Hier liegt eine große Unsicherheit für die betriebliche Praxis, sofern beispielsweise betriebliche Umstrukturierungen erforderlich werden, die eine Entschuldung oder einen innerbetrieblichen Strukturwechsel erforderlich machen. Wegen der in diesem Zusammenhang auftretenden Schwierigkeiten sollte aus Billigkeitsgründen nur die Entnahme wesentlicher Betriebsgrundlagen bzw. die Entnahme des Veräußerungserlöses als entlastungsschädlich gewertet werden. Nachdem der aktuell gültige Gesetzeswortlaut ausschließlich auf die ertragsteuerliche Betriebsvermögenseigenschaft und deren Bestand abstellt, erscheint diese Auslegung nach der hier vertretenen Auffassung als einzig sachgerecht, zumal das Gesetz derzeit keinerlei Produktivitäts- oder Aktivitätsklauseln enthält.

Maßnahmen der vorweggenommenen Erbfolge bzw. Erbauseinandersetzung im Nachgang begünstigter Erwerbe

Weitere Verstöße gegen die Behaltensregelungen des § 13a ErbStG können im Rahmen einer anschließenden Erbauseinandersetzung oder einer teilentgeltlichen Weiterübertragung beispielsweise anlässlich einer vorweggenommenen Erbfolge drohen. Die Erbauseinandersetzung im eigentlichen Sinne ist ebenso begünstigt, wie eine vorweggenommene Erbfolge, soweit diese unentgeltlich erfolgt. Die eigentliche Erbauseinandersetzung regelt jedoch nach enger zivilrechtlicher Auslegung nur die Auseinandersetzung über Gegenstände des Nachlasses. Da Kommanditanteile im Wege der Sonderrechtsnachfolge, am Nachlass vorbei, direkt auf die zur Nachfolge bestimmten Erben übergehen, könnte deren Einbeziehung in eine spätere Erbauseinandersetzung zumindest nach enger Auslegung entlastungsschädlich gewertet werden. Dies erscheint jedoch unter wirtschaftlichen Gesichtspunkten nicht sachgerecht, zumal auch die ertragsteuerliche Behandlung der Erbengemeinschaft und deren Auseinandersetzung nach einheitlichen Grundsätzen erfolgt[16].

---

[14] Vgl. Moench, a. a. O., Rz. 111 zu § 13 a ErbStG .
[15] Vgl. R. 63 Abs. 2 S. 3 ErbStR.
[16] Vgl. BMF Schreiben vom 11. Januar 1993, BStBl. 1993 I, S. 63 .

4. Aktuelle ertragsteuerliche Entwicklungen bei vorweggenommener Erbfolge gegen wiederkehrende Leistungen[17]

4.1 Abgrenzung einzelner Leistungsarten im Rahmen des Versorgungsvertrages

Der Grundgedanke einer familieninternen Nachfolgeregelung beruht in der Regel auf der ausreichenden Versorgung der abgebenden Generation bei gleichzeitiger moderater Belastung der übernehmenden Generation. Hieraus haben Rechtsprechung und Finanzverwaltung den Grundsatz entwickelt, dass wiederkehrende Leistungen bei Vermögensübergabe insbesondere unter Angehörigen nach dem Versorgungsbedürfnis der Übergeber und nicht nach dem tatsächlichen Wert des Vermögens bemessen werden. Diese Art der Leistungen sind im ersten Schritt von den voll entgeltlichen Geschäften zu unterscheiden, da sie kein (Teil-)Entgelt für das übertragene Vermögen darstellen. Haben hingegen die Beteiligten Leistung und Gegenleistung nach kaufmännischen Gesichtspunkten gegeneinander abgewogen und sind sie von der Gleichwertigkeit beidseitig ausgegangen, liegt eine Anschaffung bzw. Veräußerung vor. Damit in Zusammenhang stehende wiederkehrende Leistungen sind als private Veräußerungsrenten (wenn Wirtschaftsgut des Privatvermögens veräußert) oder als betriebliche Veräußerungsrenten (wenn Wirtschaftsgut des Betriebsvermögens bzw. Betrieb, Teilbetrieb oder Mitunternehmeranteil übertragen) zu qualifizieren und in einen Zinsanteil (lfd. sonstige Einkünfte beim Übergeber bzw. Betriebsausgaben/Werbungskosten bei Übernehmer) und einen Tilgungsanteil (Anschaffungskosten beim Übernehmer bzw. Veräußerungserlös auf Übergeberseite) aufzuteilen.

Sofern eine Vollentgeltlichkeit nicht gegeben ist, sind grundsätzlich zwei Fälle wiederkehrender Bezüge mit unterschiedlichen Auswirkungen auf beide Beteiligte zu unterscheiden:

Fall 1 Vermögensübertragung gegen Versorgungsleistungen	Fall 2 Unterhaltsleistungen
V überträgt seinen Betrieb (Wert 2.000.000 €; jährliche Gewinne 100.000 €; Kapitalkonto 200.000 €) an S gegen lebenslange Versorgungsleistungen (Bar- und Sachleistungen) in Höhe von mtl. 3.000 € (Barwert 300.000 €)	S unterstützt seinen vermögenslosen Vater mit monatlichen Zahlungen in Höhe von 3.000 € (Barwert 300.000 €)
⇩	⇩
S erwirbt den Betrieb unentgeltlich V erzielt aus der Übergabe keinen Veräußerungsgewinn (Buchwerteröffnung nach § 6 (3) EStG) Die Versorgungsleistungen sind bei S Sonderausgaben und bei V wiederkehrende Bezüge §§ 10 (1) 1 a, 22 Nr. 1 EStG	S erbringt Unterhaltsleistungen, die als Zuwendungen i. S. des § 12 Nr. 2 EStG nicht abgezogen werden dürfen V muss dem entsprechend die Unterhaltsleistungen nicht versteuern § 22 Nr. 1 S. 2 EStG

---

[17] Aufbauend auf BMF-Schreiben vom 26. 8. 2002, BStBl. I, S. 893 – „Rentenerlass", GrS 1/00 in: Deutsches Steuerrecht 2003, S. 1696 und GrS 2/00, in: Deutsches Steuerrecht 2003, S. 1700.

Für die unter Fall 1 einzuordnenden typischen Versorgungsverträge ist nunmehr zu prüfen, ob die Leistungen an den Übergeber (alternativ Ehegatte, Geschwister) auf dessen Lebenszeit geleistet werden und ob es sich bei dem übergehenden Vermögen um eine „existenzsichernde Wirtschaftseinheit" handelt (typischer Versorgungsvertrag). Ist dies nicht der Fall, so handelt es sich i. d. R. um ein (teil-) entgeltliches Veräußerungsgeschäft.

4.2 Prüfungsschema Versorgungsvertrag mit Abgrenzungen

Zur Erfüllung des oben beschriebenen Versorgungsgedankens müssen somit zusätzlich zur wiederkehrenden Leistung folgende Punkte erfüllt sein:
- Leistung an den Übergeber, dessen Ehepartner oder Geschwister erbracht;
- grundsätzlich auf Lebzeit des Übergebers;
- übergebenes Vermögen ist existenzsichernde Wirtschaftseinheit.

In der Praxis treten Abgrenzungsprobleme bei den beiden letztgenannten Voraussetzungen auf. Das bisherige BMF-Schreiben[18] sah für sog. „verlängerte Leibrenten"[19] noch die Möglichkeit des Vergleichs mit der statistischen Lebenserwartung vor. Sofern die Vertragslaufzeit darunter lag, war eine Versorgungsleistung gegeben; ansonsten lag ein (teil-) entgeltliches Geschäft vor. Diese Regelung ist nach aktueller Verwaltungsmeinung überholt, sodass Fest- oder Mindestlaufzeiten zukünftig grundsätzlich schädlich sind.[20]

Die Definition der „existenzsichernden Wirtschaftseinheit" teilt sich wie folgt:

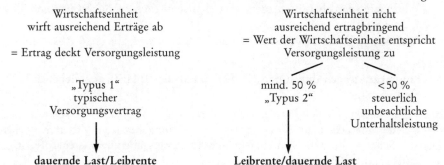

Ferner sieht der neue Rentenerlass für selbstgenutzte Immobilien keinen Übergang einer ertragsbringenden Wirtschafteinheit[21] und damit generell ein (teil-)entgeltliches Geschäft außerhalb der Regeln zum Versorgungsvertrag vor.[22]

---

[18] Vgl. BMF vom 23. 12. 1996, BStBl. I, S. 1508.
[19] Zu Grunde liegt eine vereinbarte feste Laufzeit bzw. Mindestlaufzeit.
[20] Jedoch Übergangsregelung für Vermögensübergaben vor dem 1. 11. 2002, vgl. BMF 26. 8. 2002, Tz. 59 Abs. 3; ferner „Schließen einer Versorgungslücke" weiterhin unschädlich, vgl. Tz. 50.
[21] Vgl. BMF 26. 8. 2002, Tz. 10, 13.
[22] Übergangsregelung für Übertragungen vor dem 1. 11. 2002, vgl. BMF 26. 8. 2002, Tz. 59 Abs. 3.

In Umsetzung der neueren BFH-Rechtsprechung[23] hat das BMF in den Textziffern 20 und 21 des neuen Rentenerlasses neue Grundsätze für den Fall späterer Umschichtungen (Veräußerung) des im Wege der vorweggenommenen Erbfolge gegen Versorgungsleistungen erhaltenen Vermögens aufgestellt. Folgende Übersicht verdeutlicht diese Grundsätze:

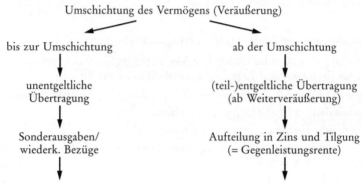

Keine schädliche Umschichtung liegt insbesondere in folgenden Fällen vor:
- Übernehmer überträgt seinerseits im Wege der vorweggenommenen Erbfolge weiter;
- Einbringung der übernommenen Wirtschaftseinheit zum Buchwert nach §§ 20, 24 UmwStG;
- Überführung in das Privatvermögen durch Betriebsaufgabe (§ 16 Abs. 3 EStG).

4.3 Einschränkungen durch den Großen Senat des BFH:[24] „ausreichende" Nettoerträge

In zwei aktuellen Urteilen hat der Große Senat zur Problematik der ausreichenden Erträge der übergehenden Wirtschaftseinheit Stellung bezogen. Zusammengefasst geht der Senat nicht mehr von abziehbaren Sonderausgaben bzw. steuerpflichtigen wiederkehrenden Bezügen aus, wenn diese nicht aus den laufenden Erträgen des im Einzelnen übernommenen Vermögens geleistet werden können. Der oben dargestellte „Typus 2", den die Finanzverwaltung in langjähriger Anwendungspraxis anerkannt hat, wird demzufolge nicht mehr zugestanden. Im Einzelfall kann eine steuerliche Berücksichtigung jedoch gegeben sein bei:
- Übertragung ertragslosen Vermögens, wenn der Übergabevertrag den Austausch des ertragslosen mit ertragsbringendem Vermögen vorsieht;
- Übertragungen, die sich auf Geldvermögen, Wertpapiere oder typisch stille Beteiligungen beziehen;

---

[23] Vgl. BFH vom 17. 6. 1998, BStBl II 2002, S. 646.
[24] Vgl. GrS 1/00 beispielsweise in: Deutschessteuer Recht 2003, S. 1696 und GrS 2/00, beispielsweise in: Deutsches Steuerrecht 2003, S. 1700.

- Übertragung von Vermögen, das in der Hand des Übernehmers gesteigertes Ertragspotential erfährt und fortan zur Versorgung des Übergebers ausreicht.

Der Prüfung der oben im Schaubild beschriebenen 50 %-Grenze zum sog. „Typus 2" wird nach den beiden BFH-Entscheidungen weniger Bedeutung zukommen. Vielmehr wird das Augenmerk auf die Erträge des übergebenen Vermögens gerichtet, wozu der Große Senat den Begriff der „Nettoerträge" eingeführt hat. Zur Überprüfung, ob eine ausreichend ertragsbringende Wirtschaftseinheit vorliegt, ist weiterhin auf den Gewinn, bereinigt um Abschreibungen und außerordentliche Aufwendungen, abzustellen (entspricht der bisherigen Verwaltungspraxis). Diese Größe ist mit den im Versorgungsvertrag vereinbarten Leistungen zu vergleichen.

Eine neue Bedeutung kommt jedoch dem kalkulatorischen Unternehmerlohn zu, der im Rahmen der Ermittlung des Unternehmenswertes zusätzlich in Abzug zu bringen ist. Auf diese Weise kann nach den Ausführungen des Großen Senats sachgerecht ermittelt werden, ob überhaupt ein positiver Vermögenswert übertragen wird.

Ist dies nicht der Fall, so ist nicht von einem „Vermögen" auszugehen, das gegen wiederkehrende Leistungen im steuerlichen Sinne übertragen werden kann. Die Folge ist, dass ein (teil-)entgeltliches Veräußerungs-/Anschaffungsgeschäft mit den sich daraus ergebenden Konsequenzen vorliegt.[25]

Für die Praxis bedeutet dies, dass gerade bei Übertragungen von Unternehmensvermögen im Vorfeld stichhaltige Planungsrechnungen angefertigt werden sollten, die mittels einer Ertragsvorschau ausreichend Zahlenmaterial zur Verfügung stellen, um einen positiven Unternehmenswert zu belegen.

5. Schlussbemerkung

Die Planung einer Unternehmensnachfolge bedarf einer vergangenheits- und zukunftsorientierten Analyse der steuerlichen Verhältnisse sämtlicher Beteiligter. Der vorliegende Beitrag enthält einen Auszug einiger wesentlicher steuerlicher Rahmenbedingungen und zeigt, dass im Einzelfall eine sehr spezifische Analyse der Gegebenheiten (persönliche Situation/Bedürfnisse der Beteiligten, Vermögensstruktur) erforderlich ist. Auf der Basis einer genauen Kenntnis der Rahmenbedingungen lassen sich die dargestellten rechtlichen Konstrukte in aller Regel bewusst für die Gestaltungspraxis nutzen und auf die Vorstellungen aller Beteiligten abstimmen, damit auch auf privater Ebene ein möglichst ideales Umfeld für den geplanten Nachfolgeweg geschaffen werden kann.

---

[25] Steuerpflichtige können bis zur Änderung des Rentenerlasses faktisch zwischen der Regelung des Erlasses und der Anwendung der zitierten BFH-Rechtsprechung wählen; vgl. BMF-Schreiben v. 8. 1. 2004, IV C 3 – S 2255-510/03.

Weiterführende Literatur:

Gebel, Betriebsvermögensnachfolge, 2. Auflage, München 2002.

Moench/Kien-Hümbert/Weinmann, Erbschaft- und Schenkungsteuer Kommentar, München 2003.

Müller/Ohland/Brandmüller, Gestaltung der Erb- und Unternehmensnachfolge in der Praxis, 2. Auflage, Berlin 2002.

Steuerliche Varianten der vorweggenommenen Erbfolge
Peter Schimpfky

Inhalt:

		Seite
1.	Vorweggenommene Erbfolge von Betriebsvermögen: Anlass und Motivation	387
2.	Vorweggenommene Erbfolge bei Personengesellschaften	390
2.1	Umgang mit steuerlichem Sonderbetriebsvermögen	390
2.2	Einräumung einer stillen Beteiligung/Unterbeteiligung an Personengesellschaften	392
2.3	Übertragung einer Hauptbeteiligung mit Vorbehalt der Erträge	393
3.	Vorweggenommene Erbfolge bei Kapitalgesellschaften	398
3.1	Übertragung einer Hauptbeteiligung	398
3.2	Mittelbare Anteilsübertragungen bzw. Wertverschiebungen aufgrund disquotaler Gesellschafterbeiträge	399
3.3	Einräumung einer stillen Beteiligung bzw. Unterbeteiligung	400

1. Vorweggenommene Erbfolge von Betriebsvermögen: Anlass und Motivation

Die Planung und Umsetzung der lebzeitigen Unternehmensnachfolge bedarf unter steuerlichen Aspekten der besonderen Aufmerksamkeit. Da es sich hierbei regelmäßig um existenzsichernde Vermögenswerte des Erblassers handelt, werden Übertragungen von Unternehmensbeteiligungen in gesonderten Übergabeverträgen geregelt, die auch Generationsnachfolgevertrag genannt werden, zumal an deren Umsetzung Parteien beider Generationen beteiligt sind- der bisherige Unternehmer und sein künftiger Nachfolger.

Die vorweggenommene Erbfolge ist einer Nachfolge im Erbfall in einem entscheidenden Punkt überlegen. Sie lässt sich exakt nach den Vorstellungen des Erblassers hinsichtlich Zeitpunkt, Umfang und Art der Vermögensübertragung sowie Umfang und Art etwaiger Gegenleistungen planen. Mit dieser Planung ist auch eine steuerliche Optimierung der Unternehmensnachfolge möglich, deren Gestaltung Gegenstand des nachfolgenden Beitrags ist. Die folgenden Ausführungen beschränken sich auf häufig vorkommende und bewährte Gestaltungen der Nachfolge bei Personen- und Kapitalgesellschaften. Der Beitrag baut auf den Ausführungen von Schimpfky/Lehmann in diesem Buch auf, der sich mit den grundlegenden steuerlichen Rahmenbedingungen der familieninternen Unternehmensnachfolge befasst.

Als wesentliche Vor- und Nachteile einer lebzeitigen Unterehmensnachfolge können vorab genannt werden:

Vorteile:
(1) Bestandsicherung des Unternehmensvermögens durch harmonische, im Familienverbund abgestimmte Vermögensübergabe

(2) Bestimmung eines optimalen Übertragungszeitpunkts
(3) exakte Steuerplanung und Steueroptimierung im Vorfeld möglich
(4) Vermeidung von Pflichtteilsansprüchen und Ausgleichszahlungen
(5) steuerfreie Realisierung von Wertsteigerungen in der nächsten Generation
(6) sukzessives Heranführen des Nachfolgers an Unternehmensverantwortung
(7) Planungs- und Finanzierungssicherheit

Nachteile:
(1) Verlust an Eigentum und Einflussmöglichkeiten
(2) Wegfall zukünftiger Einkommensquellen
(3) Ggf. „Sättigungseffekt" der Erben

Um den häufig anzutreffenden Bedenken lebzeitiger Übertragungen zu entgegnen, bietet die Gestaltungspraxis folgende Modelle bzw. Sicherungsinstrumente:
(1) Absicherung zukünftiger Einkünfte durch Teilanteilsübertragungen bzw. Übergabe gegen wiederkehrende Bezüge (Leibrenten, dauernde Lasten) oder der Vorbehalt des Nießbrauchs.
(2) Sicherung der Kontrolle zu Lebzeiten durch gesellschaftsvertragliche Mehrstimmrechte, Vereinbarung zustimmungspflichtiger Rechtsgeschäfte, Beibehaltung der Geschäftsführung sowie Sicherung im Übergabevertrag durch Nießbrauch, Rückfall- bzw. Widerrufsklauseln.

Die eigentliche lebzeitige Unternehmensnachfolge findet im Regelfall in mehreren Teilschritten in unterschiedlicher Ausprägung statt. In der Literatur findet man als idealtypische Unternehmensnachfolge ein zeitlich gestaffeltes 4-Stufen Modell[1], das in der Praxis häufig in abgewandelter Form anzutreffen ist. Die dargestellten Beteiligungsformen geben einen guten Überblick über die unterschiedlichen Möglichkeiten und Ausprägungen einer aktiven und passiven Unternehmensnachfolge. Bevor im Hauptteil dieses Artikels auf die steuerlichen Unterschiede dieser Beteiligungsformen eingegangen wird, vorab einige grundlegende Erläuterungen hierzu:

1. Stufe: Einräumung einer stillen Beteiligung bzw. Unterbeteiligung

Durch die Einräumung einer typisch stillen Beteiligung bzw. typisch stillen Unterbeteiligung werden reine Innengesellschaften begründet, die im Außenverhältnis nicht wahrnehmbar sind. Während sich der still Beteiligte direkt durch Leistung einer Einlage in das Unternehmen am Handelsgeschäft des Inhabers beteiligt, partizipiert der Unterbeteiligte durch Leistung einer Einlage direkt am Gesellschaftsanteil des Hauptbeteiligten. Beide Beteiligungsformen gibt es in typischer und atypischer Ausprägung. Währen der typisch still am Unternehmen Beteiligte bzw. der am Gesellschaftsanteil Unterbeteiligte nur am Gewinn des Unternehmens bzw. am Gewinnanteil des Hauptbeteiligten partizipiert, vermittelt die atypische Ausprägung auch eine Teilhabe an den stillen Reserven. Bei der atypischen Unterbeteiligung wird

---

[1] Vgl. *Müller/Ohland/Brandmüller*, Gestaltung der Erb- und Unternehmensnachfolge in der Praxis, A 21 S. 20ff.

darüber hinaus von der Rechtssprechung die Einräumung einer vergleichbaren Rechtsstellung wie die des Hauptbeteiligten gefordert einschließlich einer Partizipation am Gewinn/Verlust des Hauptbeteiligten im Falle des Ausscheidens bzw. anlässlich der Auflösung der Gesellschaft[2].

Beide Beteiligungsformen eignen sich in der Frühphase der Unternehmensnachfolge, da hier eine Erweiterung des Gesellschafterkreises nicht stattfindet und Rechtsbeziehungen ausschließlich zwischen Inhaber bzw. Gesellschafter und Beteiligtem bestehen.

Die typisch stille Beteiligung eignet sich darüber hinaus auch für die Beteiligung von Abkömmlingen, die aufgrund persönlicher Gründe nicht für die eigentliche Unternehmensnachfolge in Betracht kommen, bzw. wenn keine weiteren Vermögenswerte vorhanden sind und dennoch eine Teilhabe an den Unternehmenserträgen beabsichtigt ist. Ferner eignen sich die Beteiligungsformen, um steuerliche Vorteile etwa durch die Ausschöpfung schenkungsteuerlicher Freibeträge sowie einkommensteuerliche Progressionsvorteile durch Einkünfteverlagerung zu erzielen (Einkunftssplitting). Zu einem späteren Zeitpunkt besteht die Möglichkeit, die stille Beteiligung bzw. Unterbeteiligung in eine Hauptbeteiligung umzuwandeln.

2. Stufe: Abschluss eines Anstellungsvertrages mit dem künftigen Nachfolger

Durch Abschluss eines Anstellungsvertrages mit dem zur Nachfolge bestimmten Erben wird die bisherige „passive Beteiligung" durch einen „aktiven Part" ergänzt. Hierdurch können neben einkommensteuerlichen Vorteilen (Einkunftssplitting, Arbeitnehmerfreibetrag) auch gewerbesteuerliche Vorteile erzielt werden. Voraussetzung ist jedoch dass der Vertrag in seiner Dotierung und Durchführung einem Fremdvergleich standhält.

3. Stufe: Einräumung einer Hauptbeteiligung am Unternehmen

Bei entsprechender Befähigung bzw. Eignung findet in einem nächsten Schritt die Einräumung einer Hauptbeteiligung an den Nachfolger statt. Der Nachfolger wird nunmehr unmittelbar Gesellschafter mit den sich daraus ergebenden zivilrechtlichen und steuerlichen Konsequenzen, wobei das Ausmaß der Beteiligung dem Nachfolger zunächst nur die Stellung eines Minderheitsgesellschafters einräumen sollte.

4. Stufe: Übertragung Restbeteiligung und Rückzug aus operativer Geschäftsführung

In dieser Phase muss besonderes Augenmerk auf die Einkommens- und Existenzsicherung des bisherigen Unternehmers gelegt werden. Durch Vorbehalt des Nießbrauchs bzw. Vereinbarung wiederkehrender Bezüge zugunsten des Übergebers besteht eine Vielzahl von Instrumentarien der Einkunftssicherung, die durch Aufnahme von Widerrufs- bzw. Rückfallklauseln ergänzt werden können. Ferner muss die gesamte Vermögensnachfolge testamentarisch und gesellschaftsvertraglich gere-

---

[2] Vgl. BFH v. 27. 01. 1994, in: BStBl Teil II, S. 635/1994.

gelt werden und im Kreis der Angehörigen einvernehmlich ggf. durch den ergänzenden Abschluss eines Erbvertrages mit Pflichtteilsverzichten unter den Beteiligten abgesichert werden.

Da jede Unternehmensnachfolge aus unternehmensspezifischen oder persönlichen Gründen einer individuellen Gestaltung bedarf, kann das dargestellte Stufenmodell in seiner zeitlichen und inhaltlichen Abfolge nur einen Anhaltspunkt bieten bzw. zur Orientierung möglicher Beteiligungsformen herangezogen werden. Gleichwohl veranschaulicht es die Möglichkeiten der Beteiligung in ihrer unterschiedlichen Ausprägung. In jedem Fall sollte die Unternehmensnachfolge im Idealfall in mehreren Stufen erfolgen, was neben anderen Motiven nicht zuletzt aus steuerlichen Gründen sinnvoll ist.

2. Vorweggenommene Erbfolge bei Personengesellschaften

2.1 Umgang mit steuerlichem Sonderbetriebsvermögen

Die lebzeitige Nachfolge in Personengesellschaften bedarf in ihrer steuerlichen Umsetzung besonderer Aufmerksamkeit. Hierfür sind zwei Gründe ausschlaggebend. Einmal bedarf die Nachfolgeplanung einer besonderen Abstimmung zwischen der im Gesellschaftsvertrag vorgesehenen Nachfolgeklausel und der gesetzlichen bzw. testamentarischen Nachfolgeregelung wegen des Vorrangs der gesellschaftsrechtlichen Regelung. Der Gesellschaftsanteil geht im Falle der einfachen (Fortsetzung mit den gesetzlichen Erben) und qualifizierten Nachfolgeklausel (Fortsetzung mit qualifizierten Erben) im Weg der Sonderrechtsnachfolge am Nachlass vorbei auf die gesellschaftsvertraglich zur Nachfolge bestimmten Erben über. Dies gilt jedoch nur für den eigentlichen Gesellschaftsanteil, nicht jedoch für das steuerlich als Sonderbetriebsvermögen qualifizierte Vermögen. Hier bedarf es eines Gleichlaufs von Gesellschaftsanteil und Sonderbetriebsvermögen sowohl im Erbfall als auch anlässlich vorweggenommener Erbfolgeregelungen. Für die lebzeitigen Übertragungen hat der Gesetzgeber mit der Neufassung des § 6 Abs. 3 EStG eine Flexibilität geschaffen, die es ermöglicht, durch Zurückbehalt von Sonderbetriebsvermögen den Gesellschaftsanteil partiell auf den nachfolgenden Erben zu übertragen.

Im Rahmen der Nachfolgeplanung sind jedoch folgende „Spielregeln" im Umgang mit dem steuerlichen Sonderbetriebsvermögen zu beachten:

Verzicht auf die isolierte Übertragung von Sonderbetriebsvermögen

Zwar ist seit der Neufassung des § 6 Abs. 5 EStG i. d. F. des UntStFG vom 20.12.2001 die isolierte Übertragung von Sonderbetriebsvermögen auf den bereits an der Gesellschaft beteiligten Nachfolger steuerlich zu Buchwerten möglich. Die erbschaftsteuerlichen Vergünstigungen des § 13a Abs. 4 ErbStG werden jedoch im Falle der isolierten Übertragung, d. h. ohne gleichzeitige Mitübertragung eines Gesellschaftsanteils, nicht gewährt[3]. Vernachlässigt man den Freibetrag für Betriebs-

---

[3] Vgl. *Troll/Gebel/Jülicher*, Kommentar ErbStG, TZ 137c zu § 13a ErbStG; R. 51 Abs. 3 S. 5 ErbStR.

vermögen gem. § 13 a Abs. 1 ErbStG, so bedeutet dies eine um 35 % höhere Bemessungsgrundlage des steuerlichen Wertes des Sonderbetriebsvermögens.

Ausgliederungsmodell im Falle unterschiedlicher Vererbung/Schenkung von Gesellschaftsanteil und Sonderbetriebsvermögen
Zwei in der Praxis häufig auftretende Szenarien werden hierbei angesprochen. In dem ersten Fall möchte der derzeitige Gesellschafter sein Sonderbetriebsvermögen als Altersversorgung für sich zurückbehalten und lediglich den Gesellschaftsanteil auf seinen Nachfolger übertragen. In dem zweiten Fall hat der Erblasser den nicht zur Nachfolge bestimmten Miterben als Empfänger des Sonderbetriebsvermögens auserkoren. Um die einkommensteuerlichen Vergünstigungen des § 6 Abs. 3 EStG (Buchwertübertragung) sowie die erbschaftsteuerlichen Vergünstigungen des Sonderbetriebsvermögens nicht zu gefährden, überträgt der bisherige Inhaber die Wirtschaftsgüter des Sonderbetriebsvermögens auf eine zweite, gesellschafteridentische Personengesellschaft, bevor er nach Ablauf einer Schamfrist die Übertragung der Gesellschaftsbeteiligung auf den Nachfolger vornimmt. Das bislang als Sonderbetriebsvermögen geführte Vermögen ist nunmehr steuerliches Gesamthandsvermögen der Schwesterpersonengesellschaft, wodurch die Nachfolgeregelung der Hauptgesellschaft im Nachgang ohne steuerliche Nachteile vollzogen werden kann. In diesem Zusammenhang wird auch auf den Beitrag von Fischer zu den möglichen Strategien einer Vermeidung der Gewinnrealisierung im Zusammenhang mit Betriebsaufspaltungsfällen und Sonderbetriebsvermögen in diesem Buch verwiesen.

Zurückbehalt von Sonderbetriebsvermögen nur bei Rückhalt einer Restbeteiligung
Behält der Gesellschafter eine geringe Restbeteiligung anlässlich der Anteilsübertragung zurück, bleibt die Qualifikation des Sonderbetriebsvermögens beim Erblasser bestehen.

Spätestens mit der Übertragung der Restbeteiligung auf den Nachfolger muss, je nachdem wer Empfänger des Sonderbetriebsvermögens werden soll, entweder das o. g. Ausgliederungsmodell oder eine Mitübertragung des Sonderbetriebsvermögens auf den Nachfolger vollzogen werden.

Bis dahin muss der Erblasser für einen Gleichlauf von gesellschaftsvertraglicher und testamentarischer Nachfolgeregelung Sorge tragen, um im Falle eines unerwarteten Erbfalls die geschilderten negativen Besteuerungsfolgen (Zwangsentnahme des Sonderbetriebsvermögens, Versagung erbschaftsteuerlicher Vergünstigungen) zu vermeiden.

In vielen Fällen dient der im Privatvermögen befindliche betrieblich genutzte Grundbesitz ohnehin bereits als Sicherheit für betriebliche Verbindlichkeiten der Personengesellschaft. Sofern sich an diesen Haftungsverhältnissen zeitnah nichts ändert und der künftige Unternehmensnachfolger auch das betrieblich genutzte Grundstück erhalten soll, kann auch eine vorzeitige Übertragung des Grundstückes aus dem Sonderbetriebsvermögen des bisherigen Inhabers in das Gesamthandsvermögen der Personengesellschaft in Erwägung gezogen werden. Gleiches gilt für die

Beteiligung des bisherigen Inhabers an der Komplementär GmbH einer GmbH & Co. KG. Die Übertragung der Anteile in das Gesamthandsvermögen der Personengesellschaft sichert einen Gleichlauf der Unternehmensnachfolge in beide Gesellschaften und vermeidet die einkommens- und erbschaftsteuerlichen Risiken einer getrennten Inhaberschaft.

2.2 Einräumung einer stillen Beteiligung/Unterbeteiligung an Personengesellschaften

2.2.1 typisch stille Beteiligung bzw. Unterbeteiligung

Die Übertragung einer typisch stillen Beteiligung bzw. Einräumung einer Unterbeteiligung am Gesellschaftsanteil stellt eine reine Kapitalforderung dar, deren Verzinsung regelmäßig erfolgsabhängig gestaltet ist. Der stille Gesellschafter/Unterbeteiligte erzielt hieraus Einkünfte aus Kapitalvermögen gemäß § 20 Abs. 1 Nr. 4 EStG, während beim Inhaber des Handelsgeschäfts bzw. Hauptbeteiligten ein Abzug in Höhe des Gewinnanteils erfolgt. Nachdem der stille Gesellschafter bzw. Unterbeteiligte nicht Mitunternehmer wird, werden folglich auch die Vergünstigungen des §§ 13a, 19a ErbStG nicht gewährt. Der Begünstigte erlangt eine bloße Kapitalforderung, die gemäß § 12 Abs. 1 ErbStG i. V. m. § 12 BewG mit dem Nennwert im Rahmen der erbschaftsteuerlichen Betriebsvermögensbewertung abgezogen wird.

2.2.2 atypisch stille Beteiligung/Unterbeteiligung

Ist die Beteiligung hingegen atypisch ausgestaltet, wird zwischen dem Beteiligten und der Personengesellschaft bzw. dem Hauptgesellschafter eine steuerliche Mitunternehmerschaft begründet, die dem Begünstigten Einkünfte aus Gewerbebetrieb gemäß § 15 Abs. 1 Nr. 2 EStG vermittelt. Es entsteht im Ergebnis eine Mitunternehmerschaft, die jedoch als bloße Innengesellschaft in Erscheinung tritt.

Die Einräumung einer atypisch ausgestalteten Beteiligung fällt unter die Vorschrift des § 6 Abs. 3 EStG und erfolgt damit steuerneutral zu Buchwerten. Die unter 3.1 geschilderten Besonderheiten des Sonderbetriebsvermögens sind daher zu beachten.

Erbschaftsteuerlich wird Betriebsvermögen vermacht, wodurch die bewertungsrechtlichen Vorteile des Betriebsvermögens greifen. Dem atypisch still Beteiligten bzw. Unterbeteiligten wird ein Anteil am Betriebsvermögen der Personengesellschaft bzw. am Anteil des Hauptbeteiligten zugerechnet. Entscheidend hierfür ist die ertragsteuerliche Einstufung als Mitunternehmer. Auf der Grundlage eines aktuellen BFH Urteils [4] ist ein stiller Gesellschafter nur Mitunternehmer, wenn er neben dem Kriterium der Mitunternehmerinitiative (Kontroll- und Stimmrechte) auch Mitunternehmerrisiko, d. h. eine Teilhabe an den stillen Reserven und einem Firmenwert trägt. Die Vergünstigungen des §§ 13a 19a ErbStG werden wegen den eng an das Ertragsteuerrecht angelehnten Voraussetzungen der Mitunternehmerstellung auch für Fälle der Einräumung atypisch stiller Beteiligungen/Unterbeteiligungen

---

[4] Vgl. BFH v. 22. 08. 2002 IV R 6/01 in: BFH/NV 2003, S. 36.

gewährt[5]. Vor diesem Hintergrund ist bei der bewussten Ausgestaltung einer atypisch stillen Beteiligung/Unterbeteiligung besonders auf die für die Erzielung der Mitunternehmerstellung von der Rechtssprechung geforderten Kriterien (Mitunternehmerinitiative und Mitunternehmerrisiko) zu achten. Es empfiehlt sich daher, die mitunternehmerische Ausprägung nicht zu sehr einzugrenzen, um keinen Zweifel an der „unternehmerischen Stellung" des Beteiligten aufkommen zu lassen.

2.3 Übertragung einer Hauptbeteiligung mit Vorbehalt der Erträge

Die nachfolgenden Gestaltungen ermöglichen Anteilsübertragungen zu Lebzeiten, ohne dass der Übertragende seine bisherigen Einkünfte mit überträgt. Als mögliche Instrumentarien kann sich der Übertragende die Nutzungen an dem Gesellschaftsanteil zurückbehalten oder die Übergabe an die Verpflichtung des Begünstigten zur Zahlung wiederkehrender Bezüge in Form von lebenslänglichen Versorgungsleistungen knüpfen.

2.3.1 Anteilsübertragung unter dem Vorbehalt des Nießbrauchs

Im Zusammenhang mit der Unternehmensnachfolge zu Lebzeiten ist die Übertragung einer Beteiligung auf den Unternehmensnachfolger unter Vorbehalt des Nießbrauchs eine häufig vorkommende Gestaltung. Im Ergebnis findet hierbei eine Teilung von Substanz (Vermögen) und Nutzungen statt, wobei dem bisherigen Gesellschafter die künftigen Nutzungen verbleiben (Einkünfte) und dem Nachfolger die Substanz (z. B. Kommanditanteil) vermacht wird. Insofern unterscheidet sich der Vorbehaltsnießbrauch vom reinen Zuwendungsnießbrauch, bei dem der bisherige Anteilseigner Gesellschafter bleibt und dem Nachfolger lediglich die Nutzungen verschafft werden. Diese Form des Nießbrauchs hat jedoch im Rahmen der lebzeitigen Unternehmensnachfolge keine große Bedeutung, da hier regelmäßig die Intention einer Vermögensübertragung im Vordergrund steht und dem Versorgungsbedürfnis des bisherigen Inhabers durch Vorbehalt der Erträge Rechnung getragen werden soll.

2.3.1.1 Einkommensteuer

Einkommensteuerlich beurteilt sich der Vermögensübergang insgesamt als unentgeltlicher Vorgang, sofern keine weiteren Gegenleistungen erbracht werden. Obgleich die Bestellung eines Nießbrauchs an Anteilen von Personengesellschaften zivilrechtlich und steuerrechtlich umstritten ist, wird die ertragsteuerliche Stellung des Anteilsinhabers als Mitunternehmer von der Rechtsprechung bestätigt, sofern der mit dem Vorbehaltsnießbrauch belastete Anteilsinhaber seine Mitunternehmerstellung behält[6]. Die Nutzungen beschränken sich im Rahmen eines Unternehmensnießbrauchs jedoch auf den entnahmefähigen Teil der Erträge, korrigiert um Erträge

---

[5] Vgl. *Troll/Gebel/Jülicher*, Komm. ErbStG RZ 131 zu § 13a ErbStG; a. A. Gebel, a. a. O. E 947.
[6] Vgl. BFH v. 01. 03. 1994 in: BStBl II 1995, S. 241 ff.

aus der Veräußerung wesentlicher Betriebsgrundlagen, insbesondere Anlagevermögen. Der Nießbraucher nimmt somit an der Gewinnverteilung der Personengesellschaft teil. Da sowohl Nießbraucher als auch der mit dem Nießbrauch belastete Gesellschafter in der Regel Mitunternehmer bleiben, erzielen beide Beteiligte Einkünfte aus Gewerbebetrieb gemäß § 15 Abs. 1 Nr. 2 EStG. Die Mitunternehmerstellung des bisherigen Gesellschafters wird durch die Teilhabe am Gewinn und Verlust der Gesellschaft (Mitunternehmerrisiko) sowie durch Teilhabe an der Betriebsführung bzw. Stimmrechtsausübung (Mitunternehmerinitiative) begründet. Der künftige Nießbraucher partizipiert an den nicht entnahmefähigen Gewinnen (gemäß Gesellschaftsvertrag oder Beschluss) und an den stillen Reserven etwaiger Verkäufe von Wirtschaftsgütern des Anlagevermögens und trägt damit entscheidendes Mitunternehmerrisiko. Seine Mitunternehmerinitiative wird regelmäßig durch Ausübung seiner Stimmrechte sowie insbesondere durch die ihm gesetzlich zustehenden Kontroll- und Informationsrechte begründet. Umstritten ist in diesem Zusammenhang die Aufteilung der gesellschaftsrechtlichen Stimmrechte zwischen Nießbraucher und künftigem Gesellschafter. Sofern dem Nießbraucher im Rahmen der Nießbrauchsbestellung auch das Stimmrecht als originäres Recht zugestanden wird, steht steuerlich die Anerkennung des künftigen Gesellschafters als Mitunternehmer in Frage. Daher empfiehlt sich zur Sicherstellung der Mitunternehmerstellung entweder eine gemeinsame Stimmrechtsausübung oder alternativ eine gegenständliche Aufteilung des Stimmrechts. Der Nießbraucher übt hierbei die Stimmrechte in den Angelegenheiten der laufenden Betriebs- und Geschäftsführung aus (Nutzungen), während der Gesellschafter in den verbleibenden Angelegenheiten, insbesondere die Substanz betreffend, zur Stimmrechtsausübung befugt ist. Diese Regelung ist zwar streitanfällig, sie ermöglicht jedoch eine klare Kompetenzverteilung. Eine gemeinsame Stimmrechtsausübung bedingt hingegen einen Zwang zur Einigung und kann im Einzelfall dazu führen, dass notwendige Entscheidungen mangels Einigung nicht umgesetzt werden können.

Aufgrund der derzeit gültigen Rechtssprechung, die auch der aktuellen Verwaltungsauffassung in H 138 (1) EStH entspricht, wird unter den vorstehend geschilderten Voraussetzungen die Mitunternehmerstellung des Gesellschafters anerkannt.

Um sämtliche Bedenken auszuräumen, empfiehlt Spiegelberger[7] die Bestellung eines Quotennießbrauchs in Verbindung mit einer gemeinsamen Stimmrechtsausübung. Durch den Quotennießbrauch werden dem Nießbraucher beispielsweise nur 97 % der laufenden Gewinne zugerechnet. Nach der hier vertretenen Auffassung ist die Bestellung eines Quotennießbrauchs jedoch nicht erforderlich, sofern neben der zwingend erforderlichen Teilhabe an den stillen Reserven des Anlagevermögens beispielsweise eine gesellschaftsvertragliche Rücklagenbildung vorgesehen ist, die dem Gesellschafter insoweit auch einen laufenden Anteil an den Gewinnen sichert.

---

[7] *Spiegelberger*, in: Zeitschrift für Erbrecht und Vermögensnachfolge 2003, S. 396.

2.3.1.2 Erbschaftsteuer

Im Zuge der Übertragung gegen Vorbehaltsnießbrauch stellen sich aus erbschaftsteuerlicher Sicht zwei entscheidende Fragen:

1. Werden im Zuge der Anteilsübertragung die Vergünstigungen der §§ 13a, 19a ErbStG gewährt?

Das Erbschaftsteuerrecht folgt in dieser Frage der ertragsteuerlichen Beurteilung. Sofern der Beteiligte nach den vorstehend geschilderten Grundsätzen Mitunternehmer wird, liegt eine Übertragung begünstigten Betriebsvermögens i. S. des § 13a ErbStG vor[8]. Der Ausgestaltung des Nießbrauchs ist daher auch aus erbschaftsteuerlicher Sicht besondere Bedeutung beizumessen.

In diesem Zusammenhang spielen auch Rückfall- bzw. Widerrufsklauseln in Übergabeverträgen eine wichtige Rolle. Während die Übertragung unter freiem Widerrufsvorbehalt als erbschaftsteuerlich freigebige Zuwendung betrachtet wird, liegt ertragsteuerlich keine Übertragung einer mitunternehmerischen Beteiligung vor. Im Ergebnis werden den Beteiligten die Vergünstigungen des §§ 13 a und 19 a ErbStG versagt!

Die Ausgestaltung des Nießbrauchs, die dem Beteiligten gegenüber dem Nießbraucher eine schwache Position mit geringem mitunternehmerischen Risiko und geringen Stimmrechten verschafft, könnte in Verbindung mit der Vereinbarung individueller Widerrufs- bzw. Rückfallklauseln in ihrer Gesamtschau die Versagung der Mitunternehmerstellung bedeuten, auch wenn die Fälle des Widerrufs für sich betrachtet nicht als „freie Widerrufsklauseln" gelten.

2. In welcher Form findet die Nießbrauchsbelastung bei der Bemessung der Erbschaftsteuer im Rahmen der Schenkung Berücksichtigung?

Im Rahmen lebzeitiger Übertragungen, bei denen sich der Schenker die Nutzungen an dem übertragenen Vermögenswert auf Lebzeiten vorbehält, findet die Vorschrift des § 25 Abs. 1 ErbStG Anwendung. Die Erbschaftsteuerfestsetzung wird hierbei ungekürzt, d. h. ohne Berücksichtigung der Nießbrauchslast, auf der Basis des Steuerwertes der Beteiligung festgesetzt. In einem zweiten Schritt erfolgt eine Berechnung der anteilig auf den Kapitalwert des Nießbrauchs entfallenden Steuer. Dieser Betrag wird bis zum Erlöschen des Nießbrauchs zinslos gestundet, während der Differenzbetrag zwischen ungekürzter Festsetzung und Stundungsbetrag sofort fällig ist.

Gleichzeitig gewährt das Gesetz den Beteiligten ein Wahlrecht auf sofortige Ablösung des gestundeten Betrages mit dem Barwert zum Zeitpunkt der Ablösung. Dieses Wahlrecht muß nicht sofort ausgeübt werden, vielmehr besteht die Möglichkeit der jederzeitigen Ablösung auf Antrag zum Barwert im Zeitpunkt der Antragstellung.

In Anbetracht der unterschiedlichen Behandlung des Nießbrauchsvorbehalts gegenüber Leistungsauflagen (z. B. Leibrente bzw. dauernde Last) ergeben sich interessante Gestaltungen. Sofern rein steuerliche Aspekte im Vordergrund stehen, sind

---

[8] Vgl. H 51 Abs. 1 ErbStH.

Vergleichsberechnungen erforderlich, auf die abschließend noch näher eingegangen wird.

2.3.2 Anteilsübertragung gegen Zahlung wiederkehrender Bezüge

Die Übertragung von Anteilen gegen Zahlung wiederkehrender Bezüge stellt die Alternative zum Vorbehaltsnießbrauch dar, zumal auch hier der Übergeber sich die Erträge an den Anteilen in einer bestimmten Höhe vorbehält. Während beim Vorbehaltsnießbrauch der Übergeber einen unmittelbaren Anspruch auf die Nutzungen aus dem Anteil hat und ihm diese bereits im Rahmen der Gewinnverteilung zugewiesen werden, richtet sich der Anspruch des Übergebers hier unmittelbar gegen den Übernehmer. Dieser hat als Gegenleistung zur Anteilsübertragung dem Übergeber lebenslange Versorgungsleistungen in Form einer Leibrente oder dauernden Last zu erbringen.

Vorliegend werden nur die Fälle echter Versorgungsleistungen behandelt, die nach den Grundsätzen der Beschlüsse des Großen Senats des BFH vom 12. 05. 2003[9] einkommensteuerlich als unentgeltliche Vermögensübertragungen gemäß § 6 Abs. 3 EStG gewertet werden. Zu den Einzelheiten und Voraussetzungen lebzeitiger Vermögensübertragungen gegen Versorgungsleistungen wird auf den Beitrag von Schimpfky/Lehmann in diesem Buch verwiesen.

Die einkommensteuerliche Behandlung der Versorgungsleistungen als sonstige Einkünfte gemäß § 22 EStG (Übergeber) und abziehbaren Sonderausgaben gemäß § 10 Abs. 1 Nr. 1a EStG (Übernehmer) unterscheidet sich jedoch grundlegend von der des Vorbehaltsnießbrauchs.

Im Falle des unternehmerisch ausgeprägten Nießbrauchs bei dem neben dem Übernehmer auch der Übergeber Mitunternehmer bleibt, erzielt auch der Übergeber aus dem Nießbrauch gewerbliche Einkünfte. Die unterschiedlichen Konsequenzen der mitunter wirtschaftlich vergleichbaren Regelungen sind im Rahmen der Einkommensteuerplanung für beide Beteiligte zu berücksichtigen. Vor allem die Rechtsfolgen des Sonderausgabenabzuges beim Übernehmer können in einzelnen Jahren ins Leere laufen, beispielsweise im Falle vorhandener negativer Einkünfte des Übernehmers bzw. vorhandener Verlustvorträge.

Erbschaftsteuerlich hingegen liegt keine unentgeltliche Übertragung vor. Die Auflage zur Zahlung einer lebenslänglichen dauernden Last bzw. Leibrente stellt eine Leistungsauflage dar, die, anders als beim Vorbehaltsnießbrauch, unmittelbar als Gegenleistung vom Anteilswert abgezogen werden kann. Es sind jedoch die Grundsätze der gemischten Schenkung anzuwenden, die im Ergebnis nur einen partiellen Abzug der Gegenleistung ermöglichen.

Die Rechtsfolgen unterscheiden sich somit auch erbschaftsteuerlich grundlegend von denen des Vorbehaltsnießbrauchs, was anlässlich der Steuerplanung gegeneinander abgewogen werden muss. Vergleicht man die Steuerbelastung einer Anteilsübertragung gegen Zahlung einer lebenslänglichen dauernden Last mit der eines wirt-

---

[9] Vgl. Großer Senat 1/00, in: Deutsches Steuerrecht 2003, S. 1696 und Großer Senat 2/00, in: Deutsches Steuerrecht 2003, S. 1700.

schaftlich vergleichbaren Vorbehaltsnießbrauchs bei sofortiger Ablösung des gestundeten Steuerbetrages zum Barwert, so können folgende Gründe für etwaige Belastungsunterschiede genannt werden:

(1) Verhältnis Steuerwert des Anteils zu Unternehmenswert (bestimmt Abzugsquote der dauenden Last)

(2) Alter des Begünstigten (bestimmt die Höhe des Kapitalwertes des Nießbrauchs bzw. Kapitalwertes der dauernden Last)

(3) Steuersatz des Bruttoerwerbs (maßgeblich für Steuersatz bei Vorbehaltsnießbrauch)

Die Belastungsunterschiede werden besonders vom Unternehmenswert mit bestimmt. Bei zunehmender Diskrepanz zwischen Unternehmenswert und Steuerwert des Anteils verkehrt sich der Steuervorteil des unmittelbaren Abzugs der dauernden Last in einen Nachteil, da wegen der Anwendung der Grundsätze zur gemischten Schenkung die Abzugsquote zunehmend sinkt.

Der abschließende Beispielsfall zeigt den Belastungsunterschied zwischen einer Anteilsübertragung mit Vorbehaltsnießbrauch bzw. dauernden Last bei Zugrundelegung unterschiedlicher Unternehmenswertverhältnisse.

Beispiel:

Übertragung Anteil an Personengesellschaft mit einem Steuerwert von T€ 5.000. Kapitalwert des Nießbrauch/dauerndeLast T€ 3.000. Alter des Übergebers: 55 Unternehmenswert T€ 5.000, 8.000 und 10.000.

	T€	T€	T€
Unternehmenswert:	5.000	8.000	10.000
a) dauernde Last			
Steuerwert (EWBV)	5.000	5.000	5.000
Abzug dauernde Last	3.000	1.875	1.500
Bemessungsgrundlage	2.000	3.125	3.500
Steuer 19 % (fix)	**380**	**594**	**655**
b) Vorbehaltsnießbrauch			
Steuerwert (EWBV)	5.000	5.000	5.000
Steuer 19 % (ungekürzt)	950	950	950
Steuer auf Kapitalwert Nießbrauch	570	570	570
Sofort fällig	380	380	380
Ablösung gestundete Steuer zum Barwert	185	185	185
Gesamtsteuer bei sofortiger Zahlung	**565**	**565**	**565**

Die Finanzverwaltung erkennt bei der Ermittlung des Unternehmenswertes von Einzelunternehmen und Personengesellschaften drei Bewertungsmodelle (direkte und indirekte Methode, Stuttgarter Verfahren[10]) an, wobei sich der Unternehmenswert immer aus einer Substanzwert- und einer Ertragswertkomponente zusammensetzt. Da sämtliche Verfahren zu unterschiedlichen Ergebnissen führen und eine Anwendung der jeweiligen Bewertungsmethode im Ermessen der Beteiligten liegt, besteht hier ein faktischer Bewertungsspielraum[11], der bewusst ausgenutzt werden sollte.

Sofern im Einzelfall aus zivilrechtlichen und wirtschaftlichen Überlegungen heraus dem Vorbehaltsnießbrauch gegenüber einem Rentenmodell der Vorzug gegeben wird, könnte zur Erzielung schenkungsteuerlicher Vorteile zunächst die Übertragung gegen Zahlung einer lebenslänglichen Rente bzw. dauernden Last vereinbart und diese später schenkungsteuerneutral in einen Nießbrauch umgewandelt werden. Hier sollten die Beteiligten jedoch auch wirtschaftliche Gründe für den späteren Wechsel vortragen können, um den Vorwurf des Gestaltungsmissbrauchs zu entkräften. Ferner ist die Einhaltung einer gewissen Schamfrist bis zur Umwandlung ratsam[12].

Da die Anerkennung der Mitunternehmerstellung und damit die steuerlichen Vorteile der Nießbrauchslösung entscheidend von der rechtlichen Ausgestaltung des Nießbrauchs abhängen, ist einer wirtschaftlich vergleichbaren Übertragung gegen Zahlung einer lebenslänglichen dauernden Last (in Höhe der jährlichen Gewinne aus dem gewöhnlichen Geschäftsbetrieb) in Zweifelsfällen der Vorzug zu geben.

3. Vorweggenommene Erbfolge bei Kapitalgesellschaften

3.1 Übertragung einer Hauptbeteiligung

Die lebzeitige Übertragung von Anteilen an Kapitalgesellschaften geschieht ohne unmittelbare einkommensteuerliche Belastung, sofern es sich um eine unentgeltliche Übertragung handelt und die Anteile sich beim bisherigen Inhaber in dessen steuerlichem Privatvermögen befinden.

Mangels Gegenleistung ergibt sich weder ein Steuertatbestand aus § 17 EStG noch aus § 23 EStG, der Übernehmer tritt in die Rechtsstellung des Übergebers und führt etwaige Besitzzeiten und Behaltensfristen fort.

Der Übernehmer führt die Anschaffungskosten des Übergebers gemäß § 17 Abs. 2 S. 3 EStG fort. Die Regelung des § 17 Abs. 1 S. 4 EStG, wonach die Veräußerung einer Beteiligung unter 1 % steuerpflichtig ist, sofern der Rechtsvorgänger innerhalb der letzten 5 Jahre zu mindestens 1 % beteiligt war, hat nach Herabsetzung der Beteiligungsschwelle auf 1 % an Bedeutung verloren.

Wichtig im Zusammenhang mit lebzeitigen Übertragungen von Anteilen an Kapitalgesellschaften ist die Prüfung des Ausschlusses der Betriebsvermögenszugehörigkeit. Dies betrifft in erster Linie die Betriebsaufspaltungsfälle, die nach der Ver-

---

[10] Vgl. H 17 Abs. 6 ErbStH.
[11] Vgl. *Moench*, Komm. ErbStG, RZ 90a § 7 ErbStG.
[12] Vgl. *Müller/Ohland/Brandmüller*, Erb- und Unternehmensnachfolge, C 61.

schärfung der Rechtssprechung zur Frage der sachlichen Verflechtung (Stichwort Verwaltungsgebäude) nunmehr annähernd alle Fälle der betrieblichen Nutzung gesellschaftereigenen Grundbesitzes erfassen.

Erbschaftsteuerlich erfolgt eine differenzierte Bewertung der Beteiligung (Stuttgarter Verfahren bei nicht notierten Anteilen), die bei höher rentierlichen Unternehmen regelmäßig einen höheren Steuerwert für Zwecke der Erbschaftsteuer ergibt, als bei Personengesellschaften.

Weitergehende Ausführungen zu den einkommensteuerlichen und erbschaftsteuerlichen Rechtsfolgen und Gestaltungen finden sich in den Beiträgen von Schimpfky/Lehmann und Fischer in diesem Buch, auf die an dieser Stelle verwiesen wird.

3.2 Mittelbare Anteilsübertragungen bzw. Wertverschiebungen aufgrund disquotaler Gesellschafterbeiträge

Anders als bei Personengesellschaften werden bei Kapitalgesellschaften keine gesellschafterindividuellen variablen Kapitalkonten oder Rücklagekonten geführt. Dies führt dazu, dass disquotale Gesellschafterbeiträge in Form offener oder verdeckter Einlagen, aber auch Fälle von Kapitalerhöhungen gegen zu geringes Entgelt mittelbar eine Werterhöhung der Anteile der übrigen Gesellschafter zur Folge haben.

Diese Fälle trifft man häufig bei Familienkapitalgesellschaften an. Sie wurden in der Vergangenheit bewusst für steuerfreie Vermögensverschiebungen im Gesellschafterkreis von Familienkapitalgesellschaften genutzt[13].

Obgleich die Finanzverwaltung im Grundsatz in derartigen Fällen (Angehörigenkreis) von einer freigebigen Zuwendung an den Gesellschafter ausgeht[14], kann diese Vermutung durch den betreffenden Gesellschafter widerlegt werden, wenn glaubhaft gemacht werden kann, dass der individuelle Gesellschafterbeitrag ausschließlich der Förderung des Gesellschaftszweckes dient und die Werterhöhung der Anteile nur als bei der gewählten Gestaltung unvermeidlich in Kauf genommen werden musste[15].

Die Vermutung einer freigebigen Zuwendung an die Mitgesellschafter (Angehörige) kann durch eine Ausgleichsvereinbarung unter den Beteiligten widerlegt werden, wonach der Zuwendende beispielsweise:
– in Zukunft einen höheren Gewinnanteil erhält (disquotale Gewinnausschüttung),
– eine Zusicherung von den übrigen Gesellschaftern betreffend die Leistung korrespondierender Beiträge erhält,
– eine Erhöhung seiner Beteiligungsquote oder
– ein Auslagenersatz vereinbart wird[16].

Selbst wenn eine freigebige Zuwendung an die Mitgesellschafter gegeben ist, bemisst sich eine etwaige Schenkungsteuer nicht an dem isolierten Wert der Einlage, sondern nach der Erhöhung des steuerlichen Anteilswertes[17]. Es erfolgt somit bei

---

[13] Vgl. *Moench*, Kommentar zum ErbStG Rz. 173 zu § 7.
[14] Vgl. R. 18 Abs. 3 Nr. 2 ErbStR.
[15] Vgl. *Moench*, a. a. O Rz. 179 zu § 7.
[16] Vgl. *Strahl/Bauschatz* in: Kölner Steuerdialog 2003 S. 13618.
[17] Vgl. R. 18 Abs. 6 S. 6 ErbStR.

nicht notierten Anteilen eine Ermittlung des Anteilswertes nach dem Stuttgarter Verfahren vor und nach der Gesellschaftereinlage, wobei sich die Bereicherung auf den Unterschiedsbetrag zwischen gemeinem Wert vor und nach der Einlage bemisst. Da dieser Wert regelmäßig nicht den wirklichen Vermögenswert wiedergibt, führt dieses Bewertungsergebnis zu einem erheblichen „Rabatt" und kann für Fälle der mittelbaren Zuwendungen an Mitgesellschafter genutzt werden[18].

Die Vorteile des § 13a ErbStG können jedoch durch die beschriebenen disquotalen Gesellschaftereinlagen nicht in Anspruch genommen werden, da hierbei keine unmittelbare Anteilsübertragung vorliegt[19]. Um die genannten Vergünstigungen zu erlangen, muss vielmehr der Weg über eine Kapitalerhöhung (Bar- oder Sachkapitalerhöhung) mit anschließender Anteilsübertragung gegangen werden.

3.3 Einräumung einer stillen Beteiligung bzw. Unterbeteiligung

Die Begründung einer stillen Beteiligung bzw. stillen Unterbeteiligung an einer Kapitalgesellschaft bzw. einem Anteil führt in beiden Fällen zu demselben Ergebnis. Die Beteiligten erzielen Einkünfte aus Kapitalvermögen gemäß § 20 Abs. 1 Nr. 4 EStG, entweder unmittelbar aus einer stillen Beteiligung an der Gesellschaft, oder aus der Begründung einer Unterbeteiligung an dem Anteil einer Kapitalgesellschaft.

Eine Einordnung der Einkünfte unter § 20 Abs. 1 Nr. 1 EStG scheidet nach herrschender Auffassung aus, womit der still Beteiligte bzw. Unterbeteiligte anders als der Hauptbeteiligte nicht zur Inanspruchnahme des Halbeinkünfteverfahrens gemäß § 3 Nr. 40 EStG mit seinen Einkünften berechtigt ist. Solange auf Ebene des Hauptbeteiligten (Unterbeteiligung) bzw. des Inhabers des Handelsgewerbes (stille Beteiligung) ein korrespondierend hoher Abzug gesichert ist, führt diese Qualifizierung im Ergebnis zu keinen Nachteilen. Dies trifft jedoch nur bei der typisch stillen Beteiligung und nicht auch bei der typisch stillen Unterbeteiligung zu. Hier wird auf Ebene des Hauptbeteiligten nach der umstrittenen Auffassung der Finanzverwaltung aufgrund der Anwendung des § 3c Abs. 2 EStG ein Abzug zur Hälfte ausgeschlossen. Eine unangemessen hohe Besteuerung ist die Folge[20], bei der im Ergebnis der vom Hauptbeteiligten an den Unterbeteiligten abzuführende Anteil der Dividende voll versteuert wird.

Die Begründung einer atypisch stillen Unterbeteiligung führt hingegen zu einer wirtschaftlichen und steuerlichen Übertragung eines Teilanteils an der Hauptbeteiligung, obgleich eine zivilrechtliche Anteilsabtretung nicht erfolgt. Die schenkweise Einräumung einer atypisch stillen Unterbeteiligung führt mangels Gegenleistung zu keinem steuerpflichtigen Veräußerungsgeschäft gemäß § 17 oder § 23 EStG. Der atypisch still Unterbeteiligte wird damit im Ergebnis wie ein Hauptbeteiligter behandelt, der Einkünfte gemäß § 20 Abs. 1 Nr. 1 EStG erzielt. Es kommt somit im Rahmen der gesonderten und einheitlichen Feststellung der Einkünfte beider Beteiligter

---

[18] Vgl. *Moench* a. a. O Rz. 185 zu § 7.
[19] Vgl. *Gebel*, a.a.O. S. 350.
[20] Vgl. *Strunk*, Das steuerliche aus für die Unterbeteiligung an einem Kapitalgesellschaftsanteil, in: Neue Wirtschaftsbriefe 2003 Fach 3, S. 12401.

zu einer Verteilung der Dividendenbezüge auf Haupt- und Unterbeteiligten, womit im Ergebnis eine hälftige Besteuerung der gesamten Dividenden ermöglicht wird.

Solange der Gesetzgeber die systemwidrige ertragsteuerliche Behandlung der typischen Unterbeteiligung an einem Anteil einer Kapitalgesellschaft nicht beseitigt, könnte im Einzelfall die ersatzweise Begründung einer atypischen Unterbeteiligung gewählt werden.

Trotz der wirtschaftlichen Betrachtungsweise, nach der die Hauptbeteiligung zwischen Anteilsinhaber und Unterbeteiligtem aufgeteilt wird, versagt die Finanzverwaltung[21] im Zusammenhang mit der schenkweisen Einräumung einer atypisch stillen Unterbeteiligung den Beteiligten jedoch die Vergünstigungen der § 13a und § 19a ErbStG.

Im Gegensatz dazu stellt die schenkweise Einräumung einer atypisch stillen Beteiligung an einer Kapitalgesellschaft die Übertragung eines Mitunternehmeranteils dar, der nicht unter § 13 a Abs. 4 Nr. 3 ErbStG sondern unter § 13a Abs. 4 Nr. 1 EStG fällt. Die erbschaftsteuerlichen Vergünstigungen des Betriebsvermögens können in dieser Beteiligungsform in Anspruch genommen werden.

Zusammenfassend kann festgehalten werden, dass die schenkweise Einräumung einer Unterbeteiligung an einem Anteil einer Kapitalgesellschaft steuerlich häufig nicht zu den gewünschten Ergebnissen führt. Troll[22] empfiehlt zur Vermeidung der Erbschaftsteuernachteile von vornherein die Vereinbarung eines Treuhandverhältnisses, wodurch ein wirtschaftlich vergleichbares Ergebnis erzielt wird.

Die Vereinbarung wiederkehrender Bezüge bzw. Nutzungsvorbehalte zur Sicherung der Versorgungsansprüche des Übergebers ist auch im Rahmen der Übertragung von Anteilen an Kapitalgesellschaften möglich und erfolgt im Wesentlichen nach denselben steuerlichen Grundsätzen wie bei Personengesellschaften (vgl. 3.3).

Weiterführende Literatur:

Müller/Ohland/Brandmüller, Gestaltung der Erb- und Unternehmensnachfolge in der Praxis, 2. Auflage, Berlin 2002.

Gebel, Betriebsvermögensnachfolge, 2. Auflage, München 2002.

Troll/Gebel/Jülicher, Kommentar Erbschaftsteuer- und Schenkungsteuergesetz, 7. Auflage, November 1998.

Spiegelberger, Die Familien-GmbH & Co. KG, in: Zeitschrift für Erbrecht und Vermögensnachfolge 2003, S. 391 ff.

Moench, Kommentar zur Erbschaftsteuer und Schenkungsteuer, München 2003.

Strahl/Bauschatz, in: Kölner Steuerdialog 2003, S. 13618 ff.

Strunk, in: Neue Wirtschaftsbriefe 2003, Fach 3, S. 12401 ff.

---

[21] Vgl. R. 53 Abs. 2 S. 3 ErbStR.
[22] Vgl. Troll/Gebel/Jülicher Komm ErbStG RZ 222 zu § 13a ErbStG.

Steuerliche Aspekte der Spaltung einer Kapitalgesellschaft
Dr. Michael Sommer

Inhalt:

	Seite
1. Erwerber des abgespaltenen Vermögens einer Kapitalgesellschaft	404
1.1 Allgemeines	404
1.2 Voraussetzungen für die Erfolgsneutralität	404
1.3 Keine Veräußerungen an außenstehende Personen im Rahmen des Vollzugs der Spaltung (§ 15 Abs. 3 S. 2 UmwStG)	406
1.4 Keine Schaffung der Voraussetzungen für eine Veräußerung (§ 15 Abs. 3 S. 3 u. 4 UmwStG)	406
1.5 5-jährige Vorbesitzzeit bei Trennung von Gesellschafterstämmen	408
2. Erwerber ist eine Personengesellschaft	409

Die Spaltung von Gesellschaften ist ein gängiges Gestaltungsmittel zur Vorbereitung und/oder Durchführung der Nachfolge in Betriebsvermögen (zu zivilrechtlichen Problemen siehe den Beitrag von Sommer „Zivilrechtliche Aspekte der Unternehmensnachfolge durch Spaltung").

Beispiel 1:
Die Brau- und Back GmbH (B + B) besteht aus dem Teilbetrieb I (Brauwesen) und dem Teilbetrieb II (Nahrungsmittel); darüber hinaus hält die B + B eine wertvolle Beteiligung (100 %) an der A-GmbH (Teilbetrieb III) und wertvolle Betriebsgrundstücke. Alle Teilbetriebe haben etwa den gleichen Verkehrswert. Alleiniger Gesellschafter der B + B ist der Vater V.

V hat drei verheiratete Söhne, die alle drei in der B + B tätig sind. Die Ehefrauen der drei Söhne verstehen sich – wie üblich – jedoch nicht, mit der Folge, dass allmählich auch Spannungen zwischen den Söhnen S1, S2 und S3 auftreten. V ist 80 Jahre alt und geneigt, sich Gedanken über eine Nachfolgeregelung zu machen. Sein Steuerberater rät ihm, die B + B so zu spalten, dass in der B + B nur die Betriebsgrundstücke und der Teilbetrieb I (Brauwesen) verbleiben und die beiden anderen Teilbetriebe auf zwei andere Gesellschaften übertragen werden. Danach soll V unter Ausnutzung der schenkungsteuerlichen Begünstigung der Übertragung von Betriebsvermögen die Anteile an den drei Gesellschaften auf jeweils einen Sohn übertragen, ggf. unter Vorbehalt des Nießbrauchs.

V hält dies für einen guten Rat und beauftragt seinen Steuerberater und seinen Rechtsanwalt mit der Prüfung und ggf. der Vorbereitung der notwendigen Schritte.

Die steuerlichen Folgen der Spaltung einer Kapitalgesellschaft sind u.a. davon abhängig, ob das Vermögen auf eine (andere) Kapitalgesellschaft oder eine (andere) Personengesellschaft übergeht.

1. Erwerber des abgespaltenen Vermögens einer Kapitalgesellschaft

1.1 Allgemeines

Bei einer Spaltung eines Unternehmens zur Trennung von Familienstämmen wird in der Regel angestrebt, die Spaltung ertragsteuerlich neutral durchzuführen. Bei Spaltungen gilt es daher, die Gewinnrealisierung grundsätzlich auf drei Ebenen zu vermeiden:

a) bei der übertragenden Kapitalgesellschaft bezüglich der stillen Reserven in den Wirtschaftsgütern, die bei der Abspaltung auf den übernehmenden Rechtsträger übergehen;

b) bei der übernehmenden Kapitalgesellschaft muss die zukünftige Besteuerung der in dem übergangenen Vermögen enthaltenen stillen Reserven sichergestellt sein. Dies wird grundsätzlich durch eine Wertverknüpfung erreicht. Danach hat die übernehmende Kapitalgesellschaft das übergegangene Betriebsvermögen mit dem in der steuerlichen Schlussbilanz der übertragenden Körperschaft ausgewiesenen Wert zu übernehmen (zwingende steuerliche Wertverknüpfung zwischen übertragender und übernehmender Gesellschaft). Mit dieser Wertverknüpfung werden die stillen Reserven in den übergegangenen Wirtschaftsgütern von der übertragenden auf die übernehmende Kapitalgesellschaft überführt und unterliegen dort bei Realisierung der Besteuerung;

c) bei den Gesellschaftern der übertragenden Kapitalgesellschaft liegt grundsätzlich in der Aufgabe der Anteile an der übertragenden Gesellschaft und dem Erhalt von Anteilen an der neuen Gesellschaft ein Tauschvorgang vor, der nach § 6 Abs. 6 EStG zur Realisierung der in den Anteilen verstrickten stillen Reserven zwingen würde. Dieser Realisierungstatbestand wird jedoch durch das Umwandlungssteuergesetz ausgeschlossen.

1.2 Voraussetzungen für die Erfolgsneutralität

1.2.1 Überblick

Voraussetzungen der Erfolgsneutralität sind u. a.:
- Es wird ein Teilbetrieb abgespalten (§ 15 Abs. 1 UmwStG).
- Keine Veräußerung an außenstehende Personen im Rahmen der Spaltung (§ 15 Abs. 3 S. 2 UmwStG).
- Keine Veräußerung von mehr als 20 % der Anteile von einer an der Spaltung beteiligten Körperschaft innerhalb von 5 Jahren nach Durchführung der Spaltung (§ 15 Abs. 3 S. 3 u. 4 UmwStG).
- Fünfjährige Vorbesitzzeit bei Trennung von Gesellschafterstämmen (§ 15 Abs. 3 S. 5 UmwStG).

1.2.2 Teilbetrieb

Teilbetrieb ist ein mit einer gewissen Selbständigkeit ausgestatteter, organisatorisch geschlossener Teil des Gesamtbetriebs, der für sich allein lebensfähig ist mit allen hierfür funktional notwendigen wesentlichen Betriebsgrundlagen. Die Teilbetriebseigenschaft setzt damit voraus:

- einen organisatorisch geschlossenen Teil eines Gesamtbetriebes,
- der für sich lebensfähig ist und
- schon vor der Spaltung mit einer gewissen Selbständigkeit ausgestattet ist (Indizien hierfür sind örtliche Trennung, Verwendung anderer Betriebsmittel, getrenntes Personal, getrennte Buchführung, getrennte Kostenrechnung, selbständige Preisgestaltung, eigener Kundenstamm etc.).

Als „fiktive" Teilbetriebe gelten nach § 15 Abs. 1 S. 3 UmwStG ein Mitunternehmeranteil (u. a. eine Beteiligung an einer gewerblich tätigen oder gewerblich geprägten Personengesellschaft) oder eine 100 %ige Beteiligung an einer Kapitalgesellschaft.

Bedingung einer steuerlich neutralen Abspaltung aus einer Kapitalgesellschaft ist damit immer, dass bei der übertragenden Gesellschaft mindestens zwei Teilbetriebe oder fiktive Teilbetriebe vorliegen (§ 15 Abs. 1 S. 2 UmwStG). Die für diese Teilbetriebe nicht betriebsnotwendigen Wirtschaftsgüter (sog. neutrales Vermögen) können zur Vermeidung von Ausgleichszahlungen im Rahmen der Aufspaltung und Abspaltung steuerlich unbedenklich den Teilbetrieben frei zugeordnet werden.

In unserem Fall ist das steuerliche Tatbestandsmerkmal des Teilbetriebes erfüllt. Bei der B + B bleibt ein Teilbetrieb (Brauwesen) zurück, ein (echter) Teilbetrieb wird abgespalten, ebenso ein fiktiver Teilbetrieb (100 %-Beteiligung an der A-GmbH).

Keine fiktiven Teilbetriebe dagegen liegen vor, wenn der Mitunternehmeranteil oder die Beteiligung an einer Kapitalgesellschaft innerhalb von drei Jahren vor dem steuerlichen Übertragungsstichtag (Spaltungsstichtag) durch Übertragung von Wirtschaftsgütern erworben oder aufgestockt worden sind, die keinen Teilbetrieb dargestellt haben (§ 15 Abs. 3 S. 1 UmwStG). Diese Regelung soll verhindern, dass einzelne Wirtschaftsgüter, die keine Teilbetriebe sind, durch vorherige Übertragung auf Mitunternehmerschaften/Kapitalgesellschaften steuerneutral vom Vermögen der übertragenden Körperschaft abgespalten werden können (Entwurf eines Gesetzes zur Änderung des Umwandlungssteuergesetzes, Bundestags Drucksache 2/6885 zu § 15 UmwStG). Der Gesetzgeber befürchtete insbesondere vorbereitende Gestaltungen, die eine steuerneutrale Übertragung einzelner Wirtschaftsgüter ermöglichen.

Ein Erwerb oder eine Aufstockung liegt nur vor, wenn die Gegenleistung in Gesellschaftsrechten oder in Beteiligungsrechten besteht, die sich im Kapitalkonto bei der Mitunternehmerschaft widerspiegeln. Der entgeltliche Erwerb von Mitunternehmeranteilen und von 100 %igen Beteiligungen an Kapitalgesellschaften ist von der Vorschrift ebenso nicht erfasst wie der unentgeltliche Erwerb der Mitunternehmerschaft bzw. der 100 %igen Beteiligung an einer Kapitalgesellschaft (sei es durch Schenkung, sei es durch Erbfall).

Weder ein Erwerb noch eine Aufstockung liegt ferner vor, wenn die übertragende Körperschaft einzelne Wirtschaftsgüter durch eine verdeckte Einlage (also ohne Gewährung von Gesellschaftsrechten) in eine Kapitalgesellschaft überführt. Auch dieses steuerschädliche Tatbestandsmerkmal lässt sich in unserem Fall vermeiden.

1.3 Keine Veräußerungen an außenstehende Personen im Rahmen des Vollzugs der Spaltung (§ 15 Abs. 3 S. 2 UmwStG)

Diese Bedingung hat nach h. M. keinen eigenständigen Anwendungsbereich, da ein Vollzug der Veräußerung durch eine Spaltung an außenstehende Personen zivilrechtlich nicht eintreten kann. Sowohl bei der Aufspaltung als auch bei der Abspaltung, sei es zur Neugründung, sei es zur Aufnahme, sind an der neuen bzw. an der aufnehmenden Gesellschaft immer nur Personen beteiligt, die Gesellschafter der Ursprungsgesellschaft waren. Dies gilt auch für den Fall der nicht verhältniswahrenden Spaltung. Auch hier kommt es nicht zu einer Veräußerung an außenstehende Personen.

V kann somit in Beispiel 1 im Rahmen der Abspaltung des Teilbetriebes „Nahrungsmittel" bzw. des fiktiven Teilbetriebes „Beteiligung an der A-GmbH" seine Söhne nicht an den drei Gesellschaften beteiligen, er muss die Beteiligungen schenken!

Keine Veräußerung an Außenstehende ist die Spaltung auf einen bestehenden Rechtsträger, wenn an diesem Gesellschafter beteiligt sind, die nicht Gesellschafter der übertragenden Gesellschaft sind.

Erfolgt innerhalb von 5 Jahren nach einer Spaltung eine Kapitalerhöhung beim übernehmenden Rechtsträger und die Übernahme neuer Geschäftsanteile durch Außenstehende, so soll dies nur dann steuerschädlich sein, wenn kein angemessenes Aufgeld bezahlt wird und innerhalb von fünf Jahren die dem Rechtsträger über die Kapitalerhöhung zugeführten Mittel an Gesellschafter ausgezahlt werden.

1.4 Keine Schaffung der Voraussetzungen für eine Veräußerung (§ 15 Abs. 3 S. 3 u. 4 UmwStG)

§ 15 Abs. 3 S. 3 UmwStG bestimmt, dass die abgespaltenen Wirtschaftsgüter in der Schlussbilanz des übertragenden Rechtsträgers nicht mit den Buchwerten angesetzt werden dürfen, wenn durch die Spaltung die Voraussetzungen für eine Veräußerung geschaffen werden. Hiervon ist auszugehen, wenn innerhalb von fünf Jahren nach dem steuerlichen Übertragungsstichtag Anteile an einer an der Spaltung beteiligten Körperschaft, die mehr als 20 % der vor Wirksamwerden der Spaltung an der Körperschaft bestehenden Anteile ausmachen, veräußert werden (§ 15 Abs. 3 S. 4 UmwStG).

Sinn dieser Haltefrist ist es, die Umgehung der Besteuerung einer Teilbetriebsveräußerung durch die übertragende Körperschaft mittels steuerneutraler Spaltung und anschließender Veräußerung der Anteile an einer beteiligten Körperschaft zu verhindern.

Streitig ist, ob die Vermutung in § 15 Abs. 3 S. 4 („davon ist auszugehen, wenn ...") eine widerlegbare Vermutung oder eine unwiderlegbare Fiktion darstellt. Mit der herrschenden Meinung ist von einer unwiderlegbaren Fiktion auszugehen.

Anteile an einer an der Spaltung beteiligten Körperschaft in diesem Sinn sind sowohl Anteile an der übernehmenden Körperschaft wie auch Anteile an der übertragenden Körperschaft. Jedoch ist eine einschränkende Auslegung bei Auf- und Abspaltungen zur Aufnahme (also auf einen bestehenden Rechtsträger) geboten.

Von der Haltefrist betroffene Anteile sind bei Spaltungen zur Aufnahme neben den Anteilen am übertragenden Rechtsträger nur die den Anteilsinhabern des übertragenden Rechtsträgers gewährten (neuen) Anteile an den übernehmenden Rechtsträgern. Unschädlich ist also die Veräußerung von Anteilen an den übernehmenden Körperschaften durch Anteilsinhaber, die nicht an der übertragenden Körperschaft beteiligt waren.

Eine weitere Ausnahme soll gelten, wenn die Veräußerung des Teilbetriebs durch die übertragende Körperschaft steuerfrei möglich gewesen wäre. Dies kann bei 100 %igen Beteiligungen an Kapitalgesellschaften nach § 8 b Abs. 2 KStG möglich sein. Wird ein derartiger fiktiver Teilbetrieb durch eine Auf- oder Abspaltung ohne einen weiteren Teilbetrieb übertragen und werden anschließend die Anteile an der Körperschaft veräußert, auf die die 100 %ige Beteiligung an der Kapitalgesellschaft übertragen worden ist, liegt ein schädlicher Veräußerungsvorgang nicht vor. Denn anderenfalls würde die mittelbare Veräußerung strenger besteuert als die unmittelbare Veräußerung der 100 %igen Beteiligung durch die übertragende Körperschaft. Da dies nicht gerechtfertigt wäre, ist eine teleologische Reduktion von § 15 Abs. 3 S. 3 u. 4 UmwStG erforderlich.

Veräußerung ist der Übergang des wirtschaftlichen Eigentums. Der Abschluss eines schuldrechtlichen Vertrages allein ist nicht ausreichend. Die Vereinbarung einer Call-Option (der Veräußerer gibt gegenüber dem Erwerber ein Angebot zum Erwerb von Anteilen ab) ist ebenso wenig eine Veräußerung wie die wechselseitige Vereinbarung von Put- und Call-Optionen, sofern nicht Umstände hinzutreten, die einen Erwerb zwingend machen.

Bei der Ermittlung der Bagatellgrenze von 20 % wird als Vergleichsmaßstab auf den Wert der gesamten Anteile an der übertragenden Körperschaft vor der Spaltung abgestellt.

Beispiel 2:

Die A-GmbH mit zwei wertgleichen Teilbetrieben wird auf die jeweils neu gegründete B-GmbH und C-GmbH aufgespalten. Die Anteile an der B-GmbH und an der C-GmbH repräsentieren jeweils 50 % des Wertes der gesamten Anteile an der A-GmbH vor der Spaltung. Demzufolge wird die schädliche Quote von 20 % überschritten, wenn innerhalb von fünf Jahren mehr als 40 % der Anteile an der B-GmbH oder an der C-GmbH oder beispielsweise 30 % der Anteile an der B-GmbH und mehr als 10 % der Anteile an der C-GmbH veräußert werden.

Maßgeblich ist der Verkehrswert der Anteile an der übertragenden Körperschaft zum steuerlichen Übertragungsstichtag. Spätere Wertveränderungen bleiben unberücksichtigt.

Nur Veräußerungen an „außenstehende Personen" stellen eine Veräußerung gem. § 15 Abs. 3 S. 3 u. 4 UmwStG dar, d. h. an Personen, die vor der Spaltung nicht Gesellschafter des übertragenden Rechtsträgers waren.

Unentgeltliche Anteilsübertragungen stellen ebenfalls keinen Veräußerungstatbestand i. S. v. § 15 Abs. 3 S. 2 u. 3 UmwStG dar.

In unserem Beispielsfall 1) kann V daher die Beteiligungen an den drei Gesellschaften ohne Einhaltung einer Haltefrist im Wege der vorweggenommenen Erbfolge auf seine drei Söhne übertragen. Er muss allerdings die Einhaltung der Haltefrist durch seine drei Söhne absichern.

Erfolgt eine schädliche Veräußerung innerhalb der fünfjährigen Haltefrist, entfällt rückwirkend das Ansatz- und Bewertungswahlrecht, und alle übergegangenen echten oder fiktiven Teilbetriebe sind in der steuerlichen Schlussbilanz der übertragenden Körperschaft mit dem Wert der Gegenleistung anzusetzen (in der Regel würde dies der Teilwert sein). Hiervon ist das bei einer Abspaltung bei der übertragenden Körperschaft verbliebene Vermögen jedoch nicht betroffen.

1.5 5-jährige Vorbesitzzeit bei Trennung von Gesellschafterstämmen

Weitere Voraussetzung für die Inanspruchnahme der steuerlichen Vergünstigungen nach dem Umwandlungssteuergesetz im Falle einer Spaltung (Ansatz des übertragenen Betriebsvermögens mit den steuerlichen Buchwerten) ist bei der Trennung von Gesellschafterstämmen, dass die Beteiligungen an der übertragenden Gesellschaft mindestens fünf Jahre vor dem steuerlichen Übertragungsstichtag ohne entgeltliche Veränderung der Beteiligungsquote bestanden haben (fünfjährige Vorbesitzzeit, § 5 Abs. 3 S. 5 UmwStG).

Es stellt sich zunächst die Frage, was unter „Gesellschafterstämmen" zu verstehen ist. Anders als im normalen Sprachgebrauch setzt der Begriff des Gesellschafterstammes nicht voraus, dass alle Stammesmitglieder einer Familie angehören oder dass alle Gesellschafter von einem Gesellschafter abstammen. Der Begriff des Stammes ist somit nicht identisch mit dem des Familienstammes. Stimmbindungs- und Poolverträge oder Vorkaufsrechte und Anbietungspflichten unter den Gesellschaftern sind ein Indiz für das Vorliegen eines Gesellschafterstammes. Es genügt jedoch ein subjektives Zusammengehörigkeitsgefühl bzw. der Wille, als Gesellschafter auch künftig gemeinsame Zwecke zu verfolgen.

Gesetzlich auch nicht definiert ist, was unter Trennung von Gesellschafterstämmen zu verstehen ist. Vom Wortlaut her kann von einer Trennung nur dann gesprochen werden, wenn eine vollständige Entflechtung der Gesellschafterstämme durch die Spaltung vollzogen wird, d.h. Gesellschafter der übertragenden Gesellschaft nach Durchführung der Spaltung zumindest an einer der übernehmenden Gesellschaften überhaupt nicht mehr beteiligt sind. Nach einer anderen Auffassung soll eine derartige Trennung bereits dann vorliegen, wenn Gesellschafterstämme an der jeweils anderen Nachfolgegesellschaft zwar noch zu einem geringen Prozentsatz beteiligt sind, dabei aber keine nennenswerten eigenen Mitwirkungs- und Widerspruchsrechte entfalten können.

Hinsichtlich der Fünfjahresfrist gilt, dass die Beteiligungen an der übertragenden Körperschaft mindestens fünf Jahre vor dem steuerlichen Übertragungsstichtag bestanden haben müssen. Fraglich ist, ob auf die Beteiligung des Gesellschafterstammes an der übertragenden Gesellschaft oder auf den einzelnen Gesellschafter abzustellen ist. Erwirbt ein Mitglied eines Gesellschafterstammes Anteile an der übertragenden Körperschaft während der Fünfjahresfrist hinzu, gilt Folgendes:

Ein entgeltlicher Anteilserwerb innerhalb des Stammes ist steuerrechtlich unschädlich. Einem neu in den Stamm eintretender Gesellschafter, der die Gesellschaftsanteile entgeltlich von einem Mitglied des Stammes erwirbt und zugleich Mitglied desselben Stammes wird, wird die Vorbesitzzeit nach Auffassung der Finanzverwaltung nicht angerechnet (a. A. Teile der Literatur). Eine Ausnahme gilt nach Auffassung der Finanzverwaltung nur dann, wenn die Kapitalgesellschaft aus der Umwandlung einer Personengesellschaft hervorgegangen ist.

Wird ein Gesellschaftsanteil der übertragenden Kapitalgesellschaft innerhalb von fünf Jahren vor der Spaltung unentgeltlich erworben, ist dem Erwerber die Beteiligung des Vorbesitzers zuzurechnen (streitig).

Für unseren Beispielsfall 1) bedeutet dies:

Würde V zu Lebzeiten weder eine Spaltung durchführen noch seine Söhne an der B + B beteiligen, würden „Stämme" erst mit dem Erwerb einer Beteiligung an der B + B durch die drei Söhne mit dem Tod des Vaters begründet. Würden die Söhne die beiden Teilbetriebe zur Trennung ihrer Familienstämme nach dem Tod des V abspalten wollen, müssten sie fünf Jahre warten! Folglich sollte die Spaltung bereits zu Lebzeiten erfolgen

2. Erwerber ist eine Personengesellschaft

Die Auswirkungen auf der Ebene der übertragenden Kapitalgesellschaft, auf der Ebene der übernehmenden Personengesellschaft und der Ebene der Gesellschafter können in der hier gebotenen Kürze nicht dargestellt werden. Daher nur Folgendes:

Die übertragende Kapitalgesellschaft hat das Wahlrecht, die zu übertragenden Wirtschaftsgüter mit dem Buchwert, dem Teilwert oder mit einem Zwischenwert anzusetzen (§ 16 i. V. m. § 3 UmwStG). Wird nicht der Buchwert gewählt, entsteht ein „Übertragungsgewinn", der sowohl der Körperschaftsteuer als auch der Gewerbesteuer (§ 18 Abs. 1 UmwStG) unterliegt. Ein Verlustvortrag der übertragenden Kapitalgesellschaft vermindert sich in dem Verhältnis, in dem das Vermögen auf die Personengesellschaft übergeht (§ 16 S. 2 UmwStG).

Die Anschaffungskosten der Beteiligung an der übertragenden Kapitalgesellschaft werden aufgeteilt in den Teil, der auf die verbleibende Beteiligung an der übertragenden Kapitalgesellschaft und in den Teil, der auf die neue Beteiligung an der Personengesellschaft entfällt. Sind die Anschaffungskosten der Anteile an der Personengesellschaft höher als die anteiligen Buchwerte, entsteht beim Gesellschafter ein „Übernahmeverlust", anderenfalls ein „Übernahmegewinn". Übernahmeverluste sind steuerlich unbeachtlich (§ 4 Abs. 6 UmwStG).

Spaltungen werfen zahlreiche gesellschaftsrechtliche, zivilrechtliche, arbeitsrechtliche und steuerrechtliche Probleme auf. Viele Rechtfragen sind zwischen der Finanzverwaltung einerseits und Literatur andererseits umstritten. Es ist daher ratsam, sich der Sachkunde erfahrener Berater zu bedienen.

Weiterführende Literatur:

Blumers, Die Teilbetriebe des Umwandlungssteuerrechtes, in: Der Betrieb 2001, S. 722 ff.

Fey/Neyer, Veränderungssperre für Konzernstrukturen nach steuerneutraler Spaltung?, in: GmbH-Rundschau 1999, S. 274 ff.

Haritz/Wagner, Steuerneutralität bei nicht-verhältniswahrender Abspaltung, in: Deutsches Steuerrecht 1997, S. 181 ff.

Haritz/Wisniewski, Abspaltung von Kapitalgesellschaften – Entschärfung der Missbrauchsvorschriften in § 15 Abs. 3 UmwStG, in: Finanzrundschau 2003, S. 549 ff.

Herzig/Förster, Problembereiche bei der Auf- und Abspaltung von Kapitalgesellschaften nach neuem Umwandlungsteuerrecht, in: Der Betrieb 1995, S. 338 ff.

Momen, Veräußerung durch Spaltung, Die Missbrauchsklausel des § 15 Abs. 3 S. 2 UmwStG auf dem Prüfstand, in: Deutsches Steuerrecht 1997, S. 181 ff.

Strobel/Haarmann, Der Teilbetrieb der Fusionsrichtlinie und seine Umsetzung im deutschen Recht, in: Festschrift Widmann, S. 552 ff.

Thiel, Die Spaltung (Teilverschmelzung) im Umwandlungsgesetz und im Umwandlungsteuergesetz – neue Möglichkeiten zur erfolgsneutralen Umstrukturierung von Kapitalgesellschaften, in: Deutsches Steuerrecht 1995, S. 237 ff., S. 276 ff.

Tiedtke/Wälzholz, Neue Kriterien für die Bestimmung des Teilbetriebsbegriffs, in: Deutsche Steuerzeitung 2000, S. 127 ff.

Walpert, Zur Steuerneutralität der nicht-verhältniswahrenden Abspaltung von einer Körperschaft auf Kapitalgesellschaften, in: Deutsches Steuerrecht 1998, S. 361 ff.

Steuerlich relevante Aspekte eines MBO

Peter Schimpfky

Inhalt:

	Seite
1. Vorbemerkung	411
2. Steuerliche Rahmenbedingungen eines MBO	412
2.1 Steuerliche Zielsetzungen	412
2.2 MBO im Umfeld des Halbeinkünfteverfahrens	413
3. Steuerliche Aspekte einer MBO Finanzierung	414
3.1 Erwerb einer Zielkapitalgesellschaft (Share-Deal)	414
3.2 Erwerb einer Zielpersonengesellschaft (Asset-Deal)	417
4. Tax Due Diligence im Rahmen der Kaufpreisverhandlungen	418
5. Steuerliche Gestaltungsmöglichkeiten eines MBO (Veräußerer)	419
5.1 Step-Up auf Veräußererseite	419
5.2 Umwandlungs-/ bzw. Holding-Modell auf Veräußererseite	420
6. Schlussbemerkung	422

1. Vorbemerkung

Die zunehmende Bedeutung eines Management Buy-Out bzw. Management Buy-In (im Folgenden MBO) im Rahmen der Unternehmensnachfolgeplanung ist hinlänglich bekannt[1]. Die Entscheidung für einen MBO und dessen Realisierbarkeit hängt maßgeblich von der Qualifikation und Befähigung des vorhandenen Managements sowie der Finanzierbarkeit der Transaktion für die Erwerber ab. Anzutreffen sind Übertragungen auf eigenes und/oder fremdes Management sowie Teilanteilsübertragungen. Von einem MBO bzw. MBI spricht man jedoch erst bei der Übertragung einer Mehrheitsbeteiligung auf das Management[2]. Teilanteilsübertragungen von Mitunternehmeranteilen sind in der Fassung des UntStFG[3] weder einkommensteuerlich noch gewerbesteuerlich begünstigt[4], wodurch sie im Rahmen einer MBO-Transaktion an Bedeutung verloren haben dürften.

Für eine MBO-Transaktion gelten die steuerlichen Grundsätze eines Unternehmensverkaufs. Der nachfolgende Beitrag setzt daher auf den Ausführungen von Prof. Dr. Meyer – Scharenberg in diesem Buch auf. Schwerpunkt der folgenden Ausführungen bilden die im Rahmen eines MBO bedeutsamen Finanzierungsfragen

---

[1] Vgl. *Klein-Benkert*, in: Zeitschrift für Erbrecht und Vermögensnachfolge 2001, S. 329; Koblenzer, in: Zeitschrift für Erbrecht und Vermögensnachfolge 2002, S. 350.
[2] Vgl. *Koblenzer*, Management Buy-Out und Management Buy-In als Instrumente der Unternehmensnachfolgeplanung, in: Zeitschrift für Erbrecht und Vermögensnachfolge, S. 351.
[3] § 16 EStG i. d. F. des UntStFG v. 20. 12. 2001, BGBL. I S. 3858.
[4] Vgl. *Rödder/Hötzel/Mueller-Thuns*, Unternehmenskauf Unternehmensverkauf, S. 524.

sowie Möglichkeiten steuerorientierter Gestaltungen auf Erwerber- und Veräußererseite.

2. Steuerliche Rahmenbedingungen eines MBO
2.1 Steuerliche Zielsetzungen

Wie bei jedem Unternehmenskauf sind auch bei einem MBO die steuerlichen Konsequenzen sowohl auf Veräußerer- als auch auf Erwerberseite zu berücksichtigen. Zentrales Ziel eines jeden Unternehmenskaufs ist eine Transaktion, die die steuerlichen Belange beider Parteien berücksichtigt, da sich Nachteile einer Partei andernfalls in einem Kaufpreisabschlag/-Zuschlag wieder finden. Beide Parteien ermitteln auf der Grundlage ihrer Ertragswertvorstellungen des Unternehmens den Grenzpreis für die Transaktion, der wiederum durch Steuerbelastungen (Veräußererseite) und potentielle Entlastungen (Erwerberseite) entscheidend beeinflusst wird[5]. Wegen des zeitlichen Auseinanderfallens der Steuerfolgen beider Parteien sind Zinseffekte zu berücksichtigen und im Rahmen der Transaktion zu bewerten.

Ein MBO hat regelmäßig einen hohen Finanzierungsaufwand auf Erwerberseite zur Folge, da das Management regelmäßig nicht über die zur Finanzierung des Kaufpreises notwendigen Eigenmittel verfügt. Daher ist Grundvoraussetzung eines MBO die Realisierung eines nachhaltig hohen Cashflows (nach Investitionen, Rückstellungen und Steuern), um den erforderlichen Zins- und Tilgungsdienst der Erwerber sicherzustellen. Damit kommt der zukünftigen Ertragsteuerentlastung durch die Abschreibung des Kaufpreises sowie der steuerlichen Abzugsfähigkeit des Zinsaufwands eine hohe Bedeutung zu.

Auf Erwerberseite sind damit die beiden wesentlichen steuerlichen Zielsetzungen bereits genannt:
- hoher Abschreibungsgrad des Unternehmenskaufpreises und
- steuerliche Abzugsfähigkeit der Finanzierungskosten.

Weitere Ziele auf Erwerberseite sind:
- Minimierung bzw. Ausschluss latenter Steuerrisiken der Vergangenheit,
- Verwertung vorhandener steuerlicher Verlustvorträge,
- Inanspruchnahme öffentlicher Zuschuss- und Fördermittel,
- Vermeidung einmaligen Anfalls von Besitz- und Verkehrssteuern (GrESt, USt, ErbSt).

Die steuerliche Zielsetzung auf Veräußererseite kann auf das zentrale Ziel der Minimierung einer Veräußerungsgewinnsteuer reduziert werden.

Im Idealfall erfolgt der Erwerb eines ganzen Betriebs bzw. der Erwerb sämtlicher Mitunternehmeranteile (Asset-Deal), da in dieser Transaktionsform im Regelfall die steuerlichen Interessen beider Parteien Berücksichtigung finden. Erfüllt der Veräußerer die Voraussetzungen des § 16 Abs. 1 Nr. 1-3 EStG i. V. m. § 34 Abs. 3 EStG, unterliegt der Veräußerungsgewinn nur der hälftigen Einkommensbesteuerung ohne zusätzlicher Gewerbesteuerbelastung.

---

[5] Vgl. *Rogall*, Steuerliche Einflussfaktoren beim Kapitalgesellschaftskauf, in: Deutsches Steuerrecht 2003, S. 750.

Die Erwerber können im Kaufpreis enthaltene stille Reserven mit steuerlicher Wirkung abschreiben und ihre Finanzierungskosten im Regelfall vollumfänglich berücksichtigen.

2.2 MBO im Umfeld des Halbeinkünfteverfahrens

Im Anwendungsbereich des Halbeinkünfteverfahrens sind die bisher im Anschluss an einen Anteilskauf auf Erwerberseite praktizierten Modelle (insb. Umwandlungs-Kombinationsmodell) mit steuerlicher Wirkung nicht mehr durchführbar. Die im Kombinationsmodell im Anschluss an einen internen Asset-Deal durchgeführte Teilwertabschreibung auf die Beteiligung an der Zielgesellschaft zur Kompensation der Steuer aus der Aufdeckung der stillen Reserven kann mit steuerlicher Wirkung nicht mehr geltend gemacht werden (§ 8b Abs. 3 KStG, § 3c Abs. 2 EStG). Auch das Umwandlungsmodell, bei dem auf Erwerberseite eine anschließende Umwandlung in eine Personengesellschaft stattgefunden hat, führt nicht mehr zu der gewünschten Transformation in steuerwirksames Abschreibungspotential, nachdem ein Übernahmeverlust künftig außer Ansatz bleibt (§ 4 Abs. 6 UmwStG).

Sofern auf Erwerberseite jedoch ein abschreibungsbedingtes Interesse an einer anschließenden Transformation der Vermögenswerte in abschreibungsfähige Wirtschaftsgüter besteht, wird ein rational handelnder Erwerber auf Grund der im neuen Recht zwingenden Versteuerung der stillen Reserven diesen Umstand durch einen steuerbedingten Kaufpreisabschlag berücksichtigen[6], sofern ihm dies auf Grund seiner Position im Rahmen der Kaufpreisverhandlungen gelingt. Bei einem MBO könnte die Durchführung eines Kaufpreisabschlages gegenüber dem Veräußerer realisierbar sein, zumal der Erfolg der Transaktion entscheidend von der Finanzierbarkeit des Kaufpreises abhängt, wofür wiederum ein hoher abschreibungsbedingter Cashflow erforderlich ist.

Damit ist zwangsläufig eine Verschiebung der steuerlichen Gestaltungsansätze von der Erwerber- auf die Veräußererseite verbunden. Während die bisherigen Modelle in zeitlicher Nähe zum Unternehmenskauf auf Erwerberseite erfolgt sind, muss der Veräußerer in der neuen Rechtslage versuchen, durch rechtzeitige Gestaltungen im Vorfeld einer Transaktion die Voraussetzungen eines abschreibungsfähigen Asset-Deals (§§ 16, 34 EStG) oder eines steuerfreien Anteilsverkaufs (§ 8b Abs. 2 KStG) zu schaffen, wofür regelmäßig ein zeitlicher Vorlauf von 5 (Asset-Deal) bzw. 7 Jahren (steuerfreier Share-Deal) erforderlich ist. Damit beschränken sich die steuerlichen Gestaltungsmaßnahmen auf Erwerberseite im Wesentlichen auf eine steuerliche Optimierung der Finanzierungskosten.

Die möglichen Abschreibungseffekte im Rahmen eines mitunternehmerischen Unternehmenskaufs sind bereits hinreichend dargestellt[7]. Für die Wahl zwischen einem Asset- oder einem Share-Deal müssen die anteilig im Kaufpreis erworbenen Wirtschaftsgüter aus steuerlicher Sicht unter zweierlei Gesichtspunkten geprüft wer-

---

[6] Vgl. *Maiterth/Müller*, Anmerkungen zu den Auswirkungen des neuen Steuerrechts auf Unternehmenskaufmodelle aus steuerrechtlicher Sicht, in: Betriebs-Berater 2002, S. 600.
[7] Vgl. den Beitrag von Meyer-Scharenberg.

den. Zum einen bestimmt der Abschreibungsgrad der Wirtschaftsgüter den steuermindernden Cashflow-Effekt. Ferner sind mittelbare Auswirkungen auf die Abzugsfähigkeit der Finanzierungskosten zu berücksichtigen, sofern in Folge der aufgestockten Abschreibungen beispielsweise schädliche Überentnahmen entstehen (§ 4 Abs. 4a EStG). Falls die Gewährung öffentlicher Investitionszuschüsse in Betracht kommen sollte, sind die Fördervoraussetzungen zu berücksichtigen, die häufig nur Unternehmenstransaktionen im Rahmen eines Asset-Deals begünstigen. Darüber hinaus sind immaterielle Wirtschaftsgüter von der Förderung im Regelfall ausgenommen, sofern es sich um Geschäfts- oder Firmenwerte handelt.

3. Steuerliche Aspekte einer MBO Finanzierung

Die Ausgestaltung der Finanzierung in Form von Eigen- oder Fremdkapital im Rahmen eines MBO bleibt den Beteiligten überlassen. Dies ist eine Folge der vom BFH zu verschiedensten Anlässen zum Ausdruck gebrachten Rechtsprechung[8].

Das Wahlrecht wird jedoch im Rahmen eines MBO faktisch durch nicht verfügbares Eigenkapital der Erwerber eingeschränkt, wodurch die Gestaltungsfragen im Zusammenhang mit einer Fremdfinanzierung im Vordergrund stehen.

Seit Einführung des Halbeinkünfteverfahrens ergeben sich differenzierte steuerliche Wirkungsgrade einer Gesellschafterfinanzierung, die durch die gesetzlichen Neuregelungen zum Jahreswechsel 2003/2004[9] ergänzt wurden.

Die steuerliche Abzugsfähigkeit der Finanzierungskosten hängt einmal von der Person des Finanzierenden ab (natürliche Person/Kapitalgesellschaft) und daneben vom Akquisitionsobjekt im Rahmen einer MBO Finanzierung.

Die Möglichkeiten einer MBO Finanzierung werden anhand der folgenden Übersichten differenziert nach der jeweiligen Rechtsform der Zielgesellschaft erläutert.

3.1 Erwerb einer Zielkapitalgesellschaft (Share-Deal)

3.1.1 Finanzierung auf Ebene des Managements

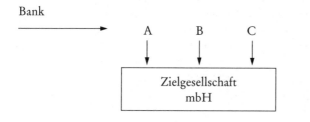

---

[8] Vgl. z. B. BFH vom 05. 02. 1992, in: BStBl II 1992, S. 532.
[9] § 8a KStG § 8b Abs. 5 KStG i. d. F. Gesetz zur Umsetzung der Protokollerklärung der Bundesregierung zur Vermittlungsempfehlung zum StVergAbG v. 22. 12. 2003, BGBL 2003, I S. 2840.

Finanzierungskosten im Zusammenhang mit dem Erwerb eines Anteils an einer Kapitalgesellschaft durch eine natürliche Person unterliegen den Abzugsbeschränkungen des § 3c Abs. 2 EStG i. V. m. § 3 Nr. 40 Buchst. d EStG. Der steuerliche Abzug reduziert sich auf 50 %, da korrespondierend auch die Einnahmen aus Dividenden und Veräußerungsgewinnen nur hälftig der Einkommensteuer unterworfen werden.

Der Grundfall des fremdfinanzierten Beteiligungserwerbs durch das Management führt damit auf Grund der Systematik des Halbeinkünfteverfahrens zur Halbierung des steuerlichen Abzugs der Finanzierungskosten.

3.1.2 Finanzierung über zwischengeschaltete Akquisitions-GmbH

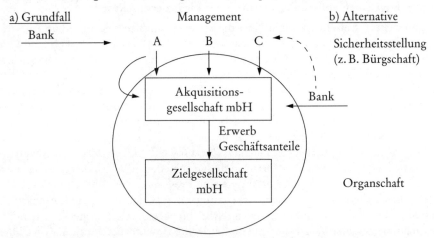

Vorliegend ist die Refinanzierung nicht zum Erwerb der Geschäftsanteile bestimmt. Vielmehr wurde eine Akquisitions-GmbH mit geringem Eigenkapital errichtet, welche die Anteile an der Zielgesellschaft erwirbt. Die Akquisitions-GmbH erhält nunmehr vom Management verzinsliche Darlehen zum Erwerb der Zielgesellschaft, wodurch ein unbeschränkter Abzug der Finanzierungskosten auf Grund des Zusammenhangs der Ausgaben mit Einnahmen im Sinne § 20 Abs. 1 Nr. 7 EStG[10] gesichert wird.

Der Erfolg der Gestaltung setzt einmal voraus, dass auf Gesellschafterebene eine Überschusserzielungsabsicht besteht, was durch einen geringen Zinsaufschlag auf den Refinanzierungszins erreicht werden kann. Ferner war bis zur Neufassung des § 8b Abs. 5 KStG ein Abzug der Finanzierungskosten auf Ebene der Akquisitions-GmbH wegen der Anwendung des § 3c Abs. 1 EStG bis zur Höhe der bezogenen steuerfreien Dividenden im betreffenden Veranlagungsjahr ausgeschlossen.

Künftig gilt wegen der EU-rechtlich geforderten Gleichbehandlung mit Auslandsbeteiligungen nunmehr auch auf Inlandsbeteiligungen ein pauschales

---

[10] Vgl. *Hoffmann,* MBO – Akquisitionsfinanzierung im Halbeinkünfteverfahren, in: GmbH-Steuerberater 2003, S. 95.

Betriebsausgabenabzugsverbot von 5 % gemäß § 8b Abs. 5 KStG, was einen erheblichen Vorteil gegenüber der bisherigen Rechtslage darstellt[11].

Da vorliegend die Akquisitions-GmbH jedoch keine weitere Funktion als die des Beteiligungserwerbs innehat, laufen die dem Grunde nach steuerlich abzugsfähigen Betriebsausgaben ins Leere, zumal die Akquisitionsgesellschaft ausschließlich steuerfreie Beteiligungserträge gemäß § 8b KStG erzielt. Die Konzeption erfordert daher den Abschluss eines Ergebnis- und Gewinnabführungsvertrags zwischen der Akquisitions-GmbH und der Zielgesellschaft, um eine steuerliche Konsolidierung der Ergebnisse der Zielgesellschaft mit dem Zinsaufwand der Akquisitionsgesellschaft zu erreichen. Da in Organschaftsfällen die Neuregelung des § 8b Abs. 5 KStG regelmäßig nicht greift, ermöglicht der Abschluss eines Ergebnis- und Gewinnabführungsvertrags einen vollständigen Abzug der Finanzierungskosten.

Eine weitere Einschränkung erfährt die Finanzierungsfreiheit durch die Ausweitungen der Regelungen für Gesellschafter-Fremdfinanzierungen auf Inlandsfälle nach der Neufassung des § 8a KStG i. d. F. des Korb II-Gesetzes[12]. Betroffen sind, wie im vorstehenden Fall, langfristige verzinsliche Darlehensgewährungen durch Gesellschafter an ihre Kapitalgesellschaft, sofern keine ausreichende Eigenkapitalausstattung der Gesellschaft vorliegt. Übersteigt demnach zu irgendeinem Zeitpunkt das von den Gesellschaftern an die Gesellschaft verzinslich ausgereichte Fremdkapital das 1,5 fache des Eigenkapitals („safe haven"), ist der anteilig auf den überschreitenden Finanzierungsbetrag entfallende Zinsaufwand als verdeckte Gewinnausschüttung zu qualifizieren. Auf Drängen der verschiedenen Verbände gelang es noch im Rahmen des Gesetzgebungsverfahrens eine Freigrenze von jährlich € 250.000,00 unschädlicher Darlehensverzinsung durchzusetzen, was sicherlich eine Entschärfung darstellt. Bei Überschreiten der Feigrenze hingegen erfolgt eine vollständige Umqualifizierung der Verzinsung in eine verdeckte Gewinnausschüttung, soweit der „safe haven" überschritten ist.

Als unmittelbare Rechtsfolge ergibt sich eine Umqualifizierung der Einkünfte auf Ebene des Anteilseigners von bislang voll steuerpflichtigen Zinseinnahmen (§ 20 Abs. 1 Nr. 7 EStG) in Dividenden nach dem Halbeinkünfteverfahren gemäß § 3 Nr. 40d i. V. mit § 20 Abs. 1 Nr. 1 EStG.

Dieser zunächst positive Effekt wird durch eine korrespondierend anteilige Kürzung des Refinanzierungsaufwands beim Gesellschafter kompensiert (§ 3 c Abs. 2 EStG i. V. mit § 3 Nr. 40 EStG).

Auf Gesellschaftsebene erfolgt eine Hinzurechnung zum körperschafts- und gewerbesteuerpflichtigen Einkommen. Nach der Streichung der Kürzungsvorschrift des § 9 Nr. 10 GewStG unterliegt die Hinzurechnung künftig auch in vollem Umfang der Gewerbesteuer.

---

[11] Vgl. *Rödder/Schumacher*, Erster Überblick über die geplanten Steuerverschärfungen und – Entlastungen für Unternehmen zum Jahreswechsel 2003/2004, in: Deutsches Steuerrecht 2003, S. 1725 f.
[12] Gesetz zur Umsetzung der Protokollerklärung der Bundesregierung zur Vermittlungsempfehlung zum StVergAbG v. 22. 12. 2003, BGBL I 2003, S. 2840.

Durch eine Aufnahme der Finanzierung über die Akquisitionsgesellschaft mit einer entsprechenden Sicherheitenstellung der Gesellschafter (Alternative zum Grundfall) lassen sich die Rechtsfolgen des § 8a KStG nicht vermeiden. Betroffen sind nicht nur unmittelbare Gesellschafterfinanzierungen, sondern auch echte Drittfinanzierungen über Banken, sofern der Gesellschafter im Rahmen von Bürgschaften oder sonstigen Sicherungsleistungen für die Rückzahlung der Darlehen haftet[13]. In diesen Fällen stellt sich das Problem der Doppelerfassung, da auf Ebene des Anteilseigners bislang keine Zinseinnahmen erfasst wurden und auf Grund der Umqualifizierung eine Zurechnung fiktiver Einnahmen erfolgt, die bereits bei dem Dritten (Bank) steuerlich erfasst werden. Diese drohende Doppelbesteuerung könnte nur durch den Ansatz von fiktiven Aufwendungen beim Anteilseigner gelöst werden[14], was der gegenwärtige Gesetzeswortlaut jedoch nicht vorsieht.

Der Erfolg der dargestellten MBO Finanzierung über eine Akquisitionsgesellschaft hängt daher maßgeblich vom Transaktionsumfang und dem erforderlichen Finanzierungsvolumen ab. Sofern eine Finanzierung außerhalb der Rechtsfolgen des § 8a KStG gelingt, ist der dargestellte Weg möglich und führt zu einem höchstmöglichen Abzug der Finanzierungskosten auf Ebene der Akquisitionsgesellschaft in Höhe von 95 % (§ 8b Abs. 5 KStG) bzw. 100 % (Organschaft).

3.2 Erwerb einer Zielpersonengesellschaft (Asset-Deal)

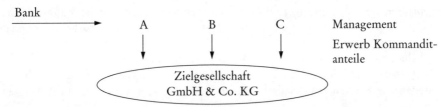

Probleme mit der steuerlichen Abzugsfähigkeit von Finanzierungskosten stellen sich im Rahmen des Erwerbs eines Personenunternehmens regelmäßig nicht. Hier ist dem Grunde nach ein vollumfänglicher Abzug der Finanzierungskosten auf Gesellschafterebene im Zusammenhang mit dem Erwerb eines Personenunternehmens gewährleistet. Die Zinsaufwendungen stellen regelmäßig Betriebsausgaben bzw. Sonderbetriebsausgaben dar und werden ungekürzt zum Abzug zugelassen.

Dies gilt auch im Rahmen einer Kommanditanteilsfinanzierung ungeachtet eines evt. entstehenden negativen Kapitalkontos, da Sonderbetriebsaufwand vom Anwendungsbereich des § 15 a EStG ausgenommen ist[15]. Einschränkungen der steuerlichen Wirkung der Finanzierungskosten können sich lediglich durch definitive Gewerbesteuerbelastungen auf Grund eventueller Anrechnungsüberhänge im Rahmen des § 35 EStG (auf Grund der Dauerschuldzinshinzurechnung des § 8 Nr. 1 GewStG)

---

[13] Vgl. § 8a Abs. 1 S. 2 KStG n. F.
[14] Vgl. Semmler, Änderungen bei der Körperschaftsteuer, in: Neue Wirtschaftsbriefe v. 09. 02. 2004, Fach 4, S. 4783.
[15] Vgl. BMF Schreiben v. 15. Dezember 1993, in: BStBl I 1994, S. 976.

sowie durch einkommensteuerschädlicher Überentnahmen gemäß § 4 Abs. 4a EStG ergeben. Soweit die Finanzierung jedoch auf die Anschaffung von Wirtschaftsgütern des Anlagevermögens entfällt, ergeben sich wegen der Ausnahmeregelung des § 4 Abs. 4a S. 5 EStG keine negativen Folgen.

Abschließend kann festgestellt werden, dass die steuerliche Abzugsfähigkeit der Finanzierungskosten im Rahmen eines Asset-Deals gewährleistet ist, solange sich die dargestellten negativen Rechtsfolgen im Rahmen des § 35 EStG bzw. § 4 Abs. 4a EStG vermeiden lassen.

Bei einem Share-Deal lässt sich die unbegrenzte Abzugsfähigkeit (i. H. v. 95 % / 100 %) nur durch eine zwischengeschaltete Akquisitionsgesellschaft erreichen, vorausgesetzt die Finanzierung löst nicht die Rechtsfolgen des § 8a KStG n. F. aus.

4. Tax Due Diligence im Rahmen der Kaufpreisverhandlungen

Zur Absicherung der Erwerber für etwaige Steuerbelastungen aus der Vergangenheit muss im Rahmen einer umfassenden Due Diligence eine Prüfung latenter Steuerrisiken sowie steuerlicher Assets (Verlustvorträge, Körperschaftsteuerguthaben) erfolgen, die mittels des Kaufvertrags über den Gewährleistungskatalog bzw. gesonderte Freistellungserklärungen der Altgesellschafter abzusichern sind.

Ausgehend von einer Überprüfung des Veranlagungsstatusses der Zielgesellschaft sind zunächst latente Risiken aus anhängigen Rechtsbehelfsverfahren und bislang ungeprüften Betriebsprüfungszeiträumen zu identifizieren, bevor im Rahmen eines risikoorientierten Prüfungsansatzes eine Feststellung eventuell vorhandener verdeckter Steuerrisiken erfolgt.

Als häufigste Risiken können beispielhaft genannt werden:
– Risiken aus verdeckten Gewinnausschüttungen an Altgesellschafter,
– steuerliche Risiken aus gesellschaftsrechtlichen Umstrukturierungen der Vergangenheit,
– umsatzsteuer-, lohnsteuer- und sozialversicherungsrechtliche Risiken,
– bilanzsteuerrechtliche Risiken aus Bilanzierungs- und Bewertungsfragen,
– außensteuerliche Risiken (z. B. Verrechnungspreise, Abzugsteuer auf Lizenzzahlungen),
– Verstoß gegen Behaltensfristen/Auflagen für Investitionszuschüsse bzw. Zulagen.

Daneben spielt anlässlich des Erwerbs von Kapitalgesellschaften häufig die Verwertungsmöglichkeit vorhandener Verlustvorträge eine Rolle. Dies erfordert eine intensive vergangenheits- und zukunftsorientierte Prüfung der Voraussetzungen des § 8 Abs. 4 KStG bzw. § 12 Abs. 3 S. 2 UmwStG[16].

Gerade bei latenten Risiken aus verdeckten Gewinnausschüttungen empfiehlt sich die Einholung einer Freistellungserklärung der Altgesellschafter, zumal den Mehrbelastungen auf Gesellschaftsebene in Folge der Umqualifizierung bislang voll steuerpflichtiger Bezüge (z. B. Gehalt, Nutzungsvergütungen) in Ausschüttungen auf Gesellschafterebene (Halbeinkünfte) häufig Minderbelastungen gegenüberstehen.

---

[16] Vgl. *Rödder/Hötzel/Mueller-Thuns*, a. a. O. S. 844 ff.

5. Steuerliche Gestaltungsmöglichkeiten eines MBO (Veräußerer)

Ziel muss es sein, im Rahmen einer MBO-Transaktion anlässlich einer Unternehmensnachfolge für den Veräußerer eine möglichst niedrige Einkommensbesteuerung und Gewerbesteuerbelastung der stillen Reserven zu erzielen und gleichzeitig dem Erwerber die Möglichkeit der steuerwirksamen Abschreibung des Kaufpreises zu eröffnen.

Gelingt dies abschließend, ist das optimale Ergebnis aus steuerlicher Sicht erzielt. Bei einem Share-Deal wird dies regelmäßig nicht gelingen und zwar weder bei einem gänzlich über eine Kapitalgesellschaft abgewickelten Verkauf, noch bei einem Verkauf durch eine natürliche Person. In beiden Fällen sind die stillen Reserven auf Gesellschaftsebene noch nicht aufgedeckt, was in der Konsequenz eine latente Steuerlast für den Erwerber bedeutet. Die Frage der Kaufpreisrelevanz dieser latenten Steuerbelastung hängt von den zukünftigen Absichten der Erwerber ab. Im Falle einer beabsichtigten langfristigen Unternehmensfortführung ausschließlich mit den neuen Inhabern kann die latente Steuerbelastung mitunter vernachlässigt werden, vor allem wenn stille Reserven in Wirtschaftsgütern ruhen, für die auf Erwerberseite die Vergünstigungen des § 6b EStG in Anspruch genommen werden können, bzw. sofern sich die stillen Reserven im Laufe der Zeit verflüchtigen.

Eine finale Einkommensbesteuerung der stillen Reserven zum halben durchschnittlichen Steuersatz ohne Gewerbesteuerbelastung wird nur durch einen Verkauf der Assets bzw. sämtlicher Mitunternehmeranteile erzielt. Die Voraussetzungen für die Steuerermäßigung wurden bereits von Prof. Dr. Meyer – Scharenberg in seinem Beitrag genannt. Da es sich um außerordentliche Einkünfte i. S. des § 34 EStG handelt, ist ein Veräußerungsgewinn von max. € 5 Mio. /Person begünstigt und zwar unabhängig vom Umfang der Beteiligung. Sofern eine Schenkungsteuerbelastung vernachlässigt werden kann, bietet sich ggf. die Möglichkeit der Einbeziehung der Ehefrau in den Verkauf an.

Da der Veräußerer einer Kapitalgesellschaft im Regelfall die Nachfolgesituation (familienintern/-extern) lange vor dem eigentlichen Verkauf absehen kann, liegt es in seiner Hand, durch rechtzeitige Maßnahmen einen für beide Parteien unter steuerlichen Gesichtspunkten „attraktiven" Unternehmensverkauf vorzubereiten. Dies gilt umso mehr, als für ein erfolgreiches Gelingen eines MBO die steuerliche Verwertung des Kaufpreises auf Erwerberseite von großer Bedeutung ist[17].

Folgende Maßnahmen bzw. Gestaltungen sind hierbei auf Seiten des Veräußerers denkbar:

5.1 Step-Up auf Veräußererseite

Verfügt die zu veräußernde Kapitalgesellschaft noch über steuerliche Verlustvorträge, so bietet sich ein Verkauf der mit stillen Reserven behafteten Wirtschaftsgüter durch die Zielgesellschaft an, um noch in der bisherigen Inhaberschaft auf Gesellschaftsebene eine steuerfreie Aufstockung der stillen Reserven zu erreichen.

---

[17] Vgl. *Koblenzer*, a. a. O., 2002, S. 350.

Anschließend können die aufgestockten Anschaffungskosten vom Erwerber in der von ihm favorisierten Rechtsform steuermindernd genutzt werden.

Sollte die zukünftige Verwertung der steuerlichen Verluste auf Grund der Mantelkaufregelung des § 8 IV KStG auf Erwerberseite fraglich erscheinen, ist der gewinnrealisierende Verkauf der Assets an den Erwerber einem Anteilsverkauf vorzuziehen. Der Erwerber wird in diesem Fall dem Verlustvortrag ohnehin keinen Wert im Rahmen der Kaufpreisverhandlung beimessen. Die anschließende Auskehrung des Veräußerungsgewinns aus dem Verkauf der Wirtschaftsgüter über eine Ausschüttung/Liquidation unterliegt beim Veräußerer der Halbeinkünftebesteuerung gemäß § 3 Nr. 40 EStG. Sofern der Veräußerer, was in vergleichbaren Situationen häufig der Fall ist, die aufgelaufenen Verluste über Gesellschafterdarlehen finanziert haben sollte, erfolgt insoweit keine steuerpflichtige Ausschüttung an ihn, sondern eine Rückzahlung der in der Bilanz verbleibenden Gesellschafterdarlehen.

Im Zusammenhang mit vorhandenen Gesellschafterdarlehen des Altgesellschafters müssen die Möglichkeiten der Abwicklung im Rahmen des Unternehmenskaufs sorgfältig geprüft werden, da hier zwar Gestaltungsmöglichkeiten[18] liegen, aber auch Risiken[19] berücksichtigt werden müssen (Werthaltigkeit der Gesellschafterforderungen).

Eine wesentliche Einschränkung hat diese Gestaltung durch die Einführung einer Mindestbesteuerung für die Körperschaft- und Gewerbesteuer durch das Protokollerklärungsgesetz erfahren[20]. Verlustvorträge sind demnach nur mehr bis zu einem Betrag von € 1.000.000 unbeschränkt und darüber hinaus nur noch bis zu 60 % des verbleibenden zu versteuernden Einkommens bzw. Gewerbeertrags abzugsfähig.

Eine vollständig steuerfreie Kompensation des Veräußerungsgewinns mit vorhandenen Verlustvorträgen wird damit in Zukunft in vielen Fällen ausgeschlossen sein, womit die dargestellte, in der Vergangenheit häufig praktizierte Gestaltung an Bedeutung verlieren dürfte.

5.2 Umwandlungs-/ bzw. Holding-Modell auf Veräußererseite

Im neuen Umfeld des Halbeinkünfteverfahrens bieten sich für den Unternehmensverkauf aus steuerlicher Sicht unverändert attraktive Gestaltungsansätze, die jedoch auf Grund der gesetzlichen Missbrauchsvorschriften des Umwandlungssteuergesetzes (§ 18 Abs. 4 UmwStG) sowie des Körperschaftsteuergesetzes (§ 8b Abs. 4 S. 2 KStG) einen zeitlichen Vorlauf bedürfen.

Ein Unternehmensverkauf zieht regelmäßig einen geballten Liquiditätszufluss auf Veräußererseite nach sich, wenn man von den Möglichkeiten eines Verkaufs auf Raten- bzw. Rentenbasis absieht. Derart liquiditätsschonende Renten- bzw. Ratenverkäufe sind zwar für den Erwerber interessant, sie könnten jedoch mit Risiken späterer Ausfälle von Kaufpreisraten verbunden sein. Ein abschließender Verkauf

---

[18] Vgl. den Beitrag von Meyer-Scharenberg.
[19] Vgl. BFH-Rechtssprechung zum Forderungsverzicht zuletzt BFH v. 16. 05. 2001, in: BStBl. 2002 II, S. 436.
[20] Vgl. § 10d EStG, 10a GewStG n. F.

mit einer vollständigen Realisierung des Kaufpreises dürfte daher zumindest auf Seite des Veräußerers das angestrebte Ziel sein.

Umwandlungsmodell (Asset-Deal)

Der Verkäufer steht im Zusammenhang mit seinem Unternehmensverkauf regelmäßig vor der Frage der Wiederanlage des Kaufpreises, womit er erneut mit steuerlichen Fragen nach einer steueroptimierten Anlageform konfrontiert wird.

Sofern eine abschließende Versteuerung auf Gesellschafterebene gewünscht ist und die Vergünstigungen des halben durchschnittlichen Steuersatzes in Anspruch genommen werden können, bietet sich die rechtzeitige Umwandlung der Kapitalgesellschaft in eine Personengesellschaft an. Rechtzeitig bedeutet mindestens 5 Jahre vor dem beabsichtigten Verkauf, da andernfalls der Veräußerungsgewinn einer definitiven Gewerbesteuerbelastung unterliegt[21]. Mit einer abschließenden Besteuerung zum halben Steuersatz ohne Gewerbesteueranfall wird die niedrigste Steuerquote im Rahmen eines Unternehmensverkaufs erzielt. Die Erwerber haben über den Kauf von Mitunternehmeranteilen auf der anderen Seite einen abschreibungswirksamen Asset-Deal erreicht, womit beiden Interessen Rechnung getragen wird.

Gleichwohl steht auf Veräußererseite nur der Erlös nach Steuern für eine Wiederanlage zur Verfügung. Die künftige Mittelverwendungsabsicht des Verkäufers (privater Konsum, Kapitalanlage, vorweggenommene Erbfolge etc.) ist daher bei dieser Gestaltung mit zu berücksichtigen.

Holding-Modell (Share-Deal)

Alternativ zum Umwandlungsmodell könnte der Veräußerer seine Anteile auch steuerneutral (sofern die aufnehmende Gesellschaft im Anschluss mehr als 50 % der Anteile hält) nach den Vorschriften des Umwandlungssteuergesetzes in eine zuvor von ihm gegründete Kapitalgesellschaft einbringen und frühestens nach Ablauf von 7 Jahren (Missbrauchsfrist des § 8b Abs. 4 KStG) den Verkauf der Zielgesellschaft über die Zwischenholding völlig steuerfrei abwickeln (§ 8b Abs. 2 KStG). Sofern die stillen Reserven vorwiegend in nicht abschreibungsfähigen bzw. langlebigen Vermögenswerten (z. B. Grund Boden, Gebäude) ruhen, ist der Abschreibungseffekt auf Erwerberseite nur gering. Der steuerwirksame Cashflow-Effekt bleibt in diesen Fällen aus und berechtigt den Erwerber daher auch nicht zur Einforderung eines Kaufpreisabschlages auf Grund der Share-Deal-Transaktion.

Der Veräußerer kann auf der anderen Seite den zunächst annähernd steuerfreien Verkaufserlös (95 % gemäß § 8b Abs. 5 KStG n. F.) ohne Liquiditätsverlust in einer steueroptimierten Form wieder anlegen und den Zeitpunkt der Ausschüttungsbesteuerung nach seinen persönlichen Vorstellungen bestimmen. Je nach Anlagehorizont und zukünftiger Ausschüttungsplanung ergeben sich hierdurch erhebliche Zinsvorteile auf Grund der aufgeschobenen Endbesteuerung, die im Einzelfall den Vorteil einer niedrigen Sofortversteuerung eines Asset-Deals übersteigen können.

---

[21] Vgl. § 18 Abs. 4 S. 1 u. 3 UmwStG i. d. F. des UntStFG i. V. m. § 35 EStG.

6. Schlussbemerkung

Trotz geänderter steuerlicher Rahmenbedingungen bestehen unverändert interessante steuerliche Gestaltungsansätze im Rahmen eines Unternehmensverkaufs. Kurzfristige Gestaltungen in zeitlicher Nähe zur Transaktion auf Veräußerer- bzw. Erwerberseite können jedoch nicht mehr wie bisher mit steuerlicher Wirkung vollzogen werden. Im Rahmen einer vorausschauenden Planung einer mittelfristig absehbaren Unternehmensnachfolge über einen MBO bedarf es daher eines zeitlichen Vorlaufs für gestalterische Maßnahmen auf Seiten des Veräußerers, um rechtzeitig die gewünschten Steuerrechtsfolgen zu erzielen. Dem Erwerber verbleiben Möglichkeiten in Abhängigkeit vom Transaktionsvolumen und Transaktionsobjekt (Rechtsform), die Kaufpreisfinanzierung auf die neuen steuerlichen Rahmenbedingungen (§§ 8a, 8b Abs. 5 KStG) auszurichten, um eine höchstmögliche steuerliche Abzugsfähigkeit zu erzielen.

Weiterführende Literatur:

Hoffmann, MBO-Akquisitionsfinanzierung im Halbeinkünfteverfahren, in: GmbH-Steuerberater 2001 S. 95 ff.

Koblenzer, Management Buy-Out und Management Buy-In als Instrumente der Unternehmensnachfolgeplanung, in: Zeitschrift für Erbrecht und Vermögensnachfolge 2002, S. 350 ff.

Maiterth/Müller, Anmerkungen zu den Auswirkungen des neuen Steuerrechts auf Unternehmenskaufmodelle aus steuersystematischer Sicht, in: Betriebs-Berater 2002, S. 598 ff.

Rödder/Hötzl/Müller-Thuns, Unternehmenskauf, Unternehmensverkauf, München 2003.

Rogall, Steuerliche Einflussfaktoren beim Kapitalgesellschaftskauf, in: Deutsches Steuerrecht 2003, S. 750 ff.

Gestaltung des Unternehmens(ver)kaufs unter steuerlichen Gesichtspunkten

Prof. Dr. Dirk Meyer-Scharenberg

Inhalt:

	Seite
1. Abgrenzung zwischen asset und share deal	423
2. Verkauf von Betrieben und Teilbetrieben	425
2.1 Behandlung beim Verkäufer	425
2.2 Behandlung beim Erwerber	428
3. Verkauf von Mitunternehmeranteilen	428
3.1 Behandlung beim Verkäufer	428
3.2 Behandlung beim Erwerber	430
4. Verkauf von Anteilen an Kapitalgesellschaften	430
4.1 Behandlung beim Verkäufer	430
4.2 Behandlung beim Erwerber	433

1. Abgrenzung zwischen asset und share deal

Gegenstand eines Unternehmenskaufvertrages können die einzelnen materiellen und immateriellen Vermögensgegenstände (assets) oder aber die Anteile an einer Kapital- oder Personengesellschaft sein (shares).[1] Dementsprechend wird vom asset bzw. share deal gesprochen. Beim asset deal ist nicht das Unternehmen als Ganzes, sondern nur jeder einzelne Vermögensgegenstand nach der im Zivilrecht dafür vorgeschriebenen Form übertragbar. Der asset deal erfordert daher eine genaue Beschreibung der zu übertragenden einzelnen materiellen und immateriellen Vermögensgegenstände. Es besteht die Gefahr, dass nicht alle Vermögensgegenstände erfasst werden. Nicht erfasste Vermögenswerte bleiben beim Veräußerer zurück, was zum Verlust von Steuervergünstigungen führen kann, wenn es sich um wesentliche Betriebsgrundlagen handelt. Der asset deal gilt daher als abwicklungstechnisch schwierig und umständlich.[2]

Im Gegensatz dazu gestaltet sich der Verkauf von Unternehmensanteilen als reiner Rechtskauf (§ 453 BGB) abwicklungstechnisch besonders einfach. Mit der Übertragung sämtlicher Gesellschaftsrechte geht das Unternehmen wirtschaftlich mit allen Aktiva und Passiva auf den Erwerber über. Das Problem bei dieser Art des Unternehmensverkaufes besteht jedoch darin, dass sämtliche Risiken auch dann, wenn sie weder bilanziert, noch im Kaufvertrag angesprochen worden sind, automa-

---

[1] Vgl. ausführlich *Holzapfel/Pöllath*, Unternehmenskauf in: Recht und Praxis, 10. Auflage 2001, S. 101 ff.; *Rödder/Höltzel/Müller-Thuns*, Unternehmenskauf Unternehmensverkauf, 2003, S. 7 ff.

[2] Vgl. Stiller, Unternehmenskauf im Wege des Asset-Deal, in: Betriebs-Berater 2002, S. 2619.

tisch vom neuen Inhaber wirtschaftlich zu tragen sind (sog. Black-Box-Risiko). Um dieses Risiko zu begrenzen, bedarf es einer ähnlich umfassenden Beschreibung der zum Unternehmen gehörenden Aktiva und Passiva wie bei einem asset deal. Es besteht jedoch immer das Risiko, dass Schuldpositionen nicht erkannt, vergessen oder verschwiegen werden und somit später nicht den Veräußerer des Unternehmens, sondern den Erwerber treffen (insbesondere Gewährleistungs-, Umwelt- oder Steuerrisiken). Der Erwerber wird in der Regel verlangen, dass nur die im Vertrag aufgeführten Risiken von ihm zu tragen sind, während andere Risiken vom Veräußerer getragen werden müssen. Eine derartige Vereinbarung nützt jedoch wenig, wenn der Veräußerer bei Eintritt des Risikos seiner Freistellungsverpflichtung nicht nachkommen kann, weil er mittellos geworden oder verschwunden ist. Der Erwerber wird daher werthaltige Garantien fordern. Aus zivilrechtlicher Sicht erscheint der share deal daher durchaus problematischer als der reine asset deal, bei dem ein lastenfreier Übergang leichter sichergestellt werden kann. Allerdings können auch beim asset deal Verpflichtungen Kraft Gesetzes auf den Erwerber übergehen.[3]

Steuerrechtlich werden Anteile an Personengesellschaften nicht als eigenständige Wirtschaftsgüter behandelt. Der Verkauf eines Anteils an einer Personengesellschaft, der zivilrechtlich ein Rechtskauf (share deal) ist, wird steuerrechtlich als der Verkauf der anteiligen, zum Gesellschaftsvermögen gehörenden Wirtschaftsgüter betrachtet. Es ist daher gerechtfertigt, den Verkauf von Anteilen an Personengesellschaften steuerrechtlich als asset deal zu bezeichnen, was im Folgenden geschehen soll. Nur der Kauf von Anteilen an Kapitalgesellschaften wird auch ertragsteuerrechtlich als share deal behandelt, weil insoweit ein selbstständiges, nicht abnutzbares Wirtschaftsgut vorliegt. Nur dieser Vorgang soll im Folgenden daher als share deal bezeichnet werden.

Für den Erwerber ist der share deal nicht nur zivil-, sondern auch steuerrechtlich besonders problematisch, weil er seine Anschaffungskosten für die Beteiligung nicht planmäßig abschreiben kann. Aus Erwerbersicht ist der Kauf von Anteilen an Kapitalgesellschaften daher unattraktiver als der reine asset deal. Früher konnte dieser Nachteil durch Gestaltungsmaßnahmen (Kombinations- bzw. Umwandlungsmodell) beseitigt werden. Dies ist seit Einführung des Halbeinkünfteverfahrens nicht mehr möglich, so dass der Grenzpreis des Erwerbers beim share deal niedriger ausfällt als beim asset deal.[4] Aus der Sicht des Verkäufers kommt häufig nur der share deal in Betracht, weil dieser für ihn günstiger ist als der asset deal. Durch die Wahl einer geeigneten Transaktionsform lassen sich diese Interessengegensätze in manchen Fällen abmildern.[5]

---

[3] Vgl. § 75 AO: Gewerbe- und Umsatzsteuerschulden; § 613a BGB: Arbeitsverhältnisse; § 25 HGB: Haftung des Erwerbers bei Firmenfortführung.
[4] Vgl. *Bruski*, Step-Up-Modelle beim Unternehmenskauf, in: Finanz-Rundschau 2002, S. 181.
[5] Vgl. *Elser*, Asset deal versus share deal – Steuerlicher Vorteilhaftigkeitsvergleich und Preiswirkungen, in: Deutsches Steuerrecht 2002, S. 1827.

2. Verkauf von Betrieben und Teilbetrieben
2.1 Behandlung beim Verkäufer
Verkauft ein Einzelunternehmer seinen Betrieb oder einen organisatorisch selbstständigen Tätigkeitsbereich (Teilbetrieb) unterliegt der Gewinn der Einkommensteuer (§ 16 EStG). Gewinn ist die Differenz zwischen dem Kaufpreis und dem Buchwert des Eigenkapitals abzüglich Veräußerungskosten (z. B. Makler- und Beratungskosten). Der Besteuerungszeitpunkt ist gestaltbar. Maßgeblich ist der im Kaufvertrag vereinbarte Stichtag für den Übergang von Besitz, Nutzen und Lasten. Werden keine wesentlichen Betriebsgrundlagen zurückbehalten oder werden diese ins Privatvermögen überführt, kommen folgende Steuervergünstigungen in Betracht:
(1) Tarifermäßigung nach § 34 Abs. 1 EStG (sog. Fünftelregelung).
(2) Ermäßigter Steuersatz nach § 34 Abs. 3 EStG.
(3) Freibetrag nach § 16 Abs. 4 EStG.
(4) Aufschub der Besteuerung durch Reinvestition (§ 6b EStG)
(5) Nachgelagerte Besteuerung beim Verkauf gegen Rentenzahlungen

Zu (1): Fünftelregelung
Da bei einem Unternehmensverkauf sämtliche stillen Reserven auf einen Schlag aufgelöst und versteuert werden müssen, kommt es selbst bei Kleinunternehmern häufig zur Anwendung des Höchststeuersatzes. Um progressionsbedingte Härten auszugleichen, wurde die sog. Fünftelregelung (früher Drittelregelung) geschaffen. Die Steuer soll nicht höher ausfallen, als wäre der Gewinn über fünf Jahre verteilt angefallen. Allerdings wird der Gewinn nicht tatsächlich in fünf aufeinander folgenden Veranlagungszeiträumen versteuert, sondern im Wirtschaftsjahr des Überganges des wirtschaftlichen Eigentums (Besitz, Nutzen, Lasten). Durch eine komplizierte Berechnungsweise wird die auf den begünstigten Gewinn entfallende Steuer im Jahr der Veräußerung ermittelt.[6]

Die Vergünstigung bringt jedoch denjenigen Steuerpflichtigen keine Entlastung, die bereits mit ihren laufenden Einkünften dem Höchststeuersatz unterliegen. Die größte Entlastungswirkung entfaltet die Fünftelregelung, wenn keine laufenden Einkünfte vorhanden sind, was durch Gestaltungsmaßnahmen erreicht werden kann. Beispielsweise können die laufenden Einkünfte mit Verlusten aus anderen Quellen verrechnet werden, so dass lediglich der außerordentliche Veräußerungsgewinn zu versteuern ist. Eine andere Möglichkeit besteht darin, den Veräußerungszeitpunkt an den Anfang des folgenden Kalenderjahres zu legen, so dass zumindest keine laufenden Gewinne aus dem veräußerten Betrieb mehr anfallen. Der Zufluss weiterer laufender Einkünfte könnte um ein weiteres Jahr verschoben werden.

Zu (2): Ermäßigter Steuersatz
Eine wesentlich größere Entlastungswirkung als die Fünftelregelung bringt im Regelfall der begünstigte Steuersatz nach § 34 Abs. 3 EStG. Ab 2004 beträgt dieser

---
[6] Vgl. hierzu *Zenthöfer/Schulze zur Wiesche*, Einkommensteuer, 6. Auflage 2001, S. 191 ff.

nicht mehr die Hälfte, sondern nur noch 56 % des Durchschnittssteuersatzes. Mindestens findet der Eingangsteuersatz von 16 % Anwendung. Der begünstigte Steuersatz kann allerdings nur einmal im Leben und für einen Vorgang bis zur Höhe von maximal 5 Mio. € in Anspruch genommen werden. Er setzt voraus, dass der Unternehmer das 55. Lebensjahr vollendet hat bzw. dauernd berufsunfähig ist. Durch eine vorgeschaltete unentgeltliche Aufnahme des Ehegatten in den (Teil-)Betrieb (§ 6 Abs. 3 EStG) kann gegebenenfalls eine Verdoppelung der Höchstgrenze erreicht werden.

Zu (3): Freibetrag

Der Freibetrag beläuft sich ab dem Jahr 2004 nur noch auf 45.000 €. Er baut sich um den Betrag ab, den der Veräußerungsgewinn 136.000 € übersteigt. Ab einem Veräußerungsgewinn von 181.000 € wird somit kein Freibetrag mehr gewährt. Auch der Freibetrag kann nur einmal im Leben, für einen einzigen Vorgang und bei Erfüllen der altersmäßigen Voraussetzungen in Anspruch genommen werden. Seine Inanspruchnahme führt nicht zum Verbrauch der Vergünstigung nach § 34 Abs. 3 EStG. Beide Vergünstigungen können also für getrennte Vorgänge in Anspruch genommen werden.

Zu (4): Übertragung nach § 6b EStG

Ruhen die stillen Reserven des verkauften Betriebsvermögens im Wesentlichen in begünstigten Wirtschaftsgütern im Sinne des § 6b EStG (Grundbesitz, Anteile an Kapitalgesellschaften bis 500.000 €), kann die Besteuerung des Veräußerungsgewinns dadurch hinausgeschoben werden, dass innerhalb einer bestimmten Frist begünstigte Ersatzwirtschaftsgüter im Sinne des § 6b EStG angeschafft oder hergestellt werden. Wichtigste Voraussetzung ist in diesem Zusammenhang, dass die veräußerten Wirtschaftsgüter schon mindestens sechs Jahre zum Betriebsvermögen des Veräußerers gehört haben. Der Veräußerungsgewinn wird von den Anschaffungs- bzw. Herstellungskosten der Ersatzwirtschaftsgüter abgezogen. Dadurch wird Abschreibungspotenzial vernichtet, was im Ergebnis dazu führt, dass die Besteuerung der stillen Reserven nicht in alle Ewigkeit hinausgeschoben, sondern lediglich über die Abschreibungsdauer der Reinvestitionsgüter verteilt wird. Die Inanspruchnahme des § 6b EStG schließt die Vergünstigungen nach §§ 16, 34 EStG aus.[7]

---

[7] Vgl. *Schmidt*, EStG, Einkommensteuergesetz Kommentar, 23. Auflage 2004, § 6b EStG Rz. 102; *Schiffers*, Übertragung stiller Reserven nach § 6b EStG – Neue Gestaltungsmöglichkeiten für GmbH & Co. KG nach dem UntStFG, in: GmbH-Steuerberater 2002, S. 133; *Korn/Strahl*, Reinvestitionsrücklage nach § 6b EStG als Gestaltungsoption bei Umstrukturierungen – Eine kritische Analyse und Erörterung von § 6b EStG n. F. –, in: Die Steuerberatung 2002, S. 300.

Zu (5): Nachgelagerte Besteuerung

Wird ein (Teil-)Betrieb gegen lebenslängliche wiederkehrende Zahlungen (Leibrente, dauernde Last) verkauft, ergibt sich als einzige Besonderheit, dass der Veräußerungserlös als Barwert der wiederkehrenden Zahlungen ermittelt werden muss. Werden die stillen Reserven im Veräußerungszeitpunkt sofort versteuert, unterliegt nur noch der in den wiederkehrenden Zahlungen enthaltene Ertragsanteil i. S. des § 22 EStG der Besteuerung. Wegen der Unsicherheit über die Laufzeit der wiederkehrenden Zahlungen kann statt der Sofortversteuerung die nachträgliche Versteuerung gewählt werden (R 139 Abs. 11 EStR). In diesem Fall werden die laufenden Zahlungen zunächst mit dem Buchwert des Eigenkapitals des veräußerten (Teil-)Betriebs verrechnet. Nach vollständiger Verrechnung des Buchwertes werden die wiederkehrenden Zahlungen als nachträgliche Einkünfte i. S. des § 24 EStG in voller Höhe versteuert.

Für den Veräußerer eines Unternehmens kommt es zwar primär darauf an, die Steuerbelastung auf den Veräußerungsgewinn möglichst gering zu halten. Daneben muss er jedoch auch darauf achten, dass es durch den Verkauf des Unternehmens nicht zum rückwirkenden Verlust von in Anspruch genommenen Steuervergünstigungen kommt, weil eine gesetzliche Mindesthaltedauer verletzt wurde.[8] Wurden Investitionszulagen in Anspruch genommen, was derzeit nur bei Investitionen in den neuen Bundesländern möglich ist, so müssen diese zurückgezahlt werden, wenn der Erwerber die Verwendungsbeschränkungen innerhalb von fünf Jahren nach der Anschaffung der begünstigten Wirtschaftsgüter verletzt (§ 2 Abs. 1 Satz 1 InvZulG). Wird ein unentgeltlich erworbener (Teil-)Betrieb innerhalb von fünf Jahren nach der Schenkung bzw. dem Erbfall verkauft, gehen die erbschaftsteuerlichen Vorteile nach §§ 13a, 19a ErbStG rückwirkend verloren (§ 13a Abs. 5, § 19a Abs. 5 ErbStG).

Der Verkauf von (Teil-)Betrieben durch natürliche Personen unterliegt nicht der Gewerbesteuer, es sei denn, dass der Betrieb innerhalb der letzten fünf Jahre vor der Veräußerung durch Umwandlung einer Kapitalgesellschaft in ein Personenunternehmen entstanden ist (§ 18 Abs. 4 UmwStG). Auch Umsatzsteuer fällt nicht an (§ 1 Abs. 1a UStG). Im Hinblick auf die Vorsteuerberichtigung nach § 15a UStG tritt der Erwerber in die Rechtsstellung des Veräußerers ein (§ 15a Abs. 6a UStG), woraus sich im Regelfall jedoch keine Belastungen für den Erwerber ergeben, wenn er die betriebliche Tätigkeit fortführt. Der Vorsteuerabzug aus Veräußerungskosten richtet sich danach, in welchem Umfang durch das Unternehmen vor der Veräußerung sog. Ausschlussumsätze i. S. des § 15 Abs. 2 UStG getätigt wurden.[9] Der Mitverkauf von inländischen Grundstücken löst die 3,5 %-ige Grunderwerbsteuer aus.

Verkauft eine Kapitalgesellschaft ihren Betrieb oder einen Teilbetrieb, unterliegt der Veräußerungsgewinn nicht nur der 25 %-igen Körperschaftsteuer und dem Solidaritätszuschlag, sondern stets auch der Gewerbesteuer. Bei einem Hebesatz von 400 % beträgt die Steuerbelastung 38,65 %. Außer der Reinvestitionsvergünstigung

---

[8] Vgl. *Schiffers*, Behalte- und Nachversteuerungsfristen beim Unternehmensverkauf – Checkliste zur Vermeidung von Steuerfallen, in: GmbH-Steuerberater 2003, S. 71.

[9] Vgl. FinMin. Hessen, Erlass vom 25. 3. 1996 – S 7300 A – 62 – II A42, in: Der Betrieb 1996, S. 961.

nach § 6b EStG kommen keine der für natürliche Personen geltenden Steuervergünstigungen in Betracht. Wird der (Rest-)Gewinn an die Gesellschafter ausgeschüttet, beträgt die Gesamtsteuerbelastung bei Zugrundelegung des Spitzensteuersatzes 53,3 %,[10] sind die stillen Reserven in den assets und shares gleich hoch, beträgt die Steuerbelastung beim share deal nur 23,7 %. Aus Gesellschaftersicht ist der share deal also wesentlich vorteilhafter als der asset deal.

2.2 Behandlung beim Erwerber

Für den Erwerber ist der asset deal steuerrechtlich unproblematisch, weil er seine Anschaffungskosten – verteilt auf die erworbenen Einzelwirtschaftsgüter – entsprechend den für das jeweilige Wirtschaftsgut maßgeblichen Abschreibungsmethoden steuermindernd geltend machen kann. Bei der Aufteilung des Gesamtkaufpreises auf die erworbenen Einzelwirtschaftsgüter bestehen gewisse Ermessensspielräume. Der Erwerber wird versuchen, nicht abnutzbare und besonders langlebige Wirtschaftsgüter geringer zu bewerten und dafür den Wert von schnell abschreibbaren Wirtschaftsgütern (z. B. geringwertige Wirtschaftsgüter sowie Betriebs- und Geschäftsausstattung) bzw. Wirtschaftsgütern des Umlaufvermögens möglichst hoch anzusetzen. Die Differenz zwischen der Summe der Teilwerte der Einzelwirtschaftsgüter und dem Kaufpreis ist der sog. Geschäftswert, der über 15 Jahre abgeschrieben werden kann. Der Umfang der Steuerentlastung durch Abschreibungen hängt somit stark von der Struktur des Betriebsvermögens ab. Der Abschreibungsvorteil vermindert sich, wenn das Betriebsvermögen überwiegend aus langlebigen und nicht abnutzbaren Wirtschaftsgütern besteht.

3. Verkauf von Mitunternehmeranteilen

3.1 Behandlung beim Verkäufer

Für den Verkauf von Mitunternehmeranteilen durch natürliche Personen kommen die gleichen steuerlichen Vergünstigungen in Betracht wie für den Verkauf von (Teil-)Betrieben. Zur Verdopplung der Höchstbetragsgrenze nach § 34 Abs. 3 EStG empfiehlt sich die unentgeltliche Übertragung eines Bruchteils z. B. auf den Ehegatten. Zur Sicherung der Steuervorteile nach §§ 13a, 19a ErbStG ist die Fünfjahresfrist zu beachten. Ist die Mitunternehmerschaft durch Umwandlung einer Kapitalgesellschaft entstanden, löst der Anteilsverkauf während der ersten fünf Jahre Gewerbesteuer aus (§ 18 Abs. 4 UmwStG).

Der Mitunternehmer muss seinen gesamten Mitunternehmeranteil verkaufen, um die Gewerbesteuer zu vermeiden und die Vergünstigungen nach §§ 16, 34 EStG zu erhalten. Dieser schließt auch die an die Mitunternehmerschaft vermieteten Wirtschaftsgüter ein (sog. Sonderbetriebsvermögen). Das Sonderbetriebsvermögen muss entweder mitverkauft oder ins Privatvermögen überführt werden. Die zeitnahe Ausgliederung des Sonderbetriebsvermögens z. B. auf eine GmbH & Co. KG kann als missbräuchliche Zurückbehaltung wesentlicher Betriebsgrundlagen gewertet werden

---

[10] Bei Einkommensteuertarif 2004 und Hebesatz in Höhe von 400 %.

mit der Folge, dass der Gewinn aus dem Verkauf des Anteils an der Personengesellschaft als laufender Gewinn dem normalen Einkommensteuersatz und der Gewerbesteuer unterliegt.[11]

Zu einem laufenden (gewerbesteuerpflichtigen) Gewinn kommt es auch dann, wenn ein Mitunternehmer nicht seinen gesamten Anteil, sondern nur einen Bruchteil davon verkauft. Zwar kann die Gewerbesteuer nach § 35 EStG auf die Einkommensteuer angerechnet werden. Gerade beim Verkauf von Mitunternehmeranteilen ergeben sich jedoch sog. Anrechnungsüberhänge, weil das Anrechnungspotenzial nach dem normalen Gewinnverteilungsschlüssel auf alle Gesellschafter verteilt wird. Die Mitgesellschafter können ihren Anteil häufig nicht nutzen, weil ihre gewerblichen Einkünfte zu gering sind, während der veräußernde Mitunternehmer zwar hohe gewerbliche Einkünfte, jedoch nur einen geringen Anrechnungsbetrag hat.[12]

Hat der ausscheidende Mitunternehmer als Kommanditist ein negatives Kapitalkonto, das er nicht durch Einlagen auffüllen muss, erhöht das negative Kapitalkonto seinen (begünstigten) Veräußerungsgewinn. Allerdings dürften im Regelfall verrechenbare Verluste gemäß § 15a EStG vorhanden sein, wenn das Kapitalkonto durch Verluste entstanden ist, so dass sich der Gewinn wieder entsprechend mindert.[13]

Soweit die Mitunternehmerschaft über gewerbesteuerliche Verlustvorträge gemäß § 10a GewStG verfügt, gehen diese Verlustvorträge in Höhe der Beteiligungsquote des ausscheidenden Mitunternehmers verloren. Manche Gesellschaftsverträge sehen vor, dass der daraus resultierende Steuernachteil vom ausscheidenden Gesellschafter zu kompensieren ist.

Der Verkauf von Anteilen an Personengesellschaften ist umsatzsteuerfrei (§ 4 Nr. 8f UStG). Deshalb kann aus Beratungs- und anderen, im Zusammenhang mit dem Anteilsverkauf stehenden Kosten keine Vorsteuer gezogen werden.[14] Insoweit macht es einen Unterschied, ob eine Personengesellschaft ihren Betrieb oder die Gesellschafter ihre Anteile verkaufen. Da das Umsatzsteuerrecht kein Sonderbetriebsvermögen kennt, kann der Verkauf des Sonderbetriebsvermögens umsatzsteuerpflichtig sein, es sei denn, § 1 Abs. 1a UStG ist anwendbar. Werden inländische Grundstücke, die zum Sonderbetriebsvermögen gehören, mitverkauft, entsteht Grunderwerbsteuer. Soweit Grundstücke zum Gesamthandsvermögen der Personengesellschaft gehören, löst der Anteilsverkauf dagegen grundsätzlich keine Grunderwerbsteuer aus. Etwas anderes gilt nur dann, wenn innerhalb von fünf Jahren mehr als 95 % der Gesellschaftsanteile auf neue Gesellschafter übertragen werden (wesentlicher Gesellschafterwechsel, § 1 Abs. 2a GrEStG). Der Verkauf eines Gesellschaftsanteils an einen Mitgesellschafter löst in der Regel keine Grunderwer-

---

11 Vgl. BFH vom 6. 9. 2000 IV R 18/99, in: Deutsches Steuerrecht 2000, S. 2123.
12 Vgl. *Ritzer/Stangl*, Das Anwendungsschreiben zu § 35 EStG – Besonderheiten bei Mitunternehmerschaften und Organschaften, in: Deutsches Steuerrecht 2002, S. 1785 (1787).
13 Vgl. *Blumers*, Unternehmensveräußerung durch natürliche Personen und Personengesellschaften, in: Schaumburg (Hrsg.), Unternehmenskauf im Steuerrecht, 2. Auflage 2000, S. 31 f.
14 FG Nürnberg vom 30. 1. 2001, in: Entscheidungen der Finanzgerichte 2002, S. 1572 (NZB BFH V B 66/01: Börsengang).

besteuer nach § 1 Abs. 2a GrEStG aus. Es kann sich jedoch um eine Anteilsvereinigung handeln, wenn der Erwerber eine Beteiligung von 95 % erlangt (§ 1 Abs. 3 GrEStG). Kommt es zur Vereinigung aller Anteile in der Hand einer natürlichen oder juristischen Person, geht das Vermögen der Personengesellschaft auf diese über (sog. Anwachsungsmodell).

Bis zum Jahre 2001 konnten auch Kapitalgesellschaften Mitunternehmeranteile gewerbesteuerfrei verkaufen. Aus diesem Grunde war es vorteilhaft, im Falle des geplanten Verkaufes von Betrieben oder Teilbetrieben, diese zuvor nach § 24 UmwStG zum Buchwert in eine Tochterpersonengesellschaft auszugliedern und den so entstandenen (einbringungsgeborenen) Mitunternehmeranteil zu verkaufen. Diese Gestaltung ist seit 2002 nicht mehr möglich, weil gemäß § 7 GewStG der Verkauf von Mitunternehmeranteilen durch Kapitalgesellschaften stets der Gewerbesteuer unterliegt. Dasselbe gilt, wenn eine Personengesellschaft einen Mitunternehmeranteil veräußert (sog. doppelstöckige Personengesellschaft), selbst wenn alle Mitunternehmer natürliche Personen sind.

3.2 Behandlung beim Erwerber

Aus der Sicht des Erwerbers ist der Kauf eines Mitunternehmeranteils ertragsteuerlich als reiner asset deal zu sehen und damit unproblematisch. Er muss seinen Gesamtkaufpreis auf die Einzelwirtschaftsgüter aufteilen. Bilanztechnisch wird dies durch sog. Ergänzungsbilanzen realisiert. In der Personengesellschaft führt der Erwerber eines Mitunternehmeranteils das Kapitalkonto des Veräußerers fort. Die vom Veräußerer erworbenen stillen Reserven werden in einer eigenständigen (Ergänzungs-)Bilanz aktiviert und abgeschrieben.[15] Der hieraus resultierende Mehraufwand wird allein dem Erwerber des Mitunternehmeranteils zugerechnet. Der Aufwand mindert allerdings auch den Gewerbeertrag der Mitunternehmerschaft und kommt insoweit allen Mitunternehmern zugute.

Finanziert der Erwerber seinen Kaufpreis durch Kredit, kann er die dadurch veranlassten Finanzierungskosten als Sonderbetriebsausgaben absetzen. Gewerbesteuerlich handelt es sich um sog. geborene Dauerschulden, die unabhängig von der Laufzeit des Kredi022 nur zur Hälfte absetzbar sind (§ 8 Nr. 1 GewStG). Die vom Erwerber getragene Grunderwerbsteuer gehört zu den Anschaffungsnebenkosten der erworbenen Grundstücke. Im Zusammenhang mit dem Erwerb angefallene Beratungshonorare sind als Anschaffungsnebenkosten auf sämtliche Wirtschaftsgüter zu verteilen.

4. Verkauf von Anteilen an Kapitalgesellschaften

4.1 Behandlung beim Verkäufer

Natürliche Personen, die ihr Unternehmen in der Rechtsform einer Kapitalgesellschaft betreiben, deren Anteile sie verkaufen, müssen im Regelfall die Hälfte des

---

[15] Vgl. *Rödder,/Höltzel/Müller-Thuns*, Unternehmenskauf Unternehmensverkauf, 2003, S. 777 ff.

Gewinns der normalen Einkommensteuer unterwerfen (sog. Halbeinkünfteverfahren § 3 Nr. 40 EStG), da ein steuerfreier Verkauf nur noch bei einer Beteiligungsquote unter 1 % in Betracht kommt. Die hälftige Steuerbefreiung gilt unabhängig davon, ob sich die Steuerverhaftung der Anteile aus § 17 EStG (Beteiligungsquote ab 1 %), § 23 EStG (Haltedauer unter einem Jahr) oder aus der Zugehörigkeit der Anteile zu einem Betriebsvermögen ergibt.

Etwas anderes gilt für Beteiligungen, die durch Einbringung von Betrieben, Teilbetrieben oder Mitunternehmeranteilen gemäß § 20 UmwStG zu einem unter dem Teilwert liegenden Wertansatz (Buchwert, Zwischenwert) entstanden sind (sog. einbringungsgeborene Anteile), sofern noch keine sieben Jahre vergangen sind. Beim Verkauf derartiger Beteiligungen ist das Halbeinkünfteverfahren zwar ausgeschlossen. Es greifen jedoch die gleichen Vergünstigungen, die für den Verkauf von Betrieben, Teilbetrieben und Mitunternehmeranteilen durch natürliche Personen gelten.

Gehört die Beteiligung an der Kapitalgesellschaft zum Betriebsvermögen eines gewerblichen Unternehmens einer natürlichen Person, unterliegt der steuerpflichtige Teil des Veräußerungsgewinns der Gewerbesteuer. Die Fiktion des § 16 Abs. 1 Nr. 1 EStG, wonach eine 100 %–ige Beteiligung an einer Kapitalgesellschaft als Teilbetrieb gilt, findet in der Gewerbesteuer keine Anwendung.[16] Anders als der Verkauf eines echten Teilbetriebes durch eine natürliche Personen unterliegt der Verkauf von Beteiligungen an Kapitalgesellschaften daher von jeher der Gewerbesteuer. Etwas anderes gilt nur für den Fall, dass die stillen Reserven anlässlich des Verkaufes des ganzen Betriebes, Teilbetriebes oder Mitunternehmeranteils durch eine natürliche Person aufgedeckt werden. In diesem Fall erstreckt sich die Gewerbesteuerfreiheit auch auf die stillen Reserven in den Anteilen der Kapitalgesellschaft.

Verkauft eine Kapitalgesellschaft Anteile an einer anderen Kapitalgesellschaft, ist der daraus erzielte Gewinn steuerfrei, sofern es sich nicht um einbringungsgeborene Anteile handelt, für die die siebenjährige Sperrfrist noch nicht abgelaufen ist (§ 8b Abs. 2 KStG). Ab 2004 gelten 5 % des Gewinns allerdings als nicht abzugsfähige Betriebsausgabe (8b Abs. 5 KStG), was darauf hinausläuft, dass nur 95 % des Gewinns steuerfrei sind. Auch für mittelständische Unternehmer ist es vorteilhaft, ihre Beteiligungen an Kapitalgesellschaften nicht direkt, sondern über eine zwischengeschaltete Holding-Kapitalgesellschaft zu halten. Verkauft die Holdinggesellschaft ihre Beteiligung an der operativen Tochtergesellschaft, bleibt der Gewinn (zu 95 %) steuerfrei, solange er nicht an Anteilseigner, die natürliche Personen sind, ausgeschüttet wird. Wird der Veräußerungserlös in Aktien angelegt, können diese (zu 95 %) steuerfrei umgeschichtet und Dividenden (zu 95 %) steuerfrei vereinnahmt werden. Dadurch sind erhebliche Steuerstundungseffekte möglich (sog. Spardoseneffekt).

Die vorteilhaften Regelungen des § 8b Abs. 2 KStG können auch von Einzel- und Mitunternehmern genutzt werden, allerdings nicht kurzfristig. Sie müssen die siebenjährige Sperrfrist für einbringungsgeborene Anteile abwarten. Zunächst wird der Betrieb, Teilbetrieb oder Mitunternehmeranteil gemäß § 20 UmwStG zum

---

[16] Vgl. *Meyer-Scharenberg*, u. a., Gewerbesteuer – Kommentar, 2. Auflage 1996, § 7 Rz. 73; Penker, in: Glanegger/Güroff, Gewerbesteuergesetz, 5. Auflage 2002, § 7 Anm. 55.

Buchwert in eine Kapitalgesellschaft eingebracht. Anschließend wird das eingebrachte Betriebsvermögen in eine Tochterkapitalgesellschaft gemäß § 20 UmwStG zum Buchwert ausgegliedert. Auf beiden Stufen entstehen so einbringungsgeborene Anteile, die erst nach einer Haltedauer von sieben Jahren aus der vollen Steuerpflicht für einbringungsgeborene Anteile ausscheiden (Sit and Wait Modell).[17]

Die Steuerbefreiung nach § 8b Abs. 2 KStG gilt auch für die Gewerbesteuer. Der Verkauf von Anteilen an Kapitalgesellschaften unterliegt nicht der Umsatzsteuer (§ 4 Nr. 8 f. UStG). Soweit zum Betriebsvermögen einer Kapitalgesellschaft inländische Grundstücke gehören, kann der Verkauf der Anteile Grunderwerbsteuer auslösen, sofern es zu einer Anteilsvereinigung kommt (§ 1 Abs. 3 GrEStG). Eine Anteilsvereinigung liegt vor, wenn mindestens 95 % der Anteile einer Gesellschaft unmittelbar oder mittelbar einem Anteilseigner zuzurechnen sind. Die Grunderwerbsteuer bemisst sich in diesem Fall allerdings nicht nach dem anteiligen Kaufpreis für das Grundstück, sondern nach dem meist niedrigeren erbschaftsteuerlichen Wert (§ 8 Abs. 2 GrEStG). Sie gehört zu den Anschaffungsnebenkosten der Beteiligung.

Sind die zur Veräußerung anstehenden Anteile im Rahmen einer steuerneutralen Spaltung einer Kapitalgesellschaft entstanden, darf der Veräußerer innerhalb der nächsten fünf Jahre nur einen geringen Teil seiner Anteile verkaufen, wenn er Steuernachteile vermeiden will (§ 15 Abs. 3 Satz 4 UmwStG). Überschreitet der Veräußerer den danach zulässigen Rahmen, geht die Steuerfreiheit des Spaltungsvorganges rückwirkend verloren.[18]

Anteile an Kapitalgesellschaften können unter bestimmten Voraussetzungen auch steuerneutral in Anteile an einer anderen (z. B. börsennotierten) Kapitalgesellschaft eingetauscht und die Besteuerung so auf einen günstigeren Zeitpunkt hinausgeschoben werden:

(1) Einbringung mehrheitsvermittelnder Anteile nach § 20 Abs. 1 Satz 2 UmwStG:
Bei dieser Variante bleibt die Kapitalgesellschaft, deren Anteile eingebracht werden, als Tochtergesellschaft der aufnehmenden Gesellschaft bestehen. Der Vorteil für den Veräußerer besteht darin, dass er eine bare Zuzahlung bis zur Höhe der Anschaffungskosten seiner eingebrachten Anteile erhalten kann, ohne dass diese der Besteuerung unterliegt. Anteile an einer inländischen Kapitalgesellschaft können steuerneutral auch gegen Anteile einer ausländischen EU-Kapitalgesellschaft getauscht werden (§ 23 Abs. 4 UmwStG).

(2) Verschmelzung (§ 11 UmwStG):
Bei der Verschmelzung durch Aufnahme geht die Kapitalgesellschaft unter, deren Vermögen übertragen wird. In diesem Fall darf der Gesellschafter keine andere Gegenleistung als die Anteilsrechte an der aufnehmenden Gesellschaft erhalten. Bare Zuzahlungen führen zur Gewinnrealisierung. Auch wenn der Anteilseigner für seine hingegebene Beteiligung weniger als 1 % neue Anteile an der aufnehmenden Kapitalgesellschaft erhält, bleiben die Anteile steuerverhaftet

---

[17] Zu weiteren Gestaltungen vgl. *Bogenschütz/Hierl*, Steueroptimierter Unternehmenskauf: Veräußerung von Einzelunternehmen und Personengesellschaften (Teil I), in: Deutsches Steuerrecht 2003, S. 1097, (Teil II), Deutsches Steuerrecht 2003, S. 1147.
[18] Vgl. BMF-Schreiben vom 25. 3. 1998, Bundessteuerblatt 1998 I, S. 268 Rz. 15.32 ff.

nach § 17 EStG (sog. verschmelzungsgeborene Anteile gemäß § 13 Abs. 2 UmwStG). Eine grenzüberschreitende Verschmelzung ist bislang nicht möglich.

Realisiert der Anteilseigner aus dem Verkauf seiner Beteiligung einen Verlust, kann er diesen nur zur Hälfte steuermindernd geltend machen. Eine Verlustverrechnung ist allerdings ausgeschlossen, soweit die veräußerten Anteile noch keine fünf Jahre die Voraussetzungen des § 17 EStG erfüllen (§ 17 Abs. 2 Satz 4 EStG). Obwohl Gewinne aus dem Verkauf einbringungsgeborener Anteile innerhalb der siebenjährigen Sperrfrist in vollem Umfang steuerpflichtig sind, können Kapitalgesellschaften ihre Verluste nach Meinung der Finanzverwaltung[19] nicht geltend machen, was systemwidrig ist.[20] Natürliche Personen, die ihre Anteile im Betriebsvermögen halten, können einen Verlust aufgrund § 3c Abs. 2 Satz 3 EStG nur zur Hälfte geltend machen, was gesetzlich zwar klar geregelt, aber ebenfalls systemwidrig ist. Mangels einer Vorschrift im Gesetz soll im Privatvermögen dagegen der volle Abzug möglich sein.[21]

4.2 Behandlung beim Erwerber

Dem Steuervorteil des Anteilsveräußerers steht ein Steuernachteil des Erwerbers gegenüber, weil dieser seinen Anschaffungspreis für die Beteiligung – anders als beim asset deal – nicht planmäßig abschreiben kann. Die früher üblichen Gestaltungen zur steuerfreien Aufdeckung der stillen Reserven durch den Erwerber führen seit der Abschaffung des körperschaftsteuerlichen Anrechnungsverfahrens nicht mehr zum Erfolg.[22] Im Regelfall erweist sich daher die Vorstellung des Veräußerers, er könnte seine stillen Reserven steuerfrei realisieren, als pure Illusion. Sofern der Erwerber die Beteiligung dauerhaft zu halten gedenkt, wird er seinen Steuernachteil aus der fehlenden Abschreibbarkeit seiner Anschaffungskosten kaufpreismindernd berücksichtigen. Die Höhe des Nachteils hängt davon ab, über welchen Zeitraum die assets abgeschrieben werden könnten. Hat der Erwerber dagegen die Absicht, die erworbene Beteiligung alsbald, z.B. über die Börse, zu veräußern, wird es ihm auf das zusätzliche Abschreibungspotenzial auf seinen Anschaffungspreis nicht ankommen, so dass der Verkäufer seinen Steuervorteil möglicherweise tatsächlich realisieren kann.

---

[19] Vgl. BMF-Schreiben vom 28. 4. 2003, Bundessteuerblatt 2003 I, S. 292 Tz. 38.
[20] Kritisch *Eilers/Schmidt*, Die Steuerbefreiung von Dividenden und Veräußerungsgewinnen nach § 8b KStG. Praxis-Kommentierung zum BMF-Schr. V. 28. 04. 2003, in: GmbH-Rundschau 2003, S. 603, zur Anwendung des § 8b KStG 2002 und zu Auswirkungen auf die Gewerbesteuer, GmbH-Rundschau 2003, S. 613 (623); *Knebel/Seltenreich*, Besprechung des BMF-Schreibens zu § 8b KStG vom 28. 4. 2003, in: Die Steuerberatung 2003, S. 259 (262); *Schild/Eisele*, Die Steuerbefreiungen nach § 8b KStG – Das neue BMF-Schreiben vom 28. 4. 2003, in: Deutsche Steuerzeitung 2003, S. 443 (450).
[21] *Schmidt*, EStG, Einkommensteuergesetz Kommentar, 22. Auflage 2003, § 3c EStG Rz. 34; a. A. wohl Dötsch, u. a., Umwandlungssteuerrecht, 5. Auflage 2003, § 21 UmwStG, Rz. 109.
[22] Vgl. *Förster*, Kauf und Verkauf von Unternehmen nach dem UntStFG, in: Der Betrieb 2002, S. 1394 (1397).

Entgegen einer verbreiteten Auffassung, wonach der share deal die durchweg dominante Transaktionsalternative ist, zeigt sich in sehr vielen Fällen, dass es für den Veräußerer vorteilhafter ist, die Kapitalgesellschaft vor dem Verkauf in ein Personenunternehmen umzuwandeln, um den Unternehmenskauf für den Erwerber günstig als asset deal durchführen zu können.[23] Die vorgeschaltete Umwandlung in ein Personenunternehmen ist immer dann interessant, wenn der Veräußerer in den Genuss des begünstigten Steuersatzes nach § 34 Abs. 3 EStG kommt. Zu beachten ist, dass bei dem Verkauf innerhalb von fünf Jahren nach der Umwandlung Gewerbesteuer anfällt (§ 18 Abs. 4 UmwStG). Diese kann nach Meinung der Finanzverwaltung[24] nicht nach § 35 EStG auf die Einkommensteuer angerechnet werden, so dass die daraus resultierende Gewerbesteuerbelastung nicht durch entsprechende Einkommensteuerersparnisse neutralisiert wird.

Verfügt die Kapitalgesellschaft über Verlustvorträge, die durch Eigenkapital und/ oder Gesellschafterdarlehen finanziert wurden, so kann sich dieser Umstand kaufpreiserhöhend auswirken, wenn der Anteilserwerber in der Lage ist, die Verlustvorträge mit künftigen Gewinnen zu verrechnen. Das ist jedoch nur möglich, wenn noch ein aktiver Geschäftsbetrieb vorhanden ist, der ohne Zuführung von überwiegend neuem Betriebsvermögen fortgeführt werden kann oder es gelingt, den vorhandenen Geschäftsbetrieb zu sanieren und mindestens über fünf Jahre fortzuführen. Liegen diese Voraussetzungen nicht vor, handelt es sich um einen sog. Mantelkauf (§ 8 Abs. 4 KStG). In diesem Fall sind die Verlustvorträge nicht mit Gewinnen verrechenbar, die nach der Anteilsübertragung entstehen. Kein Mantelkauf liegt vor, wenn Anteile einer Holdinggesellschaft erworben werden, die Anteile an Tochterkapitalgesellschaften hält, die über Verlustvorträge verfügen.[25]

Die einschneidenden Rechtsfolgen des Mantelkaufes lassen sich unter Umständen dadurch vermeiden, dass der Gesellschafter auf ein uneinbringlich gewordenes Gesellschafterdarlehen verzichtet. Dadurch entsteht bei der Gesellschaft ein außerordentlicher Ertrag, der mit den Verlustvorträgen verrechnet werden muss. Können die Verlustvorträge dadurch vollständig neutralisiert werden, liegt kein Mantelkauf vor. Wurde beim Verzicht auf das Darlehen eine Besserungsklausel vereinbart, wonach die Darlehensforderung des Gesellschafters wieder auflebt, sobald die Sanierung erfolgreich durchgeführt worden ist, so ist die Verbindlichkeit bei der Gesellschaft aufwandswirksam zu buchen mit der Folge, dass der Verlustvortrag wieder auflebt. Waren im Zeitpunkt der Anteilsübertragung noch Verlustvorträge vorhanden, weil der Forderungsverzicht nicht zur vollständigen Neutralisierung dieser Verluste ausreichte, soll nach Meinung der Finanzverwaltung[26] ein Mantelkauf vorliegen. Der durch die Einbuchung wieder auflebende Verlust soll nicht verrechenbar sein. Fraglich ist, ob dies auch gilt, wenn der Besserungsfall erst nach Ablauf der Fünfjahresfrist des § 8 Abs. 4 KStG eintritt. Die Gefahr eines Mantelkaufes besteht

---

[23] Vgl. *Scheffler*, Das Verkäufer-Umwandlungsmodell nach dem Unternehmenssteuerfortentwicklungsgesetz (UntStFG), in: Steuern und Bilanzen 2002, S. 582.
[24] Vgl. BMF-Schreiben vom 15. 5. 2002, in: Bundessteuerblatt 2002 I, S. 533 Rz. 9.
[25] Vgl. BFH vom 20. 8. 2003 I R 61/01, in: Finanz Rundschau 2004, S. 27.
[26] Vgl. BMF-Schreiben vom 16. 12. 2003, in: Deutsches Steuerrecht 2004, S. 34 Tz. 2d.

auch dann, wenn – z. B. im Rahmen eines Börsenganges – mehr Kapital zugeführt wird als zur Erreichung der Gewinnschwelle erforderlich ist.[27]

Weiterführende Literatur:

Blumers, Unternehmensveräußerung durch natürliche Personen und Personengesellschaften.

Bogenschütz/Hier, Steueroptimierter Unternehmensverkauf: Veräußerung von Einzelunternehmen und Personengesellschaften (Teil I), in: Deutsches Steuerrecht 2003, S. 1097, (Teil II), in: Deutsches Steuerrecht 2003, S. 1147 ff.

Bruski, Step-Up-Modelle beim Unternehmenskauf, in: Finanz-Rundschau 2002, S. 181 ff.

Dötsch, Umwandlungssteuerrecht, 5. Auflage, Stuttgart 2003.

Eilers/Schmidt, Die Steuerbefreiung von Dividenden und Veräußerungsgewinnen nach § 8b KStG. Praxis-Kommentierung zum BMF-Schreiben v. 28. 04. 2003 (GmbH-Rundschau 2003, 603) zur Anwendung des § 8b KStG 2002 und zu Auswirkungen auf die Gewerbesteuer, in: GmbH-Rundschau 2003, S. 613 ff.

Elser, Asset deal versus share deal – Steuerlicher Vorteilhaftigkeitsvergleich und Preiswirkungen, in: Deutsches Steuerrecht 2002, S. 1827 ff.

Förster, Kauf und Verkauf von Unternehmen nach dem UntStFG, in: Der Betrieb 2002, S. 1394 ff.

Glanegger/Güroff, Gewerbesteuergesetz, 5. Auflage, München 2002.

Heßler/Mosebach, Verlustabzug bei Start-up-Unternehmen, in: Deutsches Steuerrecht 2001, S. 813 ff.

Holzapfel/Pöllath, Unternehmenskauf in Recht und Praxis, 10. Auflage, Köln 2001.

Knebel/Seltenreich, Besprechung des BMF-Schreibens zu § 8b KStG vom 28. 4. 2003, in: Die Steuerberatung 2003, S. 259 ff.

Korn/Strahl, Reinvestitionsrücklage nach § 6b EStG als Gestaltungsoption bei Umstrukturierungen – Eine kritische Analyse und Erörterung von § 6b EStG n. F., in: Die Steuerberatung 2002, S. 300 ff.

Köhler/Kraft, § 8 Abs. 4 KStG – Totengräber zahlreicher „dot. coms". Erwiderung und Replik zu dem Beitrag von Kraft, (Der Betrieb 2001 S. 112), in: Der Betrieb 2001, S. 1057.

Meyer-Scharenberg, Gewerbesteuer – Kommentar, 2. Auflage 1996, § 7 Rz. 73.

Ritzer/Stangl, Das Anwendungsschreiben zu § 35 EStG – Besonderheiten bei Mitunternehmerschaften und Organschaften, in: Deutsches Steuerrecht 2002, S. 1785.

Rödder/Höltzel/Müller-Thuns, Unternehmenskauf Unternehmensverkauf, 2003.

---

[27] Vgl. BMF-Schreiben vom 16. 4. 1999, in: Bundessteuerblatt 1999 I, S. 455 Tz. 14; kritisch *Köhler/Kraft*, § 8 Abs. 4 KStG – Totengräber zahlreicher „dot. coms" – Erwiderung und Replik zu dem Beitrag von Kraft, (Der Betrieb 2001 S. 112), in: Der Betrieb 2001, S. 1057; *Heßler/Mosebach*, Verlustabzug bei Start-up-Unternehmen, in: Deutsches Steuerrecht 2001, S. 813.

Schaumburg, Unternehmenskauf im Steuerrecht, 2. Auflage, Stuttgart 2000.

Scheffler, Das Verkäufer-Umwandlungsmodell nach dem Unternehmenssteuerfortentwicklungsgesetz (UntStFG), Steuern und Bilanzen 2002, S. 582.

Schiffers, Behalte- und Nachversteuerungsfristen beim Unternehmensverkauf – Checkliste zur Vermeidung von Steuerfallen, in: GmbH-Steuerberater 2003, S. 71.

Schiffers, Übertragung stiller Reserven nach § 6b EStG – Neue Gestaltungsmöglichkeiten für GmbH & Co. KG nach dem UntStFG, in: GmbH-Steuerberater, S. 133.

Schild/Eisele, Die Steuerbefreiungen nach § 8b KStG – Das neue BMF-Schreiben vom 28. 4. 2003, in: Deutsche Steuerzeitung 2003, S. 443.

Schmidt, EStG Einkommensteuergesetz Kommentar, 22. Auflage, München 2003.

Stiller, Unternehmenskauf im Wege des Asset-Deal, in: Betriebs-Berater 2002, S. 2619.

Zenthöfer/Schulze zur Wiesche, Einkommensteuer, 6. Auflage 2001.

Steuerliche Aspekte und Vorteile der Nachfolgeregelung mittels Stiftung

Klaus Wigand

Inhalt:

	Seite
1. Gemeinnützige Stiftungen und Familienstiftungen im Überblick	437
2. Überblick über die Besteuerung von Stiftungen	438
2.1 Gemeinnützige Stiftungen	438
2.2 Familienstiftungen	440
3. Gestaltungsmöglichkeiten mit ausländischen Stiftungen	442
3.1 Die Privatstiftung in Österreich	442
3.2 Die liechtensteinische Stiftung	443
3.3 Die Besteuerung ausländischer Stiftungen und ihrer Stifter in Deutschland	444
4. Typische Gestaltungen mit Stiftungen	445
4.1 Versorgung des Stifters und seiner Familie durch eine gemeinnützige Stiftung	445
4.2 Die Stiftung & Co KG	445
4.3 Die „Doppelstiftung"	446

1. Gemeinnützige Stiftungen und Familienstiftungen im Überblick

Wenn bei der Optimierung einer Unternehmensnachfolgeregelung an die Einbeziehung von Stiftungen gedacht wird, sind damit regelmäßig rechtsfähige Stiftungen des bürgerlichen Rechts gemeint (und keine sog. „Treuhandstiftungen" oder „Stiftung – GmbH´s") – und zwar entweder in der Ausprägung als gemeinnützige Stiftungen oder als sog. Familienstiftungen. Beide Stiftungstypen unterstehen der Stiftungsaufsicht der Bundesländer und unterscheiden sich durch ihren Zweck und die begünstigten Personen – vor allem aber auch durch die steuerliche Behandlung von Stiftung und Stifter.

Gemeinnützige Stiftungen verfolgen ausschließlich und unmittelbar steuerbegünstigte Zwecke nach der Abgabenordnung, indem sie die Allgemeinheit auf materiellem, geistigem oder sittlichem Gebiet selbstlos fördern. Über 90 % der derzeit weit mehr als 10.000 rechtsfähigen Stiftungen in Deutschland sind gemeinnützig in diesem Sinn. Sie fördern beispielsweise Wissenschaft und Forschung, Kunst und Kultur, Bildung und Erziehung, Religion, Völkerverständigung, den Umweltgedanken, Jugend- und Altenhilfe, den Sport, das Wohlfahrtswesen u. a. Wie noch zu zeigen ist, sind gemeinnützige Stiftungen fast vollständig von Steuern bei ihrer Errichtung und bei der laufenden Verwaltung befreit und bieten dem Stifter großzügige Steuervergünstigungen. Diese Vergünstigungen werden jedoch nur „um den Preis" der dauerhaften Bindung des Stiftungsvermögens für gemeinnützige Zwecke gewährt, die auch nach einer etwaigen Auflösung der Stiftung bestehen bleiben muss. Eine Ausnahme von der Steuerbefreiung, d. h. die Steuerpflicht der gemeinnützigen Stiftung, besteht aber insoweit, als sich eine gemeinnützige Stiftung mit einem sog. wirtschaftlichen Geschäftsbetrieb wie ein Unternehmen am wirtschaftlichen Verkehr beteiligt. Gemeinnützige Stiftungen können ebenso wie Familienstiftungen im Unternehmensbereich als sog. „unternehmensbezogene Stiftungen" auftreten und spielen daher auch bei der Gestaltung der Unternehmensnachfolge eine maßgebliche Rolle.

Eine Familienstiftung dient dagegen im Wesentlichen den Interessen einer oder mehrerer Familien und ist in der Regel nicht oder nur in geringem Umfang gemeinwohlorientiert. Familienstiftungen unterliegen in einigen Bundesländern nur einer eingeschränkten Stiftungsaufsicht. Sie werden vor allem im Unternehmensbereich als sog. „unternehmensbezogene Stiftungen", „Unternehmensstiftung" oder „Stiftungsunternehmen" eingesetzt, in dem die Stiftung selbst ein Unternehmen als sog. „Unternehmensträgerstiftung" betreibt oder als sog. „Beteiligungsträgerstiftung" an einer Personen- oder Kapitalgesellschaft als Gesellschafterin beteiligt ist. In steuerlicher Hinsicht unterliegt sowohl die Errichtung als auch die laufende Verwaltung und die Auflösung der Familienstiftung der Besteuerung, insbesondere durch Ertrag- und Erbschaftsteuer, wobei besonders die alle 30 Jahre von der Stiftung aufzubringende Erbersatzsteuer zu erwähnen ist. Damit gehört die Familienstiftung per se nicht zu den „Steuersparmodellen". Sie entfaltet jedoch als Gestaltungsmittel der Nachfolgeregelung vor allem als Instrument zur Trennung von Unternehmensführung und Kapitalbeteiligung und in Kombination mit gemeinnützigen Stiftungen (z. B. als sog. „Doppelstiftung") ihre Wirkung.

Auch wenn steuerliche Motive für die Einbeziehung einer Stiftung in die Nachfolgeregelung nicht alleine maßgeblich sein sollten, beeinflussen die steuerlichen Aspekte von Stiftungen die Nachfolgeregelung doch ganz erheblich. Gerade im Bereich der Unternehmensnachfolge ist jedoch eine sehr sorgfältige Gegenüberstellung aller Vor- und Nachteile einer Stiftungskonstruktion und anderer Gestaltungen sowie ein Steuerbelastungsvergleich dringend erforderlich. Wegen der Komplexität der steuerlichen Aspekte von Stiftungen kann die nachfolgende Darstellung diese nur im Überblick skizzieren und Anregungen für detailliertere Information und Beratung hierzu geben.

2. Überblick über die Besteuerung von Stiftungen

2.1 Gemeinnützige Stiftungen

2.1.1 Besteuerung bei Errichtung, Auflösung und laufender Verwaltung

Zuwendungen an gemeinnützige Stiftungen zu Lebzeiten oder von Todes wegen sind von der Erbschaft- und Schenkungsteuer befreit. Diese Steuerbefreiung ist einer der entscheidenden Vorteile gemeinnütziger Stiftungen. Die Steuerbefreiung entfällt jedoch rückwirkend, wenn innerhalb von 10 Jahren nach der Zuwendung die „Gemeinnützigkeit" der Stiftung entfällt und ihr Vermögen anderen, nicht steuerbegünstigten Zwecken zugeführt wird (Verstoß gegen den Grundsatz der dauerhaften Vermögensbindung).

Gemeinnützige Stiftungen eignen sich aber mitunter auch nach Eintritt eines Erbfalls – wenn „das Kind schon in den Brunnen gefallen ist" – als probates Gestaltungsmittel zur Vermeidung der Erbschaftsteuer. So erlischt die Erbschaftsteuer beispielsweise in Fällen, in denen – etwa wegen einer fehlgeschlagenen Nachfolgeregelung – die Bezahlung der Erbschaftsteuer an der Illiquidität des Nachlasses oder des vererbten Unternehmens zu scheitern droht, soweit die Erben von Todes wegen erworbene Vermögensgegenstände innerhalb von 2 Jahren nach dem Erbfall in eine bestehende oder von ihnen neu errichtete gemeinnützige Stiftung einbringen. Zusätzlich zu dieser Erbschaftsteuerbefreiung ist es aber für die Erben nicht möglich, die (nachfolgend skizzierten) Sonderausgabenabzugsmöglichkeiten für Stifter und Spender nach dem Einkommensteuergesetz in Anspruch zu nehmen. Die Erben haben aber die Wahl zwischen der erbschaftsteuerlichen und der einkommensteuerlichen Begünstigung – je nach dem, wo im Einzelfall der erzielbare Steuervorteil größer ist.

Da die Errichtung einer gemeinnützigen Stiftung unentgeltlich erfolgt, bleibt sie für den Stifter in aller Regel auch ohne negative ertragsteuerliche Auswirkungen. So kann grundsätzlich auch „Betriebsvermögen" auf eine gemeinnützige Stiftung übertragen werden, ohne dass dies zur Aufdeckung stiller Reserven im übertragenen Vermögen führt (Buchwertfortführung). Im Einzelfall ist jedoch zu prüfen, ob mit der Übertragung des „Betriebsvermögens" bei der gemeinnützigen Stiftung ein sog. wirtschaftlicher Geschäftsbetrieb (hierzu gleich) errichtet wird oder ob die Übertragung dem sog. „ideellen Bereich" der Stiftung, insbesondere der Vermögensverwaltung dient.

Gemeinnützige Stiftungen genießen nicht nur bei ihrer Gründung, sondern auch beim laufenden Betrieb, insbesondere bei der Vermögensverwaltung grundsätzlich Steuerbefreiung bei der Gewerbe- und der Körperschaftsteuer sowie in bestimmten Fällen bei der Umsatzsteuer. Damit stehen die Erträge der Stiftung aus dem sog. „ideellen" Bereich, insbesondere aus der Verwaltung des Stiftungsvermögens, in vollem Umfang zur Erfüllung der gemeinnützigen Zwecke zur Verfügung. Ausgenommen von dieser Steuerbefreiung und damit steuerpflichtig ist jedoch die unternehmerische Tätigkeit der gemeinnützigen Stiftung im Rahmen eines sog. wirtschaftlichen Geschäftsbetriebs, wenn die Bruttoeinnahmen hieraus den Betrag von € 30.678 im Jahr übersteigen. Damit sollen unerwünschte Wettbewerbsvorteile für die von gemeinnützigen Stiftungen betriebenen „Unternehmen" gegenüber Wettbewerbern verhindert werden. Wann ein solcher steuerpflichtiger wirtschaftlicher Geschäftsbetrieb vorliegt, ist anhand des Einzelfalls zu prüfen. Der Betrieb eines Einzelunternehmens oder die Beteiligung an einer OHG oder KG wird in der Regel einen solchen wirtschaftlichen Geschäftsbetrieb darstellen. Dagegen liegt ein wirtschaftlicher Geschäftsbetrieb bei der Beteiligung der gemeinnützigen Stiftung an einer Kapitalgesellschaft – auch bei einer Mehrheitsbeteiligung der Stiftung – grundsätzlich erst dann vor, wenn die Stiftung – etwa durch Personalunion der Geschäftsführung – tatsächlich erheblichen Einfluss auf die laufende Geschäftsführung der Kapitalgesellschaft nimmt. Andernfalls handelt es sich bei der Beteiligung an einer Kapitalgesellschaft um steuerbefreite Verwaltung des Stiftungsvermögens. Die Abgrenzung kann im Einzelfall schwierig sein.

Der „Preis" für die Steuervergünstigungen der gemeinnützigen Stiftung und des Stifters ist die langfristige Bindung des Grundstockvermögens der Stiftung für gemeinnützige Zwecke (Grundsatz der Vermögensbindung). Das bedeutet, dass das Vermögen der Stiftung auch bei deren Auflösung gemeinnützigen Zwecken zugeführt werden muss, was bereits bei Gründung in der Satzung der Stiftung zu verankern ist. Halten sich Stiftungsorgane oder Stifter nicht an diesen Grundsatz, drohen der Stiftung – rückwirkend für einen Zeitraum von bis zu 10 Jahren – die Aberkennung der Steuerbegünstigung und entsprechende Nachzahlungen für alle relevanten Steuerarten einschließlich der Erbschaft- und Schenkungsteuer für Vermögensübertragungen bei Errichtung der Stiftung.

2.1.2 Steuervergünstigungen des Stifters

Mit dem Gesetz zur weiteren steuerlichen Förderung von Stiftungen hat der Gesetzgeber zum 01. 01. 2000 neue steuerliche Anreize zur Gründung einer gemeinnützigen Stiftung geschaffen.

So können Zuwendungen des Stifters in das Grundstockvermögen einer Stiftung, die anlässlich der Gründung der Stiftung oder innerhalb eines Jahres danach erfolgen, bis zu einem Betrag von € 307.000 als Sonderausgaben beim Stifter abgezogen werden. Dieser Abzugsbetrag kann auch auf einen Zeitraum von 10 Jahren verteilt, innerhalb von 10 Jahren aber (auch von zusammenveranlagten Ehepartnern) nur einmal in Anspruch genommen werden. Daneben steht für Zuwendungen in das Grundstockvermögen gemeinnütziger Stiftungen dem Stifter, aber auch Dritten, regelmäßig ein weiterer Sonderausgabenabzug bis zu € 20.450 jährlich zur Verfügung. Darüber hinaus gilt jährlich die „normale" Spendenabzugsmöglichkeit in Höhe von 5 % – bei bestimmten im Gesetz genannten gemeinnützigen Zwecken auch 10 % – des Gesamtbetrags der Einkünfte (bei natürlichen Personen) bzw. des Einkommens (bei juristischen Personen) im jeweiligen Jahr oder (alternativ) 2 Promille der Umsätze des Jahres und der Summe der Löhne und Gehälter im jeweiligen Jahr. Schließlich kann der Stifter bei Zuwendungen an eine gemeinnützige Stiftung (bei Erfüllung bestimmter gemeinnütziger Zwecke) in Höhe von mindestens € 25.565 die sog. „Großspendenregelung" in Anspruch nehmen, wenn die vorgenannten Sonderausgabenabzugsmöglichkeiten erschöpft sind. Diese Regelung ermöglicht es, Großspenden ein Jahr zurück und fünf Jahre vorzutragen. Damit kann der Zuwendungsbetrag in bis zu sieben Jahren berücksichtigt werden.

Diese Steuerabzugsbeträge geben dem Stifter nicht nur einen steuerlichen Anreiz zur Stiftungserrichtung, sondern darüber hinaus Anreize, in den Folgejahren die Vermögensausstattung seiner gemeinnützigen Stiftung durch laufende Zuwendungen weiter zu verbessern.

2.2 Familienstiftungen

2.2.1 Besteuerung bei Errichtung, Auflösung und laufender Verwaltung

Anders als bei der Errichtung einer gemeinnützigen Stiftung ist die Übertragung von Vermögen auf eine nicht gemeinnützige Stiftung zu Lebzeiten oder von Todes wegen in vollem Umfang erbschafts- und schenkungsteuerpflichtig. Als Zuwendung an eine juristische Person wird die Erbschaft- oder Schenkungsteuer – mangels Verwandtschaft zum Stifter – regelmäßig nach der für den Stifter ungünstigsten Steuerklasse III berechnet. Bei Zuwendungen an inländische Familienstiftungen anlässlich ihrer Errichtung richtet sich die Steuerklasse jedoch nach dem Verwandtschaftsverhältnis des nach der Stiftungssatzung entferntest Berechtigten zum Stifter. Sind also bei einer Familienstiftung immer nur die nächsten Angehörigen des Stifters begünstigt, die zur Steuerklasse I (Ehegatten, Kinder, Stiefkinder, deren Abkömmlinge und die Eltern bei Erwerb von Todes wegen) gehören, lassen sich die günstigeren Steuersätze sowie die Freibeträge nach der Erbschaft- und Schenkungsteuerklasse I in Anspruch nehmen. Das gilt jedoch nicht für Zuwendungen des Stifters, die nicht im Zusammenhang mit der Errichtung der Familienstiftung, sondern erst in den Folgejahren erfolgen; auf diese sog. Zustiftungen ist stets die ungünstigste Steuerklasse III anzuwenden.

Die Auflösung der Familienstiftung löst ebenfalls Schenkungsteuer aus. Fällt das Stiftungsvermögen an den Stifter zurück, bedeutet das für diesen regelmäßig den „steuerlichen Gau", da der Bundesfinanzhof bisher in diesen Fällen davon ausgeht, dass Schenker im steuerlichen Sinne die Stiftung selbst ist. Damit muss der Stifter den Rückfall des Stiftungsvermögens an sich selbst in der ungünstigsten Steuerklasse III versteuern. Deshalb ist zu empfehlen, zumindest den Rückfall des Stiftungsvermögens an den Stifter in der Stiftungssatzung auszuschließen oder bereits bei Stiftungsgründung im Stiftungsgeschäft bedingte Rückforderungsrechte für den Stifter zu vereinbaren, sofern diese von der Stiftungsaufsichtsbehörde anerkannt werden. Fällt das Stiftungsvermögen bei Auflösung satzungsgemäß an die nächsten Verwandten des Stifters, gilt für Steuerzwecke der Stifter als Schenker, so dass der Vermögensanfall bei den nächsten Verwandten nach der Schenkungsteuerklasse I versteuert wird. Trotzdem ist die Auflösung der Familienstiftung wegen der damit immer verbundenen Steuerbelastungen soweit als möglich zu vermeiden. Eine Reduzierung der bei Gründung und Auflösung der Stiftung anfallenden Schenkungsteuer lässt sich im Übrigen nur durch Übertragung von Vermögenswerten erreichen, die nach den einschlägigen steuerlichen Bewertungsvorschriften bei der Erbschaft- und Schenkungsteuer derzeit noch begünstigt sind (z. B. durch Übertragung von Grundbesitz oder Betriebsvermögen). Diese begünstigenden Bewertungsvorschriften stehen jedoch – wie allgemein bekannt – derzeit auf dem Prüfstand des Bundesverfassungsgerichts und der Politik, so dass fraglich ist, ob diese Vorteile auch noch in Zukunft im bisherigen Umfang in Anspruch genommen werden können.

Bei der laufenden Verwaltung einer Familienstiftung bestehen grundsätzlich keine Steuerbegünstigungen. Die Familienstiftung unterliegt daher in vollem Umfang der Körperschaftsteuer. Lediglich im Hinblick auf die Rechtsform der Stiftung & Co. KG gibt es im Rahmen der laufenden Besteuerung einige Besonderheiten zu beachten (vergleiche hierzu nachfolgend Ziffer 4.2.). Die Begünstigten einer Familienstiftung haben die Zuwendungen der Stiftung als sonstige Einkünfte nach dem sog. Halbeinkünfteverfahren mit 25 % zu versteuern. Dagegen unterliegen die satzungsgemäßen laufenden Zuwendungen an die Destinatäre der Familienstiftung nicht der Schenkungsteuer.

2.2.2 Besteuerung durch die Erbersatzsteuer

Seit 1974 unterliegen (nur) inländische Familienstiftungen der sog. Erbersatzsteuer. Diese fällt alle 30 Jahre für das gesamte Stiftungsvermögen an. Bei der Berechnung der Erbersatzsteuer wird fiktiv vom Übergang des Stiftungsvermögens auf zwei natürliche Personen der günstigen Erbschaftsteuerklasse I ausgegangen. Damit wird der Familienstiftung ein Freibetrag von derzeit € 410.000,– und der für den Erwerb der Hälfte des Stiftungsvermögens geltende günstigere Steuersatz der Steuerklasse I (7 bis 30 %) eingeräumt. Das zu versteuernde Vermögen der Stiftung wird dabei wie bei der Erbschaft- und Schenkungsteuer bewertet, so dass die Stiftung – derzeit noch – von den Begünstigungen beispielsweise für Grund- und Betriebsvermögen profitieren kann. Um die Liquidität des Stiftungsvermögens zu schonen, kann die Erbersatzsteuer bei einer Verzinsung von 5,5 % in 30 gleichen Jahresraten „verrentet" werden. Damit kann die Besteuerung durch die Erbersatzsteuer unter Umständen sogar günstiger sein, als die Erbschaftsbesteuerung desselben Vermögens beim Übergang im Generationenverlauf, insbesondere wenn mehrere Erbfälle innerhalb von 30 Jahren zu erwarten sind oder die Vermögensübertragung auf entferntere Verwandte (in den schlechteren Steuerklassen II oder III) zu erwarten ist. Zudem ist die Besteuerung mittels Erbersatzsteuer durch die feststehenden Besteuerungszeitpunkte langfristig planbar, so dass hierauf etwa durch rechtzeitige Umschichtungen des Stiftungsvermögens reagiert werden kann. Trotzdem stellt die Erbersatzsteuer für viele inländische Familienstiftungen eine schwere Belastung dar, der viele Stifter durch die Gründung einer Stiftung im Ausland zu begegnen versuchen. Diese ausländische Stiftung darf – wie nachfolgend dargestellt – dann jedoch zur Vermeidung der Erbersatzsteuer in Deutschland weder ihren Sitz noch den Ort ihrer tatsächlichen Geschäftsleitung haben.

3. Gestaltungsmöglichkeiten mit ausländischen Stiftungen

Nicht zuletzt wegen der gelegentlich „existenzbedrohend" erscheinenden Erbersatzsteuer in Deutschland, aber auch wegen des in der Regel im Ausland niedrigeren Gründungsaufwands und geringerer laufender Verwaltungskosten erwägen Stifter vielfach die Gründung einer Familienstiftung im Ausland, beispielsweise in Österreich oder Liechtenstein. Hierbei sind aber nicht nur die steuerlichen Vergünstigungen im Land der Stiftungsgründung, sondern für Deutsche vor allem auch die komplizierten Vorgaben des deutschen Steuerrechts, insbesondere des Außensteuergesetzes zu beachten, die auch bei derartigen Sachverhalten ein weitreichendes Besteuerungsrecht der Bundesrepublik Deutschland sicherstellen und hier nur in groben Zügen skizziert werden können.

3.1 Die Privatstiftung in Österreich

Seit 1994 können in Österreich auch Privatstiftungen ab einem Mindestvermögen von € 75.000,– gegründet werden, die nicht ausschließlich gemeinnützigen Zwecken dienen. Die Gründung bedarf der notariellen Beurkundung („Stiftungserklärung") und der Eintragung der Stiftungsurkunde in das sog. „Firmenbuch". Daneben kann der Stifter eine Stiftungszusatzurkunde ohne Registerpublizität errichten. Die Privatstiftung unterliegt weder einer staatlichen Genehmigungspflicht noch staatlicher Kontrolle. Dem aus mindestens 3 Mitgliedern bestehenden Stiftungsvorstand müssen (bislang noch) mindestens zwei Mitglieder mit einem gewöhnlichen Aufenthalt in Österreich angehören. Die Stiftung darf grundsätzlich keine gewerbliche Tätigkeit (nur als Nebentätigkeit) und keine Geschäftsführungstätigkeit ausüben und auch nicht persönlich haftender Gesellschafter einer Personengesellschaft sein; ihr ist jedoch beispielsweise eine konzernleitende Tätigkeit als Holding-Stiftung, die Beteiligung an einer Kommanditgesellschaft als Kommanditist, an einer Kapitalgesellschaft oder die Beteiligung als stiller Gesellschafter gestattet.

Im Vergleich zur deutschen Familienstiftung bietet die österreichische Privatstiftung in Österreich erhebliche Steuervorteile. So werden Vermögensübertragungen auf die Privatstiftung in Österreich nur einem pauschalen Steuersatz von 2,5 % unterworfen und nicht den üblichen Erbschaft- und Schenkungsteuertarifen. Eine Erbersatzsteuer ist in Österreich unbekannt. Von großer Attraktivität ist die Tatsache, dass in- und ausländische Beteiligungs- und Kapitalerträge in der österreichischen Privatstiftung grundsätzlich steuerfrei angesammelt werden können. Zu beachten sind jedoch die Besonderheiten aufgrund der seit 2001 in Österreich geltenden Spekulationsertragsteuer, die auch für Privatstiftungen grundsätzlich eine Endbesteuerung (Abgeltungsbesteuerung) von Spekulationsgewinnen in Höhe von pauschal 25 % vorsieht. Sonstige betriebliche Einnahmen der Stiftung unterliegen dagegen in Österreich dem jeweils geltenden Körperschaftsteuersatz. Ausschüttungen der Stiftung an ihre Begünstigten sind in Österreich zwar schenkungsteuerfrei, jedoch sind hierauf in Österreich regelmäßig Ertragsteuern von 25 % (Abgeltungsbesteuerung) zu entrichten. Bei Ausschüttungen an ausländische Begünstigte sind zusätzlich die Besteuerungsvorgaben des jeweiligen Empfängerlandes – bei in Deutschland ansässigen Begünstigten auch die Regelungen des maßgeblichen Doppelbesteuerungsabkommens zwischen Deutschland und Österreich – zu beachten, die im Rahmen dieses Beitrags nicht näher dargestellt werden können. Zu den Besonderheiten der deutschen Besteuerung von ausländischen Stiftungen und ihrer Errichtung sowie von deutschen Stiftern und Begünstigten nach dem Außensteuergesetz siehe nachfolgend Ziffer 3.3.

3.2 Die liechtensteinische Stiftung

Liechtensteinische Stiftungen sind insbesondere hinsichtlich der Organisation, der Verwaltung und den Zuwendungen an Destinatäre durch den Stifter weitgehend frei zu gestalten. Hierzu wird auf den Beitrag von Bellwald verwiesen. Hat der Stifter seinen Wohnsitz oder seinen Aufenthalt in Liechtenstein, fällt für die Gründung einer Familienstiftung Schenkungsteuer von 0,5 % des Stiftungsvermögens an. Bei anderen Stiftungen kommt in Liechtenstein eine Schenkungsteuer von bis zu 18 % in Betracht, falls sie nicht gemeinnützig sind. Bei Stiftern mit Wohnsitz im Ausland fällt bei Errichtung und Ausstattung der Stiftung in Liechtenstein keine Schenkungsteuer an.

Das Stiftungsvermögen wird jährlich lediglich mit einer Kapitalsteuer von 1 %, mindestens aber SFr 1.000 besteuert. Bei größeren Vermögen reduziert sich dieser Steuersatz auf 0,75 % bzw. 0,5 % des Stiftungskapitals. Stiftungen, die in Liechtenstein nur ihren Sitz (mit/ohne Büro) haben, dort aber keine gewerbliche Tätigkeit ausüben, sind von allen weiteren Steuern, insbesondere von Ertragsteuern befreit. Das macht die liechtensteinische Stiftung für Anleger mit unterschiedlichsten Interessen attraktiv.

3.3 Die Besteuerung ausländischer Stiftungen und ihrer Stifter in Deutschland

Vermögensübertragungen deutscher Stifter auf ausländische Stiftungen unterliegen in Deutschland grundsätzlich der Erbschaft- und Schenkungsteuer in der ungünstigsten Steuerklasse III (ohne Privilegierung bei ausschließlicher Begünstigung nächster Angehöriger). Voraussetzung für diese Steuerpflicht ist, dass der Stifter bei Übertragung des Vermögens auf die Stiftung Wohnsitz oder gewöhnlichen Aufenthalt in Deutschland hat, als Deutscher noch nicht länger als 5 Jahre im Ausland lebt (ohne Wohnsitz oder gewöhnlichen Aufenthalt in Deutschland zu haben) oder dass er sog. „Inlandsvermögen" (z. B. inländischen Grundbesitz) auf die ausländische Stiftung überträgt. Zur Vermeidung der deutschen Erbschaft- und Schenkungsteuerpflicht ist demnach zumindest ein Wohnsitzwechsel des Stifters ins Ausland von mehr als 5 Jahren und gegebenenfalls eine Vermögensumschichtung erforderlich. Erst dann wird die ausländische Stiftung für deutsche Stifter steuerlich attraktiv.

Insbesondere ausländische Familienstiftungen und ihre deutschen Stifter unterliegen ferner den restriktiven Regelungen des deutschen Außensteuergesetzes, das zu Steuerzwecken quasi durch die ausländische Stiftung auf ihre Begünstigten „hindurch sieht". Danach ist das Einkommen einer ausländischen Familienstiftung (mit Sitz und Geschäftsleitung im Ausland) unmittelbar dem Stifter selbst und nicht der Stiftung zuzurechnen, wenn der Stifter in Deutschland unbeschränkt einkommensteuerpflichtig ist, andernfalls den in Deutschland unbeschränkt einkommensteuerpflichtigen Bezugs- oder Anfallberechtigten der Stiftung (sog. „Zurechnungsbesteuerung"). Eine ausländische Familienstiftung in diesem Sinne ist immer dann gegeben, wenn der Stifter selbst oder seine Angehörigen oder Abkömmlinge zu mehr als der Hälfte bezugs- oder anfallberechtigt sind. Ersparnisse bei der Einkommensbesteuerung der Stifterfamilie lassen sich daher mit ausländischen Familienstiftungen regelmäßig nur dann erzielen, wenn der Stifter und seine Familie bereit sind, auf mehr als die Hälfte der Einnahmen der Stiftung zugunsten der Stiftung selbst oder anderer – nicht verwandter, z. B. gemeinnütziger – Begünstigter oder aber auf ihre rechtssicheren Ansprüche gegenüber der Stiftung auf Auszahlung der Erträge zu verzichten. Diese „Zurechnungsbesteuerung" gilt nur für die Einkommensteuer und nicht für Gewerbe-, Erbschaft- und Schenkungsteuer.

Ausländische Familienstiftungen unterliegen in Deutschland nicht der Erbersatzsteuer, wenn sie im Inland weder Sitz noch Geschäftsleitung haben. Gerade im Hinblick auf den Sitz der Geschäftsleitung werden jedoch in der Praxis die häufigsten Fehler gemacht. Maßgeblich hierfür ist nach der Rechtsprechung der Ort der geschäftlichen Oberleitung, d.h. dort wo im konkreten Einzelfall überwiegend wesentliche Entscheidungen für die Stiftung getroffen werden. Die maßgebliche Einflussnahme des Stifters – unmittelbar in Stiftungsgremien oder mittelbar z.B. über einen Treuhänder – auf das Stiftungshandeln führt daher bei der Festsetzung der Erbersatzsteuer zur Gleichstellung mit einer inländischen Stiftung. Indizien hierfür können beispielsweise die Aufbewahrung von Geschäftsunterlagen oder die Erledigung von Korrespondenz der Stiftung im Inland sein.

Aufgrund dieser komplizierten steuerlichen Vorgaben ist bei Gestaltungen mit ausländischen Stiftungen der Rat erfahrener Berater in Deutschland und im Ausland unerlässlich.

4. Typische Gestaltungen mit Stiftungen

Natürlich können im Rahmen dieses Beitrags nur einige Anregungen unter Berücksichtigung der steuerlichen Aspekte von Stiftungen gegeben werden.

4.1 Versorgung des Stifters und seiner Familie durch eine gemeinnützige Stiftung

Obwohl die gemeinnützige Stiftung die Allgemeinheit und keine Einzelinteressen fördern soll, besteht in steuerlicher Hinsicht die Möglichkeit, dass eine gemeinnützige Stiftung bis zu einem Drittel ihres Einkommens dafür verwendet, den Stifter und seine nächsten Angehörigen zu unterhalten, ihre Gräber zu pflegen und ihre Andenken zu ehren, ohne dass dadurch der Vorteil der Steuerbefreiung gefährdet wird. Dies setzt jedoch voraus, dass diese Möglichkeit bereits in der Satzung der Stiftung festgehalten wurde. Solche Unterhaltsleistungen müssen jedoch unter Berücksichtigung aller Umstände des jeweiligen Einzelfalls „angemessen" im Hinblick auf den Lebensstandard des Stifters sein. Die Frage, was „angemessen" in diesem Sinne ist, ist umstritten, was einerseits zu einer erheblichen Rechtsunsicherheit, andererseits aber zu Gestaltungsspielräumen für den Stifter und seine Familie führt. Die gemeinnützige Stiftung kann damit durchaus im Rahmen einer Nachfolgeregelung zur Versorgung und Absicherung der Familie des Stifters eingesetzt werden. Bei der Frage, ob ein Drittel des Stiftungseinkommens zur Familienversorgung ausreicht, ist zu bedenken, dass es um die Versorgung der Familie mit einem Drittel des steuerbefreiten Einkommens der Stiftung geht; dieser Betrag ist ins Verhältnis zu setzen zum steuerpflichtigen Einkommen beispielsweise einer Familienstiftung oder eines Familienunternehmens.

4.2 Die Stiftung & Co KG

Im Unternehmensbereich wird die Stiftung häufig als persönlich haftende Gesellschafterin einer Kommanditgesellschaft eingesetzt. Komplementärin ist dabei in der Regel eine Familienstiftung, durch die dauerhaft der Einfluss der Stifterfamilie auf das Unternehmen gesichert werden soll. Die Stiftung & Co. KG dient daher in der Regel mehr der unternehmerischen oder rechtlichen Optimierung der Nachfolgeregelung als der steuerlichen Optimierung.

Dennoch genießt die Stiftung & Co. KG in steuerlicher Hinsicht die Vorteile einer Personengesellschaft. Die Stiftung & Co. KG erzielt aber nicht schon allein aufgrund ihrer Rechtsform (wie die GmbH & Co. KG) gewerbliche Einkünfte, sondern nur dann, wenn die steuerrechtlichen Voraussetzungen für eine gewerbliche Tätigkeit tatsächlich vorliegen. Durch eine Stiftung & Co. KG lässt sich daher beispielsweise eine gewerbesteuerfreie Vermögensverwaltung oder Vermietungs- und Verpachtungstätigkeit ohne Inkaufnahme einer unbeschränkten persönlichen Haftung organisieren.

Mit ihren Einkünften ist die Stiftung als persönlich haftende Gesellschafterin der Stiftung & Co. KG unbeschränkt körperschaftsteuerpflichtig. Dies gilt auch für den Fall, dass es sich bei der Komplementärin um eine gemeinnützige Stiftung handeln sollte, da bei dieser durch die Übernahme der persönlichen Gesellschafterhaftung in der Regel ein steuerpflichtiger wirtschaftlicher Geschäftsbetrieb begründet wird.

4.3 Die „Doppelstiftung"

Unter dem Modell der „Doppelstiftung" versteht man die Kombination einer gemeinnützigen Stiftung und einer Familienstiftung bei Unternehmensnachfolgeregelungen. Hierbei werden in der Regel alle nicht unbedingt zur Versorgung des Stifters und seiner Familie erforderlichen Beteiligungen am Unternehmen in eine (steuerbefreite) gemeinnützige Stiftung eingebracht. Hierbei wird vereinbart, dass die Mehrheit der Stimmrechte, d. h. die unternehmerische Verantwortung weiterhin bei den restlichen Beteiligungsanteilen verbleibt, die nicht in die gemeinnützige Stiftung eingebracht werden. Bei der gemeinnützigen Stiftung wird daher kein wirtschaftlicher Geschäftsbetrieb begründet. Mitunter ist auch vorgesehen, dass die gemeinnützige Stiftung durch ein Drittel ihres Einkommens die Versorgung des Stifters und seiner Familie (vergleiche vorstehend Ziffer 4.1.) sichert. Die verbleibenden – in der Regel geringfügigen – Beteiligungen am Unternehmen werden dagegen in eine Familienstiftung eingebracht. Aufgrund der weitgehend vorbehaltenen Stimmrechte geht damit auch die unternehmerische Verantwortung und Kontrolle auf die Familienstiftung über. Auf diese Weise kann ein Großteil der Gewinne des Unternehmens in der gemeinnützigen Stiftung steuerfrei vereinnahmt werden. Die gemeinnützige Stiftung kann damit die Rolle eines Kapitalgebers übernehmen, bleibt dabei jedoch zur Verwirklichung der gemeinnützigen Stiftungszwecke und zur Einhaltung der gemeinnützigkeitsrechtlichen Vorgaben verpflichtet. Demgegenüber wird der Familieneinfluss auf das Unternehmen durch die unternehmensverbundene Familienstiftung dauerhaft gesichert.

Gemeinnützige wie Familienstiftungen bieten daher auch in steuerlicher Hinsicht bei der Unternehmensnachfolge zahlreiche Vorteile und interessante Gestaltungsalternativen.

Weiterführende Literatur:

Andrick/Suerbaum, Stiftung und Aufsicht, München 2001.

Hennerkes/Schiffer, Stiftungsrecht, München 2001.

Martin/Wiedemeier, Stiftungen fördern mit Gewinn, Köln 2002.

Pues/Scheerbarth, Gemeinnützige Stiftungen im Zivil- und Steuerrecht, Frankfurt am Main 2001.

Seifart/v. Campenhausen, Handbuch des Stiftungsrechts, 2. Auflage, München 1999.

Steuerliche Chancen und Risiken beim Wegzug ins Ausland

Markus Lehmann

Inhalt:

	Seite
1. Einleitung	449
2. Die Chance: Steuerersparnis	449
3. Wohnsitzwechsel und Vermeidung der unbeschränkten Steuerpflicht	451
3.1 Vollständige Aufgabe des Wohnsitzes	451
3.2 Vermeidung eines gewöhnlichen Aufenthalts	451
3.3 Doppelwohnsitz und Doppelbesteuerungsabkommen	452
4. Auswirkungen des Wegzugs auf Besteuerung einzelner Einkunftsarten	453
4.1 Einkünfte aus dem privaten Vermögensbereich	453
4.2 Betriebsvermögen und Anteile an Personengesellschaften	456
4.3 Beteiligungen an Kapitalgesellschaften	457
5. Auswirkungen auf Erbschaft- und Schenkungsteuer	460
5.1 Unbeschränkte Steuerpflicht	460
5.2 Beschränkte Steuerpflicht	461
5.3 Internationaler Erbfall und Doppelbesteuerung	462
6. Schlussbemerkung	464

1. Einleitung

In den letzten Jahren gehört es beinahe schon zum sprichwörtlich „guten Ton", seine persönliche Lebensplanung und die damit verbundenen Steuervorteile an die Öffentlichkeit zu tragen. Prominente aus dem In- und Ausland haben es vorgemacht.

Die Chance, steuerliche Vorteile durch einen Umzug ins Ausland zu generieren, steht im Rahmen des gesetzlich Möglichen natürlich jedem zu und ist nicht erst bei Vermögen jenseits eines Lotto-Jackpots bedenkenswert. Der nachfolgende Beitrag soll daher vor dem Hintergrund einiger ausgewählter Bereiche der internationalen Besteuerung steuerliche Vor- und Nachteile einer Verlegung des Domizils ins Ausland aufzeigen.

2. Die Chance: Steuerersparnis

Weltweit existieren vielfältige staatliche Finanzierungskonzepte, wobei die meisten davon auf der laufenden nationalen Besteuerung der im jeweiligen Land erzielten Einkünfte bzw. des in diesem Land gelegenen Vermögens beruhen. Andere Staaten bauen ihr Konzept zur Staatsfinanzierung auf anderen Ertragsquellen auf, was im Allgemeinen zu sehr niedrigen Steuersätzen im Rahmen der laufenden Einkunftsbesteuerung führt und diesen Ländern einen Zufluss großer Auslandsvermögen beschert. Bekannte Beispiele hierfür sind einige Karibikinseln, wie die Bermudas oder die Bahamas, sowie europäische Staaten wie Monaco oder Liechtenstein. In einzelnen Staaten, wie zum Beispiel Andorra, wird derweilen auf die Einkommensteuer gänzlich verzichtet.

Steuerlich attraktive Möglichkeiten ergeben sich auch in unseren Nachbarländern, je nach Art des gehaltenen Vermögens. Ein Umzug nach Österreich kann beispielsweise bereits aus erbschaftsteuerlicher Sicht sinnvoll sein, wenn das Vermögen einer Person vornehmlich aus Kapitalvermögen besteht. Das österreichische Steuerrecht sieht hierfür eine sog. „Endbesteuerung" der Kapitalerträge mit 25 % vor, die verbunden mit der österreichischen unbeschränkten Erbschaftsteuerpflicht gem. § 6 Abs. 1 öErbStG auch die gesamte Nachlassbesteuerung einschließt. Hinzukommen muss lediglich die Inländereigenschaft nach § 6 Abs. 2 öErbStG, die der Erblasser im Zeitpunkt seines Todes innehaben muss. Sollte ein Doppelwohnsitz vorliegen, so ist entscheidend, dass der Mittelpunkt der Lebensinteressen des Erblassers im Todeszeitpunkt in Österreich gelegen hat. Im Endergebnis steht dann auch nach dem Doppelbesteuerungsabkommen (DBA) beider Staaten die Erbschaftsbesteuerung nur dem Wohnsitzstaat des Erblassers zu, also im Beispielsfall Österreich.

Unbedingt zu beachten ist hierbei, dass die oben beschriebene Gestaltungsmöglichkeit jedoch nicht unbesehen auf Schenkungen übertragen werden kann, da Schenkungen ausdrücklich nicht Regelungsbestandteil des deutsch-österreichischen DBA sind.

In Liechtenstein lockt der Fiskus ausländisches Vermögen, das sich im Besitz einer juristischen Person befindet mit einstelligen Steuerquoten an. Die gängigsten Rechtsformen hierbei sind die Aktiengesellschaft (Mindestkapital 50.000 CHF, Gewinnausschüttungen mit 4 % steuerbelastet), das sog. Treuunternehmen mit Rechtspersönlichkeit (Mindestkapital 30.000 CHF, ähnlich dem angelsächsischen Trust, keine Besteuerung für das Halten von Vermögenswerten aller Art) und die Stiftung (Mindestkapital 30.000 CHF, keine Besteuerung auf das Halten von Vermögenswerten).

Ein weiteres Beispiel eines steuergünstigen Umfelds für Unternehmensvermögen ist Irland, welches mit einer nur 12,5 %igen Gewinnbesteuerung lockt. Begriffe wie Gewerbesteuer und Solidaritätszuschlag sind dem irischen Steuerrecht fremd. Als Rechtsform kann beispielsweise die irische „Limited" herangezogen werden, die der deutschen GmbH ähnelt.

Die Aufzählung von Staaten mit generell oder partiell niedrigerer Besteuerung im Vergleich zu Deutschland soll hier des Umfangs wegen nicht weiter ausgedehnt werden. Wichtig erscheint an dieser Stelle nur festzustellen, dass diverse Alternativen bestehen. Um diese im Einzelfall nutzen zu können, bedarf es jedoch sorgfältiger Planung und disziplinierter Ausübung des gewählten Konzepts, um nicht bereits an den Grundvoraussetzungen eines steuerlich wirksamen Wegzugs zu scheitern. Eine zentrale Bedeutung kommt hierbei der Begründung des steuerlichen Wohnsitzes im Ausland zu, was im Folgenden näher erläutert werden soll.[1]

---

[1] Ansässigkeitsbegriff diverser Doppelbesteuerungsabkommen.

3. Wohnsitzwechsel und Vermeidung der unbeschränkten Steuerpflicht

Das deutsche Steuerrecht knüpft die unbeschränkte Steuerpflicht einer natürlichen Person in § 1 Abs. 1 S. 1 EStG daran, ob im Inland ein Wohnsitz oder der gewöhnliche Aufenthalt gegeben ist. Beide Begriffe „Wohnsitz" und „gewöhnlicher Aufenthalt" sind des Weiteren in den §§ 8, 9 AO definiert und über das Einkommensteuerrecht kumulativ miteinander verknüpft. Wer also eine weitreichende Steuerpflicht in Deutschland vermeiden will, darf keine der beiden Definitionen zur inländischen Steuerpflicht erfüllen.

3.1 Vollständige Aufgabe des Wohnsitzes

Der sicherste Weg, seine Zelte im steuerlichen Sinne abzubrechen, ist eine vollständige Aufgabe des Wohnsitzes im Inland. Die Begriffsdefinition in § 8 AO, wonach jemand seinen Wohnsitz dort unterhält, „wo er eine Wohnung unter Umständen innehat, die darauf schließen lassen, dass der Wohnsitz beibehalten und benutzt wird", gibt dabei bereits für sich allein gesehen einen weiten Rahmen vor. Es kommt somit nicht auf den rechtsgeschäftlichen Willen des Steuerpflichtigen an, den er beispielsweise durch Ummeldung seines Wohnsitzes dokumentiert, sondern vielmehr auf die tatsächlichen Verhältnisse und äußeren Umstände.[2]

Zur Umgehung des Wohnsitzbegriffs ist definitionsgemäß erforderlich, dass der Steuerpflichtige über keinerlei Räumlichkeiten ständig verfügen kann, die zum Bewohnen geeignet sind. Ferner darf er diese nicht regelmäßig aufsuchen bzw. benutzen. Das Benutzen einer Wohnstätte im Inland kann beispielsweise bereits dann erfüllt sein, wenn auch nur eine von Freunden unentgeltlich überlassene Wohnung in Anspruch genommen wird. Verheiratete Steuerpflichtige mit Kindern können eine steuerlich wirksame Wohnsitzverlegung ins Ausland generell nicht vollziehen, solange der Wohnsitz von Ehefrau und Kindern im Inland bleibt. Der Bundesfinanzhof hat hierzu entschieden, dass der Wohnsitz bei Ehepaaren mit Kindern immer am Ort der Wohnstätte von Ehefrau und Kindern liegt.[3] Etwas anderes kann nur bei dauernd getrennt Lebenden oder Geschiedenen gelten.

Selbst die Beibehaltung einer Wohnung ausschließlich für Urlaubszwecke im Inland birgt die Gefahr einer unbeschränkten Steuerpflicht.[4]

3.2 Vermeidung eines gewöhnlichen Aufenthalts

Bei völligem Fehlen eines Wohnsitzes definiert der Gesetzgeber in § 9 AO den gewöhnlichen Aufenthalt und damit die unbeschränkte Steuerpflicht im Inland als dort für gegeben, „wo er sich unter Umständen aufhält, die erkennen lassen, dass er an diesem Ort oder in diesem Gebiet nicht nur vorübergehend verweilt."

Dies wird fiktiv immer dann angenommen, wenn sich die Person mehr als sechs Monate zusammenhängend im Inland aufhält. Ein Kalenderjahreswechsel unterbricht diese Zeitspanne ebenso wenig wie kurzfristige Auslandsaufenthalte.[5]

---

[2] Objektiver Wohnsitzbegriff, vgl. BFH v. 23. 11. 1988 II R 139/87, BStBl 1989 II, S. 182.
[3] Vgl. BFH v. 17. 5. 1995, I R 8/94, BStBl II 1996, S. 2.
[4] Vgl. BFH v. 23. 11. 1988, II/R 139/87, BStBl II 1989, S. 182.
[5] Vgl. BFH v. 25. 5. 1988, I R 225/82, BStBl II 1988, S. 944.

3.3 Doppelwohnsitz und Doppelbesteuerungsabkommen

Vor dem Hintergrund der beiden obigen Begriffe „Wohnsitz" und „gewöhnlicher Aufenthalt" ist es nunmehr leicht denkbar, dass nach innerstaatlichem Recht (hierzulande §§ 8, 9 AO) in beiden Staaten, also im bisherigen Wohnsitzstaat wie auch im Staat des Zuzuges Wohnstätten unterhalten werden. In diesen Fällen spricht man von einem Doppelwohnsitz. Die steuerlichen Folgen hieraus hängen von der Regelung ab, die das mit dem jeweiligen Staat geschlossene DBA vorsieht. Als Grundlage der DBA sieht das OECD-Musterabkommen hierzu in Artikel 4 Abs. 1 den Ansässigkeitsbegriff vor. Für den Fall eines Doppelwohnsitzes ist die Person in dem Staat als „ansässig" zu bezeichnen, zu „dem sie die engeren persönlichen und wirtschaftlichen Beziehungen hat (Mittelpunkt der Lebensinteressen)". Die nach § 1 Abs. 1 EStG eigentlich bestehende unbeschränkte inländische Steuerpflicht wird durch den abkommensrechtlichen Ansässigkeitsstatus in Verbindung mit § 2 AO[6] verdrängt, was den Ansässigkeitsstaat in den überwiegenden Genuss der Besteuerungsrechte auf die persönlichen Einkünfte bringt.[7] Der Ansässigkeitsstaat ist ferner für die Zuweisung der Besteuerungsrechte der jeweiligen Einkunftsarten von zentraler Bedeutung, und muss daher in Fällen eines Doppelwohnsitzes im Rahmen einer mehrstufigen Prüfung gesondert bestimmt werden.

Dem jeweils anderen Staat –in diesem Zusammenhang auch als Quellenstaat bezeichnet- verbleibt lediglich die eingeschränkte Besteuerung von in diesem Staat erzielten Einkünften (z. B. Quellensteuern auf Dividenden, Besteuerung von Einkünften aus Immobilien und Betriebsstätten).

Die DBA unterscheiden im Zusammenhang mit der Zuweisung der Besteuerungsrechte zwischen Freistellungs- und Anrechnungsmethode. Nur die Freistellungsmethode vermeidet eine Besteuerung in beiden Staaten durch ausschließliche Zuweisung des Besteuerungsrechts an einen der beiden Staaten, während die Anrechnungsmethode die Doppelbesteuerung durch Anrechnung der im Quellenstaat erhobenen Steuern beseitigt.

Verschiedene Abkommen sehen hierzu jedoch Ausnahmetatbestände vor. Das DBA mit der Schweiz wartet beispielsweise mit den zwei folgenden wesentlichen Ausnahmen in diesem Bereich auf:
- Die Zuweisung des Besteuerungsrechts an die Schweiz und damit der Schutz des Abkommens entfällt, soweit in der Schweiz eine Vorzugsbesteuerung (als diese gilt die sog. Schweizer Pauschalbesteuerung) gewährt wird.[8]
- Ferner hat Deutschland gem. Art. 4 Abs. 4 DBA-Schweiz unter bestimmten Voraussetzungen ein erweitertes Besteuerungsrecht unabhängig von anderen Regelungen des Doppelbesteuerungsabkommens für maximal sechs Jahre auf Ein-

---

[6] „Verträge mit anderen Staaten im Sinne des Artikel 59 Abs. 2 Satz 1 des Grundgesetzes über die Besteuerung gehen, soweit sie unmittelbar anwendbares innerstaatliches Recht geworden sind, den Steuergesetzen vor."

[7] Beispielsweise Zinsen, Dividenden, Veräußerungsgeschäfte aus Anteilen, Lizenzen u. ä.

[8] Kann umgangen werden, indem in der Schweiz ein Antrag auf modifizierte Pauschalbesteuerung gestellt wird, wonach nur noch die aus der Schweiz stammenden Einkünfte pauschal besteuert werden.

künfte, die in Deutschland erzielt werden und auf in Deutschland gelegenen Vermögenswerten beruhen.[9] In der Literatur spricht man hierbei auch von einer überdachenden oder konkurrierenden Besteuerung.

4. Auswirkungen des Wegzugs auf Besteuerung einzelner Einkunftsarten

Hat unter den oben dargestellten Rahmenbedingungen der Steuerpflichtige seinen Wohnsitz und den gewöhnlichen Aufenthalt steuerlich wirksam ins Ausland verlagert und damit seine unbeschränkte Steuerpflicht in Deutschland gelöst, so unterliegen Einkünfte aus deutschen Einkunftsquellen grundsätzlich weiterhin der (nunmehr) beschränkten Steuerpflicht (§ 49 ff. EStG). Diese beschränkte Einkommensteuerpflicht kommt jedoch nur dann zur Anwendung, wenn die abkommensrechtlichen Bestimmungen mit dem betreffenden Ansässigkeitsstaat eine Besteuerung für die betreffenden Einkünfte zulassen. Nachfolgend sollen einzelne Einkunftsquellen auf ihre Besteuerung im Rahmen der beschränkten deutschen Steuerpflicht bzw. auf davon abweichende Regelungen nach dem Musterabkommen untersucht werden. Es wird sich dabei zeigen, dass einzelne Einkunftsbereiche hohe Risiken einer sofortigen Besteuerung bereits im Zeitpunkt des Wegzugs in sich bergen.

4.1 Einkünfte aus dem privaten Vermögensbereich
4.1.1 Einkünfte aus nichtselbständiger Arbeit

In Fällen, in denen der Steuerpflichtige nach Wegzug weiterhin ein Anstellungsverhältnis und damit eine nichtselbständige Tätigkeit im Inland ausübt, ist das alleinige Besteuerungsrecht grundsätzlich dem Tätigkeitsstaat vorbehalten (Tätigkeitsprinzip). Der Tätigkeitsstaat definiert sich in diesem Zusammenhang dergestalt, dass der Ort, an dem der Arbeitnehmer in Erfüllung seiner arbeitsrechtlichen Pflichten körperlich tätig wird, als der maßgebende heranzuziehen ist. Nach Artikel 15 OECD-Musterabkommen bedeutet dies, dass Deutschland im Beispielsfall grundsätzlich das beschränkte Besteuerungsrecht für das Arbeitseinkommen behalten würde.

Eine davon abweichende Regelung der Besteuerung im Wegzugsstaat ergibt sich nur dann, wenn der Steuerpflichtige die sog. Grenzgängerregelung erfüllt,[10] oder ein Fall der „183-Tage-Klausel"[11] gegeben ist. Der Gestaltungsspielraum ist in diesem Bereich durch die eng gefasste Normierung eher gering.

Eine Durchbrechung des Tätigkeitsprinzips an sich kann wiederum bei Geschäftsführergehältern vorliegen. Einige DBA (z. B. Belgien, Dänemark, Japan, Schweiz und ab 2003 auch Österreich) sehen für diesen Bereich Sonderregelungen

---
[9] Vgl. *Debatin/Wassermeyer*, Kommentar zum Doppelbesteuerungsabkommen-Schweiz, Art. 4, Tz. 95 ff.
[10] Vgl. in verschiedenen Doppelbesteuerungsabkommen von angrenzenden Staaten Art. 9 Abs. 3.
[11] Vgl. *Debatin/Wassermeyer*, Kommentar zum OECD-Musterabkommen, Art. 15, Tz. 91 ff.

vor, die im Einzelfall zu analysieren sind. Im Ergebnis kann sich abweichend vom Tätigkeitsort des Geschäftsführers eine Steuerpflicht im Sitzstaat der Gesellschaft ergeben. Vor einem überhöhten Lohnsteuerabzug ist in jedem Fall die genaue DBA-Regelung zu prüfen, da im Nachgang die Vermeidung einer Doppelbesteuerung langwierig sein kann und oft nur im Verständigungsverfahren beider Staaten zu erreichen ist.[12]

4.1.2 Einkünfte aus Kapitalvermögen
Unter dem Begriff der Einkünfte aus Kapitalvermögen können in diesem Fall insbesondere Zinsen für Einlagen und Gewinnausschüttungen von deutschen Kapitalgesellschaften zusammengefasst werden. Sofern es sich hierbei nicht um den Sonderfall der dinglich besicherten verzinslichen Wertpapiererträge handelt, ist dem Grundsatz nach das Besteuerungsrecht dem ausländischen Ansässigkeitsstaat zuzurechnen. In Deutschland verbleibt es lediglich bei einer abgeltenden Quellenbesteuerung, die im Fall der Dividenden abkommensrechtlich auf 15 % begrenzt wird, sofern es sich beim Empfänger nicht um eine wesentlich beteiligte Kapitalgesellschaft handelt.[13] Im Fall der Zinsen sieht das Musterabkommen grundsätzlich eine Beschränkung auf 10 % des Zinsbruttobetrages vor.[14] Eine hiervon abweichende Regelung sieht beispielsweise das Doppelbesteuerungsabkommen mit Österreich vor, das die Abzugsbegrenzung auf Zinsen nur im Falle des Doppelwohnsitzes kennt. Die in Deutschland veranschlagten Steuerabzugsbeträge können im Regelfall bei der Besteuerung im Ansässigkeitsstaat nach den dort geltenden Grundsätzen zur Anrechnung gebracht werden.

4.1.3 Einkünfte aus Vermietung und Verpachtung von Grundbesitz
Die laufenden Erträge aus der Überlassung von Immobilien bleiben generell in dem Staat steuerpflichtig, in dem das Vermögen liegt (Belegenheitsprinzip). In Deutschland gelegener Grundbesitz ist somit nach § 49 Abs. 1 Nr. 6 EStG im Inland beschränkt steuerpflichtig. Die meisten Doppelbesteuerungsabkommen sehen dabei zur Vermeidung der Doppelbesteuerung im Ansässigkeitsstaat die Freistellung dieser Einkünfte unter Anwendung des Progressionsvorbehalts vor. Einige wenige Abkommen (z. B. mit der Schweiz) wenden das Anrechnungsverfahren in Bezug auf die jeweils im anderen Staat auf diese Einkünfte entrichteten Steuern an.

4.1.4 Einkünfte aus privaten Veräußerungsgeschäften
Tätigt der Steuerpflichtige nach seinem Wegzug im Inland sogenannte private Veräußerungsgeschäfte i. S. § 22 Nr. 2 i. V. § 23 EStG, fallen diese grundsätzlich ebenso unter die beschränkte Steuerpflicht. In § 49 Abs. 1 Nr. 8 EStG wird aber ausdrück-

---

[12] Vgl. hierzu auch *Holthaus*, „Geschäftsführergehälter im Abkommensrecht", in: Internationale Wirtschaftsbriefe, Gruppe 2 – International, S. 1751.
[13] Vgl. Art. 10 Abs. 2 OECD-MA.
[14] Vgl. Art. 11 Abs. 2 OECD-MA.

lich nur von Veräußerungsgeschäften mit im Inland gelegenem Grundbesitz gesprochen. Für diese entsteht eine Steuerpflicht bei Veräußerung innerhalb der 10-jährigen Spekulationsfrist des § 23 Abs. 1 S. 1 Nr. 1 EStG. Für Anteile an Kapitalgesellschaften greift die beschränkte Steuerpflicht ausdrücklich nur dann, wenn es sich um Veräußerungen wesentlicher Beteiligungen gemäß § 17 EStG handelt, die immer dann gegeben sind, wenn der Anteilseigner „innerhalb der letzten fünf Jahre am Kapital der Gesellschaft unmittelbar oder mittelbar zu mindestens 1 vom Hundert beteiligt war." Für nicht wesentliche Beteiligungen greift also keinerlei deutsche Besteuerung ein, auch wenn diese innerhalb der anzuwendenden Spekulationsfrist von einem Jahr (§ 23 Abs. 1 S. 1 Nr. 2 EStG) gewinnbringend veräußert werden.

4.1.5 Auswirkungen bei Wegzug in ein „Niedrigsteuerland"

Ein Hauptaugenmerk bei der steuerlichen Gestaltung einer Wohnsitzverlegung ins Ausland ist auf das deutsche Außensteuergesetz (AStG) zu legen. Für den Einkunftsbereich von natürlichen Personen ist dabei als zentrale Vorschrift § 2 AStG zu nennen. Der Gesetzgeber will mit dieser Vorschrift einen Wegzug in ein Niedrigsteuerland durch eine fortgesetzte unbeschränkte Einkommensteuerpflicht über 10 Jahre (im Anschluss an einen Wegzug) erschweren.

Die Vorschrift des § 2 AStG kommt zur Anwendung, wenn der Steuerpflichtige
– in den letzten zehn Jahren mindestens fünf Jahre unbeschränkt steuerpflichtig gewesen ist,
– in einem im Verhältnis zum Inland niedrig besteuernden Land ansässig ist
– und weiterhin wesentliche wirtschaftliche Interessen im Inland bestehen.

Eine niedrige Besteuerung in diesem Sinne liegt immer dann vor, wenn der Steuersatz im Zuzugsstaat eine absolute Grenze von rund 24,5 % unterschreitet oder steuerliche Vorzüge aufgrund des Zuzugs gewährt werden, die von den allgemeinen Besteuerungsgrundsätzen abweichen.

Wesentliche wirtschaftliche Interessen liegen im Einzelnen immer dann vor, wenn eine Mitunternehmerstellung zu einer inländischen Personengesellschaft besteht, eine wesentliche Beteiligung (>1 %) an einer inländischen Kapitalgesellschaft vorliegt, das Inlandseinkommen über Euro 62.000,– liegt bzw. mehr als 30 % des Welteinkommens ausmacht oder das Inlandsvermögen eine Grenze von Euro 154.000,– überschreitet bzw. dessen Anteil am gesamten Weltvermögen über 30 % liegt.

Sind diese Tatbestandsvoraussetzungen erfüllt, legt § 2 Abs. 1 AStG eine Art eigenes Mengengerüst für die einzubeziehenden Einkünfte fest. Es gilt zwar nach wie vor die beschränkte deutsche Steuerpflicht; jedoch negiert das Außensteuergesetz an dieser Stelle im Endeffekt die Anwendung der §§ 49ff. EStG indem es auf alle im Inland erzielten Einkünfte gemäß § 2 Abs. 1 S. 1 EStG und damit auf alle denkbaren Einkunftsarten abstellt. Diese Vorgehensweise des Gesetzgebers wird auch als erweitert beschränkte Steuerpflicht bezeichnet und umfasst nahezu alle Inlandseinkünfte. Für einen Zeitraum von insgesamt zehn Jahren unterliegen somit auch Einkünfte der Besteuerung, die über die beschränkte Steuerpflicht i.S.d. § 49 EStG hinaus als inländische Einkünfte nach § 2 Abs. 1 S. 1 EStG gelten. Der Gesetzgeber schließt hiermit sozusagen die Besteuerungslücke zwischen den in § 49 EStG genannten Inlandseinkünften und den eigentlich ausländischen Einkünften des § 34d EStG.[15]

Als weiteres Erschwernis kommt hinzu, dass nach dieser Vorschrift für den genannten 10-Jahreszeitraum der für die Inlandseinkünfte maßgebliche Steuersatz auf Basis des gesamten Welteinkommens zu ermitteln ist. Der Steuerpflichtige hätte damit der deutschen Finanzverwaltung seine gesamten Welteinkünfte offen zu legen[16], was in der Praxis zu erheblichem Deklarationsaufwand führen kann. Aus Vereinfachungsgründen kann gegenüber der deutschen Finanzverwaltung der inländische Spitzensteuersatz angewandt werden.

Hinzuweisen ist in diesem Zusammenhang jedoch darauf, dass auch für das Außensteuerrecht die Vorrangigkeit von bilateralen Verträgen gem. § 2 AO gilt, sodass § 2 AStG nur dann seine Wirkung entfalten kann, wenn er nicht durch eine entsprechende DBA-Regelung verdrängt wird. Mit verschiedenen sog. „Steueroasen" unterhält Deutschland jedoch gerade keine Doppelbesteuerungsabkommen, was zu oben beschriebenen Konsequenzen führt. Eine abkommensrechtliche Besonderheit besteht ferner mit der Schweiz, da sich Deutschland mittels der überdachenden Besteuerung ein besonderes Zugriffsrecht im Rahmen der schweizerischen DBA-Regelungen vorbehalten hat.[17]

4.2 Betriebsvermögen und Anteile an Personengesellschaften

Durch eine Wohnsitzverlegung ins Ausland besteht immer die Gefahr, dass Deutschland sein Besteuerungsrecht auf stille Reserven verliert, die sowohl im Betriebsvermögen als auch in einigen Bereichen des steuerlichen Privatvermögens (in Folge historisch bedingter niedriger Buchwerte oder in immateriellen Werten, wie Geschäfts- oder Firmenwerten) „geparkt" sein können. Für diese Fälle versucht sich der deutsche Gesetzgeber die Besteuerung zu sichern, indem er verschiedene fiktive Besteuerungstatbestände geschaffen hat, die allein durch die Beendigung der unbeschränkten Steuerpflicht ausgelöst werden und die unabhängig von der Besteuerungshöhe im Zuzugsland (Stichwort „Niedrigsteuerland") zur Anwendung kommen. Diese Regelungen werden unter dem Begriff der „Entstrickungsbesteuerung" zusammengefasst.

Für inländisches Betriebsvermögen ist diese Besteuerungssystematik unkritisch, da im Regelfall auf die Lage der Betriebsstätte abzustellen ist. Nach dem abkommensrechtlichen Betriebsstättenprinzip[18] steht das Besteuerungsrecht demjenigen Staat zu, in dem die Betriebsstätte liegt. Ausnahmen hiervon können sich lediglich

---

[15] Vgl. auch *Carlé*, „Wohnsitzverlegung in ein Niedrigsteuerland – Gestaltungshinweise", in: Kölner Steuerdialog, Ausgabe 2002/09, S. 13432 ff.
[16] Außensteuerlicher Progressionsvorbehalt gem. § 2 Abs. 5 AStG i. V. m. § 32b EStG.
[17] Vgl. Gliederungspunkt 3.3.
[18] Vgl. Artikel 7 OECD-MA.

in Fällen der fiktiven Betriebsaufgabe und der Aufgabe der inländischen Betriebsstätte ergeben.[19]

Für Beteiligte an inländischen Personengesellschaften stellt die Entstrickungsbesteuerung kein Problem dar, da wegen der inländischen Betriebsstätten der Besteuerungszugriff für Deutschland über das Betriebsstättenprinzip erhalten bleibt. Ein Problemfeld für den Bereich der Personengesellschaften tut sich jedoch im Rahmen einzelner Abkommen für die Fälle auf, in denen der Steuerpflichtige eine doppelte Ansässigkeit eingeht. Im Verhältnis zu den USA beinhaltet das DBA beispielsweise dem Grundsatz nach eine zum Musterabkommen analoge Regelung des Artikel 4, was die Festlegung des Ansässigkeitsstaates betrifft. Jedoch haben sich gerade die USA eine vom Abkommen abweichende Besteuerungsmöglichkeit mit der sog. „saving clause" vorbehalten, die unter anderem die unbeschränkte Besteuerungsmöglichkeit der USA vom einwanderungsrechtlichen Visastatus des Steuerpflichtigen abhängig macht. Ein entsprechendes Einwanderungsvisum („lawful permanent resident") vorausgesetzt, kann dies eine unbeschränkte Steuerpflicht in den USA bedeuten, während abkommensrechtlich, beispielsweise durch den Mittelpunkt der Lebensinteressen, das Besteuerungsrecht Deutschland zusteht.[20] Es ergibt sich eine echte doppelte unbeschränkte Besteuerung, die allerdings im Wege der Anrechnung der im jeweils anderen Staat entrichteten Steuern abgemildert wird.

Gerade für Personengesellschafter ergeben sich hieraus neben den zeitlichen Verzögerungen in der gegenseitigen Steueranrechnung Risiken in der Diskrepanz der jeweils zu Grunde liegenden Gewinnermittlungsgrundsätze. Ferner können Probleme in der Gleichbehandlung von vermögensverwaltenden Personengesellschaften entstehen, die in Deutschland als rein gewerblich geprägt gelten und deren Behandlung in der Zuordnung der Einkunftsart aus amerikanischer Sicht unterschiedlich ausfallen kann. Dem amerikanischen Steuerrecht ist nämlich eine gewerbliche Prägung, also eine rechtsformabhängige Qualifizierung von Einkünften fremd.[21] Im Übrigen ergeben sich bei Personengesellschaften regelmäßig Probleme in Bezug auf Abkommensberechtigung und Zuweisung von Besteuerungsrechten, zumal im Ausland die in Deutschland geltenden Besteuerungsgrundsätze für Personengesellschaften mit Ihrem weit gefassten Betriebsvermögensbegriff (Stichworte „Sonderbetriebsvermögen", „Sondervergütungen") regelmäßig nicht zur Anwendung kommen.

4.3 Beteiligungen an Kapitalgesellschaften

Das Besteuerungsrecht für Anteile an Kapitalgesellschaften steht nach den meisten Abkommen dem Ansässigkeitsstaat zu. Damit verliert Deutschland sein Besteuerungsrecht im Zuge eines Wegzugs. Der deutsche Gesetzgeber hat für diesen Bereich zwei Sondervorschriften geschaffen, die im Zeitpunkt des Wegzugs unter bestimm-

---

[19] Vgl. beispielsweise BFH-Urteile v. 13. 6. 1976, I R 261/70, BStBl II 1977, S. 76, v. 28. 4. 1971, I R 55/66, BStBl II 1971, S. 630, mit weiteren Beispielen Bader, „Wohnsitzverlegung ins Ausland", in: INF (Information über Steuer und Wirtschaft) 17/2002, S. 525.
[20] Vgl. *Debatin/Wassermeyer*, Kommentar zum Doppelbesteuerungsabkommen-USA, Art. 4, Tz. 2, 25 ff.
[21] Vgl. obiger Kommentar, zu Art. 7, Tz. 48.

ten Voraussetzungen eine fiktive Besteuerung aller in den Anteilen ruhenden stillen Reserven auslösen.

4.3.1 „Wesentliche" Anteile

Wie bereits zu Gliederungspunkt 4.1.4 kurz dargestellt ist ein Steuerpflichtiger immer dann wesentlich i. S. d. § 17 EStG an einer Kapitalgesellschaft beteiligt, wenn er in den letzten fünf Jahren mittel- oder unmittelbar zu mindestens 1 % beteiligt war.

Personen die bislang mindestens 10 Jahre unbeschränkt steuerpflicht waren und durch Wegzug ins Ausland diesen Status beenden, fallen mit einer wesentlichen Beteiligung unter die Anwendung des § 6 AStG. Bei zwischenzeitlichen Unterbrechungen der Steuerpflicht sind alle Zeiträume zusammenzuzählen. Im Übrigen muss sich der Steuerpflichtige im Falle einer schenkweisen Übertragung von Gesellschaftsanteilen die Zeiten der unbeschränkten Steuerpflicht seines Rechtsvorgängers anrechnen lassen.

Im Anwendungsfall fingiert die Vorschrift eine Veräußerungsbesteuerung analog zu § 17 EStG, ohne dass ein Verkauf tatsächlich stattfindet und unabhängig davon, ob es sich bei dem Zuzugsland um ein Niedrig- oder Hochsteuerland handelt. Besteuert wird der Wertzuwachs zwischen den ursprünglichen historischen Anschaffungskosten der Anteile (ggf. Anteil am Stammkapital bei Gründungsgesellschafter) und dem gemeinen Wert im Zeitpunkt des Wegzugs. Der gemeine Wert ist in aller Regel nach dem sog. Stuttgarter Verfahren zu ermitteln, sofern kein Börsen- oder Marktpreis vorliegt.[22] Der so errechnete fiktive Veräußerungsgewinn ist seit dem Jahr 2001 zur Hälfte steuerpflichtig (Halbeinkünfteverfahren).

Ausdrücklich erwähnt sei die Tatsache, dass bei einem nur vorübergehenden Auslandsaufenthalt eine Besteuerung entfällt, soweit der Steuerpflichtige die Anteile nicht veräußert und innerhalb von fünf Jahren seine unbeschränkte Steuerpflicht wieder aufnimmt. Die Frist verlängert sich auf Antrag um weitere fünf Jahre, sofern hierfür berufliche Gründe glaubhaft gemacht werden. In der Praxis wird die Finanzverwaltung die Besteuerung jedoch nur gegen Hingabe einer entsprechenden Sicherheit aussetzen.

Zu beachten ist des Weiteren, dass bei einer späteren tatsächlichen Veräußerung der Anteile eine erneute Besteuerung nach jeweiligem Recht des ausländischen Wohnsitzstaates droht. Während Deutschland für einen Zugriff im Rahmen der dann vorliegenden beschränkten Steuerpflicht das Wertniveau der damaligen Besteuerungsfiktion anerkennt, ist dies in vielen Doppelbesteuerungsabkommen nicht ausreichend geregelt. Einzelne Länder erkennen zwar ebenfalls diese Wertanknüpfung an (z. B. DBA-Schweiz und -USA) oder nehmen eine Anrechnung der nach § 6 AStG in Deutschland entrichteten Steuer vor (z. B. DBA-Kanada). In anderen Staaten fehlt eine hinreichende Regelung jedoch völlig und es kann nur im Verständigungsverfahren eine echte Doppelbesteuerung vermieden werden. Zu beachten ist,

---

[22] Vgl. *Flick/Wassermeyer/Baumhoff*, Kommentar zum Außensteuerrecht, § 6 AStG, Rz. 30.

dass dies jedoch mit Ländern, zu denen keine abkommensrechtliche Vereinbarung besteht, nicht möglich ist.

Zur Vermeidung einer drohenden Entstrickungsbesteuerung bietet sich eine zeitlich vorgelagerte steuerneutrale Umwandlung der Kapitalgesellschaft beispielsweise in eine GmbH & Co. KG an, für die eine Entstrickungsbesteuerung nach § 6 AStG dann nicht mehr anwendbar ist.

4.3.2 „Einbringungsgeborene" Anteile

Neben dem steuerlichen Merkmal der Wesentlichkeit können Anteile einer Kapitalgesellschaft auch die Definition sog. „einbringungsgeborener" Anteile erfüllen. Dies ist immer dann gegeben, wenn der Anteilseigner seine Beteiligung „durch eine Sacheinlage [...] unter dem Teilwert erworben hat".[23]

Im Fall eines Wegzugs sieht § 21 Abs. 2 S. 1 Nr. 2 UmStG einen eigenen fiktiven Veräußerungstatbestand vor, der dem des § 6 AStG zwar vorgeht, diesem in seiner Berechungssystematik zur Ermittlung der Besteuerungsgrundlage jedoch gleicht.

Ein gravierender Unterschied zu § 6 AStG (wesentliche Beteiligungen) besteht darin, dass § 21 UmwStG keine Rückzugsklausel für den Fall eines nur vorübergehenden Auslandsaufenthalts vorsieht. Dies hat zur Folge, dass bei einem späteren Rückzug und einer erneut auflebenden unbeschränkten Steuerpflicht keine Möglichkeit zur Vermeidung der Besteuerungsfolgen mittels Antrag gegenüber der deutschen Finanzverwaltung besteht. Eine analoge Anwendung der Regelung des § 6 Abs. 4 AStG im Billigkeitswege auch im Rahmen des § 21 UmwStG wird in der Literatur ausgeschlossen.[24]

Aus aktuellem Anlass ist jedoch fraglich, wie lange der deutsche Gesetzgeber vor dem Hintergrund der Konformität mit dem Europarecht beide Vorschriften (§ 6 AStG, § 21 Abs. 2 UmwStG) in derzeitiger Form beibehalten kann. In einem aktuellen Urteil (EuGH-Urteil vom 11. 3. 2004, Rechtssache Hughes de Lasteyrie du Saillant) hat der Europäische Gerichtshof entschieden, dass die französische Regelung zur Wegzugsbesteuerung gegen die Niederlassungsfreiheit nach Artikel 43 EG-Vertrag verstößt. Da die französische Regelung in weiten Teilen § 6 AStG entspricht, wird der Gesetzgeber reagieren und die Vorschrift abändern müssen. Daneben dürfte auch fraglich sein, ob die Vorschrift des § 21 Abs. 2 UmwStG dem Grundsatz der Niederlassungsfreiheit entspricht. Der Gesetzgeber ist nunmehr zum Handeln aufgefordert, wobei insbesondere Fälle des Wegzuges in einen anderen Mitgliedsstaat betroffen sind. Steuerpflichtige sollten daher versuchen, entsprechende Veranlagungsfälle offen zu halten. Eine Aussage über Sachverhalte, die über die europäischen Grenzen hinausgehen, hat der EuGH bislang nicht getroffen.

---

[23] Vgl. § 21 Abs. 1 S. 1 Umwandlungssteuergesetz.
[24] Vgl. *Widmann/Mayer*, Kommentar zum Umwandlungsrecht, UmwStG § 21, Anm. 232.

5. Auswirkungen auf Erbschaft- und Schenkungsteuer

Neben den einkommensteuerlichen Rechtsfolgen eines Wegzugs kommt der Erbschaft- und Schenkungsteuerplanung im Vorfeld einer Wohnsitzverlegung erhebliche Bedeutung zu. Beim Weggang ins Ausland hält der deutsche Gesetzgeber verschiedenste Regelungen parat, um sich ein möglichst umfangreiches und lang andauerndes Besteuerungsrecht zu sichern. Ferner müssen im Verhältnis zum jeweils anderen Staat die internationalen Besteuerungsregeln genauestens analysiert und beachtet werden, um in größerem Maße Doppelbesteuerungen zu vermeiden.

5.1 Unbeschränkte Steuerpflicht

Die unbeschränkte Erbschaft- und Schenkungsteuerpflicht ist sehr weit gefasst und knüpft sowohl an die Belegenheit des Vermögens, als auch an die Inländereigenschaft der beteiligten Personen im Zeitpunkt der Übertragung. Die unbeschränkte Steuerpflicht ist im Erbschaftsteuergesetz sowohl für Fälle der Schenkung als auch für Erbfälle sehr weit gefasst. Hierbei genügt es, wenn einer der Beteiligten (Erblasser, Schenker, Erbe, Beschenkter) im Zeitpunkt des Vermögensanfalls Inländer ist (§ 2 Abs. 1 S. 1 ErbStG). Hierfür ist maßgeblich, dass ein Beteiligter im Inland entweder Wohnsitz (§ 8 AO) oder gewöhnlichen Aufenthalt (§ 9 AO) hat.[25] Zu den Begriffen Wohnsitz und gewöhnlicher Aufenthalt kann auf die Ausführungen unter Gliederungspunkt 3. dieses Beitrags verwiesen werden, wobei darauf zu achten ist, dass für erbschaft- und schenkungsteuerliche Zwecke allein das Innehaben einer Wohnung genügt und somit nicht der tatsächliche Aufenthalt oder gar die „183-Tage-Regelung" zur Anwendung kommt.

Für die Begründung der unbeschränkten Steuerpflicht ist auch die deutsche Staatsangehörigkeit ausdrücklich nicht von Bedeutung. Bereits ein Nebenwohnsitz (neben diversen Wohnstätten) im Inland reicht aus; es ist auch nicht auf einwohnermelderechtliche An- bzw. Abmeldungen abzustellen.

Im Falle der unbeschränkten Steuerpflicht unterliegt grundsätzlich das gesamte Weltvermögen des Steuerpflichtigen der deutschen Erbschaftsteuer.[26] Während das Inlandsvermögen jedoch den deutschen Bewertungsgrundsätzen unterliegt und teilweise erhebliche Bewertungsvorteile genießt,[27] ist das Auslandsvermögen stets mit seinem gemeinen Wert bzw. einem zeitnahen Verkehrswert heranzuziehen (§§ 31, 12, 9 BewG). Die sich hieraus im Einzelfall ergebenden Bewertungsunterschiede können vor allem bei Grundbesitz (bei Lage im Inland sog. Bedarfswertermittlung) und Beteiligungen an Kapitalgesellschaften (bei Inlandsbeteiligungen Bewertung nach Stuttgarter Verfahren) gravierend ausfallen.

Eine besondere Art der Steuerpflicht hat der deutsche Gesetzgeber für Staatsangehörige vorgesehen. Diese auch als erweitert unbeschränkte Steuerpflicht bezeich-

---

[25] Vgl. § 2 Abs. 1 S. 2 Buchstabe a) ErbStG; gleiches gilt nach § 2 Abs. 1 S. 2 Buchstabe d) ErbStG für Körperschaften, Personenvereinigungen und Vermögensmassen, die ihre Geschäftsleitung (§ 10 AO) oder ihren Sitz (§ 11 AO) im Inland haben.
[26] Ausnahmen hiervon durch einzelne DBA-Regelungen möglich.
[27] Vgl. den Beitrag von Fischer.

nete Einstufung trifft all diejenigen, die trotz der völligen Aufgabe von Wohnsitz und gewöhnlichem Aufenthalt die deutsche Staatsbürgerschaft besitzen. Für einen Zeitraum von fünf Jahren ist das gesamte Vermögen weiterhin in Deutschland steuerverhaftet, ohne dass ein örtlicher Bezug des Vermögensinhabers zum Inland besteht. Irrelevant ist in diesem Zusammenhang, wie lange die Person vor ihrem Wegzug im Inland die unbeschränkte Steuerpflicht inne hatte; entscheidend ist allein die Staatsbürgerschaft.[28]

Eine Steuerpflicht innerhalb des Fünfjahreszeitraums kann nur durch Aufgabe der deutschen Staatsbürgerschaft vermieden werden, was in aller Regel nach den Vorschriften des Staatsangehörigkeitsgesetzes (StAG) in der Praxis nur durch Annahme einer ausländischen Staatsbürgerschaft[29] erreicht werden kann. Dies kann insbesondere Schwierigkeiten bereiten, wenn der auserkorene Staat an die Vergabe seiner Staatsbürgerschaft besondere persönliche oder zeitliche Erfordernisse knüpft.

5.2 Beschränkte Steuerpflicht

Die beschränkte Steuerpflicht nach deutschem Erbschaft- und Schenkungsteuerrecht ist in § 2 Abs. 1 Nr. 3 ErbStG geregelt und greift in allen Fällen nach einer Verlegung von Wohnsitz und gewöhnlichem Aufenthalt ins Ausland ein, in denen nicht die Voraussetzungen der erweitert unbeschränkten Steuerpflicht vorliegen.

Die Vorschrift definiert gleichzeitig das Mengengerüst des steuerlichen Zugriffs – „den Vermögensanfall, der in Inlandsvermögen [...] besteht"- und verweist insoweit auf die einschlägige Vorschrift des § 121 Bewertungsgesetz. Der Umfang ist dort mittels abschließender Aufzählung geregelt, wobei nicht alle Vermögensteile erfasst sind, die sich im Inland befinden. Ausgenommen sind insbesondere inländische Bank- und Sparguthaben sowie Wertpapierdepots bei Banken, Beteiligungen an Kapitalgesellschaften mit Sitz im Ausland, ungesicherte Forderungen gegenüber inländischen Schuldnern (insbesondere Ansprüche aus inländischen Versicherungsverträgen, Geldvermächtnisse und Pflichtteilsansprüche) sowie inländischer Hausrat.

Im Rahmen der beschränkten Steuerpflicht ist die Besteuerung von Beteiligungen an inländischen Kapitalgesellschaften gesondert geregelt, die zur Besteuerung erst dann herangezogen werden, wenn der Steuerpflichtige „allein oder zusammen mit anderen ihm nahe stehenden Personen"[30] zu mindestens einem Zehntel beteiligt ist. Als nahe stehende Personen sind hierbei der nächste Verwandtenkreis oder eine andere Kapitalgesellschaft, an der eine wesentliche Beteiligung (hier mind. 25 %) besteht, zu nennen.

Ähnlich der ertragsteuerlichen Vorschrift, existiert auch für die Erbschaft- und Schenkungsteuer eine verschärfende Sondervorschrift für den Wegzug in niedrig besteuernde Länder, wonach in analoger Anwendung für einen Zeitraum von zehn Jahren das gesamte im Inland befindliche Vermögen, also inklusive der vom Begriff des Inlandsvermögens in § 121 BewG nicht erfassten Bereiche, erweitert beschränkt

---

[28] Ausnahmen hierzu in den DBA mit Österreich und USA siehe Gliederungspunkt 5.3.1 diese Beitrags.
[29] Vgl. § 25 StAG.
[30] Vgl. § 121 Nr. 4 BewG i. V. § 1 Abs. 2 AStG.

steuerpflichtig wird. Eine niedrige Besteuerung liegt hierbei immer dann vor, wenn die entsprechende ausländische Steuer auf die nunmehr zusätzlich steuerverhafteten Vermögensteile[31] nicht mindestens 30 % des deutschen Besteuerungsniveaus ausmacht.[32]

5.3 Internationaler Erbfall und Doppelbesteuerung

Das deutsche Erbschaftsteuerrecht ist in weiten Teilen durch seine sehr enge Bindung an das inländische Zivilrecht geprägt. Darin ist auch der Hauptgrund zu suchen, warum bei Erbfällen mit internationalem Bezug der Klärung einer Anwendbarkeit von Rechtsgebilden des ausländischen Privatrechts auf den jeweiligen Erbfall eine hohe Bedeutung beizumessen ist. Ist die Vermögensübertragung nach materiell ausländischem Recht durchzuführen, können sich auf die Besteuerung nach deutschem Erbschaftsteuerrecht immer dann größere Problemstellungen ergeben, wenn das ausländische Erbrecht von anderen Rechtsbegriffen ausgeht, als sie die §§ 1 bis 9 ErbStG zur Grundlage haben. Eine weiterführende Diskussion der oft schwierigen Fragen der zivilrechtlichen Anwendung soll im Rahmen dieses Aufsatzes jedoch nicht erfolgen.[33]

Grenzüberschreitende Erbfälle bergen grundsätzlich immer das Risiko einer doppelten Besteuerung in sich, da sowohl persönliche (Staatsangehörigkeit, Wohnsitz, gewöhnlicher Aufenthalt), als auch sachliche Besteuerungsmerkmale (Lage des Vermögens) gleichzeitig in mehreren Staaten gegeben sein können.

5.3.1 Bilaterale Regelungen (DBA)

In Analogie zu den Ertragsteuern ist ein Weg zur Vermeidung der internationalen Doppelbesteuerung ein bilateraler Vertrag, der in steuerrechtlicher Hinsicht die Belange der beteiligten Staaten regelt (ErbSt-/SchenkSt-DBA). Übertragen auf die Erbschafts- und Schenkungsbesteuerung existieren jedoch derzeit nur wenige Abkommen, wie folgende Übersicht zeigt:[34]

Regelung v. Erbschaft und Schenkung/Vermeidung Doppelbesteuerung mittels Anrechnung:
- Dänemark
- Schweden
- USA

Regelung nur bezüglich Erbschaft/Vermeidung der Doppelbesteuerung mittels Freistellung:
- Griechenland

---

[31] Insbesondere Spareinlagen/Bankguthaben bei Inlandsbanken, Anteile an inländischen Kapitalgesellschaften, Nutzungsrechte und Nießbräuche an inländischen Vermögen, Ansprüche gg. inländischen Versicherungsunternehmen und auch Vermögen, dessen Ertrag nach §§ 5, 15 AStG der erweitert beschränkten Steuerpflicht unterliegt.

[32] Einschränkungen der erweitert beschränkten Steuerpflicht wiederum durch einzelne DBA (z. B. Österreich) möglich.

[33] Vgl. den Beitrag von Frank.

[34] H. 3 ErbStH, DBA-Frankreich nur für den Bereich des Saarlandes gültig.

- Österreich
- Schweiz[35]

Zur Systematik der Vermeidung einer doppelten Besteuerung wird auf die Ausführungen zu Gliederungspunkt 3.3 in dieser Ausarbeitung verwiesen.

Auf einige Besonderheiten in einzelnen DBA soll nachfolgend hingewiesen werden:

DBA-Österreich
- keine erweitert unbeschränkte Steuerpflicht bei Erwerben von Todes wegen (Art. 5 Nr. 1 ErbSt-DBA);
- Abmilderung der erweitert beschränkten Steuerpflicht in Deutschland bei Erwerb von Todes wegen in Österreich;

DBA-USA
- erweitert unbeschränkte Steuerpflicht in Deutschland auf Zehnjahreszeitraum ausgeweitet, Anrechnung in USA;

Kritisch sind darüber hinaus die Fälle der fünfjährigen erweitert unbeschränkten Steuerpflicht zu sehen, sofern bei im Ausland lebenden Personen der Erbfall eintritt. Ist in diesem Fall keine schützende DBA-Regelung vorgesehen (Regelfall), so kommt es zur echten doppelten Besteuerung, da auch der ausländische Staat unter Berufung auf die persönlichen Merkmale (Wohnsitz, Aufenthalt) auf eine unbeschränkte Besteuerung beharren wird. Diese Problematik kann sich auch in Fällen der zehnjährigen erweitert beschränkten Besteuerung ergeben.

5.3.2 Unilaterale Regelungen

Für eine Vielzahl von Erbfällen existieren überhaupt keine zwischenstaatlichen Verträge, oder es sind die Belange zur Vermeidung einer doppelten Erbschaft- und/oder Schenkungsteuer nicht umfassend geregelt.

Für diese Fälle bleibt dem Steuerpflichten zur Abmilderung von Doppelbelastungen aus inländischer Sicht nur die Steueranrechnungsvorschrift des § 21 ErbStG. Diese in ihrer Anwendung sehr eng gefasste Vorschrift fordert als erste Tatbestandsvoraussetzung, dass der Erwerber in Deutschland unbeschränkt oder erweitert unbeschränkt steuerpflichtig ist.

Ferner ist die Anrechnung auf das Auslandsvermögen begrenzt, wobei zu unterscheiden ist, ob der Erblasser bzw. Schenker im Zeitpunkt der Zuwendung steuerlich als In- oder Ausländer zu qualifizieren war.[36] Ausländische Steuern sind jedoch nur anrechenbar, soweit sie auf die gleichen Vermögensgegenstände entfallen und die Art der Steuer der inländischen entspricht, also den Übergang des Vermögens erfasst. Die Besteuerung mancher Staaten auf den Vermögenszuwachs ist hingegen im Inland nicht anrechenbar.[37]

---

[35] Im DBA-Schweiz teilweise auch Anrechnungsmethode vorgesehen.
[36] Vgl. § 21 Abs. 2 Nr. 1 bzw. Nr. 2 ErbStG.
[37] Vgl. H. 82 ErbStH, „capital gains tax" oder „Österreichische Kapitalertragsteuer" (Abgeltungscharakter ohne Anrechnungsmöglichkeit.).

Ist das Auslandsvermögen in mehreren Staaten belegen, ist für jeden Staat eine gesonderte Berechnung des Anrechnungsbetrags durchzuführen („per country limitation"). Zu guter Letzt ist die Anrechnung gegenüber dem deutschen Fiskus antragspflichtig und kann nur innerhalb von fünf Jahren seit Entstehen der ausländischen Steuer erfolgen. Eine etwaige Nachweisverpflichtung über ausländisches Vermögen und Steuern trifft allein den Anrechnungsbegehrenden, der auf Anforderung auch für die Übersetzung von Urkunden in die deutsche Sprache zu sorgen hat (§ 21 Abs. 3 ErbStG).

Als Ergebnis kann festgehalten werden, dass ein Anfall inländischer Erbschaft- und Schenkungsteuer auch nach einem vollständigen Wegzug sämtlicher Beteiligter ins Ausland für inländisch belegenes Vermögen i. S. des § 121 BewG, d. h. insbesondere Betriebsvermögen (Einzelunternehmen, Personen- und Kapitalgesellschaften) sowie im Inland belegenes Grundvermögen nicht vermeidbar ist. Für die nicht von § 121 BewG erfassten inländischen Vermögenswerte greift darüber hinaus ein erweitertes Besteuerungsrecht von 10 Jahren im Falle eines Wegzugs in ein Niedrigsteuerland.

Den Beteiligten bleibt daher neben der Gestaltung Ihrer Wohnsitzverhältnisse nur wenig Spielraum zur Vermeidung einer inländischen Erbschaftsteuerpflicht, soweit es die o. g. inländischen Vermögenswerte betrifft. Nur durch eine gezielte Umschichtung von Vermögenswerten in bewegliches Vermögen (z. B. Bankguthaben, Wertpapiere unter ausländischer Verwahrung) im Vorfeld eines Erbfalls/einer Schenkung lässt sich der weitreichende Besteuerungszugriff bei der Erbschaftsteuer vermeiden.

6. Schlussbemerkung

Die steuerlichen Folgen durch den Wegzug ins Ausland können sowohl zu Gunsten, als auch zu Ungunsten des Steuerpflichtigen ausfallen. In vielerlei Hinsicht lassen sich hier im Vorfeld gestalterische Maßnahmen nutzen, um die Chancen aus steuerlicher Sicht bei gleichzeitiger Risikominimierung möglichst umfangreich ausschöpfen zu können. In jedem Fall ist aber eine frühzeitige detaillierte Analyse der persönlichen und sachlichen Verhältnisse des Gestaltungsumfeldes erforderlich, da im Dreiecksverhältnis zwischen inländischem, ausländischem und bilateralen Steuerrecht einige Hindernisse zu umgehen sind.

Weiterführende Literatur:

Arlt, Internationale Erbschaft- und Schenkungsteuerplanung, Berlin 2001.

Bächle/Rupp, Internationales Steuerrecht, Ludwigsburg 2002.

Frotscher, Internationales Steuerrecht, München 2001.

Moench/Kien-Hümbert/Weinmann, Kommentar zur Erbschaft- und Schenkungsteuer, München 2003.

Müller/Ohland/Brandmüller, Gestaltung der Erb- und Unternehmensnachfolge in der Praxis, 2. Auflage, Berlin 2002.

Jacobs, Internationale Unternehmensbesteuerung, 5. Auflage, München 2002.

IV
Beispiele erfolgreicher Unternehmensnachfolgen in der Praxis

Diehl Stiftung & Co. KG

Dr. Michael Sommer, Dr. Florian Wagner

Inhalt:

		Seite
1.	Einleitung	467
2.	Geschichtlicher Überblick – 102 Jahre Diehl	468
3.	Unternehmensnachfolge im Familienunternehmen Diehl	469
3.1	Die erste Generation	469
3.2	Zweite Generation	469
3.3	Dritte Generation	470
4.	Analyse der heutigen gesellschaftsrechtlichen Verfassung im Hinblick auf eine zukünftige Unternehmensnachfolge	471
4.1	Vorteile der Rechtsform der Stiftung & Co. KG	472
4.2	Regelungen im Gesellschaftsvertrag einer Stiftung & Co. KG und „Verzahnung" mit der Stiftungssatzung	475
4.3	Die Satzung der Diehl Verwaltungs-Stiftung	476
5.	Schlussbetrachtung	478

1. Einleitung

Die Nürnberger Unternehmerfamilie Diehl, die heute in dritter Generation das im Jahre 1902 gegründete gleichnamige Unternehmen führt, veranschaulicht in beispielhafter Weise, wie ein Unternehmen über nunmehr drei Generationen hinweg erfolgreich als Familienunternehmen geführt werden kann. Mit den Vorbereitungen der Unternehmensnachfolge von der dritten auf die vierte Generation geht das Familienunternehmen nunmehr neue Wege: durch die Errichtung einer Stiftung & Co. KG werden Eigentümerstellung und Unternehmensleitung getrennt, wobei die Rechtsfigur der Stiftung gewährleistet, dass sich der Stifter-Willen, der auf die Fortführung des Unternehmens als Familienunternehmen gerichtet ist, unabhängig von anderweitigen Interessen zukünftiger Familien-Generationen durchsetzt.

Als kunstgewerbliche Modellwerkstätte im Jahre 1902 von Heinrich Diehl gegründet, entwickelte sich das Familienunternehmen Diehl über drei Generationen hinweg zu einem führenden Konzern in der metallverarbeitenden Industrie. Neben der weitsichtigen Unternehmenspolitik von Karl Diehl, der als Sohn des Gründers Heinrich Diehl das Familienunternehmen über 50 Jahre lang patriarchalisch leitete, war ein wesentlicher Faktor für die geglückte familieninterne Unternehmensnachfolge das Zusammenspiel von persönlicher Integrität der beteiligten Personen und einer klugen rechtlichen Unternehmensgestaltung im Hinblick auf die Einbindung der Familienmitglieder bei der Leitung des Unternehmens und der Frage der Unternehmensnachfolge.

2. Geschichtlicher Überblick – 102 Jahre Diehl

Heinrich Diehl gründete im Jahre 1902 im Alter von 24 Jahren eine kunstgewerbliche Modellwerkstätte, die sich auf die Anfertigung von Modellen für Öfen, Kunst- und Bauguß spezialisierte. Von 1904 an stand dem in technischer wie in künstlerischer Hinsicht überaus begabten jungen Ziseleur und Epitaphenhersteller seine Frau Margarete zur Seite. Sie brachte das kaufmännische Geschick mit in die Familie und – als Tochter des Präsidenten der Bayerischen Schmiedeinnung – auch das notwendige Kapital für das noch junge Unternehmen. Im Jahr 1907 wird der einzige Sohn von Heinrich und Margarete Diehl, Karl Diehl, geboren. Im ersten Weltkrieg produzierte das Unternehmen vornehmlich Rüstungsgüter, die Mitarbeiterzahl überstieg 300. Während die Weltwirtschaftskrise das Unternehmen hart traf, trat Karl Diehl, Heinrich Diehls einziger Sohn, nach abgeschlossenem Maschineningenieurstudium in die Firma ein. Rasch konnte Diehl am beginnenden Aufschwung partizipieren und beschäftigte bereits 1938 über 2800 Angestellte bei einem Umsatz von mehr als 29 Millionen Reichsmark. Nach dem frühen Tod seines Vaters im Jahre 1938 war Karl Diehl als alleiniger Geschäftsführer nunmehr allein für die Geschicke des Unternehmens verantwortlich. Damit begann das Patriarchat von Karl Diehl, welches über 50 Jahre andauern sollte.

Karl Diehls Flexibilität und unternehmerische Weitsicht machte sich in den Nachkriegsjahren bezahlt, als er auf den naturgemäßen Einbruch der Rüstungsindustrie und die Demontagen der Alliierten reagierte, indem er neben dem Metallhandel auch neue Produktionsfelder wie Uhren und Rechenmaschinen für sein Unternehmen entdeckte. Im Jahre 1956, als die Konsolidierung vollständig abgeschlossen war, expandierte Diehl durch den Kauf des Schwarzwälder Uhren-Unternehmens Junghans. In den siebziger Jahren zog sich Karl Diehl aus dem operativen Geschäft zurück und wechselte in den Verwaltungsrat. Damit gab Karl Diehl jedoch nicht die Fäden aus der Hand, vielmehr vollzog sich dadurch die Trennung von Überwachung und Kontrolle einerseits und aktiver Geschäftsführung andererseits. Im Jahre 1975/76 traten seine Söhne Werner und Peter als Prokuristen in die Diehl KG ein, im Jahre 1977 folgte Thomas, sein jüngster Sohn. Die Geschichte des Unternehmens in der Zeit von 1983 bis 1992 war geprägt vom weltpolitischen Umbruch und den Spannungen zwischen der damaligen Sowjetunion und den USA. Diehl konnte sich hierbei als Produzent von Wehrtechnik neue Märkte erschließen, aber auch seine zivile Fertigung weiter internationalisieren.

Im Jahre 1991 nahm der Umsatz erstmals die Drei-Milliarden-DM-Hürde und Karl Diehl erkannte, dass das alte patriarchalische System den neuen Anforderungen nicht mehr gewachsen war. Damit war der Weg frei für die Übernahme des Unternehmens durch seine Söhne. Während Peter und Werner Diehl in den Verwaltungsrat wechselten und dort ihre Kontroll-Befugnisse ausübten, wurde der jüngste Sohn von Karl Diehl, Thomas Diehl, im Jahre 1993 zum Vorsitzenden der Geschäftsführung der Unternehmensgruppe ernannt. Spätestens mit dem Einstieg von Diehl bei BGT und der VDO wird Diehl zu einem bedeutenden Lieferanten von Ausrüstungsgütern für die Luftfahrttechnik. Daneben investiert das Unternehmen in den Ausbau der Metallverarbeitung und wird im Bereich der Produktion von Synchronringen zum Weltmarktführer. Verbunden ist dieser Umstrukturierungsprozess auch mit einer erheblichen Expansion in Übersee, wo Diehl teils durch Zukäufe, teils durch Gründung von Gesellschaften neue Märkte erschließt.

Im Jahre 1998 wird schließlich eine für die Unternehmensnachfolge wichtige, ja entscheidende Weiche gestellt: die Komplementär-GmbH der Diehl KG wird durch eine Familien-Stiftung ersetzt, die KG firmiert fortan als Diehl Stiftung & Co. Die Schlüsselpositionen in Vorstand und Aufsichtsrat der Stiftung werden jedoch weiterhin von Karl Diehl und seinen Söhnen besetzt. Im Jahre 2000 trennte sich Diehl von Junghans, da nach der geglückten Restrukturierung des Unternehmens der Bereich der Konsumgüterindustrie nicht mehr in das Unternehmens-Portfolio von Diehl passte. Nach einer weiteren Neu-Ausrichtung des Unternehmens gliedert sich Diehl seit dem 1. Januar 2002 in die drei Teilkonzerne Diehl Metall, Diehl Controls und Diehl VA Systeme.

3. Unternehmensnachfolge im Familienunternehmen Diehl

3.1 Die erste Generation

Heinrich Diehl hat seine kunstgewerbliche Modellwerkstätte im Jahre 1902 als einzelkaufmännisches Gewerbe anmelden lassen, wobei er sich im Handelsregister der Stadt Nürnberg als „Ziseleur" hat eintragen lassen. Zum 01. August 1930 trat sein einziger Sohn Karl Diehl als technischer Angestellter in das väterliche Unternehmen ein, welches inzwischen als „Metall-, Guss- und Presswerk Heinrich Diehl" firmierte.

3.2 Zweite Generation

Als Heinrich Diehl im Alter von 60 Jahren im Jahre 1938 gestorben war, wird er von seiner Ehefrau, Margarete Diehl, der alle Grundstücke und Gebäude gehörten, zu einem Viertel und von seinem einzigen Sohn Karl Diehl zu drei Vierteln beerbt. Mit dem Tod von Heinrich Diehl wird das Unternehmen zunächst als offene Handelsgesellschaft (OHG) geführt. Am 14. Dezember 1939 erfolgte der Eintrag des „Metall-, Guss- und Presswerks Heinrich Diehl" als Gesellschaft mit beschränkter Haftung (GmbH) ins Handelsregister der Stadt Nürnberg unter HRB 429.

Im August 1945 heiratet Karl Diehl die 13 Jahre jüngere erfolgreiche Unternehmerin Irmgard Schoedel und vereinbarte mit ihr in einem Ehe- und Erbvertrag die Gütertrennung, die am 01. August 1947 ins Güterrechtsregister beim Amtsgericht Düsseldorf eingetragen wird. Aus dieser Ehe, welche nach 16 Jahren im Jahre 1961 geschieden wurde, entstammen die drei Söhne Werner Diehl (geb. am 01. Juni 1946), Peter Diehl (geb. am 12. März 1949) und Thomas (geb. am 01. März 1951). Bereits im Jahre 1948 nahm Karl Diehl seinen ältesten Sohn Werner als Gesellschafter in die Diehl GmbH auf.

Nach Umwandlung der Diehl GmbH in eine Kommanditgesellschaft (KG) im Jahre 1957 und einer sich daran anschließenden Bestandsaufnahme der Firmengruppe Diehl raten seine Berater Karl Diehl zur Umstrukturierung der Unternehmensgruppe. Die Berater empfehlen die Aufnahme eines zweiten „unsterblichen" Komplementärs in Form einer Aktiengesellschaft, einer Stiftung oder einer GmbH, um den Bestand und das Schicksal der Diehl KG von den Familienangehörigen und deren Nachfahren zu lösen. Infolgedessen tritt im Jahre 1967 als Komplementärin an die Stelle von Karl Diehl die Fa. Süddeutsches Metall-Kontor GmbH, die zu 50 % Karl Diehl und zu 50 % den drei Söhnen (zu je gleichen Teilen) gehört. Fortan wurde also das Herzstück der Unternehmensgruppe Diehl, die Diehl KG, als GmbH & Co. KG geführt.

Anfang der 70er Jahre zog sich Karl Diehl, auch auf Anraten seines Beraters Schröder, aus dem operativen Geschäft der Unternehmensgruppe zurück. Erstmals im Jahre 1971 konstituierte sich der Verwaltungsrat der Diehl KG, dem neben Karl Diehl weitere Berater angehörten. Schließlich übertrug Karl Diehl seinen Kommanditanteil, welcher laut Eintragung im Handelsregister nominal 11 Mio. DM betrug, im Jahre 1972 im Wege der Sonderrechtsnachfolge zu gleichen Teilen an seine drei Söhne, die nunmehr alleinige Kommanditisten der Diehl KG waren und bis heute sind.

Mit dieser frühen Übertragung seiner Kommanditanteile auf seine drei Söhne im Wege der vorweggenommenen Erbfolge sorgte Karl Diehl dafür, dass künftige Wertzuwächse des Unternehmens Diehl KG bereits in der Person seiner drei Söhne anfielen und so der Erbschaftsteuer beim Übergang des Firmenvermögens von der zweiten auf die dritte Generation entzogen wurden. Karl Diehl blieb jedoch 50 %-Gesellschafter der Komplementärin, der Fa. Süddeutsches Metall-Kontor GmbH, und hatte damit nach wie vor entscheidendes Gewicht bei der Besetzung der Geschäftsführung und kraft seines Stimmgewichtes in der Gesellschafterversammlung in der Komplementär-GmbH auch entscheidenden Einfluss auf die Geschäftspolitik der Diehl KG. Die Kommanditeinlagen der drei Söhne erhöhten sich in der Zeit ab dem Ausscheiden ihres Vaters aus der Diehl KG gemäß Eintragungen im Handelsregister von je 6,6 Mio. DM auf heute je 33.475.000,– Mio. Euro.

3.3 Dritte Generation

Da eine andere Lösung der Unternehmensnachfolge als die der Fortführung des Familienunternehmens in der dritten Generation für Karl Diehl nicht in Betracht kommt, tritt zunächst Karl Diehls ältester Sohn, Werner Diehl, im Jahre 1975 im Alter von 28 Jahren nach der zweiten juristischen Staatsprüfung als Prokurist in die Diehl KG und die Fa. Süddeutsches Metall-Kontor GmbH, die Komplementärin der Diehl KG, ein. Im September 1976 tritt Peter Diehl als studierter Diplomkaufmann im Alter von 27 Jahren als Prokurist in die Diehl KG und die Süddeutsches Metall-Kontor GmbH ein. Daran anschließend bekleidete er weitere Positionen in Tochtergesellschaften, um schließlich im Jahre 1992, gemeinsam mit seinem älteren Bruder Werner, in den Verwaltungsrat der Unternehmensgruppe zu wechseln. Der jüngste der drei Söhne von Karl Diehl, der diplomierte Wirtschafts-Ingenieur Thomas Diehl, wird unmittelbar nach Abschluss seines Studiums im Jahre 1977 bei der Tochtergesellschaft Junghans tätig. Im Jahre 1988 erfolgte in Absprache mit den Brüdern die Berufung von Thomas Diehl in die Geschäftsführung des Mutter-Unternehmens Diehl KG. Im Jahre 1993 schließlich übernahm Thomas Diehl den Vorsitz der Geschäftsführung der Diehl KG.

Durch den Erlass einer neuen Geschäftsordnung bei der Diehl GmbH & Co. KG im Jahre 1992 wurde der Einfluss des Verwaltungsrates deutlich aufgewertet. Dass die bislang ungelöste Frage der Unternehmensnachfolge von der zweiten auf die dritte Generation irgendwann zu einer Nachfolgekrise führen würde, war offensichtlich, als es nach Erlass der neuen Geschäftsordnung zu Differenzen zwischen Mitgliedern des Verwaltungsrates und der Familie Diehl kam. Der Konflikt wurde dadurch gelöst, dass auch Peter Diehl einen Sitz im Verwaltungsrat erhielt und diesen nach in Kraft treten der neuen Geschäftsordnung im September 1992 einnahm.

Im Jahre 1998 schließlich wird die Komplementär-GmbH der Diehl KG durch eine Familien-Stiftung (Diehl Verwaltungs-Stiftung mit einem Stiftungsvermögen von 1 Mio. DM) ersetzt und firmiert fortan als Diehl Stiftung & Co, wobei die Schlüsselpositionen in Vorstand und Aufsichtsrat der Stiftung von Karl Diehl und seinen drei Söhnen besetzt werden. Thomas Diehl wird neben vier weiteren Vorständen von Karl Diehl als Stifter der Stiftung in den Vorstand der Stiftung berufen und hat dort als Vorsitzender des Vorstandes die maßgebliche Unternehmensleitung inne. Mit Wirkung zum 04.05.2002 wird Werner Diehl zum Vorsitzenden und Peter Diehl zum stellvertretenden Vorsitzenden des Aufsichtsrates der Stiftung ernannt. Karl Diehl übernimmt den Ehrenvorsitz des Aufsichtsrates. Die ehemalige Komplementärin, die Fa. Süddeutsches Metall-Kontor GmbH, die den 3 Söhnen zu je gleichen Teilen gehört, ist nach wie vor Gesellschafterin und mit einer Kommanditeinlage in Höhe von 2.575.000,- Euro gemäß Eintragung im Handelsregister beteiligt.

4. Analyse der heutigen gesellschaftsrechtlichen Verfassung im Hinblick auf eine zukünftige Unternehmensnachfolge

Diehl firmiert heute als Diehl Stiftung & Co. in der Rechtsform der Kommanditgesellschaft (KG). Unbeschränkt haftende Komplementärin ist die Diehl Verwaltungs-Stiftung, Kommanditisten mit jeweils gleichen Hafteinlagen in Höhe von je 33.475.000,- Euro sind gemäß Eintragung im Handelsregister Werner, Peter und Thomas Diehl und die Süddeutsches-Metall-Kontor GmbH mit einer Hafteinlage in Höhe von 2.575.000,- Euro.

Mit der Errichtung einer Familien-Stiftung, die als Komplementärin der Diehl Stiftung & Co. KG fungiert, hat die Familie Diehl die Weichen für eine Fortführung und Erhalt der Unternehmensgruppe Diehl als Familienunternehmen gestellt. Die heutige gesellschaftsrechtliche Verfassung der Muttergesellschaft Diehl Stiftung & Co. ist dadurch geprägt, daß sich das Unternehmen durch die alleinige Kommanditistenstellung von Werner, Peter und Thomas zwar im Alleineigentum der Familie Diehl befindet, andererseits die Einsetzung einer Stiftung als geschäftsführende Komplementärin gewährleistet, dass die Zukunft des Unternehmens unabhängig von einzelnen Interessen künftiger Gesellschafter-Generationen bleibt. Anders als bei den sog. unternehmensverbundenen Familienstiftungen, bei denen die Stiftung auch Rechtsträgerin des Unternehmens ist, wird bei der Stiftung & Co. KG aufgrund ihrer alleinigen Funktion als geschäftsführendes Organ des Unternehmens lediglich die Trennung von Eigentümerstellung (Familie Diehl) und Geschäftsführung (Stiftung) vollzogen.

4.1 Vorteile der Rechtsform der Stiftung & Co. KG

Der wesentliche Vorteil der Rechtsform der Stiftung & Co. KG liegt im Bereich der familieninternen Unternehmensnachfolge, für den diese Rechtsform neue und nachhaltigere Gestaltungsmöglichkeiten bietet.

Daneben bietet diese Rechtform erweiterte Möglichkeiten bei der Haftungsbeschränkung und bisweilen auch Vorteile im Hinblick auf Regelungen zur arbeitsrechtlichen Mitbestimmung.

4.1.1 Haftungsbeschränkung, arbeitsrechtliche Mitbestimmung

Vergleichbar einer Gesellschaft mit beschränkter Haftung (GmbH) ist die Haftung der Stiftung als persönlich haftende Gesellschafterin (Komplementärin) der KG auf das Stiftungsvermögen beschränkt. Im Gegensatz zur GmbH ist diese Beschränkung jedoch insofern weitreichender, als etwa eine Durchgriffshaftung auf die Gesellschafter im Falle einer Unterkapitalisierung bei einer Stiftung & Co. KG mangels mitgliedschaftlicher Struktur der Stiftung gerade nicht in Betracht kommt.

Ferner fällt eine KG, bei der die Komplementärin keine GmbH ist, nicht unter das Mitbestimmungsgesetz (MitbestG). Nach dem Mitbestimmungsgesetz wäre die KG zur Bestellung eines mitbestimmenden Aufsichtsrates verpflichtet, der mit Überwachungs- und Kontrollpflichten ausgestattet ist.

4.1.2 Unternehmensnachfolge

4.1.2.1 Schutz vor feindlichen Übernahmen

Bei Fragen der Unternehmensnachfolge und dem Gesellschafterkreis liegt ein augenfälliger Vorteil der Stiftung & Co. KG zunächst darin, daß eine solche Stiftungskonstruktion Schutz vor feindlichen Übernahmen bietet. Während auch bei einer einfachen KG oder einer GmbH & Co. KG ein Übernahmeschutz dadurch geschaffen werden kann, dass der Gesellschaftsvertrag die Abtretung von Kommanditanteilen an Nicht-Familienmitglieder von der Zustimmung der Gesellschafterversammlung abhängig macht, kommen bei der Stiftung & Co. KG drei weitere Aspekte hinzu: der Stifterzweck, die Stiftung als Zweckvermögen ohne Gesellschafter und die Rolle der Stiftungsaufsicht. Jede Stiftung steht unter der Aufsicht einer Stiftungsbehörde, wobei die Mittel der Aufsichtsausübung im Stiftungsgesetz des jeweiligen Bundeslandes, in welchem die Stiftung errichtet wurde, bestimmt sind. Durch die Stiftungsaufsicht übernimmt der Staat Mitverantwortung dafür, dass dieser Stiftungszweck stets verbindliche Messlatte für das Handeln der Stiftungsorgane darstellt. So bestimmt etwa Art. 2 Abs. 1 des bayrischen Stiftungsgesetzes (BayStG), dass die Achtung vor dem Stifterwillen die oberste Richtschnur bei der Handhabung des Gesetzes ist. Die Stiftungsaufsicht stellt einen Schutzschild gegen feindliche Übernahmen insofern dar, als sie die Durchsetzung des in der Satzung niedergelegten Stifterwillens gewährleistet. Dieser ist durch die Perpetuierungsfunktion bei einer Familienstiftung gerade darauf gerichtet, das Unternehmen als Familienunternehmen zu erhalten und fortzuführen.

Aber auch dann, wenn sämtliche Kommanditanteile in die Hand eines Dritten gelangen sollten, bietet die Stiftung & Co. KG einen erheblichen Schutz gegen Ankäufe Dritter. Denn ein Dritter kann nicht die Leitungsmacht über die Gesellschaft wie bei einer GmbH & Co. KG durch Erwerb der Geschäftsanteile der Komplementär-GmbH erlangen. An der Stiftung selbst kann der Ankäufer keine Anteile erwerben, da eine Stiftung kein übertragbarer Rechtsträger ist. Auch hierdurch ist der Schutz vor Übernahmen deutlicher ausgeprägt als bei anderen Gesellschaftsformen.

4.1.2.2 Ausgestaltung der Unternehmensführung

Ein weiterer Vorteil der Rechtsform der Stiftung & Co. KG liegt im Bereich der Ausgestaltung der Unternehmensführung. Die Geschäftsführung der KG selbst obliegt dem Stiftungsvorstand als geschäftsführendes Organ der Stiftung. Im Gegensatz zur normalen KG kann bei der Stiftung & Co. KG – wie auch bei der GmbH & Co. KG – die Geschäftsführung ohne Weiteres auf fremde Dritte übertragen werden kann, da der Grundsatz der Selbstorganschaft, wonach nur Gesellschafter zur Geschäftsführung befugt sind, bei der Stiftung & Co. KG nicht zur Anwendung kommt. Auch die sonst üblicherweise gebotene Verzahnung der Kommanditanteile mit den Anteilen an der Komplementärgesellschaft wie bei der GmbH & Co. KG („Beteiligungsidentität" bei den Gesellschaftern der GmbH und der KG) entfällt, da die Komplementär-Stiftung keine Gesellschafter hat. Das Problem ist jedoch, wie der Vorstand besetzt werden soll: Nur mit Familien-Fremden, nur mit Familien-Angehörigen oder sowohl mit Familien-Fremden und -Angehörigen. Das Stiftungsrecht lässt hierbei jede Abstufung zu. Die Regeln über die Besetzung der Organe ist der entscheidende Teil der Stiftungssatzung. Idealerweise bestimmt die Stiftungssatzung, dass mindestens ein Vorstandsmitglied kein Familien-Angehöriger sein soll. Die Stiftungssatzung muss ferner bestimmen, wie die Mitglieder des Kontroll-Gremiums (Aufsichtsrat, Beirat, Stiftungsrat, Kuratorium), das den Vorstand bestellt, bestimmt oder gewählt werden und wie das Problem gelöst wird, wenn der Aufsichtsrat sich nicht auf ein neues Vorstandsmitglied verständigen kann. Der Stifter wird stets den ersten Aufsichtsrat selbst bestimmen und sich in der Regel selbst in den Aufsichtsrat „entsenden". Für die Bestimmung neuer Aufsichtsräte gibt es vielfältige Möglichkeiten: Wahl durch die Kommanditisten, Selbstergänzung des Aufsichtsrates durch Zuwahl, Bestimmung durch Dritte (Präsident des zuständigen Oberlandesgerichts, Wirtschaftsprüferkammer) etc. . Insoweit muss die Stiftungssatzung diese Fragen „wasserdicht" unter Vorausschau aller Möglichkeiten regeln, damit hinsichtlich der Besetzung der Organe kein Streit und keine länger dauernde Vakanz entsteht. Wichtig ist auch, ob der Aufsichtsrat nur beratende und/oder überwachende Funktionen hat oder ob er der Geschäftsführung auch Weisungen hinsichtlich der Führung der Geschäfte erteilen darf.

4.1.2.3 Trennung von Unternehmenssubstanz und Leitungsmacht

Der Einsatz einer Stiftung & Co. KG ist letztlich dann in besonderem Maße empfehlenswert, wenn nach dem Willen der Stifter-Familie die Unternehmenssubstanz und die Verfügungsmacht in den Händen der Familie verbleiben soll, die Leitungsmacht des Unternehmens hingegen verselbständigt und vom Einfluss zukünftiger Familien-Generationen grundsätzlich getrennt werden soll. Mit Hilfe der Stiftung lässt sich der Wille des Gründers dadurch verewigen, dass bei allen geschäftsführenden Maßnahmen der Stiftung, insbesondere im Hinblick auf die Geschäftsführung der Stiftung & Co. KG, stets der Stiftungszweck selbst oberstes Prinzip zu sein hat. Damit kann der Stifter die von ihm gewünschte Kontinuität in der Unternehmensführung langfristig sichern, ohne dass von Seiten zukünftiger Familienmitglieder, die als Vorstand der Stiftung fungieren, dem Stiftungszweck entgegenstehende Maßnahmen getroffen werden können.

Eine ähnliche Interessenlage im Hinblick auf die Errichtung einer Stiftung & Co. GmbH liegt vor, wenn der Stifter aus erbschaftssteuerlichen Gründen unter Ausschöpfung möglichst vieler Freibeträge frühzeitig seine Gesellschaftsanteile auf Familienmitglieder übertragen möchte, aber dennoch das Unternehmen weiterhin führen will. Die Festschreibung der Unternehmensleitung durch den Stifter hat dann in der Stiftungssatzung zu erfolgen. Hier sind vielfache Gestaltungsvarianten zugunsten des Stifters denkbar, Beispiele etwa die Einräumung des Rechtes, Vorstand auf Lebenszeit zu sein oder andere ausschließliche Ernennungs- und Abberufungsrechte hinsichtlich anderer Vorstände. Ähnliche Gestaltungsvarianten könne auch Anwendung finden, wenn es um den Einfluss zukünftiger Generationen von Kommanditisten geht.

Diese grundsätzliche Trennung von Eigentümerstellung und Geschäftsführung kann jedoch in beliebiger Weise dadurch variiert werden, dass die Stiftungssatzung den Kommanditisten der KG Einfluss auf die Geschäftstätigkeit der Stiftung und damit letztlich auf die Geschäftsführung der KG sichert. Dies kann durch die Bildung eines Aufsichtsrates erreicht werden, dem, wie bereits oben erwähnt, nur oder mehrheitlich Familienmitglieder angehören können und der neben Kontroll- und Überwachungspflichten auch das Recht hat, den Vorstand zu bestellen.

4.1.2.4 Genehmigungsvoraussetzungen

Eines der zentralen Probleme bei der Errichtung einer Stiftung ist die Erlangung der Zustimmung der Genehmigungsbehörde (in Bayern: Bezirksregierung des Ortes der Errichtung). So werden z. B. in Bayern unternehmensverbundene Stiftungen gem. § 9 der Ausführungsverordnung zum bayrischen Stiftungsgesetz nur bei Vorliegen eines wichtigen Grundes (z. B. die Erhaltung von Arbeitsplätzen) genehmigt. Die reine Begünstigung der Stifter-Familie wird dabei in der Regel nicht als wichtiger Grund angesehen. Aber auch die Zulässigkeit einer Stiftung & Co. KG, bei der eine Stiftung als Komplementärin fungiert, ist rechtlich umstritten und in einzelnen Bundesländern wurde die Genehmigung einer Stiftung & Co. KG bereits verweigert. In Bayern selbst gibt es neben der Diehl Stiftung & Co. KG weitere private Stiftungen, die als Komplementäre einer KG fungieren, z. B. bei der Bayrische Braustiftung

J. Schörghuber & Co. KG in München, der Adi Dassler Stiftung & Co. KG in Herzogenaurach und der Schickedanz Holding-Stiftung & Co. KG in Fürth. Bundesweit bekannt sind ferner die Lidl & Schwarz Stiftung & Co. KG in Bad Wimpfen, die Vorwerk Deutschland Stiftung & Co. KG in Wuppertal und die Siemag Weiss Stiftung & Co. KG in Hilchenbach.

Zu beachten ist schließlich der Betrag des der Stiftung zur Verfügung zu stellenden Stiftungsvermögens. Dieser Betrag ist gesetzlich nicht vorgeschrieben, sondern steht im Ermessen der Genehmigungsbehörde und hat sich am Stiftungszweck zu orientieren. Die Vermögensausstattung muss die Stiftung in die Lage versetzen, den Stiftungszweck nachhaltig zu fördern. Die Praxis des Stiftungsrechts zeigt, dass die Höhe der Beträge durchaus unterschiedlich sein kann. So verlangen einzelne Landkreise/Bezirke ein Mindest-Stiftungsvermögen von 250.000,- Euro, in anderen Landkreisen/Bezirken wurden aber auch Stiftung mit einem Vermögen von nur 10.000,- Euro genehmigt. Schon wegen der großen Spannweite der genannten Beträge ist es einem potentiellen Stifter und seinem Berater anzuraten, im Zweifelsfalle auch die Frage der Vermögensausstattung der unternehmensverbundenen Familienstiftung vorweg informell mit der Genehmigungsbehörde abzustimmen. In jedem Fall kann aber mit einem – im Vergleich zu Errichtung einer GmbH etwa – weitaus größeren finanziellen Gründungsaufwand gerechnet werden.

4.2 Regelungen im Gesellschaftsvertrag einer Stiftung & Co. KG und „Verzahnung" mit der Stiftungssatzung

4.2.1 Inhalt und Regelungszweck

Durch das Zusammenspiel der Regelungen in der Stiftungssatzung und im Gesellschaftsvertrag der KG ist es möglich, die Einflussnahme der Eigentümer-Familie auf die Stiftung und damit auf die Geschäftsführung der KG detailliert auszugestalten und zu dosieren. Dabei bietet sich an, den Gesellschaftsvertrag mit dem Ziel der alleinigen Kommanditistenstellung von derzeitigen, bzw. zukünftigen Familienmitgliedern zu strukturieren. Durch die Festlegung von Kontroll-, Weisungs- und Zustimmungsrechten kann gesteuert werden, welchen Grad der Einflussnahme die Kommanditisten auf die Stiftung, bzw. deren Organe haben sollen.

Ein wesentliches Charakteristikum des KG-Vertrages bei der Stiftung & Co. KG ist es, den Kreis möglicher Kommanditisten auf Familienmitglieder zu begrenzen, will man das Unternehmen als Familienunternehmen erhalten. So sind Regelungen denkbar, wonach als zukünftige Kommanditisten nur Familienangehörige in Frage kommen. Im Falle des Todes eines Kommanditisten wäre zu regeln, dass die Kommanditbeteiligung des Verstorbenen nur auf seine Abkömmlinge übergehen kann. Der Verkauf von Kommanditanteilen sollte nur an andere Kommanditisten zulässig sein.

Um bei der möglichen Vielzahl zukünftiger Kommanditisten die Gesellschafterversammlung arbeitsfähig zu halten, kann einzelnen Familienmitgliedern Vollmacht erteilt werden, solche Beschlüsse im Namen der übrigen Familienangehörigen zu treffen. Man kann hierbei detailliert regeln, für welche Art von Beschlüssen eine solche Vertretung in Frage kommt (etwa nicht bei weitreichenden Änderungen des Gesellschaftsvertrages).

Was die Einflussnahme der Kommanditisten auf die Organe der Stiftung (Vorstand und Aufsichtsrat) angeht, empfehlen sich Bestimmungen, wonach die Bestellung und Abberufung von Vorständen der Stiftung mit Zustimmung der Kommanditisten erfolgen kann. Auch was die Besetzung des Aufsichtsrates angeht, können Regelungen getroffen werden, die die Einflussnahme der Kommanditisten auf die Besetzung des Aufsichtsrates gewährleisten.

Im Ergebnis kann mit den vorstehend skizzierten gesellschaftsvertraglichen Regelungen erreicht werden, dass das Unternehmen auch in Zukunft in Händen der Familie bleibt. Effektiver und abschließender als mit dieser Konstruktion kann die Fortführung eines Unternehmens als Familienunternehmen nicht erreicht werden. Gleichwohl ist eine Übertragung der Kommanditanteile auf Dritte theoretisch möglich, sofern die Gesellschafter der Stiftung & Co. KG einstimmig eine entsprechende Änderung des Gesellschaftsvertrages beschließen, wonach auch die Abtretung von Kommanditanteilen an Dritte zulässig ist. Dies wird i. d. R. aber daran scheitern, dass die Komplementärin, die ausnahmsweise dann stimmberechtigt ist, wenn ihre eigenen Rechte betroffen sind, ihre Entscheidung über die Zustimmung am Stiftungszweck auszurichten hat; dieser gebietet aber gerade den Erhalt des Unternehmens als Familienunternehmen, weshalb sie einer solchen Änderungen des Gesellschaftsvertrages keine Zustimmung erteilen darf. Stimmt der Vorstand als vertretungsberechtigtes Organ der Stiftung dennoch zu, so kann die Stiftungsaufsicht einschreiten. Ferner macht sich der Vorstand gegenüber der Stiftung selbst u. U. schadensersatzpflichtig.

4.3 Die Satzung der Diehl Verwaltungs-Stiftung

Die Satzung der Diehl Verwaltungs-Stiftung, die im Handelsregister öffentlich einsehbar ist, verfolgt erkennbar die Absicht, eine möglichst starke Einflussnahme der Familie Diehl auf die Tätigkeit der Stiftung als geschäftsführendes Organ der Diehl Stiftung & Co. KG zu gewährleisten.

4.3.1 Inhaltliche Ausgestaltung

Die Gründungsurkunde der Stiftung legt als Stiftungszweck u. a. die Bewahrung der Unternehmensgruppe Diehl als Familienunternehmen, die Pflege und die Bewahrung des Lebenswerkes von Karl Diehl und das Wohl der Familie Diehl fest. Diesen Stiftungszweck erfüllt die Stiftung nach dem Wortlaut der weiteren Bestimmungen zum Stiftungszweck insbesondere dadurch, daß sie als Komplementärin der Diehl Stiftung & Co. KG die Geschäftsführung des Unternehmens inne hat.

Stiftungsorgane sind der Vorstand und der Aufsichtsrat. Während die ersten Vorstandmitglieder vom Stifter selbst (Karl Diehl) ernannt wurden (neben Thomas Diehl gibt es derzeit weitere 7 Mitglieder des Vorstandes, die alle Nicht-Familienmitglieder sind), werden zukünftige Vorstandsmitglieder vom Aufsichtsrat bestellt und abberufen. Die Aufgabe des Vorstandes besteht neben der laufenden Verwaltung der Stiftung insbesondere in der Wahrnehmung der Geschäftsleitung der Diehl Stiftung & Co. KG. Dem Vorstand muss mindestens ein Mitglied angehören, das kein Gesellschafter der Diehl Stiftung & Co. KG ist und keine einem Gesellschafter nahestehende Person i. S. v. 15 Abs. 1 AO ist. Damit besteht der heilsame Zwang, einen Familien-Fremden in die Geschäftsführung aufzunehmen. Die Satzung der Diehl Verwaltungs-Stiftung löst auch das Problem elegant, wenn sich der Aufsichtsrat nicht auf ein neues Vorstandsmitglied verständigen kann und der Vorstand aus weniger als zwei Mitgliedern besteht: Besteht der Vorstand aus weniger als zwei Personen und kann sich der Aufsichtsrat, der mit der einfachen Mehrheit der abgegebenen Stimmen entscheidet, nicht innerhalb von drei Monaten auf einen neuen Vorstand einigen, so sind auf Verlangen von Kommanditisten der Diehl Stiftung & Co. KG, die über mehr als fünf % des Kommanditkapitals verfügen, durch eine neutralen Dritten so viele Vorstandsmitglieder zu bestellen, dass mindestens zwei Vorstandsmitglieder vorhanden sind.

Der Aufsichtsrat der Stiftung besteht aus mindestens zwei und höchstens fünf Mitgliedern, wobei dem Gründungsaufsichtsrat auf Lebenszeit der Stifter, also Karl Diehl, sowie seine drei Söhne Werner, Peter und Thomas Diehl angehören. Aufsichtsratsmitglieder sind ferner (sobald vorhanden) die jeweiligen Stammessprecher für die Zeit ihres Amtes als Stammessprecher. Nur wenn das Amt eines Stammessprechers abgeschafft werden sollte oder aus sonstigen Gründen keine Stammessprecher vorhanden sein sollten, können auch Dritte in den Aufsichtsrat gewählt werden. Die Stiftungssatzung enthält ausführliche Bestimmungen über die Bestellung neuer Mitglieder des Aufsichtsrates.

Der Aufsichtsrat besitzt umfangreiche Kontroll- und Überwachungsrechte. So entscheidet der Aufsichtsrat in allen grundsätzlichen Angelegenheiten der Stiftung. Daneben hat er die Aufgabe, die Geschäftsführung der Diehl Stiftung & Co. KG zu beraten und zu überwachen. Wichtigstes Mittel der Einflussnahme des Aufsichtsrates ist sein Recht, dem Vorstand hinsichtlich der Geschäftsführung der KG Weisungen zu erteilen. Dieses Weisungsrecht gibt ihm faktisch die Macht, jedwede Angelegenheit der Geschäftsführung zu beeinflussen und das unternehmerische Wirken des gesamten Unternehmens letztlich zu bestimmen.

4.3.2 Vorteile der Stiftung & Co. KG gegenüber der GmbH & Co. KG

Man mag sich im Falle der Familie Diehl freilich fragen, ob nicht auch die Rechtsform der GmbH & Co. KG ausgereicht hätte, den alleinigen Einfluss der Familie auf die Geschicke des Unternehmens weiterhin zu gewährleisten. Denn auch bei der GmbH & Co. KG lassen sich rechtlich Unternehmenssubstanz (Kommanditisten) und Geschäftsleitung (Komplementär-GmbH) trennen, gleichwohl kann aber im Wege der Beteiligungsidentität in der KG und GmbH eine faktische Alleinherrschaft der Kommanditisten erreicht werden. Allerdings vermag nur die Rechtsfigur der Stiftung zu gewährleisten, dass der Wille des Gründers Karl Diehl ungeschmälert innerhalb der Geschäftsführung der KG verwirklicht wird. Es ist gerade die Perpetuierungsfunktion der Stiftung im Hinblick auf den im Stiftungszweck verankerten Stifter-Willen, die sie unabhängig und unbeeinflussbar von zukünftigen Familien-Generationen macht. Wer auch immer die Tätigkeit eines Vorstandes der Stiftung bekleidet, wird seine Geschäftsführungstätigkeit stets am unveränderlichen Stifter-Willen ausrichten müssen. Insoweit begründet die Rechtsfigur der Stiftung in ihrer Funktion als Komplementärin eine unveränderliche Unabhängigkeit in der Unternehmensleitung der Gesellschaft und widersteht entgegenstehenden Interessen zukünftiger Gesellschafter-Generationen. Hinzu kommt, dass die Stiftung keine Gesellschafter hat und sich das Problem der Nachfolge, wie bei einer Komplementär-GmbH, nicht stellt. Keine andere Rechtsfigur vermag eine solche Kontinuität zu gewährleisten, was den Willen ihres Gründers angeht. Um jedoch der Gefahr zu begegnen, durch die unabänderliche Bindung an den Stifterwillen allzu sehr im Hinblick auf notwendige Strukturmaßnahmen gefesselt zu sein, kann der Aufsichtsrat mit einer Mehrheit von zwei Dritteln der Stimmen über eine Änderung des Stiftungszweckes beschließen.

5. Schlussbetrachtung

Warum die Unternehmensnachfolge in der über 100-jährigen Geschichte des Familienunternehmens Diehl außerordentlich glücklich verlief, hängt sicherlich mit mehreren Faktoren zusammen. Zunächst einmal war es ein außerordentliches Glück für das noch junge Unternehmen, daß sich nach dem frühen Tode des Gründers Heinrich Diehl dessen einziger Sohn Karl Diehl als außerordentlich begabte Unternehmerpersönlichkeit herausstellte, der mit unternehmerischem Können und Weitsicht, unermüdlichem Einsatz und einem ausgeprägten Hang für die Belange seiner Mitarbeiter das Unternehmen über 50 Jahre mit großem Erfolg leitete und prägte. Es war das Verdienst von Karl Diehl, das Familienunternehmen in der durch Aufschwung und Expansion geprägten Zeit vor dem zweiten Weltkrieg voranzubringen und auch nach dem Zusammenbruch Deutschlands als Folge des zweiten Weltkrieges am Wirtschaftswunder außerordentlich erfolgreich zu partizipieren.

Bei allem unternehmerischen Können und Weitsicht hatte Karl Diehl stets aber auch die Einsicht, daß die eigenen Fähigkeiten, Instinkte und Tradition allein nicht immer ausreichen, um ein Unternehmen erfolgreich voranzubringen. So holte er sich stets exzellente außenstehende Berater, die mit ihrem Wirken für das Unternehmen Diehl großen Anteil am Erfolg und an der Unabhängigkeit von Diehl hatten. Es war aber auch besonders die Verbundenheit von Karl Diehl mit seinen Mitarbeitern, die ihn als Unternehmer prägte und durch welche der Erfolg und die Geschlossenheit des Unternehmens stets profitierte. Ferner achtete Karl Diehl stets auf ein gesundes finanzielles Fundament und eine möglichst geringe Verschuldung.

Der wichtigste Schachzug im Rahmen der Regelung der Unternehmensnachfolge war die frühzeitige Übertragung des Kommanditanteils von Karl Diehl bei der Diehl GmbH & Co. KG auf seine drei Söhne (im Jahre 1972), die paritätische Beteiligung aller drei Söhne an der KG und die weiterhin bestehende Gesellschafterstellung von Karl Diehl bei der Komplementär-GmbH. So wurden rechtzeitig Unternehmenssubstanz und Einfluss auf die Geschäftsführung (Herrschaft) getrennt.

Um eine erfolgreiche Unternehmensnachfolge von der dritten auf die zukünftige vierte Generation zu gewährleisten, bediente sich die Familie Diehl neuer rechtlicher Gestaltungsinstrumente. Im Mittelpunkt stand hierbei der Austausch der bisherigen

Komplementär-GmbH durch eine Familien-Stiftung. Hierdurch wurden die Weichen für die Zukunft gestellt, da als unabänderlicher Stiftungszweck der Erhalt und die Fortführung von Diehl als Familienunternehmen festgelegt wurde, wodurch die Eigenständigkeit als Familienunternehmen sichergestellt war.

Das Beispiel der Diehl Stiftung & Co. KG zeigt nachhaltig, daß die Rechtsfigur der Stiftung & Co. KG eine durchaus realistische Chance sein kann, den Erhalt eines Familienunternehmens über mehrere Generationen hinweg erfolgreich zu gewährleisten. Im Rahmen des mit der Errichtung einer Stiftung GmbH & Co. KG grundsätzlich einhergehendem höheren Gestaltungsaufwands ist es vor allem auch eine wesentliche Aufgabe der anwaltlichen Berater, eine Ausgewogenheit zwischen der Bindung an den Stiftungszweck und der notwendigen unternehmerischen Freiheit der Unternehmer-Familie zu finden. Aufgrund der Vielgestaltigkeit und Kombinierbarkeit der Gestaltungsinstrumente des Gesellschafts- und des Stiftungsrechts kann der Einfluss der Stifter-Familie detailliert geregelt werden, indem ein feines Netz von Zustimmungskatalogen, Weisungsrechten und sonstigen Rechten gewoben wird, mit dem letztlich unterschiedlichste, familieninterne Interessen rechtlich verbindlich geregelt werden können. Die Komplexität dieser Rechtsmaterie, die Wechselwirkungen von Stiftungs- und Gesellschaftsrecht und letztlich die latente Gefahr von versteckten Gestaltungsfehlern machen es erforderlich, den Entwurf solcher Verträge erfahrenen Beratern zu überlassen.

Trotz bestmöglicher rechtlicher Rahmenbedingungen wird für eine erfolgreiche familieninterne Unternehmensnachfolge jedoch stets eine Voraussetzung unabdingbar sein: die persönliche Integrität der einzelnen Familienmitglieder und ihr Wille und ihr Können, das familieneigene Unternehmen im Sinne der eigenen Vorfahren zum Wohle des Unternehmens, der Mitarbeiter und der Gründerfamilie in der Zukunft weiterzuführen und zu erhalten.

Weiterführende Literatur:

Schöllgen, Diehl – ein Familienunternehmen in Deutschland, Berlin 2002.

Delp, Die Stiftung & Co. KG, 1991.

Schwarz, Die Stiftung als Instrument für die mittelständische Unternehmensnachfolge, in: Betriebs-Berater 2001, S. 2381 ff.

Nietzer/Stadie, Die Familienstiftung & Co. KG – eine Alternative für die Nachfolgeregelung bei Familiengesellschaften, in: Neue Juristische Wochenschrift 2000, S. 3457 ff.

Sommer, Die Stiftung: Zivilrechtliche Grundlagen – Besteuerung im In- und Ausland, München 2004 (Erscheinungstermin Herbst).

Unternehmensnachfolge bei ECOROLL AG Werkzeugtechnik, Celle

Alfred Ostertag

Inhalt:

		Seite
1.	Umfeld	481
2.	Markt und Produkte	481
3.	Historische Entwicklung	482
4.	Einleitung der Nachfolge	483
5.	Änderung der Eigentumsverhältnisse	484
6.	Der Generationswechsel	484

1. Umfeld

Die ECOROLL AG ist ein mittelständisches Unternehmen in Celle, am südlichen Rand der Lüneburger Heide gelegen. Das industrielle Umfeld in Celle ist hauptsächlich durch die Erdölindustrie geprägt. Namhafte, weltweit aktive Unternehmen mit anspruchsvollen Technologien stellen Geräte, Werkzeuge und Dienstleistungen für die Exploration und die Förderung von Erdöl und Erdgas bereit oder haben hier ihre Verkaufsniederlassungen. In diesem Rahmen hat sich in Celle ein zweiter Industriezweig etabliert: Hersteller von Diamantwerkzeugen zum Bohren von Gestein und zum Abrichten von Schleifscheiben.

2. Markt und Produkte

ECOROLL nimmt in diesem Umfeld eine Sonderstellung ein. Dort beschäftigen sich zurzeit etwa 50, teilweise langjährig erfahrene Mitarbeiter mit der Herstellung von Werkzeugen für die Metallbearbeitung. Man konzentriert sich bei ECOROLL auf die Bearbeitung von Metalloberflächen durch Umformung der Randschicht. Dies geschieht durch Walzen mit einer oder mehreren Rollen. Diese werden so stark gegen die Oberfläche gedrückt, dass der Werkstoff fließt und die vorhandene Rauhigkeit eingeebnet wird. Das besondere an diesem Verfahren ist, dass im Gegensatz zu anderen Feinbearbeitungsverfahren kein Material abgetragen werden muss. Somit entstehen weder Staub noch Schlamm. Die so bearbeiteten Bauteile erhalten bemerkenswerte Eigenschaften. Die glatten Oberflächen eignen sich in ganz besonderer Weise als Gleitflächen für und Dichtungen. Darüber hinaus verhindert die Bearbeitung mit ECOROLL-Werkzeugen die gefürchtete Materialermüdung. Diese kann bei hoch beanspruchten Bauteilen in Maschinen, Fahrzeugen, Flugzeugen und Hubschraubern zum Versagen von Bauteilen und damit zu schwerwiegenden Unfällen führen. Je nach dem Zweck des Verfahrens spricht man vom Glattwalzen oder Festwalzen.

Mit einer spezialisierten Baureihe von Werkzeugen werden viele Hersteller von Hydraulikzylindern beliefert. Die Innenflächen dieser Zylinder müssen sehr glatt sein, um ein verschleißfreies Gleiten der Kolbendichtungen zu gewährleisten. ECO-ROLL-Werkzeuge für diesen Sektor führen zu sehr hoher Produktivität und erzeugen eine einzigartige Produktqualität.

ECOROLL-Werkzeuge werden daher von einer Vielzahl von Industrien eingesetzt. Neben Fertigungsbetrieben des allgemeinen Maschinenbaus setzen Automobilhersteller, deren Zulieferer und in zunehmendem Maße auch die Luftfahrtindustrie die Verfahren und Werkzeuge von ECOROLL ein. Dabei spielt die Wirtschaftlichkeit neben den technologischen Vorzügen eine wesentliche Rolle. Dies ergibt sich aus einer im Vergleich zu anderen Verfahren sehr kurzen Bearbeitungszeit und häufig aus dem Umstand, dass die Verfahren Glattwalzen und Festwalzen direkt nach der spangebenden Bearbeitung auf der selben Maschine ohne Umspannen der Bauteile und ohne zwischenzeitliche Transporte durchgeführt werden können. Auf Grund der großen wirtschaftlichen Vorteile ist die Amortisation für ECO-ROLL-Werkzeuge sehr kurz. Amortisationszeiten von wenigen Monaten werden häufig erreicht.

Diese Summe von technischen und vor allem wirtschaftlichen Vorzügen führt zu einer breiten Kundenbasis aus unterschiedlichen Industriezweigen. Dies begründet die vergleichsweise geringe Anfälligkeit von ECOROLL für rückläufige Entwicklungen einzelner Branchen.

3. Historische Entwicklung

Unter dem Namen ECOROLL ist dieses Unternehmen erst im Jahr 1995 bekannt geworden. Dies war ein einschneidendes Datum in der Unternehmensgeschichte.

Beginnen wir aber am Anfang. Die Entstehung des Unternehmens hat mit dem industriellen Umfeld von Celle nichts zu tun. Sie ist vielmehr das Ergebnis der politischen Lage Deutschlands in den sechziger Jahren. Der damals herrschende kalte Krieg hatte großen Einfluss auf das wirtschaftliche Umfeld in Celle. Die Entfernung zur Zonengrenze betrug ganze 30 Kilometer. Das wirtschaftliche Hinterland fehlte weithin und so wurde die Ansiedlung neuer Industrien staatlich unterstützt. Der große politische Druck des Ostblocks auf Berlin veranlasste dort zahlreiche Unternehmen zum Umzug in den Westen. So siedelte sich 1964 die damalige Firma Kotsch aus Berlin in Celle an. Unter anderen Produkten und Dienstleistungen fertigte dieses Unternehmen in geringem Umfang auch Glattwalzwerkzeuge.

Zu gleicher Zeit expandierte in Erkelenz bei Düsseldorf die Maschinenfabrik Hegenscheidt. Man hatte sich dort aus strategischen Gründen entschlossen, Glattwalzwerkzeuge ins Lieferprogramm aufzunehmen. Der einfachste Weg hierzu war die Akquisition eines Herstellers mit einem existierenden Produktprogramm. So übernahm die Werkzeugmaschinenfabrik Hegenscheidt im Jahr 1969 Fertigungsstätte, Mitarbeiter und einen Teil des Produktprogramms der Firma Kotsch. Das Unternehmen wurde als Filiale in die Hegenscheidt-Gruppe eingegliedert und ausschließlich als Fertigungsbetrieb für Werkzeuge geführt. Verkauf, Entwicklungsabteilung und Konstruktion waren der Zentrale in Erkelenz zugeordnet. Diese Distanz führte zu Ineffizienz durch Mängel in der Kommunikation. Aus diesem Grunde wurde die Organisation im Jahr 1987 verändert. Der Fertigungsbetrieb wurde zum weitgehend eigenständigen Profitcenter ausgebaut und erhielt eine eigene Verkaufsabteilung sowie eine Entwicklungs- und Konstruktionsabteilung.

Dies war eine weitsichtige unternehmerische Entscheidung. Sie führte zum Ausbau des Produktprogramms und zur Erweiterung der Kundenbasis. Die verbesserte Kommunikation und der direkte Zugang zum Markt führten zu befruchtender Kundennähe und bemerkenswerter Kreativität. In deren Folge wurden neue Produktlinien entwickelt, die durch Patentschutz über weltweite Alleinstellungsmerkmale verfügten. Die Entscheidung von 1987 war damit der Grundstein für das weitere Wachstum des Unternehmens, das in der Hegenscheidt-Gruppe ein hohes Maß an Eigenständigkeit erhielt. Diese war allerdings auch dadurch begründet, dass Axel Schondorff, der Leiter des damaligen Geschäftsbereichs Werkzeugtechnik, Miteigentümer der Hegenscheidt-Gruppe war.

Im Jahr 1994 entschloss sich die Eigentümerfamilie zum Verkauf von Hegenscheidt an die Vossloh-Gruppe. Diese war jedoch nicht am Kauf der Werkzeugtechnik interessiert. Vielmehr kaufte Axel Schondorff die damalige Hegenscheidt Werkzeugtechnik und wandelte sie mit Beginn 1995 in die ECOROLL AG Werkzeugtechnik um. Er war zu diesem Zeitpunkt alleiniger Aktionär. Alfred Ostertag, der bisherige Verkaufsleiter wurde als Vorstand berufen.

In der Folgezeit wuchs das Unternehmen kontinuierlich. Nach einem Jahresumsatz von ca. 5 Mio. DM im Jahr 1995 wurde im Jahr 2001 ein Umsatz von 10,4 Mio. DM erreicht. Das Ergebnis entwickelte sich ebenfalls kontinuierlich.

4. Einleitung der Nachfolge

Bereits bei Vollendung des 60. Lebensjahres wies der Vorstand Ostertag auf die Notwendigkeit einer rechtzeitigen Nachfolgeregelung hin. Diese wurde im Laufe der Zeit umso dringlicher, als der ECOROLL-Gründer Schondorff auf Grund gesundheitlicher Probleme den Verkauf des Unternehmens erwog. Mehrere Lösungsvarianten wurden auf ihre Machbarkeit überprüft, unter anderem auch der Verkauf des Unternehmens an einen Wettbewerber.

Es kam jedoch anders. ECOROLL pflegte seit Jahren Kontakte zu mehreren Hochschulen. Besonders intensiv waren die Kontakte in dieser Zeit zum Werkzeugmaschinenlabor (WZL) der RWTH Aachen. Dort lernte Alfred Ostertag den als wissenschaftlichen Mitarbeiter tätigen Karsten Röttger kennen. Mehr als das, er lernte ihn während dessen Forschungsarbeit am Thema Hartglattwalzen auch als hervorragenden Fachmann und „Überzeugungstäter" kennen. Ostertag war davon überzeugt, dass der zukünftige Vorstand der ECOROLL AG kein Kaufmann, sondern ein überzeugter Techniker sein musste. Schließlich war das zurückliegende Wachstum des Unternehmens im Wesentlichen angetrieben durch eine überlegene Technologie mit zahlreichen weltweiten Alleinstellungsmerkmalen. Es war klar, dass es zur weiteren Entwicklung des Unternehmens einer stark technisch orientierten Unternehmensführung bedurfte. Beim morgendlichen Joggen entstand die Idee: Ostertag schlug Röttger als Nachfolger im Vorstand vor. Dieser Vorschlag deckte sich mit der Lebensplanung von Karsten Röttger, der sich nach Abschluss seines Studiums den Eintritt in die Geschäftsleitung eines mittelständischen Unternehmens zum Ziel gesetzt hatte.

5. Änderung der Eigentumsverhältnisse

Gleichzeitig brachte der Aufsichtsrat eine Beteiligungsgesellschaft zur finanziellen Abstützung des Übergangs ins Gespräch. Die Hannover-Finanz hatte dafür eigentlich das richtige Geschäftsmodell. Allerdings war der Umsatz von ECOROLL nach dem Maßstäben der Hannover-Finanz zu klein. Günstige Faktoren gaben jedoch den Ausschlag, im Falle von ECOROLL von dieser grundsätzlichen Linie abzuweichen: die ECOROLL-Technologie erschien der Hannover-Finanz als zukunftsträchtig, der Aufsichtsrat war bei Hannover-Finanz bekannt und schließlich stimmte die „Chemie" zwischen dem alten und dem designierten Vorstand. Die Hannover-Finanz beabsichtigte, sich mit 55 % an ECOROLL zu beteiligen. 45 Prozent sollten sich auf Mitglieder des Aufsichtsrats und die Vorstände verteilen.

Die Verhandlungen inklusive der Due Diligence (Unternehmensbewertung) und der Bankgespräche dauerten kaum 12 Monate. Der alte und der neue Vorstand, der Aufsichtsrat sowie die Hannover Finanz gründeten eine gemeinsame Kaufgesellschaft, die ECOROLL übernahm. Der Verhandlungsführer der Hannover-Finanz, Jörg-Friedrich Bätjer, sowie Axel Schondorff wurden Aufsichtsratsmitglieder. Der Verhandlungsführer der ECOROLL AG, Peter Baron von le Fort wurde Vorsitzender des Aufsichtsrats.

6. Der Generationswechsel

Inzwischen hatte Karsten Röttger seine Promotion in einem Kraftakt vorgezogen. So konnte er am 1. August 2002 seine Tätigkeit als Vorstand der ECOROLL AG beginnen. Damit war eine wichtige Voraussetzung geschaffen, um die Forderung des Aufsichtsrats nach einer zweijährigen Übergangszeit vom alten zum neuen Vorstand sicher zu stellen.

Inzwischen hat sich Dr. Karsten Röttger (34) tief in die organisatorischen Abläufe und die Fertigung, das Berichtswesen, das Produktprogramm und in die Verhältnisse des Marktes eingearbeitet. Um das zukünftige Wachstum des Unternehmens durch die Entwicklung neuer Produkte zu gewährleisten, hat er den Bereich Forschung und Entwicklung verstärkt und durch die Beteiligung an mehreren Forschungsprojekten die Zusammenarbeit mit mehreren Hochschulen intensiviert. Ein herausragendes Projekt stellt die Gründung und Eröffnung des ECOROLL-Verkaufsbüros in Cincinnati, USA dar. Dies ist ein wichtiger Schritt, um die weltweite Präsenz des Unternehmens zu verbessern und die Kundenbasis zu verbreitern.

Zum 31. 7. 2004 wird Alfred Ostertag (65) aus dem Vorstand und aus dem operativen Geschäft des Unternehmens ausscheiden. Er wird jedoch dem Unternehmen als Gesellschafter und als Berater weiter verbunden bleiben. Für diese weitere Zusammenarbeit hat er sich jedoch einen wichtigen Grundsatz zu Eigen gemacht: er wird sich vollständig aus dem operativen Geschäft, dessen Entscheidungen und Verantwortung, zurückziehen aber er will immer dann Rat geben, wenn er darum gebeten wird. Dies betrachtet er als eine wichtige Voraussetzung, um dem dann alleinigen Vorstand, Dr. Karsten Röttger, zusammen mit seinem Team die notwendigen Freiräume zu Entscheidungen zu lassen.

Die weltpolitischen Ereignisse des Jahres 2002 und deren Folgen sind auch an ECOROLL nicht spurlos vorübergegangen. Die Intensivierung der Marktpräsenz, Reorganisation der Fertigung mit dem Ziel höherer Effizienz und die Einführung neuer Produkte beginnen jedoch Früchte zu tragen. So zeichnet sich in den letzten Monaten wieder eine erfreulich positive Geschäftsentwicklung ab.

Im Fall der ECOROLL AG kann uneingeschränkt von einem reibungslosen Generationswechsel gesprochen werden. Für diese Sicht spricht auch, dass befreundete Unternehmen den jetzt in seiner letzten Phase befindlichen Übergang bereits als gut gelungen bezeichnen. Der scheidende Vorstand tritt in die letzte Phase seiner Tätigkeit mit der Überzeugung ein, dass bei ECOROLL ein solides Fundament für die weitere Entwicklung des Unternehmens und für die Erhaltung und Schaffung neuer Arbeitsplätze in gemeinsamer Arbeit von Finanzierungsgesellschaft, Aufsichtsrat und Vorstand gelegt wurde.

Fallbeispiel MBI – ALUKON F. Grashei KG, Konradsreuth

Volkmar Döring

Inhalt:

		Seite
1.	Ausgangssituation	487
2.	Erster Kontakt	488
3.	Passt der MBI-Kandidat zum Unternehmen?	489
4.	Entschluss	490
5.	Vorbereitung eines MBI-Prozesses im zeitlichen Ablauf	491
6.	Informationsbedürfnis eines Finanzinvestors	491
7.	Finanzierungsstruktur und Beteiligung des MBI-Kandidaten	492
8.	Zukünftige Organisation und Führungsstruktur des Unternehmens	493
9.	Spätere Zusammenarbeit	494
10.	Exit des Investors	494
11.	Persönliches Resümee	495

Als ich gebeten wurde, einen Beitrag über meine Erfahrungen als MBI-Kandidat bei einer erfolgreich verlaufenen Unternehmensnachfolge zu schreiben, war mir sehr schnell klar, dass eine wissenschaftlich fundierte Abhandlung dieses Themas für mich wenig Sinn macht – das können Fachleute in den spezifischen Bereichen Recht, Steuern und Betriebswirtschaft mit Sicherheit besser. So gestatten Sie mir einen sehr persönlichen Erfahrungsbericht, mit möglicher Subjektivität und ohne Anspruch auf Allgemeingültigkeit. Allerdings hoffe ich sehr, eventuellen MBI-Interessenten und ggf. verkaufswilligen Unternehmern einige Denkanstöße und Hinweise geben zu können.

1. Ausgangssituation

Zufriedene Menschen sind in der heutigen Gesellschaft selten anzutreffen – im Gegensatz dazu konnte ich wirklich zufrieden sein. Mit 42 Jahren befand ich mich in einer durchwegs positiven Situation, wir waren (und sind heute noch) eine glückliche Familie mit 3 Söhnen und meine Frau hat meine berufliche – stets nach oben gerichtete – Entwicklung immer in vielfältiger Weise unterstützt. Als Mitglied der Geschäftsleitung eines gesunden mittelständischen Betriebs hatte ich so etwas wie eine „Lebensstellung". Neben zwei geschäftsführenden Gesellschaftern war es gelungen, dieses Unternehmen in den vergangenen Jahren ständig nach vorne zu entwickeln – und dies in einem harmonischen Miteinander. So gab auch die materielle Situation der Familie mit Eigenheim, schönem Dienstwagen und Cabrio für die Ehefrau keinen Anlass zur Klage.

Ab und zu wurde ich von Personalberatern auf einen Stellenwechsel angesprochen, was aber nicht mit Interesse verfolgt wurde, wobei ich allerdings schon intensiv über die Zukunft nachdachte. Sollte man die bisherige Stelle noch quasi bis zum Ruhestand begleiten oder wäre die mögliche Option eines Neuanfangs doch die bessere Alternative? Ich möchte an dieser Stelle zugeben, dass ich in der Vergangenheit immer wieder mit dem Gedanken spielte, die Gesamtverantwortung in einem Betrieb zu übernehmen. Ich fühlte mich dazu in der Lage und war auch bereit, unternehmerisches Risiko zu übernehmen. Der Begriff „Management Buy In", also der Erwerb von Geschäftsanteilen durch einen neuen, von außen kommenden Manager (oder durch ein Managementteam), der bzw. das dann auch die Geschäftsführung übernimmt, wurde zunehmend populärer. Das Problem der Unternehmensnachfolge im Mittelstand und die sich daraus ergebenden Möglichkeiten waren mir also durchaus bewusst, konkrete Aktivitäten in dieser Richtung hatte ich bis dahin jedoch nicht verfolgt.

2. Erster Kontakt

In dieser Phase erzählte mir ein langjähriger Freund von einem Unternehmer in meinem Heimatlandkreis, der mangels Nachfolger aus der eigenen Familie einen externen Kandidaten suche – mit dem Hinweis, dass eine solche Position doch für mich geeignet wäre. Nach einem Besuch der Homepage des mir aus früherer Zeit noch namentlich bekannten Unternehmens bat ich am nächsten Tag meinen Bekannten um Kontaktaufnahme. Eine kleine informelle Recherche in meiner alten Heimat über den Ruf der Firma bestätigte den bis dahin gewonnenen positiven Eindruck.

Beim ersten Treffen mit Herrn Grashei wurde es nach einer Betriebsbesichtigung gleich konkret. Der Unternehmer hatte im Zuge seiner Verkaufsaktivitäten den Markt potentieller Investoren schon sondiert und war mit einem Finanzinvestor – Granville Baird Capital Partners (GBCP) aus Hamburg – bereits in nähere Verhandlungen eingetreten. Aus allen diesbezüglichen Gesprächen gab es unter anderem eine Schlussfolgerung: Der zukünftige Geschäftsführer von ALUKON musste von außen kommen und bereit sein, unternehmerisches Risiko zu tragen.

Herr Grashei erlaubte mir schon in der frühen Phase des Verkaufsprozesses einen vertraulichen Einblick in das Zahlenwerk des soliden Unternehmens. Des Weiteren kam es sehr schnell zu einem ersten Treffen mit GBCP, bei welchem ich zum ersten Male persönlichen Kontakt mit einem Finanzinvestor hatte. Deren Vorstellungen wurden in groben Zügen skizziert und ich wurde aufgefordert, mir meine eigenen Gedanken hinsichtlich der zukünftigen strategischen Entwicklung von ALUKON zu machen. Bei der Strukturierung eines möglichen Businessplans wurde schnell klar, dass die Informationsbeschaffung eine große Herausforderung für mich darstellen würde. Die verfügbaren Daten in einem inhabergeführten Unternehmen genügen in aller Regel nicht den Anforderungen eines Finanzinvestors, der sich meistens aus der operativen Führung seiner Portfoliounternehmen heraushält und seine Beteiligungen mittels Finanzinformationen steuert. Es wurde sehr schnell offensichtlich, dass die Erstellung dieses Planungswerks meine erste „Arbeitsprobe" für GBCP darstellen würde – so begann ich mit der langwierigen Datensammlung, was alles außerhalb von ALUKON in meiner Freizeit am Wochenende vonstatten ging.

Für potentielle MBI-Kandidaten gibt es aber Möglichkeiten, diesbezügliche Aktivitäten wesentlich zielgerichteter zu gestalten. An erster Stelle würde ich Personalberater nennen, die sich auf die Vermittlung von MBI-Kandidaten spezialisiert haben. Diese verfügen über umfangreiche Kontakte und geben sicher Erläuterungen über ein entsprechendes Anforderungsprofil. Zudem haben diese Spezialisten auch Einblick in die Gepflogenheiten innerhalb der Branche der Finanzinvestoren und können demnach viele Hinweise über den Verlauf eines möglichen MBI-Prozesses geben. Man kann sich aber sicher auch direkt an Private-Equity-Firmen wenden und sich dort als möglicher Kandidat empfehlen. Weiterhin besteht ggf. die Möglichkeit, vertrauliche Kontakte mit Banken/M&A-Beratern zu knüpfen, welche solche Transaktionen professionell begleiten. Eine Empfehlung eines Bankers/ M&A-Beraters, der die persönliche Qualifikation beurteilen kann, wäre sicher in diesem Fall sehr hilfreich.

3. Passt der MBI-Kandidat zum Unternehmen?

ALUKON wurde 1974 als 3-Mann-Betrieb von Herrn Grashei gegründet und seit dieser Zeit konsequent und erfolgreich aufgebaut. Heute ist das Unternehmen einer der international führenden Systemhersteller für Aluminiumrollläden und Aluminiumtore. Systemhersteller bedeutet in diesem Fall, dass ALUKON alle Komponenten herstellt bzw. verkauft, die ein Fachbetrieb für die Produktion bzw. spätere Montage solcher Produkte benötigt. Das Produktprogramm ist insbesondere auf die Gebäuderenovierung ausgerichtet, somit werden schätzungsweise 75 % der Produkte im Altbau verwendet.

Vor der Übernahme erzielte das Unternehmen in 2001 einen Jahresumsatz von über 47 Mio. Euro und beschäftigte ca. 250 Mitarbeiter. Das Betriebsgrundstück ist ca. 67.000 qm groß, die Gebäudeflächen erreichen 24.000 qm. Über 50 % des Umsatzes wurden im Export erwirtschaftet. In den Vertriebsregionen Polen, CZ, Slowakei, Frankreich und Benelux arbeiten vor Ort eigene Vertriebsmitarbeiter, vier weitere Kollegen waren im Verkaufsausendienst in Deutschland beschäftigt. In ganz Mitteleuropa werden die Produkte mit einer Flotte eigener LKWs beim Kunden angeliefert, verkauft wird ausschließlich an Fachbetriebe der Rollladen- und Torbranche.

Vor ALUKON hatte ich mit der Rollladenbranche, außer als privater Bauherr, keinerlei Berührungspunkte. Deshalb stellte ich mir natürlich schon die Frage nach der persönlichen und fachlichen Eignung für diese Position des geschäftsführenden Gesellschafters. Die Führungsaufgabe als solche in einem mittelständischen Unternehmen war mir seit langer Zeit vertraut. Seit vielen Jahren verstand ich mich immer als Generalist in allen kaufmännischen Bereichen mit einem entsprechenden technischen Verständnis, was für das Management im Mittelstand eine gute Grundlage darstellt. Auch die „unternehmerische Komponente" hatte ich im elterlichen Betrieb in jungen Jahren „hautnah" erfahren und seit Jahren in verantwortlicher Position unter Beweis gestellt. Somit fehlte es eigentlich nur an den Branchenkenntnissen, die ich mit folgenden beruflichen Erfahrungen und natürlich entsprechender Lernbereitschaft kompensieren wollte: meine ersten beruflichen Schritte erfolgten im väterlichen Handwerksbetrieb des Baunebengewerbes. Obwohl dort Natursteine und nicht Rollladenprofile verarbeitet wurden, weiß ich somit über die typische Geschäftssituation und Problemstellung vieler ALUKON-Kunden gut Bescheid. In meiner Tätigkeit als GL-Assistent in einem großen Metallbaubetrieb lernte ich viel über die industrielle Verarbeitung von Aluminiumprofilen und über die Disposition und Preisproblematik im Bereich Aluminium. Anschließend war ich einige Jahre Prokurist bei einem Großhandelsunternehmen für grafische Produkte. Dort waren die Themen Fuhrpark, wöchentlicher Belieferungsservice, Außendienststeuerung, Bonitätsüberwachung der Kunden und Key-Account wesentliche Punkte meiner Arbeit, was vielen Aufgaben bei ALUKON sehr nahe kommt. Vor der MBI-Transaktion war ich sieben Jahre als Mitglied der Geschäftsleitung in einem Metall und Kunststoff verarbeitenden Betrieb tätig. Die dortigen Produktionsverfahren hatten Parallelen zu ALUKON und wir steigerten insbesondere unseren Exportanteil erheblich. Somit sammelte ich Erfahrungen im internationalen Geschäft, insbesondere in Frankreich.

Aufgrund dieses Werdegangs fühlte ich mich auch fachlich in der Lage, diese Aufgabe zu übernehmen und die fehlenden Produkt- und Branchenkenntnisse wollte ich mir in angemessener Zeit aneignen.

4. Entschluss

Die Verhandlungen zwischen Verkäufer und Investor zogen sich hin. In dieser Zeit machte mir Herr Grashei das Angebot, in seinen Betrieb fest einzutreten, ohne eine bereits bindende Verkaufsvereinbarung unterzeichnet zu haben. Meine lange Kündigungsfrist sollte den Prozess nicht behindern, der Arbeitsvertrag als Mitglied der Geschäftsleitung in der damaligen ALUKON KG wurde zu meiner Absicherung mit einer längeren Mindestlaufzeit versehen. Im Gegenzug wurde vereinbart, dass ich im Verkaufsfall für die weitere Geschäftsführung unter „zumutbaren Bedingungen" zur Verfügung stehen würde. Konkretere Vereinbarungen waren zum damaligen Zeitpunkt noch nicht möglich.

Nach eingehender Beratung mit der gesamten Familie war ich zu diesem Schritt bereit und wir waren uns einig, dass dies nicht halbherzig geschehen konnte. Ich wollte nicht längere Zeit als Wochenendheimfahrer tätig sein, sondern vor Ort ständig zur Verfügung stehen und so auch meine Verbundenheit zum Unternehmen demonstrieren. Somit haben wir parallel den Verkauf unseres Eigenheims betrieben. Für ein neues Zuhause war glücklicherweise auch schon gesorgt, denn zur Firma gehörte ein leerstehendes Einfamilienhaus, das wir im Anschluss mieten konnten. Ich muss an dieser Stelle gestehen, dass ich inklusive dieses Vertragsabschlusses noch keine externe Beratungsleistung in Anspruch genommen hatte. Aus rechtlicher Sicht hatte ich de facto auch noch nicht mehr als einen neuen Arbeitsvertrag unterschrieben. Allerdings war ich mit der Familie zu dieser Zeit einig, dass wir ggf. den Verkaufserlös unseres Hauses in ALUKON investieren würden – eine Beteiligung auf Kredit hatten wir für uns ausgeschlossen.

5. Vorbereitung eines MBI-Prozesses im zeitlichen Ablauf

Aus einer ungekündigten Stellung heraus einen MBI-Prozess zu beginnen, ist sicher ein kritischer Punkt, falls eine längere Kündigungsfrist einzuhalten ist. Es ist wohl niemandem zu empfehlen, aus Termingründen die bisherige Tätigkeit nicht einvernehmlich zu beenden. Neben der zeitlichen Problematik treten hier zwei spezielle Probleme einer MBI-Transaktion auf. Der Kandidat verfügt nicht über Insiderwissen bzw. eigene Erfahrungen im betreffenden Unternehmen. Somit hat der potentielle Finanzinvestor neben dem „allgemeinen" Investitionsrisiko ein weiteres, nicht zu unterschätzendes Risiko zu tragen. Niemand kann wissen, wie sich der neue Manager bzw. eine neue Führungscrew in der neuen Funktion bewähren würde.

Für mich war es eine sehr glückliche Lösung, bereits einige Monate vor Abschluss des tatsächlichen Verkaufs im Unternehmen arbeiten zu können. Somit konnte ich mir zwischenzeitlich erhebliches Wissen aneignen, was für die Erstellung eines realistischen Businessplans eigentlich unabdingbar ist. Einen richtigen Erfolgsnachweis kann man natürlich in einer solchen Zeitspanne noch nicht erbringen.

Aus heutiger Sicht ist es m. E. eine überlegenswerte Alternative für einen verkaufswilligen Unternehmer, sich einen geeigneten MBI-Kandidaten geraume Zeit vor einer möglichen Verkaufstransaktion ins Unternehmen zu holen. Mit einer derartigen Integration und möglichen ersten Geschäftserfolgen des Managers bereitet man sich besser und langfristig auf einen solchen Prozess vor. Somit wird aus einem MBI zwar dann de facto ein MBO (Management-Buy-Out), was aus beschriebenen Gründen aber viele Vorteile hat. Hier wird dann zwar aus Verkäufersicht mit einem deutlich längeren Zeithorizont gearbeitet, zugleich wird aber das Risiko eines solchen Verkaufsprozesses für die neuen Investoren geringer, was sich zumindest nicht negativ auf den Kaufpreis auswirkt. Grundsätzlich beeinflussen alle potentiellen Risiken den möglichen Kaufpreis nach unten bzw. verlangen vom Verkäufer entsprechende Garantien.

6. Informationsbedürfnis eines Finanzinvestors

Die Monate vor dem tatsächlichen Firmenwechsel waren für mich sehr arbeitsreich. Einerseits war ich es meinem alten Arbeitgeber unbedingt schuldig, geordnete Verhältnisse zu übergeben und einen Nachfolger entsprechend einzuarbeiten. Andererseits war ich, quasi noch als externer Mitarbeiter, schon ganz entscheidend in die Ausarbeitung der notwendigen Informationen im Rahmen der fortschreitenden Prüfungsarbeiten durch den Finanzinvestor (Due Diligence) und seine Berater involviert. Für diese Doppelbelastung mussten praktisch alle Wochenenden und ein erheblicher Teil meiner Urlaubstage investiert werden.

Sowohl MBI-/MBO-Kandidaten als auch potentielle Verkäufer von Unternehmen sollten sich mit dem Informationsbedürfnis eines Finanzinvestors intensiv auseinandersetzen. Ein Finanzinvestor bezahlt einen Teil des Kaufpreises mit Eigenkapital und den verbleibenden Anteil mit Fremdkapital. Das Eigenkapital entnimmt der Finanzinvestor aus seinem Beteiligungsfond, in welchen in der Regel institutionelle Investoren einzahlen. Gerade diese Investoren und die Fremdkapitalgeber (z. B. Banken) benötigen sehr detaillierte Informationen über Unternehmen und

Branche. In einem wohl abgestimmten Prozess müssen bei Konkretisierung der Verhandlungen zunehmend „intimere" Informationen über das Unternehmen preisgegeben bzw. zur Verfügung gestellt werden. Zur besseren Vorbereitung und damit Beschleunigung eines solchen Verkaufsprozesses sollte man sich mit diesen Themenstellungen vorab beschäftigt haben.

Ab einem fortgeschrittenen Stadium, im Fachjargon Exklusivitätsperiode genannt, wird seitens des Finanzinvestors viel Geld zur Prüfung aller relevanten Unternehmensinformationen ausgegeben. Alle nicht mit der gewünschten Zufriedenheit geprüften Themenstellungen können unter Umständen Kaufpreis mindernd wirken oder ggf. sogar den gesamten Verkaufsprozess in Frage stellen. Für den MBI-Kandidaten ist es natürlich ebenfalls sehr wichtig, sich gut über das Unternehmen zu informieren. Neben den vorhandenen Informationen ist insbesondere ein realistischer Businessplan, der umfassend die zukünftigen Chancen und Risiken des Unternehmens darstellt, für einen möglichen Finanzinvestor von zentraler Bedeutung. Hier besteht wohl die Hauptaufgabe des MBI-Kandidaten, einen solchen mittelfristigen Businessplan zu erarbeiten, welcher Unternehmenspotentiale in ertragreiches Wachstum umsetzt. Außerdem sollten – nach Möglichkeit – auch bereits Optionen des externen Wachstums aufgezeigt werden, da in vielen Fällen ein Finanzinvestor eine sog. Buy-and-Build-Strategie im Auge hat.

7. Finanzierungsstruktur und Beteiligung des MBI-Kandidaten

Ein weiterer wichtiger Punkt für den MBI-Kandidaten ist die Struktur der Finanzierung für den Unternehmensverkauf. Der Investor setzt in Abstimmung mit Kredit gebenden Banken neben Eigenmitteln nicht unerhebliche Fremdmittel ein, was seine eigene Kapitalrentabilität deutlich steigert. Diese Kredite muss das übernommene Unternehmen aber de facto selbst tilgen, was die Finanzkraft des Betriebs nicht überfordern darf. Alternative Szenarien (best case und worst case) möglicher Geschäftsverläufe sollten hierbei berechnet werden, um einen guten Kompromiss zwischen Risiko und Rentabilität zu erreichen. Gleiches gilt selbstverständlich auch für die eigene Beteiligung des MBI-Kandidaten, der zusammen mit dem Investor eine Einigung erzielen muss, welche Gesellschaftsanteile zu welchem Kaufpreis erworben werden können. Man sollte neben der Variante der Geldvermehrung auch einen möglichen Totalverlust des eingesetzten Kapitals zumindest für den schlechtesten Fall einkalkulieren.

Deshalb ist es meines Erachtens für den MBI-Kandidaten ein zentraler Punkt, wie er seine Beteiligung finanziert – aus eigenen Mitteln (wie in meinem Fall) oder mit entsprechendem Fremdkapital, was sehr abhängig von der persönlichen Risikobereitschaft ist. Außerdem sollte man ebenso die persönliche Situation bei einem Exit des Investors vorab besprechen bzw. bedenken. Für solche Vertragsfragen ist die Beratung des MBI-Kandidaten durch einen professionellen und unabhängigen Spezialisten unabdingbar. Dieser wird wichtige Hinweise zu möglichen steuerlichen und rechtlichen Auswirkungen dieser komplexen Vertragswerke geben können und zudem wissen, wie übliche Vereinbarungen zwischen Investor und MBI-Kandidat aussehen.

8. Zukünftige Organisation und Führungsstruktur des Unternehmens

Ein zentrales Thema für den Finanzinvestor ist das Problem, wie das Unternehmen nach dem Ausscheiden des Unternehmers (oder bisherigen Managements) weiter verläuft. Konzentriert sich der Geschäftserfolg auf die bisherige direkte Tätigkeit des zukünftig ausscheidenden Unternehmers, bestehen sicher große Vorbehalte gegen ein Investment.

Schon frühzeitig sollte auch über die zukünftige Struktur des Managements zwischen MBI-Kandidat und Finanzinvestor eine Einigung erzielt werden. Finanzinvestoren sehen es gerne, wenn sich aus Risikogründen möglichst mehrere Manager/leitende Angestellte auch am Unternehmensrisiko – sprich Gesellschaftskapital – beteiligen. Hier ist es eine Frage der persönlichen Zielsetzung des MBI-Kandidaten, welche Vorstellungen er von der Struktur des Führungsteams hat. Man sollte bei diesen Entschlüssen auch nicht außer Acht lassen, wie das Unternehmen in der Vergangenheit geführt worden ist. Waren es die Mitarbeiter in der Vergangenheit gewohnt, z. B. nur mit einem geschäftsführenden Gesellschafter zu arbeiten, können Änderungen in der Führungsstruktur möglicherweise zu Störungen bisher gut laufender Geschäftsabläufe führen.

Das Thema Management bzw. Führungsphilosophie ist für mich ein ganz zentraler Punkt für eine erfolgreiche Unternehmensentwicklung und damit neben einer ausgewogenen Finanzierung ein entscheidender Erfolgsfaktor. Es ist in aller Regel nicht leicht, Punkte zu identifizieren, welche ein Unternehmen erfolgreich machen. Viele einzelne Gegebenheiten formen den komplexen Charakter einer Firma. Alle Beteiligten sollten diesen Charakter als bisherigen Erfolgsgaranten respektieren und nicht unbedingt verändern wollen. Der MBI-Kandidat muss versuchen, das Vertrauen des erweiterten Führungskreises zu gewinnen und offen seine Pläne diskutieren, um damit Akzeptanz für seine Vorstellungen zu erreichen. Natürlich ist bei solchen Prozessen die komplette Belegschaft verunsichert. Hier können entsprechende Erläuterungen und das Einbeziehen des Personals in die Zukunftspläne Vertrauen schaffen.

In einem erfolgreichen Unternehmen sollte ein solcher MBI-Prozess möglichst behutsam verlaufen und ein nahtloser Übergang zu dem neuen Management bzw. Gesellschaftern geschaffen werden. Befindet sich ein Unternehmen in der Krise, müssen natürlich gegebenenfalls andere Wege angedacht werden. Der ausscheidende Verkäufer (in der Regel geschäftsführender Gesellschafter) sollte zumindest für einen mittelfristigen Zeitraum für den Beirat des Unternehmens gewonnen werden, damit das Unternehmen auch in der Zukunft von der Erfahrung des alten Managements profitieren kann. Ein solches Gremium wird in den meisten Fällen gegründet und dient als Aufsichtsorgan für die Geschäftsführung.

Für den MBI-Kandidaten und den Finanzinvestor ist es von unbedingtem Vorteil, wenn in den Kaufvertrag eine so genannte earn-out-Komponente eingearbeitet wird. Dies bedeutet, dass ein Teil des Kaufpreises abhängig vom weiteren Unternehmenserfolg erst in der Zukunft ausbezahlt wird. So ist der Verkäufer an der erfolgreichen Weiterentwicklung des Unternehmens stark interessiert und die notwendige Unterstützung quasi garantiert. In einer Geschäftsordnung sollten auch die Kompetenzen für den Geschäftsführer und die Art der Berichterstattung an einen Beirat eindeutig geregelt werden.

Verkäufer und MBI-Kandidat sollten sich im Rahmen der endgültigen Vertragsverhandlungen unbedingt fachkundig beraten lassen (RA, StB, WP), der Finanzinvestor hat immer ein Team von professionellen Beratern. Vor einem Vertragsabschluss und den rein rechtlichen Konsequenzen sollte für den MBI-Kandidaten auch die notwendige Vertrauensbasis für die zukünftige Zusammenarbeit mit dem Investor gegeben sein. Kein noch so kompliziertes Vertragswerk kann dieses unabdingbare Miteinander ersetzen.

9. Spätere Zusammenarbeit

Ein Finanzinvestor und insbesondere die Kredit gebenden Banken haben genaue Vorstellungen über ein zeitnahes und aussagekräftiges Reporting. Falls nicht vorhanden, muss dies schnell eingeführt werden. Neben Wachstum und Ertrag kommt insbesondere der Cashflow-Entwicklung große Bedeutung zu, um den Verpflichtungen des Unternehmens zur Tilgung des Akquisitionsdarlehens und zu den Zinszahlungen nachzukommen.

Im Rahmen des Beirats wird ein Finanzinvestor an der Strategie des Unternehmens, insbesondere bei der Wahrnehmung externer Wachstumschancen, entsprechend mitwirken. Dagegen wird in das operative Tagesgeschäft in aller Regel nicht eingegriffen, da dies die alleinige Aufgabe des Managements ist. Bei einem erfolgreichen Geschäftsverlauf analog den Planungsrechnungen wird die „Leine des Investors für die Geschäftsführung immer länger". Bei dem entsprechenden gegenseitigen Respekt und Verständnis für die Belange des anderen ist eine solche Zusammenarbeit für das Unternehmen nach meinen eigenen Erfahrungen sehr förderlich und für beide Seiten auch sehr erfreulich. Eine faire und offene Zusammenarbeit in guten Zeiten bildet meines Erachtens auch eine gute Basis für Phasen, in denen die Unternehmenspläne möglicherweise nicht ausreichend erfüllt werden können. Dies gilt auch für das Verhältnis zu den akquisitionsfinanzierenden Banken.

10. Exit des Investors

Schon vor dem Einstieg des Finanzinvestors in ein Unternehmen gibt es Überlegungen zu möglichen Szenarien für den Exit. Der MBI-Kandidat sollte auch dieses Thema schon vor Vertragsabschluß mit dem Investor entsprechend diskutieren, damit er in dieser Hinsicht seine persönliche Situation einschätzen kann. Auch beim Exit eines Finanzinvestors können sich bei einer erfolgreichen Entwicklung des Unternehmens für den geschäftsführenden Gesellschafter wiederum interessante Perspektiven eröffnen. Neben der dann in aller Regel erreichten Wertsteigerung der eigenen Anteile ist ein erfolgreiches Management in vielen Fällen eine wesentliche Voraussetzung für das Interesse späterer Investoren.

11. Persönliches Resümee

Beim Vorliegen der persönlichen Voraussetzungen ist ein MBI für einen Manager eine ausgezeichnete Möglichkeit, unternehmerisch tätig zu werden. Neben dem erforderlichen beruflichen Können muss man natürlich bereit sein, eine große Summe eigenen Geldes zu investieren. Gegenüber der Position eines leitenden Angestellten entsteht ein deutlich höheres Risiko, aber auch eine wesentlich größere Chance für die persönliche und finanzielle Entwicklung. Man muss sich der Komplexität, dem Schwierigkeitsgrad und der Verantwortung einer solchen Aufgabe bewusst sein. Dieser Schritt hat eine ganz andere Bedeutung als ein „normaler" Wechsel in eine andere berufliche Position. Im Rahmen einer MBI- oder auch MBO-Transaktion sollte man sich deshalb keinesfalls scheuen, sich professionell beraten zu lassen, da offensichtlichen Chancen auch erhebliche Risiken gegenüberstehen. Dies gilt nicht nur für den MBI-Kandidaten, sondern insbesondere auch für den verkaufswilligen Unternehmer. Die dabei entstehenden Kosten müssen sicher in vertretbarem Rahmen bleiben, allerdings ist dieses Geld in aller Regel auch gut investiert.

Seit der Übernahme sind nun mehr als zwei Jahre vergangen. Wir haben versucht, eine erfolgreiche Firma noch weiter zu entwickeln und dies ist bisher auch gelungen. Im Jahr 2002 konnte der Umsatz um 6,2 % gesteigert werden, im Jahr 2003 erreichten wir sogar ein Plus von 11,6 %. Auch die erreichten Erträge und der Cashflow lagen jederzeit im Rahmen unserer doch anspruchsvollen Planungen. Somit konnten wir auch unsere Verpflichtungen gegenüber den akquisitionsfinanzierenden Banken recht problemlos erfüllen.

Gut funktionierende Geschäftsabläufe und Prozesse blieben unangetastet, an vielen Themenstellungen wurde im Rahmen unserer strategischen Überlegungen konsequent gearbeitet. Das Produktprogramm wurde entsprechend den Marktpotentialen ergänzt, die Vertriebsstruktur wurde überarbeitet und das Verkaufspersonal etwas vergrößert. Insbesondere jüngere Mitarbeiter sind mit mehr Verantwortung betraut worden. Wir verfügen aber auch über ältere, erfahrene Leute, die in vielen Fällen sogar ein Vorbild an Einsatzbereitschaft und Loyalität abgeben. Hier sollte ein neuer Manager nicht den Ehrgeiz haben, Dinge zu ändern, die bislang sehr gut funktioniert haben. So konnten in einer Gemeinschaftsleistung neue Kunden bzw. neue Vertriebsregionen erschlossen werden. Ich habe immer sehr viel Wert auf Harmonie und gutes Betriebsklima gelegt. Freude und Spaß an der täglichen Arbeit stellen keinen Gegensatz zu guten Leistungen dar, sondern sind die Voraussetzung dafür.

Auch für die Zukunft sind wir recht zuversichtlich. Zurzeit schaffen wir mit einer Reihe von Erweiterungsinvestitionen die Voraussetzungen für weiteres Wachstum. Auch hierbei werden wir von unseren Investoren fachkundig unterstützt. Ein kluger Finanzinvestor wird notwendige und sinnvolle Investitionen auch immer mittragen, weil diese Voraussetzung für einen nachhaltigen Wertzuwachs des Unternehmens sind. Somit glauben wir uns gut gerüstet für eine erfolgreiche Weiterentwicklung unserer Firma.

Fallbeispiel: Körber-Stiftung
Rolf Diehl, Christian Wriedt

Inhalt:

		Seite
1.	Die Körber-Stiftung – Forum für Impulse	497
1.1	Die Stiftung	497
1.2	Organe der Körber-Stiftung	498
1.3	Organigramm	499
1.4	Der Konzern	499
1.5	Konzernführung	499

1. Die Körber-Stiftung – Forum für Impulse

Die gemeinnützige Körber-Stiftung gehört zu den zehn größten privaten Stiftungen in Deutschland.

1959 durch Dr. Kurt A. Körber, den Unternehmer, Erfinder und „Anstifter", in Hamburg-Bergedorf gegründet, engagiert sich die private, gemeinnützige und parteipolitisch unabhängige Körber-Stiftung mit ihren operativen Projekten in den Bereichen Internationale Verständigung, Bildung und Wissenschaft, Bürgerengagement und Kultur.

Mit ihren Projekten möchte sie Bürgerinnen und Bürger aktiv an gesellschaftlichen Diskursen beteiligen. Die Körber-Stiftung versteht sich in diesem Sinne als ein Forum für Impulse.

1.1 Die Stiftung

... ist privat und gemeinnützig.

Sie verdankt ihre Existenz einem großen Unternehmer, Erfinder und Stifter, der sich mutig und unkonventionell für das Gemeinwohl eingesetzt hat. Nach seinem Vorbild stellt die Stiftung unternehmerische Erträge in den Dienst der Gesellschaft.

... arbeitet „operativ".

Die Körber-Stiftung versteht sich als operative Stiftung; sie initiiert und betreibt Aktivitäten in eigener Verantwortung. Sie verfügt über keine Programme zur Förderung von Fremdprojekten, ist aber offen für Anregungen und Zusammenarbeit.

... ist unabhängig.

Frei von parteipolitischen und konfessionellen Bindungen engagiert sich die Körber-Stiftung in der Gesellschaft, ohne damit wirtschaftliche Interessen zu verfolgen.

... stellt sich Problemen.

Aus bürgerlicher Verantwortung fühlt sich die Stiftung herausgefordert, aufkommende Probleme der Gesellschaft und der internationalen Gemeinschaft bewusst zu machen und Lösungsvorschläge anzuregen.

... baut Brücken.
Die Körber-Stiftung ist weltoffen und tritt für Völkerverständigung ein. Wo Gegensätze aufbrechen, führt sie Menschen zum Meinungsaustausch und zum besseren Verstehen zusammen.

... fördert Menschen.
In einer komplexen Welt will sie mit ihren Programmen zur Urteilsbildung und Orientierung beitragen.

... gibt Beispiele:
Die Körber-Stiftung realisiert innovative Projekte als Anstöße für Staat und Gesellschaft.

... ist vielseitig.
Erziehung und Bildung, Kunst, soziale Fürsorge und Wissenschaft sind Gebiete, in denen die Körber-Stiftung gesellschaftspolitisch wirkt.

1.2 Organe der Körber-Stiftung

Im Jahr 1987 fasste Dr. Kurt A. Körber alle seine Unternehmen in der Holding Körber AG zusammen, deren alleinige Anteilseignerin seit dem Tod des Stifters 1992 die Körber-Stiftung ist. Mit der Alleinaktionärin Körber-Stiftung war die Unabhängigkeit der Körber AG dauerhaft gesichert und die Basis geschaffen für die erfolgreiche Weiterentwicklung und das Wachstum der Körber-Gruppe seit Beginn der 90er Jahre.

Der Vorstand ist als Exekutive für die Erfüllung der Satzungszwecke durch operative Arbeit und Förderung verantwortlich. Der Stiftungsrat hat die Aufgabe, die gemeinnützige Tätigkeit des Vorstandes zu überwachen, während das Kuratorium die Vermögensverwaltung der Stiftung überwacht und über die Ausübung von Rechten bei Gesellschaften, an deren Kapital die Stiftung mit über 20 Prozent beteiligt ist, entscheidet.

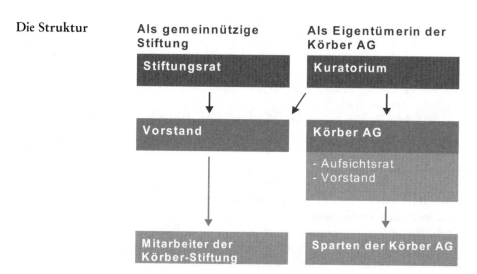

1.3 Organigramm Körber – Stiftung / Körber – Unternehmen

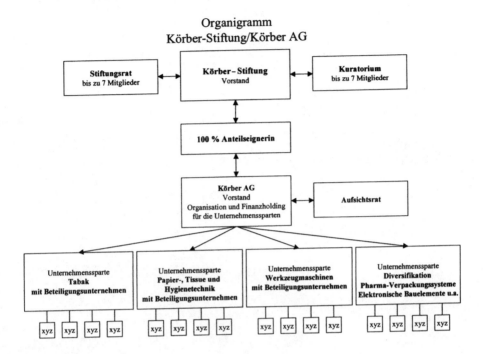

1.4 Der Konzern

Die Körber AG ist eine Management-Holding. Unter ihrem Dach agieren eine ständig anwachsende Zahl von internationalen selbständigen Unternehmen in Europa, Amerika und Asien. Die Körber-Unternehmen entwickeln, produzieren und vertreiben Präzisionsmaschinen in den Bereichen Tabak-, Papier-, Tissue- und Hygienetechnik, Werkzeugmaschinen sowie Pharma-Verpackungstechnik und Elektronik-Baugruppen.

1.5 Konzernführung

Die Körber-Aktiengesellschaft als Holding führt den Konzern. Sie verantwortet das Konzernergebnis und legt sowohl die Konzernstrategie fest als auch die qualitativen und quantitativen Ziele, an denen sich die Spartenstrategien orientieren. Darüber hinaus gewährt die Körber AG den Sparten, ihren Unternehmen und den Mitarbeitern hohe Eigenständigkeit und Eigenverantwortung. In ausgewählten Bereichen wie Finanzwesen, Controlling, Recht, Steuern und Personalentwicklung stellt sie den Gruppenunternehmen Dienstleistungen zur Verfügung. Alle Spartenleiter sind zugleich Vorstandsmitglieder und tragen dadurch Gesamtverantwortung für den Konzern.

Fallbeispiel: Bertelsmann Stiftung

Rolf Diehl, Dr. Volker Then

Inhalt:

		Seite
1.	Bertelsmann Stiftung	501
1.1	Die Stiftung	501
1.2	Führungsgremien	502
1.3	Beteiligungsverhältnisse und Stimmrechte bei der Bertelsmann AG	502
1.4	Gesellschaftsstruktur Bertelsmann AG Kapitalanteile	503
1.5	Gesellschaftsstruktur Bertelsmann AG Stimmrechte	503

1. Bertelsmann Stiftung

1.1 Die Stiftung

Bei der Gründung der Bertelsmann Stiftung im Jahr 1977 durch Reinhard Mohn spielten gesellschaftspolitische und unternehmenspolitische Überlegungen eine gleichberechtigte Rolle. Zum einen setzt die Stiftung das traditionelle gesellschaftspolitische, kulturelle und soziale Engagement der Inhaberfamilien Bertelsmann und Mohn fort. Zum anderen soll sie die Unternehmenskontinuität sichern. Aus diesem Grunde hat Reinhard Mohn am 16. September 1993 zunächst 68,8 % seiner Kapitalanteile an der Bertelsmann AG auf die Bertelsmann Stiftung übertragen. Durch Veränderung im Kreis der Aktionäre sank dieser Anteil inzwischen auf 57,6 % (Erwerb von Anteilen an RTL gegen Kapitalbeteiligung der GBL an der Bertelsmann AG). Mit der Übertragung der Kapitalanteile ist allerdings kein Stimmrecht verbunden. Das bisher Reinhard Mohn alleinzustehende Stimmrecht ursprünglich von 90 % des Aktienkapitals ist zum 1. Juli 1999 auf die neugegründete Bertelsmann Verwaltungsgesellschaft mbH übertragen worden und liegt heute bei 75 % der Stimmrechte.

Die Bertelsmann Stiftung engagiert sich in der Tradition ihres Gründers Reinhard Mohn für das Gemeinwohl. Fundament der Stiftungsarbeit ist die Überzeugung, dass Wettbewerb und bürgerschaftliches Engagement eine wesentliche Basis für gesellschaftlichen Fortschritt sind.

Wer wir sind?

Die Bertelsmann Stiftung wurde 1977 von Reinhard Mohn als gemeinnützige Stiftung gegründet. Sie hält die Mehrheit der Kapitalanteile der Bertelsmann AG.

Was wir wollen?

Die Bertelsmann Stiftung fördert entsprechend ihrer Satzung den gesellschaftlichen Wandel. Ihr Ziel ist es, einen Beitrag für die Zukunftsfähigkeit der Gesellschaft zu leisten und modellhafte Lösungen für gesellschaftspolitische Probleme zu erarbeiten.

Wie wir arbeiten?

Die Bertelsmann Stiftung ist eine operative Stiftung. Sie investiert ihr Budget ausschließlich in Projekte, die sie selbst konzipiert, initiiert und auch in der Umsetzung begleitet.

1.2 Führungsgremien

„Organe der Stiftung sind das Kuratorium und das Präsidium."
(Satzung der Bertelsmann Stiftung, I. § 6)

1.2.1 Das Präsidium

Das Kuratorium bildet aus seiner Mitte das Präsidium. Dem Präsidium gehören an der Vorsitzende des Kuratoriums als Vorsitzender des Präsidiums, der stellvertretende Vorsitzende des Kuratoriums als stellvertretender Vorsitzender des Präsidiums, der Stifter und seine Frau. Darüber hinaus können dem Präsidium bis zu drei weitere Kuratoriumsmitglieder angehören, wobei die Gesamtzahl der Präsidiumsmitglieder sechs nicht überschreiten soll. Das Präsidium führt die Geschäfte der Stiftung im Rahmen der Satzung, der vom Kuratorium zu erlassenden Geschäftsordnung und des Finanzplans.

1.2.2 Das Kuratorium

Das Kuratorium ist der Vorstand der Stiftung im Sinne des Gesetzes, vertritt die Stiftung nach außen und kann die Stiftung nur gemeinschaftlich vertreten.

Das Kuratorium besteht aus 12 bis 16 Mitgliedern und setzt sich zusammen aus dem Vorsitzenden des Aufsichtsrates der Bertelsmann AG, dem Vorsitzenden des Vorstandes der Bertelsmann AG, 8 bis 12 weiteren Persönlichkeiten, die durch ihre Tätigkeit ein besonderes Interesse und praktischen Bezug zu den Aufgaben der Stiftung nachgewiesen haben und über Führungserfahrung sowie Verständnis für die Fortschreibung von Ordnungssystemen verfügen, Liz Mohn und dem Stifter Reinhard Mohn.

1.3 Beteiligungsverhältnisse und Stimmrechte bei der Bertelsmann AG

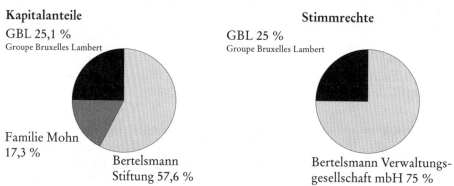

Kapitalanteile
GBL 25,1 %
Groupe Bruxelles Lambert

Familie Mohn
17,3 %

Bertelsmann
Stiftung 57,6 %

Stimmrechte
GBL 25 %
Groupe Bruxelles Lambert

Bertelsmann Verwaltungsgesellschaft mbH 75 %

1.4 Gesellschaftsstruktur Bertelsmann AG Kapitalanteile

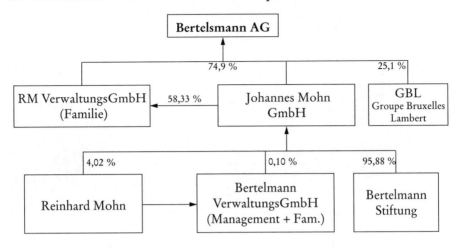

1.5 Gesellschaftsstruktur Bertelsmann AG Stimmrechte

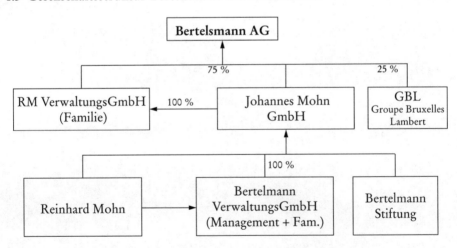

Autorenverzeichnis

Willi Back ist Vorsitzender des Vorstandes der GESCO AG. Seit 1990 ist er Vorstand der GESCO AG und damit entscheidend am Aufbau der Firmengruppe beteiligt. Bei Übernahme dieser Vorstandstätigkeit verfügte er über eine fast 25jährige Management-Erfahrung in Mittelstand und Konzern. Nach einem USA-Aufenthalt von 1966 bis 1969 als kaufmännischer Leiter eines deutschen Unternehmens war er von 1969 bis 1990 in Deutschland für das zu einem internationalen Konzern gehörige mittelständische Industrieunternehmen Ackermann-Fruehauf tätig, davon zwölf Jahre als Vorsitzender der Geschäftsführung.

Thomas Bellwald ist Inhaber der Löwengruppe Holding AG und div. Verwaltungsratsmandate. 1987 – 1989 Aufenthalte in Frankreich, England und den USA. 1990 – 1993 diverse Vertriebs- und Geschäftsführungstätigkeiten.

Dr. Konrad Bösl ist Geschäftsführender Gesellschafter der S&P Business Consulting, München, und verantwortlich für den Geschäftsbereich Corporate Finance Management. Er studierte Betriebswirtschaftslehre an der Universität München und war nach seiner Tätigkeit als wissenschaftlicher Mitarbeiter Assistent des Vorstandsvorsitzenden eines führenden börsennotierten Nahrungsmittelkonzerns. Im Anschluss wechselte er zu einer renommierten deutschen Unternehmensberatung und baute dort den Geschäftsbereich Corporate Finance auf, zuletzt als Mitglied der Geschäftsleitung. Danach trat er als Vorstand in eine der führenden Emissionsberatungsgesellschaft ein.

Rolf Brodbeck ist Geschäftsführer der IKB Private Equity GmbH in Düsseldorf. Er ist u. a. zuständig für das Portfolio-, Risiko- und Krisenmanagement der Gesellschaft und verfügt über neun Jahre Erfahrung in der Geschäftsführung in Beteiligungsgesellschaften. Zuvor war er sechs Jahre im IT-Bereich und danach 10 Jahre im Consulting-Bereich in leitender und geschäftsführender Position tätig.

Florian Brunner ist seit Juli 2002 Notar in München. Er war nach dem Jurastudium als Notarassessor in Niederbayern, Unterfranken und von 1994 bis 1996 bereits in München tätig, bevor er von 1997 bis zur Rückkehr nach München seine erste Notarstelle in Babenhausen/Unterallgäu übernahm.

Lutz Coelen ist Geschäftsführender Gesellschafter und Mitgründer der S&P Business Consulting GmbH sowie der International Management Consulting GmbH. Nach seinem Studium der Wirtschaftswissenschaften war er zuletzt als Partner in einer großen mittelständischen Wirtschaftsprüfungs- und Steuerberatungsgesellschaft beschäftigt. Davor war er Vorstand einer Beteiligungs-AG, Leiter Unternehmensentwicklung des Geschäftsbereichs Mittelstand eines großen internationalen IT-Konzerns sowie im Stab der zentralen Geschäftsführung eines Markenartiklers im Bereich Lebensmittel tätig.

Prof. Dr. Jürgen Damrau ist Rechtsanwalt in Konstanz. Er war von 1966 bis 1977 Gerichtsassessor und Richter am Landgericht Darmstadt. 1974 Habilitierte er in Mainz. Von 1977 bis 2001 war er Professor an der Universität Konstanz. Seitdem ist er Rechtsanwalt in Konstanz.

Rolf Diehl ist Direktor – Leitung Bereich Stiftungen – bei Hauck & Aufhäuser Privatbankiers, München. Über 40 Jahre im Private Banking als Bankkaufmann und davon seit 35 Jahren, bei Hauck & Aufhäuser Privatbankiers, München tätig.

Dr. Reinhard Dörfler ist seit dem 1. April 1997 Hauptgeschäftsführer der Industrie- und Handelskammer für München und Oberbayern sowie des Bayerischen Industrie- und Handelskammertages. Studium der Rechtswissenschaften in Innsbruck, Heidelberg und Erlangen, Promotion zum Dr. jur. (Thema: Vereinbarkeit sozialer Grundrechte mit dem Grundgesetz Deutschland).

Volkmar Döring ist seit 2002 alleiniger Geschäftsführer von ALUKON. Von 1983-1987 in leitender Tätigkeit im elterlichen Handwerksbetrieb, von 1988-1990 an war er Geschäftsleitungsassistent in einem Metallbauunternehmen, von 1990-1994 Mitglied der Geschäftsleitung/ppa. in einem technischen Großhandel, von 1994 – 2001 Mitglied der Geschäftsleitung/ppa. in einem kunststoff- u. metallverarbeitenden Unternehmen und seit 2001 Mitglied der Geschäftsleitung der ALUKON.

Elke Fischer ist Steuerberaterin und Partnerin der Bansbach Schübel Brösztl & Partner GmbH Wirtschaftsprüfungsgesellschaft Steuerberatungsgesellschaft in Stuttgart. Ausbildung zur Steuerfachgehilfin, Studium der Betriebswirtschaftslehre an der Universität Erlangen-Nürnberg. 1991-1995 Tätigkeit in der Konzernbuchhaltung und Steuerabteilung der Nürnberger Versicherungsgruppe.

Dr. Susanne Frank ist Notarin in München. Sie ist Autorin zahlreicher Fachveröffentlichungen zur internationalen Nachfolgeplanung, zum ausländischen Recht, Familien-, und Gesellschaftsrecht, u. a. Mitherausgeberin eines Handbuchs zum Internationalen Immobilienrecht (Erscheinungstermin Sommer 2004), Co-Autorin diverser Fachbücher zum Erbrecht, Grundstücksrecht und ausländischen Recht. Sie ist ferner Referentin verschiedener Fachtagungen zum Internationalen Recht und der Nachfolgeplanung.

Dr. Wolfgang Galonska ist Rechtsanwalt und seit 1989 Partner in der internationalen Anwaltssozietät Taylor Wessing im Büro Düsseldorf, Tätigkeitsschwerpunkt im Dezernat Private Client: Vermögensnachfolge, Erb- und Erbschaftsteuerrecht.

Studium in Göttingen, Freiburg, Lausanne und Würzburg, 1986 Promotion zum Dr. jur.

Dr. Kai Greve ist seit 1999 als Partner bei der internationalen Anwaltssozietät Taylor Wessing im Büro Hamburg tätig. Er ist seit 1988 Rechtsanwalt und Fachanwalt für Steuerrecht, Spezialgebiete: Steuerrecht, Gesellschaftsrecht, Steuer- und Wirtschaftsstrafrecht. Er ist vorrangig für Unternehmen und Private Clients tätig.

Dr. Gunter Kayser ist seit 1984 Wissenschaftlicher Geschäftsführer des Instituts für Mittelstandsforschung Bonn. Studium der Volkswirtschaftslehre an der Rheinischen Friedrich-Wilhelms-Universität Bonn. Promotion zum Dr. rer. pol. Er ist Mitglied im Herausgeberbeirat verschiedener internationaler Fachzeitschriften, Mitglied in den wissenschaftlichen Beiräten verschiedener Forschungseinrichtungen, Mitglied in Beratungsgremien des Bundesministeriums für Wirtschaft und Arbeit und des Ministeriums für Wirtschaft und Arbeit des Landes Nordrhein-Westfalen, Er arbeit in verschiedenen nationalen und internationalen Gremien zur KMU-Forschung und –Politik mit z. B. KfW, ENSR, emfd, EU, OECD.

Fritz Koop ist Direktor der WestLB AG, Düsseldorf. Im Unternehmensbereich Equity Investments ist er als Leiter eines Originationteams verantwortlich für die Akquisition und den Abschluss neuer Beteiligungen. Er ist seit 1991 im Private Equity Geschäft tätig. Ein Schwerpunkt seiner bisherigen Tätigkeit lag auf Nachfolge- und Wachstumsfinanzierungen im Mittelstand, die er u. a. aus seiner Funktion als Geschäftsführer der WestKB – Westdeutsche Kapitalbeteiligungsgesellschaft mbH begleitet hat. Er hat ein wirtschaftswissenschaftliches Studium absolviert und verfügt über Praxiserfahrung aus Tätigkeiten in mittelständischen Industrie- und Handelsunternehmen, u. a. in den Segmenten Consumer Goods und Pharma.

Markus Lehmann ist Steuerberater in der Kanzlei Schlecht und Partner in München. Er war nach seinem Studium der Betriebswirtschaftslehre in München zunächst bei einer der großen Wirtschaftsprüfungs-/Steuerberatungsgesellschaften tätig, bevor er in die Steuerabteilung einer mittelständischen Gesellschaft wechselte. In den letzen Jahren war er in der steuerlichen Gestaltungsberatung sowie in der steuerlichen Deklarationsberatung mittelständischer Unternehmen und großer privater Vermögensverwaltungen tätig und wurde Anfang des Jahres 2003 zum Steuerberater bestellt.

Ingrid Maaß leitet den Bereich Financial Services der IIC The Industrial Investment Council GmbH, einer Beratungsgesellschaft zur Förderung ausländischer Direktinvestitionen in den neuen Bundesländern. Davor war sie Teamleiterin bei IKB Private Equity GmbH in Düsseldorf mit Schwerpunkt Informationstechnologie. Sie hat Erfahrung mit der Strukturierung und dem Abschluss von Buy-Out Transaktionen bei Unternehmen verschiedener Branchen. Vor ihrer Tätigkeit bei

IKB war sie 9 Jahre bei einer internationalen Beratungsgesellschaft, zuletzt als Senior Manager tätig und hat parallel Erfahrungen als Business Angel gesammelt.

Raphael Mertens ist seit Dezember 2001 wissenschaftlicher Mitarbeiter am Lehrstuhl für Finanzwirtschaft der Universität Kiel und promoviert über die effiziente Gestaltung der Unternehmernachfolge. Außerdem ist er als Consultant bei Limburg-Consulting tätig, einer auf die Beratung von Unternehmen und Institutionen in Veränderungssituationen spezialisierten Unternehmensberatung. Er hat Betriebswirtschaftslehre in Trier, Nizza und Kiel studiert.

Prof. Dr. Dirk Meyer-Scharenberg ist Ordinarius für Betriebswirtschaftlehre an der Universität Regensburg seit 1992. Studium der Betriebswirtschaft an der Universität München, Assistent bei Prof. Dr. Biergans, Universität München, 1982–1990, Promotion Dr. rer. pol. 1984, Bestellung zum Steuerberater 1986, Habilitation Dr. rer. pol. habil. 1990.

Dr. Christoph von Oppeln-Bronikowski ist seit 1968 Partner der Sozietät Curschmann, infolge mehrerer Fusionen heute Partner von Taylor Wessing (Hamburg). Studium an den Universitäten Tübingen, Straßburg und Hamburg. Seit 1967 Rechtsanwalt in Hamburg. Anwaltliche Tätigkeit vor allem auf den Gebieten des Haus- und Grundstücksrechts sowie des Erb- und Testamentsrechts. Mehrere Jahre Dozent bei der Deutschen Anwalt-Akademie, speziell zum Thema Testamentsvollstreckung. Heutiger Tätigkeitsschwerpunkt: Erbrecht.

Alfred Ostertag, Ingenieur, ist seit 1999 Vorstand bei ECOROLL AG Werkzeugtechnik (ehemals Hegenscheid GmbH, Werkzeugtechnik). Zuvor war er Leiter Entwicklung und Konstruktion und anschließend Verkaufsleiter bei Hegenscheidt Werkzeugtechnik. Er ist Inhaber von 25 Erfindungen dokumentiert in 108 nationalen und internationalen Patenten.

Dr. Gerhard Sack ist Rechtsanwalt, Director Financial Planning, UBS Wealth Management AG. Nach Banklehre, Studium, Ausbildungsaufenthalten in der Schweiz und USA sowie Promotion zum Dr. rer. pol. bis Ende 1987 Rechtsabteilung der Siemens AG in München. 1988 – 1998 Bayerischen Vereinsbank, zuletzt verantwortlich für die Kundengruppe Private Investoren im Zentralbereich Privatkunden. Seit 1999 UBS in Deutschland, seit 2003 deutschlandweit verantwortlich für die Financial Planning Aktivitäten im Bereich Key Clients. Er ist Certified Financial Planner (CFP), Gründungsmitglied des Deutschen Verbandes Financial Planners (DEVFP), Dozent an der Finanzakademie der European Business School (ebs) 1997-1998 und Autor diverser Fachaufsätze mit umfangreicher Referententätigkeit.

Prof. Dr. Gottfried Schiemann ist seit 1979 Professor in Hannover, Bielefeld, Erlangen und seit 1993 Tübingen. Promovierte 1971 in Rechtsgeschichte bei Max Kaiser. Habilitiert 1979 im Zivilrecht bei Dieter Medicus. Kommentare zum Deliktsrecht (Erman) und zum allgemeinen Schadensrecht (Staudinger); Handbuch des Schadensersatzes (mit Lange).

Peter Schimpfky ist Steuerberater, Mitgründer und Partner der Schlecht und Partner Wirtschaftsprüfungs-/Steuerberatungsgesellschaft. Nach seinem Studium der Betriebswirtschaftslehre war er in mittelständischen Wirtschaftsprüfungs-/Steuerberatungsgesellschaften tätig, zuletzt als Leiter der Steuerabteilung von Ebner, Stolz und Partner in München.

Michael Schlecht ist Wirtschaftsprüfer/Steuerberater, Mitgründer und Partner der Schlecht und Partner Wirtschaftsprüfungs-/Steuerberatungsgesellschaft. Nach seinem Studium der Wirtschaftswissenschaften war er in mittelständischen Wirtschaftsprüfungs-/Steuerberatungsgesellschaften tätig, zuletzt als Niederlassungsleiter in München.

Max Schön ist seit 2001 Präsident der Arbeitsgemeinschaft Selbständiger Unternehmer e. V. (ASU), Berlin. Darüber hinaus ist der gelernte Betriebswirt in verschiedenen Unternehmen als Aufsichtsrat und Gesellschafter tätig. Allen voran im eigenen Familienunternehmen, der Max Schön AG. Das Unternehmen wurde 1920 gegründet und ist im Großhandel mit Werkzeugmaschinen, Maschinen- und Industriebedarf tätig. Neben 4 Niederlassungen in Deutschland zählen auch mehrere internationale Firmenorte in Polen, Estland und Lettland dazu. Die Max Schön AG fusionierte 1995 mit der dänischen FamilienAG Sanistal A/S.

Werner Schulze ist Mitgründer und Geschäftsführender Gesellschafter der S&P Business Consulting GmbH sowie Geschäftsführer der S&P International Management Consulting GmbH. Er war nach seinem Studium des Maschinenbaus und der Elektrotechnik in mittelständischen Wirtschaftsprüfungs-/Steuerberatungsgesellschaften tätig, zuletzt als Prokurist und verantwortlich für den Bereich Corporate Finance von Ebner, Stolz und Partner in der Niederlassung München.

Prof. Dr. Günter Christian Schwarz ist seit 1996 Ordinarius für Bürgerliches Recht, Deutsches und Europäisches Handels-, Gesellschafts- und Wirtschaftsrecht sowie Prozessrecht an der Juristischen Fakultät der Bayerischen Julius-Maximilians-Universität Würzburg sowie Vorstandsmitglied des Instituts für Notarrecht in Würzburg. Studium der Rechtswissenschaften und Wirtschaftswissenschaften. Promotion über ein kartellrechtliches Thema, Habilitation für die Fächer Bürgerliches Recht, Handelsrecht, Wirtschaftsrecht und Zivilprozessrecht an der Universität Marburg.

Dr. Michael Sommer ist Rechtsanwalt, Steuerberater und Partner der internationalen Anwaltssozietät Taylor Wessing im Büro München. Seine Tätigkeitsgebiete sind Unternehmensnachfolge, Umstrukturierungen von Unternehmen (Spaltungen und Verschmelzungen), Unternehmenskäufe und die Beratung in Stiftungsfragen.

Er ist Autor zahlreicher Veröffentlichungen auf dem Gebiet des Gesellschafts- und Steuerrechtes. Er ist Aufsichtsrat in verschiedenen Unternehmen und mehrfacher Testamentsvollstrecker.

Michael H. Spring ist Rechtsanwalt, Notar und Partner der internationalen Anwaltssozietät Taylor Wessing im Büro Frankfurt. Er ist im Wesentlichen als Notar tätig. Schwerpunkte der notariellen Tätigkeit sind Grundstücksrecht, Gesellschaftsrecht, Erbfolgeregelungen und Eheverträge.

Robert Stein ist seit Januar 2003 für den Bereich Mittelstandsfinanzierung Private Equity in Deutschland zuständig und leitet die Münchner Niederlassung der 3i Deutschland GmbH seit November 2001. Zuvor war er von 1996 bis Oktober 2001 in unterschiedlichen Funktionen für 3i im In- und Ausland tätig. Er verfügt über langjährige Erfahrung im Bereich Management Buyouts, Wachstums- sowie Frühphasenfinanzierungen. Vor seiner Zeit bei 3i war er bei Arthur Andersen, zuletzt im Bereich Unternehmenssanierungen, tätig.

Dietrich Suhlrie ist Leiter des Kreditsekretariats der KfW. Im Anschluss an eine Tätigkeit in der Entwicklungshilfe kam er 1991 zur KfW. Nach Funktionen im Auslandsbereich der Bank wechselte er in das Geschäftsfeld Investitionsförderung in Deutschland und Europa. In seinen Verantwortungsbereich fällt u. a. die Entwicklung neuer Förderansätze der KfW.

Dr. Volker Then ist seit 1999 als Projektleiter für Stiftungsentwicklung bei der Bertelsmann Stiftung. Er promovierte an der Freien Universität Berlin zur Unternehmergeschichte. Danach war er bei der Bertelsmann Stiftung zunächst Referent, dann Projektleiter für Geistige Orientierung. Er ist u. a. Mitglied des International Committee des Council on Foundations, Washington, der Legal Task Force des European Foundation Centre, Brüssel sowie des Advisory Board „Meaningful Assets" Donor Advised Fund, Citigroup, New York.

Romana Traichel ist Rechtsanwältin, Fachanwältin für Familienrecht und Partnerin bei der internationalen Anwaltssozietät Taylor Wessing im Büro München. Sie koordiniert die Practice Group Private Client der Sozietät. Der Schwerpunkt ihrer Tätigkeit liegt im Familien- und Erbrecht. Hierbei zählen nicht nur Ehescheidungs- und Güterrecht, sondern insbesondere auch die Gestaltung von Ehe- und Erbverträgen, Nachfolgeregelungen sowie das Erbschaftsteuerrecht zu ihren Spezialgebieten. Ein weiterer Schwerpunkt ihrer Tätigkeit ist das Internationale Privatrecht.

Thomas Wachter ist seit 2001 Notar in Osterhofen (Bayern). Studium der Rechtswissenschaften in München und Genf. Juristische Auslandsaufenthalte u. a. in New York, Tokio, Hongkong und Cambridge. Autor eines Handbuchs zum Stiftungsrecht sowie verschiedener Fachveröffentlichungen zum Gesellschafts- und Steuerrecht.

Dr. Florian Wagner, LL. M, ist seit 2000 Rechtsanwalt und seit 2002 bei der internationalen Anwaltssozietät Taylor Wessing im Büro München im Gesellschaftsrecht tätig. 2002 erwarb er einen Master of Laws (LL. M.) an der University of San Diego/USA mit Schwerpunkt Steuer- und Gesellschaftsrecht. In 2004 Promotion bei Prof. Dr. Erik Jayme. Tätigkeitsschwerpunkt: Unternehmenskäufe.

Dr. Dietmar Weidlich ist seit 2000 Notar in Roth b. Nürnberg. 1992 bis 1994 Notarassessor in Nürnberg und Fürth, 1995-2000 Notar in Wassertrüdingen. Buchveröffentlichungen: Die Testamentsvollstreckung im Recht der Personengesellschaften, 1993; Mitautor in: AnwaltKommentar-BGB Erbrecht, 2004; Bengel/Simmerding, Grundbuch, Grundstück, Grenze, 5. Auflage 2000.

Dr. Cornelius Weitbrecht ist seit 1988 Rechtsanwalt und seit 1990 Partner bei der internationalen Anwaltssozietät Taylor Wessing im Büro München. Während des Referendariats Promotion und wissenschaftliche Tätigkeit am Lehrstuhl Prof. Dr. Götz Hueck, München; Spezialgebiete: Unternehmenskäufe und Joint Ventures überwiegend mit internationalem Einschlag; Mitautor u. a. des Münchener Handbuchs des Gesellschaftsrechts.

Klaus Wigand ist Rechtsanwalt und Gründungspartner der Kanzlei Wigand, Rechtsanwaltskanzlei für Vermögensnachfolge, bis 2001 Partner bei BBLP Beiten Burkhardt Mittl & Wegener, 1990/91 Tätigkeit in einer Anwaltskanzlei in Barcelona Spanien, 1991/1994 Staatsexamina München, Jurastudium Saarbrücken und München, Langjährige Beratungspraxis im Erb-, Familien-, Gesellschafts- und Steuerrecht, bei privaten und betrieblichen Vermögensnachfolge- und Vorsorgeregelungen, bei Testamentsvollstreckungen und Stiftungsgründungen, Bundesweite Referententätigkeit und Veröffentlichungen zu Themen des Erb-, Steuer- und Stiftungsrechts.

Christian Wriedt ist seit 2001 Vorstandsvorsitzender der Körber-Stiftung. Zuvor war er in der der Vermögensverwaltung einer Lebensversicherung tätig, zuletzt als Leiter und Abteilungsdirektor des Bereiches Grundstücksverwaltung. 1991 erfolgte die Übernahme der Vermögensverwaltung von Dr. Kurt A. Körber, 1992 der Eintritt als Geschäftsführer in die Körber-Stiftung und 1996 die Berufung in den Vorstand.

Stichwortverzeichnis

A
Abarbeitungsmodell 32
Abfindung 298
Abspaltung 246
Abtretungsklausel 303
Akquisitionsfinanzierung 84
Aktien 308
Aktiengesellschaft 232
Aktienoptionsprogramm 127
Alleinstellungsmerkmale 142
Altersversorgung 50
Anfechtungsverzicht 240
Anpassungsklausel 300
Anteile einbringungsgeborene 431
Anteilstausch 432
Anteilsübertragung 393
Asset-Deal 56, 413, 423
Aufklärungspflicht 312
Aufsichtsrat 127
Aufspaltung 246
Ausgliederung 246
Auslandsberührung 343
Außendarstellung 330

B
Begünstigten 167
Beirat 338
Beistatut 163
  mit ideeller Einschränkung 168
  mit wirtschaftlicher
    Einschränkung 169
  ohne Einschränkung 168
Belegenheitsprinzip 349
Berichtswesen 144
Beschränkungen 210
Besteuerung der Familienstiftung 170
Beteiligung stille 269, 388
Beteiligungen virtuelle 109
Beteiligungskapital 105
Betriebsaufspaltung 357

Betriebsgrundlagen 381
Betrug 318
Bezüge wiederkehrende 396
Börsengang 35, 121, 435
Börsenreife 121
  formale 123
  innere 125
  wirtschaftliche 124
Buchwertklausel 299
Bürgschaften 102

C
Cashflow 414
Change Managementprozesse 109
Coaching 141
Data Room 69, 70
Dauerschulden 430
DCF-Verfahren 74
Doppelstiftung 340
Due Diligence
  Commercial 65
  Cultural 65
  Financial 64
  Legal 64
  Tax Due Diligence 64, 418
  Technical Due Diligence 65

E
Earn-Out-Methode 137
Ehe 211
Ehevertrag 219, 237, 272
Eigeninteresse lebzeitiges 239
Einfluss 28
Eintrittsklausel 290, 304
Einzelunternehmen 226
Einziehung 297
Einziehungsklausel 296
Employee Buy Out 53
Equity Story 121
Erbauseinandersetzung 381

Erbfolge vorweggenommene 207, 387
Erbrecht internationales 348
Erbschaftsteuer 25, 276
Erbstatut 348
Erbstatut und Ehegüterrecht 351
Erbvertrag 221
~ Bindungswirkung 238
~ Änderungsvorbehalt 241
Erbverzicht 254
Erb- und Pflichtteilsverzicht
 Form 257
 Gestaltung 257
 Rechtsfolgen 258
Ergänzungsbilanzen 430
Ertragsnießbrauch 202
Ertragswertmethode 74, 298
EU-Kommission 22
Exit-Szenarien 60

F
Familie 28
Familieneinfluss 28
Familienpool 368
Familienstiftung 331
Familienunternehmen 22, 217
Festwalzen 481
Finanzierungskosten 414
Finanzierungsprobleme 100
Förderangebote 103
Förderkredite 102
Fördermöglichkeiten 101
Form 257
Fortsetzungsklausel 285
Fremdmanagement 35, 53, 59, 127
Führungswechsel 129
Fünftelregelung 425
Fußstapfentheorie 372

G
Gegenleistung 257
Geheimhaltungspflicht 317
Generationenkonflikt 48
Geschäftsanteil 295
Geschäftsordnung 128
Gesellschaft gewerblich geprägte 359

Gesellschafter-
 Fremdfinanzierungen 416
Gesellschaftervereinbarung 54
Gesellschaftsstatut 350
Gewinnrealisierung 358
Glattwalzen 481
Gleitflächen 481
Globalisierung 141
GmbH 231, 268
GmbH & Co. KG 231
Güterstand 272
Gütertrennung 274

H
Handelsgesellschaft offene 227, 265
Halbeinkünfteverfahren 413
Haltefrist 406
Holding-Modell 421
Human Ressource Due Diligence 65

I
Industrie- und Handelskammern 45
Inhaber-Familie 109
Insiderkenntnis 313
Insolvenz 211
Integration 60, 130
Intransparenz 23

K
Kaduzierung 306
Kapitalerhaltungsgebot 316
Kapitalgesellschaften 387
Kapitalkonto negatives 429
KfW Mittelstandsbank 103
Kommanditbeteiligung 267
Kommanditgesellschaft 230, 265
Kommunikation 142
Kurator 166

L
Landesförderung 104
Last dauernde 203, 396
Lebenszyklus 21
Leibrente 203, 396
Leistungen wiederkehrende 199, 203
Leveraged Buy Out 41, 54

Leverage Faktor 78
Lol 68
Long Term Incentive Programm 118

M
Management Buy-In 18, 35, 135, 411
Management Buy-Out 18, 35, 77, 135, 309, 411
Managementnachfolger 109
Mantelkauf 434
Markteintrittsbarrieren 142
Materialermüdung 481
Mezzanin Kapital 83, 104
mind - Mittelstand in Deutschland 19
Mitunternehmer 393
Multiplikatormethode 72

N
Nachfolge 29
~beratung 20
familieninterne 46, 376
~gestaltung 20
~gestufte 201
~klausel 286, 296
~klausel einfache 228, 287
~klausel qualifizierte 228, 288, 362
~phase 30
~problematik 98
~regelung 35, 129
Nachfolger Akzeptanz 129
Nachlasseinheit 348
nexxt 19
Nießbrauch 199, 393
Nischenanbieter 141

O
Organschaft 415
Österreich 18
Owner-Buyouts 38

P
Payment in kind 84
Personengesellschaften 387
Pflichtteil 279
Pflichtteils
~ansprüche 292

~entziehung 226
~recht 225
~strafklauseln 280
~verzicht 243, 255, 280
Phantom-Stocks 112
Prinzipal-Agent-Problem 127
Private Equity-Gesellschaften 35
Privatvermögen 122
Privatvermögen in Betriebsvermögen 357

R
Rating 47, 218
Reallasten 204
Rechtsfolgen 258
Rechtsformwahl 357
Rechtswahl 349
Risikomanagement 144
Rückabwicklung 213
Rückauflassungsvormerkung 210
Rückforderungsrecht vertragliches 210
Rückwirkung 249
RWTH Aachen 483

S
Scheidung 211, 274
Schlichtungsstellen der Industrie- und Handelskammern 48
Schlussbilanz 404
Schuldenkappung 378
Share-Deal 56, 413, 423
Short Term Incentive Programm 118
sit and wait Modell 432
Sonderbetriebsvermögen 357, 373, 390, 428
Sondererbfolge 286
Spaltung 245, 247
nicht verhältniswahrende 251
zur Aufnahme 246
zur Neugründung 246
Spaltungs~
~plan 248
~prüfung 249
~stichtag/Umwandlungsstichtag 250

515

Spaltungs- und Übernahmevertrag 248
Spardoseneffekt 431
Sperrfrist 374
Statistik 17
Stellvertretungsregelung 22
Steuerberater 21
Steuersatz ermäßigter 425
Stifter 165
Stiftung 35, 163
   eingetragene 163
   hinterlegte 164
   unselbstständige 331
   Unterhaltsstiftung reine 165
   Vermögensausstattung 338
Stiftungsvorstand 337
Stiftungszweck 335
Stock-Appreciation-Rights 112
Stufen- oder Phasenmodell 49
Stuttgarter Verfahren 299, 379
Sweet Equity 41, 54, 78

T
Teilbetrieb 248, 404
Testamentsvollstrecker 261
Testamentsvollstreckung 223, 307
Tod des Übernehmers 211
Tod eines Gesellschafters 284
Trade Sales 35
Transparenz 145
Trennung von Gesellschafter-
   stämmen 408
Treuhandlösung 266
Trial and Error 31
Typus 1 383
Typus 2 383

U
Übergabephase 60
Übergabe stufenweise 51
Überlebenswahrscheinlichkeit 21
Übertragung nach § 6b EStG 426
Übertragungsstichtag 250
Übertragungsverpflichtung
   bedingte 242
Umformung der Randschicht 481

Umwandlungs-
   Kombinationsmodell 413
Unterbeteiligung 388
Unternehmenskultur 29
Unternehmensmemorandum 55
Unternehmensnachfolge bei
   Personengesellschaften 283
Unternehmensplanung 126
Unternehmenswertformel 110
Unternehmer
   ~familie 27
   ~lohn 385
   ~persönlichkeit 26, 28
Untreue 317

V
Veräußerungsrente 427
Verfügungsmacht 210
Vermögensnachfolge
   internationale 345
Vermögensnachfolger 109
Vermögensverwaltung 339
Verschwiegenheit 59
Versorgungsleistungen 396
Vertreterklausel 305
Verwaltungsvollstreckung 262
Vollmacht 225
Vollmachtslösung 266
Vor- und Nacherbschaft 222
Vorbesitzzeit 408
Vorgang des Einzelstatuts 349
Vorkaufsrechts 242

W
Wertverknüpfung 404
Widerrufsrecht freies 212

Z
Zielkonflikt des Managements 312
Zugewinngemeinschaft 272
Zugewinngemeinschaft
   modifizierte 277
Zwangsvollstreckungs-
   unterwerfung 204